ነዛ "ረዚን ዋጋ ዝተኸፍሎ ናጽነት ኤርትራን ዝተ፣ ዝቐረቡ ናእዳታት

ኣብ ውሽጢ'ዚ ምሁራዊ፡ ኣዝዩ ዘገርምን ናይ ርእሰ መስዋእትነትን ዛንታ፡ ሰመረ ሰሎሞን ነቲ ዝተሓላለኸ ቅድመን ድሕረን ታሪኽ ናጽነት ኤርትራ ከም'ቲ ዝተሞከሮን ከምኡ እውን በቲ ዝመሰሎ መገድን፡ ብዘደንቕ ንጹርነትን ምስትውዓልን ዳህሲሱዎ ኣሎ። መጋረጃ ካብ ኣዒንትና እናተቐንጠጠ ምስ ከደ፡ ኣብ መወዳእታ ነቲ ኣብ ግዝኣተ ሕጊ ዝሰፈና፡ ደሞክራስያዊት፡ ሰላማዊት፡ ብልጽግትን ኤርትራ ንምምስራትት ነቲ ሒኒቖ ሒዙዋ ዘሎ መሰናኽላትን ጥውይዋያትን ክንርኢ በቒዕና ኣለና። እቲ ንኤርትራ ወዲቑዋ ዘሎ ሓደጋ ዘጨንቕ'ኳ እንተ ኾነ፡ እታ መጽሓፍ ግን ተስፋ እተስንቕን ራእይ ዘለዋን እያ። ደራሲ፡ ኣብ ልምዓት ሓንቲ ሃገር ኣብ ፍልጠት ዝተመርኮሰ ፖሊሲታት እንታይ ከፍሪ ከም ዝኽእል ብቐረባ ዝፈልጥን ብኣካል ዝተመከረን በዓል ሞያ ኢዩ። ከምኡ እውን እዚ ሓሳብ ወይ ርእይቶ፡ ኣብ ኤርትራ ተኣምራት ክገብር ከም ዝኽእል ኣጸቢቑ ይፈልጥ ኢዩ። ከምኡ ዝኸውን ግን እቶም ኣብ ውሽጢ ሃገር ዘለዉ ኤርትራውያን፡ ካብ'ቲ ኣዕናውን ዝጠፈሸን ክብርታትን እምነታትን፣ ከምኡ እውን ካብ'ቲ ዕንደራዊ ህንጥዩነት መራሕቶምን ዝገላገሉሉ መገዲ ክረኽቡ እንተ ክኢሎም ጥራይ ኢዩ።

ሰመረ ተስፋሚካኤል ሃብተማርያም ደራሲ

"ኣስተንትኖታት ኣብ ታሪኽ ኦርቶዶክሳዊት ተዋህዶ ቤተ ክርስቲያን ሓበሻ"

ዝኾነ ግዱስ ሰብ፡ ሓንቲ ሃገር ከመይ ገይራ ናብ ነብሰ ዕንወታዊ ናይ ንጹልነት ዕንኪላሎ ከተሽከርከር ከም እትኽእል ንምፍላጥ፡ ነታ ሰመረ ሰሎሞን ዝደረሳ "ረዚን ዋጋ ዝተኸፍሎ ናጽነት ኤርትራን ዝተጠልመ መብጽዓን" እትብል ሓዳስ መጽሓፍ ክንብብ ይግባእ። እዛ መጽሓፍ'ዚኣ፡ ደራሲ ኣብ ዓውደ ውግኣት ኤርትራ ከምኡ እውን ድሕሪ ናጽነት ኤርትራ ኣብ ዘኻዕበቶ ውልቃዊ ተመኩሮታቱ ዝተመርኮሰ ጭቡጥ ጸብጻባት ተቐርብ ። እዚ መሃሪ ጸብጻብ'ዚ፡ ደራሲ ብሉጽ ጸሓፊ ጥራይ ዘይኮነስ፡ ብዕምቈት ዝሓስብን ዝትንትንን ምዃኑ እውን ንኣንበብቲ ምስክር ኢዩ። ደራሲ፡ ነቲ ሕመረት ዕጥቃዊ ቃልሲ ምስ'ቲ ድሕሪ'ቲ ልዑል ዋጋ እተኸፍሎ ሰውራ ዝሰዓበ ኩነታት ንምትእስሳር ዝበቕዐ ናይ ቀረባ ዓይነ ምስክር ኢዩ። ብኻልእ ኣዘራርባ፡ እታ መጽሓፍ ምስክርነት ናይ'ቶም ዝወደቑ ብጾቱ ኢያ፣ ከምኡ እውን ነቲ ሕልሚ ኤርትራ ዝቐተለ መሪሕነት ተሪር መግናሕቲ እተመሓላልፍ ኢያ።

ዳዊት መስፍን፡ ደራሲ ናይታ "ወልደኣብ ወልደማርያም፡ ራእይ ዘለዎ ኤርትራዊ ሃገራዊ፡ ታሪኽ ህይወት" ዘርእስታ መጽሓፍ

ትረኻ ሰመረ ሰሎሞን ነቲ ንሱ ኣብ ውሽጢ ቃልሲ ናጽነትን ሓርነትን ኤርትራ ዝተጓዕዞ ውልቃዊ ጉዕዞ ፍሉይ ስእሊ የቕርብ። ብዕምቆትን ብንጹር መገድን ዝተጻሕፈ ኮይኑ፡ ንውሽጣዊ ኣሰራርሓ ህዝባዊ ግንባር ሓርነት ኤርትራ (ደሓር ህግደፍ) ኣመልኪቱ ሓድሽ ኣረኣእያ ብምቕራብ፡ ነቲ ናብ'ቲ ምንቅስቓስ ዝተጻንበረ ምሁር ደርቢ ዘጋጠሞ ብድሆታት የብርህ። ሰመረ፡ ኣብ ውሽጢ ህዝባዊ ግንባር ዝተጻወቶ ተራ - ካብ ተራ ኣባል ክሳብ ማእከላይ ካድረን ናይ መራሕነት ጽፍሕታትን - ነቲ ዘይንቕነቕ ተወፋይነቱን ርኡይ ኣበርክቶኡን ዘጉልሕ ኢዩ። ኣብ ርእሲ'ዚ፡ ሰመረ፡ ኤርትራ ናጽነት ምስ ረኸበት፡ ቁጠባዊ ልምዓት፡ ዲሞክራስያውነትን፡ ኣብ ትምህርቲ ወፍሪ ንክትገብር ዝነበራ ዓቕማን ይጽብጽብ። እዚ ደራኺ ትረኻ'ዚ፡ እቲ ድሕሪ ናይ ሰላሳ ዓመታት ቃልሲ ብኸቢድ መስዋእቲ ዝተረኸበ ናጽነት፡ ከመይ ኢሉ ከም ዝተጨውየን ንህዝቢ ኤርትራ ባህግታቱ ከም ዝተመንጠሎን ብትሪ የቃልዕ።

ሕብረት በርሀ፡ ኣምባሳደር ኤርትራ ነበር ኣብ ሽወደን

ሰመረ፡ ካብ ነዊሕ እውን ጀሚሩ ኢዩ ፍቕሪ ናጽነት ተረዲእዎ። ተጋዳላይ ናይ ናጽነት ኮይኑ ከገልግል ካብ ዝጀመረሉ እዋን ኣትሒዙ ነዚ ዕማም'ዚ ብኩለንተንኡ ተተሓሒዝዎ። ንነብሱ ጥራይ ዘይኮነ፡ ንማሕበርኮሙን ንመላእ ህዝቢ ኤርትራን። ምስ ክሪኤቲቭ ኣሶሽየትስ ኢንተርናሽናል ስራሕ ካብ ዝጀመር ኣትሒዙ፡ ሰመረ ከም ሓደ ንህይወት ብዕምቆት ዘስተማቕር ዝነበርን ሰብ፡ ከም ሓደ ዓሚቕ ፍልጠትን ተመኩሮን ዘለዎ በዓል ሞያ፡ ብዘይካ'ዚ ድማ ከም ናይ ስድራ ቤት ሰብ፡ መራሒ፡ መምህርን ኲሉኻሲ መሳርሕቱን ኢና እንፈልጦን እነኽብሮን። ኣብ ነብሱ ክመጾ ዝኽእል ሓደጋታት ብዘየገድስ፡ ሰመረ ህዝቢ ኤርትራ ክሳብ ሓራ ዝወጽን ኤርትራ ድማ ሓንቲ ጥዑይ ምሕደራ እተሳስን ብልጽግትን ሃገር ክሳብ እትኸውን ቃልሱ ኣብ ምቕጻል ይርከብ። ሰመረ፡ ንመጻኢ ኣብ ዘቓምተሉ፡ ተመኩሮታቱ ንኤርትራውያን መንእሰያትን ናይ መጻኢ መራሕታን ኣብ ዘካፍለሉን ኣብ'ቲ ዝሓሸ ህይወትን ናጽነትን ሰላምን ዝሰፈና ሃገር ንምህንጽ ኣብ ዝገብሮ ጻዕርን ዘሳስይዮም ናይ ሓባር ዕላማታትን፡ ኣብ ጎድኑ ምኳና ኣዚና ኢና ንሕበን ወይ ድማ ኩርዓት ይስምዓና።

ቻሪቶ ከሩቫንት

መሰራቲትን ኣደ ወንበር ቦርድን

ክሪኤቲቭ ኣሶሽየትስ ኢንተርናሽናል፡ ሕቡራት መንግስታት ኣመሪካ

“ረዚን ዋጋ ዝተኸፍሎ ናጽነት ኤርትራን ዝተጠልመ መብጽዓን” ዘርእስታ ብሰመረ ሰሎሞን እተጻሕፈት መጽሓፍ፡ ክንዮ ተራ ሰነዳ ታሪኽ ብምኻድ፡ ንሕሉፍን ህሉውን መጻእን ኤርትራ ዝምልከት ሃናጺ ዘተን ነቐፌታዊ ትንተናን መበገሲ ብምዃን እተገልግል መጽሓፍ ኢያ። ብዙሕ ሸነኻት ዘለዎ ኣረኣእያታት ብምቕራብን ንገለ ገለ ሰባት ከም ዘይምቹእ ሓቅታት ኮይኑ ንዝረኣዮም ነገራትን ብምግጣምን፡ መሰረት ናይ ሓደ ኣብ ሓበሬታ ዝተሞርከሰን ንውሽጢ ዝጥምትን ኣቀራርባ ህንጻት ሃገር መሰረት ተንብር። ብውልቀይ፡ እታ መጽሓፍ ካብ ትጽቢተይ ሓሊፋ ነቲ ንነዊሕ እዋን ምሳይ ዝጸንሐ ኣብ ታሪኽ ኤርትራ ዝነበረኒ ኣረኣእያ ዝፈታተነት ኮይና ረኺበያ።

ሰመረ ሰሎሞን፡ ውልቃዊ ትረኽታትን ታሪኻዊ ጸብጻባትን ብምቕራብ ነቲ ምልካዊ ስርዓት ሱር ዝሰደደሉ ኣገባባት ብምቅላዕ ኣብ ልዕሊ'ቲ ሕጂ ዘሎ መንግስቲ ኤርትራ ነቐፌታዊ ትንታኔ የቕርብ። እቲ ዘይሻራዊ ገምጋሙ፡ ንኣንበብቲ ናይ ገዛእ ርእሶም መደምደምታ ክገብሩ ይዕድም፡ ንመጻኢ ወለዶታት ከኣ ኣንጻር ምልካዊ ዝንባለታት ጥንቃቐ ክገብሩ ይላቦ።

ዶ/ር. ሽደን ሰሎሞን
ድሕረ ዶክትሬት ተመራማሪ
ምለኪዩላርን ሴሉላርን ኒውሮ ሳይንቲስት፡ ኪንግስ ኮለጅ፡ ዓባይ ብሪጣንያ

ናይ ሰመረ ሰሎሞን መጽሓፍ፡ ብዛዕባ መግዛእታዊ ታሪኽ ኤርትራን፡ ንነዊሕ እዋን ዝተኻየደ ናይ ናጽነት ቃልስን ከምኡ እውን ነታ ሃገር ድሕሪ ናጽነት ዘጋጠማ ብድሆታትን ብዕምቆት ትድህስስ። ነቲ ታሪኻዊ ትርጉም ዘለዎ ፍጻመታት ምስ ናይ ገዛእ ርእሱ ተመክሮታት ብምውህሃድ፡ እቲ ናብ ተመራማሪ ዝተቐየረ ውፉይ ተጋዳላይ፡ ትረኻን ትንተናን ብምጽንባር፡ ዝተማህረን ምኩርን ውልቀ ሰብ ጥራይ ክህቦ ብዝኽእል ርድኢት ነታ መጽሓፍ የሀብትማ። ከም ሞያ፡ ናብ ክኢላ ኣህጉራዊ ልምዓት ምስግጋሩ፡ ንትዕዝብታቱ ዝያዳ ዕምቆት ዝውስኽሉ ኮይኑ፡ ነታ መጽሓፍ ንናይ'ቲ ዞባ ዝተሓላለኸ ማሕበረፖለቲካዊ ሃዋህው ንምርዳእ ሃብታም ምንጪ ይገብራ።

ንጽሑፍ ሰመረ ዝፈልዮ ነገር እንተሎ፡ ኤርትራን ኤርትራውያንን ድሕሪ ናጽነት ዘጋጠሞም ዝተሓላለኸ ብድሆታት ንምዝርዛር ዝጥቀመሉ ብልሓታዊ ኣቀራርባ ኢዩ። ታሪኻዊ ሓቅታት ምስ ክልሰ ሓሳባዊ ኣምርን ዓይኒ ምስክርነትን ብምውህሃድ፡ ኣብ ልዕሊ'ቶም ንሃገር ዘሳቕዩ ዘለዉ መሰረታውያን ጉዳያት ዕሙቕ ዝበለ ምርመራ የካይድ።

እዛ መጽሓፍ'ዚኣ፡ ክንዮ እቲ ልሙድ ትረኻ ብምኻድ፡ ነቶም ኣብዚ መድረኽ'ዚ ዝዋስኡ ዘለዉ ማሕበረፖለቲካዊ ሓይልታት ሓያል ነቓፊት ኮይና ተገልግል፡ ብዛዕባ ክህሉዉ ዚኽእሉ መፍትሒታት ድማ ልቦና ዘለዎ ሓተታ ተቕርብ። ናይ ሰመረ መጽሓፍ፡ በቶም ንመስርሕ ሓርነታዊ ምንቅስቓሳትን ህንጸት ሃገርን ግንዛበ ከሕድሩ ዝደልዩ ሰባት ግድን ከትንበብ ዘለዋ ጥራይ ዘይኮነስ፡ ንሰፊሕ ትርጉም ወ·ልቀ ምልካዊ ስርዓታት ክምርምሩ ንዝደልዩ ምሁራትን ደለይቲ ፍትሕን ሓንጸጽቲ ፖሊሲን ብዋጋ ዘይትሽነን ምንጪ ኢያ።

ዶ/ር. ቶማስ ሰሎሞን

ሕቡራት መንግስታት ኣመሪካ

ነዚ ኣገዳሲ ስራሕ ክግምግሞ ዕድል ብምርካበይ ክብሪ ይስምዓኒ። እዛ መጽሓፍ'ዚኣ፡ ዓለም ብምልእታ ድሕሪ ኲናት እንታይ ከም ዘጋጥምን ዝፍጸምን ኣብ እትጭነቐሉን፡ ሃገራት ኣብ ልዕሊ ሓሙኽሽቲ ኲናት ክምስረታ ወይ ካብ ሓሙኽሽቲ ኲናት ተላዒለን ንዜጋታተን መዕቀቢ ክፈጥራሉን ናብ መገዲ ልምዓት ክመርሕኦን ዕድል ኣብ ዝረኽባሉ ዘለዋ እዋን ኢያ ትሕተም ዘላ። እዛ መጽሓፍ፡ ብመነጽር ኣብ ሓደ እዋን ተስፋ ዝነበሮ ተጋዳላይ ሓርነት እተደርሰት፡ ዛንታ ናይ'ቲ ዘጋጠመ ኩነታት ብንጹር ኣዘራርባ ትገልጽ። ብሓደ ዕድሚኡን ሞያኡን ኣብ ልምዓታዊ ሞያ ዘወፈየ ሰብ ክትጸሓፍ ከላ፡ ብቐጥታን ብዕምቆትን ኣብ ምርምር ዝተሞርኮሰ ፍልጠት ተመሓላልፍ። ስለምንታይን ብኸመይ መገድን ኢዮም "ነገራት ዚፈርሱ" ንዝብል ሕቶ መልሲ ዝደሊ ሰብ ድማ ነዛ መጽሓፍ ከንብባ ይግባእ። እዚ፡ ልባዊ ምዕዶይ ኢዩ።

ሻሮን ቲ ፍሪማን፡ ፒ.ኤች.ዲ.

ፕረዚደንት፡ ጀምስ ኦፍ ዊዝደም ኮንሰልቲንግ፡ ኢንክ፡ ሕቡራት መንግስታት ኣመሪካ

እዛ መጽሓፍ'ዚኣ ከም ብልጽቲ ዕንቍ እየ ዝርእያ፡ ስለ ዝጸሓፍካያ ድማ ምስጋናይ ወሰን የብሉን። የቐንየልና! እዚ ወለዶ'ዚ ንኹሉ እቲ ካብ'ዛ መጽሓፍ ክመሃሮ ዘለዎ ምህሮ ምሉእ ብምሉእ ከስተማቕሮ ተስፋ እገብር። ንሓንቲ ካብተን ኣዝየን ዝተነጸላ ሃገራት ዝምልከት ኩለንትናዊ ታሪኽ ምስናድ ኣዝዩ ሳሕቲ ኢዩ፣ ብውልቃዊ ጸብጻባት ዝጸሓፍ ከኣ'ሞ ኣዝዩ ውሑድ ኢዩ። ኣነ፡ ስድራይ ኣብ ቃልሲ ንናጽነት ኤርትራ ኣበርክቶ ዝገበሩ ሕብንቲ ኤርትራዊት ኣመሪካዊት እየ። እቲ ናይ'ዛ መጽሓፍ መሳጢ ሸነኽ፡ ታሪኽና፡ ዛንታና፡ ገና ዘይተወደአ ጽሑፍ ምዃኑ ስለ እትሕብር ኢዩ። ሕልመይ፡ ኣብ ዕድመይ፡ ምስ ደቀይ ብናጻ ናብ ኤርትራ ናይ ምጉዓዝ ዕድል ምርካብን ሃብታምን ዘኹርዕን ባህልና

ድማ ከካፍሎም ኢዩ። ተስፋ ድማ ኣሎኒ፡ ምኽንያቱ ተስፋ ዘይምህላው ብሓቂ መሪር ኢዩ!

ሚርያም ዮሃንስ፡ ሓላፊት ክፍሊ ጉዳያት
ተጠቀምትን ምክፍፋልን፡ ሕቡራት መንግስታት ኣመሪካ

መጽሓፍ ስመረ ሰሎሞን ብሓቂ ነጸብራቕ ናይ'ቲ ንዳርጋ ዓሰርተ ሓደ ዓመታት ዝፈልጦን ዝኣምኖን ዘድንቖን ሰብ ኢዩ። ብዛዕባ'ቲ ንዓሰርተታት ዓመታት ዝቐጸለ ቃልሲ ኤርትራ ንናጽነትን፡ ሓድሽ ሃገራዊ መንነት ንምህናጽን ብዝምልከት፡ ስመረ ኣብ'ቲ ዘይንቕነቕ እምነቱ ኣብ ሓቂ ተሞርኪሱ ንውልቃዊ ጸብጻባቱ ከም ሓደ ራኢ ዘለዎ ሰብን ከም ወተሃደርን የቕርቦ። ዝበዝሕ ግዜ፡ እቶም ኣካል ናይ ሓደ ዓቢ ፖለቲካዊ፡ ወተሃደራዊ ወይ ማሕበራዊ ፍጻመ ዝኾኑ ሰባት፡ መጽሓፍ ክጽሕፉ እንከለዉ ሕነ ንምፍዳይ ወይ ድማ ንናይ ገዛእ ርእሶም ውልቃዊ ድሌታት ንምርዋይ ኢዮም ዝጥቀሙሉ። ጽቡቕ ኣጋጣሚ ኮይኑ "ረዚን ዋጋ ዝተኸፍሎ ናጽነት ኤርትራን ዝተጠልመ መብጽዓን" ከምኡ ዓይነት መጽሓፍ ኣይኮነትን። እዛ መጽሓፍ'ዚኣ፡ ብዛዕባ ባህጊ፡ ውግእ፡ መስዋእቲ፡ ተስፋ ምግባርን ተስፋ ምቑራጽን እትትርኽ ብሓደ ነቲ ቃልሲ ብኣካል ዝተሳተፎ ሰብ ዝተጻሕፈት መጽሓፍ ኢያ። እዛ መጽሓፍ'ዚኣ ብስደት ስመረ እትውዳእ ኣይኮነትን። ስመረ፡ ድሕሪ ካብ ኤርትራ ምውጽኡ ንኣስታት ዕስራን ሓሙሽተን ዓመታት ኣብ ዒራቕ፡ ዛምብያ፡ ፓኪስታን፡ ማእከላይ እስያ፡ ኢትዮጵያ፡ ናይጀርያ ከም ሓደ ብሉጽ ክኢላ ኣህጉራዊ ልምዓት ኮይኑ ኣገልጊሉ። ነታ ዝተወፈየላ ኤርትራ - ወትሩ ዓዱ - እንታይ ክትከውን ትኽእል ከም ዝነበረት ይትንትን። ናይ ሓደ ሓቀኛ ራኢ ዘለዎ ሰብ ተስፋን ድሌትን ፈጺሙ ኣይሃስስን ኢዩ።

ማይክል ዛምባ፡ ላዕለዋይ ዳይረክተር ርክባት፡
ክሪኤቲቭ ኣሶሴይትስ ኢንተርናሽናል፡ ሕቡራት መንግስታት ኣመሪካ

እዛ መጽሓፍ'ዚኣ፡ ንውልቃውን ሞያውን ጉዕዞ ደራሲ ብውሕሉል ኣገባብ ምቕራባ ጥራይ ዘይኮነስ፡ ኣብ ኲነታት ኤርትራን መጻኢኣን ብዘለዋ ዓሚቕ ጽልዋ እውን ከም ኣገዳሲት ስነ ጽሑፋዊት ኣበርክቶ ኢያ እትቑጸር። ሓሳባት ንምምንጫው ዝድርኹ ዘተታት ናይ ምልዕዓልን ኣወንታዊ ተግባራት ናይ ምቅስቃስን ተኽእሎ ድማ ኣለዋ። ናይ ስመረ ሰሎሞን ተወፋይነት ኣብ ጉዳይ ኤርትራ፡ ምስ'ቲ ኣብ መጻኢት ኤርትራ ዘለዎ ኣወንታዊ ራእይ ተደሚሩ፡ እዛ መጽሓፍ ከም መነቓቕሒ ትረኻ ተገልግል። ብመሰረቱ፡ እዛ

መጽሓፍ ውልቃዊ ተዘክሮ ጥራይ ዘይኮነስ ንሰፊሕ ስነ ጽሑፋዊ ዳህሳስን ብድሆታትን መፍትሒታትን መበገሲት ኢያ። ጽልዋ ናይዛ መጽሓፍ ክንዮ ገጻታ ብምዝርጋሕ ንካልኦት ኤርትራውያን ትረኻታቶም ከካፍሉን ንተኣፈፍቲ ጉዳያት ግዜና ብዝምልከት ኣብ ዝካየድ ዘሎ ዘተ ድማ ኣበርክቶ ክገብሩ ከም እተተባብዖም እምነት ኣሎኒ።

ዩሱፍ ሓሰን
ስቶክሆልም፡ ሽወደን

መጽሓፍካ ኣንቢበ ከም ዝወዳእኩዋ ክሕብረካ እፈቱ፣ ፍጹም ደስ ዘብል'ዩ ነይሩ።ብዓወትካ ካብ'ዚ ንላዕሊ ክሕበን ኣይክእልን እየ። ከም ጸሓፊ ዘለካ ተውህቦ ኣብ ነፍሲ ወከፍ ገጽ ጎሊሑ ይርአ፡ እዚ ድማ ንዓኻ ናይ'ቲ ዘደንቕ ስነ ጽሑፋዊ ጉዕዞኻ መጀመርታ ምዃኑ ኣይጠራጠርን። ንመጻኢ፡ መጻሕፍትኻ ልክዕ ከም'ዛ መጽሓፍ'ዚኣ ተኣምራታውያን ከም ዝኾና ስለ ዝፈልጥ ምሕታመን ብሃንቀውታ እጽበ።

ነጋሲ ሰ. ኣብርሃ፡
ሕቡራት መንግስታት ኣመሪካ

ሰመረ ሰሎሞን ዕስራን ኣርባዕተን ዓመታት ህይወቱ ነታ ኣብ ቀርኒ ኣፍሪቃ እትርከብ ንእሽቶ ሃገር፡ ካብ ኢትዮጵያ ብሰሜን እትርከብ ኤርትራ፡ ንልደታን ምዕባሌኣን ወፍዩ ኢዩ። ንሱ፡ ንኤርትራ ካብ ጎበጣ ኢትዮጵያ ንምውጻእ፡ ናይ ክልቴኦም፡ ማለት ናይ ተጋድሎ ሓርነት ኤርትራን ናይ ህዝባዊ ግንባርን ትብዓትን ጽንዓትን የመስግን። ከምኡ ብምግባር ድማ እተን ግንባራት ኣብ ጉዕዞኣን ንዝገበራኦ ጌጋታት ከይተረፈ ኣፍልጦ (acknowledgement) ብምሃብ ኣብ መትከላት ዝተሰረተ ኣማራጺ ፍታሓት የቕርብ። ብዛዕባ ሕሉፍ ታሪኽ (ጽቡቕን ሕማቕን) ብግልጺ፡ ግን ከኣ ብዕምቈት ብምቕራቡ፡ ነቲ ናይ ምሕሳብ ክእለቱ ዝነኣድን፡ ክቡርን ደራኺን ይገብሮ።

ሰመረ፡ ኣብ ህሉው ኩነታት ኤርትራ፡ ንዝኾነ ውድብ ወይ ውልቀ ሰብ ኣይወቅስን። እዚ ድማ ብዛዕባ እተፈላለየ ሓሳባት ዘለዎም ደቂ ሰባት ብዝምልከት ተነቃፍን ዝተሓላለኸን ኣርእስታት ክንዛተ ከለና ክንጥቀመሉ ዘለና ኣገባብ እዩ። ሰመረ፡ ነቲ ኣንባቢ ካብ 1940ታት ክሳዕ 1990ታት ብምምላስ፡ ብድሕሪኡ ናብ መጻኢ (ወይ ናብ ህሉው) ኩነታት ይሰግር፡ ነቶም ኣብ ህሉው ኩነታት ኤርትራ ኣበርክቶ ዝገበሩ ተለዋወጥቲ ኣጋጣሚታት ድማ ብጥንቃቐ ይትንትኖም። "ከመይ ኢልና ኢና ኣብዚ በጺሕና" ንዝብል ሕቶ ድማ ክምልሽ ይፍትን። እዚ፡ ነቲ ንኤርትራ ኣብ ውሽጣዊ ታሪኻዊ፡ ፖለቲካዊ፡ ማሕበራውን ባህላውን ዓንኬላት ኣእቲዩ ከመራምር ዝደሊ ሰብ ድንቂ ንባብ እዩ።

ኣቶ ሰመረ፡ ነቲ ኣዝዩ ፍሉይን ክቡርን ብዋጋ ዘይሽነንን ኣረኣእያኻ ብኣንደበትን ብቕንዕናን ስለ ዘነጸርካ የቐንየልና። በዚ ድማ ዓለም ትረብሕ።

ሰብለ ሰመረ ሰሎሞን

ሕቡራት መንግስታት ኣመሪካ

ገበር፣ ናይ'ቲ ድሕረ ባይታ ሕብሪ ነቲ ህዝቢ ኤርትራ ዝኸፈሎ መስዋእቲ ዘመልክት ክኸውን እንከሎ፡ እታ ንባጽዕ፡ ሉል ቀይሕ ባሕሪ፡ እተርኢ ስእሊ ድማ፡ ንመብጽዓ ብሩህ መጻኢ ኤርትራ ብተምሳል ትገልጽ።

ናይ ገበር ዲዛይን ብሰብለ ሰመረ ሰሎሞን

ረዚን ዋጋ ዝተኸፍሎ ናጽነት ኤርትራን ዝተጠልመ መብጽዓን

ረዚን ዋጋ ዝተኸፍሎ ናጽነት
ኤርትራን ዝተጠልመ መብጽዓን

ብኣረኣእያ ሓደ ገዲም ተጋዳላይ

ሰመረ ሰሎሞን

ካብ እንግሊዝኛ ናብ ትግርኛ ብምትሕብባር ናይ ኣማኑኤል ሳህለን ሰመረ ሰሎሞንን ተተርጒማ

ዳግም ምርኣይን ምጽፋፍን ብሰመረ ሰሎሞን ተገይሩላ

Paperback ISBN: 979-8-218-49664-7
eBook ISBN: 979-8-218-50570-7

Published in September 2024.

እዛ መጽሓፍ፡ ንፍቑራት ወለደይ ማዳሌና ዮሴፍን ብላታ ሰሎሞን ኣባይን ከም ክብሪ የውፍያ። በቲ ደረተ ኣልቦ ፍቕሮምን ዘይጽንቀቕ ሓልዮቶምን ንዓይን ንኣሕዋተይን ንህይወትና ጎደና ሓቂ ብዘትሕዝ መገዲ ኮስኲሶምናን ኣዕቢዮምናን። ክሳዕ ሎሚ ድማ ተረባሕቲ ናይ'ዚ ኣተዓባብያ'ዚ ኴንና ንቕጽል ኣለና።

ብተወሳኺ፡ ነዛ መጽሓፍ'ዚኣ፡ ነቲ ኣብዚ እዋን'ዚ ኣብ ትሕቲ ጨቋኒ ስርዓት ኣስመራ ኣብ ቤት ማእሰርቲ ዝሳቐ ዘሎ ንእሽቶ ሓወይ መሓሪ ሰሎሞን ኣውፍያ። ስቓዩ ነቶም ብዘይ ፍትሓዊ መገዲ ንዓመታት ተኣሲሮም ዘለዉ ብኣሽሓት ዝቑጸሩ ናይ ሕልና እሱራት ዝውክል ኢዩ።

እዛ መጽሓፍ'ዚኣ፡ ንዝኸሪ ናይ'ቶም ክልተ ስዉኣት ኣሕዋተይን - ሩፋኤል ሰሎሞንን፡ ቢሆን ሰሎሞንን - ኣብነታት ናይ'ቶም ንናጽነት ኤርትራ ህይወቶም ዝኸፈሉ ዓሰርተታት ኣሽሓት ኤርትራውያንን እውን ትውክል።

ሰሌዳ ትሕዝቶ

መእተዊ
ብ ጀሮልድ ኪልሶን

እዛ ኣብ ኢድካ ሒዝካያ ዘሎኻ "ረዚን ዋጋ ዝተኸፍሎ ናጽነት ኤርትራን ዝተጠልመ መብጽዓን" ዘርእስታ መጽሓፍ፡ ሰለስተ ዝተፈላለየ ዛንታታት ዝሓቖፈት መጽሓፍ ኢያ። ንሳ፡ ቅድሚ ኩሉን ልዕሊ ኩሉን፡ ሓንቲ ሃገር ቁጠባዊ ዕብየትን ልምዓትን፡ ከምኡ እውን ኣብ ማሕበራዊ ህይወትን፡ ናይ ወጻኢ ፖሊሲን ተበግሶታትን ምዕባለ ከተርኢ እንተ ኾይና ኣብ ቦታኣም ክህልዉ ዘለዎም ረቛሒታት እትእምት መጽናዕታዊት መጽሓፍ ኢያ። ንጉዳይ ኤርትራ ብዝምልከት ድማ፡ ዝያዳ ናይ መጠንቀቕታ ዛንታ ኢያ፡ ማለት ብዕጥቃዊ ቃልሲ ናጽነት ዝረኸበት ሃገር ግን ከኣ ኣብ ልምዓታዊ መዳይ ንምዕዋት፡ ስርዓተ ምሕደራ፡ ፖሊሲታት ወይ ብቑዕ መሪሕነት ዘይብላ፡ እንታይ ከጋጥማ ከም ዝኽእል ትግምግም።

ካልኣይ፡ እዛ መጽሓፍ'ዚኣ፡ ናይ'ቲ ልዕሊ ሰላሳ ዓመታት ዝወሰደን፡ ኤርትራ ካብ ኢትዮጵያ ናጽነታ ብምጭባጥ ኣብ 1991 ዓ.ም. ዝተዛዘመን፡ ንሰውራ ኤርትራን ቃልሲ ናጽነትን ዝምልከት ሓጺርን ኣብ ቀረባ ተመክሮ እተመስረተን ታሪኽ ዝሓዘት ኢያ። ብተወሳኺ፡ እዛ መጽሓፍ ኣብ'ዞም ዝሓለፉ ሰላሳ ዓመታት ድሕረ ናጽነት ዝተኸሰቱ ጥልመታት መትከላት ሰውራን ህሉው ኩነታትን ብገለ ሸነኹ ትግምግም።

ኣብ መወዳእታ፡ እቲ ታሪኽ ብመነጽር ናይ ቀረባ ዓይኒ ምስክርን፡ ብድምጺ ሓደ ኣብ'ቲ ቃልሲ ንጡፍ ኣበርክቶ ዝገበረን ደራሲ ኢዩ ቀሪቡ ዘሎ። በዚ ዝተመሓየሸ ጽሑፍ'ዚ፡ ደራሲ ሰመረ ሰሎሞን፡ ብዛዕባ ኣብ ቃልሲ ናጽነት ዝባኸኑ ዕድላት፡ ከምኡ እውን ህይወቶም ዝኸፈሉ ዜጋታት ብዝምልከት ኣፍልጦ ይህብ። ይኹን'ምበር ተስፋ ኣይቆረጸን፣ ነቲ ህዝባ ኣብ እዋን ሰብዓታት ክበጽሖ ሓሊናትሉ ዝነበረት ዓቕሚ ብምዕቃብ፡ ሓራን ብፍትሒ እትመሓደርን ብልጽግትን ኤርትራ ክትፍጠር ምኳና ኣይጠራጠርን።

ንሰመረ ሰሎሞን ከም ተጋዳላይ ናጽነት፡ ወይ ከም ኤርትራዊ ስደተኛ ዘይኮነስ፡ ከም ኣብ ዓውዲ ኣህጉራዊ ልምዓት ዘገልገለ መሳርሕተይን ብጻየይን ገይረ እየ ዝፈልጦ፡ ብዛዕብኡ ዘለኒ ኣረኣእያ ድማ ከካፍለኩም እደሊ። ንመጀመርታ ግዜ ምስ ሰመረ ዝተላለኹሉ ኣብ 2003 ዓ.ም.፡ ክልቴና ኣብ ክሪኤቲቭ ኣሶሸየትስ ኢንተርናሽናል (Creative Associates International) ዝተባህለ ፍሉጥ ዓለምለኻዊ ትካል ልምዓት ንሰርሕ ኣብ ዝነበርናሉ እዋን እዩ። ሰመረ፡ ናይ ሽዑ መደበሩ ኣብ ዒራቕ ኮይኑ፡ ድሕሪ ውድቀት ሳዳም ሑሴንን ወራር ኣመሪካን ኣብ'ታ ሃገር መሰረታዊ ስርዓተ ትምህርቲ ዳግማይ ንምህናጽ ኣብ'ቲ ብዩ.ኤሴ.ኤይ.ኣይ.ዲ. (USAID) ዝመሓደርን ዝምወልን ፕሮጀክት ይሰርሕ ነይሩ። ኩነታቱ በዳሂ'ኳ እንተ ነበረ፡ ሰመረ ግን ንዝኾነ ዝፍጠሩ ብድሆታት ብትብዓትን ጽንዓትን ይገጥሞም ነበረ። እቲ ፕሮጀክት ምስ ተዛዘመ፡ ሰመረ ንልዕሊ ዓሰርተ ዓመታት፡ ኣብ ናይጀርያ፡ ፕሮጀክትታት መሰረታዊ ትምህርቲ ንምምሕዳር በቑዑ፡ ብፍላይ ድማ ኣብ'ቲ በዳሂ ዝነበረ ሰሜናዊ ምብራቕ ናይጀርያ፡ ማለት ኣብ'ቲ ቦኮ ሓራም ዝተባህለ ግብረ ሽበራዊ ትካል ዝነጥፈሉ ዝነበረ ዞባ። ሰመረ፡ ነዞም ፕሮጀክትታት'ዚኦም ካብ'ቲ ኣብ ውዕላት ዝሰፈረ ንላዕሊ ብዝበለጸ ንኽድምዖ ብመሪሕነት ደረጃ ኣልዩዎም። ንዓይ ካብ ኩሉ ዘደነቀቕኒ፡ ኣብ ኣዝዩ ዝተሓላለኸን ህውከት ዝሰፈኖን ልምዓታዊ ሃዋህው ብብቕዓት ክሰርሕ ምኽኣሉን፡ ኣብ ህይወት ህጻናትን ማሕበረሰባትን ለውጢ ናይ ምምጻእን ክእለቱን እዩ። በቲ እቲ ጉጅለ ፕሮጀክት ኣብ ልዕሊኡ ዝነበሮ ዓሚቝ ኣኽብሮት እውን ኣዚየ ተገሪመ። ጀነራል ኢሎም ይጽውዕዎ ነበሩ፣ ነዛ መጽሓፍ ምስ ኣንበብኩ ግን ብሓቂ ወተሃደራዊ ኣዛዚ ከም ዝነበረ ክግንዘብ ክኢለ።

ኣነን ሰመረን ንብዙሕ ዓመታት፡ ቡን እናሰተና፡ ብዛዕባ ዓውዲ ልምዓት ኣመልኪትና፡ እንታይ ከም ዘድመዐን ስለምንታይ ብዙሕ ግዜ ከም ዝፈሸለን ንዘዛረብ ኔርና። ሰመረ ሓያል ኣንባቢ ኢዩ፣ ብብእዋኑ ድማ ንልምዓት ዝምልከት ተመሳሳሊ መጽሓፍቲ ነንብብ ኔርና፥ ኣነ ነቶም ዝምህሮም ዝነበርኩ ተመሃሮ ምእንቲ ክጥቀመሉ፡ ንሱ ድማ ሽውሃት ፍልጠቱ ካብ ምርዋይ ዝተላዕለ።

ሰመረ ልምዓታው ስራሓት ምእንቲ ክዕወት እንታይ ክግበር ከም ዘለዎ እኩብ መትከላት ኣቕሪቡ ኣሎ። ኣብ'ቲ ካልኣይ ክፋል ናይ'ዛ መጽሓፍ ድማ፡ ምሕደራ (governance) ወሳኒ ባእታ ናይ ዕዉት ልምዓታዊ ስራሕ ምዃኑ የጉልሕ። ሰናይ ምሕደራ ንክህሉ፡ ትካላትን ትካላዊ ኣሰራርሓ፡ ግዝኣተ ሕጊ፡ ግሉጽነት፡ ተሓታትነት፡ ዝወሓደ ወይ ዜሮ ብልሽውና፡ ናጻ ፕረስ፡ ቅኑዕን ክፉትን ዘተ፡ ተጻራሪ ሓሳባት ናይ ምቕባል ክእለት፡ ከምኡ እውን ፍልልያት ብሕውነታዊ መገዲ ዝፈትሕ ኣገባብ ክህሉ ይግባእ

ይብል። መሰረታት ሰናይ ምሕደራ፡ ዝተማህረን ተሳትፎኡ ዘዕዝዝን ህዝቢ ዘጠቓልል ኢዩ፡ እዚ ማለት ከኣ ንኩሉ'ቲ ህዝቢ፡ ጾታን ብሄርን ሃይማኖታዊ እምነትን ብዘየገድስ። ከምኡውን ነቶም ኣብ ከተማታትን ገጠራትን ዝርከቡ ህዝብታት ዘጠቓልል ኢዩ።

ሰመረ፡ ብሞያኡ፡ ኣብ ዝተፈላለያ ሃገራት ዓለም ሰሪሑ ኢዩ። ክፉትን ግሉጽን ስርዓተ ምሕደራ ኣብ ዝህልወሉ እዋን ምዕባለ ክመጽእ ከም ዝኽእል ናይ ዓይኒ ምስክር ኢዩ። ብኣንጻሩ ድማ ሰናይ ስርዓተ ምሕደራ ኣብ ዘይህልወሉ ወይ ብሓደ ሰልፊ ወይ ግርማ ሞጎስ (charisma) ዘለዎ ሓያል/ዲክታተር ኣብ ዝመሓደራ ሃገራት፡ ዋላ ጸጋታት ይሃሉወን ከም ዝፈሸላ ርኢዩ ኢዩ። ብመሰረት'ቲ ኣብ ዓውዲ ልምዓት ዝገበሮ ኣስተዋጽኦ፡ ድሌትን ትምኒትን ዝመሰረቱ ቁጠባውን፡ ፖለቲካውን ማሕበራውን ለውጢ ካብ ደገ ብለገስቲ ዝትግበር ኣይኮነን፡ እንታይ ደኣ፡ ካብ ውሽጢ ሃገር፡ ካብ መንግስትን ካብ ውሽጢ'ቲ ህዝብን ብሓባር ክመጽእ ኣለዎ በሃሊ ኢዩ። ምወላ ለገስቲ ከም መበገሲ ንለውጢ ተራ ክህሉዎ ይኽእል ኢዩ፡ ግን ነቲ ለውጢ ክመርሖ ኣይክእልን። ሰመረ ነቲ ኣብ ኤርትራ ዘሎ ታሪኽን ህሉው ኩነታትን ክገልጽ እንከሎ ነዛ ነጥቢ'ዚኣ ኣዝዩ ኢዩ ዘስምረላ።

"ረዚን ዋጋ ዝተኸፍሎ ናጽነት ኤርትራን ዝተጠልመ መብጽዓን" ብቐሊሉ እትንበብን መሳጢትን መጽሓፍ ኢያ። ሰንበት ምሸት እየ ጀሚረያ፡ ሰኑይ ፍርቂ መዓልቲ ድማ ወዲአያ። ሰመረ፡ ታሪኽ ይትርኽ ኣሎ፡ ብዙሓት ታሪኻት ኣቀናቢሩ ጽቡቕ ጌሩ የቕርቦም። እቲ ጽሑፍ ከም ማይ ይውሕዝ፣ ብዛዕባ ዝተሓላለኸ ፖለቲካዊ ኩነታት ምጽሓፍን ምስ ውልቃዊ ትረኻታት ናይ ምትእስሳርን ክእለቱ ተደማሚሩ ነታ መጽሓፍ ደራኺትን መሳጢትን ገይሩዋ ኣሎ።

እዛ ሕታም'ዚኣ ናይታ ቀዳመይቲ ዝተመሓየሸት ሕታም ኢያ። ኣብዛ ሕታም'ዚኣ ደራሲ ብዛዕብ ውልቃዊ ህይወቱ (ብዛዕባ ቀዳሞት ዓመታትን ኣተዓባብያኡን) ኣስፊሑ ይዛረብ። ከምኡ እውን ብዝተማልአ መገዲ ትንታነ ዘድልዮምን ዝግብኦምን ኣገደስቲ ጉዳያት ተወሳኺ ሓበሬታ የቕርብ። እቲ ተወሳኺ ሓበሬታ፡ ነቲ ካብ'ቶም ዝያዳ ክፈልጡ ባህጊ ዘለዎም ቀዳሞት ኣንበብቲ ዝቐረበ ሕቶታት ንምምላሽ ዝተወሰኸን ዝዓለመን ኢዩ። ብናተይ ርእይቶ፡ እዚ ብዛዕባ ባህርያት ሰመረ ግሩም መግለጺ ኢዩ፡ ማለት ከም'ዚኦም ዝኣመስሉ ናይ ኣንበብቲ ርእይቶታት ብዕቱብ መገዲ ምውሳዱን መልሲ ንምሃብ ድማ ጻዕሪ ምግባሩን ክነኣድ ዘለዎ ጉዳይ ኢዩ።

ናይ ቀረባ ታሪኽ ኤርትራ፡ ኣብ ኣመሪካን ምዕራብን ብተዛማዲ ዘይፍለጥ ምኽኑ ምግንዛብ ኣገዳሲ ኢዩ። ጽሑፋት ሰመረ፡ ኣብዛ መጽሓፍን ቅድሚኡ ኣብ ዘቕረቦም ሓተታታትን፡ ነቲ ኣብ'ታ ስትራተጂዊት ሃገር ክህሉ ዘለዎ ኣቓልቦ ይእምት። ኣብ ቀረባ

እዋን፡ ከም’ቲ ሰመረ ዝብሎ፡ ኣብ መሪሕነትን ስርዓተ ምሕደራን ኤርትራ ለውጢ ክመጽእ ይኽእል ኢዩ። እታ ሃገር፡ ኣብዚ ሕጂ ዘላቶ ኩነታት ብኸመይ ከም ዝበጽሐት ምፍላጥ፡ ታሪኻ ምፍላጥ፡ ንሓንጸጽቲ ፖሊሲ ኣመሪካ፡ ኣብ ኤርትራ፡ ከምኡ እውን ኣብ ጎረባብታ ንዝህሉ ለውጢ ብኸመይ ምላሽ ከም ዝህቡ ኣብ ዝዘራረቡሉ እዋን፡ ወሳኒ ከኸውን ኢዩ። እዚ ፍልጠት’ዚ፡ ንቐጻሊ ወለዶ ኤርትራውያን ዜጋታት እውን ነቲ ሓድሽ ክውንነቶም ንክርድኡን ብኸመይ ኣገባብ ንቕድሚት ከም ዝጎዓዙ ንክፈልጡን ክጠቕሞም እዩ።

“ረዚን ዋጋ ዝተኸፍሎ ናጽነት ኤርትራን ዝተጠልመ መብጽዓን" እታ ብዳምቢሳ ሞዮ እተደርሰት "ምዉት ረድኤት" ዘርእስታ መጽሓፍን ኣብ ስነ ጽሑፍ ኣህጉራዊ ልምዓት ኣገዳሲ ኣበርክቶ ገይረን ኢየን። ሰመረ፡ ኣብ ሓንቲ ሃገር ትኹረት ብምግባር፡ ልምዓት ምስ ፖለቲካን ምሕደራን ዘለዎ ምትእስሳር ኣቓልቦ ስለ ዝህብ ነታ መጽሓፍ ኣገዳሲት ይገብራ። ብተወሳኺ፡ ነታ መጽሓፍ ደራኺት ዝገብራን ነቲ ዛንታ ሓይሊ ዝህቦን ናይ’ቲ ደራሲ ውልቃዊ ተመክሮን ርእይቶታትን ኢዩ።

ጀሮልድ ኪልሰን
ሓባራዊ መስራቲ ማእከል ታሪኽ ልምዓት
ፕሮፌሰር ኣብ ዩኒቨርሲቲ ኣመሪካ
ላዕለዋይ ኣማኻሪ ኣህጉራዊ ልምዓት
10 ነሓሰ 2024

መቕድም

ገለ ኣዋርሕ ድሕሪ ምዝርጋሕ ቀዳመይቲ ሕታም ናይዛ መጽሓፍ፡ ካብ ኣንበብቲ ብርክት ዝበሉ ኣገዳስቲ ርእይቶታት ብምርካበይ ዕድለኛ እየ። ክቡር ግዜኦም ንዘወፈዩለይ ኣንበብቲ ድማ በዚ ኣጋጣሚ ከመስግኖም እደሊ። እዞም ርእይቶታት ኣብ'ቲ መጽሓፍ ዝተዘተየሎም ዛዕባታት ብዕምቆት ንክድህሰስን ንከመሓይሽን ኣኺሊሎምኒ ኢዮም።

ገለ ኣንበብቲ ኣብ ገለ ዝተወሰኑ ምዕራፋት ዝያዳ ትንተና ከም ዘድሊ ኣመልኪቶም። ገለ፡ ዕሽሽ ንእተባህለሎም ከፋላት ወይ ብኣዕጋቢ መገዲ ዘይተዳህሰሱ ኮይኖም ንዝተሰምዕዎም ኣርእስታት፡ ብዝያዳ ክሰፍሑን ክግለጹን ተማሕጺኖም። ገለ ኣንበብቲ ድማ ንሓደ ሓደ ዘቕረብኩዎም ስነ ሞጎታት መርትዖታት ንምሃብ ዝዓለሙ ዝያዳ ውልቃዊ ትረኻታትን ሓበሬታታትን ምውሳኽ ኣገዳሲ ምዃኑ ኣስሚሮሙሉ። ብተወሳኺ፡ ንንእስነተይ ወይ ንኣተዓባብያይ ዝድህስሱ ሓበሬታታት ኣብ'ቲ ጽሑፍ ክስፍሮ ርእይቶ ተዋሂቡኒ፣ ምኽንያቱ ድማ ኣተዓባብያይ ንዝቐጸሉ ምዕራፋት ህይወተይ ኣብ ምቕራጽ ኣበርክቶ ነይሩዎም ክኾኑ ይኽእሉ እዮም ኢሎም ስለ ዝኣመኑ ኢዩ።

ነዚ ሃናጺ ግብረ መልሲ ዕግበት ብዘለዎ መገዲ ንምምላስ፡ ብትግሃት ሰሪሐ እየ ክብል እኽእል። ነዛ ካልኣይቲ ሕታም መጽሓፈይ ናብ ኣንባቢ ከቕርብ ከለኹ ዝስምዓኒ ሓጎስ እምበኣር ወሰን የብሉን። እዛ ዝተመሓየሸት ሕታም'ዚኣ ነቶም ዝተፈላለዩ ጋጋት ብምምላእ፡ ንኣንበብቲ ዝያዳ ዝሃብተመ ናይ ንባብ ተመክሮ ከተቕርብ ሃቐነ ትገብር። እዛ ካልኣይ ሕታም'ዚኣ ትጽቢት ክቡራት ኣንበብተይ ዘማልአት ክትከውን ድማ ተስፋ እገብር።

ኣብዛ መጽሓፍ'ዚኣ፡ ክንዮ'ቲ ንሃገራዊ ልኡላውነትን ግዝኣታዊ ሓድነትን ንምርግጋጽ ዝተኻየደ ቃልሲ፡ ኣብ'ዚ ቃልሲ ዝተቐልቀሉ ኣገደስቲ ዝኾኑ ዝተፈላለዩ ታሪኻውያን ምዕራፋት ብዕምቆት ክምርምርን ክትንትንን ፈቲነ ኣሎኹ። ምንቅስቓስ ናጽነት ከም ቀንዲ ዕላምኡ፡ ማሕበራዊ ፍትሒ ምርግጋጽ ዘማእከለ ብሰፊሕ ራእይ

ዝተመርሐ ወይ ዝተደረኸ ፖለቲካዊ ወፍሪ ወይ ተበግሶ ኢዩ። ብመሰረቱ፡ እቲ ምንቅስቓስ መሰረታዊ ሰብኣዊ መሰላት ንምርግጋጽ ዝዓለመ ኮይኑ፡ መሰል ዝሓሸ ህይወት፡ መሰል (ብዘይ ፍርሕን ናጻ ብዝኾነ መገድን) ሓሳብካ ምግላጽ፡ መሰል ምውዳብን ኣብ ፖለቲካዊ ውድባት ምስታፍን፡ ፍትሓውን ምዕሩይን ማሕበራዊ ኣገልግሎት ናይ ምርካብ መሰል፡ መሰል ቁጠባዊ ዕግበትን ዕብየትን (gains)፡ መሰል ሃይማኖታዊ ናጽነት፡ መሰል ምምዕባልን ምዕቃብን ባህልታት ሕብረተሰብ፡ መሰል ምንባርን ህይወትካ ከም ምርጫኻ ምምራሕን፡ ምዕቃብ ግዝኣተ ሕጊ፡ ከምኡ እውን ፍልልያት ብልዝብ ኣብ ምፍታሕን ብሓባር ዝንበረሉ መገዲ ሃሰው ኣብ ምባልን እውን ዝሃቀነ ኢዩ። ኣብ'ዚ ከይተሓጽረ፥ ምስ ጎረባብቲ ሃገራት ኣብ ስኒትን ምትሕግጋዝን ዝተመስረተ ዝምድናን ሓባራዊ ህይወት ንምምዕባልን ዝዓለመ ኢዩ። እዞም ኣብ ላዕሊ ዝተጠቕሱ ዕላማታት ተማሊኦም ዲዮም ኣይተማልኡን ንዝብሉ ሕቶታት ኢያ እምበኣር እዛ መጽሓፍ ክትምልሶም እትፍትን።

ምልካዊ ስርዓት ዘይተርፍ ሳዕቤን ምንቅስቓስ ናጽነት ዲዩ ነይሩ ወይስ ነቲ ሕጂ ኣብ ኤርትራ እንዕዘቦ ዘለና ተርእዮ ንምፍዋስ፡ መከላኸሊ ስጉምትታት ክውሰድ ይከኣል ነይሩ ኢዩ ንዝብል ሕቶ እውን ኣብዛ መጽሓፍ ክምልሶ ፈቲነ ዘለኹ ጉዳይ ኢዩ። ኣብ መወዳእታ፡ እቲ ትንተና፡ ካብ'ቲ ሕሉፍ ጠቓሚ ምህሮታት ብምቕሳም ኣብ መጻኢ ተመሳሳሊ ጌጋታት ንከይፍጸሙ ጥንቃቐ ንምዝውታር ዝዓለመ እውን ኢዩ።

ኣብ ትንታነታተይ፡ ብዝተኻእለ መጠን፡ ውድዓዊ ክኸውን እፍትን። ኣብ ክንዲ ኣብ ዝተሓላለኹ ንኣሽቱ ታሪኻዊ ፍጻመታትን ተረኽቦታትን ምትኳር፡ ኣብ ኣተረጓጉማ (interpretation) ናይ ኣገደስቲ ፍጻመታት ኣቃልቦ ክህብ እፍትን። እቲ ቀንዲ ዕላማ፡ ኣብ ናጽነታዊ ጉዕዞ'ታ ሃገር ጽልዋ ዝገበሩ ኣገደስቲ ውዕሎታትን ተኸቲሎም ዝመጽኡ ሳዕቤናትን ብዝምልከት ዝተፈላልለዩ ተኣፈፍቲ ሕቶታት ንምምላሽ ኢዩ።

ኣብ'ቲ "ስለምንታይ" ዝብል ናይ'ቲ ፍጻመታት ቅደም ተኸተል ትኹረት ክገብር እየ። ከመይሲ እዚ ታሪኻዊ ዋሕዚ'ዚ፡ ሃገር ናበይ ገጻ ከም ዘበለት ዝእምት ኮይኑ ክረክብ ስለ ዝኽእል። ብዘይካ'ዚ፡ ጽልዋ ማሕበረቁጠባዊ ኣቃውማ ሕብረተሰብ ኤርትራን (ናቱ ፍልቀትን) እንታይነት ናይ'ቲ ኣብ ውሽጢ'ቲ ሕብረተሰብ ዘሎ ናይ ለውጢ ሓይልታት (dynamic)፡ ከምኡ እውን ጽልዋ ኣህጉራዊ ዓለማዊ ስርዓት፡ ማለት ጂኦፖለቲካዊ ኩነታት፡ ክምርምር እየ። ተራ ግዳማዊ ፖለቲካዊ ጽልዋታት ኣብ ምቕራጽ ሃገራውን ዞባውን ፍጻመታት እውን ክድህሰስ እየ። ብኻልእ ኣዘራርባ፡ ንገለ ታሪኻዊ ፍጻመታት ብዝምልከት ምስ'ቲ "ስለምንታይ" ዝብል ሕቶ ዝዛመዱ ጉዳያት ዝምልሽ ስለ ዝኾነ።

ካብ'ዚ ሓሊፉ፡ እታ መጽሓፍ ነዚ ታሪኻዊ ጉዕዞ ኣብ ምቕራጽ፡ ተራ ናይ ከም በዓል ፕረሲደንት ኢሳይያስ ኣፍወርቂ ዝኣመሰሉ ውልቀ ሰባት ክትድህስስ ኢያ። እቲ ሓላፍነት፡ ኣብ ሓባራዊ ወይ ውልቃዊ ኣእዳው ምንባሩ እውን ክትምርምር ክትፍትን ኢያ።

እዛ መጽሓፍ፡ ንግዜ ዝምልከት ሕቶ እውን ከተልዕል ኢያ - ናይ ገለ ፖለቲካዊ ምዕባለታት ርድኢት ንምምዕባል ስለምንታይ ክንድ'ዚ ግዜ ወሲዱ ንዝብል ሕቶ እውን ክትምልስ ክትፍትን እያ። እቶም ኩነታት ጌና ከይሳዕረሩ ከለዉ ምክልኻል ክግበር ይከኣል ነይሩ ኢለ ኣብ ዝካትዓሉ እውን ድማ ነቶም ዕላማታት ንምዕዋት ስትራተጂታት ከቕርብ፡ ከምኡ እውን ካብ ዝሓለፈ ተመክሮታት ኣየኖት ምህሮታት ክቕሰሙ ከም ዝኽእሉ ከጉልሕ እየ።

ዝተፈላለዩ መጻሕፍትን ሓተታታትን ካልኦት ናይ ሓበሬታ ምንጭታትን ከም መወከሲ ኣብ ልዕሊ ምጥቃም፡ ከም ኣባል ህዝባዊ ግንባር ሓርነት ኤርትራ ነበር ኣብ ግዜ ቃልሲ ዘኻዕበትኩዎ ፍልጠትን ተመክሮን እውን ኣብ ትንተናታተይ ክጥቀመሎም እየ።

ህይወት ናይ ሓደ ተጋዳላይ እየ ዝነብር ነይረ። ናይ ሳሕል፡ ጋሽ ባርካ፡ ሰምሃር፡ ሰንሒት፡ ሓማሴን፡ ኣከለጉዛይ፡ ሰራየን ዳንካልያን ኣየር ብዝግባእ ኣተንፊሰ እየ። ኣብ ዝተፈላለየ ኩነታት እውን ተፈቲነ። ምስ ህዝባዊ ግንባር ኣብ ዝነበርኩሉ እዋን፡ ፖለቲካውን ማሕበራውን ተነጽሎን ውልቃዊ ጸለመን ኣጋጢሙኒ ኢዩ። እቲ ብቐጥታ ዘዋህለልኩዎ ናይ ባዕለይ ተመክሮ፡ ኣብ'ቲ ትንታነ ንዝህሉ ባዕላውነት ንኩድል ወይ ንክንኪ ድማ የኽእለኒ'ዩ ኢለ ይእምን።

ዕስራን ኣርባዕተን ዓመት ካብ ዕድመይ ንዕላማ (ዓሰርተ ሽውዓተ ዓመት ኣብ ሜዳ፡ ሸውዓተ ዓመታት ድማ ድሕሪ ናጽነት) ወፍሪ ሃገራዊ ምስረታን ምሕብሓብን ሃገር ግዜይ ወፍየ። ድሕሪ ናጽነት ኤርትራ፡ ክሳዕ ብ 1998 ዓ.ም. ካብታ ሃገር ዝወጽእ፡ ኣብ ሚኒስትሪ ትምህርቲ ኣብ ክፍሊ ውጥንን ልምዓትን ከም ኣካያዲ ስራሕ ኮይነ ኣገልጊለ። በቲ ዝነበረንን ዘለንን ተመክሮን ምስ ዝተፈላለዩ ሰባት ዝነበረንን ዘለንን ርክባትን፡ ርእይቶታተይ ኣብ ክውንነት ዝተመስረቱን ምዙናትን ከም ዝኾኑ ጥርጥር የብለይን። እቲ ምስ ገዳይም ብጾተይ ዘለኒ ርክባት፡ ኣብ'ቲ ህሉው ኩነታት ቀጻሊ ኣፍልጦ ንክህልወኒ ክሳዕ ሕጂ ይሕግዘኒ ኣሎ። በብእዋኑ ንዝቕልቀሉ ምዕባሌታትን ወድዓዊ ርድኢትን ንክህሉወኒ ድማ ይረድኡ።

ብትምህርታዊ ውጥናን ምሕደራን ናይ ዲፕሎማ ምስክር ወረቐት፡ ብዘላቒ ልምዓትን ኣህጉራዊ ዲፕሎማሲን ድማ ናይ ማተርስ ዲግሪ ድሕሪ ምምራቐይ፡ ንዝተፈላለዩ ኣህጉራውያን ትካላት፡ እንተላይ ንውድብ ሕቡራትሃገራትን (UN) ንኤጀንሲ ኣህጉራዊ

ልምዓት ሕቡራት መንግስታት ኣመሪካን (USAID) ብዝተፈላለየ ጽፍሕታት ከገልግል ዕድል ረኺበ። እዚ ንልዕሊ ዕስራን ሓሙሽተን ዓመታት ዝኣከብኩዎ ተመክሮ፡ ኣብ 1998 ዓ.ም. ነታ ዝፈትዋ ዓደይ ለቒቐ ድሕሪ ምውጻአይ ኢዩ። ሞያ ኣህጉራዊ ልምዓት፡ ናብ ዝተፈላለየ ኩርንዓት ዓለም፡ ከም ኣፍሪቃ፡ ማእከላይ ምብራቕ፡ ደቡባዊ ምብራቕን ማእከላይ ኤስያን ካልኦትን ከም ዝኸይድን ንኩነታተን ከም ዝቃላዕን ገይሩኒ ኢዩ። እዚ ተመክሮ'ዚ ነቲ ኣብ ዝተፈላለዩ ፖለቲካውን ልምዓታውን ጉዳያት ዘለኒ ኣህጉራዊ ኣረኣእያ ብዓቢኡ ጸልዩዎን ኣስፊሑዎን ኢዩ። ስለዚ፡ ክጽሕፍ ከለኹ ካብ'ዚ ንነዊሕ ዓመታት ዝደለብኩዎ ፍልጠትን ተመክሮን ብምብጋስ ኢዩ። ኣብ'ዚ ከይተሓጸርኩ፡ ኣብ ልዕሊ እቶም ናብ'ዚ ሕጂ ዘሎ ህሞት ዘምርሑ ፍጻመታት (ምርጫታትን) ንዓመታት ብቕንዕና ድሕሪ ምግምጋምን ምሕሳብን እውን ኢዩ።

ይኹንምበር፡ ታሪኽ በቲ ሓደ ሰብ ንፍጻመታት ዝህቦ ኣተረጓጉማ ምጽላዉ ዘይተርፍ ምኽኑ ምእማን ኣገዳሲ ኢዩ። ኣብ ኢድካ ዘሎ ዓይነትን ዓቕንን ሓበሬታ ብዘየገድስ፡ እዞም ሓቅታት ብኸመይ ይትርጎሙ? ኣብ መንጎኦም ዘሎ ዝምድናታት ከመይ ይመስል? እቶም ፍጻመታት ኣብ ከመይ ዝኣመሰለ ኩነታት ኢዮም ተጋሂዶም? ንዝብሉ ሕቶታት ክትምልስ ከለኻ ዳርጋ መብዛሕትኡ ግዜ ናብ ውልቃዊ ወገናውነት (bias) ትዝምብል ኢኻ። ብመሰረቱ፡ ታሪኽ፡ ናይ ኣረኣእያ (perspective) ጉዳይ ኢዩ፡ ምኽንያቱ ውልቀ ሰባት ነቲ ሕሉፍ ካብ ናይ ውልቆም ኣረኣእያን ክብርታትን ርእዮተ ዓለምን ተበጊሶም ኢዮም ዝትርኹዎም። ከምኡ ስለ ዝኾነ ድማ ካብ ከም'ዚ ዝበለ ወገናውነት ፈጺመ ናጻ እየ ክብል ኣሸጋሪ ኣዩ። ይኹን'ምበር፡ ንእምነታተይን ተመክሮታተይን ርእይቶታተይን ብዝምልከት ብግልጺ ከካፍል ምኽኒይ ንኣንባቢ ከረጋግጽ እደሊ። ዘይከም'ቶም ዝበዝሑ ኣባላት ህዝባዊ ግንባር ነበር፡ "ኣነ" ዝብል ተውላጠ ስም ምጥቃም ኣየሕፍረንን ኢዩ። እዚ ውልቃዊ ታሪኸይ እዩ፣ ብሓቀኛን ምዙንን መገዲ ከቕርቦ ድማ ከህቅን እየ።

እዛ መጽሓፍ'ዚኣ፡ ብዛዕባ ናጽነት ኤርትራ፡ ዕሙቕ ዝበለን ደራኺን (thought provoking) ትንተና ከተቕርብ ትጽዕር። እቲ ጽሑፍ ነቲ ታሪኻዊ ምዕባለታትን ዝተሓላለኸ መርበብ ረቛሒታትን ንምብራህ ዝዓለመ ኮይኑ፡ ኣብ'ቲ ዝያዳ ተስፋ ዘለዎ መጻኢት ሃገር ኣበርክቶ ክገብር ዝኽእል ራኢታት ንምቕራብ ከኣ ከም ዕላማ እወስዶ። እዛ መጽሓፍ'ዚኣ ገለ ሰባት ንምልዓሎም ዝፈርህዎም ወይ ኮነ ኢሎም ዝንስዩዎም (መብዛሕትኡ ግዜ ብሰንኪ ውልቃዊ ወገናውነት ወይ ድማ ብሰንኪ ገለ ልምዳዊ ኣተሓሳስባ) ጉዳያትን ርእይቶታትን ብተኸታታልን ብዘይ ቀልዓለምን ከተልዕል እያ። መኣረምታ ንምቕባል ክፉት እየ፡ ዝያዳ ኣእማኒ ወይ ኣማራጺ ኣረኣእያታት እንተ ተዋህበ ድማ ብሓጎስ እቕበሎ። ኣብ'ቲ ብመንፈስ ጭውነትን ቅንዕናን ዝካየድ ክትዕን ልዝብን እየ ዝኣምን።

ሓደ ሓደ ግዜ፡ ድሕነት ናይ'ቶም ሓበሬታ ዝሃቡኒ ሰባት ንምሕላው፡ ምንጭታተይ ከይገልጽ ክመርጽ እኽእል እየ። እዚ ምርጫ'ዚ ብፍላይ ኣብ'ቲ ድሕነት ውልቀ ሰባት ብቐሊሉ ኣብ ሓደጋ ክወድቕ ዝኽእለሉ ኩነታት ምኽኑ ርዱእ ኢዩ።

ሓሓሊፈ፡ ኣድላዪ ኮይኑ ኣብ ዝረኣየሉ እዋን፡ ንሞጒተታተይ ወይ ትንታነታተይ ንምድራዕ ካብ ዝብል እምነት፡ ትረኻዊ መርትዖታት (anecdotes) ከቕርብ እየ። እዞም ትረኻዊ ጸብጻባት ብፍላይ ንገለ ግምታት ንምድጋፍ ብመርትዖታት ንምስናይ ዝዓለሙ ኮይኖም ቅድሚ ሕጂ ንዝኾነ ሰብ ዘይተገልጹ ክኾኑ ይኽእሉ ኢዮም።

እዛ መጽሓፍ'ዚኣ፡ ነቲ ናይ ትረኻ ቅደም ተኸተልን ምስ'ቲ ካብ'ዞም ፍጻመታት ዝተለለዩ ቴማዊ ዳህሳሳት ብምውህሃድ ዝተቐናበረት ኢያ። ኣንበብቲ፡ ነዞም ቴማታት መሰጥቲ ወይ ስሓብቲ ኮይኖም ክትረኽብዎም ድማ ተስፋ እገብር። እቶም ርእሶም ዝኽኣሉ ዝመስሉ ምዕራፋት ንሓድሕዶም ዝመላልኡን ዝተኣሳሰሩን ምኻኖም ክፍለጥ ድማ ይግባእ። እዞም ምትእስሳራት'ዚኣቶም ኣብ ምሉእ መጽሓፍ ብኸመይ ንሓድሕዶም ከም ዝጻላለዉ ክገልጽ ክፍትን እየ።

እዛ መጽሓፍ'ዚኣ ንኣካዳምያዊ ዕላማ ተባሂላ ኣይተደርሰትን። ንሰብ ሞያ ጥራይ ዘይኮነ፡ ንኹሉ ግዱስ ኣንባቢ ተባሂላ ዝተዳለወት ኢያ። ብንጹርን ቀሊልን ኣገባብ ዝተጻሕፈት ኮይና፡ ዝኾነ ግዱስ ኣንባቢ ኣብ'ታ ኣብ ሓደ እዋን ኣብ ኣፍሪቃ "መብራህቲ ተስፋ" ተባሂላ ትንኣድ ዝነበረት ንእሽቶ ሃገር ዝተጋህደ ዝተሓላለኸ ፍጻመታት ንምርዳእ እውን ከተኽእሎ ኢያ ኢለ ይእምን።

እዛ መጽሓፍ'ዚኣ "ገለ ገለ ሓሳባት ንመጻኢ" ዘርእስቱ ምዕራፍ (ካልኣይ ክፋል ምዕራፍ 9) ከህሉዋ ኢዩ። ኣብ'ዚ ከኣ እየ ብዛዕባ'ቲ ኣብ'ታ መጽሓፍ ዝተባህለ ኩሉ መጠቓለሊ ርድኢተይን ሓሳባተይን ዘካፍለሉ። እዛ ምዕራፍ'ዚኣ ንገለ ካብ ታሪኽ ዝተቐስሙ ምህሮታት ከጉልሕን፡ መንእሰይ ወለዶ ንመጻኢት ኤርትራ ኣብ ምቕራጽ ኣብ ግምት ከእትዎም ዘድሊ ገለገ ለበዋታት ከተቕርብን ኢያ።

እዛ መጽሓፍ ሰለስተ ክፋላት ዘጠቓለለት ኢያ። ቀዳማይ ክፋል፡ ሸሞንተ ምዕራፋት ዝሓቖፈ ኮይኑ፡ ነቶም ኣብ'ቲ ናይ ናጽነት ምንቅስቓስ - ኣርብዓታት ክሳዕ መጀመርያ ተስዓታት - ዝተኸስቱ ምዕራፋት ታሪኽ፡ ትንተናዊ መብርሂ ክህብ ፈተነ ይገብር። ብድሕሪ'ዚ ዝመጽእ ነቶም ትሽዓተ ምዕራፋት ዝሓዘ ካልኣይ ክፋል ኢዩ። ኣተኩሮኡ ኣብ ፖለቲካውን ቁጠባውን ማሕበራውን ጀኦፖለቲካውን ምዕባሌታት ድሕረ ናጽነት ኮይኑ፡ ንዝተፈላለዩ ሕቶታት ንምምላስ ብመርትዖታት ዝተሰነዩ ትንታነታት የቕርብ። ነቲ ስርዓት ንምግላጽን ኩለንተናዊ ባህርያቱ ንምፍታሽን እውን ብመንጽር ሓደ ሓደ ኣብ'ዚ ዓውዲ'ዚ ዕሙቕ ዝበሉ መጽናዕትታት ዘካየዱ ምሁራንን ከኢላታትን ንሳቶም ዝገበርዎም

ዳህሳሳትን ከርኢ ይፍትን። እቲ ሳልሳይ ክፋል፡ ጥማዕ ናይ ኣተዓባብያ ዝኽርታተይን ገድላዊ ተመክሮታተይን (ብፍላይ ድማ ብዛዕባ ተመክሮይ ኣብ ህዝባዊ ግንባር) ዝሓቑፍ ኢዩ። ሽድሽተ ምዕራፋት ድማ የጠቓልል። ኣወዳድባ ናይዞም ምዕራፋት፡ ካብ'ቲ ብእንግሊዝኛ ዝተጻሕፈ መጽሓፍ ቁሩብ ይፍለ እዩ። በዞም ዝስዕቡ ምኽንያትት፥

ኣነ፡ ኣብ'ቲ ብእንግሊዝኛ ዘሕተምክዎ መጽሓፍ፡ ቁሩብ ካብ'ቲ ልምዳዊ (conventional) ኣገባብ ውጽእ ኢለ እየ ክቐርቦ ፈቲነ። እዚ ማለት ድማ፡ ኣብ ክንዲ ብድሓረ ባይታ ምጅማር፡ ብቀጥታ ናብ'ቲ ቁምነገር (ትንታነኣዊ ሓተታ ብዛዕባ ህሉው ኩነታት ኤርትራን ኣመጻጻኡን) እየ ክኣቱ ፈቲነ። እዚ ድሕሪ ምግባር፡ ተመሊሰ ነቲ ታሪካዊ መሰርሕ ክርኢ ሃቂነ። ንኣንባቢ ኣሰልቻዊ ምእንቲ ከይከውን ድማ ሓሓሊፈ ናተይ ውልቃዊ ተመክሮታት ከካፍል ፈቲነ። እዚ፡ በቲ ሓደ ወገን እታ መጽሓፍ ከም ሓንቲ ምርምራዊት ጽሕፍቲ ጥራይ ኮይና ንከይትርአ ካብ ምጥንቃቕ ዝነቐለ ኢዩ ነይሩ። በዚ ኮይኑ በቲ፡ ብርክት ዝበሉ ኣንበብቲ፡ እዛ መጽሓፍ'ዚኣ ብትግራኛ ናይ ምትርጓማ ውጥን እንተ ድኣ ኣሎ ኮይኑ፡ ነቲ ልምዳዊ ኣገባብ ተኸቲላ ክትጽሓፍ ተላቢዮም። ኣወዳድባ ናይዛ መጽሓፍ ካብታ ብእንግሊዝኛ ዝተጻሕፈት ፍልይ ዘብላ እምበኣር፡ በዚ ኣብ ላዕሊ ተጠቒሱ ዘሎ ምኽንያት እዩ። ካልእ ኣብዚ ከይተቐስኮዎ ክሓልፍ ዘይደሊ፡ እቶም ኣብዛ ብትግራኛ እትቐርብ ዘላ መጽሓፍ ዝወሰኽክዎም ሓደስት ምዕራፋትን ሓደስቲ ሓተታትን ኢዩ። ብርክት ዝበሉ ከኣ ኢዮም። ኣንባቢ ጠቐምቲ ኮይኖም ንክረኽቦም ድማ በዓል ምሉእ ተስፋ ኢየ።

ብቐንዱ፡ እዛ መጽሓፍ'ዚኣ ከም ናይ መርገጺ ሰነድ (position paper) ወይ መግለጺ እምነታተይ ኮይና እያ ከተገልግል ዝጽበያ። ኩሎም'ቶም ዘቕርቦም መግለጺታት ድማ ኣብ'ቲ ኣብ'ቶም ዝሓለፉ ዓመታት ዘገም ኢለ ዝኹስኮስኩዎን ዘማዕበልኩዎን ፖለቲካዊ እምነታትን መትከላትን ስርዓተ ክብርታትን ዝተመስረቱ ኢዮም።

እዛ መጽሓፍ'ዚኣ፡ ኣብ ክንዲ'ቶም በቲ እተፈጸመ በደል ኣዚዮም ዝጠዓሱ ፈተውቲ ፍትሒ ዝኾኑ ደቂ ሃገር፡ ንኣይ ወሲኽካ፡ ነቶም እተጠልሙ ኤርትራውያን ይቕረታ ንምሕታት እውን ተገልግል። ኦ ክቡር ህዝቢ ኤርትራ፥ ኣምሳያ'ቲ ዝኸፈልካዮ ክቡር መስዋእቲ፡ ኣፍልጦን ሽልማትን ይግበኣካ ነይሩ። ክብርን መጎስን'ኳ ክውሕደካ። ህይወትካ ክቐየር ነይርዎ። ጸማ'ኻ ክትክፈል ነይሩካ። በደቅኻ ክትከሓስ ነይሩካ። እቲ ዘሕዝን ግን ኣብ ህይወትካ ሓደ ኣራዊት ኣምጺእናልካ። ብስቓይካ ዝሕጎስ ኣራዊት። ነዚ ድማ ምሉእ ሓላፍነት ንወስደሉ። እዛ መጽሓፍ'ዚኣ፡ ንኹሉ'ቲ ዝከፈልካዮ መስዋእቲ ኣኽቢራ እትነብር ህያብ ትኹን። ካብ'ዚ ጸገም'ዚ ሓያላት ኴንና ከም እንወጽእ ድማ ርግጸኛ እየ።

ኣብ መወዳእታ ክናዘዝን ሓደ ካብ ምስጢራተይ ክካፍልን ኣፍቅዱለይ። ካብ 2000 ዓ.ም. ጀሚረ ብዝተፈላለዩ ናይ ብርዒ ስማት - ከም ዘይነብ ዓሊ፡ ቴድሮስ ተስፋይን ደሃብ ሙሴን - ክጽሕፍጸኒሐ እየ። እቶም ኣብ 2000ታት ኣብ ኤርትራ ፖለቲካዊ ምዕባለታት ዝከታተሉ ዝነበሩ፡ ናይዞም ጽሑፋት ዝኸሪ ከም ዝህሉዎም ርግጸኛ እየ። ትሕዝቶ'ዞም ጽሑፋት'ዚኣቶም ኣብ ቀዳማይ ሕታም ናይ'ዛ መጽሓፍ እውን ቀሪቦም ኣለዉ።

ምስጋና

ነዛ መጽሓፍ'ዚኣ ክውንቲ ንምግባር ዝተኸተልክዎ ጉዕዞ ብርክት ዝበሉ ብሉጻት ውልቀ ሰባት ብዝሃቡዎ መዳርግቲ ዘይብሉ ደገፍን ምኽርን ምትብባዕን ዝሃብተመ ዓሚቕ ጉዕዞ እዩ። ንኹሎም'ቶም ነዚ ስራሕ ኣብ መፈጸምታኡ ንምብጻሕ ኣበርክቶ ዝገበሩ ሰባት ልዑል ምስጋናይ ኣቕርብ።

መጀመርያ ልባዊ ኣድናቖተይ ንኣምባሳደር ኤርትራ ኣብ ሽወደን ዝነበረት - ሕብረት በርሀ - የቕርብ። ንሳ ነቲ ጽሑፍ ብምሉኡ ኣብ ምግምጋም ዝገበረቶ ኣስተዋጽኦን ዝወፈየቶ ግዜን ወሳኒ ኢዩ ነይሩ። ንሓቅታት ብጥንቃቐ ምፍታሻን ልቦና ዝመልኦ ግብረ መልሲ ብምሃብን ዓሚቕ ሕቶታት ብምልዓልን፡ ንትሕዝቶ'ዛ መጽሓፍ ብዕምቆት ኣሀብቲምዎ ኢዩ። ኣንፈት ናይታ መጽሓፍ ብሉጽ ኣብ ምግባርን ዕምቆታ ኣብ ምብራኽን ኣበርክቶኣ ኣገዳሲ ኢዩ ነይሩ።

ብተወሳኺ፡ ንዓርከይን ኣብ ክሪኤቲቭ ኣሶሴይትስ መሳርሕተይን ነበር ንጀሮልድ ኪልሰን ዓሚቕ ምስጋናይ ኣቕርብ፣ ንሱ ንሓንቲ ደቒቕ እውን ከየማትአ ብመሰረት ዘቕረብኩሉ ሕቶ፡ መቕድም መጽሓፈይ ብሓጎስ ምጽሓፉ ኣመስግኖ። ንዶክተር ሻሮን ፍሪማን፡ እታ ክብርቲ ናይ ሞያ መኳዕዝተይን ኣብ ክሪኤቲቭ ኣሶሴይትስ ኢንተርናሽናል መሳርሕተይን ነበር፡ ነቲ ኢደ ጽሑፍ (manuscript) ብዕቱብ መገዲ ብምግምጋማ ልባዊ ምስጋናይ እገልጸላ። እቲ ልቦና ዝመልኦ ግብረ መልሳን ሃናጺ ነቐፌታኣን ንጽሬት'ዛ መጽሓፍ ናብ ክብ ዝበለ ደረጃ ከም ዘደየቦ ዝከሓድ ኣይኮነን። ብተወሳኺ፡ ንዶክተር ሽደን ሰሎሞን፡ ዳዊት መስፍን፡ ሚርያም ዮሃንስ፡ ዶክተር ቶማስ ሰሎሞንን ሰመረ ሃብተማርያምን፡ ነታ መጽሓፍ ብሰፊሑ ኣብ ምግምጋምን፡ ድሕሪ ምዝርጋሓ ድማ ምሳይ ዓሚቕ ምምያጥ ብምክያዶምን ልባዊ ምስጋናይ ይብጽሓዮም። ንሳቶም ብገንዘብ ዘይሽነኑ ርድኢታቶም ብምልጋስ ኣብ ውሽጢ እቲ መጽሓፍ ንዝነበረ ገለ ጋጋት

ንምዕጻውን ንዝተወሰኑ ኣርእስታት ንምስፋሕ ርእይቶ ብምሃብን ዓቢ ተራ ተጻዊቶም ኢዮም።

ንስድራይ - ነታ ዝፈትዋ በዓልቲ ቤተይ ፋይዛ ኣደምን ንዝፈትዎም ደቀይን - ሰብለ፡ ኣይዳ (ዶሪና)ን ሰሚርን - ኣብ ህይወተይ ሓይሊ ኮይኖም ብምጽናሖም ክብረት ይግብኦም'ዩ ይብል። ኣብ'ቲ ናይ'ታ መጽሓፍ ማእለያ ዘይብሉ ሰዓታት ምጽሓፍን ምኽላስን ንዝለገሱለይ ዘይንቕነቕ ደገፍን ዘርኣይዎ ትዕግስትን ምርዳእን መዐቀኒ ዘይብሉ ናይ ምስጋና ዕዳ ኣሎኒ። እቲ ትዕግስቲ ዝመልአ ምትብባዕኦም ኣብ'ቲ ናይ'ቲ ጉዕዞ ኣዝዩ በዳሂ ህሞታት ኒሕ ሂቡኒ። እዚ ድማ ብዛዕባ ጉዕዞይ ርድኢት ንክረኽቡ ከኽእሎም ተስፋ እገብር፤ ቅድሚ ኩሉን ልዕሊ ኩሉን ከም ኣቦ ስድራን ውልቀ ሰብን፡ ድሒሩ ድማ ከም ኣክቲቪስትን ከም በዓል ሞያ ኣህጉራዊ ልምዓትን።

ንኣለይ - ሰብለ ሰመረ ሰሎሞን - ግዜኣ ሰዊኣ ነቲ ናይ እንግሊዝኛ ሕታም ኢደ ጽሑፍ ብዕምቈት ብምርኣያ ብልቢ ኣመስግና። ብናታ ትኩር መኣረምታ፡ ዝኾነ ናይ ሆህያት፡ ናይ ስርዓተ ነጥቢ፡ ወይ ናይ ሰዋስው ጌጋ ከም ዘየለ ተረጋጊጹ። ኣርትዓዊ (ኤዲቶርያል) ርእይቶታታ እውን ኣዝዩ ሓጋዚ ኢዩ ነይሩ። ነቲ ንደቀቕቲ ነገራት ዝሃበቶ ኣቓልቦን ትኹረትን ካብ ምድናቕ ሓሊፈ ዝብሎ የብለይን። እዚ ድማ ነቲ ናይ'ቲ ኢደ ጽሑፍ ሓፈሻዊ ብሉጽነት ኣብ ምዕባይ ኣበርክቶ ገይሩ ኢዩ። ኣብ'ዚ ጻዕሪ'ዚ መሻርኽቲ ስለ ዝኾነት ድማ ከመስግና እደሊ። ናይ'ታ መጽሓፍ ገበር (ዲዛይን) ዝገበረት ሰብለ ኢያ። በዚ እውን ኣመስግና።

ንሓው ኣማኑኤል ሳህለ ክብ ዝበለ ክብርን ኣድናቖተይን ይብጽሖ። ተርጓሚ ናይ'ዛ መጽሓፍ ንክኸውን ድሕሪ ምምራጸይ፥ ፍቓደኛ ጥራይ ዘይኮነስ፡ ብዘደንቕ ክእለትን ጻዕርን ቅልጣፈን ምሳይ እናተሓጋገዘን ለይትን መዓልትን እናሰርሐን ነዛ መጽሓፍ ካብ ቋንቋ እንግሊዝኛ ናብ ትግርኛ ክትርጉማ ምብቅዑ ድማ ደረት ዘይብሉ ምስጋናይ ይብጽሓዮ። ኣማኑኤልን ኣነን እናተቐባበልናን እናተመላላእናን እናተረዳዳእናን ዝተጎዓዝናሉ ፕሮጀክት መዘና ዘይብሉ ተመክሮ ረኺብናሉ። ንጽፈት ወይ ዘይጽፈት ናይ'ቲ ዕማም (ምትርጓም መጽሓፍ) ድማ ክልቴና ብማዕረ ተሓተትቲ ኢና።

ነቶም ዘተባብዑኒ ጥራይ ዘይኮነስ ነቶም ኣብዛ መጽሓፍ ተመክሮታተይን ሓሳባተይን ንክስነድ እሞ ንካልኦት ጠቓሚ ክኸውን ብማለት ዝጸንዑ ውልቀ ሰባት ልባዊ ኣድናቖተይ ይብጽሓለይ። ብዙሓት ናይ ገዛእ ርእሶም ተመክሮን ፍልጠትን ብሓጎስ ብምክፋል ንናይ'ዚ ስራሕ ዕምቆትን ስፍሓትን ብዓቢኡ ኣሃብቲሞሙዎ ኢዮም። ልዕሊ ኹሉ ድማ ነቶም ግዜኦም ወፍዮም ንናይታ መጽሓፍ መጀመርታን ካልኣይን ሕታማት ብምንባብ

ጠቐምቲ ርእይቶታት ዝሃቡን፡ ከምኡ ብምግባር ድማ ንዕምቆታን ጽሬታን ክብ ዘበሉን ኣዝየ ኣመስግኖም።

ሓደ ክይስገርክዎ ክሓልፍ ዘይደሊ ኣገዳሲ ጉዳይ ኣሎ። እታ መጽሓፍ ናብ ውሽጢ ኤርትራ ዝርከቡ መንእሰያት ኣንበብቲ ምስ በጽሐት፡ ሓደ ኣዝዩ ዘገርም ነገር ኣጋጢሙ። እቶም መንእሰያት (ናይ ጽባሕ መራሕቲ) ነታ መጽሓፍ ኣንቢቦም ብሓባር ድሕሪ ምዝታይ፡ ሓደ ንምእማኑ ዘሸግር ድንቂ ዝኾነ ንርእይቶታቶም ዘንጸባርቕ ግብረ መልሲ ልኢኾምለይ። ስለ'ቲ ተገዳስነቶም ድማ ኣዝየ የመስግኖም። ክብረት ይሃበለይ። እዚ፡ ንዓይ ሓደ ኣገዳስን ሞራል ዝህብን ምዕባለ'ዩ። እቲ ሓተታ ነዊሕን ዝርዝራውን'ዩ። ኣብ'ዚ ጥራይ ዝሕጸር ግን ኣይኮነን። ካብ ጫፍ ናብ ጫፍ ቁምንገረ ዝሓዘለ'ዩ። ኩሉ ዘጠቓለለ ድማ ኢዩ፥ ናእዳ፡ ነቐፌታ፡ ርእይቶ፡ መተሓሳሰቢ ወዘተ። ገለ ካብ'ቲ ትሕዝቶ ከም ዘለዎ ኣብ ታሕቲ ከቕርቦ ኢየ፥

> እታ መጽሓፍ፡ ብዘየወላውል መገዲ ደራሲ ብዛዕባ'ቶም መሰረታውያን ጠንቅታት ናይ'ዞም ሎሚ እንርእዮም ዘሎና ሽግራት ዓሚቑ መረዳእታ ከም ዘለዎ ምስክር ኢያ። እዚ ድማ ብዓሚቑ ምርምርን ስነ ጽሑፋዊ ክለሳን (literature review) ብቀዳማውን ካልኣውን ሓበሬታዊ ምንጭታት ዝተደገፈ ምኳኑ'ዩ። እታ መጽሓፍ፡ ንሽግራታና ከም መፍትሒታት ኮይኖም ክገልግሉ ዝኽእሉ ኣዝዮም ጠቓምቲ እንብሎም መተሓሳሰቢታት እውን ኣስሚራትሎም ኣላ።
>
> እዛ መጽሓፍ'ዚኣ ካልኦት ኤርትራውያን ምሁራት (ኣብ ዘዘለዉዎ ናይ ምቾት ዞባታት (comfort zones) ተሓቢኦም ዘለዉን ካልኦት ስቕታ ዝመረጹን) ንቕድሚት ወጺኦም ዛንታታቶ ምስ ካልኦት ክኻረኹ ድርኺት ክትኮኖም ምኳና ኣይንጠራጠርን።
>
> እቲ ትረኻ'ዚ ምስ'ቲ ልዑል ክእለት ኣጸሓሕፋ ደራሲ ተደሚሩ፡ ከም ኣካዳምያዊ መወከሲ ንትካላት ላዕለዋይ ትምህርትን ትካላት ምርምርን ኮይኑ ንክገልግል ዕድላት ከሽፍት'ዩ።
>
> እታ መጽሓፍ፡ ኣዎንታዊ ግብራውያን ስጉምትታት ንክውሰዱ ኣገደስቲ መተሓሳሰብታት ስለ እተቕርብ፡ ነቶም ኣብ ውሽጢ ኤርትራ ዘለዉ ናይ ለውጢ ሓይልታት ዓቢ ድርኺት ክትፈጥረሎም ኢያ። ሓደ ሓደ ምስ'ዞም ኣብ ውሽጢ ኤርትራ ዘለዉ ናይ ለውጢ ሓይልታት ንክይተሓባበሩ ዕቃበ ዘለዎም ውልቀ ሰባት እውን እንተ ኾነ (ብስንኪ ናይ

ተሓታትነት ፍርሒ)፡ እታ መጽሓፍ ብዘቕረበቶ ልቦና ዝመልአ መተዓረቒ ነጥብታት ከማረኹ ስለ ዝኽእሉ ኣብ'ቲ ለውጢ ንምምጻእ ዝግበረ ጻዕሪ ንክተሓባበሩ ድርኺት ክፈጥረሎም ኢዩ።

ነቶም ኣብ ዲያስፖራ ዝረከቡ ኤርትራውያ'ን ብደራሲ ዝቐረበ መተሓሳሰቢታት፡ ዲያስፖራ ኤርትራውያን፡ ፍልልያቶም ብዘየገድስ ብሓባር ኮይኖም ንክሰርሑ ዕድላት ክፈጥረሎም ይኽእል'ዩ።

ራእይ ናይ'ቲ ደራሲ፡ ነቲ ማህሚኑ ዝነበረ ተስፋ ኣብ ልቢ ብዙሓት ዳግም ክኹስኩስ'ዩ። ናይ ትንሳኤ ስምዒት ድማ ክፈጥር'ዩ። ኣብ ምርግጋጽ ዓወት ናይ ለውጢ ምንቅስቓስ፡ ተስፋ ኣገዳሲ ረቛሒ'ዩ። እዛ መጽሓፍ'ዚኣ ኣብ ልቢ ኩሎም ኣንበብቲ ተስፋ ከተስርጽ'ያ።

ሓደ ሓጺር ሓተታ ብዛዕብ'ዛ መጽሓፍ'ዚኣ ኣብ'ዚ ሓጺር እውን ብትግርኛ ክዝርጋሕ ኣለዎ። ኩሉ ኤርትራዊ ምእንቲ ክንብቦ።

ኣብ መወዳእታ፡ ነቶም ብመወዳእታ ዘይብሉ ናይ ምድህሳስ ዝንባሌን ጽምኢ ፍልጠትን ተደሪኾም ፍልጠት ክኻዕብቱ ጻዕሪ ዝገበሩ ኣንበብቲ ልዑል ምስጋናይ ኣቕርብ። ኣብ'ዛ መጽሓፍ ዘሎኩም ተገዳስነት ብሓቂ ዝኸበርን ዝንኣድን ኣዝዩ ዝምስገንን እዩ።

ነፍስ ወከፍኩም፡ ኣብ'ዚ ንምእማኑ ዘጸግም ጉዕዞ ኣበርኪቶ ዝገበርኩም፡ ናይ'ዚ ጻዕሪ ዘይነጻጸል ኣካል ብምዃንኩም ኣመስግነኩም።

ቀዳማይ ክፋል

ሓጺር ትንታኔኣዊ ትረኻ ጉዕዞ ምንቅስቓስ ንናጽነትን ተዋሳእቱን

ምዕራፍ 1

ንናይ ናጽነት ቃልሲ ዘበገሱ ምኽንያታት

ናጽነት ሃገር ንምውሓስ ወይ ዝኾነ ማሕበራዊ ለውጢ ንምርግጋጽ ዝግበር ቃልሲ ወይ ምንቅስቓስ፡ ሱሩ ኣብ'ቲ ዝተሓላለኸ ናይ'ቲ ሕብረተሰብ ኣቀዋውማ ዝምርኮስ ዳናሚክ ኢዩ ዝረክብ። ከም'ዚኦም ዝኣመስሉ ተርእዮታት ብተደጋጋሚ ከም ዝተቐልቀሉ ታሪኽ ምስክር ኢዩ። እዚ ተርእዮ'ዚ ብኽልተ ተጻረርቲ መዳያት ይግለጽ። በቲ ሓደ ወገን ኣብ ውሽጢ እቲ ተገዚኡ ዘሎ ህዝቢ ዝርአ ናይ ለውጢ ድሌት፥ ብኣንጻሩ ድማ ናይ'ቶም ገዛእቲ ስነ ኣእምሮ እቲ ኲነታት ከም ዝነበሮ ክቕጽል ዘለዎም ጥሙሕ። እዚ ዳሕረዋይ፡ መብዛሕትኡ ግዜ ብናይ ምግዳድ ወይ ብናይ ምትላል ሜላን'ዩ ዝካየድ።

እቶም ጨቈንትን/ኣንበርከኽትን፡ ኣብ ባህላውን ስነ ሓሳባውን ልዕልንኦም ተመርኲሶም ኣብ ውሽጢ'ቶም ተገዛእቲ፡ ናይ ተማእዛዝነትን ተመሻኻንነትን ጠባይ ንምስፋን ብንጥፈት ይጽዕሩ። ዝተራቐቐ ትካላውን ወትሃደራውን ፕሮፓጋንዳውን ሜላታትን ከምኡ'ውን ናይ ምፍርራሕ መሳርሒታትን ብምጥቃም ድማ ዓብላልነቶም ክቕጽሉ ብዘይ ምቁራጽ ይጽዕቱ።

ብተወሳኺ፡ ለውጢ ንምምጽእ ኣብ ዝግበሩ ምንቅስቓሳት፡ ሓደሓደ ግዜ ዘይተጸበኻዮም ግዳማዊ ረቛሒታት ኣብ ውሽጣዊ ፖለቲካዊ ሃዋህው ጽልዋ ከሕድሩ ስለ ዝኽእሉ፡ ነቲ ናይ ስልጣን ዳይናሚክ ዝያዳ ከም ዝተሓላለኽ ይገብርዎ። ይኹን'ምበር፡ ሚዛን ሓይሊ እውን እንተ ኾነ ምስ ግዜን ካልኦት ካብ ቁጽጽር ሰብ ወጻኢ ብዝኾኑ ረቛሕታትን ምቕያሩ ዘይተርፍ ተፈጥሮኣዊ ሕጊ ኢዩ።

ስለዚ ነቶም ንኤርትራዊ ምንቅስቓስ ንናጽነት ወይ መሰል ርእሰ ውሳነ ኣበርኪቶ ዝገበሩ ምኽንያታት ወይ ረቛሒታት ክንትንትን እንከለና፡ ዝምድናታት ናይ'ቶም

ውሽጣውያን ናይ ለውጢ ሕግታትን ጽልዋ ግዳማዊ ረቛሕታትን ኣብ ግምት ከነእቱ ይግባእ። ብተወሳኺ፡ ኣብ ውሽጢ ተመክሮ ወዲ ሰብ ዘሎ መሰረታዊ ድፍኢት ንለውጢ፡ ኣፍልጦ ምሃብን ምግንዛብን እውን ኣገዳሲ እዩ። ንኩነታት በዚ መንጽር'ዚ ምርኣይ እምበኣር ኣብ ስነ መጎታዊ መደምደምታ ንክትዓልብ ይሕግዘኻ።

እምበኣር ሕጂ፡ እቶም ውሽጣውንን ኣህጉራውያንን ረቛሒታት እንታይ ይመስሉ ከም ዝነበሩ ንርአ።

1.1 ኣብ ምንቅስቓስ ናጽነት ኣበርክቶ ዝገበሩ ውሽጣውያን ረቛሒታት

ኣብ'ዚ ወሳኒ ናይ ታሪኽ እዋን፡ ነቲ ሓርነታዊ ምንቅስቓስ ኣብ ምቕራጽ ሓያሎ ውሽጣዊ ረቛሒታት ኣበርኪቶ ጌሮም እዮም። እዞም ረቛሒታት'ዚኣቶም ኣብ'ቲ ህዝቢ ኤርትራ መሰል ርእሰ ውሳኔኡ ንምውሓስ ዝነበሮ ድሌት እጃም ነይሩዎም።

ቁሩብ ምልስ ኢልና እንተ ተመልከትና፡ ታሪኽና፡ ኣንጻር መግዛእቲ ኢጣልያ ዝቖንዐ ሓደ ሓደ ናይ ተቓውሞ ፍጻሜታት ይምዝግብ። ብፍላይ ድማ ኢጣልያ፡ ናይዛ ሕጂ ኤርትራ ኢልና እንጽውዓ ሃገር ኣብ ትሕቲ ዝተወሰነ ብራኽ ዝርከብ ናይ ተቐማጦ መሬት፡ መሬት ዶሚናለ (Terra Dominiale) ኢላ ኣብ ዝኣወጀትሉ እዋን ብተቐማጦ'ዛ መሬት ዝተራእየ ጎነጻዊ ግብረ መልሲ ነይሩ ኢዩ። እዚ ፖሊሲን ሕግን'ዚ ንሓረስቶት ነቲ ካብ ኣቦታቶም ዝወረስዎ መሬት ብግቡእ ንከይጥቀሙሉ ዝኽልክል ነበረ። እዚ ብግዲኡ ኣብ ውሽጢ'ቲ ዓቢይ ዝኾነ ሕብረተሰብ ኤርትራ ቁጥዐ ብምልዕዓል ረጽማዊ መልክዕ ሒዙ ነይሩ። ሓደ ካብ'ዚ፡ እቲ ብደግያት ባህታ ሓጎስ ዝምራሕ ዝነበረ ጎነጻዊ ተቓውሞ ነበረ። ካብ'ዚ ሓሊፉ፡ ብስነ ሓሳባዊ ይኹን ብሃይማኖታዊ ምኽንያት፡ ንሃጸይ ኢትዮጵያ ተኣማንነት ዝነበሮም ኤርትራውያን ከም ዝነበሩን ብርክት ዝበሉ ካብ'ኣቶም ድማ ኣብ መሳርዕ ሃጸያዊ ሰራዊትን ምምሕዳርን ከም ዝተጸምበሩን ይፍለጥ። ይኹን'ምበር፡ ብሓፈሻ፡ ንመግዛእቲ ኢጣልያ ዝፈታተን ውሁድ ሃገራዊ ምንቅስቓስ ከም ዘይነበረ ምፍላጥ ግን ኣገዳሲ ይመስለኒ።

ኣብ ግዜ ብሪጣንያዊ ወተሃደራዊ ምምሕዳር (British Military Administration)፡ ኣብ ኤርትራ ዝነበረ ፖለቲካዊ ሃዋህው ፍልይ ዝበለ ነበረ። ምኽንያቱ ኣብ ግዜ መግዛእቲ እንግሊዝ፡ ህዝቢ ኤርትራ ሓሳቡ ብናጻ ዝገልጸሉን ኣብ ማሕበራት ዝጥርነፈሉን ዕድላት ረኺቡ ነይሩ ኢዩ። እዚ ድማ ኣብ'ቲ ሕሉፍ ህይወት ናይታ ሃገር ርኡይ ናይ ጉዕዞ ለውጢ ዘመልከት ኮይኑ፡ ፖለቲካዊ ሰልፍታት ዝዓምበባሉን ድምጸን ዘሰምዓሉን ሃዋህው ኣማዕቢሉ። እዞም ናይ ፖለቲካ ጉጅለታት'ዚኣቶም ነቲ ዕድል ተጠቒሞም ብዛዕባ ናይ

ኤርትራ መጻኢ ዘለዎም ፍሉይ ራእይ ብጋዜጣታትን ብዝተፈላለያ ማዕከናት ዜናን ብምግላጽ፡ ንፖለቲካውያን ልሂቃንን ሓፋሽ ህዝብን ዘሳተፈ ዉዕዉዕ ፖለቲካዊ ክትዓት ኣበጋጊሶም።

ይኹን'ምበር፡ እዚ ምዕባለታት'ዚ፡ በቲ ኣብ ኤርትራ እናዓበየ ዝኸይድ ዝነበረ ፖለቲካዊ ምንቅስቓስ ሕሩስ ዘይነበረ ሃጸያዊ ስርዓት ኢትዮጵያ ተቓውሞ ኣጋጢምዎ። መንግስቲ ኢትዮጵያ ነዞም ምንቅስቓሳት ንምዕፋን (ወይ ንረብሓኡ ንምውዓልን ንምጥምዛዝን) ብዙሕ ጻዕርታት ብምግባር ነቶም ንናጽነት ዝጣበቑ ዝነበሩ ባእታታት በዳሂ ሃዋህው ፈጢሩሎም።

ኅኒኅኒ'ዚ ድማ፡ ሓደ ውሽጣዊ ንሕብረት ምስ ኢትዮጵያ ዝድግፍ ዝነበረ ምንቅስቓስ ወይ እውን ፖለቲካዊ ሓይሊ፡ ሃይማኖትን ራዕድን ምፍርራሕን ከም መሳርሒኡ ተጠቒሙ ነቲ ጻውዒት ናጽነት ከዳኽም ጀሚሩን ፈቲኑን ነበረ። ፖሊስ ኤርትራ ኣብ ልዕሊ ተማሃሮ ከምኡ እውን ኣብ ልዕሊ ተቓወምቲ ፖለቲካ፡ ኅነጻዊ ጸቕጢ ተጠቒሙ ነቲ እናዓበየ ዝኸይድ ዝነበረ ናይ ናጽነት ስምዒት ክዕፍን ሃቂኑ ኢዩ።

ሃጸይ ሃይለስላሴ፡ ደገፍ ፍሉያት ክፋላት ሕብረተሰብ ኤርትራ ንምርካብ ስትራተጂያዊ ፖለቲካዊ መናውራታት ብምጥቃም፡ ንጉዕዞ ናጽነት ዝያዳ ከም ዝተሓላለኽ ገይሩ። ጽውጽዋይ ናይ ሰለስተ ሽሕ ዓመታት ናጽነት ኢትዮጵያ ተጠቒሙን ፍርሒ እስልምናን ዓረባዊት ዓለምን (ብፍላይ ድማ ናይ'ተን ምስ ኤርትራ ዝዳወባ ሃገራት) ብምልዕዓልን፡ ንክርስትያን ከበሳውያን ክፋል ህዝቢ ኤርትራ ናብ ዕላማኡ ክስሕብ ፈቲኑ። እቲ ምስ ኢትዮጵያ ንዝህሉ ሓድነት ዝድግፍ ዝነበረ ናይ ሕብረት ምንቅስቓስ፡ ናህሪ እናወሰኸ ብምኻዱ ድማ ንደገፍትን ንተደናገጽትን ናጽነት ብድሆ ኮይኑዎም ነበረ።

ብተወሳኺ፡ እቶም ንናጽነት ዝጣበቑ ዝነበሩ ዜጋታት፡ ምስ ኣህጉራዊ ማሕበረሰብ ዓለም ሌላ ብዘይምንባሮን ኣብ ኣህጉራዊ ጉዳያት ተመኩሮ ስለ ዘይነበሮምን ምስ ዲፕሎማስያዊ ብልጫታት ሃጸይ ሃይለስላሴ ክወዳደሩ ኣይከኣሉን።

ህዝቢ ኤርትራ፡ ድሕሪ ካልኣይ ኲናት ዓለም፡ ከም'ተን ካልኦት ኣብ ትሕቲ መግዛእቲ ኢጣልያ ተቐሪነን ዝነበራ ከም ሊብያን ሶማልያን ዝኣመሳሳላ ሃገራት፡ ካብ መግዛእቲ ናይ ምግልጋልን ናጻ ናይ ምዃንን ልዑል ትጽቢት ነይሩዎ። ይኹን'ምበር፡ እዚ ተስፋታት'ዚ፡ ባይቶ ጸጥታ ሕቡራት ሃገራት፡ ብኣንጻር ባህጊ'ቲ ዘይነዓቕ ክፋል ህዝቢ፡ ንኤርትራ ምስ ኢትዮጵያ ኣብ ፈደራላዊ ስርርዕ (arrangement) ክትጸንሕ ምስ ወሰነ፡ እቲ ትጽቢት ቅሂሙ።

እዚ ብዘይ ድሌት ዘይነዓቕ ክፋል ህዝቢ ኤርትራ ዝተጻዕነ ፈደራላዊ ስርርዕ፡ ኣብ መወዳእታ ናብ ምፍራስ ገጹ በጽሐ። ከም ሳዕቤኑ፡ ነቲ ናይ ናጽነት ባህጊ ዝነበሮም

ዜጋትት ሃገር ቆራጽነትን ኒሕን ዝያዳ ላምባ ዝኸዓወሉ ተርእዮ ኮይኑ። ብሓጺሩ፡ ፖለቲካዊ ተቓውሞ ዜጋታት፡ ንከም ዓፈና፡ ስትራተጂያዊ መናወራታት ሃጸያዊት ኢትዮጵያን፡ ዝተጠልመ ትጽቢታትን ዝኣመሰሉ ዝተወሳሰቡ ውሽጣውያን ረጃሒታት ደሚርካ ኣብ'ዚ ወሳኒ እዋን'ዚ ነቲ ኤርትራዊ ናጽነታዊ ምንቅስቓስ ኣለዓዒልዎ ዝነበረ ሃልሃልታ መሊሱ ኣበርቲዕዎ።

1.2 ጂኦፖለቲካ

ንባህርያት ጂኦፖለቲካ ንምርዳእ፡ ቀይሕ ባሕሪ ንኣሜሪካን መሻርኽታን ዘለዎ ስትራተጂያዊ ኣገዳስነት ምምርማር ጠቓሚ ኢዩ። ኣብ ዘመነ ዝሑል ኲናት፡ ኣብ'ዚ ዞባ'ዚ መን ይዓብልል ዝብል ሕቶ ኣዝዩ ኣገዳሲ ጉዳይ ነበረ። ከም ዓርኪ ምዕራባውያን ሓይልታት ዝረአ ዝነበረ ሃጸይ ሃይለስላሴ፡ ነቲ ኣብ'ቲ ከባቢ ዝነበረ ተገዳስነት ዝያዳ ኣበራቢሩዎ።

ኣብ ዓውዲ ጂኦፖለቲካ፡ ኣሜሪካን መሻርኽታን ብጂኦፖለቲካውን ስትራተጂያውን ምኽንያታት፡ ንኢትዮጵያ ልዕሊ ኤርትራ ከም ዝብህግዋ ገይሩዎም። ጽልዋ ኣመሪካን መሻርኽታን (ወይ ሰብ ኪዳን) ኣብ ማሕበረሰብ ዓለም ቀሊል ስለ ዘይነበረ ድማ ንካልኦት ድምጽታት ተቓወሞ ስቕ ከብሎም ክኢሉ።

ኢትዮጵያ ኣብ ማሕበረሰብ ዓለም ዝነበራ ቦታ (standing)፡ ብናይ ሃጸይ ሃይለስላሴ ህቡብነት ዝተደርዐ ኮይኑ፡ እዚ ኩነታት'ዚ ንረብሓ ስርዓት ኢትዮጵያ ኣገልጊሉ ኢዩ። ብፍላይ ኢትዮጵያ ባሕሪ ኣልቦ ብምኻና፡ ኣብ'ዞም ጂኦፖለቲካውያን ትልምታት ኣብ ግምት ክኣቱ ዝድለ ረጃሒ ኢዩ ነይሩ። ይኹን'ምበር፡ ኤርትራውያንን ውሱናት መሻርኽቶምን ንጉዳይ ናጽነት ኤርትራ ኣብ ኣህጉራዊ መድረኽ ንምምጻእን ንምጉስጓስን ዝገበሩዎ ዲፕሎማስያዊ ጻዕሪ እኹል ከም ዘይነበረ ምግንዛብ የድሊ።

ምዕራፍ 2

ኤርትራ ኣብ ትሕቲ ብሪጣንያዊ ወተሃደራዊ ምምሕዳር፡ ፈደራላዊ ስርርዕ ኢትዮ-ኤርትራን፣ ኣርብዓታትን ሓምሳታትን

ምንቅስቓስ ናጽነት ካብ ሰላማዊ ተቓውሞ ናብ'ቲ ንሰላሳ ዓመታት ዝቐጸለን ብምኽኑይ ዕጥቃዊ ቃልሲ ዝልለየሉ ደረጃ ንክሰጋገር ዕስራ ዓመታት ወሲዱሉ።

2.1 ኣርብዓታት

ኣርብዓታት፡ በዞም ዝስዕቡ መለለዪ ባህርያት ይግለጹ፥

<u>ውሽጣውያን ረቛሒታት</u>

ካልኣይ ውግእ ዓለም፡ በቲ ሚዛን ሓይሊ ብቐንዱ ብረብሓ ኣመሪካን ዓባይ ብሪጣንያን ሕብረት ሶቭየትን ናይ ዝሓቖፉ ሓይልታት ኪዳን ኣብ ዝዘንበለሉ ኩነታት ኢዩ ተደምዲሙ። ነገራት እናበርሁ ምስ ከዱ፡ ስዕረት ፋሽሽታዊት ኢጣልያ ርኡይ ኮይኑ፣ ኤርትራ፡ ሓንቲ ካብ'ተን ናይ መወዳእታ ዕርድታት ኢጣልያ ብምዃን፡ ሰራዊት ኢጣልያ ንሰራዊት እንግሊዝ ኢዱ ክህብ እንከሎ ተዓዚባ።

እዚ ናይ ስልጣን ምቅይያር ኩነት፡ ምምሕዳር ብሪጣንያ ንኤርትራ ንክቆጻጸራ ኣኽኢሉዎ። ህላወ ምምሕዳር ብሪጣናያ፡ ንህዝቢ ኤርትራ መሰረታውያን ደሞክራስያዊን መሰላት ንክጥቀም እኽኢሉዎ፣ እዚ ድማ ነቲ ኣዝዩ ኣገዳሲ ዝኾነ ሓሳብካ ናይ ምግላጽን፡ ምቛም ማሕበራትን ዝምልከት ናጽነታት ወይ መሰላት የጠቓልል።

ኣብ'ቲ እዋን'ቲ ተራ ጋዜጣታት ግስጋስ ኣርእዩ ነበረ። ጋዜጣታት፡ ናይ ዝተፈላለዩ ፖለቲካዊ ውድባት ድምጺ ምዃን በቒዐን ጥራይ ዘይኮነስ ዉዕዉዓት ክትዓት ንከበጋግሳ እውን ግዜ ኣይወሰደለንን። እዚ ለውጢ'ዚ፡ ናይ'ቲ ህዝቢ ፖለቲካዊ ንቕሓት ኣብ ምብራኽ ግደ ነይሩዎ። እዚ ምዕባለ'ዚ ብግዴኡ፡ ነቲ ህዝቢ ኣብ ምቕያስ መጻኢት ኤርትራ ዝነበረ ተሳትፎ ኣነሃሂሩዎ።

ከም ናይ'ዚ ሓድሽ ደሞክራስያዊ ሃዋህው ግብረ መልሲ፡ ፖለቲካዊ ውድባት ቅርጺ ክሕዛ ጀሚረን። እዘን ፖለቲካውያን ሰልፍታት ገሊአን ኣብ ፖለቲካዊ፡ ገሊአን ደማ ኣብ ብሄራውን ሃይማኖታውን መሰመራት ዝተመስረታ ነበራ። እዘን ሰልፍታት'ዚኣተን፡ ብፍላይ ድማ ደገፍቲ ናጽነትን ሕብረትን ዝነበራ ሰልፍታት፡ ነቲ ዝተፈላለየ ረብሓታትን ኣረኣእያታትን ህዝቢ ኤርትራ ከንሳጉሳን ክውክላን ይጽዕራ ነበራ።

ጋዜጣታት፡ ድምጺ ናይ'ዘን ፖለቲካዊ ውዳበታት ኮይነን ከገልግላ እንከሎዋ፡ ሓያልን ውዕዉዕን ፖለቲካዊ ክትዓት ብምቕልቃሉ፡ ኣብ ህዝቢ ኤርትራ ፖለቲካዊ ንቕሓት ንክዓቢ ምኽንያት ኮይኑ። ምልውዋጥ ሓሳባትን ክትዓትን ዘተን ነቲ ህዝቢ ናብ ንጡፍ ተሳትፎ መጻኢ ሃገሩ ንክስሓብ ሓጊዙዎ።

ኣብ'ዚ ፖለቲካዊ ምብርባር ዝረኣየሉ ዝነበረ እዋን፡ ንኹለን ደገፍቲ ናጽነት ውድባትን ውዳበታትን ዝጥርንፍ ናይ ሓባር ፖለቲካዊ ባይታ (platform) ምምስራት ኣገዳስነቱ ጎሊሑ ተራእየ። እዚ ባይታ'ዚ ንባህግታት ህዝቢ ኤርትራ ማለት መሰል ርእሰ ውሳነን ናጽነትን ንምዕዋት ወሳኒ ስጉምቲ ኢዩ ነይሩ።

ኣርብዓታት እምበኣር እዞም ዝስዕቡ መለለዪ ባህርያት ነይርዎም፥ ውዕዉዕ ፖለቲካዊ ክትዓት፡ ቅልጡፍ ፖለቲካዊ ምዕባለታት፡ ዘይርጉእ ኣሰላልፋ ሓይልታት፡ ምብራኽ ፖለቲካዊ ንቕሓት ህዝቢ፡ ሓሓሊፉ ዝረአ ናይ ተስፋ ምቑራጽን ተስፋ ምዕባይን ህሞታት፡ ከምኡ እውን፡ ናይ ሓድነት ህሞታት በቲ ሓደ ወገን፡ በቲ ካልእ ድማ ፖለቲካዊ ህውከትን ሕንፍሽፍሽን። ኩላቶም ድማ ነቲ ህዝቢ ዝሰግሮም ዝነበረ ማሕበረ ቁጠባውን ፖለቲካውን ምዕባለታት ዘንጸባርቑ ነበሩ። እዘን ዓሰርተ ዓመታት'ዚኣተን ኣብ ዝቕጽሉ ዓሰርተታት ዓመታት ንዝተራእዩ ፖለቲካዊ ኣከያይዳታትን ጉዕዞን ዝእምታ ነበራ። ንዝመጹ ዓሰርተታት ዓመታት ንፖለቲካዊ ኩነታት ኤርትራ ክሃስዩ ዝኽእሉ ምዕባለታት ኣቐዲሙ ዝረኣየ ጉጅለ ልሂቃን እውን ወሊደን። ነቶም ነቲ ኩነታት ንውልቃዊ ወይ ንጉጅላዊ ዕላማኦም ወይ ረብሓኦም ክምዝምዙ ዝደልዩ ዝነበሩ ዜጋታት እውን ወርቃዊ ዕድል ፈጢረን።

መራሕቲ፡ መብዛእትኡ ግዜ፡ ኣብ ከም'ዚ ዝኣመሰለ ቅልጡፍ ፖለቲካዊ ለውጢ ዝሰፈኖ ኩነታት ኢዮም ዝለለዩን ዝፍጠሩን። ናይ ኤርትራ ኩነታት እውን ካብ'ዚ

ዝተፈልየ ኣይነበረን። ሰባት፡ ኣብ ዙርያ ግርማ ሞገስ (charisma) ዘለዎም መራሕቲ ክዓስሉ ጀሚሮም። ቅድሚ ነዞም ሰባት'ዚኣቶም ኣሚኖም ዝኽተሉዎም ድማ፡ መን ምዃኖምን እንታይ ዕላማን ራእይን ከም ዝነበሮም ወዘተ ክፈልጡ ይደልዩ ነበሩ። ሓንሳእ ምስ ተቐበሉዎም ግን ከም ጣዖት ከምልኹዎም ጀመሩ። ወልደኣብ ወልደማርያም፡ ኢብራሂም ሱልጣን፡ ዓብደልቃድር ከቢረ፡ ፍስሃ ወልደማርያም (ጋንዲ)፡ ደግያት ተሰማ ኣስበሮም ገለ ካብ'ቶም ናይዘን ዓሰርተ ዓመታት'ዚኣተን ፍርያት ኢዮም ነይሮም።

<u>ዓለምለኻዊ ኩነታት</u>

ምዝዛም ካልኣይ ውግእ ዓለም፡ ዓወት ናይ ኣመሪካ፡ ዓባይ ብሪጣንያን ሕብረት ሶቭየትን ዝሓቖፈ ሓይልታት ኪዳን ኣበሲሩ። ድሕሪ'ዚ ዓወት'ዚ፡ ፋሽሽታዊት ኢጣልያ ኣብ'ቲ ዝተሳዕረ ወገን ናይ'ቲ ግጭት ስለ ዝነበረት፡ ኣብ ኤርትራ ዝነበረ ሰራዊታ ንሰራዊት እንግሊዝ ኢዱ ንክህብ ተገዲዳ። ስዒቡ፡ ኤርትራ ኣብ ትሕቲ ቁጽጽር ብሪጣንያ ከም እትኣቱ ተገይሩ። ምምሕዳር ብሪጣንያ፡ ምሕደራ ኤርትራ ንምክትታል ዝተመስረተ ነበረ። ናይ ኤርትራን ካልኦት ግዝኣታት ኢጣልያ ዝነበራ ሃገራት (ሶማልያን ሊብያን) ዕጫ ርግጸኛ ስለ ዘይነበረ፡ እቲ ብባይቶ ጸጥታ ዝተወከለ ኣህጉራዊ ማሕበረሰብ፡ መጻኢአን ንምውሳን ተኸታተልቲ ምይይጥት ጀሚሩ ነበረ።

ኣብ'ዚ ኩሉ ዘተታት'ዚ፡ ንኣተሓሕዛ ኤርትራን ካልኦት ኣብ ትሕቲ መግዛእቲ ኢጣልያ ዝነበራ ሃገራትን ዝተፈላለዩ ኣማራጺታት ከም ርእይቶ ቀሪቦም። ይኹን'ምበር፡ ኣብ መንጎ'ቲ ድሕረ ኲናት ዝተኸስተ ጂኦፖለቲካዊ ሕልኽላኻት፡ ረብሓታት ሓያላት ሃገራት ልዕሊ ድሌታትን ባህግታትን ናይ'ቶም ኣበየ ከባቢኡ ዝነበሩ ህዝብታት ከም ዝሰራዕ ርዱእ ኮነ። በዚ መንጽር'ዚ፡ ድሌት ህዝቢ መብዛሕትኡ ግዜ በቲ ናይ መራሕቲ ሓይልታት ዓለም ዝሰፍሐ ስትራተጂያዊ ኣተሓሳስባታት ብምዕብላሉ ዳሕረዋይ ቦታ ይሕዝ ነበረ።

2.2 መለለዪ ባህርያት ሓምሳታት

ኤርትራን ኢትዮጵያን ኣብ ፈደራላዊ ስርርዕ ኣተዋ። እዚ ድማ በቲ ናይ ዓበይቲ ሓይልታት ጂኦፖለቲካዊ ረብሓታት፡ ብፍላይ ድማ ኣመሪካ፡ ዝተመርሐ ትልሚ ኢዩ ነይሩ። ቅዋም ኤርትራ ብባይቶ ይጽደቕ እምበር፡ ብዙሕ ግዜ ከይወሰደ ኢዩ ግን ናይ ምብሕጓጕ ኣንፈታት ክርአ ዝጀመረ።

ድሕሪ'ዚ ቀስ እናበለ ዝማዕበለ ምብሕጓግ ፈደራላዊ ስርርዕ ፡ ፖለቲካ ኤርትራ ናይ ረጽሚ (polarized) ፖለቲካ እናኾነ መጺኡ። እዚ ናይ መርገጽታት ምርሕሓቕ'ዚ፡

ክንዮ'ቲ ፖለቲካዊ ፍልልያት ብምኽድ ብሄራውን ሃይማኖታውን መልክዕ ክሕዝ ከም ዝጀመረ ጸሓፍቲ ታሪኽ ኣስተብሂሎምሉ ኢዮም። ኣብ ውሽጢ ኣባላት ባይቶ፡ ንጹር ፍልልያት ተፈጢሩ፡ ገሊኦም ምስ ብሎክ ናጽነት ገሊኦም ድማ ምስ ሰልፊ ሕብረት ተሰሊፎም። እዚ ምፍንጫላት'ዚ፡ በቲ ብጋዜጣታትን ብወረን ኣቢሉ ንፖለቲካዊ ምዕባለታት ብቐረባ ዝከታተል ዝነበረ ህዝቢ ብሰፊሑ ይፍለጥ ነበረ።

ኣብ ውሽጢ ባይቶ ኤርትራ ወጥሪ እናገደደ ብምኻዱ፡ ካብ ተማሃሮ፡ ሰራሕተኛታትን ካልኦት ሃገራውያን ጉጅለታትን ተቓዋሞ ኣስዒቡ፡ ብናይ ፖሊስ ግፍዕታት ድማ ተደቊሱ። ሃጸይ ሃይለ ስላሴ፡ ኣብ ጉዳይ መንግስቲ ኤርትራ ኢዱ ብምእታዉ፡ ዋና ፈጻሚ ስራሕ ተድላ ባይሩ፡ ካብ ስልጣኑ ንክወርድ ተራ ተጻዊቱ ኢዩ። በቲ ብንጉስ እተመዘዘ ቢተወደድ ኣስፍሃ ወልደሚካኤል ድማ ተተኪኡ።

ዓንደብርሃን ወልደጊዮርጊስ፡ ነቲ ኢትዮጵያ እትጥቀመሉ ዝነበረት ሰላሕታዊ ግን ከኣ ኣዕናዊ ሜላታት ብከም'ዚ ዝስዕብ ይገልጾ፤

> ኢትዮጵያ ንተደጋጋሚ ጥርዓናትን ተቓውሞን ሸለል ብምባላን ከምኡ እውን ኢድ ብምትእትታዋን ንመብዛሕቲኦም ኤርትራውያን ኣሕዚኑን ኣጕሂዩን ኢዩ። ኣብ ውሽጣዊ ጉዳያት ኤርትራ ጣልቃ ብምእታው፡ ርእሰ ምሕደራ ኤርትራ ንምድኻም ንሰልፊ ሕብረት ከም ቀንዲ መሳርሒ ብምውሳድ፡ ኢትዮጵያ ነቶም ኣብ ሰልፊ ሓድነትን ነቶም ኣብ ናይ ምዕራብ ኣውራጃ እስላማዊ ሊግ ዝነበሩ ኣዝዮም እሙናት ናይ ቀደም ተሓባበርታ ከይተረፈ ኣልጊሳቶም፡ ነጺላቶም፡ ጠሊማቶም፡ ኣጓንያቶም፡ ናብ ንመሰል ኤርትራ ዝጣበቑ ጽኑዓት ፈደራሊስት ድማ ቀዪራቶም። ጥልመት ኢትዮጵያ ነቶም ናይ ቀደም ሕብረታውያን መሻርኽታ ናብ ቅሉዕ ተቓውሞ ከም ዝቐንዑ ብምግባር ንብዙሓት ናብ መሳርዕ ናይ'ቲ ዝቕልቀል ዝነበር ምንቅስቓስ ናጽነት ከም ዝጽንበሩ ገይራ (Giorgis, 2014)።

ወኪል ሃጸይ ሃይለስላሰ ኣብ ኤርትራ፡ ልዑል ወይ ራስ እንዳርጋቸው መሳይ እውን እንተ ኾነ ኣብ ውሽጣዊ ፖለቲካ ኤርትራ ኣእዳዉ ኣእቲዩ ኢዩ። ኣለምሰግድ ተስፋይ ኣብ'ታ "ፌደረሽን ኤርትራ ምስ ኢትዮጵያ - ካብ ማቲየንዞ ክሳብ ተድላ 1951-55"[i] (ተስፋይ፡ 2005) ዘርእስታ መጽሓፉ፡ ዝርዝር ጸብጻብ የቕርብ ኢዩ።

ፖለቲካዊ ዓፈና ቀጺሉ። መራሕቲ ድማ ስጉምቲ ፖሊስ፡ ማእሰርትን ምፍርራሕን ኣጋጢሙዎም። እቲ ዘሕዝን ግን ኣብ ልዕሊ ወልደኣብ ወልደማርያምን ዓብደልቃድር ከቢረን ሓዊሱ ኣብ ልዕሊ ደገፍቲ ናጽነት ዝኾኑ ኣባላት ሰልፊ፡ ፈተነ ቅትለት ምክያዱ

ኢዩ። ገለ ጸሓፍቲ ታሪኽ ከም ዝሕብሩዎ፡ ከቢረ ብዘይ ርህራሀ ብወከልቲ ስልፊ ሕብረት ኢዩ ተቐቲሉ።

ከም ግብረ መልሲ ናይ'ቲ እናተበላሸወ ዝኸይድ ዝነበረ ፖለቲካዊ ሃዋህው፡ ሓያሎ ፍሉጣት ሰባት፡ ከም በዓል ኢብራሂም ሱልጣን፡ እድሪስ መሓመድ ዓደም፡ ተድላ ባይሩን ወልደኣብ ወልደማርያምን ካብታ ሃገር ሃዲሞም ኣብ ግብጺ ዕቑባ ሓቲቶም። እቲ ናይ ባንዴራ ኤርትራ ምውራድ ተግባር እውን ኣብ ደረት ትርኢት ይርአ ነበረ።

ኣብ ሞንጎ'ዚ ብዕግርግር ዝልለ እዋን፡ ብሓራካ ዝፍለጥ ኤርትራዊ ሃገራዊ ምንቅስቓስ ሓርነት፡ በቶም ኣብ ሱዳን ዝርከቡ ዲያስፖራ ኤርትራውያን ተመስሪቱ። እዚ ምንቅስቓስ'ዚ ብቐልጡፍ ኣብ ኤርትራ ህላወኡ ድሕሪ ምርግጋጽ፣ ሃገራውያን ኤርትራውያን ንጉዳይ ናጽነት ንምስዓም ኣብ ምስጢራዊ ዋህዮታት ክውደቡ ጀሚሮም። ዕላማ ሓረካ ድማ ሃገራዊ ሓድነት ንምውሓስ ኢዩ ነይሩ (Tesfai A., 2016)።

<u>ዓለምለኻዊ ኩነታት</u>

ድሕሪ ካልኣይ ኲናት ዓለም፡ ሊበራላውያን ምዕራባውያን ሓይልታት ኣብ ልዕሊ ሓይልታት ፋሽሽትነትን ናዚነትን ተዓዊቶም። ከም ውጽኢቱ ድማ ድሕሪ'ቲ ኲናት ዝነበረ ፖለቲካዊ መልክዕ መሬት (landscape) ብፍላይ ኣብ ጉዳይ ኢጣልያን ግዝኣታታ ነበርን ርኡይ ለውጢ ተራእዩ። ኢጣልያ ካብ ሶማልያን ሊብያን ኤርትራን ሓዊስካ ካብ ኩሉ መግዛእታታ ከም እትሕረም ተገብረ።

ብፍላይ ኤርትራ፡ ምስ ሃጸያዊት ኢትዮጵያ ኣብ ፈደራላዊ ስርርዕ ንክትኣቱ ዝተሓላለኸ ዕጫ ገጢሙዋ። እዚ ውሳነ'ዚ፡ ህዝቢ ኤርትራ ብዝተሓዋወሰ ስምዒት ተቐቢሉዎ። ሰብ ይቀበሎ ኣይቀበሎ ብዘየገድስ ግን፡ ሓደ ክፋል ህዝቢ ኤርትራ ምስ ኢትዮጵያ ሕብረት ይምነ ከም ዝነበረ ምግንዛብ የድሊ። እዚ፡ ፈቲና ጸሊእና ታሪኽና እዩ።

እዚ ፈደራላዊ ስርርዕ'ዚ፡ ውሽጣዊ ጉዳያት ኤርትራ ኣብ ትሕቲ ስልጣን ባይቶ ኤርትራ ክኸውን እንከሎ፡ ጉዳያት ወጻእን ምክልኻልን ድማ ንኢትዮጵያ ብሓላፍነት ተዋሂቡ። እቲ ንጉስ ድማ ቀንዲ ተራ ንክጻወት ስልጣን ተዋሂቡዎ። እዚ ፈደራላዊ ስርዓት'ዚ፡ ብዘይካ'ዞም ኣብ ላዕሊ ዝተተቐሱ፡ ካልኦት መለለዪ ባህርያት እውን ነይሮሙዎ ኢዮም።

እቲ ዘሕዝን ግን፡ ኢትዮጵያ ኣብ ውሽጣዊ ጉዳያት ኤርትራ ኢዳ ከተእቱ ብምጅማራ፡ ኣብ መንጎ ክልቲኡ ኣህዛብ ኣዝዩ ዝተሓላለኸን ብሕንፍሽፍሽ ዝልለን ታሪኻዊ መድረኽ ኣበጊሱ። ኣብ መንጎ'ተን ክልተ ሃገራት ድማ ንሓዋሩ ዝተሓላለኸ ዝምድና ንክፍጠር ጠንቂ ኮይኑ።

2.3 ንኣርብዓታት ካብ ሓምሳታት እንታይ ይፈልዮም?

ኣብ ኣርብዓታትን ሓምሳታትን ዝነበረ ኩነታት፡ ተጻረርቲ ኣረኣእያታት ዝውክሉ፡ ገሊኦም ንናጽነት ኤርትራ ዝጣበቑ፡ ገሊኦም ድማ ምስ ኢትዮጵያ ምሕባር ዝጣበቑ፡ ነፍስ ወከፎም ነናቶም ኣጀንዳታት ብውዕዉዕ ስምዒት ወንን ዘሰፋሕፍሑ ፖለቲካውያን ልሂቃን ፈጢሩ ነበረ።

ክልቴኦም ወገናት ኣብ'ቲ ናይ'ቲ ካልእ ወገን ፖለቲካዊ ዕላማ ስግኣት ነይሩዎም። ምስ ኢትዮጵያ ሓድነት ዝደግፍ ዝነበረ ሰልፊ ሕብረት፡ ንጽልዋ እስልምናን ዓረባዊ ዓለምን ስክፍታታቱ ክገልጽ እንከሎ፡ እቲ ደጋፊ ናጽነት ዝኾነ ቀጽሪ ድማ ብመስፍናዊ ስርዓት ክመሓደር ዝህሉ ዕድል ስግኣት ፈጢሩሉ ነበረ። ገለ ኣባላት ሰልፊ ሕብረት ኣብ ግርህና ዝተመስረተ ንጽልዋ እስልምናን ዓረባዊ ዓለምን ዝምልከት ስክፍታት ነይሩዎም። ናይ ኢትዮጵያ ፖለቲካዊ ኣጀንዳ ምስ ተረድኡ ግን ናይ ጣዕሳ ምልክታት ክርእዩ ጀሚሮም። (Tesfai A., 2001)።

ኣርብዓታትን ሓምሳታትን፡ በቲ ፖለቲካዊ ፍልልያት እናጎልሐ ዝኸደሉ ዝነበረ ኩነታት ኢዩ ዝልለ። ፖለቲካዊ ንቕሓት ህዝቢ ኤርትራ ብኣኡ መጠን ዘገም እናበለ ለውጢ ክምጽእ ጀሚሩ። ይኹን'ምበር ካብ ፖለቲካውን ብሄራውን ወይ እውን ሃይማኖታውን ዝመስረቱ ፍልልያት ክገላገል ግን ኣይከኣለን።

ምስ ኢትዮጵያ ዝተገብረ ፈደራላዊ ስርርዕ፡ ነዚ ዓሚቝ ሱር ዝሰደደ ፍልልያት ንምፍታሕ ናይ መሰማምዒ (compromise) መፍትሒ ኮይኑ ተቐልቂሉ። ነዚ ድማ ብዙሓት ምስ'ቲ ኢትዮጵያ ብቕጽበት ንኤርትራ ክትሕውሳ ዝነበራ ድሌት ወይ እውን ኤርትራ ክትምቀል ዝብል ኣብ ውጥን ቤቪን ስፎርዛ (Bevin-Sforza Plan) ዝተዘርዘሩ ዓንቀጻት ክነጻጸር እንከሎ ዝያዳ ምቹእ ኣማራጺ ምዃኑ ይኣምኑ ነበሩ። ካልእ መማረጺ ድማ ኤርትራ ብሞግዚነት ክትጸንሕ ዝብል ኢዩ ነይሩ።

ኣብ ኣርብዓታትን ሓምሳታትን፡ እዚ ፖለቲካዊ ወጥሪ'ዚ ኣብ ቅድሚት ኮይኑ ንሕብረተሰብ ኤርትራ ኣበርቲዑ ከፋፊሉዎ ነይሩ። መብዛሕትኡ ግዜ፡ ዕጫ ህዝቢ ኣብ ዝውሰነሉ እዋን፡ ካብ ድሌትን ባህግን ህዝቢ ኤርትራ ንላዕሊ፡ ባዕዳዊ ረብሓታት ይቕድም ነይሩ። ብተወሳኺ፡ ከም ሕማቕ ኣጋጣሚ፡ ኣብ ክልቴኡ እዋናት ዓመጽን ምፍርራሕን ገኒኑ ስለ ዝነበረ፡ ነቲ ማሕበረ ፖለቲካዊ መልክዕ መሬት ዝያዳ ከም ዝተሓላለኸ ገይሩዎ ነይሩ።

ምዕራፍ 3

ቀዳማይ ገጽ ዕጥቃዊ ቃልሲ፡ ስሳታትን ሰብዓታትን

3.1 ስሳታት

ኣብ 1950ታት ዝቐጸለ ውሽጣዊ ፖለቲካዊ መስርሕ፡ ቀስ እናበለ ናብ ምሉእ ምፍራስ መሓውር ፈደራላዊ መንግስቲ ተሰጋጊሩ። ኣብ'ዚ ወቕቲ'ዚ ኤርትራ መበል ዓሰርተው ኣርባዕተ ኣውራጃ ኢትዮጵያ ተባሂላ ተሰይማ፡ ምሉእ ብምሉእ ድማ ናብ ሃጸያዊ ግዝኣት ኢትዮጵያ ከም እትወሃሃድ ተገይሩ።

ሓደ ዓመት ቅድሚ'ቲ ጎበጣ (annexation)፡ ከም ናይ'ቲ እናኸፍአ ዝኸይድ ዝነበረ ኩነታት ግብረ መልሲ፡ ኣብ 1961 ዓ.ም. ተጋድሎ ሓርነት ኤርትራ ተቐልቂሉ፡ ኣንጻር መግዛእቲ ኢትዮጵያ ድማ ዕጥቃዊ ቃልሲ ኣበጊሱ። ኣብ መጀመርታ፡ ዝበዝሑ ኣባላቱ ካብ ቆላታት ኤርትራ ብቐንዱ ድማ ኣመንቲ ምስልማና ኢዮም ነይሮም። ምስ ግዜ ግን፡ ኣመንቲ ክርስትናን ምስልምናን ደቂ ከበሳ ናብ'ቲ ዕላማ ተጸንቢሮም። እንተ ኾነ ግን ኣብ'ተን ቀዳሞት ናይ'ዚ ዕጥቃዊ ተቓውሞ ዓመታት፡ ኣብ መንጎ ደቂ ቆላን ከበሳን፡ ኣብ መንጎ ኣመንቲ ክርስትናን ምስልምናን፡ ከምኡ እውን ኣብ መንጎ ዝተፈላለዩ ብሄራት ናይ ዘይምትእምማን ኩነታት ተፈጢሩ። እዚ ከም'ዚ ኢሉ እንከሎ፡ ኩሎም እቶም ኣብ'ቲ ዕላማ ዝዓሰሉ ዝነበሩ ዜጋታት መበቆሎምን ሃይማኖታዊ እምነቶምን ብዘየገድስ ብዓቢኡ ብዉዕዉዕ ስምዒት ሃገራውነት ዝተደፋፍኡን ዝተደረኹን ምንባሮም ክፍለጥ ይግባእ።

ሓደ ናይ ተጋድሎ ሓርነት ኤርትራ ርኡይ ድኽመት፡ ሕጽረት ፖለቲካዊ ንቕሓትን ንጹር ራእይ ዘይብሉ መሪሕነትን ኢዩም ነይሮም። እዚ መሪሕነት'ዚ፡ ነቲ ህዝቢ ኣብ ትሕቲ ናይ ሓባር ሰንደቕ ዕላማ ንምጥርናፍ ይቃለስ'ኳ እንተ ነበረ፡ ብሰሪ'ቲ ፖለቲካዊ

ብስለቱ ግን ንውሽጣውያን ፍልልያቱ በቲ ዝድለ መልክዕ ክኣሊ ዓቕሚ ኣይነበሮን። እቲ ግንባር ንዝተፈላለየ ኣረኣእያታት ኣብ ምእንጋድ ዝነበሮ ቅሩብነት ከም'ቲ ዝድለ ብዘይምንባሩ እውን ነቲ ዘጋጠሞ ብድሆታት ኣጋዲድዎ ነበረ።

ኣብ ልዕሊ'ዚ፡ ካብ ከበሳ ንዝተሰለፉ ኣመንቲ ክርስትናን ምስልምናን ከምኡ እውን ኣብ ሓደ ሓደ ብሄራት ናይ ምጉሳይን ምግላልን ተግባራት ቀጺሉ ነይሩ። ካብ ሃገር ወጻኢ ዝመደበሩ መሪሕነት፡ መብዛሕትኡ ግዜ ካብ'ቲ ኣብ ባይታ ዝነበረ ክውንነት ዝተነጸለ ብምንባሩ፡ ብዝግባእ ንክመርሕ ድሩትነት ነይርዎ ኢዩ እንተ ተባህለውን ምግናን ኣይከውንን። ዝርገሐ ወይ እውን ህላወ ወገናዊ ፖለቲካን ሳዕቤናቱን ንድሕሪት ኬድካ ኣሰሩ ኣብ'ቲ ማሕበረ ቁጠባዊ ኣቃውማን ታሪኻዊ ፍጻሜታትን ሃገርን (ንኣብነት፡ ኣብ ኣርብዓታትን ሓምሳታትን ብዝሒ ዘለዎም ደቂ ከበሳ ምስ ሕብረታውያን ምውጋኖም) ክተኣሳሰር ይኽእል ኢዩ። ኣብ ውሽጢ'ቲ ግንባር ዝነበረ ውሽጣዊ ምትፍናን ብደሞክራስያዊ ኣገባብ ናይ ምፍታሕ ልምዲ ወይ ባህሊ ብዘይ ምንባሩ፡ ነቲ ጉዳይ ዝያዳ ኣጋደዶ። እዚ ምትፍናን'ዚ ብዘየገድስ፡ ኢትዮጵያ ብፍላይ ኣብ ቆላታት ኤርትራ እተዘውትሮ ዝነበረት ናይ ዓድታት ምንዳድ ስጉምትታትን ካልኦት እትኽተሎም ዝነበረት ጨካን ተግባራትን፡ ከምኡ እውን እዚ ዘስዓቦ ናብ ሱዳንን ማእከላይ ምብራቕን ዝቐንዐ ጃምላዊ ስደትን፡ ኣብ ህዝቢ ምረትን ቁጥዐን ብምልዓል ነቲ ሃልሃልታ ተቓውሞ ዝያዳ ከም ዝቃጸል ገይሩዎ።

ናይ'ዚ ዝተጠቕሰ ዓሰርተ ዓመታት ዞባውን ኣህጉራውን ኩነታት፡ በቲ ንመላእ ኣህጉር ኣፍሪቃ ዘናወጸ ብርቱዕ ማዕበል ምውጋድ መግዛእቲ (decolinization) ዝልለ እዩ። ኣብ'ዚ እዋን'ዚ፡ ኣብ ዝተፈላለየ ኩርናዓት ኣፍሪቃ፡ ዝተፈላለየ መልክዕን ትሕዝቶን (ግንከ ተመሳሰልቲ) ዘለዎም ናይ ናጽነት ምንቅስቓሳት ጠጢያም። ካብ'ቶም ኣብ'ቲ እዋን'ቲ ጸለውቲ ዝነበሩ ሰባት፡ ንጉዳይ ፓን ኣፍሪካኒዝም ዝጣበቕ ዝነበረ ጋናዊ ክዋመ ንክሩማህ ምጥቃስ ይከኣል። እዚ ድማ ኣብ ልሙዕ መሬት ኣፍሪቃ ሱር ክሰድድ ዝጀመረ ትስፉው ምንቅስቓስ ኢዩ ነይሩ።

ኣብ ግሎባዊ መድረኽ፡ ዓለም ኣብ ክልተ ደምበታት ተኸፋፊላ ነበረት፣ ብሓደ ወገን ብሕብረት ሶቭየት ዝምራሕ ማሕበርንታዊ ደምበ፡ ብኻልእ ወገን ድማ ኣቲ ብኣመሪካ ዝእለ ርእሰ ማላዊ ወይ ድማ ምዕራባዊ ደምበ። ናይ'ዚ እዋና'ዚ መትከላት ኣህጉራዊ ዝምድናታት ድማ በዞም ዝስዕቡ ባህርያት ይልለዩ ነበሩ። ምዝላቕ ወጥሪ፡ ግትኣት deterence)፡ ብሰላም ማዕረማዕረ ምንባር፡ ከምኡ እውን ድረታ (containment)።

ሕብረት ሶቭየት፡ ብፍላይ ነቲ ብኣፍሪቃውያን ንመግዛእቲ ካብ ሱሩ ንምምሓው ዝግበር ዝነበረ ቃልሰታት ሓያል ድጋፍ ትህብ ነበረት። ዕላምኡ ድማ ብሓደ ወገን ናይ ኣፍሪቃውያን ወንን ደገፍን ንምርካብ፡ በቲ ካልእ ድማ ብቐንዱ ኣብ መትከል ርእሰ ውሳነ

ሃገራት ትኣምን ስለ ዝነበረት ኢዩ። ጎኒጎኒ'ዚ ድማ ኣብ መላእ ዓለም ጸጋማዊ ስነ ሓሳብ እናሓየለ ብምምጽኡ ኣብ ዝተፈላለየ ዞባታት ጸጋማዊ ዝንባሌ ዝነበሮም ምንቅስቓሳት ንክፍጠሩ ምኽንያት ኮይኑ።

ኣብ ኣፍሪቃ፡ ከም በዓል ሞዛምቢክ፡ ኣንጎላን ጊኒ ቢሳውን ዝኣመሰላ ሃገራት፡ ኣንጻር መግዛእቲ ፖርቱጋል ይገብራእ ኣብ ዝነበራ ቃልሲ፡ ንማርክስነት ከም መሪሕ ስነ ሓሳብ ብምእዋጅ፡ ነቲ ኣብ'ቲ እዋን'ቲ ዝነበረ ፖለቲካዊ ቅዲ ኣንጸባሪቐንኦ። ይኹን'ምበር፡ ብዙሓት ካብ'ቶም ማርክሳውያን ኢና ዝብሉ ዝነበሩ፡ መብዛሕትኡ ግዜ ብዛዕባ'ቲ ዝድግፉዎ ወይ ዝስዕቡዎ ዝነበሩ ፍልስፍና፡ ኩለ መዳያዊ ርድኢት ወይ ግንዛበ ነይሩዎም ክበሃል ኣይከኣልን።

ብናይ'ቲ ዘመን ፍሉጥ ደራሲ፡ ፍራንስ ፋኖን፡ ዝተጻሕፈት *ዘ ረችድ ኦፍ ዘ ኤርዝ* ዘርእስታ መጽሓፍ፡ ኣብ 1960ታት ኣብ ኣፍሪቃውያን ምሁራት ሰፊሕ ኣንባቢ ረኺባ፡ ነቲ ብድሕሪ'ቲ ምንቅስቓስ ምውጋድ መግዛእቲ ዝነበረ ምሁራዊ (intellectual) ወኒ ድማ ዝያዳ ከም ዝሕይል ገይራቶ።

ኣብ'ዚ እዋን'ዚ፡ እቲ ኣንጻር መግዛእቲ ዝዓለመ ቃልሲ ናህሪ እናወሰኸ ብምኻዱ፡ ንዝተፈላለዩ ምንቅስቓሳትን ስነ ሓሳባትን መበገሲ ኮይኑ። ንኣብነት ኣብ ማእከላይ ምብራቕ፡ ፓን ዓረብነት ብኹሉ መልክዑን ቅርጹን ደንፊዑ። ናይ ግብጺ ንካናል ሱዌዝ ናይ ምህጋር ተበግሶ ድማ ምልክት ናይ'ቲ ኣብ'ቲ ዞባ ዝተራእየ ተቓውሞ ኣንጻር ምዕራባውያን ረብሓታት ኮይኑ ተገሊጹን ተጎስጒሱሉን።

እዚ ኣብ ኣፍሪቃን ማእከላይ ምብራቕን ዝተኸስተ ዞባውን ኣህጉራውን ኣሰላልፋ ሓይልታት፡ ኣብ ልዕሊ ታሪኽ ኤርትራን መስርሕ ምዕባለታት ናይ'ቲ ዞባን ጽልዋ ካብ ምግባር ድሕር ኣይበለን።

3.2 ሰብዓታት

እብ ሜዳ ኤርትራ፥ ውሽጣዊ ምፍሕፋሕን ግጭትን ኣብ ጥርዙ በጺሑ ነበረ። እቲ ኣብ መንጎ ተጋድሎ ሓርነት ኤርትራን ህዝባዊ ሓይልታት ሓርነት ኤርትራን (ህሓሓኤ) ዝተኸሰተ ግጭት፡ ንኤርትራ ናብ መዓሙቕ ኲናት ሓድሕድ ከቲቱዋ ነይሩ፡ ከም ውጽኢቱ ድማ ኣብ ክልቴኡ ግንባራት ዘሰንብድ ክሳራታት ኣስዒቡ። እቲ ከም ፖለቲካዊ ዘይምርድዳእ ዝጀመረ ክስተት ወይ ተርእዮ፡ ኣብ ሓጺር ግዜ ናብ ኣነነትን ውልቃውን ጉጅላውን ፖለቲካዊ ህርፋናት ወይ ጥሙሕ ማዕቢሉ። ነዚ ድማ ስነ ሓሳባዊ ፍልልያት ዝብል ጉልባብ ተዋሂቡዎ።

እቲ ኣብ'ቲ እዋን ዝደጋገም ዝነበረ መዝሙር፡ "ኤርትራ፡ ካብ ሓደ ፖለቲካዊ ውድብ ንላዕሊ ክትጻወር ኣይትኽእልን'ያ" ዝብል ኮይኑ፡ ብመሪሕነት ተጋድሎ ሓርነት ኤርትራ ብቀጻሊ ይጉስጎሰሉ ነበረ። እዚ ናብ ኩናት ሓድሕድ ዝማዕበለ ዘይምርድዳእ፡ ኣብ ሞራል ተጋደልትን ህዝብን ክሳራ ኣምጺኡ ጥራይ ዘይኮነስ ንወለዶታት ዝጸንሕ በሰላታት እውን ገዲፉ ኢዩ። ኣብ መንጎ ክልቴኡ ግንባራት ዝነበረ ምጥርጣራትን ዘይምትእምማንን እናበኣሰ ምስ ከደ፣ ነፍሲ ወከፍ ወገን ኣንጻር እቲ ካልእ ወገን፡ ዘርኢ ከፋፋሊ ፖለቲካ ክዘርእ ጀመረ።

መንእሰያት ብብዝሒ ኣብ ክልቴኦም ግንባርት ብምጽምባር ነቲ ቅድሚ'ቲ እውና'ቲ ናብ ፍሉያት ሃይማኖታውን ብሄራውን ጉጅለታት ዝዘዙ ዝነበረ ኣቃውማ ግንባራት መልከው ቀየሮ። እቲ ዘሕዝን ግን መራሕቲ ክልቴኦም ግንባራት ንፍልልያቶም ብሰላማውን ደሞክራስያውን ኣገባብ ንምፍታሕ ዝነበሮም ድሌትን ወንን ዘተባብዕ ዘይምንባሩ ኢዩ። ከመይሲ እቲ ዘምርድዳእ እናበኣሰ ኢዩ ከይዱ።

ኣብ ውሽጢ'ተን ግንባራት ካብ ዝነበሩ ተራ ተጋደልትን ህዝብን፡ ነቲ ኣብ መንጎ'ቶም ክልተ ግንባራት ዝነበረ ዘይምርድዳእ ብሰላማውን ዲሞክራስያውን ኣገባብ ክፍታሕ ጠለብ ኣቕሪቦም፡ ጸቕጢ እውን ተገይሩ። እቲ እዋን'ቲ ናይ ህዝቢ ንቕሓት ልዕሊ ናይ ክልቴአን ግንባራት ንቕሓት ክብ ዝበለ ከም ዝነበረ ብዕሊ ዝተራእየሉ ግዜ ኢዩ ነይሩ። መራሕቲ ሃይማኖት፡ ዓበይቲ ዓድን ካልኦት ግዱሳት ኤርትራውያንን ምስ ክልቴኦም ግንባራት ብወግዒ ብምርኻብ ኩናት ሓድሕድ ብዘይ ቅድመ ኩነትን ውዓል ሕደርን ደው ክብል ብዓውታ ኣብ ዝጸውዑሉ ህሞት፡ ናይ ፖለቲካዊ ንቕሓቶም ጸብለልትነት ኣርእዮም። እዚ፡ ኣብ ታሪኽ ዕጥቃዊ ቃልሲ ህዝቢ ኤርትራ ዓቢ ንኣገዳስን ምዕራፍ ኢዩ።

ኣብ መንጎ ክልቴኡ ውድባት ዝተገብረ ጻዕርታት ዕርቂ ንምምችቻው፡ ካብ ተራ ተጋደልቲ ህዝባዊ ሓይልታት ኣነ ተመሪጸ ነይረ። እታ ኣቀራራቢት ሽማግለ ሓሙሽተ ኣባላት ህዝባዊ ግንባር ዝሓዘት ኮይና፡ በራኺ ገብረሰላሴ (ኣብ'ዚ እዋን'ዚ ምስ ጉጅለ 15 ኣብ ቤት ማእሰርቲ ዒራ ዒሮ ዝማስን ዘሎ)፡ ሓሰን መሓመድ ኣሚር (ብ1978 ዓ.ም. ዝተሰውአ)፡ ተስፋይ ተምነዎ (ኣብ'ዚ ሕጂ እዋን ኣብ ጀርመን ዝነብር ዘሎ)፡ ኣማኑኤል ቀሺን (ኣባል ምንቅስቓስ የሚን ኢዩ ብዝብል ምስምስ ብህግሓኤ ዝሓቐቐ) ኣነን ዝሓቖፈት ነበረት። እታ ካብ ህዝባዊ ሓይልታት ዝተዋጽኣት ሽማግለ መጀመርያ ምስ ኣባል መሪሕነት ተጋድልሎ ሓርነት ኤርትራ ዝኾነ ተጋዳይ ዓብደልቃድር ሮመዳን ኣብ ዓዲ ቢደል ኢያ ተራኺባ። ተጋዳላይ ዓብደልቃድር ሮመዳን ነታ ሽማግለ ምውቕ ኣቀባብላ ድሕሪ ምግባር፡ እታ ብሸነኽ ተሓኤ ዝተመርጸት ሽማግለ ኣጋጣሚ ኮይኑ ብምኽንያት'ቲ ሽው ዝጋባእ ዝነበረ ካልኣይ ሃገራዊ ጉባኤ ተ.ሓ.ኤ. ኣባላታ ናብ ባርካ

ከም ዝተጓዕዙ ገሊጹላ። ሽማግለና ብዘቕረበቶ እማመ ወይ ሓሳብ ድማ እታ ሽማግለ ምስ መዛኑኣ ክትራኸብ'ኳ እንተ ዘይከኣለት ኣብ ከበሳታት ኤርትራ፡ ላዕላይ ባርካን ሳሕልን ኣብ ዝርከባ ሓይልታት ተጋድሎ ሓርነት ኤርትራ ዑደታ ኣካይዳ። ብላዕለዎት ካድረታት ተጋድሎ ሓርነት ኤርትራን ተራ ኣባላትን ዝተገብረላ ኣቀባብላ ድማ ኣዝዩ ምዉቕ ነበረ። እቲ ዘተ ኣብ ምሕዝነታውን ምዉቕን ሃዋህው ዝተኻየደ ኮይኑ፡ ኣባላት ኣቀራራቢት ሽማግለ ህዝባዊ ሓይልታት፡ ኣብ ተጋደልቲ ተጋድሎ ሓርነት ኤርትራ ዘሎ ሓያል ናይ ሓድነት ድሌት ተዓዚቦም። እዚ ኣድማዒ ዑደት'ዚ ካብ ኣርባዕተ ክሳዕ ሽድሽተ ኣዋርሕ ዝወሰደ ነበረ።

ኣብ'ቲ እዋንት'ቲ፡ ኣብ መንጎ ክልቲኦም ግንባራት ዝነበረ ፍልልይ ከም ስነ ሓሳባዊ ፍልልይ ኮይኑ ይቐርብ ነበረ። እቲ ሓቂ ግን ክልቲኦም ውድባት መትከላት ማሕበራዊ ፍትሒ ዘማእከለ ናይ ኤርትራ ናጽነት ይኣምኑ ምንባሮም እዩ። ህዝባዊ ሓይልታት (ደሓር ህዝባዊ ግንባር) ሓድሽ ደሞክራስያዊ ሰውራ (New democratic Revolution - NDR) ከም ሰረት እምነቱ ዘቕድም፡ ተጋድሎ ሓርነት ኤርትራ ድማ ዘይርእሰማላዊ ኣገባብ ምዕባለ (Non-capitalist Way of Development) ዝብል እምነት ዝምጉት'ኳ እንተ ነበረ፡ ኣብ ሓቂ መጺኡካ ግን እቲ ንስነ ሓሳብ ኣሳቢቡ ዝቃላሕ ዝነበረ ፍልልያት (ሕጂ ተመሊስክ ክትርእዮ ከለኻ) ንክትውሕጦ ዘሸግር ኢዩ ነይሩ። ኣብ'ዚ ኣርእስቲ'ዚ ከለና፡ ሓድሽ ደሞክራስያዊ ሰውራ ብቻይና ዝድፍኣሉ ዝነበረ ሰረተ እምነት ኮይኑ፡ እቲ ዳሕረዋይ ድማ ብሕብረት ሶቭየት ዝጉስጎሰሉ ዝነበሩ ኣምር ኢዩ ነይሩ።

ክልቲኦም ግንባራት ንማሕበራዊ ፍትሒ፡ መሰል ርእሰ ውሳነ፡ ልዕልና ሕጊ፡ ቁጠባዊ ናጽነት፡ ምኽባር ሰብኣዊ መሰላት፡ ከምኡ እውን ኣብ ሓድሕዳዊ ምክብባርን ማዕርነትን ዝተመርኮሰ ምስ ጎረባብቲ ሰናይ ዝምድና ናይ ምምዕባል ድሌት ከም ዝነበሮም ይገልጹ ነይሮም። ክንዲ ዝኾነ ድማ፡ ኣብ መንጎ ክልቲኦም ግንባራት ርኡይ ስነ ሓሳባዊ ፍልልይ ዘይምንባሩ ኢዩ ዘመልክት። ክልቲኦም ጸጋማዊ ዝንባለ ዝነበሮምን ኣብ ውሽጦም ሕቡኣት ሰልፍታት ዘዕቆቡን ኮይኖም፡ ድሒሩ ንነብሱ ሶሻሊስት ፓርቲ ኢሉ ዳግማይ ዘጠመቐ ህዝባዊ ሰውራዊ ሰልፊ ኤርትራ ኣብ ውሽጢ ህዝባዊ ግንባር፣ ሰልፊ ዕዮ ድማ ኣብ ውሽጢ ተጋድሎ ሓርነት ኤርትራ ምንባሮም ናይ'ዚ መርትዖ ኢዩ።

ኣብ ሰብዓታት፡ ዋላ'ኳ ውሽጣዊ ዘይምርድዳእ እንተ ነበሮም፡ ክልቲኦም ግንባራት ቅልውላው ኢትዮጵያ ንዘቕረቦ ዕድል ተጠቒሞም፡ ንመብዛሕትአን ከተማታት ኤርትራ ሓራ ብምውጻእ፡ ርእሰ ከተማ ኣስመራ ብሓባራዊ ሓይልታት ተጋድሎ ሓርነት ኤርትራን ህዝባዊ ግንባርን ተኸቢባ ነበረት። ይኹን'ምበር እቲ ኣብ ልዕሊ ባጽዕ ብህዝባዊ ግንባር እተኻየደ መጥቃዕቲ ከም'ቲ ዝድለ ኣይሰኾነን ። ከተማ ባረንቱ ሓራ ንምውጻእ

እውን፡ ክልቴኦም ውድባት ዓቅሞም ኣተሓባቢሮም ሰሪሖም ኢዮም፡ ይኹን'ምበር እዚ ተበግሶ'ዚ እውን ከም'ቲ ዝደለ ውጽኢት ኣይተረኽበን።

ኣብ መጀመርታ ሰብዓታት ኣብ ታሪኽ ኲናት ናጽነት ኤርትራ ኣዝዩ ዘሕዝን ፍጻመ ኣጋጢሙ። ገለ ተባዓት ተጋደልቲ፡ ኢሳይያስ ኣፍወርቅን (ሽዑ ኣቦ ወንበር ህዝባዊ ሓይልታት ኤርትራ ዝነበረ) እቶም ናይ መሪሕነት ብጾቱን ዘዘውትርዎ ዝነበሩ ናይ ኣሰራርሓን ኣመራርሓን ጉድለታት ኣመልኪቶም ስክፍታቶም ብምግላጽ በዲሆምዎም። ይኹን'ምበር፡ መሪሕነት ህዝባዊ ሓይልታት ሓርነት ኤርትራ ነቲ ናይ ምእራም ምንቅስቓስ - ደሓር 'መንካዕ' ዝብል ስም እተዋህቦ ናይ 1973 ምንቅስቓስ - ብምጭፍላቕ ስልጣኑ ኣደልዲሉ። ተስፋይ ተምነዎ ብዛዕባ'ዚ ኣብ'ታ "ንኣርብዓ ዓመት ዝተቐብረ ጉዳይ - 1972-2013" ዘርእስታ መጽሓፉ ብሰፊሑ ገሊጹዎ ኣሎ (ተምነዎ፡ 2013)።[ii] ናይ'ዚ ምንቅስቓስ'ዚ ኣባላት ብቐንዱ ምሁራት ወይ ተማሃሮ ነበር ኢዮም ነይሮም። መሰረታዊ ጠለባቶም፡ ምኽባር ዲሞክራስያዊ መሰላት ኣባላት ግንባር፡ ምትእትታው ምቁጽጻርን ሚዛንን (checks and balances)፡ ተሓታትነት፡ ምልካዊ ኣሰራርሓ ምእላይ፡ ሓሳብካ ናይ ምግላጽ ናጽነት፡ ገለ ገዳይም ተጋደልቲ ነቲ ኣብ ልዕሊ ሓደስቲ ዝተመልመሉ ኣባላት ግንባር ዘካይዱዎ ስልጣንካ ብዘይ ግቡእ ናይ ምጥቃም ተግባራት መወዳእታ ክግበረሉን ወዘተ ዝብሉ ነበሩ።

እቲ ምንቅስቓስ ተዘሊፉ፡ ቀንዲ መራሕቱ ተኣሲሮም፡ ድሒሮም ድማ ሓቘቖም። ሰዓብቶም ተገሊሎም፡ ማህሚኖምን ተዋሪዶምን። ኣጋጣሚ ኣነ ሓደ ካብ'ቶም ግዳያት ናይ'ዚ ዘሕዝን ታሪኽ እየ ነይረ። በቲ መስፍን ሓጎስ ምስ ደሃይ ኤርትራ ኣብ ዝገበሮ ቃለ መሕትት ዝሃቦ መግለጺ፡ ብሰንኪ ስእነት ናይ መጻንሒ መሳለጥያታት፡ እቶም ናይ'ቲ ምንቅስቓስ ቀንዲ መራሕቲ ብህጹጽ ክቕተሉ ነይሩዎም (ደሃይ ኤርትራ፡ ኣብ መጽሓፍ ተጋዳላይ መስፍን ሓጎስ እተመርኮሰ ሰፊሕ ዝርርብ፡ 2023)[iii] ምባሉ ድማ ኣሰምቢዱንን ኣስካሒኪሑንን። እዚ ድማ ዕቱብ ሕቶ የልዕል። ህዝባዊ ግንባር ኣብ'ቲ ሓራ ዝወጸ ቦታታት (ወይ ድማ ደጀን ኢሉ ዝጽውዖም ዝነበረ ቦታታት) ንቶም ጉዳዮም ክሳዕ ዝምርመር ንዝተፈላለዩ ምኽንያታት ተኣሲሮም ዝነበሩ ኣማኢት እሱራቱ ደኣ ኣበይ የሰፍሮም ነይሩ? መቐመጢ ቦታ ኣይነበሮን ተባሂሉ ክእመን ይኽእልዶ? ከምኡ እንተ ኾይኑ'ሞ፡ ህዝባዊ ግንባር ብጥርጣረ ንዝተኸሰ ሰብ ይቐትሎ ነይሩ ማለት ኢዩ። ንምእማኑ ኣዝዩ ከቢድ ኢዩ! ምስ ምሉእ እኽብሮተይ ንመስፍን ሓጎስ፡ ክሳብ ክንድ'ዚ ድዩ ከም ዓያሹ ገይሩ ቆጺሩና? እዝስ ንናይ ኣስተብህሎ ዓቕምና ከም ምጽራፍዶ ኣይጽብጸብን? ኣብ'ዚ ጥራይ ከይተሓጽረ መስፍን ሓጎስ ብዕለት 29 ሓምለ 2024 ምስ ድምጺ ኣሜሪካ (ቪኦኤ) መደብ ትግርኛ ኣብ ዝገበሮ ቃለ መሕትት ንኣባላት ምንቅስቅስ

1973 ዓ.ም. ይሕስዉ ነይሮም ኢዮም ምባሉ ኣዝዩ ዘተሕሳስብን ኣብ ቁስሊ ጨው ከም ምንስናስ'ዩ ዝቖጽር።[iv]

ኣብ 2000-2001 ዓ.ም. ኣብ ዝነበረ ውዑይ ፖለቲካዊ ቅልውላው፡ ኣባላት ጉጅለ 15 ረኺቦምኒ ነይሮም። ኣብ ዕላልና፡ ኢሳይያስ ነቲ ናይ 1973 ዓ.ም. ምንቅስቓስ ንምጥፋእ ዝጥቀመሉ ዝነበረ ሜላታት (ሳሕላዊ ኣገባብ) ተጠቒሙ ከሕቕቖም ምኽኑ ካብ ገለ ኣባላት ጉጅለ 15 ምስማዕ ዘደንጹ ኢዩ ነይሩ። ሓቆም ኢዮም ነይሮም። እቲ ዘገርም ግን፡ ገለ ኣባላት ጉጅለ 15 ነቶም ኣብ ሰብዓታት ስለ'ቶም ኣብ ናይ'ቲ ግንባር ናይ ጸጥታ መጋበርያ - ሓለዋ ሰውራ - ዝማህመኑ መሳርሕቶም ደው ኣይበሉን። ገለ ካብኣቶም ከኣ'ሞ ነቲ ተሃድሶኣዊ ወይ ናይ ምእራም ምንቅስቓስ ኣብ ምጭፍላቕ ተሓባበርቲ ኢዮም ነይሮም።

ገለ ኣባላት ጉጅለ 15 ነበር ንኣተሓሰበ ኢሳይያስ ብምርዓም ንኣካላዊ ምቕንጻል ናይ 1973 ዓ.ም. ብጾቶም ደጊፎም፡ ገለ ድማ ነቲ ምንቅስቓስ ከም "ኣዕናዊ"፡ ንመራሕቶም ድማ ከም ተበለጽቲ ወይ ተወዓዓልቲ ስልጣን (power mongers) ወይ ኣውርጃውያን (ኣባላት ሓደ ዓይነት ኣውራጃ ኮይኖም ኣብ ዞርያ ጸቢብ ረብሓታት ኣውራጃ ዝጥርነፉ) ገይሮም ብምቕራብ ዓቢ ተራ ተጻዊቶም። "ኣዕናዊ ምንቅስቓስ 1973" ዝብል ኣርእስቲ፡ ኣብ ቤት ትምህርቲ ካድረ ህዝባዊ ግንባር፡ ኣብ'ቲ ካብ ሰለስተ ክሳዕ ኣርባዕተ ኣዋርሕ ዝወሃብ ዝነበረ ስብከት (indoctrination) ንኣባላት ግንባር ዝወሃብ ዝነበረ ትምህርዊ መደብ ኢዩ ነይሩ። ናይ'ቲ ቤት ትምህርቲ መምህራን፡ ሃይለ ወልደትንሳኤን ኣሕመድ ኣልቀይሲን ነይሮም።

ብዛዕባ ምንቅስቓስ ተሃድሶ 1973 ዓ.ም. ውልቃዊ ተመክሮይ ኣብ ሳልሳይ ክፍሊ ናይዛ መጽሓፍ ኣብ ምዕራፍ 2 ተሰኒዱ ኣሎ።

ካልእ ብኢሳይያስን መሻርኽቱን "የሚን" ወይ "የማናውያን" ተባሂሎም ዝጽውዑን ድሒሮም ከኣ ኢሳይያስ ብዝወሰዶ በይናዊ ውሳኔ ብዓሊ ስዒድ ዓብደላ ብዘይ ኣፍልጦ ካልኦት ኣባላት ፖለቲካዊ ቤት ጽሕፈት ዝተረሸኑን፡ ምሁራትን ሓረስቶትን ዝሓቖፈ ጉጅለ ኣባላት ህዝባዊ ግንባር ነይሩ (Hagos M., 2023)። ንኣብነት፡ ኢዮብ ገብረልኡል - ኣብ ሕብረት ሶቭየት ብስነ ምድሪ ዝተመረቐ ምሁር ኣብ መንጎ ተጋድሎ ሓርነት ኤርትራን ህዝባዊ ግንባርን ስነ ሓሳባዊ ፍልልይ ከም ዘየለ ብምሕባሩ ተዘሊፉ። በብሓደ ቅድሚ ምልቃምን ኣብ ቤት ማእሰርቲ ምድኳንን፡ ነታ ጉጅለ ንምጽላምን ንምክፋእን፡ ተመሳሳሊ ሜላ - ሰፊሕ ናይ ምጽላም ወፍሪ - ተኻይዱ። ካብ'ዚኣቶም፡ መሓሪ ግርማጽዮን፡ ገብረሚካኤል መሓርዝጊ፡ ኢዮብ ገብረልኡል፡ ሃይለ ጀብሃ፡ ሰሎሞን ወልደማርያም፡ ኣርኣያ ስመረ፡ ኪዳነ ኣቤቶ ይርከቡዎም።

ኣብ ውሽጢ ተጋድሎ ሓርነት ኤርትራ እውን እንተ ኾነ ነቲ ብፋሉል ዝፍለጥ ዝነበረ ምንቅስቓስ ተራ ተጋደልቲ ብደሞክራሲያዊ ዝኾነ መገዲ እብ ክንዲ ክእለ ዝፍተን፡

መሪሕነት ተጋድሎ ሓርነት ኤርትራ ናብ ጎነጽ ዝዘዘወ ፍታሕ ከናዲ ምፍታኑ ይቕረ ዘይበሃሎ ጌጋ ኢዩ ነይሩ። ዝበዝሑ ኣባላት'ዚ ምንቅስቓስ'ዚ ድሒሮም ናብ ህዝባዊ ግንባር ከም ዝተሓወሱ ምዝካር ኣገዳሲ ኢዩ።

ኣብ መወዳእታ ሰብዓታት፡ ብሽምግልና ምብራቕ ጀርመን ኣብ መንን ስርዓት ደርግን ክልተ ግንባራት ኤርትራን (በበይኖም) ዝግበር ዝነበረ ልዝባት ፍረ ዘይብሉ ተሪፉ። ኢትዮጵያ ብደገፍ ሕብረት ሶቭየት፡ ምብራቕ ጀርመን ኲባን የመንን ዳግመ ምውዳብ ብምግባር ሰፊሕ መጥቃዕቲ ድሕሪ ምክያድ፣ ነቶም ሓርነታውያን ምንቅስቓሳት ናብ'ቲ ኣብ ሳሕልን ጋሽ ባርካን ዝርከብ ደጀናቶም ከም ዝምለሱ ገይራ። ህዝባዊ ግንባር ሓርነት ኤርትራ፡ ነዚ ንድሕሪት ምምላስ ስጉምቲ "ስትራተጂያዊ ምዝላቕ" ኢሉ ይጽውዖ።

ብቁጽሪ (ቀዳማይ፣ ካልኣይ፡ ሳልሳይ፡ ራብዓይ፡ ሓሙሻይ ወራር፡ ተበግሶ ወዘተ) ብዝተሰየመ ተኸታታሊ መጥቃዕትታት ዝለለን፡ ብክልቴኦም ወገናት ርሑይ ክሳራታት ዘስዓበን ውግኣት ኣብ ዞባ ሰሜናዊ ሳሕል ኣብ መንጎ ሰራዊት ኢትዮጵያን ናይ ናጽነት ምንቅስቓሳትን ተኻየዱ።

ናይ ሰብዓታት ናይ ደገ ረቛሒታት እዞም ዝስዕቡ ባህርያት ነይሮምዎ፥

ኣብ ኢትዮጵያ ብወተሃደራዊ ሓይሊ ዝተጨውየ ህዝባዊ ናዕብን፡ ከምኡ ድማ ምብግጋስ ናይ ብህዝባዊ ሰውራዊ ሰልፊ ኢትዮጵያ (EPRP)፡ መላእ ኢትዮጵያ ሶሻሊስታዊ ምንቅስቓስ፡ (MEISON) ዝኣመሰሉ ጸጋማውያን ውድባትን ተኸሲቶም። ብዘይካ'ዚኦም ድማ ከም ህዝባዊ ወያነ ሓርነት ትግራይ (ህወሓት)፡ ደሞክራስያዊ ሕብረት ኢትዮጵያ (EDU)፣ ሰራዊት ሓርነት ኦሮሞ (OLA)ን ካልኦት ብሄራዊ ምንቅስቓሳትን ነናተን ፍሉይ ፖለቲካዊ ኣጀንዳታት ሒዘን ብቐጻሊ ኣፍልጦ እናረኸባ መጺአን።

ስርዓት ሃይለስላሴ ብወተሃደራዊ ጉጅለ ምስ ተኣልየ፡ ናይ ዕግርግር እዋን ነጊሱ። ኣብ'ዚ እዋን'ዚ ኲናት ኢትዮ-ሶማልያ ዝተጀመረ ኮይኑ፡ ኣብ ልዕሊ ክልቴኡ ኣህዛብ ከቢድ ዋጋ ዘስዓበ ግጭት ተኻይዱ። እቲ ዝገርም ግን፡ ሕብረት ሶቭየት ተኣማንነታ ናብ ማሕበርነታዊት ኢትዮጵያ ብምቕያር፡ ልዑል ወተሃደራውን ፖለቲካውን ደገፍ ኣቕሪባ። ከም ሳዕቤኑ ድማ ሶማልያ ኣብ'ቲ ኲናት ስዕረት ከጋጥማ እንከሎ፡ ኢትዮጵያ ነዚ ዓወት'ዚ ንፖለቲካዊ ረብሕኣ ንምውዓል ተጓይያትሉ።

ኣብ መንጎ ስርዓት ደርግን ሕብረት ሶቭየትን ዝነበረ ምትእስሳር ኣብ ዝለዓለ ጥርዙ በጺሑ፡ ወተሃደራውን ዲፕሎማስያውን ድጋፍ ናብ'ቲ ብደርግ ዝምራሕ መንግስቲ ኢትዮጵያ ፈሲሱ። እቲ ዘሕዝን ግን፡ ስርዓት ደርግ ነቲ ዓፋኒ መግዛእቱ ዝያዳ ኣደልዲሉዎ፡ ኣብ'ቲ ብ'ቀይሕ ራዕዲ' ዝፍለጥ እዋን ድማ ናይ ብዓሰርተታት ኣሽሓት ዝቑጸሩ ንጹሃት ኢትዮጵያውያን ዜጋታት ህይወት ሓሊፉ።

ረዚን ዋጋ ዝተኸፍሎ ናጽነት ኤርትራን ዝተጠልመ መብጽዓን

ምስ ሓፍተይ ኣልጋነሽ ሰሎሞን ኪዳነ ሰሎሞንን ኣብ ሰሜናዊ ሳሕል

Visita al frente de Eritrea. Entrevista con Angel Urosberueta, de la Comisión Internacional del MC

"Ejemplo de moral revolucionaria"

Eritrea en cifras

SERVIR AL PUEBLO N.° 142

ጋዜጠኛታት ደቂ ስፖይን ሜዳ ድሕሪ ምእታው ብዛዕባ ሰውራ ኤርትራ ዘውጽእዎ ሓተታ
(ኣነ ኣብ ውሽጢ ሓደ በዓቲ)

ገለ ክፋል ጉጅለ ምስንዳእ ሓድሽ ፖለቲካዊ ትምህርቲ - ሰሜናዊ ሳሕል

ንጋዜጠኛ ናይ ቢቢሲ - ሳይመን ድሪንግ - ቃለ መሕትት እናሃብኩ

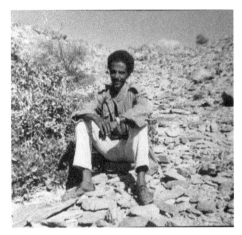

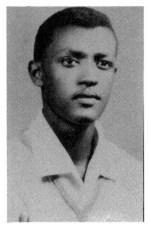

ኣብ ሰሜናዊ ምብራቕ ሳሕል

ነፍስሄር ቢሆን ሰሎሞን

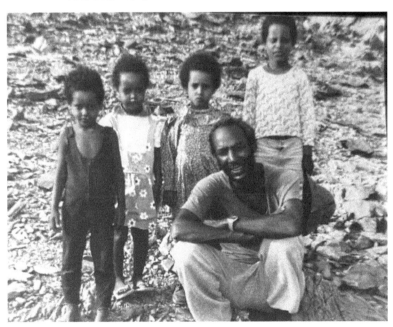

ነፍስሄር ኣለም ኣብራሃ (ወዲ ጀርጆ)

ምስ ኣሕመድ ኣል ቐይሲን ዘምህረት ዮውሃንስን

ገለ ካብ ኣባላት ምስንዳእ ዝተመሓየሸ ፖለቲካዊ ትምህርቲ፥ ይትባረኽ፡ ተስፋሚካኤል (ሽሪፎ)፡ ኣለምሰገድ፡ ተስፋሚካኤል ገራህቱን

ነፍስሄር ወርቁ ዘርኣይን ኪዳነ ሰሎሞንን - ሰሜናዊ ሳሕል

ኣብ ሰሜናዊ ሳሕል

ናይ ሕልና እሱር ኪሮስ ሃብተሚካኤል

ሰመረ ሰሎሞን

ኣብ ድፍዓት ሰሜናዊ ምብራቕ ሳሓል ንጋዜጠኛታት (ደቂ እስጳኛ)
ኣብ ድፍዓት መግለጺ እናሃብኩ ከለኹ

ምስ ንእሽቶ ሓወይ መሓሪ ሰሎሞን ኣብ ሰሜናዊ ምብራቕ ሳሕል

ረዚን ዋጋ ዝተኸፍሎ ናጽነት ኤርትራን ዝተጠልመ መብጽዓን

ሓደ ክፋል ጉጅለ ምስንዳእ ፖለቲካዊ ትምህርቲ
ደው ኣሎም ዘለዉ ካብ ጸጋም ንየማን፡ ኣፍወርቂ፡ ተስፋይ፡ እስቲፋኖስ፡ ተስፋሞካኤል፡ ባዱሪ፡ ሃይለ፡ ተስፋሚካኤል፡ ይትባረኽ
ኮፍ ኢሎም ዘለዉ ካብ ጸጋም ንየማን፡ ሳሙኤል፡ ሙሴ፡ ሰመረ (ነጋሽ)፡ ጳውሎስ

ነፍስሄር በርሀ ተኽለ (በርሀ ጻዕዳ)

ናይ ሕልና እሱር ቢተወደድ ኣብራሃ

ምዕራፍ 4

ካልኣይ ገጽ ዕጥቃዊ ቃልሲ፡ ሰማንያታት ክሳዕ 1991 ዓ.ም.

4.1 ባህርያት/ መለየዲታት

ሰማንያታት ብሓደ ዕግርግር ዝመልኦን ዘሕዝንን ፖለቲካዊ ኩነታት ኢዩ ዝልለ። ክልቴኦም ግንባራት ፍልልያቶም ብሰላማውን ደሞክራስያውን ኣገባብ ክፈትሑ ዘይምኽኣሎም ዳግማይ ኲናት ሓድሕድ ንክውላዕ ጠንቂ ኮይኑ። ኣብ ክልቴኡ ወገን ዓቢ ክሳራታት ብምስዓብ ድማ ስቓይ ህዝብና ንክቕጽል ምኽንያት ኮይኑ።

ተጋድሎ ሓርነት ኤርትራ ብኽብደት ግዳማዊ ጸቕጥታትን (ኲናት ምስ ህዝባዊ ግንባር ሓርነት ኤርትራ) ውሽጣዊ ምስሕሓባትን ምስ ተበታተነት፡ ኣባላታ ናብ ርሑቕ ሃገራት፡ ከም ማእከላይ ምብራቕ፡ ኤውሮጳ፡ ኣመሪካ፡ ካናዳ ዝበታትነ ጃምላዊ ስደት ኣጋጢምዎም። ኣብ'ቶም ተሰፋ ዝቖረጹ ኣባላት ተጋድሎ ሓርነት ኤርትራ፡ ምረትን ቁጥዐን ነድርን ነጊሱ። ኣብ ዲያስፖራ ንዓብላልነት ህዝባዊ ግንባር ዝፈታተን ፖለቲካዊ ተቓዋሚ ሓይሊ ንምኧን ድማ ፈቲኖም።

ኣብ'ቲ ዉዕዉዕን ርሱንን ኩነታት፡ ህዝባዊ ግንባር ኣብ ሜዳ ኤርትራ በዳሂ ዘይብሉ ፖለቲካውን ወተሃደራውን ሓይሊ ኮይኑ ወጺኡ። ኣብ ሞንጎ'ቲ ዝለዋወጥ ዝነበረ ውሽጣዊ ኣሰላልፋ ሓይልታት ድማ ሓደ ወሳኒ ህሞት ተኸሲቱ፣ ብሳገም ዝፍለጥ ካብ ተጋድሎ ሓርነት ኤርትራ ዝተፈንጨለ ውድብ፡ ኣብ ካልኣይን ሓድነታውን ውድባዊ ጉባኤ ህግሓኤ፡ ምስ'ቲ ውድብ ብወግዒ ተጸምቢሩ። እዚ ናይ ክልቴኦም ወገናት ውህደት'ዚ፡ ውጽኢት ናይ'ቲ ንዓመታት ዝቐጸለ ዘተን ናይ ሓባር ጻዕርን ኢዩ ነይሩ። ከም ሳዕቤኑ ድማ ኣብ ፖለቲካዊ መልክዐ መሬት ኤርትራ ሓደ ኣገዳሲ ምዕባለ ነይሩ።

እቲ ኣብ መንጎ ሓይልታት ኤርትራን ኢትዮጵያን ዝነበረ ዘይሕለል ናይ ምርብራብ ኩናት ቀጺሉ፡ ኣብ መወዳእታ ድማ ኣብ ዞባ ሳሕል መደምደምታኡ ረኺቡ። እቲ ወሳኒ ህሞት ምስ'ቲ ኣብ ኣፍዓበትን ከባቢኣን ዝተፈጸመ ምዕናው ናደው እዝ ዓቢ ምዕራፍ ኣበሲሩ። እዚ ድማ ንስርዓት ደርጊ (ገዛኢ ወተሃደራዊ ጉጅለ ኢትዮጵያ) ናይ ፍጻመኡ መጀመርታ ነበረ።

ብደገ፡ ኣብ'ቲ ብዕግርግር ዝፍለጥ ናይ'ዚ ከባቢ ታሪኽ፡ ኣብ ውሽጢ ላዕለዎት ጽፍሕታት ደርጊ ምፍልላይ ክቕልቀል ጀሚሩ፡ ኣብ መወዳእታ ድማ ኣብ ልዕሊ ስርዓት መንግስቱ ፈተነ ዕልዋ መንግስቲ ተኻይዱ። ናይ'ዚ ደፋር ዕልዋ መንግስቲ ሃንደስቲ ኣብ ወተሃደራዊ ቤት ፍርዲ ቀሪቦም፣ ጀነራል መርዕድ ንጉስ ድማ ቀንዲ ቀያሲ ናይ'ቲ ውዲት ኮይኑ ተረኺበ'ሞ ብሞት ተቐጽዐ። ካልኦት እውን ተመሳሳሊ ዕጫ ኣጋጠሞም።

ኣብ'ቲ ግዜ'ቲ ኣብ ጂኦፖለቲካዊ መድረኽ ሓደ ኣዎንታዊ ምዕባለ ተራእዩ። ርክብ ህግሓኤን ህወሓትን እንደገና ንምድልዳል ባይታ ዝንጸፈሉ ኩነታት ተፈጢሩ። እዚ ዘጉላዕልዕ ዝነበረ ምሕዝነት'ዚ ኣብ ውሽጢ ኢትዮጵያ ሓባራዊ ወተሃደራዊ ስርሒታት ንክካየድ መገዲ ዝጸረገ ኮይኑ፡ ኣብ ፖለቲካ ናይ'ቲ ዞባ ኣገዳሲ ጽልዋ እውን ኣሕዲሩ።

ግዜ ተለዊጡ፡ ሰራዊት ሓይልታት ምክልኻል ኤርትራ ኣብ ወርሒ ግንቦት 1991 ዓ.ም. ናብ ርእሰ ከተማ ኣስመራ ኣተዉ። እዚ ድማ፡ ነቲ ብኩናትን ዕግርግርን ዝልለ ዝነበረ ኩነታት ቀርኒ ኣፍሪቃ ግዚያዊ ምርግጋእ ፈጢሩሉ። ኣብ መንጎ'ተን ተቐናንቐንቲ ዝነበራ ክልተ ሃገራት ድማ ናይ ፖለቲካ ሕጽኖት ተጀሚሩ።

እቲ ጂኦፖለቲካዊ መልክዕ መሬት እናተለወጠ ምስ ከደ፡ እቲ ንነዊሕ እዋን መራሒ ኢትዮጵያ ዝነበረ መንግስቱ ሃይለማርያም፡ ካብ ግዜ ናብ ግዜ እናተነጸለ መጸ። እዚ ተነጽሎ'ዚ ምስ'ቲ ኣብ ሕብረት ሶቭየት እተኸስተ "ፐረስትሮይካ" ተባሂሉ ዝፍለጥ ሓድሽ ዘመን ተጋጢሙ። እዚ ናይ ጽገናን ዳግመ ውደባን እዋን'ዚ ኣብ መወዳእታ ናብ ምፍራስ ሕብረት ሶቭየት ኣምሪሑ፣ እዚ ድማ ኣብ ሕብረት ሶቭየት ጥራይ ዘይኮነስ ኣብ'ቲ ብህዝባዊ ፖለቲካዊ ናዕብታት ፖለቲካዊ መልክዑ ዳግማይ ዝቐረጽ ዝነበረ ምብራቕ ኤውሮጳ እውን ዘመነ ኮምዩኒዝም ከም ዘብቅዕ ገይሩ ኢዩ።

ኣብ መንጎ'ዚ ድራማ ዝመልኦ ፍጻመታት'ዚ፡ እቲ ብሕብረት ሶቭየት ዝፍለጥ ዝነበረ ናይ ብርክት ዝበላ ማሕበርነታውያን ሃገርት ውህደት ተበታቲኑ። ኣብ ዓለም ድማ ሓድሽ ተርእዮ ተቐልቀለ። ካብ ክልተ ቀጽራዊ ዓለም ናብ እንኮ ቀጽራዊ ዓለም ምኻድ።

4.2 ንናጽነት ኤርትራ ኣበርክቶ ዝገበሩ ረቛሒታት

ኣብ'ቲ ብኽቢድ መስዋእቲ ዝተረኽበ ናጽነት ኤርትራ ቀንዲ ኣኽብሮትን ምንስን ዝግብኦ፡ እቲ ብጽኑዕ ኒሕን ወንን ቆራጽነትን ከሳዕ መወዳእታ ደው ዝበለን ብተጻዋርነቱ ዝልለን ህዝቢ ኤርትራ እዩ። ፍልልያቶም ብረጽሚ ዝልለ'ኳ እንተ ነበረ ህዝባዊ ግንባር ሓርነት ኤርትራን ተጋድሎ ሓርነት ኤርትራን ድምጺ ህዝቢ ኤርትራ ኮይኖም ባህግታቱ ክዉን ንምግባር ስለ ዘገልገሉ ኣኽብሮትን ኣድናቖትን ይግብኦም ኢዩ። ንተጋድሎ ሓርነት ኤርትራ፡ ኣብ'ቲ ኤርትራውያን ኣብ ልዕሊ መግዛእቲ ኢትዮጵያ ዝረኸቡዎ ዓወት ኣበርክቶ ኣሎኒ ንምባል መሰሉ ክኽልክሎ ዝኽእል ሓይሊ የለን። እቶም ናይ ክልቴኡ ውዳበታት ምዑታት ተጋደልቲ ሓርነት፡ በቲ ዝኸፈሉዎ መስዋእቲ (ብፍላይ ድማ መስዋእቲ ንእስነቶም)፡ ናእዳ ይግብኦም እዩ። ንሰማእታትናን ከምኡ እውን ስንኩላን ኲናት፡ ንዕላማ ኢሎም ህይወቶም ስለ ዝወፈዩ ዝለዓለ ክብሪ ክንህቦም ይግባእ። ልዕሊ ኩሉ ድማ ህዝቢ ኤርትራ ነዚ ገዚፍ ዓወት'ዚ ከምጽእ ብምኽኣሉ ክብሪ ይግብኦ፡ ምኽንያቱ መዘና ዘይብሉ ደገፉ ንክልቴኡ ውዳበታት እንተ ዘይህብ ነይሩ ምንቅስቓስ ናጽነት ኣይምተዓወተን።

ዓወት ኲናት ንናጽነት፡ ናይ ዝተፈላለዩ ዜጋታት ፖለቲካዊ ጸግዒ ብዘየገድስ፡ ከም ጥርዚ ናይ'ቲ ኩሉ ኤርትራዊ፡ ደቂ ተባዕትዮ ይኹን ደቂ ኣንስትዮ፡ ደቂ መታሕት ይኹኑ ደቂ ከበሳ፡ ኣመንቲ ምስልምና ይኹኑ ክርስትና፡ ከምኡ እውን ኩሎም ብሄራት ኤርትራ ብዘይ ኣፈላላይ ዝኸፈልዎ መስዋእቲ ኮይኑ ክረአ ይግባእ።

ነቶም ብዝተፈላለዩ ምኽንያታት፡ ብኢድ ብጾቶም ዝጠፍኡ፡ ከም ናይ'ቲ ብመንካዕ ዝፍለጥ ናይ 1973 ዓ.ም. ናይ ጽገና ምንቅስቓስ፡ ከምኡ እውን የሚን፡ ፋሉልv እናተባህሉ ዝጽውዑ ዜጋታት፡ ንኣበርክትኦም ኣፍልጦ ምሃብን ምዝካርን እውን ኣገዳሲ ኢዩ። ከም ገዲም ኣባል ህዝባዊ ግንባር መጠን፡ ብዘይካ ሕቶታት ምሕታት ካልእ ገበን ዘይብሎም (ሽለል ክብሃለሎም ዝግባእ) ደቂ ቤት ትምህርተይን መተዓብይተይን ካልኦት ብልዑል ሃገራዊ ወኒ ዝቃለሱ ዝነበሩ መንእሰያትን ምቕታልን ምሕቃቕን ሞራሎም ምሕምሻሽን ክኹነንን ክውቀስን ዝግብኦ ታሪኻዊ ገበን ኮይኑ እረኽቦ።

ኣነ፡ ነቲ መሪሕነት ሰውራ ኣብ ምዕዋት ናይ'ቲ ኲናት ዝገበሮ ልዑል ኣበርክቶ ብዘየወላውል መገዲ ግቡእ ኣፍልጦ ክህቦ ግቡእ ይመስለኒ። ከም'ዚ ኮይኑ ከብቅዕ ግን ኣብ ልዕሊ እዞም ንጹሃት ዜጋትት ዝፈጸሞ ግፍዒ ብዘየወላውል መገድን ብግልጽን ይኹንኖ። ካብ'ቲ ናይ'ቲ መሪሕነት ፍልይ ዝበሉ ኣረኣእያታት ዘለዎም ሰባት፡ ኣረኣእያታቶም ክሳሰዩን ወይ ብደሞክራስያዊ ኣገባብ ክፍትሑን ይግባእ ነይሩ፣ እንተ ኸፍአ ድማ ውልቀ ሰባት ካብ መሳርዕ ናይ'ቲ ግንባር ብሰላም ዝፋነዉሉ መገዲ ክፍጠር

ነይርዎ። እቲ ዘሕዝን፡ እቲ ኣብ'ዚ እዋን'ዚ ንዕዘቦ ዘለና ኩነታት፡ ሱሩ ኣብ'ቲ ግዜ ኩናት ዝማዕበለ ፖለቲካዊ ባህሊ ኢዩ ነይሩ። ሳዕሪሩ ድማ።

ናይ 1973 ዓ.ም. ምንቅስቓስ፡ ንህሓሓኤ ንምጽጋን እምበር ንከፍርሶ ዕላማ ኣይነበሮን ዝብለ እምነት ኣለኒ ምኽንያቱ ድማ ኣባላቱ (ብዙሓት ካባኣቶም ብቐረባ ዝፈልጦምን ልቢ ንልቢ ዘዕለልክዎምን) ከም ካልኦት ኣባላት ህዝባዊ ሓይልታት፡ ሃገራውያን ብውሑዱ፡ እንተ ዘየኮነ ድማ ገስገስቲ ኢዮም ነይሮም። ህሓሓኤ፡ ንመሰላት ኣባላቱ ንምሕላው ብዝሓሸ ኣገባብ ክሰርሕ ነይሩዎ በሃልቲ ኢዮም ነይሮም። ከም'ቲ ብመሪሕነት ዝተሰየመ "ኣዕናዊ ምንቅስቓስ" ኣይነበረን። ናይዞም ኣባላት ወለዲ፡ ደቆም ኣብ ምንታይ ኩነታት ከም ዝሞቱ'ኳ ኣይተሓበሩን። ከመይ ዝበለ ነውራም ተግባር!

ኣብ እዋን ቃልሲ ንናጽነት ዝተኸፍለ መስዋእቲ ዘይተኣደነ ምንባሩ፡ ብገምጋም 65 ሽሕ ከም ዝተሰውኡ ህዝባዊ ግንባር ሓርነት ኤርትራ ይሕብር (ፕረሲደንት ግዚያዊ መንግስቲ ኤርትራ ኣብ ብኣጋጣሚ መዓልቲ ሰማእታት ኣብ 1991 ዓ.ም. ዝሃቦ ወግዓዊ መግለጺ)። እቲ መስዋእቲ ክንዮ'ቲ ህይወት ምጥፋእ ይኸይድ። ናይ'ቲ ኩናት ተወሰኽቲ ሳዕቤናት በዞም ዝስዕቡ ክጠቓለሉ ይኽእሉ ኢዮም፥ ዝመኽነ ቁጠባዊ ዕድላት፡ ብሰንኪ እቲ ዝተናውሐ ኩናት ዝሰዓበ ምምዝባል (ውሽጣውን ስደት ናብ ካልኦት ሃገራትን) ህዝቢ፡ ዕንወት ማሕበራዊ መዋቅር፡ ምብትታን ስድራ ቤትን፡ ኣብ ልዕሊ ዓቢ ክፋል ናይ'ቲ ህዝቢ ዝወረደ ስነ ኣእምሮኣዊ በሰላን ከምኡ እውን በቲ ብድሕሪ ብርቱዕ ስንባደ ዝመጽእ ጸቕጢ ኣእምሮ (PTSD) ዝሳቐዩ ተጋደልትን ህዝብን። እቲ ዘገርም ግን ብዙሓት ተጋደልቲ ነበር ብPTSD ከም ዝሳቐዩ ኣፍልጦ የብሎምን ወይ እውን ኣይኣምኑሉን ኢዮም።

ብዘይካ'ዚ፡ እቲ ኣብ ሞንጎ ዲያስፖራ ኤርትራውያን ብሰፊሑ ተዘርጊሑ ዝነበረ ናይ ምፍልላይ ፖለቲካ ክሳዕ ሕጂ ዘሰክፈና ዘሎ ጾር ኮይኑ ኣሎ።

ካልኦት ነቲ ዓወት ኣበርክቶ ዝገበሩ ረቛሒታት እውን ኣቃሊልካ ክረኣዩ የብሎምን። እዚ'ኣቶም ከኣ ነቲ ተቓወምቲ ምንቅስቓሳት ኢትዮጵያ ኩነታት ንምቕያር ዝገበሩዎ ልዑል ኣበርክቶን ኣብ ኢትዮጵያ ኣብ ውሽጢ ስርዓት ደርጊ ዝተራእየ ናይ ኣሰላልፋ ሓይልታት ለውጥን የጠቓልል።

ከም'ቲ ኣብ ላዕሊ ዝተገልጸ እውን፡ ግሎባዊ ፍጻሜታትን ምቅይያራትን ኣብ ቃልሲ ናጽነት ዓቢ ጽልዋ ኣሕዲሩ ነበረ። ምብትታን ሕብረት ሶቭየት (ንስርዓት ደርጊ ዓቢ ወተሃደራዊ ናውቲ ዘቕርብን ዲፕሎማሲያዊ ደገፍ ዝህብን ዝነበረ)፡ ውድቀት ከምኡ እውን ምፍራስ መንደቕ በርሊንን ነቲ ኣብ ምብራቕ ኤውሮጳ ንውድቀት ምልካውያን ስርዓታት መገዲ ዝኸፈተ ህዝባዊ ናዕብታትን ከም ኣገደስቲ ፍጻሜታት ኮይኖም ክጥቀሱ

ይኽእሉ። ብሓፈሻ ሃፈጽታ ናይ'ቲ ኣብ ኣህጉራዊ ፖለቲካዊ ዓውዲ (arena) ብሓፈሻ ዝመጸ ለውጢ እውን ንውጽኢት ሓርነታዊ ቃልሲ ኤርትራ ኣብ ምጽላው ወሳኒ ተራ ተጻዊቱ ኢዩ።

4.3 ብዘይ ሕቡእ ውድብ ናጽነት ከውን ከኽውን ይኽእል ነይሩ ድዩ?

ከም'ቲ ኣብ ዝሓለፈ ምዕራፋት ዝተዘተየሉ፡ ኣብ ውሽጢ ህዝባዊ ግንባር ዝንቀሳቐስ ሕቡእ ማርክሳዊ ሌኒናዊ ውድብ ነይሩ ኢዩ። ከምኡ ስለ ዝኾነ ድማ፡ ብዘይ መሪሕነት ናይ'ዚ ሕቡእ ሰልፊ (ኤርትራዊ ህዝባዊ ሰውራዊ ሰልፊ፡ ድሓር ማሕበርነታዊ ፓርቲ ተባሂሉ ዝተሰየመ)፡ ኤርትራ ኣብ 1991 ዓ.ም. ናጽነታ ኣይምረኸበትን ነይራ ዝብል ብሂል ብዝተፈላለዩ ሰባት ይቃላሕ ኢዩ።

ነዚ ርእይቶ'ዚ ከገጥመሉ እደሊ። በዞም ዝሰዕቡ ምኽንያታት፥ ሓርነታዊ ቃልሲ ንክዕወት ቅኑዕ ዕላማ ጥራይ ዘይኮነስ ነቲ ዕላማ መሰረት ብምግባር ንህዝቢ ከሕብርን ዓቕሙ ከንሳጉስን ዝኽእል ብቑዕ ፖለቲካዊ ውድብ እውን ይሓትት ነይሩ ኢዩ። ኣብ ጉዳይ ኤርትራ፡ እቲ ፖለቲካዊ ኩነታት ኣዝዩ ብሱል ብምንባሩ፡ ተራ ፖለቲካዊ ውድባት ብቐንዱ፡ ብኣድማዒ መገዲ ቅኑዕ መልእኽቲ ናብ ህዝቢ ምትሕልላፍን በዚ መሰረት ድማ ዝድለ መሪሕነትን ምምእዛናን ምሃብ ኢዩ ነይሩ።

ኣብ'ተን ቀዳሞት ናይ ቃልሲ ዓመታት፡ ከም'ዚ ዝኣመሰለ ፖለቲካዊ ውድብ ከም ዘይነበረ ተመክሮ ኤርትራ ይሕብር። ነቲ ናይ'ቲ እዋን ብድሆታት ከገጥም ዝኽእል ውድብ ወይ ውድባት ከም ዝፍጠራ ንምግባር ግዜን ብዙሕ መስዋእትን ወሲዱ ኢዩ። እተን ቀዳሞት ዓመታት፡ ኣብ ከንዲ ኣብ ዘላቒ ምሕደራ (management) ናይ'ቶም ዘጋጥሙ ዝነበሩ ብድሆትት ምትኳር፡ እቲ ዝበዝሐ ግዜ፡ ጉጅላዊ ፖለቲካዊ ረብሓታትካ ንምርዋይ ማሕበረ ቁጠባዊ ፍልልያት ኣብ ምምዝማዝ ትኹረት ዝተገብረሉ እዋን ኢዩ ነይሩ ተባሂሉ ክግለጽ ይከኣል።

ብቐንዱ ኣብ ህዝባዊ ግንባር ብህጹጽነት ኩናትን በቲ ሽዑ ዝተኸስተ ቅልውላውን ዝድረኽ ድልዱል ፖለቲካውን ወተሃደራውን ውድብ ድሕሪ ምቛሙ፡ እቲ ኩነታት ኣዝዩ ምእኩልን ዲሲፕሊን ዘለዎን ኣቃውማ ዘድለዩ ክኸውን ከም ዝኽእል ምእማን ርትዓዊ እዩ። እዚ ማለት ግን ነቲ ዕጥቃዊ ቃልሲ ሕቡእ ውድብ ጌርካ ጥራይ ኢዩ ክእለ ዝነበሮ፡ ወይ ድማ ነዚ እገባብ'ዚ ተጠቒምካ ምልካዊ ስልጣን ምምርግጋጽ ኣድላዪ ኢዩ ነይሩ ማለት ግን ኣይኮነን። ከም'ዚ ዝበለ ኣብ ምልኪ ዝተመስረተ ፖለቲካዊ ስልጣን እንተ ዘይህሉ፡ ዓወት ክብጻሕ ኣይከእልን ነይሩ ድዩ ንዝብል ሕቶ ጥንቁቕ ኣስተንትኖ ዝሓትት

እምበር ከም ንቡር ክውሰድ ኣይግባእን። እዚ፡ ዓሚቐ ምስትንታን ዘድልዮ ሓባራዊ ዘተ (reflection) ዘድልዮ ጉዳይ እውን ኢዩ። እዚ፡ ከም'ዚ ኢሉ እናሃለወ፡ ሓደ ሓቂ ግን ንጹር ኮይኑ ኣሎ፥ እዚ ሎሚ ንርእዮ ዘለና ህሉዊ ምልካዊ ኣሰራርሓ፡ ብሃንደበት ዝተኸሰተ ወይ እውን ከም ማና ካብ ሰማይ ዱብ ዝበለ ኣይኮነን። እቲ ሱሩ ካብ ዘመን ዕጥቃዊ ቃልሲ ዝመንጨወ ኮይኑ ኣብ ንውሕ ዝበለ እዋን ዝጨብጨበን ዝተጠናኸረን ኢዩ።

ኣብ ቅድምን ድሕርን ናጽነት ዝነበረ ኩነታት ከም ዝተዓዘብናዮ፡ እቲ ነቲ ሕቡእ ሰልፊ ዝኣሊ ዝነበረ ናይ ፖለቲካ ልሂቕ፡ በቲ ሕቡእ ሰልፊ ኣቢሉ እሙናት (ናይ ግድን ማርክሳውያን ወይ ማሕበርነታውያን ዘይኮኑ) ሰዓብቲ ንምፍጣር ተጠቒሙሉ ኢዩ። እዚ ድማ፡ ብዋጋ ናጻን ነቐፌታውን ኣተሓሳስባ ናይ ኣሜን በሃልነትን ልኡምነትን ባህሊ ኣማዕቢሉ። ብድሌት ሓደ ውልቀ ሰብ ወይ ኣካል ዝግዛእን ንዑኡ ዝምእዘዝን ዕስለ (collective) ንክፍጠር ድማ ኣበርኪቶ ገይሩ። ህዝባዊ ግንባር፡ በቲ ሕቡእ ፖለቲካዊ ሰልፊ ኣቢሉ፡ ኣብ መንጎ ኣባላቱን ካልኦትን (ኣባላት ግንባርን፡ ሓፋሽ ህዝብን) ደረት ዘይብሉ ፍልልይ ፈጢሩ። መዓልታዊ ጉዳያቱ ብፍጹም ምስጢር ዘካይድ ምስጢራዊ ማሕበረሰብ መስሪቱ። እዚ ናይ ምስጢርን ውዲትን ባህሊ ድማ ድሕሪ ናጽነት ኤርትራ ብዘይ ምቁራጽ ቀጺሉ። ኣብ'ዚ ሓደ ክርሳዕ ዘይብሉ ሓቂ ኣሎ፡ ንሱ ድማ፡ ኣብ'ቲ መጀመርያ እውን፡ ሰባት ናብ'ቲ ሕቡእ ሰልፊ ንምሕጻይ ዝጥቀሙሉ ዝነበሩ ቀንዲ መለክዒ (criterion) እቲ ኣብ ናይ 1973 ዓ.ም. ምንቅስቓስ ዝነበሮም ኣረኣእያ ኢዩ። እዚ ማለት ድማ ነቲ ምንቅስቓስ ፍጹም ተቓዋሚ ምዃንን ምዀናንን ማለት ኢዩ። እዚ ድማ ኮነ ኢልካ ንመብዛሕትኦም ሰዓብቲ ናይ'ቲ ምንቅስቓስ ንምውጋን ወይ ንምውሳን (marginalize) ተባሂሉ ዝተማህዘ ሜላ ኢዩ ነይሩ። መብዛሕትኦም ኣባላት'ቲ ምንቅስቓስ፡ ምሁራት ወይ ድማ ተመሃሮ ከም ዝነበሩ ምዝካር ድማ ጠቓሚ ይኸውን። ብዝሓምን ዓይነቶምን ዘይንዓቕ ከም ዘይነበረ ምፍላጥ እውን ኣገዳሲ ኢዩ። ኣነ ብወገነይ በብውልቆም ክርእዮም እንከለኹ ከም ስሕት ኢልካ እትረኽቦም ክቡራት ኣልማዝ (rare diamonds) ገይረ ኢየ ዝገልጾም። ብልሒ፡ ንቕሓት፡ ተወፋይነት፡ ምዕቡል ኣተሓሳስባ፡ ጉብዝና፡ ትብዓት፡ ምትዕጽጻፍን፡ ዘይተጸዓድነት ኣብ ጽንኩር ኩነታት፡ ንጌጋታት ብድፍረት ምብዳህ ዝመለለይኦም ገስገስቲ ብጾት ገየረ ኢየ ዝወስዶም። ነፍሲ ወከፎም ኣብ ምምራሕን ምዕዋትን ሰውራ ክነብሮም ዝኽእል ዝነበር ኣስተዋጽኦ ድማ ብቐሊሉ ዝርአ ኣይምኾነን። ናይ'ቲ ሽው እዋን ላህመት (cream) ናይ'ቲ ሰውራ ተባሂሎም እንተ ተገልጹ እውን ምግናን ኣይኮነን።

ንድሕሪት ተመሊስና እንተ ርኢናዮ፡ እቲ ውድብ፡ እሙናት (ብምኽንያት'ቲ ምስ'ቲ ኣዝዩ ምስጢራዊ ዝኾነ ውድብ ዘለዎም ጸግዒ፡ ንነብሶም ከም ፍሉያትን ኣብ ልዕሊ

ካልኦት ድማ ጸብለልትነትን ከም ዘለዎምን ጌሮም ዝርእዩ ውልቀ ሰባት) ዝብሎም ሰባት ብምውዳብን ከም መቆጻጸርን መገደድን መካኒዝም ኮይኑ ንከገልግል ንፍሉይ ዕላማ ዝተመስረተ ውድብ ኢዩ ነይሩ።

ኣባላት ሕቡእ ሰልፊ፡ ኣባላት ንዘይኮኑ ሰባት ብጥርጣረ ይከታተሉዎም ነይሮም፥ (ኣብ ውሽጢ ኣኼባታትን ካብ ኣኼባታት ወጻእን)። ተራ ኣባላት ግንባር (ኣባላት ሰልፊ ዘይኮኑ) እንታይ ባህርያት ከም ዘርእዩ፡ ምስ መን ከም ዝራኸቡ፡ እንታይ ከም ዝዛረቡን ዘዕልሉን፡ ንዝተፈላለየ ኩነታት እንታይ ዓይነት ግብረ መልሲ ከም ዝህቡ ብዝምልከት ንነዊሕ ናይ ለይታዊ ሰዓታት ክዝትዩ ይሓድሩ። ኣብ ከምʼዚ ዝበለ ኩነታት፡ ኣባል ሰልፊ ዘይምኚን፡ ርእሰ ምትእምማን ክሳዕ እትስእን ንኸቢድ ምጽራይ ወይ ምርመራ (scrutiny) የቃልዓካ ነይሩ። ንሓደ ኣባል ሰልፊ፡ ብዝኾነ በደል ምንቃፉ እውን ልዑል ዋጋ ከኽፍል ይኽእል ነይሩ።

ኣብ ውሽጢ ህዝባዊ ግንባር ሕቡእ ሰልፊ ከም ዝነበረ ኣብ ሳልሳይ ውድባዊ ጉባኤ ህዝባዊ ግንባር ብወግዒ ምስ ተገልጸ፡ ሎሚ ድሕሪ ሰላሳ ዓመታት ነቲ ኣርእስቲ ብግልጺ ከልዕሉ ወይ ብዛዕብኡ ክዝትዩ ፍቓደኛታት ዝኾኑ ኣባላት ሰልፊ ነበር ኣዝዮም ውሑዳት ኢዮም። ምስ ናይ ማፍያ ዝመሳሰል ናይ ስቕታ ስርዓት (omerta) ንዘልኣለም ይቕጽል ኣሎ። ኣብ ትሕቲ እቶም ሽፉናት ኩነታት ዝፍጸሙ ዝነበሩ ውዲታትን ገበናትን፡ ንኹሉ ግዜ ተሓቢኦም ክጸንሑ ተበይኑሎም ኢዩ።

ገለ ናይʼቲ ምስጢራዊ ሰልፊ እሙናት፡ እቲ ማርክሳዊ ለኒናዊ ሰልፊ፡ ጀጋኑ ኲናትን ናይ ወተሃደራዊ ስትራተጂ ክኢላታትን ፈጢሩʼዩ። ብዘይ ናታቶም ኣስተዋጽኦ ድማ፡ ኤርትራ ናጽነታ ኣይምረኸበትን ነይራ ዝብል ሓሳብ የቐድሙን ይጉስጉሱን። ነዚ ትረኻʼዚ እውን ክገጥሞ እደሊ።

ትብዓት/ጅግንነት ፍርያት ማርክስነት ዘይኮነስ ተፈጥሮኣዊ ባህርይ ወዲ ሰብ እዩ። ንዕኡ ዝኹስኩስ ጥጡሕ መድረኽ - ንኣብነት ዓውደ ኲናት - ጥራይ ኢዩ ዘድልዮ። ምኹስኳስ ትብዓት፡ ጽንዓትን ዘይንቕነቕ ተወፋይነትን፡ ኣብ እምነታትካ ዓሚቝ ርድኢት ናይ ምምዕባልን ምኽዕባትን ባህሊ ይጠልብ። እቲ ዝነበረና ዕላማ፡ ናይ ኤርትራ ባህርያዊ መሰል ርእሰ ውሳነ ኣብ ምእማን ስለ ዝነበረ፡ እቶም ናይ መወዳእታ መስዋእቲ ዝኸፈሉ፡ ነዚ ዕላማʼዚ ንምግልጋልን ንምርግጋጽን ኢዩ ነይሩ። ናይʼቶም ነዚ ዕላማ ኢሎም ህይወቶም ዝኸፈሉ ናይ መወዳእታ ቃላት ድማ "ዓወት ንህዝቢ ኤርትራ" እምበር "ዓወት ንማርክስነት" ኣይነበረን። ኣብ ዕጥቃዊ ቃልሲ ዝተጸንበሩ ብዓሰርተታት ኣሽሓት ዝቖጸሩ መንእሰያት (ካብ ኩሉ ጽፍሕታት ህይወት) ከምኡ ዝገበሩሉ ብሓደ ንጹር ምኽንያት ኢዩ፥ እዚ ድማ መሰል ናጽነት ኤርትራ ምርግጋጽ ኢዩ። ባዕሉ ኢሳይያስ

ኣፍወርቂ እንተ ኾነ እውን፡ ማርክስነትን ጅግንነትን ብባህሪኦም ዝተኣሳሰሩ ኢዮም ኢሉ ኣይኣምንን እዩ። ምኽንያቱ ድማ እነሆ፥

ኣብ ማእከላይ ኮሚቴ ህወሓት ዘገልገል ዝነበረ ዓርከይ ነፍስሄር የማነ ኪዳነ (ጃማይካ)፡ ሓደ እዋን ምስ መሳርሕቱ ምስ ነፍስሄር መለስ ዜናዊን ኢሳይያስ ኣፍወርቅን ኣብ ኣስመራ መስተ እናሰተዩን እናተዘናግዑን እንከለዉ ዘጋጠሞ ፍጻመ ኣዘንትዩለይ። እዚ ድማ ኣብ መንጎ ክልቴኦን ውድባት ወርቃዊ ምሕዝነት ኣብ ዝነበረለን እዋን ኢዩ ነይሩ። ምድሪ እናመሰየ ምስ ከደ፡ ሳዕቤን ኣልኮላዊ መስተ ድማ ስርሑ ምስ ጀመረ፡ ኢሳይያስ ብመሪሕነት ህወሓት ከላገጽ ጀመረ። ባህሊ ቆራጽነትን ትብዓትን ጅግንነትን ንምትእትታውን ንምስፋሕን ማርክሳዊ ለኒናዊ ጉጅለ (ማርክሳዊ ሌኒናዊ ሊግ ትግራይ) ከም ዝመስረቱ ዝእምት ክትዕ ድማ ኣቕረበ። ከም'ዚ ድማ በለ፥

> ጅግንነት ከመሃዝ ኣይክእልን'ዩ። ተፈጥሮኣዊ ባህሪ'ዩ፡ ሓደ ሰብ ወይ ይውንዮ ወይ ኣይውንዮን። ኣነ ንነብሰይ ከም ተባዕ እየ ዝቖጽራ፡ ምኽንያቱ ኣባሓጎታተይ ተባዓት ስለ ዝነበሩ። ኣብ ናይ ባዕለይ ዲ.ኤን.ኤ. (DNA) ኢዩ ዘሎ።

ኢሳይያስ ንኣባሓጎኡ ጎሹ ኣብ ደሕን (ኣብ የሓ ትግራይ ዝተቐብረ) ኢዩ ዝጠቕስ ነይሩ።

ብመሰረት ዓርከይ ነፍስሄር የማነ - ናይ ቀረባ ዘመድ ኢሳይያስ ኣፍወርቂ - ጎሹ (ኣባ ደሕን) ሓደ ካብ ጀነራላት ራስ ኣሉላ ኣባ ነጋ ኮይኑ ናብ ኤርትራ ዝመጸ ሰብ ኢዩ። ቀደም፡ መራሕቲ ብስም ኣፍራሶም ኢዮም ዝጽውዑ ነይሮም፣ ከም ኣሉላ ኣባ ነጋን ጎሹ ኣባ ደሕንን። እዚ ኹሉ ንሓደ ኣገዳሲ ነገር የነጽር፡ ነቲ ናይ'ቲ ሕቡእ ሰልፊ ዘይተሰዓርነትን ኣገዳስነትን ካብ መጠን ንላዕሊ ሰማይ ንምዕራግ እተገብረ ፕሮፓጋንዳ፡ ንፖለቲካዊ ረብሓ ተባሂሉ ዝተገብረ ምንባሩ ኢዩ።

ክሳዕ ለይቲ ሎሚ፡ መብዛሕትኦም ኣባልት ሰልፊ ነበር ብሓባር ኢዮም ዝዘናግዑ፡ ኣብ ሃገራዊ ስክፍታ ዘለዎም ጉዳያት ድማ ናጻ ኮይኖም ምስ ካልኦት ክዛተዩ እውን ፍቓደኛታት ኣይኮኑን። እቲ ስክፍታ ክሳዕ ሕጂ ኣብ መንጎኦም ይቕጽል ኣሎ። ከም ጽቡቕ ኣብነት ድማ እቲ ኣብ 2000ታት ኣብ ሓደ እዋን ዝተቐልቀለ "መድረኽ" ዝብሃል ውድብ እጠቕስ። እዚ ውድብ'ዚ፡ ኣብ'ቲ ኣብ ብራስለስ፡ ቤልጅየም ዝተኻየደ ናይ መጀመርታ ኣኼባኡ፡ ንኣባላት ሰልፊ ነበር ጥራይ (ወይ እውን እንተ ወሓደ ንመብዛሕትኦም) ዓዲሙ። እዚ'ኣቶም ናይ'ቲ ሕቡእ ሰልፊ ኣባላት ነበር ኮይኖም ነቲ ስርዓት ዝራሕርሑዎ ግን ከኣ ገና ኣብ ኤርትራ ለውጢ ናይ ምምጻእ ዓቕሚ ዘለዎም ንሳቶም ጥራይ ምዃኖም ዝእመነሎምን እዮም። ካልእ ዘገርም ነገር፡ እቶም ናይ'ቲ ኣኼባ ወደብቲ፡ እንትላይ

ንዓሊ ዓብዱ (ሚኒስተር ዜና ዝነበረሞ ነቲ ስርዓት ራሕሪሑ ኣብ ኣውስትራልያ ዑቕባ ዝሓተተ) ኢዮም ኣብ'ቲ ኣኼባ ንክሳተፍ ዕድመ ዝገበሩሉ። ካልእ ዘገርምከ? ንሓደ ካብ'ቶም ገዳይም ተጋደልቲ እሞ ኣባል ጉጅለ 15 ዝነበረ - ኣድሓኖም ገብረማርያም - ዕድመ ኣይተላእከሉን።

ኣብ ካልእ ኣጋጣሚ፡ ሓደ ብውልቃዊ ምኽንያት ኣብ ኣመሪካ ዝመጸ ተጋዳላይ ነበርን ኣባል ሕቡእ ሰልፍን ዝነበረ ሰብ ረኺበ። ዕላልና ናብ'ቲ ኣብ ኤርትራ ኣሰካፊ እናኾነ ዝመጽእ ዘሎ ፖለቲካዊ፡ ማሕበራውን ቁጠባውን ኩነታት ኣቕኒዑ። ብዛዕባ ክህልዉ ዝኽእሉ መፍትሒታት ምስ ተወከስክዎ ግን፡ ዝረኸብክዎ መልሲ ኣዝዩ ኣሰደሚሙኒ። ንሱ፡ "ከም'ዚ ዝኣመሰሉ ጉዳያት ንከም'ዚ ከማኻ ዝኣመሰሉ ናይ ደገ ሰባት ዝምልከት ዘይኮነስ፡ ንዓና ዝምልከት ኢዩ፡ ኣብ መንጎ ሓድሕድና ድማ ንዛተየሉ ኢና፡ ኣይትሰከፍ፡" ኢሉ መሊሹለይ። ምልክት ናይ'ቲ "ንሕና ኣንጻር ንሳቶም" ዝብል ኣተሓሳስባ ኮይኑ ተሰሚዑኒ፣ መለለዪ ሱር ዝሰደደን ሕዱርን ሕማም ኣባላት'ቲ ሕቡእ ሰልፊ።

ከምኡ እውን፡ ንኣገዳስነት ናይ'ቲ ሕቡእ ሰልፊ ንምምኽናይ፡ ገለ ገለ ናይ'ቲ ውድብ ስነ ሓሳባውያን (ideologues)፡ ከም በዓል ኣሕመድ ኣል ቐይሲን ሃይለ ወልደተንሳኤን (Connell, 2005)፡ እቲ ሰልፊ ኣብ ሜዳ፡ ኣብ ምውጋድ ኣውራጃውነት ዓቢ ተራ ከም ዝነበሮ ይምጉቱ ከም ዝነበሩ ዳን ኮነል ይጠቅስ። ብናተይ ኣረኣእያ፡ እቲ ድሕሪ ናጽነት ዝተኸሰተ ኩነታት ከም መርትዖ እንተ ድኣ ወሲድናዮ፡ (ክንወስዶ ኣሎና ከኣ በሃላይ እየ) ነዚ ዘረባ'ዚ ውዱቕ ይገብሮ። ብኣንጻሩ፡ ህዝባዊ ግንባር ጐይቶት ውግእ ፈጢሩ፡ መስፍናዊ ዝንባለታትን ኣሰራርሓታትን ኣጋዲዱን ከም ዝብእስ ገይሩን ኢዩ። ሕጂ ኣብ ውሽጢ ኤርትራ ሳዕሪሩ ዘሎ ኣውራጃውነት ምጥቃስ ጥራይ ኣኻሊ ኢዩ።

ብተወሳኺ ካብ ኣውራጃ ሰምሃር ወይ ቀይሕ ባሕሪ (ቀዳማይ ወገን) ዝመበቆሎም ኣባላት ህዝባዊ ግንባር ሓርነት ኤርትራ፡ ወትሩ (ኣንጻር ምንቅስቓስ 1973፡ "የሚን"፡ ሳበ ወዘተ) ፖለቲካዊ መርገጺታት ክወስዱ ከለዉ ብሓደ ድምጺ ኢዮም ዝወስዱ ዝነበሩ። ካብ ምስ ካልኦት ብዝያዳ ኣብ ነንሕድሕዶም ዝቀራረቡ ከም ዝነበሩን ዘለዉን ኢዩ ዝፍለጥ። ስለምንታ ኢዩ ሓደ ወዲ ቀይሕ ባሕሪ ናይ ባዕሉ መርገጺ ክወስድ ዘይደፈር። ስለምንታይ ኢዩ መርገጺታቶም ብመልክዕ ቀጽሪ (block) ዝወስዱ ዝነበሩ። እዝስ ኣየተሓትትንዶ? ስለምንታ'ዩ ናጻ ስግረ ኣውራጃዊ መርገጽታት ዘየወሰዱ?

ኣብ ኣርእስቲ ኣውራጃውነት ካብ ሃለና፡ ህግደፍ፡ ነዚ ኣምር ብኸመይ ከም ዝትርጉሞ ገለ ካብ ትዕዝብትታተይ ከቕርብ እፈቱ። ውሑዳት ኣብነታት ክገልጽ ፍቐዱለይ፡ ኣንበብቲ ድማ ናይ ገዛእ ርእሶም መደምደምታ ይግበሩ።

1. ነባራት ተማሃሮ ካልኣይ ደረጃ ቤት ትምህርቲ ሳን ጆርጆ (መንደፈራ)፡ በቲ ኣብ'ታ ናይ ቀደም ቤት ትምህርቶም ዝረአይዎ ኣሰካፊ ኩነታት ኣዝዮም ስለ ዝጕሃዩን ዝተተንከፉን፡ ተበግሶ ወሲዶም ክተኣኻኸቡን ናይታ ቤት ትምህርቲ ህንጻ ንምምሕያሽ ናይ ገንዘብ ምእካብ ወፍሪ እውን ጀመሩ። ዕላምኦም ድማ ነቲ ክፍልታት ምሕዳስን ቤተ መጻሕፍቱን ቤተ ፈተነኡን ካልእ መሳለጥያታቱን ዘመናዊ ንምግባርን ኢዩ ነይሩ። ኣብ ዲያስፖራ ንዝርከቡ ናይ'ዚ ቤት ትምህርት'ዚ ነባራት ተማሃሮ ብምርካብ ድማ እቲ ተበግሶ ናይ ብዙሓት ኤርትራውያን ቆላሕታ ብቕልጡፍ ረኺቡ፡ ውጽኢቱ ድማ ብኣማኢት ኣሽሓት ዶላራት ዝግመት ጸጋታት ምውሓዝ ኣስዒቡ። ይኹን'ምበር፡ መንግስቲ በዚ ተበግሶ ከም ዘይተሓጎሰ ገሊጹ። ነታ ነቲ ወፍሪ እትከታተልን እተወሃህድን ዝነበረት ኮሚቴ፡ ናይ'ቲ ገንዘብ ጉዳይ ንመንግስቲ ክገድፍ መምርሒ ተዋሂቡዎ፡ እዚ ድማ እቲ ቅዱስ ተበግሶ ብቕጽበት ደው ክብል ምኽንያት ኮይኑ።
2. ኣብ 1992 ዓ.ም.፡ እታ ብዓልቲ ጸጋ ዝኾነት ስድራ ቤት ነስረዲን - መበቆላ ካብ ከባቢ መንደፈራ (ዞባ ደቡብ) - ኣብ መንደፈራ ንህንጸት ምዕቡል ሆስፒታል ንምምዋል ዝነኣድ ተበግሶ ወሲዳ። እቲ ፕላን ምስ ተዛዘመ፡ ህንጸት ቀጺሉ ክጅምር ነይሩዎ፡ ይኹን'ምበር መንግስቲ ብዘይተሓሰበ መገዲ ጣልቃ ብምእታው፡ ነቲ ፕሮጀክት ሃንደበት ደው ኣቢሉዎ። እቲ ዘሕዝን ግን፡ እዚ ብማሕበረሰብ ዝተመርሐ ጻዕሪ ብሃንደበት ደው ዝበለሉ ምኽንያት ኣይቀረበን።
3. ኣብ መፋርቕ 2000ታት፡ ዘምህረት ዮሃንስ፡ ኣብ ኣስመራ ኣብ ሓደ ከባቢ፡ ናይ ሓባር ኣተዓባብያ ዝነበሮም ውልቀ ሰባት ኣብ ሓደ ንምምጻእ ዝዓለመ "ደቂ ገዛውትና" ወይ እውን “መተዓብይትና” ዝብል ፕሮጀክት ኣበጋጊሱ። እቲ ተበግሶ ኣብ መንጎ እዞም ውልቀ ሰባት ርክብ ንምምችቻው ዝዓለመ ኮይኑ፡ በብወገኖም ማሕበረሰቦም ነበር ንምድጋፍ ናይ ሓባር ጻዕርታት ንምዕባይ ዝዓለመ እውን ኢዩ ነይሩ። ይኹን'ምበር ብሚስጢር ብዝተጎልበበ ምኽንያታት እቲ ፕሮጀክት ብሃንደበት ደው ኢሉ።
4. ኣብ ቅርጺ ስርዓታትን ፖለቲካን ህግደፍ፡ መበቆልካ፡ ካብ ፍሉይ ዓዲ፡ ወረዳ፡ ወይ ኣውራጃ ብግልጺ ምዝራብ ዳርጋ ከም ነውሪ ኢዩ ዝቖጸር። ከም'ዚ ዓይነት ዝምድና ንፖለቲካዊ ዕላማታት ክሳዕ ዘይተመዝመዘ፡ ምስ ሓንቲ ፍልይቲ

ዓዲ፡ ወረዳ ወይ ኣውራጃ ሓቀኛ ናይ ምትእስሳር ስምዒት ምግላጽ እንታይ ጉድኣት ኣለዎ? ምስ ኣባላት ዓድኻ ወይ ምሳኻ ናይ ሓባር ኣተዓባብያ ዝነበሮም ውልቀ ሰባት ብምኧን ማሕበር ምምስራትከ እንታይ ኣበሳ ኣለዎ? ሓደ ውልቀ ሰብ ኣብ ዓዱ ወይ መበቆላዊ ቦታኡ ቤት ትምህርቲ ክሃንጽ እንተ ደልዩኸ? ድሌታት ሕብረተሰብ'ን ናይ'ቲ ከባቢ ምምሕዳርን ዘማልእ እንተ ኾይኑ እንታይ ጉድኣት የስዕብ?

5. ናጽነት ምስ ተረኽበ፡ ድሕሪ ሒደት ዓመታት፡ ኣውራጃውነት ንምምካት ብዝብል ሓሳብ ካርታ ኤርትራ ዳግማይ ተሰሪሑ። እቶም ናይ'ቲ ውጥን ሃንደስቲ (ብዓቢኡ ድማ ፕረሲደት ኢሳይያስ ኣፍወርቂ)፡ ነቲ ካርታታት ምቕያር፡ ስምዒታት ኣውራጃውነት ካብ ኣእምሮ ህዝቢ ብኣድማዒ መገዲ ከም ዝድምስሶ ብሓቂ ይኣምኑ ነይሮም ድዮም?

ብናተይ ኣረኣእያ፡ ትሕተ ሃገራዊ ወይ ጸቢብ ስምዒታት ንምምካት እቲ ዝበለጸ ኣድማዒ ኣገባብ ቁጠባዊ ውህደት እዩ። እዚ ድማ ዘመናዊ ቁጠባ (ሕርሻ፡ ምስናዕን ናይ ኣገልግሎት ኢንዱስትርን) ምምስራት ምምዕባልን፡ ምዕቡል መርበብ ጽርግያታት፡ መስመር ባቡርን ስርዓታት መጓዓዝያ ኣየርን ምህናጽ፡ ስሉጥ ናይ መራኸቢታት ትሕተ ቅርጽን ነጻ መራኸቢ ብዙሓንን ምዝርጋሕን ዝተማህረ ህዝቢ ምኹስኳስን የጠቓልል። ብዘይካ'ዚ ኣብ ጽልኢ ዘይኮነስ ኣብ ፍቕሪ፡ ኣብ ምክብባር፡ ኣብ ምጽውዋር፡ ኣብ ምዕቡል ስርዓተ ክብርታት፡ ኣብ ጭውነት፡ ወዘተ ዝኣመሰሉ ረቛሒታት ዝተመስረተ ሃገራውነት ምኹስኳስ የድሊ። ካርታ ዳግማይ ምስኣል ጥራይ ጸቢብ ስምዒታት ንምጥፋእ ከም ተኣምራታዊ መፍትሒ ኮይኑ ክሰርሕ ኣይክእልን ኢዩ። እዚ መስርሕ'ዚ፡ ግዜን ስትራተጅያዊ ጻዕርን ዝሓትት ኢዩ። ኣቛራጭ መገዲ ድማ የብሉን።

ምዕራፍ 5

ህዝባዊ ሓይልታት ሓርነት ኤርትራ፡ ድሒሩ ህዝባዊ ግንባር ሓርነት ኤርትራ ብዝብል ስም ዝተጸውዐ

አብ ታሪኽ ዕጥቃዊ ቃልሲ ኤርትራ፡ ክልተ ወሰንቲ ተዋሳእቲ ውድባት ነይሮም። እዚ ምዕራፍ'ዚ፡ ካብ 1961 ዓ.ም. ጀሚሩ ኣንጻር ጎበጣ ኢትዮጵያ ብፖለቲካውን ወተሃደራውን መዳይ ናይ ዝገጠመ ቀንዲ ውድባት መንነት ንምብራህን ትንተና ንምቕራብን ዝዓለመ ኢዩ። ኣብ'ተን ሰላሳ ዓመታት፡ ኣብ ዙርያ'ቲ ሰፊሕ ፖለቲካዊ መልክዕ መሬት ብፍላይ ድማ ኣብ መንጎ ህዝባዊ ግንባርን ተጋድሎ ሓርነት ኤርትራን ዝነበረ ኣሰላልፋ ሓይልታት ዝዝንብዩ ብርክት ዝበሉ ኣገደስቲ ፍጻመታት ተኸሲቶም ኢዮም። እዚ ድማ ኣብ ዝሓለፈ ምዕራፋት ብሰፊሑ ተዘሪቡሉ ኢዩ። ይኹን'ምበር፡ ኣብ'ቲ ዕጥቃዊ ቃልሲ ዝተሳተፉ ካልኦት ውዳበታት ኣይነበራን ማለት ኣይኮነን።

ታሪኽ ቃልሲ ንናጽነት ኤርትራ ከም ሓደ ዘየቛርጽ (ወይ ቀጻሊ) ጉዕዞ ጌርካ ክውሰድ ይግባእ። እዚ ማለት ድማ ንታሪኽ ህዝባዊ ግንባር ከም ሓደ ዘይንጸል ኣካል ናይ'ቲ ህዝቢ ኤርትራ ኣንጻር መግዛእቲ ንመሰል ርእሰ ውሳነ ኢሉ ዘካየዶ ነዊሕን ዘይሕለልን ቃልሲ ምኻኑ ምእማን ማለት ኢዩ። ምምስራት ህዝባዊ ግንባር ሓርነት ኤርትራ፡ ኣብ ውሽጢ'ዚ ናይ ተጋድሎ ሓርነት ኤርትራ ታሪኻዊ ኣመሰራርታን ኣመዓባብላን መስርሕን ክረአ ዘለዎ ጉዳይ ኢዩ። ብዘይካ'ዚ፡ ምምስራት ህዝባዊ ሓይልታት ሓርነት ኤርትራ (ደሓር ህዝባዊ ግንባር)፡ ውጽኢት ናይ ሓደ ዝተሓላለኸ ውህደት ናይ ዝተፈላለዩ ውድባትን (ቀዳማይ ወገን፡ ካልኣይ ወገን፡ ዑበል) ምንባሩ እውን ክፍለጥ ዘለዎ ሓቂ ኢዩ።

ታሪኻዊ ኣመጻጽኣ ህዝባዊ ሓይልታት፡ ኣብ ውሽጢ'ቲ ጽልግልግ ዝመልኦ ስሳታትን ሰብዓታትን ዝምዕብላ ዝነበራን ምዕቡላትን ሃገራት ዝጸሉ ዝነበረ ዓለማዊ ናይ ጸጋማዊ

ምንቅስቓሳት ማዕበል ክርእ ዘለዎ ኮይኑ ይስምዓኒ። ሓደ ዘይከሓድ ሓቂ ግን ኣሎ። ንሱ ድማ፥ ድሒሩ ህዝባዊ ግንባር ሓርነት ኤርትራ ተባሂሉ ዝተሰየመ ህዝባዊ ሓይልታት ሓርነት ኤርትራ፡ ነቲ ካብ ዝምስረት ኣትሒዙ ኣብ ኤርትራ ብቐጻሊ ዝቀያይር ዝነበረ ፖለቲካውን ወተሃደራውን መልክዐ መሬት ንምብዳህን ንምግጣምን መዳርግቲ ዘይብሉ ዓቕምን ባህርያትን ብልጫታትን ዘለዎ ፖለቲካዊ ውድብ ንምዃን በቒዑ'ዩ።

ህዝባዊ ግንባር ሓርነት ኤርትራ፡ ካብ ናይ ብርክት ዝበላ ሃገራት ኣፍሪቃ ጸብለልትነት ዘለዎ ወተሃደራዊ ብቕዓትን ኣወዳድባን ዝንየት ኮይኑ፡ ፍሉይን ዝተራቐቐን ድልዱልን ወተሃደራዊ መሳርሒ ወይ መጋበርያ ዝመለለይኡ ኮይኑ ይግለጽ። እቲ ኲናት፡ በላሕትን ምዑታትን ናይ ወተሃደራዊ ስትራተጂ ክኢላታት ፈጢሩን ኮስኲሱን። ብዙሓት ካብኣቶም ምቕሉል ኣጀማምራ ህይወት (humble beginning) ዝነበሮም ተራ ዜጋታት ኮይኖም ዝተፈላለየ ድሕረ ባይታ ዘለዎም - ሓረስቶት፡ ተማሃሮ፡ ምሁራት፡ ሰራሕተኛታት፡ ደቂ ተባዕትዮን ደቂ ኣንስትዮን፡ ከምኡ እውን ካብ ኩሉ ማሕበረ ቁጠባዊ ቀጸላታት ዝተዋጽኡ ኢዮም። እቲ ዕጥቃዊ ቃልሲ፣ ጾታ፡ ብሄር፡ ሃይማኖታዊ ጸግዒ ብዘየገድስ ንኹሎም ዘካተተን ዝሓቖፈን ምንቅስቓስ ስለ ዝነበረ።

መሪሕነት ህዝባዊ ግንባር፡ ዕላማታት ቃልሲ ኣብ ምንጻር፡ ሕግታት ናይ'ቲ ተበግሶ (rules of engagement) ኣብ ምርቃቕ፡ ስርዓተ ልምድታት ኣብ ምትእትታውን ምትግባርን፡ ኣብ ውሽጢ ሰራዊት ስርዓተ ክብርታት ኣብ ምስራጽን ዓቢ ኣስተዋጽኦ ገይሩ። ተዋጋኢ ሓይልታት ህዝባዊ ግንባር፡ ትብዓት ዝመለለይኡ ኮይኑ፡ ብኹሉ መለከዕታት ጅግንነትን ተወፋይነትን ዝሰነቐን ዝዓጠቐን፡ ከምኡ እውን ኣብ ጉዳይ ናጽነት መስዋእቲ ክኸፍል ድሕር ዘይብል ምንባሩን ይምስከረሉ። እዚ ተወፋይነት'ዚ ክንዮ ዓውደ ውግእ ዝኸይድ ኢዩ ነይሩ። ናይ ማሕበረሰብ ዓለም ተነጽሎ፡ ተሪር ኩነታት መነባብሮ፡ ጽንኩር ሙቐት፡ ጽንኩር ኣቀማምጣ መሬት፡ ሕጽረት ኣጽዋርን ተተኮስትን፡ ሕጽረት ካልኦት ኣገደስቲ ጸጋታት፡ ከምኡውን ካብ ህዝቡ ንምንጻል ብስርዓት ደርግን ማሕበርነታዊ ደምበን እተኻየደ ፕሮፖጋንዳዊ ወፍሪ እውን ተጻዊሩ ኢዩ።

ጽንዓት፡ ወሳኒ መለለዩ ባህርይ ህዝባዊ ሰራዊት ሓርነት ኤርትራ ኢዩ ነይሩ። ክንድ ዝኾነ ድማ፡ እቲ ግንባር፡ ኣብ ቃልሲ ናጽነት ዘይሕለል ቆራጽነትን ኒሕን ኣርኢዩ ኢዩ። ንተዓጻጻፍነቱ ዝገልጹ፡ ንዝተፈላለዩ ዕንቅፋታትን ዝቀያየሩ ፖለቲካዊ ኩነታትን ንምብዳህ ዘኽእል ዓቕምን ኣካይዳን ኣጥርዩ። ኣብ ውሽጢ መሳርዑ፡ ነቲ "ድሌት፡ ኣደ ምህዞ ኢያ" ዝብል ኣበሃህላ ዘረጋግጹ፡ ነቲ ዕላማ ብቐጻሊ ንምዕዋት ዘይሕለሉን፡ ብዝለዓለ ተወፋይነት ዝሰርሑን ሓደስቲ ፈጠራታት ዘተኣታትዉን ውልቀ ሰባት ነይሮም ኢዮም። ናይ ህዝባዊ ግንባር ምሃዝነትን ምትዕጽጻፍን ንናይ መወዳእታ ዓወቱ ልዑል

አበርክቶ ገይሮም ኢዮም። ግዜ እናሓለፈ ምስ ከደ ድማ ጽልዋ'ቲ ግንባር እናሰፍሐ ከይዱ፡ ብመገዲ ሓፋሽ ውዳበታቱ ኣቢሉ ድማ ንዓቢ ክፋል ህዝቢ ክጉስጉስን ክሓቑፍን በቒዑ። ካብ'ቶም ኣብ ውሽጢ ሃገርን ኣብ ዲያስፖራን ዝነበሩ ኤርትራውያን እቶትን ደገፍን ክረክብ እውን ክኢሉ። እዚ ደገፍ'ዚ ብግዴኡ ንንጥፈታቱ ነዳዲ ብምዃን፡ ሞራል ህዝቢ ኣብ ምብራኽ ዓቢ ኣበርክቶ ነይሩዎ።

ልክዕ ከም'ቲ ኣብ'ቲ ዕግርግር ዝመልአ ስሳታትን ሰብዓታትን ዝተቐልቀሉ ሓያሎ ሓርነታዊ ምንቅስቓሳት፡ እዚ ፍሉይ ምንቅስቓስ'ዚ ኣብ ማርክስ ለኒናዊ ስነ ሓሳብ እምነት ነይሩዎ። ቀንዲ መትከላቱ ምልኪ ሽቃሎ ምርግጋጽ፡ ኣብ መንጎ ደርቢ ሽቃሎን ሓረስቶትን ምሕዝነት ምምዕባል፡ ፍጹም ማዕርነት ዘለዎ ሕብረተሰብ ምምስራት፡ ብሕታዊ ንብረት ምህጋር፡ ምስ ኣብ መላእ ዓለም ዝርከቡ ጸጋማውያን ምንቅስቓሳት ሓድነትን ምሕዝነትን ምድግጋፍን ምድንፋዕ ዘጠቓልለ ኢዩ ነይሩ።

ህዝባዊ ግንባር ኣዝዩ ምእኩል (centralized) ዝኾነ ኣገባብ ኣሰራርሓ ኣተኣታትዩ። እዚ ድማ ነቲ ወተሃደራዊ ባህሉን ኣተሓሳስባኡን ቅኒተ ኣእምሮኡን ዘንጸባርቕ ነበረ። ንፍልልያት ፖለቲካዊ ኣረኣእያ ናይ ምጽዋር ባህሪ ግን ኣይነበሮን። እዚ ፍልልያት ናይ ዘይምጽዋር ባህሊ'ዚ፡ ኣብ ከም ናይ 1973 ዓ.ም. ናይ ምእራም ምንቅስቓስ ወይ ምንቅስቓስ የሚን ተባሂሉ ዝጽዋዕ ጉጅለ ተጋሂዱ። ኣብ'ዚ ከይተሓጽረ ኣብቶም ምስ ከም በዓል ዑስማን ሳልሕ ሳበ ዝኣመሰሉ ሰባት ዝደናገጹን ኣብ ልዕሊ ካልኦት ፍልይ ዝበለ ርእይቶታት ዘለዎም ውልቀ ሰባት እውን የንጸባርቕ ነበረ። ገለ ሰባት እውን ምስ'ዞም ኣብ ላዕሊ ዝተጠቕሱ ጉጅለታት ዝኾነ ዓይነት ምትእስሳር ዘይነበሮም ክነሶም ፍልይ ዝበለ ርእይቶ ጥራይ ስለ ዝነበሮም፡ መንካዕ፡ የሚን ዝብሉ ቅጽላት ኣስማት እናተዋህቦም ናይ'ዚ ባህሊ'ዚ ግዳያት ኮይኖም ከም ዝተረፉ ዝፍለጥ ኢዩ።

ከምዚ ዓይነት ዓፈናን ጭፍለቓን ድሕሪ ናጽነት ብዘይ ምቍራጽ ቀጺሉ። ከም ኣብነት፡ ኣብ'ቲ ብ1993 ዓ.ም. ዝተኻየደ ናይ ተጋደልቲ ናዕቢ (ንመሰረታዊ ናይ መነባብሮ መሰላት ዝሓተቱ) እተወስዱ ስጉምትታት፣ ኣብ 1994 ዓ.ም. ኣብ ልዕሊ ናይ ኲናት ስንኩላን ዝወረደ ግፍዒ፣ ኣብቶም ከም ጉጅለ 13፡ ጉጅለ 15 (G-13, G-15) ተባሂሎም ዝፍለጡ ጉጅለታት ዝበጽሐ ኣደራዕን ማእሰርትን፣ ኣብ ልዕሊ ኣብያተ እምነት ዝተወስደ ስጉምትታት፣ ኣብ ልዕሊ'ቶም ነቲ ናይ ኣኽርያ ቤት ትምህርቲ ምንቅስቃስ መሪሖምዎ ተባሂሎም ዝተኣስሩ ኣቦታት (ከም በዓል ሓጅ ሙሳ)፡ ከም በዓል ቢተወደድ ኣብርሃን ብርሃነ ኣብርሀን ዝኣመሰሉ ውልቀ ሰባት፡ ከምኡ እውን ኣብቶም መንግስቲ ንምዕላው ዝዓለመ ብናዕቢ ፎርቶ ዝፍለጥ ናይ ጥሪ 2013 ዓ.ም.

ምንቅስቓስ እተሳተፉ ላዕለዋትን ማእከሎትን ኣባላት ሲቪላዊ ኣገግሎትን ተዋጋኢ ሰራዊት ህግደፍን ዝተሰወሰዱ ስጉምትታት ከጥቀሱ ይከኣል። ኣባላት ተጋድሎ ሓርነት ኤርትራ ነይሮም ተባሂሎም፡ ምስ እስላማዊ ጥሩፍነት ጸግዒ ኣለኩም ብዝብል ምስምስ ካብ ፈቀዶኡ ተኣርዮም ኣብ ፈቐዶ ኣብያተ ማእሰርቲ ከሳብ ሕጂ ተዳጒኖም ዘለዉ ዜጋታት'ዉን ኣይሔኣም ትቑጸሮም።

ህዝባዊ ግንባር ሓርነት ኤርትራ፡ ዘይተኣደነ ስልጣን ዘለዎ ግንከ ንኢሳይያስ ኣፍወርቂ ዝለዓለ ተኣማንነት ዘለዎ ወተሃደራዊ መሳልል ፈጢሩ። እዚ ጉጅለ'ዚ ዘይተኣደነ ሓይልን ስልጣንን ከግብት ፍቓድ ተዋሂቡዎ ኢዩ።

ናብ'ቲ ስርዓት ዝቐንዐ ዝመስል፡ ዝኾነ መልክዕ ወይ ትሕዝቶ ዘለዎ ተቓውሞ፡ ሳዕቤኑ ኣዝዩ ከቢድ ነበረ። እንተላይ ናይ ሞት መቕጻዕቲ ወይ ምሕቃቕ። ካልኦት ኣማራጺታት፡ ከም ምፍናው ወይ ርፍትያ፡ ግምታት ተዋሂብዎም ኣይፈልጥን።

እቲ ዘሕዝን ግን፡ ብርክት ዝበሉ ኣባላት ህዝባዊ ግንባር፡ ናይ ሞት ጽዋእ ኣጋጢምዎም ኢዩ። ገለ ካብ'ቶም ፍሉጣት ንምጥቃስ፡ ሙሴ ተስፋሚካኤል፡ ዮሃንስ ስብሃቱ፡ ታረቀ ይሕደጎ፡ ሃብተስላሰ ገብረመድህን፡ ኣፍወርቂ ተኽሉ፡ ደበሳይ ገብረስላሴ፡ ዶክተር ርእሶም፡ ገብረኣምላክ ኢሳቕ፡ ዶክተር ሚካኤል፡ ግርማይ በርሀ፡ ተወልደ ኢዮብ፡ ደሃብ ተስፋጽዮን፡ ኣበራሽ መልከ፡ መሲሕ ርእሶም፡ ሚካኤል በረኸትኣብ፡ ሳሙኤል ገብረድንግል፡ ኣለም ኣብርሃ፡ ተኽለ ገብረክርስቶስ፡ ጎይትኦም በርሀ፡ ከምኡ እውን ሃይለ ዮሃንሶም[vi] (Eritrean Human Rights Electronic Archive, n.d.)።

መስፍን ሓጎስ ብዛዕባ ዕጫ ናይ ገለ ካብዞም ሰባት'ዚኦም ከም'ዚ ዝስዕብ ይብል፥

> እቲ ዝኸበደ ፍርዲ ኣብ ልዕሊ ሃብተስላሴ ገብረመድህን፡ ተወልደ እዮብ፡ ኣፍወርቂ ተኽሉ፡ ሙሴ ተስፋሚካኤል፡ ዮሃንስ ስብሃቱ፡ ርእሶም ዘርኣይ፡ ታረቀ ይሕደጎ፡ ኣበራሽ መልከ፡ ደሃብ ተስፋጽዮን ዝተፈጸመ ናይ ሞት ፍርዲ ኢዩ። (Hagos. M., 2023)።

መስፍን ዝኸበደ ክብል እንከሎ ናይ ሞት ፍርዲ ማለቱ'ዩ። እቶም ካልኦት ኣባላት ናይ'ቲ ምንቅስቓስከ ብሞት እንዶ ኣይኮኑን ዝተቐጽዑ? መስፍን ነቲ ኩነታት ንድሕሪት ተመሊሱ ክርእዮ እንከሎ፡ ስግኣቱን ስግኣት ናይ መሪሕነት መሳርሕቱን፡ ዝተጋነነ ከኸውን ከም ዝኸእልን እቲ ዝተወሰደ ስጉምቲ እውን ዘይተመጣጣኒ ከም ዝነበረ ይኣምን። እዚ ኢሉ ከብቅዕ ግን ነቲ ዝተወሰደ ናይ ሞት ፍርዲ ድማ ይድግፍ። ብመሰረት ወይ ኣበሃህላ መስፍን፡ ጉጅለ መንካዕ ኣብ'ቲ ህዝባዊ ግንባር ኣብ መንጎ ክልተ ጸላኢ ተቐርቂሩ ኣብ

ዝነበረሉ እዋን ውሽጣዊ ዕንወት ወይ ምግምማዕ ስለ ዘውረዱ እዮም ብምባል ነቲ ፍርዲ ይድግፎ (Hagos M., 2023)።

ኣብ ልዕሊ ኣባላት ናይ'ቲ ምንቅስቓስ ወይ እውን ፍሉይ ኣረኣእያ ዝነበሮም ተጋደልቲ ዝፍጸም ዝነበረ ግፍዒ ኣዝዩ ኣረሜናዊ ብምንባሩ፡ ንገለ ውልቀ ሰባት ናይ ኣእምሮ ምዝንባል ከም ዝፈጠረሎም (ጉዳይ ዶክተር ሚካኤል፡ ሞያኡ ፋርማሲስት) ንገሊኦም ድማ ናብ ፈተነ ቅትለት ነብሲ ከም ዝደፋፍኦም (ዶክተር ሃይለ ምሕጹንን ኣብ ማእሰርቲ እንከሎ ዝገበሮ ፈተነ ነብሰ ቅትለት) ከም መርትዖ ክጥቀሱ ይከኣሉ።

ገለ ምሁራት ግን፡ ድሕሪ ምግዳድን ምፍርራሕን፡ ኣብ ዋጋ ዕዳጋ ክኣትዉ ፍቓደኛታት ነይሮም። ሃይለ ምሕጹን ሓደ ካብኣቶም ኢዩ ነይሩ። ድሕሪ ሓጺር እዋን ናብ'ቲ ሕቡእ ሰልፊ ክጽንበር ተፈቒዱሉ፡ ብዛዕባ ብጾቱ ድማ ኣጽቂጡ። ኣነ ባዕለይ ኣብ 1976 ዓ.ም. ምስ ዶክተር ሃይለ ምሕጹን ኣብ ሓደ መዳጎኒ ቦታ ተኣሲረ ነይረ። ሃይለ ክረኽበኒ እንከሎ ዳርጋ ከም ዘይፈልጠኒ ኮይኑ ኢዩ ዝቕርብ ነይሩ።

ካልኦት መርገጺኦም ኣለስሊሶም ወይ እውን ፈሪሖም ናብ ቀንዲ መስመር ፖለቲካ ኢሳይያስ ዝተጸንበሩ፡ በዓል ጴጥሮስ ሰሎሞንን ስብሓት ኤፍረምን ይርከቡዎም። ጴጥሮስ ኣብ ኣሃዱ ምህንድስና ህዝባዊ ግንባር የገልግል ኣብ ዝነበረሉ እዋን ኣብ ቀይዲ ኣትዩ ነይሩ ኢዩ።

ኣብ ልዕሊ ገለ ውልቀ ሰባት ዝተኻየደ ዘይሕለል ወፍሪ ጸለመ፡ ንብዙሓት ሃገራውያን፡ ጸላእቲ ሰውራ ኮይኖም ከም ዝውሰዱን ብቐጻሊ ድማ ብጥርጣረ ከም ዝረእዩን ከም ዝንጸሉን ገይሩዎም ኢዩ። ገሊኦም ድማ ምሉእ ብምሉእ ካብ ብጾቶም ከም ዝግለሉ ተገይሩ። ዓቕሞም ብዘፍቕዶ ንከየበርክቱ ድማ ዕድል ተነፊጉዎም። ገለ ንምጥቃስ፥ ኢሳያስ ተወልደብርሃን (ወዲ ፊናንሳ)፡ ወልደንኪኤል ሃይለ፡ ተኪኤ ተስፋልደትን ኣድሓኖም ገብረማርያምን። ንወልደዝጊ እውን እዝክሮ። ይቕረታ ስም ኣቦኡ ክዝክሮ ኣይከኣልኩን። ተዋጋኣይ፡ ኣብ ዝኣመነሉ ዕላማ ክምህ ዘይብል፡ ተሪር፡ ውፉይ ኢዩ ዝነበረ። ኣነ ብዝበለጸ ብፍስሃየ ሃይለ (ኣፍሮ) ኢየ ዝፈልጦ። ንሓጺር እውን እውን ኣብ ከበሳ ተራኺብና ኣዕሊልና ነይርና። ጌጋ ድኣ ይኽልኣለይ እምበር ምስ ሓይሊ ኢብራሂም ዓፋ ኢዩ ነይሩ። ኣብ'ቲ እውን ምልቃም ናይ'ቶም ተደናገጽቲ ናይ'ቲ ምንቅስቓስ ካብ ከበሳ ተሳሒቡ ንሳሕል ወሪዱ እንደገና ከኣ ናብ ተዋጋኢ ሰራዊት ተመዲቡ። ኣብ ሳሕል እንታይ ከም ዘጋጠሞ ዝርዝር ሓበሬታ የብለይን። ብጅግንነቱ ብደረጃ መሪሕነት ብርጌድ (ብርጌድ 31) ክሰርሕ ድማ በቒዑ። ኣይጸንሐን ግን ተሰዊኡ።

ገለ እኹል ዓቕሚ ዝነበሮም ተጋደልቲ፡ ብዘጋጠሞም ምግላልን ጸለመን፡ ኣገዳሲ ተራ ክጻወቱ ኣይከኣሉን። መሰፍን ሓጎስ ኣቐዲሙ ኣብ እተጠቕሰ መጽሓፉ ከም'ዚ ዝስዕብ ይብል፥

> እቲ ምስ መንካዕ ዝነበሮም ምትእስሳር ከም መንቅብ (stigma) ስለ እተራእየ፡ ገለ ገለ ሰባት ከሳዕ 1975 ዓ.ም. ኣገዳሲ ተራ ከም ዘይጻወቱ ኮይኖም። ንኣብነት፡ ሓደ ናይ ፖለቲካ ኮሚሳር ናይ ሓይሊ ምስ ተሰወአ፡ ስብሓት ኤፍረም ቦታኡ ንክሕዝ ተላኢኹ፡ ግን ኣይከኣለን፡ ምኽንያቱ ድማ እታ ሓይሊ ብሰንኪ'ቲ ስብሓት ምስ መንካዕ ዝነበሮ ምትእስሳር ምቕባል ስለ ዝኣበየቶ ኢዩ (Hagos M., 2023)።

ንዓይ እውን ከም'ዚ ዓይነት ፍጻመታት ኣጋጢሙኒ ኢዩ፣ ሓደ መርኣያ ናይ'ቲ ፍጻመ ድማ ኣብ 1977 ዓ.ም. ነቲ ዓዲ ሓውሻ ዝመደበሩ ኣሃዱ ክፍሊ ህዝባዊ ምምሕዳር ከተማታት (ብባዶ ሽድሽተ እውን ዝፍለጥ) ደቡባዊ ክፍሊ ኣስመራ፡ ከም ሓላፊ ኮይነ ከገልግል ከለኹ ኢዩ ኣጋጢሙ። ኣብ'ቲ እዋን'ቲ ኣስመራ ብሓይልታት ህዝባዊ ግንባር ተኸቢባ ነይራ። ናተይ ኣሃዱ ከኣ ኣብ ውሽጢ ርእሰ ከተማ ስዉር ስርሒታት ኣብ ምውህሃድ ዓቢ ተራ ትጻወት ነይራ። ሓደ ካብ'ቲ ቀንዲ ዕማማትና ኣብ ውሽጢ ኣስመራ ብዛዕባ ምንቅስቓሳትን ውጥናትን ጸላኢ ስለያዊ ሓበሬታ ምእካብን ስርሒታት ምውህሃድን ኢዩ ነይሩ፣ ነዚ ድማ ብAN/PRC 77 እትፍለጥ መራኸቢት ሬድዮ (Radio Set) ተጠቒመ እየ ዝፍጽሞ ዝነበርኩ። እዚ፡ ብዘይካ'ቶም ብኣሃዱና ኣብ ከተማ ኣስመራ ዝፍጸሙ ዝነበሩ ዝተፈላለዩ ስርሒታት ዝካየድ ዝነበረ ኢዩ።

ሓደ ንግሆ፡ ኮሚሳር ቦጦሎኒ ናይ ቦጦሎኒ 23.3 ዝነበረ ፊሊጶስ ወልደዮሃንስ ናብ'ቲ ንጥፈታት ናይ'ቲ ኣሃዱ እነካይደሉ ዝነበርና መደበር ብምምጻኣ ነታ ዝጥቀመላ ዝነበርኩ ራድዮ ከረክቦ ሓቲቱኒ። ፊሊጶስ ራድዮኡ ምብልሻው ከም ዘጋጠማን ንምጽጋና ድማ ገለ ግዜ ክወስድ ከም ዝኽእልን ብዝብል ምስምስ ነታ ዝጥቀመላ ዝነበርኩ ራድዮ ብቕጥታ ከረክቦ ሓተተኒ። ሓውሲ ትእዛዝ ኢዩ ነይሩ። ከም መልሲ ድማ በታ ራድዮ ክፍጽሞ ዘለኒ ወሳኒ ዕማማት ስለ ዘለኒ ከረክቦ ከም ዘይክእል ብትሕትና ገለጽኩሉ። ናብ ደቀምሓረ ከይዱ ኣብኡ መተካእታ ንክሓትት ድማ ሓሳብ ኣቕረብኩሉ።

እንተ ኾነ፡ እዚ ትእዛዝ ኢዩ ብማለት ኣብ ሕቶኡ ጸንዐ። ካብ'ቲ ኣብ ደቀምሓረ ዝመደበሩ ኣባል ማእከላይ ሽማግለ ዝኾነ ናይ ቀረባ ሓላፊየይ፡ ወልደሚካኤል ኣብርሃ፡ ካብኡ ጥራይ ትእዛዝ ከም ዝቕበል ብትሪ ደገምኩሉ። ፊሊጶስ ንቦትኡ እናተመልሰ "መንካዕ" ዝብል ቃል ብምድርባይ ዘለፈኒ። እዚኣ ዘይርስዓ ፍጻመ ኢያ። ብድሕሪ'ዚ

ፍጻመ'ዚ ብዛዕባ'ቲ ዘጋጠመ ጉዳይ ምስ መሳርሕቱ (ኣዛዚ ቦጦሎኒ) ብርሃነ ጸሃየን ምስ ወልደንኪኤል ኣብራሃን ከም ዝተዛረብናሉ እዝክር። ክሳዕ'ቲ ኣብ 1981 ዓ.ም. ናብ ብርጌድ 44 ከም ኮሚሳር ቦጦሎኒ ኮይነ ዝምደብ ድማ ምስ ፍሊጶስ ሰላምታ እውን ኣይነበረናን። ዝምድናና ዝተመሓየሸሉ ካብኡ ንደሓር ኢዩ።

ሓደ ግዜ ተዓለምቲ ከለና፡ እታ ጉጅለና ወተሃደራዊ ታዕሊምን ፖለቲካዊ ትምህርትን እትወስደላ ዝነበረት ቦታ - ኣብ ገርገር ኣስመራ - ምስ ኤርሚያስ ደበሳይ (ፓፓዮ ተባሂሉ እውን ዝፍለጥ ተጋዳላይ) ብኣጋጣሚ ተራኺብና። እዚ ፍጻመ ዘጋጠመ፡ ብቐጽበት ድሕሪ ናብ ህዝባዊ ሓይልታት ምጽምባረይ ኢዩ። ኤርሚያስ ንዓይ ምስ ረኣየ ብሓቂ ዝተገረመ ኮይኑ ተራእዩኒ፣ ሰላምታ ድሕሪ ምልውዋጥ ድማ ብግልጺ "እንታይ'ኻ ክትገብር መጺእካ?" ብምባል ነቲ ኣብ'ቲ እዋን'ቲ ዘሕልፎ ዝነበረ ርኡይ ብስጭትን ነድርን ኣንጸባረቐለይ። ኩነታቱ ኣዝዩ ሕማቕ ከም ዝነበረ ድማ ብኡ ንብኡ ተረድኣኒ። ኤርሚያስ ካብ ግዜ ንእስነተይ እየ ዝፈልጦ። ክንድ ዝኾነ ድማ ናይ ነዊሕ ግዜ ዝምድና ነይሩና። ምስ ዓቢ ሓወይ ቢሆን ሰሎሞን (ብ1978 ዓ.ም. ኣብ ውግእ ባረንቱ ዝተሰውአ) እውን ናይ ቀረባ እዕሩኽ ኢዮም ነይሮም። ካብ'ዚ ሓሊፉ፡ ዓቢ ሓው ኤርሚያስ ዝኾነ በየነ ደበሳይ ኣቦ ጥምቀተይ ኢዩ። ክልቲኣን ውፉያት ካቶሊካውያን ዝኾና ኣደይን ኣዲኡን ዓሚቝ ዕርክነት ከም ዝነበረን ምጥቃስ እውን ኣገዳሲ ይመስለኒ። ኤርሚያስ፡ ክልቴና ኣብ ባዶ ሽድሽተ ንሰርሓሉ ኣብ ዝነበርና እዋን በቲ ዝበለኒ (እዚ ኣብ'ቲ ሕቡእ ሰልፊ ምስ ኣተወ ማለት ኢዩ) ተጣዒሱ፡ እቲ ኣብ ገረግር ዝተዘራረብናሉ ንካልኦት ብጾት ፈጺመ ከይነግር ድማ ኣማሕጸነኒ። ንፖለቲካዊ ዕብየቱን ንህይወቱን ስለ ዝሰግአ ኢዩ ዝብል ገማጋም ድማ ኣሎኒ። ጴጥሮስ ሰሎሞን ይኹን ካልኦት ኣብ ገረግር ኣስመራ እንከሎኹ መጺኦም ዝርእዩኒ ዝነበሩ ተጋደልቲ እውን እንተኾነ እውን ብስጭት ከም ዘነበሮም ንምርዳእ ኣጸጋሚ ኣይነበረን። ንኢሳያይስ ብስሙ ዝጽውዖ ዓርኪ ኣየጋጠመንን። መብዛሕቴኦም ፓንቾ ቪላ ብዝብል ቅጽል ስም ኢዮም ዝጽውዕዎ ዝነበሩ። ፓንቾ ቪላ ኣብ መክሲኮ ናይ ሓረስቶት ምንቅስቓስ ዝመርሐ ዝነበረ መራሒ'ዩ ነይሩ። ንኢሳይያስ ናይ ሓረስቶት መራሒ ኮይኑ ንምሁራን ይጭፍልቕ ስለ ዝነበረ ከኣ'ዩ እዚ ሳጓ'ዚ ለጊብዎ።

ኣብ መዳጎኒ ማእከላት ህዝባዊ ግንባር ብኢሰብኣዊ ኣተሓሕዛ ዝሳቐዩ ዝነበሩ ብጾተይ ብርክት ዝበሉ ኢዮም። ገሊኦም ድማ ኣብ ቤት ማእሰርቲ ብዘስካሕክሕ ኩነታት ንክምህምኑ ተበይኑሎም። እዚ ዘየቋርጽ ሕማቕ ኣተሓሕዛ ንገሊኦም ከም ዝለምሱ፡ ንገሊኦም ርእሰ ተኣማንነቶም ከም ዘጥፍኡ፡ ርእሶም ከም ዘትሕቱ፡ ሞራሎምን መንፈሶምን ከም ዝሰበር ገይሩዎም ኢዩ። ገለ ድማ ዓቕሎም ምስ ጸበቦም ነብሰ ቅትለት

ንምፍጻም ተደሪኾም። ገለ ተጋደልቲ ካብ'ዚ ኩነታት ንምልቃቕ ወይ ንምግልጋል፡ ሜዳ ለቒቖም ናብ ኤውሮጳ ወይ ኣመሪካ ከይተረፈ ሰፊሮም ኢዮም።

ካብ'ዚ ሓሊፉ፡ እቶም ብጸቕጢ ይኹን ብሓይሊ፡ ኣንጻር'ቲ ውድብ ከም ዝሰርሑ ዝተናዘዙ፡ ኣብ ዝኸድዎ ቦታ፡ ላግጺ ወይ እውን ውርደት የጋጥሞም ነይሩ። እዚ ነቲ በዓል ጆሰፍ ስታሊንን ማኦ ሰ ቱንግን ኣንጻር ናይ ፖለቲካ ተቐናቐንቶም ዝጥቀሙሉ ዝነበሩ ጽዩፍ ሜላ ዘንጸባርቕን ዘዘኻኽርን ሜላ ኢዩ። መስኪናይ ኣለም ግደይ ሓደ ካብ'ቶም ኣብ ፈቐዶ ኣሃዱታት እናዞረ (ብኣባላት ሓለዋ ሰውራ ተሰንዩ) ዝተናዘዘ ተጋዳላይ ኢዩ።

ኣብ ውሽጢ ህዝባዊ ግንባር ሓርነት ኤርትራ፡ ኣብ'ቲ መሪሕነት እውን እንተ ኾነ፡ ነብሰ ቅትለት ዘይተለምደ ኣይነበረን፣ ከም ኣብነት፡ መሓመድ ዓሊ ክለይ (ኣዛዚ ብርጌድን ኣባል ማእከላይ ሽማግለ ህዝባዊ ግንባርን)፡ ሃብተማርያም ተኽለ፡ ደብተራ (ሓላፊ ኣሃዱ ስለያን ኣባል ማእከላይ ሽማግለን)፣ ተኽለ ባህልቢ፡ ወዲ ልቢ (ሓላፊ ስለያ ዞባ ሰሜን)፡ ዶ/ር መኮንን ሃይለ፡ ወዲ ዘርአ (ኣሸዓል)፡ ኣለም ሃይለ (ሓላፊ ክፍሊ ህዝቢ፡ ዞባ ሰሜን)፡ ዶክተር ብእምነት ጃዕፈር፡ ከምኡ እውን ወዲ ሃለቃ (ኮሚሳር ብርጌድ 4) ካብ'ቶም ብዘሕዝን መገዲ ነብሶም ዘጥፍኡ ውልቀ ሰባት ኢዮም።

ህዝባዊ ግንባር ሓርነት ኤርትራ ምስ'ቲ ፍሉይ ባህርያት ዘውንንን ዝመለልይኡን መራሒኡ ኢሳይያስ ኣፍወርቂ ዘደንቕ ምምስሳል ነይሩዎ። ኢሳይያስ፡ ሰባትን ውድብን ናይ ምቁጽጻር ባህርይ ወይ ክእለት ነይሩዎ። ንኹሉ ናይ'ቲ ውድብ መዳያት ክመርሕን ክመሓድርን ከኣ ብርቱዕ ድሌት ነይሩዎ። መሰረቱ ፖለቲካዊ ውዲት ወይ ተንኮል ኮይኑ፡ ኩሉ ግዜ ንተግባራቱን ውሳኔታቱን ኣቐዲሙ ዝመዝን፡ በቲ ኣብ ልዕሊ መዘንኡ ዝነበሮ ፍርሒ ድማ ብመዛኑኡ ከም ዝጠራጠር ዝገብሮ ውሽጣዊ ናይ ዘይውሕስነት መንፈስ ዝዓብለሎ ገጻ ባህርይ ከም ዝነበረ ስሞም ክጠቕሶም ዘይደሊ መሳርሕቱ ይገልጹዎ። ትዕቢቱን ነብሰ ፍትወቱን ደረት ስለ ዘይፈልጥ፡ መብዛሕትኡ ግዜ ማእከላዊ ተራ ክጻወት ይደሊ ጥራይ ዘይኮነስ ንገዛእ ነብሱ እውን ስሕበት ማእከል ናይ'ቲ ውድብ ከም እትኸውን ገይሩ ቀሪጹዋ ነይሩ።

ቁጽጽር ህዝባዊ ግንባር ኣብ ክልቴኡ ፖለቲካውን ስነ ሓሳባውን ዓውድታት ዝዝርጋሕ ነበረ። ነዚ ንምዕዋት ድማ ኣብ ውሽጢ ናይ'ቲ ግንባር መዋቅር፡ ሓደ ሕቡእ ሰልፊ ተመስረተ። ከም ሳዕቤኑ ድማ ህዝባዊ ግንባር ንዝኾነ ዓይነት ተቓውሞ ይኹን ናጻ ኣተሓሳስባ ብምዕምጻጽ መፋረዱ ምልካውነት ኮይኑ ገቢሉ። እቲ ሕቡእ ሰልፊ ብተበግሶ ኢሳይያስ፡ ነቲ ብመንካዕ ዝፍለጥ ናይ 1973 ዓ.ም. ምንቅስቓስ ሓንሳብን ንሓዋሩን ንምቕባር ኢሉ ዝመስረቶን፡ ብኻልእ ኩርናዕ ክመጹ ንዝኽእሉ ተቓውሞታት ብኣግኡ ንምቍጻይን፡ ናይ ውልቁ ፖለቲካዊ መሳርሒ ንምግባር ዝፈጠሮ ውድብ ኢዩ ነይሩ።

ኣባል ናይ'ቲ ሕቡእ ሰልፊ ኰንካ ንክትሕጸ፡ ኣብ ልዕልቲ ብመንካዕ ዝፍለጥ ናይ 1973 ዓ.ም. ምንቅስቓስ ተሪር ናይ ተቓውሞ መርገጺ ክትወስድን እሙን (ንውልቀ ሰባት) ክትከውንን መሰረታዊ ኢዩ ነይሩ። እዚ'ኣቶም እቶም ክልተ መሰረታውያን መምዘኒታት ነበሩ። ኣብ ማርክስነት ምእማን ከም መምዘኒ ይውሰድ ነይሩ ኢዩ ዝብሉ ናይ'ቲ ሕቡእ ሰልፊ ደገፍቲ ኣለዉ። ከምኡ ነይሩ እንተ ዝኸውን ደኣ ካብ በዓል ሙሴ ተስፋሚካኤል፡ ዮውሃንስ ስብሃቱ፡ ታረቀ ይሕደጎ፡ ተስፉ ኪዳነ፡ ኣፍወርቂ ተኽሉ፡ ደበሳይ ገብረስላሴ፡ ጎይትኦም በርሀ (ብጻይ)፡ ዶክተር ርእሶም፡ ገብረኣምላክ ኢሳቕ፡ ወርቁ ዘርኣይ፡ ወዘተ ዝኣመሰሉ ምሁራት ንላዕሊ ብዛዕባ ማርክስነት ኣፍልጦ ዘለዎምን ዝምክሑን ምሁራት ስለ ምንታይ ዘይተንጸንበሩዎ? ምጽንባሮምስ ይትረፍ ናይ ሞት ጽዋእ ዝቐሰሙ ተጋደልቲ'ዶ ኣይኮኑን?

እታ ሕብእቲ ሰልፊ፡ ናይ ኢሳይያስ ናይ ውልቁ መሳርሒ እንተ ዘይትኸውን ነይራ ስለምንታይ ደኣ ብኢደ ዋኒኑ ኣደስኪሉዋን ኣፍሪሱዋን? መንከ ሓቲቱዎ? እቲ ሓቂ ንጹር ኢዩ። ኢሳይያስ ከሳዕ'ቲ ንውልቃዊ ፖለቲካዊ ረብሓታቱ እተገልግለሉ ሰዓት ተጠቒሙላ፡ ኣገልግሎታ ኣብቒዑ ኢዩ ኣብ ዝበለሉ እዋን ድማ ምስ ኣባላታ ጉሒፍዋ። እቲ ስነ ኣእምሮ ኣባላት ግን ነዚ ውሳኔ'ዚ ኣይተቐበሎን። ብኻልእ ምኽንያት ዘይኮነስ ንነብሶም ከም ፍሉያት ፍጥረታት ገሮም ይሓስቡ ስለ ዝነበሩ ወይ ከም ዝሓስቡ ስለ ዝተገበረ ኢዩ። ካብ'ቲ ፈጢሮምዎ ዝነበሩ ኩነተ ምቾት (comfort zone) ክወጹ ስለ ዘይደለዩ። ኣብ ታሪኽ ከነብሩ ስለ ዝደለዩ። ብኡ ገይሮም ድማ ስነ ኣእምሮኣዊ ሽውሃቶም ከርውዩ ስለ ዝሰልጦም።

ህዝባዊ ግንባር ብመገዲ'ቲ ቤት ትምህርቲ ካድር ኢሉ ዝጽውዖ ዝነበረ ማእከል፡ ንስነ ሓሳባዊ ትምህርቲ ጥራይ ዘይኮነስ፡ ውልቀ ሰባት ዝፈጸሙዎን ዘይፈጸሙዎን ፖለቲካዊ ጌጋታት ክናዘዙ ንምግዳድ እውን ተጠቒሙሉ ኢዩ። እዚ ናይ ምሕጻብ ሓንጎል መስርሕ፡ ኣባላት ግንባር ነቲ ናይ'ቲ ሰልፊ ትረኻታትን እምነታትን ከም ሓሜን ንክደግሙዎ ንምቕራጽ ዝዓለመ ኢዩ ነይሩ። ነቲ ቁጽጸር ዝያዳ ንምድልዳል፡ ተጋደልቲ ብጾቶም ክሰልዩ፡ ብፍላይ ድማ ንዝተማህሩ ኣባላት'ቲ ውድብ ዒላማ ክገብሩ ይተባብዑ ነይሮም። ኣብ ውሽጢ ህዝባዊ ግንባር፡ ብፍላይ ኣብ ልዕሊ ዝተማህሩ ኣባላት'ቲ ውድብ ጥርጣረታት ኣስፋሕፊሑ ነበረ። እቲ ውድብ ኣብቶም ዝተፈላለየ ኣረኣእያታት ነይሩዎም ተባሂሎም ዝተጠርጠሩ ሰባት፡ ብዝተፈላለየ ዓይነት መገዲ ብምግዳድን ብጸቕጥን ምሕረት ኣየርኣየን።

ህላወ ሕቡእ ፖለቲካዊ ሰልፊ፡ ኣብ 1994 ዓ.ም. ኣብ ዝተኻየደ ሳልሳይ ጉባኤ ብወግዒ'ኳ እንተ ተገልጸ፡ ካብ ሽዑ ጀሚሩ ግን ከም'ቲ ኣብ መጽሓፍ ዳን ኮነል ብዝርዝር

ተገሊጹ ዘሎ፡ ብወግዒ ተጠቒሱ ወይ ተዘሪቡሉ ኣይፈልጥን። ህዝባዊ ግንባር፡ በቲ ናይ ኤርትራ ህዝባዊ ሰውራዊ ሰልፊ ዝፍለጥ ሕቡእ ማርክሳዊ ውድብ ዝእለን ዝጽሎን ከም ዝነበረ ዳን ኮነል የብርህ። እዚ ሕቡእ ውድብ'ዚ ንፍልቐት (evolution) ናይ ህዝባዊ ግንባር ኣብ ምጽላውን ነቲ ድሕሪ ናጽነት ኣብ ፖለቲካዊ መድረኽ ዝሰዓበ ፖለቲካዊ ሃጥህውን ኣብ ምቕራጽን ዓቢ ተራ ተጻዊቱ ኢዩ። ብኣገላልጻ ዳን ኮነል፡ ናይ'ቲ ሰልፊ ኣገዳሲ ዕማም ንህግሓኤ ናብ ሓደ ስሙር ፖለቲካውን ማሕበራውን ኣካል ንምቕራጽ ዘተኮረ ኢዩ ነይሩ። ዳን ኮነል ጽሑፉ ብምቕጻል፡ እዚ ጻዕሪ'ዚ፡ ኣብ ኣባላት ሰውራዊ ኣካይዳ ንምስራጽን ሓድሽ ርእዮተ ዓለም ንምትእትታውን፡ ከምኡ እውን ንከፋፋሊ ክብርታት ዝቃወም ሃገራዊ ሓድነት ንምኹስኳስ ዝዓለመ ኢዩ ነይሩ። ህዝባዊ ሰውራዊ ሰልፊ ከም መሳርሒ ፖለቲካዊ ኣመራርሓ ኮይኑ ተወሊዱ፡ እንተ ኾነ ግን ካብ ፖለቲካዊ መሪሕነት ንላዕሊ ዝያዳ መሳርሒ ቁጽጻር ኮይኑ (Connell, 2005)።

ኣብ ደገ፡ ህዝባዊ ግንባር ኣብ መላእ ማእከላይ ምብራቕ፡ ኤውሮጳን ኣመሪካን መልእኽቱ እናዘርገሐ፡ ግሎባዊ ዝርገሐ ዘለዎ ሓያል ናይ ፕሮፖጋንዳ ማሽን ፈጢሩ። ከም ፈስቲቫላት ቦሎኛ ዝኣመሰሉ ምትእኽኻባት፡ ነቲ ጽልሙት (dark) ገጻት ህዝባዊ ግንባር እናሓብኡ፡ ነቲ ኣወንታዊ መዳያት ጥራይ እናኣርኣዩ፡ ንሰውራዊ ቃልሲ ህዝባዊ ግንባር ቅያዊ ንምግባር ከም መድረኻት ኮይኖም ኣገልጊሎም።

ህዝባዊ ግንባር፡ ንኣባላቱ ኣብ ዝተፈላለዩ ምድባት መቒሉዎም ነበረ፥ ደሞክራስያውያን፡ ሃገራውያን፡ ከምኡ እውን ፍሉይ ፖለቲካዊ ዝንባለ ዘለዎም ወይ "ዝምቡላት"። እቲ ውሽጣዊ ዓንኬል ብመሪሕነት ሰልፊ ይዕብለል ነበረ። ስዒቦም ዝመጹ እቶም ማእከሎት ካድራትን ተራ ኣባላት ሰልፊ ኢዮም። ቀጺሎም ድማ ኣባላት ግንባር ይመጹ። ናይ ሰልፊ ኣባላት፡ ሓበሬታን ካልኦት ዝያዳታትን (excesses) እንተላይ ናይ ስልጣን ሓለፋታት፡ መስተ፡ ሽጋራ፡ ዋላ እውን ጾታዊ ሞጎስ (favors) ይረኽቡ ነበሩ። እዚ ስርዓት ኣቃውማ'ዚ ነቲ ህዝባዊ ግንባር ኣብ ልዕሊ ኣባላቱ ዝነበሮ ቁጽጽርን ምትላልን ዝያዳ ኣደልዲሉዎ ነይሩ። እቲ ናይ'ቲ ሰልፊ መሳርሒ፡ ምስ ናይ ጾጥታ መሳርሒ ይመሳሰል ነበረ፣ እቲ ፍልልይ ኣብ'ቲ ኣጸዋውዓ ስም ጥራይ ኢዩ ነይሩ። ከም ሓቂ፡ ናይ ጸጥታን ስለያን መሳርሒ ኢዩ ነይሩ።

ናይ'ቲ ውድብ ስነ ሓሳባዊ መሰረታት፡ ድሕሪ ካልኣይ ጉባኤ ህዝባዊ ግንባር ኢዩ ክፈልቕ (evolve) ዝጀመረ። ካብ ማሕበርነታዊ ሓረጋት ርሒቕካ ዝያዳ ኣብ ሃገራዊ ኣረኣእያ ዘተኮረ ፖለቲካዊ ክትዓት ድሕሪ'ዚ ጉባኤ ኢዩ ተቐልቂሉ። ኣስታት ሓደ ዓመት ዝወሰደ ጻዕሪ ወይ ተበግሶ ብንጹር እዝክር። ሽው ኣስታት ኣርብዓ ክሳብ ሓምሳ ዝኾኑ ኣባላት (ካድረታት) ህዝባዊ ግንባር ተኣኪቦም ኣብ ውሽጢ እቲ ውድብ ብዛዕባ ትሕዝቶ

ፖለቲካዊ ትምህርቲ እንታይ ከኸውን ከም ዘለዎ ንምምይያጥ ባይታ ተፈጢሩ። እቲ ዕማም ንሓንቲ ሽማግለ ምስንዳእ ፖለቲካዊ ትምህርቲ ተባሂላ ትጽዋዕ ዝነበረት ኣሃዱ ተዋህበ። ካብ ውሽጢ'ዛ ሽማግለ ኣርባዕተ ኣባላት ማእከላይ ሽማግለ ህዝባዊ ግንባር ነበሩ። ኣብ'ታ ጉጅለ'ቲኣ ንክሳተፍ ፍሉይ ዕድል ረኺበ ነይረ። ኣብቶም ዝካየዱ ዝነበሩ ንትሕዝቶን ቅርጽን ናይ'ቲ ፖለቲካዊ ትምህርቲ ዝምልከቱ ክትዓት ክልተ ዝተፈላለዩ ኣተሓሳስባታት ተቐልቂሎም። እዚኣቶም ድማ እዞም ዝስዕቡ ኢዮም፥

መብዛሕትኦም፡ ማርክስ ሌኒንነት፡ ናይ'ቲ ግንባር መሪሕ መትከል (guiding principles) ኮይኑ ክቕጽል ኣለዎ ዝብል እምነት ነይሩዎም።

ኣነ ከም ሓያል ተኻታዊ ዝርከቦም ውሑዳት ውልቀ ሰባት (ኣለምሰገድ ተስፋይን ኪዳነ ሰሎሞንን ዘለዉዎም)፡ ንማርክስነትን ማሕበርነትን፡ ናይ'ቲ ግንባር መሪሕ መትከል ክኸውን ከም ዘይብሉ ተማጒትና። እቶም ውሑዳት፡ ማርክሳዊ ስነ ሓሳብ ክሳዕ ሓደ ውሱን ደረጃ ነቲ ውድብ ኣገልጊሉዎ ክኸውን ይኽእል'ኳ እንተ ነበረ፡ ከም ቀንዲ መጠርነፊ ስነ ሓሳብ ጌርካ ምቕጻሉ ግን እቲ ዝበለጸ ኣማራጺ ክኸውን ከም ዘይክእል መጒትና። እቶም ውሑዳት፡ እቲ ግዜ ዝያዳ ንኹሉ ዝሓቁፍ መሪሕ መትከላት ዝሓትት ኢዩ ኢልና ተኻቲዕና። ንሕና፡ ንሰባት ኣብ ዙርያ ክብርታት ናጽነት፡ ሃገራውነት ወይ ፍቕሪ ሃገር፡ ደሞክራሲ፡ ማሕበራዊ ፍትሒ፡ ምጽውዋር ከም ፖለቲካዊ ባህሊ፡ መሰላት ደቂ ኣንስትዮ ምርግጋጽ፡ ምኽባር ኤርትራዊ ባህልን ሃይማኖትትን ካልእን፡ ከነስተምህርን ህዝቢ ናብኡ ከነዕስልን ከም ዘለና ተኻቲዕና። እታ ኣነ ዝነበርኩላ ንእሽቶ ጉጅለ፡ እዚ ኣተሓሳስባ'ዚ ዝያዳ ውጽኢታውን ኣድማዕን ክውንነታውን ኢዩ ዝብል እምነት ነይሩዋ።

ኣነን እቶም ውሑዳት ኣባላት ናይታ ሽማግለን እውን ኣገዳስነት ምዕሩይነት፡ ምጽውዋር፡ ውርዙይነት፡ ሃገራዊ ዕርቂ ከምኡ እውን ኣብ ልዕሊ ተጋድሎ ሓርነት ኤርትራ ዝቐንዐ ተሪር ቃላት ምንካይ ኣገዳስነቱ ኣስሚርናሉ። ታሪኽ ዕጥቃዊ ቃልሲ ከም ቀጻሊ መስርሕ (continuum) ክረአ ኣለዎ ዝብል ምጉት ብምቕራብ ድማ ብዛዕባ ተጋድሎ ሓርነት ኤርትራ ኣብ እንዛረበሉ እዋን ከም "ኣድሓርሓሪ"፡ "መስፍናዊ"፡ "ቀቢላዊ" ዝኣመሰሉ ቃላት ከይዝውተሩ ብትሪ መጒትና። ኣባላት ናይታ ጉጅለ፡ ታሪኽ ተጋድሎ ሓርነት ኤርትራ፡ ዋላ'ኳ ተቓላዕነት (vulnerabilities) ወይ ድኽመታት እንተ'ለዎ፡ ናይ'ቲ ህዝቢ ኤርትራ ኣንጻር መግዝእቲ ዘካየዶ ናይ ሓባር ቃልሲ ከም ዘይንጸል ኣካል ኮይኑ ክረአ ከም ዘለዎን ነዚ ታሪኽ'ዚ ድማ ከም ናትና ጌርና ክንሓቑፎ ከም ዘሎናን ኣዘኻኺርናን ኣስሚርናን። ኣብ'ቶም እምነታት ጸኒዐ ደው ብምባለይ ድማ ክሳዕ ሎሚ ሓበን ይስምዓኒ።

ሰመረ ሰሎሞን

ኣብ'ቲ ክትዕ፡ ገለ ብፍላይ ብዛዕባ ማርክሳዊ ፍልስፍና ህንጡይነት ዝነበሮም (ወይ እውን ጌና ዘይበለየሎም ወይ ዘይወጻሎም) ብጾት፡ መንታውን ታሪኻውን ነገርነት ኣብ'ቲ ዝተመሓየሸ ናይ ፖለቲካዊ ትምህርቲ ማኑዋላት (መምርሒ ጽሑፍ) ግቡእ ኣቓልቦ ክረክብ ኣለዎ ይብሉ ነይሮም።

እቲ ዘተ ንኣዋርሕ ዝቐጸለ ኮይኑ፡ ምስ ነፍስ ወከፍ ንክትዕ ዝቐርብ ሓድሽ ኣርእስቲ፡ ተጻረርቲ ኣረኣእያታት ይቕልቀሉ ነበሩ። ገለ ካብ ብጾትና፡ ሃይማኖት ከም ናይ ሕብረተሰብ ዕጸ ፋርስ ክውሰድ ኣለዎ ስለዚ ድማ ክንቃለሶ ይግባእ ዝብሉ፥ ገለ ተጣበቕቲ እውን፡ ብሕታዊ ዋንነት ከም ኣምር ክዳኸም ኣለዎ ዝብል ሓሳብ የቐድሙ ነበሩ። ውሑዳት፡ ደርቢ ዘይብሉ ሕብረተሰብ ንክፍጠር ድሌቶም ዝገልጹ እውን ኣይተሳእኑን። እዚ ስነ ሞንታት'ዚ፡ ብጾትና ኣብ ዝሓለፉ ዓመታት ምስ'ቲ እቲ ግንባር ዝኣምነሎም ዝነበረ ፍልስፍና ዝነበሮም ጸግዒ ኣብ ግምት ኣእቲኻ፡ ምሉእ ብምሉእ ዘይተጸበናዮስ ኣይነበረን።

ኣነን ውሑዳት ብጾተይን ኣብ እምነትና ጸኒዕና ነበርና። ሓሓሊፉ ካብ ረስኒ ዘለዎም ኣባላት ሰልፊ፡ ምፍርራሕ ወይ ድማ ታህዲድ ዝመስል ምኽሪ ይመጸኒ ነይሩ። ገሊኦም ድማ ንቃላተይ ከፍኩሶ ምኽሪ ዝልግሱ ኣይተሳእኑን። ሓደ ሓደ ብጾት ካብ ሓቀኛ ሓልዮት ተበጊሶም ንድሕንነተይ ክሓስቡለይ ከለዉ፡ ገሊኦም ግን ንእምነተይ ኣብ ምልክት ሕቶ ዘእትዉ ነይሮም። ገሊኦም እሞ ከኣ ሓለዋ ሰውራ (ቤት ማእሰርቲ) ካልኣይ ግዜ ክጽበየኒ ይኽእል ኢዩ ዝብል ሓሳብ ከይተረፈ ዘቕርቡ ኣይተሳእኑን። እቲ ሓበሬታ ድማ ብዝቐርቡኒ ዝነበሩ ሰባት ይበጽሓኒ ነበረ። ኣሕመድ ኣል ቐይሲ (ኣባል ማእከላይ ሽማግለ ግንባርን ሰልፍን) ሓደ ምሸት ኣብ ሂምቦል ናባይ መጺኡ፡ ብዛዕባ'ቲ ብዛዕባይ ዝዝረብ ዝነበረ ኩሉ ኣሉታዊ ምኽኑን ቁሩብ ህድእ እንተ ዘይኢለ ድማ ሳዕቤናት ክህልዎ ከም ዝኽእልን ካብ ሓልዮት ዝተበገሰ ምኽሪ ሂቡኒ። ኣነ ግን ፈጺመ ኣይተቀበልኩዎን። ሰሚዐካ ኣለኹ ጥራይ ኢለ ሓሊፈዮ። ድሒሩ፡ ኣሕመድ ንባዕሉ ብትእዛዝ ዋና ጸሓፊ ውድብ ተኣሲሩ።[vii] ኣብዚ እዋን'ዚ ወላ'ኳ እቲ ሕቡእ ሰልፊ ከም'ቲ ዝደለ ንጡፍ ኣይኹን፡ ብርክት ዝበሉ ኣባላት ሰልፊ ዘይነበሩ ገዳይም ተጋደልቲ ኣብ ሰልፊ ዝተጸንበሩሉ ወይ እውን ንክጽንበሩ ዝተሓተቱሉ እዋን ኢዩ ነይሩ። ብዘይካይ፡ ሰመረ ሰሎሞን ንማርክስነት ኣይኣምነሉን ኢዩ ስለ ዝተባህለ።

ንኣሕመድ ኣል ቐይሲ ኣብ 1991 ዓ.ም. ካብ ማእሰርቲ ምስ ወጸ ድሕሪ ቁሩብ መዓልታት ኣብ ሆስፒታል እቴጌ መነን ረኺበዮ። ቐይሲ ምስ ረኣየኒ ተገሪሙ፡ ሰላምታን ናፍቖትን ድሕሪ ምልውዋጥ ድማ፡ "ድሕሪ'ቲ ኣብ ሂምቦል ዘበገስካዮ ክትዕ ዳግማይ ክረኽበካ እየ ኢለ ተጸቢየ ኣይፈልጥን" ኢሉ ሓሳባቱ ኣካፊሉኒ። ንሱ፡ ነቲ ኣብ'ቲ ብዛዕባ

ምኽላስ መምርሒ ፖለቲካዊ ትምህርቲ ህዝባዊ ግንባር ዝካየድ ዝነበረ ምይይጥ፡ ኣብ ማርክስ ሌኒንነት ዝነበረኒ ጽኑዕ ተቓውሞ ኢዩ ዝውከስ (refer ዝገብር) ነይሩ። ብኣበሃህላ ኣሕመድ ኣል ቐይሲ ኣነ ነቲ ኩነታት ከሰግሮ ፍጹም ትጽቢት ኣይነበሮን። ብዝወሰድክዎ መርገጺ ከግረምን ከምሰጥን ድማ ይዝከረኒ። ለካስ ዝፈልጦ ነይርዎ ኢዩ። ግንከ ክነግረኒ ኣይደለየን።

ውሳነ ክውሰን ኣድለየ፣ ምስ'ቲ ቀንዲ ተልእኾ'ቲ ግንባር ዝሰማማዕ ውሳነ። መምርሒታት ክወጽእ ነይርዎ፡ እንተ ዘይኮይኑ እቲ ክትዓት ንዘይተወሰነ እዋን ክቕጽል ምኳኑ ስግኣት ነይሩ። ናይ'ቲ ውሳነ ሓላፍነት፡ ብዘይካ ናይ ሽዑ ዋና ጸሓፊ ውድብ ህዝባዊ ግንባር ዝነበረ ኢሳይያስ ኣፍወርቂ፡ ካልእ ክሽውን ከም ዘይክእል ፍሉጥ ነበረ።

ዋና ጸሓፊ ግንባር ካብ'ቲ ኣብ ዓምበርበብ (ሳሕል) ዝርከብ ቀንዲ ቤት ጽሕፈቱ ናብ'ቲ ሓያሎ ላዕለዎት ካድረታት ናይ'ቲ ውድብ ዝተኣከቡሉ ቦታ - መዓስከር ሂምቦል - ዝመጸሉ ምሸት ይዝከረኒ። ንዋና ጸሓፊ ግንባር ብዛዕባ'ቲ ዝካየድ ዝነበረ ክትዓት ኣቐዲሙ መብርሂ ከም ዝተዋህቦ ርግጸኛ እየ ነይረ። ይኹን'ምበር፡ ዕላማ ናይ'ቲ ኣብ ቦታና ምርካቡ ካብ ክልቴኡ ወገን ንዝመጽእ ክትዕ ንምስማዕን ምኽርን መምርሕን ንምሃብን ኢዩ ነይሩ።

ናይ ክልቴኡ ወገናት ክትዕ ድሕሪ ምስማዕ (ኣሕመድ ጣህር ባዱሪ'ዩ ብዛዕባ'ቶም ዝካየዱ ዝነበሩ ክትዓት መግለጺ ዝሃበ)፡ ዋና ጸሓፊ ነታ ሽማግለ ምስንዳእ ፖለቲካዊ ትምህርቲ ንጹርን ገላጽን መልእኽቲ ኣመሓላለፉ ከይዱ። ናይ ለውጢ ግዜ ከም ዝኣኸለ ኣረጋገጹ። ቃላቱ ንኣምር ማሕበራዊ ፍትሕን ትርጉሙን ብሰፊሑ ዝሽፍን ነበረ። እታ ሽማግለ ነቲ ማሕበርነታዊ ሓረጋት ብፍላይ ድማ ንማርክስነት ቃናኣ ከተጉድሎ ወይ ከተለስልሶ መምርሒ ሂቡ። ሃገራውነት፡ ምርግጋጽ ደሞክራስያዊ መሰላት፡ ምጽውዋር፡ ሓድሕዳዊ ምኽብባር፡ ኣገዳስነት ታሪኽ ከም ሓደ ቀጻሊ መስርሕ ምርኣይ፡ መሰላት ደቂ ኣንስትዮን ካልእን ዘጠቓለለ እኩብ መሪሕ መትከላት ዝሓቑፈ ሰፊሕ መግለጺ ሂቡ። ኣነ፡ ምስ ውሑዳት ነዚ ኣተሓሳስባ'ቲ ዝርዕሙን ዝቕበሉን ተመሳሳሊ ኣተሓሳስባ ዘለዎምን ብጾተይ፡ በቲ ዋና ጸሓፊ ዝወሰዶ መርገጺ ተገሪምና። ንኣረኣእያና ከም ምጽዳቕ ኮይኑ ተሰሚዑና፣ ሓደ ካብ'ቶም ውሑዳት ንለውጢ ዝጣበቑ ድምጽታት ብምኳንና ድማ ተሓቢና።

እቲ ዘገርም ግን ነቲ ዋና ጸሓፊ ዝሃቦ መግለጺ፡ ማሕበርነት እንታይ ይኹን ብምባል ግብረ መልሲ ዝሃበ ሓደ ሰብ (ጴጥሮስ ሃይለማርያም) ጥራይ ኢዩ ነይሩ። ዋና ጸሓፊ ብውርዙይ ግን ከኣ ብጽኑዕ ኣገባብ፡ ነቶም ኣቐዲሙ ዝጠቐሶም መትከላት ከም ኣማራጺ ዘይብሎም መምርሒታት ምኳኖም ድሕሪ ምጥቃስ፡ ከምኡ ዝኣመሰለ እምነት እንተ ድኣ ሃሊዩዎ ድማ ኣብ ልቡ ክሕዞ ንጴጥሮስ ኣዘኻኺሩዎ።

ኣብ'ቲ ብዛዕባ ፖለቲካዊ ትምህርቲ ምስ'ቲ ሓድሽ ኣረኣእያ ብዝሳነ ኣጋባብ ብደረጃ ግንባር ንምንዳፍ ዝካየድ ዝነበረ ክትዕ፡ ዋና ጸሓፊ ስለምንታይ ምሳይን ምስ'ቶም ውሑዳት ኣባላትን ወጊኑ ኢልኩም ትሓስቡ ትኾኑ። ኣነ ከም ዝርድኣኒ፡ ንሱ ንባዕሉ ነቲ ኣብ ዓለም ዝምዕብል ዝነበረ ኩነታት ኣፍልጦ ከም ዝሃቦ ጥራይ እየ ክግምት ዝኽእል፣ ምናልባት ንነብሱ ከም ፕራግማቲስት ከቕርባ ይደሊ ነይሩ ይኸውን። ይኹን'ምበር፡ ብናተይ ኣረኣእያ እቲ ቀንዲ ጉዳይ ኣብ ካልእ ቦታ ኢዩ ዘሎ። ካድረታቱ፡ ናይ'ቲ ንሱ ዝሃቦም "እሙናት" ዝብል መዓርግ ብቕዓት ከም ዘይነበሮም ጥራይ ኢዩ ዝእምት። ብተዘዋዋሪ መገዲ፡ ኣዋርዲኩምኒ፡ ድሕሪት ኢኹም ዘለኹም ዝብሎም ዝነበረ ይመስል።

ምስ ሓደ ብጻይ (ስሙ ብናይ ድሕነቱ ስግኣት ምኽንያት ዘይጠቕሶ ዘለኹ) ብዛዕባ ነፍስሄር ሮመዳን መሓመድ ኑር ኣብ'ዚ ጉዳይ ኣብ ልዕሊ መርገጺ ዋና ጸሓፊ ዝሃቦ ግብረ መልሲ ብዝምልከት ዝገበርኩዎ ዕላል ብንጹር እዝክር። ሮመዳን ነቲ ናይ ሽው ዋና ጸሓፊ - ኢሳይያስ ኣፍወርቂ - ዝሃቦ መግለጺ ኣመልኪቱ ዕቃበ ከም ዝነበሮን፡ ነቲ ልዑል ኣኽብሮት ዝህቦ ዝነበረ ማሕበርነታዊ ፍልስፍና ከም ምጽራር ከም ዝመስል ገይሩ ብምሕባር ንብጻየይ ኣካፊሉዎ። ሮማዳን ሓላፊ ክፍሊ ፍትሒ ኮይኑ ዘገልግል ኣባል ፖለቲካዊ ቤት ጽሕፈት ኢዩ ነይሩ።

ካልኦት ኣባላት ማእከላይ ሽማግለን ፖለቲካዊ ቤት ጽሕፈትን እውን ተመሳሳሊ ዕቃበታት ከም ዝነበሮም እፈልጥ። ኣረ ገሊኦምስ ደቂ ማደሊና (ንዓይን ንምዕባይ ሓወይ ኪዳነ ሰሎሞንን) ጸጊበን ክብሉ ከም እተሰምዑ እዝክር።

ድሕሪ ቁሩብ መዓልታት፡ ኣነን ኣለምሰገድ ተስፋይን ኣብ'ቲ ኣርባዕተ ኣባላት ማእከላይ ሽማግለ ህዝባዊ ግንባር ዝነበሩዋ ሽዱሽተ ኣባላት ዝሓቘፈት ኣርታዒት (editorial) ኣካል ክንጽንበር ዕድመ መጺኡና። እቲ መደብ ፖለቲካዊ ትምህርቲ ድማ ምስ'ቲ ሓድሽ ኣረኣእያ ብዝሳነ መገዲ ተሰሪሑ።

ኣብ ርእሲ'ቲ ንጽሬት ካልኦት ኣበርከቶታት ናይ'ቲ ማንዋል ምኽትታል ዝተዋህበኒ ሓላፍነት፡ ብእተፈላለዩ ኣርእስታት ክጽሕፍ እውን ሓላፍነት ተዋሂቡኒ።

ኮነል፡ ንኣለምሰገድ ተስፋይ ብምጥቃስ፡ ህዝባዊ ግንባር ኣብ መወዳእታ ሰማንያታት ካብ ጽኑዕ ማርክስነት ናይ ምውጻእ መስርሕ ከም ዘበገሰ ይሕብር። ኣብ 1989 ዓ.ም. ህዝባዊ ግንባር ምስ እዋናዊ ኩነታት ብዝበለጸ ዝሰማማዕ መደብ ፖለቲካዊ ትምህርቶም ንምኽላስ ንእሽቶ ጉጅለ ካድረታት መዚዙ። ኣሕመድ ኣል ቐይሲን ሃይለ መንቀርዮስን ነዚ ዕዮ'ዚ መሪሖምዎ፣ ኣብ ሓደ ኣጼባኦም ድማ እቲ ሓድሽ ፖለቲካዊ ትምህርቲ ካብ ተሪር ማርክሳዊ ኣተሓሳስባ ክርሕቕ ከም ዘለዎ ተወሲኑ (Connell, 2005)።

ኣብ ካልእ ኣጋጣሚ፡ ኣብ'ታ ኣብ መንጎ ኣባላት ግንባር፡ ፖለቲካዊ ንቕሓት ንምዕባይን ጥዑይ ፖለቲካዊ ዘተ ንምትብባዕን ዝዓለመት "ሓርበኛ" እትብሃል ውሽጣዊት መጽሔት ህዝባዊ ግንባር፡ ኣካል ኣዳላዊ ቦርድ ናይ ሓደ ፖለቲካዊ መድረኽ (platform) ክኸውን ፍሉይ ዕድል ኣጋጢሙኒ። እዛ ናይ ታሪኽ ምዕራፍ'ዚኣ ብሓቂ እተገርም እያ ነይራ። ኣብ'ታ ኣዳላዊት ቦርድ ምስ ከም በዓል ኣሕመድ ኣል ቐይሲ፡ ኣለምሰገድ ተስፋይ፡ ዘምህረት ዮሃንስ፡ ኪዳነ ሰሎሞን፡ ማሕሙድ ጭሩም ዝኣመሰሉ ውልቀ ሰባት ብምትሕብባር ሰሪሐ።

እታ ውሽጣዊት መጽሔት፡ ኣብ ከም ደሞክራሲ፡ መሰላት ደቂ ኣንስትዮ፡ ኣካይዳን ጠባያትን ላዕለዎት ሓለፍቲ ግንባር፡ ተመሳሲልካ ምንባር (comformism)፡ ተራ ምሁራት ኣብ ውሽጢ ግንባር፡ ሃገራዊ ሓድነት፡ ብሓለፍቲ ዝዝውተሩ ዝነበሩ ዝያዳታት (excesses) ዝኣመሰሉ ሕቶታትን ካልኦት ብኣባላት ግንባር ዝቐረቡ ኣገደስቲ ጉዳያትን ተሳስን ናይ ክትዕ መድረኽ ተመቻቺን ነበረት። ካብ'ዚ ብምብጋስ እታ መጽሔት፡ ኣብ ደሞክራስያዊ መትከላት ዝተሰረተ መሰል ሓሳብካ ምግላጽ፡ መሰል ደቂ ኣንስትዮ፡ ወሳኒ ተራ ምሁራት ኣብ ምዕባይ ፖለቲካዊ ንቕሓት፡ ከምኡ እውን ኣገዳስነት ሃገራዊ ሓድነት ዝኣመሰሉ ኣገደስቲ ኣርእስታት ብዝምልከት ዝተፈላለዩ ሓተታታት ኣቕሪባ። ብፍላይ ኣሕመድ ኣል ቐይሲ፡ ብዛዕባ'ቶም ኣብ ግንባር ብዝነበሮም ናይ ኣገልግሎት ዓመታት ኣዝዮም ዝሕበኑ ግን ከኣ ንለውጢ ድሉዋት ዘይኮኑ ገዳይም ተጋደልቲ ዝገልጽ ነዊሕ ጽሑፍ ክጽሕፍ እንከሎ፡ እታ መጽሔት ዘሕደረቶ መስተንክር ጽልዋ ብንጹር እዝክሮ። እዛ "መን'ዩ ካድር?" ዘርእስታ ሓተታ ባዕለይ ምስ ቐይሲ እናተሓጋገዝኩ ካብ ቋንቋ ዓረብ ናብ ትግርኛ ክትርጉማን ከርቅቓን ይዝከረኒ። እዛ ጽሕፍቲ'ዚኣ፡ ካብ ኣንበብቲ ሓያል ግብረ መልሲ ረኺባ፡ ውዕዉዕን ደራኺን ዘተ ድማ ኣለዓዒላ። ንብርክት ዝበሉ ገዳይም ተጋደልቲ ግን ኣይተበረሃቶምን። ንገለ ገሊኦምስ ወረ ኣቕጢዓቶም። ከመይሲ ንዓኣቶም ከም ዒላማ ዝገበረት ኮይኑ ስለ ዝተሰምዖም።

ብተወሳኺ፡ ኣነ፡ ምስ ብዙሓት ኣባላት ግንባር ካብ ዝገበርክዎ ቃለ መሕትት ብምውካስ፡ ብዛዕባ ጉዳይ ደሞክራሲ ኣብ ውሽጢ ግንባር ዝገልጽ ሓተታ ኣቕሪበ። ካብ'ቶም ቃለ መሕትት ዝተገብረሎም ሰባት ድማ ነፍስሄር ወርቁ ዘርኣይ፡ በላይነሽ ኣርኣያ፡ ሂወት ሽጎም፡ ገነት ተወልደ፡ ካልኦት ተጋደልትን ነይረን። ኣረኣእያኦን ኣብ ውሽጢ ግንባር ዘሎ ሕጽረት ደሞክራሲ ኣብ ምጉላሕን፡ ርኡይ ምምሕያሻት ናይ ምግባር ግዴታ ከም ዘሎን ዘስመረ ኢዩ ነይሩ። እዚ ጽሑፍ'ዚ ሓድሽ ዙርያ ግብረ መልስን ዘተን ኣበጊሱ። እዚ ሕቶ'ዚ ብመሰረቱ ዘይተበርሆም ካብ ጥቕሙ ጉድኣቱ ክበዝሕ ኢዩ ዝብሉ ናይ'ቲ ግንባር ላዕለዎት ሓለፍቲ ኣይተሳእኑን። ንከም'ዚኣም

ዝኣመሰሉ ክትዓት ዘለዓዕሉ ኣርእስታት ንምምላስ ግዜኦም ይጽበዩ ከም ዝነበሩ ከኣ ርዱእ እናኾነ ኢዩ መጺኡ።

"እቲ ዝበዝሐ ክጻወር ኣለዎ" ዝብል ዘቕረብኩዎ ካልእ ጽሑፍ ወይ ሓተታ እውን ነይሩ። ብፍላይ ናብ ተዛረብቲ ትግርኛ ወይ ደቂ ከበሳ ዝቐንዐ ኮይኑ፡ ነቲ ኣብ ውሽጢ ህዝባዊ ግንባር ሓርነት ኤርትራ ኣብ ውሑዳን (minorities) ዘሎ ተኣፋፍነት (sensitivities) ኣቓልቦ ክገብሩ ብምዝኽካርን ናይ መጠንቀቕታ መልእኽቲ ንምትሕልላፍ ዝዓለመን ኢዩ ነይሩ። ነዚ ነጥቢ'ዚ ብኣብነት ገይረ ብንጹር ከም ዘስፈርኩዎ እዝክር። ሓደ ሰብ ብዓረብኛ ዝተማህረ ክነሱ፡ ትግርኛ ከንብብን ክጽሕፍን ብዘይ ምኽኣሉ ብተዛረብቲ ትግርኛ ከም መሃይም ይቑጸር ምንባሩ ዝብል ኢዩ ነይሩ። ዕላማይ፡ እቶም ንካልኦት ኣገደስቲ ዝኾኑ ክብርታትን ልማዳትን ብካልኦት ክኽበሩ ከም ዝግባእ ንምግላጽ ኢዩ ነይሩ። ካልኦት ኣብነታት እውን ጠቒሰ።

ኣቦ መንበር ኣዳላዊ ቦርድ ኣሕመድ ኣል ቐይሲ ነታ ጽሕፍቲ ምስ ረአያ፡ ምስ'ቲ ትሕዝቶ ተሰማሚዑ፡ ግን እታ ጽሕፍቲ ኣብ ውሽጢ እቲ ውድብ ከተልዕሎ እትኽእል ክትዕ ኣመልኪቱ ስክፍታታቱ ገሊጹለይ። ተኣፋፊት ድማ ኢያ ኢሉ። ከም ሳዕቤኑ ድማ፡ እታ ጽሕፍቲ ከይተሓትመት ተሪፋ።

ሓንሳብ እታ መጽሔት ምስ ተበገሰትን ህቡብነት እናኣጥረየት ምስ ከደትን፡ ካብ ኣባላት ግንባር ናብ'ታ መጽሔት ዝለኣኽ ዝነበረ ኣበርክቶታት ናህሪ ብዘለዎ ኣገባብ ቀጺሉ። ኣብ ውሽጢ'ቲ ውድብ ከም'ዚ ዝኣመሰሉ ዉዕዉዓት ክትዓት ይካየዱ ከም ዘለዉ ክኣምኑ ዘይከኣሉን ዘይደለዩን ብዙሓት ኣንበብቲ ነይሮም። ኣስደሚምዎም ድማ። እታ መጽሔት ቀልጢፋ ህብብቲ ኮይና፡ ዘይተኣደነ ተፈታውነት ድማ ረኺባ። እቶም እተላዕሉ ኣርእስታትን ጉዳያትን ርሱን ክትዓት ስለ ዘልዓሉ፡ እቲ መሪሕነት ክጻወሮም ኣይከኣለን። ኣይደለየን እውን። ኣብ መወዳእታ ድማ እቲ መሪሕነት ነታ መጽሔት ንሓዋሩ ከዓጽዋ ወሲኑ። ህላወኣ ሓጺር ኮይኑ፡ ክልተ ዓመት ዘይመልእ ኢዩ ነይሩ። ዳን ኮነል ብዛዕባ ተፈታውነት ናይታ መጽሔት በዘን ዝስዕባ ቃላት ይገልጽ፣

> ኣብ መጨረሽታ ሰማንያታት፡ ንኣብነት፡ ምስ ክፍሊ ፖለቲካዊ ምንቕቓሕ ዝተኣሳሰረ ሓደ ናይ ምሁራን ጉጅለ፡ ብሓባር ኮይኖም ሓንቲ ውሽጣዊ መጽሔት ኣማዕቢሎም። ዕላማኣ ድማ ኣብ ዝተፈላለየ ወዓል ሕደር ዘይበሃለሎም ማሕበራውን ፖለቲካውን ጉዳያት ዕምቆት ዘለዎም ዜናዊ ጸብጻባትን ክትዓትን ንምቕራብ ኢዩ ነይሩ። ኣብ መንጎ እቶም ኣብ'ዚ ዕማም'ዚ ዝተሳተፉ ድማ መሓመድ ኣል ቐይሲ፡ ኪዳነ ሰሎሞን፡ ሰመረ ሰሎሞን፡ ኣለምሰገድ ተስፋይን ዘምህረት ዮሃንስን ነበሩ። እቲ ፈተነ (experiment) ንሓደ ዓመት

> ዝኸውን ከይዱ። እታ መጽሔት ኣብ ውሽጢ ተጋደልቲ ህብብቲ ኮነት። እታ መጽሔት ብላዕለዎት ሓለፍቲ ክፍሊ ፖለቲካዊ ምንቕቓሕ ተዓጽያ ኣባላታ ድማ ኣብ ዝተፈላለዩ ክፍልታት ፋሕ ከም ዝብሉ ተገብረ (Connell, 2005)።

በቲ መጽሔት "ሓርበኛ" እተልዕሎም ዝነበረት ሕቶታት ዘይቀሰኑ ላዕለዎት ሓለፍቲ'ቲ ግንባር፡ ንሓደገኛነት ናይታ መጽሔት ኣመሊኪቶም ናብ ኣኼብ ማእከላይ ሽማግለ እቕሪቦምዎ። ሓደ ካብኣቶም ነፍስሄር ገረዝጊሄር ዓንደማርያም (ውጩ) ነበረ። "እዛ መጽሔት እዚኣ ብተጋደልቲ ከም እንድፈር ገይራትና፡ ተጋደልቲ ምስማዕ ኣብዮምና፡ ክዳፈሩና ድማ ጀሚሮም፡ ወዘተ" ዝብሉ ቁሪምሪማት ኣስምዐ። ናይ ሽዑ ዋና ጽሓፊ ናይ'ቲ ግንባር - ኢሳይያስ ኣፍወርቂ - ትቕብል ኣቢሉ፡ ሓቅኻ ኢኻ ነዛ መጽሔት'ዚኣ ማርተሎ ጌርና ክንደቑሳ ኢና ብምባል መሊሱሉ።[viii]

ኣብ'ዚ ኣርእስቲ እንከሎና ከይጠቐስክዎ ክሓልፍ ዘይደሊ ሓደ ካልእ ፍጻመ ነይሩ። እዚ ምስ ህቡብነት መጽሔት "ሓርበኛ"ን ምስ'ቲ ኣብ መሪሕነት ህዝባዊ ግንባር ኣሕዲሩዎ ዝነበረ ስክፍታን ዝተኣሳሰር ኢዩ። ሓደ ግዜ እቲ ንኣልኣሚን መሓመድ ስዒድን ሃይለ ወልደትንሳኤን ዝሓቑፍ መሪሕነት ክፍሊ ሃገራዊ መርሓ ምስ ኣሰናዳኢት ቦርድ ሓርበኛ ርክብ ንምክያድ ኣብ ቦታና ተረኺቡ። መሪሕነት ሃገራዊ መርሓ ኣብ ኣተሓሕዛ መጽሔት "ሓርበኛ" ዘለዎ ዕቃበታት ድሕሪ ምግላጽ፡ ካብ ሽዑ ንደሓር ኩሎም ሓተታታት ብዘይ ናይ ክልቴኦም ፍቓድ ከይዝርግሑ ዝመስል ሓበሬታ ክህቡ ፈቲኖም። ከም ሳዕቤን ድማ፡ ኣብ መንጎ ኣባላት ኣሰናዳኢት ቦርድ "ሓርበኛ"ን መሪሕነት ሃገራዊ መርሓን ዱቕ ዝበለ ክትዕ ተላዒሉ። ኩሎም ኣባላት ኣሰናዳኢት ቦርድ "ሓርበኛ" ነቲ ዝብልዎ ዝነበሩ ብዘይ ቀልዓለም ተቓዊሞምዎ። ኣብ ምንህሃር እውን ተበጺሑ። ድሕሪ ነዊሕ ክትዕ፡ ውሳኔና ከነፍልጠኩም ኢና ኢሎም ንበታኦም ተመሊሶም። እንታይ መልሲ ሒዞም ከም ዝመጹ ዝተሰወሮ ሰብ ግን ኣይነበረን።

ኣብ ካልእ ኣጋጣሚ፡ ዋና ጸሓፊ ግንባር፡ ኢሳይያስ ኣፍወርቂ፡ ብዛዕባ ናይ'ቲ ውድብ ፖለቲካዊ ምእዘናን (orientation) መጸኢ መስመራትን ንምዝታይ፡ ኣኼባ ላዕለዎት ካድራት ህዝባዊ ግንባር ዝጸውዓሉ ኣኼባ ብንጹር እዝክር። እቲ ኣኼባ ኣብ ዓምበርበብ ኢዩ ተኻይዱ። ሕጂ እውን ንዓይ ሓዊስካ ውሑዳት ተሳተፍቲ ኣብ ውሽጢ'ቲ ውድብ ኣብ ዝተፈላለዩ ፖለቲካዊ ጉዳያት ነጻ ክትዕ ከም ዘየለ፡ ክፉት ዘተ ዝካየደሉ መድረኻት ክድንፍዕ ከም ዘለዎ ተማጒትና። ኣብ'ዚ ክትዕ ድምጻይ ደጋጊመ ኣስሚዐ ነይረ። እቲ ዘሕዝን ግን፡ ብዘይካ እቶም ሓሳቦም ክገልጹ ዝደፈሩ ሰባት ዘጋጠሞም ሳዕቤን፡ ስዒቡ ዝመጸ ኣኼባ ኣይነበረን። እታ ንውሽጣዊት መጽሔት

“ሓርበኛ” እትመርሕ ዝነበረት ጋንታ ተበታቲና፡ ኣባላታ ድማ ኣብ ዝተፈላለየ ናይ'ቲ ግንባር ኣሃዱታት ተበታቲኖም።

ኣብ መወዳእታ፡ እታ ንመጽሔት "ሓርበኛ" እትመርሕ ዝነበረት ኣሃዱ ኢያ ነታ "ኤርትራ" እትብል መዝሙር፡ ሃገራዊት መዝሙርና ክትከውን ዝብል ሓሳብ ዘቕረበትን በታ መጽሔት ገይራ ዝነስነሰትን። መዝሙር "ኤርትራ" ድሕሪ ናጽነት፡ ሃገራዊት መዝሙር ክትከውን በቒዓ። በዚ ድማ ወሰን ዘይብሉ ሓጎስ ይስምዓኒ።

ምዕራፍ 6

ተጋድሎ ሓርነት ኤርትራ (ተሓኤ)

ተጋድሎ ሓርነት ኤርትራ፡ ንሓባራዊ ድምጺ ህዝቢ ኤርትራ ወኪሉ፡ በቲ ኣንጻር ጎበጣ ሃጸያዊት ኢትዮጵያ ዝፈለሞን ዝገብሮ ዝነበረን ተቓውሞ ይልለ። ምስረታ ናይ'ዚ ውድብ'ዚ ክንዮ'ቲ ንምምስራቱ ዝደረኹ ምኽንያታትን ክንዮ'ቲ መንነት መራሕቱን ክርአ ይግባእ። ተጋድሎ ሓርነት ኤርትራ፡ ንብዙሓት ዝተፈላለየ ድሕረ ባይታ ዘለዎም ሃገራውያንን ውፉያትን ውልቀ ሰባት ጠርኒፉ ንናጽነት ኤርትራ ከረጋግጽ ኢሉ ዝተበገሰ ሃገራዊ ውድብ ኢዩ። ምጅማር ዕጥቃዊ ቃልሲ ኣብ ታሪኽ ህዝቢ ኤርትራ ሓደ ልሉይ ምዕራፍ ኢዩ። ከመይሲ ንናጽነታዊ ምንቅስቓስ ህዝቢ ኤርትራ ካብ ሰላማውን ፖለቲካውን ቃልሲ ናብ ዕጥቃዊ ቃልሲ ስለ ዘሰጋገረ።

ምምስራት ተጋድሎ ሓርነት ኤርትራ፡ ኣብ ህዝቢ ኤርትራ ሞራል ዘስነቐ ፍጽመ ይኹን'እምበር፡ ጉዕዞ ተጋድሎ ሓርነት ኤርትራ ኣብ'ቲ መፈለምታ እዋን ብውሽጣዊ ምፍልላይን ምፍንጫልን ዝለለ ኢዩ ነይሩ። ገሊኡ ኣብ ፖለቲካዊ ዘይምርድዳእ ዝተሰረተ ክኸውን እንከሎ፡ ገሊኡ ድማ ብሄራውን ሃይማኖታውን ድራኸታት ዘበገሶ ኢዩ ነይሩ።

ከም'ቲ ኣቐዲሙ ዝተጠቐሰ፡ ሓደ ርኡይ ድኽመት ናይ ተጋድሎ ሓርነት ኤርትራ፡ ኣብ'ቲ ውድብ ዝነበረ ጉድለት ፖለቲካዊ ንቕሓትን ንጹር ራእይ ዘይነበሮ መሪሕነትን ኢዩ። እዚ መሪሕነት'ዚ፡ ነቲ ህዝቢ ኣብ ትሕቲ ናይ ሓባር ዕላማ ንምጕስጓስ ኣበርቲዑ'ኳ እንተ ሰርሐ፡ ሰሪ ፖለቲካዊ ብቕዓቱ ግን ንውሽጣውያን ፍልልያቱ ክኣልን ሓያል ጎድንታቱ ክምዝምዝን ዓቕሚ ኣይነበሮን። እዚ ከኣ ነቲ ዝዓኩኽ ዝነበረ ውድብ ዘጋጠሞ ብድሆታት ኣጋዲዱዎ ነበረ።

ሰመረ ሰሎሞን

ኣብ'ቲ ድሒሩ ዝመጸ ምዕራፍ ታሪኹ፡ ኣብ ውሽጢ'ቲ ውድብ "ሜዳ ኤርትራ ካብ ሓደ ውድብ ንላዕሊ ክጻወር ኣይክእልን ኢዩ" ዝብል ዓብላልን ሓደገኛን ኣተሓሳስባ ወይ እምነት ተቐልቂሉ።

ካብ ሃገር ወጻኢ ዝመደበሩ መሪሕነት፡ መብዛሕትኡ ግዜ ካብ'ቲ ኣብ ባይታ ዝነበረ ክውንነት ዝተነጸለ ብምንባሩ ብዝግባእ ንክመርሕ ድሩትነት ነይሩዎ እንተ ተባህለውን ምግናን ኣይከውንን። ዝርገሐ ወይ እውን ህላወ ወገናዊ ፖለቲካን ሳዕቤናቱን ንድሕሪት ኬድካ ምስ እትርኢ፡ ኣሰሩ ኣብ'ቲ ማሕበረ ቁጠባዊ ኣቃውማ ናይ'ቲ ሕብረተሰብ ዝምንጩ ኢዩ ነይሩ።

እዚ ምትፍናን'ዚ ብዘየገድስ፡ ተሓኤ፡ ብግስ ምስ በለ ዕላምኡ ንምስጓም ኣብ ልዕሊ ዕርድታት ሰራዊት ኢትዮጵያን ምንቅስቓስ ሰራዊትን መጥቃዕቲ ፈንዩ። ዋላ'ኳ ልዕሊ ዓቕሙ ዝኾነ መሰናኽላትን ዋሕዲ ኣጽዋርን ካልኦት ጸጋታትን እንተ ኣጋጠሞ፡ እቲ ግንባር ንኹሉ ብምምካት ንቕድሚት ገስጊሱ። ከም ግብረ መልሲ፥ ኢትዮጵያ ብፍላይ ኣብ ቆላታት ኤርትራ እተዘውትሮ ዝነበረት ዓድታት ናይ ምንዳድ ስጉምትታትን ካልኦት እትኽተሎም ዝነበረት ጨካን ስጉምትታትን ብሰንኪ'ዚ ድማ ናብ ሱዳንን ማእከላይ ምብራቕን ዘሰዓቦ ጃምላዊ ስደትን ኣብ ህዝቢ ምረትን ቁጥዐን ብምልዓል፡ ነቲ ሃልሃልታ ተቓውሞ ዝያዳ ከም ዝጐሃሃር ገይሩዎ።

እቲ ግንባር፡ ኣብቶም ቀዳሞት ዓመታት ምስረታኡ፡ ጽኑዕ ወትሃደራዊ ዲሲፕሊን ኰስኲሱ እዩ። ሰራዊት ኢትዮጵያ ላዕለዋይ ኢድ ስለ ዝነበሮን እቲ ግንባር ድማ ንመነባብሮን ቀረብን ብዝምልከት ኣብ'ቲ ከባቢ ህዝቢ ክምርኮስ ስለ ዝነበሮን፡ ርእሰ ምድሓን ወይ ናይ ህላወ ሕቶ፡ ናይ ቃልሱ ቀንዲ ሕመረት ኢዩ ነይሩ።

ኣብ መጀመርታ፡ ስርሒታቱ ኣብ ኣውራጃታት ጋሽ ባርካን ሰንሒትን ተደሪቱ ዝነበረ ውድብ፡ ቀስ ብቐስን ደረጃ ብደረጃን ስርሒታቱ ናብ ካልኦት ኣውራጃታት ኤርትራ ተዘርጊሑ። ናይ'ቲ ግምባር ቀዳሞት ኣባላቱ ብብዝሒ ካብ ቆላታት ኤርትራ ዝመጹ ኮይኖም፡ ሰዓብቲ ሃይማኖት ምስልምና እዮም ነይሮም። ይኹን'ምበር ኣብ መጀመርታ ሰብዓታት፡ ክርስትያንን ኣስላምን ደቂ ከበሳ ብብዝሒ ኣብ መሳርዑ ክጽምበሩ ጀሚሮም።

ተጋድሎ ሓርነት ኤርትራ፡ ክሳዕ እቶም ኣብ ውሽጢ'ቲ ውድብ ዝነበሩ ገስገስቲ ባእታታት ማርክስነት ዝብል ሰልፊ ዕዮ ዝምስርቱ፡ ንዝተፈላለዩ ስነ ሓሳባዊ ኣረኣእያታትን ፍልልያትን ከም መድረኽ ኮይኑ ኣገልጊሉ ኢዩ። ሕሩይ ተድላ፡ ነቲ ምስ ስዒድ ሳልሕ፡ ኢብራሂም ጌደም፡ ዑመር መሓመድ፡ ሲራጅ ዓብዱን መሓመድ ኑር ኣሕመድን ዝርከብዎም ዝተወሰኑ ኣባላት ሰልፊ ዕዮ ዝተራኸበሉ እዋን እዝክር። ኣብ

ውሽጢ ተጋድሎ ሓርነት ኤርትራ ማርክስ ሌኒናዊ ጉጅለ ምህላዉ ብምሕባር ዕድመ ኣቖሪቦምሉ፡ ንሱ ድማ ብወለንትኡ ተቐቢልዎ (Bairu, 2016)።

ብዛዕባ ተራ ደሞክራስያዊ ሰልፊ ዕዮ ኣመልኪቱ ኢብራሂም ቶቲል እዚ ዝስዕብ ሓተታ ኣብ'ቲ ታሪኽ ሰውራ ኤርትራ ዝብል ዘይተሓትመ መጽሓፉ የቕርብ፥

ደሞክራሲያዊ ሰልፊ ኣብ ውሽጢ ተ.ሓ.ኤ. ብ1968 ዓ.ም. ብምስጢር ዝተመስረተ ማርክስ ለኒናዊ ሰልፊ ኢዩ። ዕለማታት ሰልፊ ዕዮ ከም ኩሉ ካልእ ፖለቲካዊ ሰልፍታት ኣብ ውሽጢ ተ.ሓ.ኤ ልዕልነት ፖለቲካዊ መስመሩ ንምርግጋጽ ኢዩ። መድረኽ ስሳታት ኣብ እስያን ኣፍሪቃን ጸጋማዊ ትሕዝቶ ዝነበሮ መድረኽ ሓርነታዊ ቃልሲ ኢዩ ነይሩ። ጸጋማውያን ሓይልታት ብኹሉ መልከዓቶም ድማ ኣብ ቃልሲ ዝበለጸ ኣብነትን ተወፋይነትን የርኢዩ ነይሮም። እዚ ድማ ንጸጋማውን ማርክሳውን ኣተሓሳስባታት ብፍላይ፣ ኣብ ብዙሓት ሃገራት ኣፍሪቃን እስያን ኣብ ውሽጢ ተ.ሓ.ኤ. ድማ ብውሱን ደረጃ ኣብ ምዝርጋሕ ተራ ነይሩዎ። ተጋድሎ ሓርነት ኤርትራ ካብ እትምስረት ኣትሒዛ ከም ተኸታታልን ዝተኣሳሰረን ዝመስል ሽግራት፣ ጠንቁ ሰውራ ዝምርሓሉ ሰውራዊ መስመር ብዘይ ምህላዉ ኢዩ ናብ ዝብል ዕግበት ንመስረት'ቲ ሰልፊ ዕዮ ኣብጺሑዎም። "ብዘይ ሰውራዊ ክልሰሓሳብ ሰውራ የለን" "ብዘይ ሰውራዊ ውድብ ሰውራ የለን"።

ኣባልነት ሰልፊ ዕዮ ከሳብ'ዚ ንዛረበሉ ዘሎና መድረኽ ኣብ ሜዳን ወጻእን ኣብ ውሑዳት ሰባት ዝተወሰነ ኢዩ ነይሩ። እቲ ዘይርጉእ ፖለቲካዊ ኩነታት ተ.ሓ.ኤ. እውን ነቲ ሰልፊ ኣባልነቱ ንከየሰፍሕ ብዝለዓለ ደረጃ ከም ዝጥንቀቕ ገይሩዎ። ኣበርክቶ ሰልፊ ዕዮ ኣብ ጉባኤ ኣዶብሓ ኣዝዩ ዝተወሰነ ኢዩ ነይሩ። እቶም ካብ ቁጽሪ ኣጻብዕቲ ኢድ ዘይሓልፉ ኣባላቱ ናብ ጉባኤ ሒዞምዎ ዝኣተዉ ፕሮግራም፡ እቲ ሽው ዝጥለብ ዝነበረ ከም ምስማር ሰራዊት ሓርነት፣ ግዝያዊ መልከዕ ዘለዎ መሪሕነት ምቛም፣ ኣብ ዝሓጸረ ግዜ ሃገራዊ ጉባኤ ምክያድ ዝብል ኢዩ ነይሩ።

ሰልፊ ዕዮ ኣብ ሜዳ ስሩዕ ንጥፈታት ክካይድ ዝጀመረሉ ካብ'ዚ እንዛረበሉ ዘሎና እዋን ኣትሒዙ ኢዩ። እቲ ንጥፈታት ከም'ቲ ጸኒሕና እንርእዮ ኣብ ሓጺር ግዜ ተዓጻጺፉ ነቲ ሰልፊ ኣብ ውሽጢ ተ.ሓ.ኤ. ዓቢ ጽልዋ ዘለዎ ሓይሊ ንክኸውን ኣብቂዕዎ።

እንተ ኣብ'ዚ ንዛረበሉ ዘሎና መድረኽ፣ ኣባላቱ ኣብ ከሊ ምንቅስቓስ ናይ'ቲ ካድር ነቲ ስምምዕ ዝተገበረሉ መደብ ንምዕዋትን ኣብ ምእራም ተ.ሓ.ኤ ካድር ተርኡ ንክጻወት ኣብ ምትብባዕን ዓቢ ተራ ተጻዊቶም ኢዮም። (ቶቲል፡ ዕለት የብሉን)

ምስ ህዝባዊ ግንባር ክነጻጸር እንከሎ፡ ኣብ ውሽጢ ተጋድሎ ሓርነት ኤርትራ፡ ኣባላት ዝተፈላለየ ኣረኣእያታት ንክገልጹ ዘተባብዕ ዝያዳ ሊበራላዊ ሃዋህው ነይሩ። እዚ ብፍላይ ኣብ ሰብዓታት ዝተራእየ ኩነት ኢዩ።

ኣብ 1975–76 ዓ.ም. ኣብ ሞንጎ ክልቴኦም ግንባራት (ኣቀራራቢት ሽማግለ ክልተ ውድባት) ዝያዳ ጥቡቕ ርክብ ንምምዕባል፡ ኣባል ናይ'ታ ዝተመደበት ሽማግለ ህዝባዊ ግንባር ኮይነ ኣብ ዘገልገልኩሉ እዋን፡ ምስ ቁጽሮም ዘይነዓቕ ተጋደልቲ ተጋድሎ ሓርነት ኤርትራ ክዋሳእ ዕድል ረኺብና።

ኣብ ታሪኽ ተጋድሎ ሓርነት ኤርትራ፡ ዘየቋርጽ ናይ ስነ ሓሳብ ፍልልያት ቀጺሉ ነበረ። እዚ ስነ ሓሳባዊ ክትዕ ኣብ መሪሕነት ጥራይ ዝተሓጽረ ኣይነበረን። ኣብ ውሽጢ'ቲ ግንባር፡ ላዕለዎት ሓለፍቲ ብተደጋጋሚ ንሓድሕዶም ይፈታተኑ ነይሮም ኢዮም፣ ከምኡ እውን እቶም ተራ ኣባላትን ማእከላይ ደረጃ ካድረታትን። ናይታ ኣቐራራቢት ሽማግለ ኣባል ኮይነ ኣብ ዘገልገልኩሉ እዋን፣ ኣብ መንጎ ኣባላት ተጋድሎ ሓርነት ኤርትራ ዉዕዉዕ ክትዓት ይካየድ ከም ዝነበረ ናይ ቀረባ ዓይኒ ምስክር እየ። እዞም ዘተታት ኣብ ዙርያ ከም ሃገራዊ ሓድነትን ዝተፈላለዩ ካልኦት ኣገደስቲ ጉዳያትን ዝዘውር ኮይኑ፡ መብዛሕትኡ እዋን ምስ'ቲ መሪሕነት ዝሓዞ መርገጺታት ዝጋጮን ብናይ ዘይምትእምማን መንፈስ ዝለለን ኢዩ ነይሩ። ኣብ መንጎ ተራ ኣባላትን መሪሕነትን እውን ኣብ ምጽውዋር ዝተሞርኮሰ ናይ ኣረኣእያ ፍልልያት ተዓዚበ።

እዚ ዝስዕብ ግምት ወይ ጽንሰተ ሓሳብ (hypotheisis) ተወሳኺ ስነ ማሕበረሰብኣዊ ምርምር ዘድልዮ ክኸውን ይኽእል ኢዩ። ይኹን'ምበር፡ ኣብ መንጎ ክልቴኡ ውድባት ተመሳሳሊ ስነ ሓሳብ ምንባሩ ብዘየገድስ (ክልቴኦም ውድባት ጸጋማዊ ዝንባለ ዘሳስዩ ዝነበሩ ውድባት ኢዮም ነይሮም)፡ ስለምንታይ ተጋድሎ ሓርነት ኤርትራ ምስ ህዝባዊ ግንባር ክነጻጸር እንከሎ፡ ኣብ ውሽጡ ትኹረት ክወሃቦ ዝኽእል ሊበራልዊ ሃዋህው ነይሩ ዝብል ግምተይ ከቕርብ እፈቱ።

ክልቴኦም ኣብ ማርክስነት ይኣምኑ ነይሮም፣ ነፍስ ወከፎም ድማ ንናይ ነፍስ ወከፎም ግንባር ዝመርሕ ሕቡእ ሰልፊ ነይሩዎም። እቲ ዘገርም ከም'ቲ ልዕል ኢሉ ተጠቒሱ ዘሎ፡ ሰልፊ ዓዮ ኣብ 1968 ዓ.ም. ኢዩ ተመስሪቱ። እቶም ህዝባዊ ሓይልታት ብዝብል ስም ዝተፈልዩ ኣባላት ተጋድሎ ሓርነት ኤርትራ ነበር፡ ብዛዕብ'ዚ ኣፍልጦ ኣይነበሮምን ክትብል ብዙሕ ኣሸጋሪ ኢዩ። ድሒሮም ኣብ 1970 ዓ.ም. ስለ ምንታይ ሓደ ካልእ ማርክስ ለኒናዊ ሰልፊ ከም ዘቖሙ እውን ንምርድኡ የጸግም ኢዩ።

ህዝባዊ ግንባር ኣብ ውሽጢ መሳርዑ ንዝነበረ ዲሲፕሊን ምናልባት ብዝያዳ ኣጽኒዑ ክሕዝ ተራእዩ ኢዩ። ኣብ ናይ መወዳእታ ትንታኔ ግን፡ እቲ ሕመረት ናይ'ቲ ጉዳይ ኣብ'ቲ

ነፍስ ወከፍ ውድብ ሓቑፍዎም ዝነበረ ኣባላትን ማሕበረ ባህላዊ ቅርጽን ስነ ኣእምሮኣዊ ኣቃዋውማኦምን (መራሕትን ተራ ኣባላትን) ዝምርኮስ ኮይኑ ይስምዓኒ። እዚ ብግዲኡ ኣብ ናይ'ቶም ውድባት ፖለቲካዊ ባህልታት ኣበርኪቶ ዝገበረ ይመስል። ነዚ ግምት'ዚ ብከም'ዚ ዝስዕብ ከብርሆ ክፍትን እየ፥

ኣብ መጀመርታ ሰሳታት፡ ተጋድሎ ሓርነት ኤርትራ፡ ብደቂ መታሕት ዝተዓብለለ ውድብ ኢዩ ነይሩ። እዚ ኣብ መጀመርያ ሰብዓታት ምስ'ቲ ብተዛረብቲ ትግርኛ ተዓብሊሉ ዝነበረ ህዝባዊ ግንባር ሓርነት ኤርትራ ዝጻረር ኢዩ ነይሩ። ተዛረብቲ ትግርኛ ብብዝሒ ናብ መሳርዕ ተጋድሎ ሓርነት ኤርትራ ክጽንበሩ ዝጀመሩ ድሕሪ 1973 ዓ.ም. ጥራይ ኢዩ።

እተን ተጠርኒፈን ንህዝባዊ ሓይልታት ሓርነት ኤርትራ ዝመስረታ ክልተ ውድባት (ቀዳማይ ወገን - ህዝባዊ ሓይልታት ሓርነት ኤርትራን - ካብ ሰምሃር ዝመበቆሉ፡ ሰልፊ ናጽነት ኤርትራን - ካብ ከበሳ ዝመጸ) ክብገሳ ከለዋ ማዕረ ጽልዋ ነይሩወን ክኸውን ይኽእል ኢዩ። ይኹን'ምበር፡ ምስ ግዜ፡ ሚዛን ሓይሊ ናብ ሰልፊ ነጻነት ኤርትራ ወይ ካልኣይ ወገን እናዘዘወ መጺኡ። እዚ ድማ ደቂ ከበሳ ብብዝሒ ናብ መሳርው ስለ ዝወሓዙ ኢዩ። ምስ ግዜ፡ ባህሊ ትግርኛ ኣብ ውሽጢ ህዝባዊ ግንባር ሓርነት ኤርትራ ዝያዳ ጉሉሕ እናኾነ መጺኡ። ወላ'ኳ ብቁጽሪ ውሑዳት እንተኾኑ እቲ ብዑበል ዝፍለጥ ሓይሊ ኣካል ናይ ህዝባዊል ሓይልታት ከም ዝነበረ ምጥቃስ ኣገዳሲ ይመስለኒ።

ሕብረተሰብ ትግርኛ ከምኡ እውን ባህሉ፡ ምስ ናይ ቆላታት ክነጻጸር እንከሎ፡ ዝያዳ ኣርከናዊ (heirarchical) መሰረት ዘለዎ ኣቃውማ ኢዩ ዘንጸባርቕ። እቶም ትግርኛ ዝዛረቡ ከበሳውያን ካብ'ቶም ኣብ ቆላታት ዝርከቡ ህዝቢ ንላዕሊ ዝያዳ መስፍናዊ ቅርጽታትን ስርዓተ ክብርታትን የአንግዱ ነበሩ። እዚ ምናልባት ጽልዋ ናይ'ቲ ኣብ ሓደ ቦታ ኣብ ማሕረስ ዝተሰረተ ቁጠባውን ማሕበራውን ህይወቶም ክኸውን ይኽእል ኢዩ። እዚ ኣርከናዊ ኣቃውማ'ዚ በቲ ኣብ ውሽጢ ህዝባዊ ሓይልታት ደሓር ህዝባዊ ግንባር እተባህለ ኣብ ኩሉ ደረጃታትን ጽፍሕታትን ተመሳሲልካ ናይ ምንባር ጠባይ (comformism) ንክሰፍን ዝጣበቕ ዝነበረ ባዕዳዊ ማርክሳዊ ስነ ሓሳብ ብምጽላው ዝያዳ ክሕይል ኣኺኢሉዎ ክኸውን ይኽእል ዝብል እምነት ኣለኒ። ውጽኢቱ ድማ ንናይ ሓሳባት እዱብነት (regimentation) ጥጡሕ ባይታ ምፍጣር ነበረ። እዚ ብግዴኡ፡ ንተመሳሲልካ ናይ ምንባር ስነ ሓሳብ ምቹእ ሃዋህው ፈጢሩ።

ናይ'ቶም ደቂ ቆላ ዝያዳ ተጻዋርነት ዝመልአ ባህሊ፡ በቲ ንዝተፈላለየ ኣረኣእያታት ንምስማዕን ንምእንጋድን ዘለዎም ቅሩብነት ዝልለ ኮይኑ፡ ምስ'ቲ ማሕበረ ቁጠባዊ ኣቃውሞኦም ዝተኣሳሰረ ክኸውን ይኽእል። እቲ ሰበኽ ሳግማዊ ባህሊ፡ በይናውነት፡

ትዕግስቲ፡ ምጵውዋርን፡ ኣብ እዋን ጸገማት ድማ ጸዋር ናይ ምኧን (resilient) ባህሪ ይፈጥር ኢዩ።

ንኣብነት፡ ንኣተዓባብያ ህጻናት ብዝምልከት፡ ኣብ ትግረ ዝዛረቡ ማሕበረሰባት ዝዓብዩ ቆልዑ ካብ'ቶም ኣብ ናይ ትግርኛ ተዛረብቲ ከበሳውያን ዝዓብዩ ቆልዑ ዝፍለ ኢዩ። ቋንቋ ትግረ ኣብ ዘዘውትሩ ማሕበረሰባት ዝዓበዩ ብጾት ከዕልሉ ከለዉ፡ ርእይቶ ህጻናት ምስ ናይ ዓበይቲ ርእይቶ ብዝመጣጠን ደረጃ ዋጋን ኣኽብሮትን ዝውሃቦ ምኧኑ የጉልሑ። ኣብዞም ማሕበረሰባት ዝኹስኰሱ ህጻናት፡ ኣብ ቅድሚ ወለዶም ወይ ሽማግለታት ርእይቶኦም ከካፍሉ ኣይጽግሞምን ኢዩ። ከምኡ ከገብሩ እውን ይተባብዑ ኢዮም። ብኣንጻሩ፡ ኣብ ትግርኛ ዝዛረቡ ከበሳውያን፡ ሽማግለታት ኣብ ዕላል ተጸሚዶም ከለዉ፡ ቆልዑ ካብ ምዝራብ ክቖጠቡ ኢዩ ትጽቢት ዝግበረሎም። ሓሳቦም እንተ ገለጹ ከኣ ብዓበይቲ ይግንሑ።

ካልእ ዝተዓዘብኩዎ ባህላዊ ፍልልይ እውን ነይሩ። ንሱ ድማ እቶም ካብ መታሕት ዝመጹ ውልቀ ሰባት ምስ'ቶም ትግርኛ ተዛረብቲ መዛኑኦም ክነጻጸሩ ከለዉ፡ ዝዓበየ ናይ ሓድሕድ ይቕረ ምብህሃል ዝንባለ የርእዩ።

እዞም ኣብ ላዕሊ ዝተጠቕሱ ማሕበረ ቁጠባዊ፡ ባህላውን ስነ ሓሳባውን ረቛሒታት፡ ነቲ ኣብ መንጎ ክልቴኦም ውድባት ዘሎ ናይ ፖለቲካዊ ባህሊ ፍልልይ ከረድኡ ይኽእሉ ኢዮም ዝብል እምነት ኣሎኒ።

ልዕሊ ዝኾነ ነገር፡ ተጋድሎ ሓርነት ኤርትራ፡ ብሰንኪ'ቲ ኣብ ላዕሊ ዝተጠቕሰ ማሕበረ ባህላዊ ኩነታት፡ ኣብ ውሽጡ ብዝደፋፈሩ ግን ከኣ ተመጣጣኒ ፖለቲካዊ ጽልዋ ዘለዎም ተወዳደርቲ ጉጅለታት ዝቖመ ኢዩ ነይሩ። እዚ ድማ ብፍላይ ካብ መጀመርታ ሰብዓታት ርኡይ ነበረ። ከም'ዚ ኮይኑ ግን እዞም ጉጅለታት'ዚኣቶም ሓባራዊ ዕላማ ነይሩዎም ኢዩ። ንኤርትራ ናጻ ንምውጻእ።

ብኣንጻር'ዚ ኣብ ላዕሊ ዝተጠቕሰ ፖለቲካዊ ባህሊ፡ ኣብ ህዝባዊ ግንባር ዝማዕበለ ፖለቲካዊ ባህሊ፡ ድምጽታት ተቓወሞ (dissenting views) ዝጻወር ኣይነበረን። ዋና ጸሓፊ ህዝባዊ ግንባር ሓርነት ኤርትራ ክዛረብ እንከሎ፡ እቲ ውድብ ብምሉኡ ነቲ ቃላት ከም ዘለዎ የቃልሖ ነይሩ። እዚ ካብ'ቲ እቲ ንዝተፈላለየ ኣረኣእያታት ዘፍቅድን ዘኣንግድን ዝነበረ ተጋድሎ ሓርነት ኤርትራ ኣዝዩ ዝፍለ ኢዩ። ኣብዚ፡ ብዛዕባ ተጋድሎ ሓርነት ኤርትራ ናይ ሰብዓታት እየ ዝዛረብ ዘለኹ።

ዘይከም ተጋድሎ ሓርነት ኤርትራ፡ ኣብ ውሽጢ ህዝባዊ ግንባር፡ ሓደ ርእይቶ ካብ'ቲ ብጽኑዕ ዝተሓዝአ ኣረኣእያ መሪሕነት፡ ብፍላይ ከኣ ናይ ኢሳይያስ፡ ብቑሩብ እውን ፍልይ ዝበለ ይኹን፡ ከቢድ ዋጋ ዘኽፍል ወይ እውን ርእስኻ ዘድንን ነቐፌታ ከጋጥሞ

ይኽእል ነይሩ። ኣብ'ቲ ዝኸፍአ ኩነታት ድማ ውልቀ ሰባት ፈጺሞም ይንጸሉ ነይሮም። ነቶም ዝተፈልየ ኣረኣእያታት ዘቕርቡ፡ ከም "መቓቕሊ"፡ "ኣዕናዊ" ወይ "ዝንቡል" ወዘተ ዝብሉ ስያሜታት ብቐሊሉ ይለግቦም ነይሩ። እዚ ድማ ልክዕ ምስ'ቲ ሕጂ ኣብ ኤርትራ ዘሎ ስርዓት፡ ንተቓወምቲ ድምጽታት “ወያነ”፡ ”ከዳዕ”፡ “ተምበርካኺ” ወይ ”ሲ.ኣይ. ኤይ” እናበለ ዘጥምቖም ዘሎ ኣስማት ዝመሳሰል ኢዩ። እዚ ነቲ ኣብ እዋን ቃልሲ ዝነበረ ተመክሮ የዘኻኽር።

በቲ ካልእ ወገን ድማ፡ ኣብ መጀመርያ ሰማንያታት፡ ኣብ ውሽጢ መሪሕነት ተጋድሎ ሓርነት ኤርትራ፡ ፍልልያት ብጎነጽ ክፍታሕ ምርኣይ ንባዕሉ ተጋራጫዊ ኢዩ። ኣብ ሱዳን፡ ራሳይ ኣብ ዝተባህለ ቦታ፡ መሪሕነት ተጋድሎ ሓርነት ኤርትራ ድሕሪ'ቲ ካብ ኤርትራ ምውጽኡ ኣብ መጀመርታ ሰማንያታት ኩነታቱ ንምግምጋም ኣብ ዝተኣከበሉ እዋን ዝተኸስተ ፍጻመ ምጥቃስ ኣኻሊ ኢዩ። ኣብ ወተሃደራዊ ክንፊ ተጋድሎ ሓርነት ኤርትራ፡ መሪሕ ኣካል ዝኾነ ዓብደላ እድሪስ፡ ብመገዲ ድብያ ንተሳተፍቲ ናይ'ቲ ዋዕላ ብምጥቃዕ፡ ንመሪሕ ኣካል ተጋድሎ ሓርነት ኤርትራ ኣብ ቀይዲ ኣእትዩዎም። መልኣከ ተኽለ፡ ሓላፊ ጸጥታ ተጋድሎ ሓርነት ኤርትራ ንማእሰርቲ ምስ ተቓወመ፡ ኣብ'ቲ ስዒቡ ዝተኻየደ ምልውዋጥ ተኹሲ ተቐቲሉ[ix]።

ካብ'ቲ ምስ ህዝባዊ ግንባር ዝተኻየደ ግዳማዊ ኲናት ንላዕሊ፡ እቲ ናይ ተጋድሎ ሓርነት ኤርትራ ውሽጣዊ ምፍልላይን ግርጭታትን፡ ኣብ ምብትታኑ ዝዓበየ ኣበርክቶ ገይሩ ኢዩ።

ኣብ መወዳእታ፡ ኣብ መንጎ ተጋድሎ ሓርነት ኤርትራን ህዝባዊ ግንባርን ርኡይ ዝኾነ ናይ ስነ ሓሳብ ፍልልይ ከም ዘይነበረ ክስምረሉ እደሊ። ክልቲኦም ብሕቡእ ማርክሳ ሌኒናዊ ሰልፍታት ዝምርሑ ኢዮም ነይሮም። እቲ ብህግሓኤ ዝቐርብ ምጉት፡ ማለት፡ ምስ ተጋድሎ ሓርነት ኤርትራ ዝነበሮ ፍልልያት ኣብ ስነ ሓሳብ ዝተሰረተ ኢዩ ኢሉ ምክርኻሩ ድልዱል መሰረት የብሉን። ሱር ናይ'ቲ ኣብ ልዕሊ ህዝቢ ኤርትራ ከቢድ ዋጋ ዘኽፈለ ኣዕናዊ ኲናት ሓድሕድ፡ ብቐንዱ ኣብ መንጎ ተቓለስቲ ውድባት ኣብ ናይ ስልጣን ውድድርን ፍልልያት ዘይምጽውዋርን ዝተመስረተ ግጭት ምንባሩ ብዘየወላውል መገዲ ክገልጽ እፈቱ።

ኣብ'ዚ ጽሑፍ'ዚ፡ ምስ ሓደ (ብጸጥታዊ ምኽንያት ስሙ ክጥቀስ ዘይደለኸዎ) ኣባል ህዝባዊ ግንባር ነበር፡ ታሪኽ ዕጥቃዊ ቃልሲ ንምጽሓፍ እናሓሰበ እንከሎ ዝገበርኩዎ ዕላል እዝክር። ብዛዕባ'ቲ ሓሳብ ምስ ናይ ቀረባ ኣዕሩኽቱ ከዛተየሉ ጸኒሑ። ሓደ ንግሆ ቡን እናሰተና፡ "ብዛዕባ ፍልልይ ህዝባዊ ግንባርን ተጋድሎ ሓርነት ኤርትራን ዘለካ ርድኢት ከተካፍለኒ ትኽእልዶ?" ብምባል ሓተትኩዎ። ንሱ ድማ ድቦላ ኮይኑዎ፡ ቅድሚ

መልሲ ምሃቡ ንሓጺር እዋን ኣስተንተነ፥ "እዚ ኣዝዩ ኣገዳሲ ሕቶ'ዩ። ብዛዕባ'ዚ ሓሲበ ኣይፈልጥን" ኢሉኒ። ዋላ'ኳ ስነ ሓሳባውያን ህግሓኤ ብዛዕባ'ዚ ጉዳይ ርግጸኛታት ኮይኖም እንተ ቀረቡ፡ ኣብ መንጎ ክልቴኦም ውድባት፡ ስነ ሓሳባዊ ፍልልይ ውሑድ ምኻኑን፡ ቀንዲ ጠንቂ ናይ'ቲ እተፈጥረ ፍልልይ ድማ ውድድር ስልጣን ምኻኑን እምነተይ ምኻኑ ገሊጸሉ። ታሪኽ ዕጥቃዊ ቃልሲ ኣብ ትሕቲ ምክትታል ህዝባዊ ግንባር ክትጽሕፍ ምፍታን ናብ ናጻ መደምደምታ ኣየብጽሓካን ኢዩ ብምባል ድማ ካብ'ዚ ጉዳይ'ዚ ክርሕቕ መኸርኩዎ። ነቲ መደቡ ንዘይተወሰነ ግዜ ዘመሓላለፎ ይመስል።

ምዕራፍ 7

ህዝባዊ ግንባር ንደሞክራስን ፍትሕን (ህግደፍ)

ህዝባዊ ግንባር ንደሞክራስን ፍትሕን (ህግደፍ) እቲ ካልኣይ ገጽ ወይ መቐጸልታ ህዝባዊ ግንባር ሓርነት ኤርትራ (ህግሓኤ) ኢዩ። ህዝባዊ ግንባር ንደሞክራስን ፍትሕን "ሓድሽ ደም" ብዝብል ምስምስ (pretext) ሓድሽ ህይወት ዝለበሰ ምስሊ ህዝባዊ ግንባር ሓርነት ኤርትራ ኮይኑ ክቐርብ ፈቲኑ። ነዚ ለውጢ'ዚ ሓድሽ መሪሕነት ብምሻምን ንሃገራዊ ቻርተር ብምርቃቕን ብምእዋጅን ኢዩ ዝፈለሞ።

ኣብ'ቲ ብ21 ጥሪ 2001 ዓ.ም. ቴድሮስ ተስፋይ ብዝብል ናይ ብርዒ ስም ዝጸሓፍኩዎ ሓተታ፡ ንህግደፍ ድሕሪ ናጽነት ኤርትራ ዓብላሊ ፖለቲካዊ ሓይሊ ንምዃን ዘብቅዑዎ ዝተሓላለኹ ተኸታተልቲ ፍጻመታት ከም ዝተጋህዱን፡ እዚ ድማ ኣብ ዕጫ ናይታ ሃገር ዘይነዓቕ ጸላዊ ሓይሊ ኮይኑ ቦሎኹ ንክብል ከም ዝሓገዞን ገሊጸ ነይረ። ፕረሲደንት ግዝያዊ መንግስቲ ኤርትራ፡ ኤርትራ ናይ ዝተፈላለያ ካልኦት ኤርትራውያን ፖለቲካዊ ውዳበታት ዓውደ ውግእ ከም ዘይትኸውን (ኣብ ኤርትራ ሓሸውየ ውድባት ኣይከነፍቅድን ኢና)፡ ብጽኑዕ ብምርግጋጽ፡ ህግደፍ ኣብ ኤርትራ እንኮ ፖለቲካዊ ኣካል ከም ዝኸውን ብዕሊ ኣዊጁ (Tesfai, 2001)።

ብመሰረት'ዚ ልዕል ኢሉ ዝተጠቕሰ ሓተታ፡ ናጽነት ምስ ተረኸበ ነዊሕ ከይጸንሐ፡ ህዝባዊ ግንባር ሓደስቲ መራሕቲ ከም ዝምልመሉን ከም ዝመጹን ብምግባር ንነብሱ ዳግም ንምፍጣር ልዑል ጻዕሪ ገይሩ። እዚ ተበግሶ'ዚ ብኻልእ ዘይኮነስ ብኣቦ መንበር ናይ'ቲ ውድብ - ብኢሳይያስ ኣፍወርቂ - ኢዩ ዝምራሕ ዝነበረ። እዚ ተበግሶ'ዚ፡ በቲ ነቲ ውድብ ሓድሽ ገጽ ንምልባስ ዝተጀመረ ኩለንተናዊ ጽገና ዝመሰረቱ ወፍሪ ኢዩ ጀሚሩ። ነቲ ኣረጊት መሪሕነት "ዝጠስጠሰ" ኢዩ ብምባል ድማ ሓያል ነቐፌታ ኣዝኒቡሉ። እቲ

ዘገርም ግን፡ እቲ ጠስጢሱ ኢዩ ተባሂሉ ዝተዘለፈ ናይ ቀደም መሪሕነት፡ በዚ ዝተጠቕሰ ኣነዋሪ ዝኾነ ዘለፋ ስሙ እናተደወነ እንከሎ ምጽቃጡ ኢዩ።

ኣብ 1994 ዓ.ም.፡ ኣብ ሳልሳይ ውድባዊ ጉባኤ ህዝባዊ ግንባር" ህዝባዊ ግንባር ንደሞክራስን ፍትሕን" (ህግደፍ) ብዝብል ስም ነብሱ ብምጥማቕ፡ ለውጢ ዝገበረሉ፡ ሓደ ኣገዳሲ ህሞት ተኸሲቱ። ህግደፍ ቅርጺ ምስ ሓዘ ሽዑ ንሽዑ፡ እቲ ብኢሳይያስ ዝምራሕ ዝነበረ ውሽጣዊ ዓንኬል፡ ነቲ ህዝባዊ ግንባር ንለውጢ ዘለዎ ተወፋይነት ንምግላጽ ብተለምዶ ብሃገራዊ ቻርተር ዝፍለጥ ሰነድ ኣርቂቑ። እዚ ሰነድ'ዚ፡ ደሞክራሲ፡ ማሕበራዊ ፍትሒ ልዕልና ሕግን ናጻ ፕረስን ካልኦትን ዝኣመሰሉ ዝተፈላለዩ ልዑላን ራእያትን ንምጥርናፍ ዝዓለመ'ዩ ነይሩ። ህግደፍ ብሃገራዊ ቻርተር ኣቢሉ፡ ህዝቢ ኤርትራ ሃገሩ ንምምስራት ብዝኸፈሎ መስዋእቲ ኣፍልጦ ዝረኸበሉ ራእይ ኣዊጁ (Tesfai፡ 2001)።

ካልእ ርኡይ ምዕባለ ድማ፡ መስርሕ ምድላው ቅዋም ኢዩ ነይሩ። ቅዋም ንምርቃቕ ሓላፍነት ዝተሰከመ ኮሚሽን፡ ምስ ሕብረተሰብ እኹል ምምኽኻር ከም ዝገበረ ዘይከሓድ ኢዩ። ኣብ'ዚ እሂን ምሂን ናይ ምብህሃል ኩነታት፡ ብርክት ዝበሉ ጠቕምቲ ሓሳባት ካብ ህዝቢ ክርከቡ ክኢሎም ኢዮም። ከም'ዚ ኮይኑ ግን፡ እቲ ዘይንዓቕ ክፋል ተቓወምቲ ሓይልታት ኤርትራ (ብውልቀ ሰባት ደረጃ ዘይኮነ) ብውክልና ደረጃ ከሳተፍ ዘይምኽኣሉ ካብ መስርሕ ምንዳፍ ቅዋም ተገሊሉ ጥራይ ኢዩ ክበሃል ዝከኣል። መስርሕ ምግላል ተቓወምቲ ውድባት ኤርትራ፡ ኣብ'ቲ ቅዋም ኣብ ምንዳፍ ዝተኻየደ መስርሕ ጥራይ ኣይተሓጽረን። ካብ ኩሉ'ቲ ፖለቲካዊ መስርሕ እውን ተገሊሉ ኢዩ። ህዝባዊ ግንባር (ደሓር ህግደፍ)፡ ሓንሳብ ኣብ ኤርትራ ስልጣኑ ምስ ኣረጋገጸ፡ ንኹለን ውድባት ኤርትራ መጸዋዕታ ገይሩ፡ ኣብ መስርሕ ሃገራዊ ዳግመ ህንጸት ኤርትራ ዘየሳትፈሉ ምኽንያት ኣይነበሮን። እዚ ድማ መርኣያ ፖለቲካዊ ብስለቱን ፍልልያት ናይ ምጽዋር ዓቕሙን መንጸባረቒ ነይሩ። ከመይሲ፡ ናይ ሓደ ፍጹም ጸብለልትነት ዘለዎ ውድብ መለለዪ ባህርያት፡ ተጻዋርነት፡ ሓቛፍነትን ግሉጽነትን ስለ ዝኾነ። ህግደፍ፡ ነዞም ልዕል ኢሎም ዝተተቕሱ ባህርያት ብምስሳይ ነቲ ናይ ሕውየትን ዕርቅን መስርሕ ጽቡቕ ገይሩ ምተተሓሓዞ ነይሩ። እዚ ድማ ንዳግመ ህንጸት ኤርትራ ከም መኽሰብ ምተቖጽረ።

ህግደፍ፡ ከም'ቲ ቴድሮስ ተስፋይ ኣብ'ዚ ዓንቀጽ'ዚ ዝገለጾ፡ መብጽዓታቱ ክፍጽም ኣይከኣለን ጥራይ ዘይኮነስ፡ ስልጣኑ ድሕሪ ምድልዳሉ፡ ንፖለቲካ ኤርትራ፡ ኣዝዩ ብዘሰክፍ መገዲ ኢዩ ክኣልዮን ከማእዝኖን ዝጀመረ።

ሃገራዊ ቻርተር ኣብ ምርቃቕን ቅዋም ኣብ ምሕንጻጽን ዝተገብሩ ጻዕርታት ንመናውራ ምኳኑ ርዱእ ኢዩ ነይሩ። እቲ ግንባር፡ ካብ'ቲ መበገሲ ዕላማኡ ብምግላስ

ናብ ንሓደ ውልቀ ሰብ፡ ኢሳይያስ ኣፍወርቂ፡ ዘማእከለ ኣካል ተቐይሩ። እዚ ለውጢ'ዚ ንውልቃዊ ድሌታቱ፡ ንኣነነቱ፡ ብፍላይ ድማ ንዓብላሊ ናይ ስልጣን ሸውሃቱ ንምርዋይን ንህርፋኑ ንምስጓምን ቀዳምነት ዝህብ ኢዩ ነይሩ። ከም ሳዕቤኑ ድማ እቲ ግንባር ምልኪ ንምንጋስ ዝዓለመ ቀንዲ ፍልስፍና ብምኽታል፡ ኣብ ውሽጢ መንግስቲ ከም ሓደ ፍሉይ ናይ ስልጣን መሓውር ኮይኑ ሱር ክሰድድ ተራእዩ። ቴድሮስ ይቕጽል፡ እጠቅስ፥

> ኣብ'ዚ እዋን'ዚ፡ ንህግደፍ ከጠቅስ ከለኹ እንታይ ማለተይ ምዃኑ ብግልጺ ክዛረብ እየ። ኣነ ብዛዕባ እቲ ሓደ ሰብ - ኢሳይያስ ኣፈወርቅን ከምኡ እውን ብዛዕባ'ቶም ውሑዳት እሙናት ሰዓብቱን - እየ ዝዝረብ ዘለኹ። ብዛዕባ እታ ቀንዲ ዕማማ ንህግደፍ መጽያ ጥርሓ ንምትራፍን ነታ ሃገር ድማ ነፍሰ ኣልቦ ንምግባርን ብኣኡ እተፈጥረት ማሺን። እታ ኣነ ዝዛረበላ ዘለኹ መሳርሒት፡ ንኹሎም መሓውራት እንተላይ ንኤርትራዊ ሕብረተሰብ "ከም ገዛእ ጥሪትካ ጌርካ ምብሓት"፡ ሕጋውነት ንምልባስ ባዕሉ ዝፈጠራ መሳርሒት ኢያ። ዝተረፈ ኩሉ፡ ከም ንታሪኻውያን ውልቀ ሰባት ምሕቃቕ (ወይ ካብ ገጽ መሬት ምእላይ)፡ ነጸብራቕ ናይ'ዚ ዓሚቕ ናይ ምጽራይ ተግባር እዩ። ንኽብሪ ሓደ ሰብ ኢልካ ንዓሰርተታት ዓመታት ዝቐጸለ ሓባራዊ ጻዕሪ ብምምንጣል፡ ናብ ጅግና ህዝቢ ኤርትራ ዝቐንዐ ናይ መወዳእታ ዝርፍያ ኢዩ ነይሩ (Tesfai, 2001)።

እቲ ኩነታት ብሰንኪ'ቲ ኣብ 1998 ዓ.ም. ምስ ኢትዮጵያ ዝተባርዐ ትርጉም ኣልቦ ኲናት እናተባላሸወ ከይዱ። እቲ ስርዓት ኩሉ መዳያዊ ብቕዓት ስለ ዘይጸንሐ፡ ከም'ዚ ዝኣመሰለ ሚዛን ዘለዎ ፖለቲካዊ ቅልውላው ምስ ኣጋጠመ ብብቕዓት ንምእላይ ፖለቲካዊ ብስለትን ብልሕን ኣየርኣየን። ቅድሚኡ፡ ምስ የመን ብዛዕባ'ተን ኣካታዕቲ ደሴታት ሓኒሽን ዙቑርን ተመሳሳሊ ግጭት ተፈጢሩ ነይሩ ኢዩ። እዚ ድማ ኣብ መወዳእታ ንኤርትራ ዲፕሎማስያዊ ውርደት ኣስዒቡላ። ኤርትራ ምስ ሱዳን ዝነበራ ዝምድና እውን ብተመሳሳሊ ፈተናታት ብምስጋር ክሳዕ'ቲ ኣብ መንጎ ክልቲአን ሃገራት ዝተኸሰተ ምብታኽ ዲፕሎማስያዊ ርክብ ኣማዕቢሉ።

ዝተሓላለኸ ጂኦፖለቲካን ኣጀንዳ ዝተፈላለያ ኣህጉራውያንን ዞባውያንን ሓይልታትን፡ ኣብ ምውሳን ህላወ ኤርትራን መጻኢኣን ዓቢ ተራ ክነብሮ ከም ዝኽእል ርዱእ ኢዩ ነይሩ። እታ ሃገር፡ ነቲ ኣብ'ቲ ዞባ ዝተኸስተ ሕልኽልኽ ዝበለ ፖለቲካዊ ሃዋህው ንምብዳህ ስነ ጥበብ ዲፕሎማሲን ኣብ ብልሒ ዝተመስርተ ፖሊሲታት ምሕንጻጽን ብቕዓት ምጥራይን ወሳኒ ኢዩ ነይሩ። እዚ፡ ዘየከራኽር ክውንነት ክነሱ ብዙሕ ኣይተሓሰበሉን።

ስርዓት ህግደፍ፡ ሕጂ እውን ምልከት ዲፕሎማስያዊ ቋንቋ ከም ዘይብሉን ናይ ኣህጉራዊ ዝምድናታት ዳይናሚክ (dynamic) ብዕምቆት ዘይምርዳኡን ድኽመቱ ተጋሂዱ። እቲ ግንባር፡ ንዝተሓላለኸ ጂኦፖለቲካዊ ሃዋህው ኣብ ምብዳህ ዝጠልብ ሳይንሳዊ ብቕዓት ክድልብ ኣይከኣለን፣ እዚ ድማ ንኣገዳስነት ናይ'ቲ ምስ ጎረባብትኻ ኣብ ሰላምን ሓባራዊ ምትሕግጋዝን ዝተመስረተ ጉርብትና ንምምስራት ዝሕግዝ መትከል፡ ግንዛበ ከም ዘይነበሮ ዘርኢ ኢዩ። ካብ'ዚ ሓሊፉ፡ ካልኦት ሃገራት እውን ናይ ገዛእ ርእሰን ሃገራዊ ረብሓታት ከም ዘለወን ዕሽሽ ብምባል፡ ንኣድላይነት ልዝብ ኣየስመረሉን። ከም ሳዕቤኑ ድማ እቲ ስርዓት ኣብ ቀርኒ ኣፍሪቃ ናይ ዘይምርግጋእ ሓይሊ ኮይኑ ማዕቢሉ።

ሓደ ስርዓት፡ ኣብ ዘቤታዊ ፖለቲካኡ ዘርእዮ ኣካይዳ መብዛሕትኡ ግዜ ኣብ ናይ ወጻኢ ፖሊሲኡ ድማ የንጸባርቖ ኢዩ። እዚ ድማ ነቲ ድሕሪ ናጽነት ኤርትራ ዝነበረ ኩነታት ብንጹር ይገልጽ። ሓደ መንግስቲ ኣብ ውሽጣዊ ጉዳያቱ ቶኽታኽን (provocative)፡ ጨፍላቕን ምልካውን ኣገባብ ክጥቀም እንከሎ፡ መብዛሕትኡ ግዜ ኣብ ግዳማዊ ፖሊሲኡ/ዝምድናታቱ እውን ተመሳሳሊ ባህርያት የርኢ ኢዩ። እዚ ቅዲ'ዚ (pattern) ብፍላይ ኣብ ፖሊሲታት ስርዓት ህግደፍ ርኡይ ኢዩ። እዚ ድማ በቲ ምስ ሃገራዊ ረብሓታት ዝተኣሳሰር ምስ ጎረባብቲ ሃገራት ዝህሉ ዘይምርድዳእ ኣብ ምፍታሕ ዝጥቀመሉ ዝነበረ ናይ ሓይልን ምፍርራሕን ባህሪ ዝልለ ነበረ።

ብመሰረቱ ህግደፍ፡ ብውሽጥን ብደገን ተመሳሳሊ ቋንቋ ዝጥቀም ይመስል፡ ማለት ጎነጽ ወይ ኣፈሙዝ ጠበንጃ። እዚ ድማ ናብ ቶኽታኽን ዓመጻኛን ዝኾነ ናይ ወጻኢ ፖሊሲ የምርሕ።

ዘቤታዊ ፖለቲካ ኤርትራ፡ ንተቓውሞ ንምጭፍላቕን ንፍልልያት ብሓይሊ ንምህዳእን፡ ብርቱዕ ጎነጽን ኣስገዳድ ሜላታትን ብምጥቃም ይልለ። ኣተኣላልያ ናይ'ቲ ብ1993 ዓ.ም. ዝተገብረ ናይ ተጋደልቲ ኣድማ፡ ብ1994 ዓ.ም. ብስንኩላን ኩናት እተኻየደ ሰላማዊ ተቓውሞ፡ 'እስላማዊ ጥሩፍነት' ብዝብል ምስምስ ጃምላዊ ምእሳር ኣመንቲ ምስልምና ደቂ መታሕት፡ ጭውያን ቀጻሊ ምድኳንን ፍሉጣት ኣባላት ተጋድሎ ሓርነት ኤርትራ ኣብ ሱዳንን ኢትዮጵያን፡ ቀጻሊ ምህዳን ኣባላት ተጋድሎ ኤርትራ ኣብ ኢትዮጵያ፡ ጎነጻዊ ኣተኣላልያ ናይ'ቲ ኣብ ኣኽርያ ኣብ ቤት ትምህርቲ ዝተላዕለ ረብሻን ተቓውሞን፡ ምእሳር ናይ ኣቦና ሓጂ ሙሳን ሰዓብቱን፡ ነቲ ብጉጅለ 15ን ናዕቢ ፎርቶን ዝምራሕ ተሃድሶኣዊ ምንቅስቓስ ብዘይ ምሕረት ምጭፍላቕ፡ ምእሳር ናይ'ቶም ኣብ ላዕለዋይ መሪሕነት ህግደፍ ንዝተፈጥረ ዘይምርድዳእ ንምፍታሕ ኢሎም ዝተገበሱ ብዕድመ ዝደፍኡ ኣቦታት (ሱናባራ መሓመድ ደመና፡ ሳልሕ ከኪያ፡ ዩኒስ፡ ወዘተ) ከም

ኣብነታት ክውሰዱ ይኽእሉ። እዞም ፍጻመታ'ዚኣቶምን ብኸመይ ከም ዝተታሕዙን፡ ድልዱል መዘኻኸሪ ናይ'ቲ ምልካዊ ባህሪ ብህግደፍ ዝምራሕ ስርዓት ኮይኖም የገልግሉ።

ኣብ ትሕቲ ምሕደራ ህግደፍ፡ ኣብ'ታ ሃገር ፖለቲካዊ ዕግርግር፡ ምንቁልቛል ፖለቲካዊ መዐቀኒታት፡ ሰፊሕ ግህሰት ሰብኣዊ መሰላት፡ ምልካዊ ምሕደራ፡ መጠኑ ዝሓለፈ ምግባት ስልጣንን (ብሓደ ሰብ)፡ ዘይምጽውዋርን ካብ ዝርአ ሓያለይ ኮይኑ ኣሎ።

ህግደፍ፡ ዝኾነ ይኹን ስነ ሓሳብ ወይ ኣይዲዮሎጂ የብሉን። ኣነ፡ ብናይ ብርዒ ስመይ - ዘይነብ ዓሊ - ገይረ ነዚ ጉዳይ'ዚ ኣመልኪተ ኣብ 2002 ዓ.ም. ብዝርዝር ዝጸሓፍኩዎ ሓተታ ነዚ ዝስዕብ ይመስል፥

> <u>እቲ ምስምስ፥</u> ኮነ ኢለ እየ ካብ ከም ፍልስፍና፡ ስነ ሓሳብ ወዘተ ዝኣመስሉ ኣምራት ዝርሕቕ ኣለኹ። ህግደፍ፡ ናይ ገዛእ ርእሱ ፍልስፍና ይኹን ስነ ሓሳብ ከም ዘይብሉ ብምእማነይ፡ ነታ "ምስምስ" (pretext) እትብል ቃል ተጠንቂቐ መሪጸያ ኣሎኹ። ህግደፍ፡ ብጸጋማዊ/ ሃገራዊ ዝመስል ኣተሓሳስባ ጀሚሩ ኣብ መወዳእታ ብዘይ ሓዲኡ ተሪፉ። እምበኣር ሕጂ፡ ስለምንታይ ነዚ ባህርይ'ዚ ሒዙ ይቕጽል ከም ዘሎ ክገልጸልኩም ኣፍቕዱለይ።
>
> ኩሉ ካብ ነብሰ ምትሓት ዝመንጨወ ኢዩ፤ ንኩነታት ዓለም ካብ ዘይምፍላጥ ዝፈልፈለ ኢዩ፤ ሱሩ ካብ ግትርነት፡ ቅንእን ጽልእን ዝነቐለ ኢዩ። ጽልኢ ኣብ ልዕሊ ህዝቢ። ጽልኢ ኣብ ልዕሊ ዝኾነ ሓድሽን ህግደፍን ዘይኮነ። ጽልኢ ኣብ ልዕሊ ዝተወደቡ ትካላት። ጽልኢ ኣብ ልዕሊ ደሞክራስን ብዙሕነትን። ኩሉ ካብ ጥርጣረ፡ ዘይምርግጋእን ንዕቀትን ዝምንጩ እዩ። ካብ ጽልኢ ኣብ ልዕሊ ኣማራጺ ፍትሓት ምድላይ ዝብገስ ኢዩ። ኩሉ ምስ'ቲ ኣዝዩ ተኻላኻልን ዕጹውን ባህርያቱ ዝተኣሳሰር ኢዩ። ከምኡ እውን ብድሆ ምስ ዘጋጥሞን ብስነ መጐት ነብሱ ዝከላኸለሉ መገዲ ምስ ዝስእንን፡ ናብ'ቲ 'ግኑን' ምስምስ 'ፍሉይነት' ይምለስ። ኣብ ኤርትራ ኩሉ ነገር ፍሉይ እዩ ድማ ይብል። ሃገራዊ ባይቶ ብስሩዕ ኣይእከብን ምኽንያቱ ድማ ኩነታት ኤርትራ ፍሉይ ስለ ዝኾነ። ሰልፍታት ኣየድልዩን እዮም ምኽንያቱ ኣንጻር ረብሓ ናይ'ቲ ኣብ ኤርትራ ዘሎ ፍሉይ ኩነታት ስለ ዝኾነ። እቲ ኣብ'ዚ እዋን'ዚ ኣብ ኤርትራ ሰፊኑ ዘሎ ፍሉይነት፡ ንናጻ ፕረስ፡ ደሞክራሲ፡ ብዙሕነት ወዘተ መሰላት ኣይፈቅድን ኢዩ። ኤርትራ ብዝሐ ብሄር፡ ብዝሐ ቋንቋ ስለ ዝኾነት፡ ህዝባ ድማ ካብ ክልተ ንላዕሊ ሃይማኖታት ስለ ዘለዎ፡ ንፍሉይነታ ምኽንያት ኢዮም። ሓደ ረፍዲ፡ ህግደፍ ብዝሒ ህዝብን ዝተፈላለየ መልክዓ ምድርን ክሊማን

መሬትን ኣመሳሚሱ፡ ንዝኾነ ዝወሰዶ እከይ ስጉምቲ መመኽነይታ ገይሩ እንተ ቆጺሩዎ ኣይትገረሙ። ኩሉ 'ፍሉይ' ብምዃኑ፡ ህግደፍ ንጸገማት ዝምልከት ፍሉይ መፍትሒ ናይ ምምራጽ መሰል ኣለዎ። ኣብ ዘመናዊ ታሪኽ ወድ ሰብ ተግባራዊ ኮይኖም ዘይፈልጡ መፍትሒታት።

ልዕሊ ኩሉ ድማ፡ ዕጫ ኤርትራ ኣብ ኢድ ሓደ ሰብ፡ ማለት ኣብ ኢድ "ክቡር" ፕረሲደንት ኢሳይያስ ኣፍወርቂ ከወድቕ እንክሎ፡ "ፍሉይነት" ኤርትራ ኣጸቢቑ ይጎልሕ። እዚ፡ ንመሬት ዓበይቲ ጀጋኑ ዓቢ ጸርፊ ኢዩ!

ነዚ ኣብ ላዕሊ ተጠቒሱ ዘሎ ኣዝዩ ጊንጢ ዝኾነ ባህሪ ምዝውታር፡ ሓደ ካብ'ቶም ጠባያት ህግደፍ ኢዩ። ህግደፍ ራእይ ስለ ዘይብሉ፡ ዝኾነ ዘይስነመጐታዊ፡ ኣሰቃቒ፡ብሉይ፡ ተንኮለኛን ውዲታውን ተግባራት ከዘውትር ኣለዎ። ራእይ እንተ'ለዎ ከኣ፡ ዕንወትን ዕንወትን ደጋጊምካ ዕንወትን ኢዩ። ዕንወት ናይ ህዝቢ ኤርትራ ብዙሕነት፡ ዕንወት ናይ'ቲ ታሪኻውን ብጽኑዕ ዝተኣሳሰረን ማሕበራዊ መዋቅር፡ ዕንወት ናይ ቁጠባ፡ ዕንወት ናይ'ቲ ሱር ዝሰደደ ባህሊ። ህግደፍ ንህላወኡ ኣብ ሓደጋ ዘእቱ ዝኾነ ነገር ምዕናው ኢዩ ዕላማኡ። ኣድላዪ ኮይኑ ምስ ዝርከብ፡ ንሓደ ካብዞም ኣብ ላዕሊ ዝተጠቕሱ ከቡራት መትከላት ንምዕናው፡ ናብ 'ፍሉይነት' ዝብል 'ምስምስ' ይጎዩ (Ali, 2002)።

ናይ ህግደፍ ህላወ፡ ፍጹም ራዕዲ ኣብ ምስራጽን ነዚ ድማ ብዘይ ምቁራጽ ኣብ ምኹስኳስን ዝተመስረተ ኢዩ። ዝኾነ ይኹን ኣብ ልዕሊ ስልጣኑን ህላወኡን ክወርድ ይኽእል ኢዩ ኢሉ ንዝሓስቦ ተቓውሞ ወይ ሓደጋ፡ ብዘይ ንሕስያ ይደቁሶ። ናጽነት ምስ ተረኽበ ነዊሕ ከይጸንሐ፡ እቲ ፕረሲደንት ግዚያዊ መንግስቲ ኤርትራ ዝወሰዶ ናይ መጀመርታ ስጉምቲ፡ ነቶም ኣብ ቦታ መሪሕነትን ዝነበሩ ገዳይም መሳቱኡ (peers) "ዝጠስጠሱ" ኢዮም ኢሉ ስሞም ጸለሎ ምቕባእ ኢዩ ነይሩ። እዚ ድማ ንሓድሽ ወለዶ መራሕቲ መገዲ ንምኽፋት ተባሂሉ ዝተገብረ ምስምስ ኢዩ። ኣስማት ናይ'ቶም ከም በዓል ወልደኣብ ወልደማርያም ዝኣመሰሉ ሰብ ዝና ብፍላጥ ከይለዓል ተኸልኪሉ ነይሩ። ብመሰረት እቲ ሕጂ ኣብ ኣብያተ ማእሰርቲ ህግደፍ ዝምህምን ዘሎ ኣባል ፈጻሚት ሽማግለ ህዝባዊ ግንባር ነበር፡ ዓብደላ ጃብር፣ ወልደኣብ ወልደማርያም ካብ ናይ ዓሰርተታት ዓመታት ስደት ምስ ተመልሰ እውን፡ ምምጻኡ ኮነ ኢልካ ትሑት ደረጃ ከም ዝውሃቦ ተገይሩ ኢዩ። እቲ ፍጻመ ንከይዋዓዋዕ ብማለት ካብ ፕረሲደንት ኢሳይያስ ኣፍወርቂ ግሉጽ መምርሒ ተዋሂቡ ነይሩ።

እቲ ስርዓት ኣብ ልዕሊ ሃይማኖታዊ ትካላት እውን ኲናት ከፊቱ ኢዩ። ኦርቶዶክሳዊት ቤተክርስቲያን ኣብ ትሕቲ መንግስታዊ ቁጽጽር ኣትያ፡ ኣቡና ድማ ናይ ገዛ ማእሰርቲ ተበዪኑሎ። ብኣንጻሩ፡ ካቶሊካዊት ቤተ ክርስቲያን ንናይ'ቲ ግንባር ጸቕጥታትን ተጽዕኖን ብምቅዋማ ከቢድ ዋጋ ከፊላን ኣብ ምኽፋል ትርከብን። ኣብያተ ትምህርቲ፡ ክሊኒካትን ማእከላት ጥዕናን ሓዊስካ ኲሉ ንብረታ ተመንዚዑ። ብተወሳኺ፡ ኣብ'ቲ ሃገረ ስብከት ካብ ዝነበሩ ኣርባዕተ ኣቡናት ሓደ ንሓያሎ ኣዋርሕ ተኣሲሩ። እስላማዊ ጉባኤን ሉተራዊት ቤተ ክርስቲያንን ብተመሳሳሊ መገዲ ተሰሊዮምን ተንበርኪኾምን ኢዮም።

ብሕታዊ ጽላት ነቲ ናይ'ቲ ስርዓት ቁጠባ ቀንዲ ጸላኢ ተባሂሉ ከም ዒላማ (target) ስለ ዝተወሰደ፡ መንግስቲ ንኹሉ ዓይነት ወፍርታት፡ ውሽጣዊ ይኹን ናይ ወጻኢ፡ ተጻባኢ ሃዋህው ንምፍጣር ጻዕርታት ክገብር ይርአ። ከም ሳዕቤኑ ድማ፡ ኣብ'ቲ ሃገር ተስፋ ዝነበሮም ኣውፈርትን ናይ ንግዲ ሰባትን ሰብ ጸጋን ካብ ሃገሮም ተባሪሮም። እዚ ድማ ነቶም ምቁጽጻር ዘይግበረሎም ብህግደፍ ዝውነኑ ንግዳውያን ትካላት፡ ብዝተፈላለዩ ዋኒናት ኣቢሎም ዕዳጋታት ንክብሕቱ መገዲ ጸሪጉሎም። ከም ኣብነት ፍሹላት ፕሮጀክትታት፥ ፋብሪካ ሽኮር ባርካን፡ መዕርፎ ነፈርቲ ባጽዕን ይርከብዎም። እዚኣቶም ገለ ካብ'ቶም ብዙሓት ኢዮም።

ውድቀት ቁጠባ ብዝምልከት፡ ፕርሲደንት ኢሳይያስ ብ8 ጥሪ 2022 ዓ.ም. ንኤሪ-ቲቪ ኣብ ዝሃቦ ቃለ መሕትት ብሰፊሑ ተዘሪቡሉ። እቲ ፕረሲደንት ብዛዕባ ቁጠባ ኤርትራ ዘሕዝን ስእሊ ድሕሪ ምቕራብ፡ ንህላወ ቁጠባ ኣብ ኤርትራ ፈጺሙ ይነጽግ፡ እንተሎ ድማ፡ ይብል ንሱ፡ "ናይ ዕንጋሎ ቁጠባ እዩ (Afewerki, 2022)።[x]

ኤርትራውያን ሰብ ጸጋ ካብ'ቲ እናኸፍአ ዝኸይድ ዝነበረ ቁጠባዊ ኩነታት ሃዲሞም ኣብ ከም በዓል ደቡብ ሱዳን፡ ኡጋንዳ፡ ኬንያ፡ ኣንጎላ፡ ሕቡራት ኢማራት ዓረብን ካልኦት ጎረባብቲ ሃገራትን ዕቑባ ሓቲቶም። እዚ ጃምላዊ ስደት'ዚ ኣብ መወዳእታ ንመላእ ህዝቢ ሰፊሕ ድኽነት ኣስዒቡሉ።

ሓደ ርእሱ ዝኸእል ማእከላይ ደርቢ መብዛሕትኡ ግዜ ንዝኾነ ስርዓት ሓደጋ ክኸውን ከም ዝኽእል ህግደፍ ዝፈልጦ ጉዳይ ኢዩ። ስለዚ ናይ'ቲ ስርዓት ስትራተጂ፡ ነቲ ማእከላይ ደርቢ ኮነ ኢልካ ንምድኻም ዝተቐየሰ ኮይኑ፡ ብኡ ኣቢልካ ድማ ንስልጣኑ ሓደጋ ዝኾኑዎ ማሕበራዊ ሓይልታት ብኣግኡ ንምእላይ ዝሃቀነ ሜላ ኢዩ።

ኣብ ልዕሊ'ተን፡ ከም ኣውራጃ፡ ወረዳ፡ ዓዲ ዝኣመሰላ ልምዳውያን ትካላትን ምሕደራዊ መሓውራትን እውን መጥቃዕቲ ተጀሚሩ። እዘን ልምዳውያን ምምሕዳራዊ ቅርጽታት ብሽድሽተ ምምሕዳራዊ ዞባታት ተተኪኣን። እዚ ድማ ነቲ ሱር ዝሰደደ ኤርትራዊ ስነ ልቦና፡ ናይ ኣተሓሳስባ ኣገባባት ወይ ልምድታት (patterns)፡ ባህላዊ

ስርዓታት፡ ስርዓተ ፍርዲ፡ ኣገዳስነት ማይኩዖታትን፡ ካልኦት ኣብ ውሽጢ ዘመናት ዝማዕበላ መዳያት ህይወት ንምድኻም ተባሂሉ ዝተሃቀነ'ዩ ነይሩ። እዚ ሱር በተኸ ለውጢ'ዚ፡ ን "ኣውራጃውነት" ንምቅላስ ብዝብል ምስምስ ዝተፈጸመ'ኳ እንተ ነበረ፡ ኣብ ማሕበራውን ፖለቲካውን ቁጠባውን መልክዐ መሬት ኤርትራ (landscape) ግን ዓሚቝ ኣሉታዊ ጽልዋ ገዲፉ ኢዩ።

እዚ ብተንኮል ዝተሃየሰ ውዲት'ዚ፡ ንካርታ ኤርትራ ርኡይ ዳግመ ምስኣል እውን ዘጠቓለለ ኮይኑ፡ መስፍን ሓጎስ ኣብ'ታ "The Revolution Reclaimed" እትብል መጽሓፉ ብሰፊሑ ተዛሪቡሉ ኣሎ። መስፍን ኣብ መጽሓፉ፡ ዝተመሓየሸ ካርታታት ንዳግመ ውደባ ልምዳውያን ምምሕዳራዊ ኣሃዱታት ንዝተፈጥረ ሳዕቤናት ኣመልኪቱ ብዕምቆት ይምርምር። መስፍን፡ ነቲ ምምሕዳራዊ ዳግመ ውደባ፡ ብክልስ ሓሳባዊ (theory) መገዲ ክረአ እንከሎ፡ ቁጠባዊ ዕብየት ንምድንፋዕን ምምሕዳራዊ ኣድማዕነት ንምዕባይን ዝዓለመ ኢዩ ነይሩ ይብል። ኣብ ክውንነት፡ ብፍላይ ምስ ምሕደራ ማይክዖ ብዝተኣሳሰር መገዲ ግን ሓያሎ ብድሆታት ዘስዓበ ኮይኑ፡ ውጽኢቱ ሰባት ንግራውቶም ኣብ ትሕቲ ዝተፈላለየ ምምሕዳራዊ ዞባታት ከም ዘእትዉ ኢዩ ገይሩ። ኣብ መደምደምታ፡ መስፍን፡ እቲ ዝተመሓየሸ ካርታ፡ ከም'ቲ ዝተሓሰበሉ ዕላማ ምምሕዳራዊ ብቕዓትን ቁጠባዊ ምዕባለን ከም ዘየምጸአ ኢዩ ዝገልጽ (Hagos M., 2023)።

ብስርዓት ህግደፍ ዝተሃንደሱን ምስ ዝተፈላለያ ጎረባብቲ ሃገራት ዝተወልዑን ተኸታተልቲ ረጽምታት፡ ነታ ኣብ ሕብረተሰብ ኤርትራ ከም ቅድስቲ እትቑጸር ሕመራዊት ኣሃዱ - ስድራ ቤት - ዓቢ ጉድኣት ኣስዒቡላ ኣሎ። መንእሰያት ካብ ፍርሒ ዝተላዕለ፡ ብቐንዱ ድማ ካብ መጻወድያ ዘይውዳእ "ሃገራዊ ኣገልግሎት" ግዱድ ጉልበት ስራሕን ንክእለዩን፡ ከምኡ እውን ካብ'ቶም ርህራሄ ዘይብሎም ናይ ጸጥታ ኣካላትን ወተሃደራትን ንምህዳምን ኢዮም ነታ ዝፈትዉዋን መድሕንቶም ዝተቐብረላን ሃገር ራሕሪሖም ንወጻኢ ዝኸዱ ዘለዉ።

ኣብ መንግስትን ኣብ ናይ ገዛእ ርእሶም መጻኢን ተስፉን እምነትን ኣጥፊኦም። ብሰንኪ'ዚ ድማ ብዙሓት ካብ'ቶም መንእሰያት ናብ ዓዶም ኣይምለሱን ኢዮም።

ፕረሲደንት ፈረንሳ ነበር ፍራንስዋ ኦላንድ፡ ንኣፍሪቃን ሕብረት ኤውሮጳን ዝውክሉ ልዕሊ ስሳ መራሕቲ ኣብ ዝተኣከቡሉ እዋን ዝሃቦ መደረ፡ ዝበዝሑ ስደተኛታት ካብ ኤርትራን ሱዳንን ዝመጹ ምዃኖም ኣጉሊሑ። ነዚ ኣሰቃቒ ኩነታት ንምእላይ ኣብ ልዕሊ መሪሕነት ኤርትራ "ልዑል ጸቕጢ" ምግባር፡ ይጽንሓለይ ዘይበሃሎ ጉዳይ ምዃኑ ኣስሚሩሉ። ኤርትራ ናይ ገዛእ ርእሳ ህዝቢ ዝሃድመላ ቅልውላው ኣጋጢምዋ ከም ዘሎ ድማ ኣመልኪቱ። እዚ ድማ በቶም ነቲ ሱር ጠንቅታት ብዘይ ምእላይ፡ ህዝቦም ክሃድም

ዘፍቅዱ ዘለዉ ስነ ምግባር ዘይብሎም መራሕታ ከም ዝጋደድ ኮይኑ ኣሎ ኢሉ (VOA, VOA News, 2015)።[xi]

እቲ ግንባር፡ በቲ ተማሃሮ ዩኒቨርሲቲ፡ ዝተወሰኑ ጽገናታት እንተ ዘይተገይሮም ኣብ'ቲ ናይ ሓጋይ መደብ ከም ዘይምዝገቡ ኣብ ዘርኣዩዎ ተቓውሞ፡ ራዕዲ ሒዞዎ ነይሩ። እቲ ሕቶኦም፡ ካብ መንግስቲ ዝሓሸ ኣተሓሕዛን፡ ኣብ ዝምልከቶም ጉዳያት ድማ ምምኽኻር ዘጠቓለለ ኢዩ ነይሩ (Human Rights Watch, 2001)። እቶም ተማሃሮ ኣብ'ቲ ብልዑል ሙቐት ዝፍለጥ ቦታ - ዊዓ - ተኣሲሮም ጥራይ ዘይኮነስ፡ እቲ ዩኒቨርሲቲ እውን ከም ትካል ንሓዋሩ ተዓጽዩ ኢዩ። እዚ ድማ ንምሁራትን ንዝተማህረ ክፋል ሕብረተሰብ ብኸመይ መገዲ ከም ዝንጸሉን ዝግለሉን፡ ነቲ ታሪኽ ህግደፍ ዝፈልጥ ሰብ ግሩም መዘኻኸሪ ኮይኑ የገልግል።

ኣብ ትሕቲ ስርዓት ህግደፍ፡ መንእሰይ ከይተረፈ ኣብ ትሕቲ ጽኑዕ ቁጽጽር ክኣቱ ነይሩዎ። እዚ ክፋል ሕብረተሰብ'ዚ ብመደባት ማሕበራዊ ምህንድስና (social engineering) ህግደፍ ኣቢሉ ከም ሓድሽ ሰብ ክቐረጽ ተበዩኑሉ። እዚ ድማ ነቲ ንዓሰርተ ሸሞንተ ኣዋርሕ ዝጸንሕ መደብ "ሃገራዊ ኣገልግሎት" ግዴታዊ ተሳትፎ ዘጠቓለለ ኢዩ። ናይ'ዚ ኣገልግሎት'ዚ ንውሓት ርጉጽ ኣይኮነን። እቲ ዕላማ ንመንእሰያት ብምስሊ ተጋዳላይ ደጊምካ ምቕራጽን ምስራሕን ነቲ ኣብ እዋን ገድሊ ዝነበረ መሪር ህይወት ከም ዝቐምሱ ንምግባርን ኢዩ። እዚ ስብከት'ዚ፡ መንእሰያት በቲ ህግደፍ ዝደልዮ መገዲ ክሓስቡን ህግደፍ ዝደልዮ ጠባያት ከዘውትሩን ንምግዳድ ወይ እውን ንክኽተሉ ዝዓለመ ኮይኑ፡ ናይ መወዳእታ ዕላማኡ ድማ ንኣእምሮኦምን ናጽነቶምን ኣብ ትሕቲ ፍጹም ቁጽጽር ህግደፍ ንምእታው ኢዩ። ብተወሳኺ፡ ኣብ ወተሃደራዊ ወፍርታት ህግደፍ፡ ብፍላይ ድማ ኣብ'ቲ ኣብ ቀረባ እዋን ዝተራእየ ዘይቅኑዕ ምትእትታው ሰራዊት ኤርትራ ኣብ ውሽጣዊ ጉዳያት ኢትዮጵያ፡ ከም ቀለብ ጥይት ኮይኖም ከገልግሉ ንምፍራዶም ኢዩ። ወተሃደራዊ ዕንደራ ህግደፍ ኣብ'ዚ ጥራይ ዝተሓጽረ ኣይኮነን። ቅድሚ ሕጂ እውን እንተ ኾነ ኣብ ሱዳንን የመንን ጂቡቲን ዛይርን ተራኢዩ ኢዩ።

እቲ ካብ ኤርትራ ወጻኢ ዝመደበሩ ናይ ተቓውሞ ደምበ፡ ዘየቋርጽ ወፍሪ ፖለቲካዊ ጸለመ፡ ምፍርራሕ፡ ጭውያ፡ ከምኡ እውን ዘይፍትሓዊ ማእሰርትን፡ ቅትለት ኣባላቱን ከይተረፈ፡ ኣጋጢምዎ ኢዩ። ተሳትፎኦም ኣገዳሲ'ኳ እንተ ነበረ፡ ተቓወምቲ ኣብ'ቲ ንሃገራዊ ዕርቂ ክግበር ዝነበሮ ዘተ ንክሳተፉ ኣይተዓደሙን። እዚ ኩነታት'ዚ፡ ነቲ ኣብ መጀመርታ ሰብዓታት፡ ኤርትራ ካብ ሓደ ውድብ ንላዕሊ ከተእንግድ ኣይትኽእልን ኢያ ዝብል ናይ ተጋድሎ ሓርነት መርገጺ የዘኻኽረካ። እቲ ዘሕዝን ግን፡ ህዝባዊ ግንባር፡ ኤርትራ ናይ ዝተፈላለዩ ኤርትራውያን ፖለቲካውያን ውዳበታት ዓውደ ውግእ ክትከውን

የብላን (ኣብ ኤርትራ ሓሸውየ ውድባት ኣይከነፍቅድን ኢና) ብምባል ኣብ ተመሳሳሊ መርገጺ ምውዳቑ ኢዩ።

ህግደፍ፡ ንትካላት ብፍላይ ድማ ንዝተነጸረ ዕማምን ፖሊሲን ዘለዎም መንግስታዊ ኣካላት የቖናጽብን ይንዕቅን። ኣብ ሓደ እዋን ወሳኒ ባእታታት ምሕደራ ዝነበራ ሚኒስትሪታት፡ ኣብ ትሕቲ ምሕደራ ግንባር ምስ ኣተዋ፡ ኣድማዕነትን ዓቕምን ከም ዘይብለንን ግዜአን ዝሓለፈ ከም ዝኾናን ተቖጺረን ኢየን። እዘን ትካላት'ዚኣተን፡ መብዛሕትኡ ግዜ ብሰበ ስልጣን ህግደፍ ይስገራ ኢየን። ካቢነ ሚኒስተራት ዳርጋ ኣይእከብን እዩ፣ ኣብ ዝተኣከበሉ እዋን እውን እንተ ኾነ ካባ ምስጢር ተጎልቢቡ ኢዩ ዝሰርሕ፣ እቲ ህዝቢ ድማ ፈጺሙ ሓበሬታ ኣይረክብን። መስፍን ሓጎስ፡ ኣብ'ታ "The Revolution Reclaimed" እትብል መጽሓፉ፡ እቲ ፕረሲደንት ከመይ ገይሩ ኣብ ውሽጢ ሚኒስትሪ ምክልኻል በብቑሩብ ስልጣኑ ከም ዘደልደለ፡ ከም ሳዕቤን ናይ'ዚ ድማ መስፍን በቲ እቲ ፕረሲደንት ዝገብሮ ዝነበረ ዘይሕጋዊ ተግባራት ተባሳጪዩ ካብ ስልጣኑ ንምውራድ ግዴታ ኮይኑ ከም ዝረኸቦ ይገልጽ (Hagos M., 2023)።

ኣብ'ዚ እዋን'ዚ ኣብ ኤርትራ ዝነብርን ኣብ ውሽጢ ሃገር ዘሎ ናይ ሓይሊ ተለዋዋጥነትን ርኡይ ኣፍልጦ ዘለዎ ዓርከይ፡ ሓላፊ ስታፍ ሚኒስትሪ ምክልኻል ኤርትራ ጀነራል ፊሊጶስ ወልደዮሃንስ ኣብ ልዕሊ ምሉእ ሰራዊት ቁጽጽር ከም ዘይብሉ የረጋግጽ።ኣብ ክንድኡ፡ እተን ንስሙ ኣብ ትሕቲ "ስልጣኑ" ዝካየዳ ሓይሊ መሬት፡ ሓይሊ ባሕሪ፡ሓይሊ ኣየርን ህዝባዊ ምልሻን ደሚርካ ዘለዋ ዝተፈላለያ ኣሃዱታት፡ ጸብጻበን ብቐጥታዊ መስመር ናብ ቤት ጽሕፈት ፕረሲደንት ኢየን ዘመሓላልፋ፡ ትእዛዝ ድማ ብቐጥታ ካብ ፕረሲደንት ይቕበላ። ኣብ ትሕቲ ጀነራል ፊልጶስ ወልደዮሃንስ ዘለዉ ሰባት ምኽሪ ክሓቱዎ ኣብ ዝራኸቡሉ እዋን፡ ኩሉ ግዜ ናብ ፕረሲደንት ከም ዘሕልፎም ምፍላጥ ኣገዳሲ ኢዩ።

ካልእ ንቀጻሊ ህላወ ህግደፍ ኣብ ሓደጋ ዘእቱ ወሳኒ ጉዳይ፡ ንመትከላት ምቁጽጻርን ሚዛንን (checks and balances) ዝምልከት ኢዩ። ህግደፍ፡ ስልጣኑ ንምዕቃብ ብማለት ነተን ሰለስተ ኣገደስቲ ኣዕኑድ ምሕደራ፡ ማለት ሓጋጊ ኣካል፡ ፈጻሚ ኣካልን ፈራዲ ኣካልን፡ ኮነ ኢሉ ኣዳኺሙወን ወይ ኣሰንኪሉወን ኢዩ። ንልዕሊ ዕስራ ዓመታት፡ እቲ ብመሰረቱ ናብ እሙን ኣገልጋሊ ዝወረደ ሃገራዊ ባይቶ፡ ተኣኪቡ ኣይፈልጥን። ናይ'ቲ ፈራዲ ኣካል ናጽነትን ንልዕልና ሕጊ ናይ ምሕላው ግዴታኡን፡ ምስ ምምስራት ፍሉይ ቤት ፍርዲ ቅሂሙ ኢዩ። ብተወሳኺ፡ ከም'ቲ ኣቐዲሙ ዝተገልጸ፡ ካቢነ ሚኒስተራት ካብ ዘይጋባእ ሓያለይ ዓመታት ኮይኑ'ዩ።

ህግደፍ፡ ቀጻልነት ስልጣኑ ንምርግጋጽን ምኽኑይ ንምግባርን ንናይ ፍርሒ ረቛሒ ከም ምስምስ ብተደጋጋሚ ክጥቀመሉ ይርአ። ግዳማዊ ስግኣታት ብምጉላሕ ኣብ ህዝቢ ናይ ራዕዲ ስምዒት ኣስሪጹ ኢዩ። ንኣብነት፡ ህግደፍ፡ ወያነ ኣብ ጎረቤት ሃገር ኢትዮጵያ ስልጣን ሒዙ ክሳዕ ዘሎ "ህይወት ኤርትራ ናብ ንቡር ምምላስ" ሰፍ ዘይብል ዕማም ኢዩ ኢሉ ይምጉት ነይሩ። በዚ ምስምስ'ዚ፡ ከም ምትግባር ቅዋም፡ ንዘይተወሰነ ግዜ ኣብ "ሃገራዊ ኣገልግሎት" ናይ ምግልጋል ልምዲ ደው ምባል፡ መደባት ልምዓት ምጅማር፡ ንጉዳያት ሰብኣዊ መሰላት ምፍታሕ ዝኣመሰሉ ወሰንቲ ሃገራዊ ተበግሶታት ንዘይተወሰነ እዋን ከመሓላለፉ ጸኒሖም።

ብፍላይ፡ ህግደፍ ኣብ ልዕሊ ወያነ ዓወት ምስ "ኣወጀ"፡ ንኣሜሪካ (ጃንዳ ዋሺንግቶን) ከም ሓድሽ "ሕሱም" ጸላኢ ብቕልጡፍ ኣለልዩ ኣብ ዓቢ ወፍሪ ኣተወ። ኣብ'ዚ ቀረባ እዋን'ዚ፡ ድሕሪ'ቲ ኣብ እስራኤል ብኤርትራውያን መንእሰያት ዘጋጠመ ናዕቢ፡ ስርዓት ህግደፍ፡ ኣብ ሓደ ካብ ጋዜጣዊ መግለጺታቱ፡ ንወኪል ስለያ እስራኤል - ሞሳድ - ጠንቂ'ቲ ናዕቢ ገይሩ ብምውሳድ ክሳዕ ምኽሳስ በጺሑ ነይሩ። ህግደፍ ንእከይ ተግባራቱ ምኽኑይ ንምግባር ካብ መጠን ንላዕሊ ኣብ'ቲ ናይ ፍርሒ ረቛሒ ኢዩ ዝምርኮስ። እዚ ድማ ናይ'ቲ ንሓቀኛ ስክፍታታት ህዝቢ ኤርትራ ኣብ ምፍታሕ ዘለዎ ዘይቅሩብነት ርኡይ ምስክር ኢዩ። እስከ ህግደፍ ንሞሳድ ኣመልኪቱ ዝሃበ መግለጺ ንመልከት፥

> እቲ ብመገዲ ተለኣኣኽትን ዕሱባትን ጉጅለታት ዝፍጸም ከንቱ ናዕብታት፡ ብመሰረቱ ብዓበይቲ ትካላት ስለያ (ሞሳድ ሓዊስካ) ዝምወል ኢዩ። በቲ ዘይዕገት ጽንዓት ህዝቢ ኤርትራ ስምባደ ስለ ዝኣተዎም፡ ኣብ ውሽጡ ምፍልላይ ንምልዕዓል ብዓቕሊ ጽበት ይጽዕሩ (Eritrea, Press Release, 2023)።[xii]

ናይ ህግደፍ ሃተውተው ክንዮ'ዞም ኣብ ላዕሊ ዝተጠቕሱ ኣብነታት ዝኸይድ ኢዩ። ኣምነስቲ ኢንተርናሽናል፡ ኮሚሽን ሰብኣዊ መሰላት ሕቡራት ሃገራት፡ ከምኡ እውን ምዕራባውያን ማዕከናት ዜና፡ ኩሎም ከም ጸላእቲ ህዝቢ ኤርትራ ዝቑጸሩ ስለ ዝኾኑ፡ ከም ዒላማታት ናይ'ቲ ስርዓት እዮም ዝውሰዱ። ኣብ ሓደ እዋን፡ ንኢጋድ (IGAD) ዝተባህለ ኣብ ምብራቕ ኣፍሪቃ ዝነጥፍ ዞባዊ ትካልን፣ ንሕብረት ኣፍሪቃን (AU) ከይተረፈ ጸላእቲ ኢሉ ይጽውዖም ከም ዝነበረ ይፍለጥ።

ህግደፍ፡ ሓደ ብፍጹም ስልጣንን ንኢሳይያስ ጽኑዕ ተኣማንነት ብምርኣይን ዝልለ ወተሃደራዊ ስርዓተ ኣቕሙ ኣሎ። እዚ ምሩጽ ጉጅለ'ዚ፡ ልዑል ርእሰ ምሕደራ ዝተዋህቦ

ብምኳኑ፡ ኣገዳሲ ስልጣን ከኻዕብት፡ ተሓታትነት ዘይብሎም ቁጠባዊ ዋኒናት ከዋፍር፡ ከምኡ እውን ንመሳለጥያታት ቤት ማእሰርቲ ክከታተልን ካልእ ሓላፍነታትን ክህሉዎ ኣኽኢልዎ። ብተወሳኺ፡ ስርዓት ህግደፍ ፖለቲካዊ ዕላማን ተልእኾን ንምፍጻም ኣገልገልቱ ዝኾኑ መሳፍንቲ ኲናትን ብልሹዋት ጀነራላትን ከም ዝዕምብቡ ገይሩ ኣሎ።

ክልተ ጉዳይም ተጋደልቲ (ብጸጥታዊ ምኽንያት ኣስማቶም እተኣልየ)፡ ኣብ ዙርያ ምሕደራ ኤርትራ ዝዝንቢ ዕላል ተጸሚዶም ነይሮም። ኣብ እዋን ዘተኦም ሓደ ካብኣቶም፥ እቶም ጀነራላት ነታ ሃገር ንምምራሕ ዝኽተሉዎ ዘለዉ ኣገባባት ምስ መስፍናዊ ስርዓት ዝመሳሰል ኢዩ ዝብል ርእይቶ ሂቡ። እቲ ሓደ ጽን ኢሉ ድሕሪ ምስማዕ ከም'ዚ ክብል ርእይቶኡ ሂቡ፥ "ልክዕ ከም መስፍናውነት ኢዩ ክንብል ኣይንኽእልን፡ ምኽንያቱ መስፍንነት ፍሉይ ቅርጺ ዘለዎን ብኣገባብ ዝካየድን ስርዓተ ምሕደራ ኢዩ። ስርዓተ ምሕደራ ኤርትራ ግን ኣብ'ቲ ኣብ ደረጃ ምዕባለ መስፍንነት ጌና ኣይበጽሐን።" እቲ ገዲም ተጋዳላይ፡ ልዕልና ሕጊ፡ ንጹር ስርዓተ ክብርን ኣቃውማን ከም ዘየለ ኢዩ ዘመልክት ነይሩ። ኣብ መወዳእታ ክልቴኦም ተተሓሒዞም ብሰሓቕ ትዋሕ በሉ።

ናይ'ቲ ህዝቢ ኣቃውማ፡ ኣብ'ቲ ወተሃደራዊ መሳርዕ ከም ዝኣቱ ስለ ዝተገብረ ክሳዕ ሰብዓ ዓመት ዝዕድሚኦም ዜጋታት ኣብ ሓይልታት ምልሻ ክምዝገቡን ንቀጻሊ ወተሃደራዊ ስልጠና ክወስዱን ግዴታ ኣለዎም። ብለይቲ እውን ከባቢኦም ክሕልዉ ትጽቢት ይግበረሎም ኢዩ።

ነዚ ከእ ኢና ህይወት ኣብ ትሕቲ ህግደፍ ኢልና እንጽውዖ።

ምዕራፍ 8

ኢሳይያስ ኣፍወርቂ

ኢሳይያስን መሰልቱን፡ ናይ'ቲ ኣብ 1960ታትን 1970ታትን ኣብ መላእ ዓለም ዘሰፋሕፍሕ ዝነበረ ጸጋማዊ ስነ ሓሳባዊ ማዕበል ፍርያት እዮም። እዚ ስነ ሓሳባዊ ማዕበል'ዚ ግን፡ ናይ'ተን ኣብ ምምዕባል ዝርከባ ሃገራት ፍሉይ ማሕበረ ቁጠባዊ ኩነታት ኣብ ግምት ዘእቱ ኣይነበረን።

እዞም ሕብረተሰባት'ዚኣቶም ብትሑት ቁጠባዊ ምዕባለ፡ ድኽነት፡ ልዑል መጠን መሃይምነትን ካልእን ይሳቐዩ ነበሩ። ብተወሳኺ፡ ዓሚቕ ትሕተ ሃገራዊ ስምዒታት መለለይኦም ስለ ዝነበረ፡ መብዛሕትኡ ግዜ ሃይማኖት ኣብ ሓባራዊ ስነ ኣእምሮኦም ቅዱስ ቦታ ይሕዝ ነበረ። ቁጠባ ናይዘን ሃገራት ብዓብላሊ መልክዑ ኣብ ሕርሻ ዝተሞርኮሰ ኮይኑ፡ ዝዓበየ ክፋል'ቲ ሕብረተሰብ ድማ ሓረስታይ እዩ። እዚ፡ ንድሌታት ናይ'ተን ብኢንዱስትሪ ዝማዕበለ ሃገራት ንምምላሽ ተባሂሉ ዝማዕበለ ስነሓሳብ፡ ኣብተን ኣብ ምምዕባል ዝርከባ ሃገራት ንምትግባር ኣብ ዝተፈተኑሉ እዋን ድሮ ጸገማት ነይሩዎ ኢዩ።

ኣብ'ቲ እዋን'ቲ ብርክት ዝበሉ ናይ ላዕለዋይ ደረጃ ተማሃሮን ምሁራትን በዚ ስነ ሓሳብ'ዚ ዝተጸልዉ ነበሩ። ኣነ እውን ከምኡ። ሓደ ሓደ ኣብ ምምዕባል ዝነበራ ሃገራት ነዚ ስነ ሓሳብ'ዚ ርዒመን ሃገራዊ ምንቅስቓሳት ኣብ ዝጅምራሉ እዋን ድማ፡ ካብ'ቶም ጸጋማዊ ኣተሓሳስባ ዝነበሮም መንእሰያት ናብ ናይ መሪሕነት ደረጃ ክድይቡ ባህርያዊ ኢዩ ነይሩ። ውልቀ መለኽቲ ክኾኑ ግን ግድን ኣይነበረን።

ኢሳይያስ ኣብ'ቲ ቃልሲ ዝነበሮ ግደን ቦታን፡ ብመንጽር'ዚ ኣብ ላዕሊ ተጠቒሱ ዘሎ ኣተሓሳስባ ኢዩ ክረአ ዘለዎ። ንኢሳይያስ ፍጥር ከይበለ ከም ሓደ ዘይስዓር፡ ካብ ሞት ናይ ምምላጥ ፍሉይ ተውህቦን ዕድልን (instinct) ዘለዎ፡ ወይ እውን ከም ሓደ

ራእይ ዘለዎ ፍጡር ጌርካ ከተቕርቦ ኣይግባእን። እዚ ስብ'ዚ፡ ተራ ኣባል ናይ ሓደ ሃገራዊ ምንቕስቓስ ኢዩ ነይሩ፣ ብሓደ ሓደ ታሪኻዊ ኣጋጣሚታትን ብዝውንኖም ወይ እውን ምስ ግዜ ብዘማዕበሎም ዝተወሰኑ ብልጫታት ካብ መዛኑኡ ቦሎኽ ብምባል ኣብ ጽፍሒ መሪሕነት ደዪቡ ጥራይ ኢዩ ክኸውን ዝኽእል። እዚ ብልጫታት'ዚ፡ ተማሃራይ ዩኒቨርሲቲ ምንባሩ (ቀላ'ኳ ከም በዓል ወልደየሱስ ዓማር ዝኣመሰሉ መማህርቱ፡ ካብ ዩኒቨርሲቲ ከም ዝተሰጐ ዝገልጹ እንተ ኾኑ)፡ ናይ ምንባብ ልምዱ፡ ዕዙዝ ቁመቱ፡ ከም መዳሪ ዝነበሮ ብቕዓት (ወላ'ኳ ከም'ዚ ሎሚ ብምድግጋም ዘራባ ኣዝዩ ዘሰልቹ ከይኮነ እንከሎ)፡ ናይ ምጽሓፍ ክእለቱ፡ ቋንቋ ዓረብ ብቕልጡፍ ምምላኹ፡ ከምኡ እውን ህርፋንን ዘይረዊ ጽምኢ ስልጣንን ኢዩ ዘጠቓልል። ከም'ቲ መስፍን ሓጎስ ኣብ መጽሓፉ ዝገለጾ፥

> ስልጣን፡ ንኢሳይያስ ናብ ዘይነበሮ ወይ ክኾኖ ዘይግብኦ ፍጡር ኣይቀየሮን፤ ነቲ ሓቀኛ መንነቱ ጥራይ ኢዩ ከም ዝግሃድ ገይሩዎ፣ ብዛዕባ ጭካነኡን ከምኡ እውን ክንብድሆ እንከሎና ከጋጠመና ዝኽእል ዝነበረ ኣካላዊ ሓደጋ ዝጠፍኦ ሰብ ኣይነበረን (Hagos. M., 2023)።

ሓቂ ዝመልአ ዘረባ።

ናይ ቀረባ መሳርሕቱ ከም ዝገልጽዎ፡ ኢሳይያስ ዝደፍሮ ወይ ዝብድሆ ሰብ ኣይፈቱን ኢዩ። ሳሕቲ ኢዩ ተቓውሞ ዘጋጥሞ ዝነበረ፣ ምስ ዘጋጥሞ ድማ፡ እቲ ግብረ መልሲ ጎነጻዊ ኢዩ ነይሩ። መሳርሕቱ ከም ብጌጋኡ ዘይኣምን፡ ይቕሬታ ዘይሓትት፡ ተቐያምን ንሕስያ ዘይብሉን ሰብ ምዃኑ ይገልጹዎ። ነቶም ኣንጻሩ ደው ዝበሉ ካብ ምውጋድ ድማ ድሕር ኣይብልን። ከም'ቲ ብብርዒ ስም (ቴድሮስ ተስፋይ) ኣብ 2001 ዓ.ም. ኣብ ዘውጽእኩዎ ጽሑፍ፣ ኢሳይያስ፡ ተጻረቲ ወይ ተቐናቐንቲ ዘይኮነስ፡ ጸላእቲ ጥራይ ኢዩ ዝፈልጥ፣ ጸላእቲ ድማ ክውገዱ ጥራይ ኢዩ ዘለዎም። (Tesfai, T. 2001)

ኢሳይያስ ኣብ ፖለቲካዊ ተመክሮኡ፡ ከም'ቲ ብመንካዕ ዝፍለጥ ምንቕስቓስ ናይ 1973 ዓ.ም.፡ ምንቕስቓስ ጉጅለ 15፡ እቲ ብናዕቢ ፎርቶ ዝፍለጥ ናይ ተቓውሞ ተበግሶ፡ ከምኡ እውን ኣብ 1993 ዓመጽ ኣባላት ህዝባዊ ግንባር ሓዊስካ፡ ብርክት ዝበሉ ኣገደስቲ ብድሆታት ሰጊሩ ኢዩ። ነፍስ ወከፎም ንስልጣኑ ሓደጋ ስለ ዝነበሩ፡ ተዓጻጻፊ ግብረ መልሲ ሂቡሎም። ኣብ'ዚ ከይተጠቕሱ ክሓልፉ ዘይብሎም ከም ናይ በዓል ብርሃነ ኣብርሀ፡ መሓመድ ዓሊ ዕመሩ፡ ኣቡ ዓረ፡ ቢተወደድ ኣብርሃ ዝኣመሰሉ ውልቃውያን ተቓውሞታት እውን ነይሮም እዮም።

እስከ ብዛዕባ'ቲ ንኢሳይያስ ዝደፈሮን 'ፒኖሽ' ኢሉ ዝጸውዖን ኣባል ማእከላይ ሽማግለ ህዝባዊ ግንባርን ሕቡእ ሰልፍን (ኣሕመድ ኣል ቐይሲ) ንርአ። ብድሕሪ'ዚ ፍጻመ'ዚ ብትእዛዝ ኢሳይያስ ንክልተ ዓመት ኣብ ቤት ማእሰርቲ ተዳጒኑ ጥራይ ዘይኮነስ ስሙ ከም ዝብለልን ዝድወንን ተገይሩ። ብዘይካ ኢብራሂም ቶቲል (ካልእ ኣባል ማእከላይ ሽማግለ)፡ ብዛዕባ ሃለዋቱ ክሓትት ዝደፈረ ሰብ ከኣ ኣይነበረን። ነዚ ሕቶ'ዚ እውን እንተኾነ ጉዳይ ሃገራዊ ድሕነት ኢሉ ኢዩ ዓጽየዎ።

ኢሳይያስ ናይ ተገዛእነት ባህሊ ይሕብሕብን ይኹስኩስን ነይሩ። ብቐሊሉ ክግዝኡ ዝኽእሉ ሰባት ናይ ምልላይ ዓቕሚ ነይሩዎን ኣለዎን። ብዛዕባ ባህርያቱ ምዝራብን ንሓሳባቱ ምቅውምን ዘይሕሰብ ኢዩ ነይሩ። እቶም ከምኡ ዝገበሩ ድማ ልዑል ዋጋ ከፊሎም ኢዮም። መስፍን ሓጎስ ሓደ ካብ'ቶም ግዳያት ኣሰራርሕኡ ኢዩ። ኣብ መንጎ ክልቴኦም ዝነበረ ምፍሕፋሕ ኣሳቢቡ ንዓመታት ካብ ስራሕ ከም ዘደስከሎ ኢዩ ኣብ መጽሓፉ ዝዛረብ (Hagos. M., 2023)። ነዚ ስጉምቲ'ዚ ዝተቓወመ ኣባል ፖለቲካዊ ቤት ጽሕፈት ድማ ኣይነበረን።

ኢሳይያስ ኣብ መሳርሕቱ ዝነበሮ ንዕቀት ብቐሊሉ ዝርአ ኣይኮነን። ኣብ ከባቢ ቤት ጽሕፈቱ (ኣብ ዓምበርበብ፡ ሰሜናዊ ምብራቕ ሳሕል) ዝነበሩ መሳርሕቱ ከም ዝገልጹዎ (ስሞም ንድሕነቶም ተባሂሉ ተዓቂቡ ዘሎ)፡ ኢሳይያስ ብቖጻራ ንክረኽብዎ ዝመጹ ኣባላት ፖለቲካዊ ቤት ጸሕፈት ካብ ክልተ ክሳዕ ሰለስተ ሰዓታት የጸብዮም እሞ፡ ኣብ መጠረሽታ ስራሕ ዘይብሉ ክነሱ ስራሕ ኣለኒ ኢሉ ከይረኸቦም ይኸዱ። እዚ ብተደጋጋሚ ዝዝውተር ተግባር ነቶም ኣባላት ፖለቲካዊ ቤት ጽሕፈት ንምንእኣስን ንምንሻውን ዝዓለመ ኢዩ ነይሩ።

ኣብ ካልእ ኣጋጣሚ፡ ንዶክቶር ተስፉይ ግርማጽዮን ካብ ናይ ሚኒስተር ሓላፍነቱ ከውርዶ እንከሎ (ሽዑ ከም ሚኒስተር መሬትን ማይን ኣከባብን ኮይኑ ኢዩ ዘገልግል ዝነበረ) ብሓደ ናይ ቤት ጽሕፈቱ ተለኣኣኺ ዝነበረ ሰብ (ኣሕፈሮም ዝተባህለ ተጋዳላይ ነበር) ጌሩ ኢዩ ብቃል ከም ዝባረር ገይሩዎ። ብወግዓዊ መገዲ ብጽሑፍ ምንጋር ጠፊኡዎ ኣይኮነን። ኮነ ኢሉ ንከቆናጽቦ ኢሉ ስለ ዝመረጸ ድኣ።

ካልእ ከይተጠቕሰ ክሓልፍ ዘይብሉ ኣብነት፥ ነቲ ሕቡእ ሰልፊ ብኢደ ዋኒኑ ኣብ 1989 ዓ.ም. ከደስክሎ እንከሎ ዝኾነ ይኹን ሰብ ግብረ መልሲ ኣይሃበን። ኣብ'ቲ ድሕሪ ናጽነት ዝተገብረ ናይ ላዕለዎት ኣባላት ሰልፊ ኣኼባ ጥራይ ኢዩ ንመጀመርያ ግዜ መስፍን ሓጎስ ዝሓተቶ። ነዚ እውን ኣዕጋቢ መልሲ ኣይሃበሉን።

ኣብ ኣሰራርሓ ኢሳይያስ፥ ጥርጣረን ህርፋን ስልጣንን (ጥሙሕ) ሱር ሰዲዱ ነበረ። ኢሳይያስ ን"ምሕረት" ከም ቃል ኣይፈልጣን ኢዩ፣ ስልጣኑ ንምዕቃብ ድማ ናይ ሕነ

ምፍዳይ ስጉምቲ ካብ ምውሳድ ኣይቁጠብን። ከፋፋሊ ሜላታት ይጥቀም ከም ዝነበረ ድማ ገዳይም መሳርሕቱ ኣብ'ዚ ዳሕረዋይ እዋን ብተደጋጋሚ ዝገልጹዎ ዝነበሩ ጉዳይ ኢዩ።

ምትላል፡ እቲ ንሱ ዝመርጾ ናይ ስልጣን ምዕቃብ መሳርያ እዩ። ነቲ ተኣፋፊ ኣነነቱ ከገልግሉ ድሉዋት ዝኾኑ ሰባት ኣብ ዙርያኡ ምግባር ድማ ደስ ይብሎን ብዝተራቐቐ መገዲ ድማ ኣበርቲዑ ይሰርሓሉን ነይሩ። እቲ ናይ'ቲ ውድብ ናይ ፕሮፓጋንዳ መሳርሒ፡ ብቐጥታ ይኹን ብተዘዋዋሪ መገዲ ናብኡ ዝቐንዐ እዩ፥ ናብ'ቲ ዘይጋገን በዓል ራእይን ኢሳይያስ። ንሱ፡ ኩሉ ግዜ ከም ማእከል ስሕበት ኢዩ ኣብ'ቲ ውድብ ዝርአ ዝነበረ፡ ተራ ኣባላት ከኣ ነዚ እምነት'ዚ ከም ዝርዕሙ ተገይሩ። "እቲ ሰብኣይ" ዝብል ቃል ምዝውታር ብዘይ ምኽንያት ኣይኮነን፡ ኣይነበረን እውን። "እቲ ሰብኣይ በይኑ እኮ'ዩ ዝሰርሕ"፡ "እቲ ሰብኣይ ዝሕግዞ እኮ'ዩ ስኢኑ"፡ "ኤርትራ'ኮ ብዘይካ'ዚ ሰብኣይ ካልእ ሰብ የብላን"፡ "እዚ ሰብኣይ እንተ ዘይህሉ ነይሩ ወያነን ኣሻቐልቶምን ንኤርትራ ቀደም ምወሓጥዋ ነይሮም"፡ "እዚ ሰብኣይ'ኮ ኣይጋገን'ዩ፡ ካልኦት እናኣጋገዩዎ እምበር'፡ ወዘተ። ሕሉፍ ሓሊፎም ከም የማነ ገብረኣብ ዝኣመሰሉ እሙናት ሰዓብቱ "እንተ ኣማኸርናዮ'ኮ ኢዩ ዝጋገ" ዝብሉሉ ሰዓታት ውሑድ ኣይኮነን። ኣምልኾተ ውልቀ ሰብ (personality cult) ንምኹስኳስ እምበኣር ብዙሕ ተሰሪሑሉ ኢዩ።

ኢሳይያስ፡ ብጌጋ ቅማረታቱ (miscalculations) ፈጺሙ ኣይጠዓስን እዩ። መሳርሕቱ ከም ሓደ ነብሰ ምትእምማን ዘይብሉ ተጣራጣሪ ሰብ ገይሮም ይገልጽዎ። ምስ መዛኑኡ ሓበሬታ ምልውዋጥ ባህሪኡ ከም ዘይኮነ፡ ንኣጀንዳኡ ዝሰማማዕ ኣብ ዝኾነሉ እዋን ጥራይ ሓበሬታ ሸራሪፉ ከም ዝህብ፡ ሓላሊፉ ድማ ናይ መሳርሕቱ ጉድ ንምቅላዕ (blackmail-ing) ከም ዝጥቀመሎምን ናይ ቀረባ መሳርሕቱ ይገልጹ። ኢሳይያስ ኣብ መንነ መሳርሕቱ ዘይምስምማዕን ምምቕቓልን ከም ዝህሉ ናይ ምግባር ዓቕሙ ኩሎም ናይ ቀረባ መሳርሕቱ ዝኣምኑሉ ኢዩ። ነዚ ተረዲኦም ክብድህዎ ዝፈተኑ ግን ውሑዳት ኢዮም። ሳዕቤኑ ሓደገኛ ምዃኑ ስለ እተረድኡ። ኣብ ሓደ እዋን ንናይ 1973 ዓ.ም. ምንቅሳቓስ ደገፎም ንዝገለጹ ደሓር ግን ዝተጣዕሱ መሳርሕቱ፣ ኩሉ ግዜ ነዛ ነጥቢ'ዚኣ ከየልዕለሎም ብማለት ምስ ሰግኡ ኢዮም። ብዘይካ'ዚ ካልኦት ኣብ በበይኖም ናይ ታሪኽ እዋናት ንዝፈጸሙዎም ጌጋታት እውን ከየልዕለሎም ኣብ ስግኣት ዝነብሩ ዝነበሩ ውሑዳት ኣይኮኑን። እዚ፡ ነቲ ውልቃዊ ወይ ብሕታዊ ምስጢራቶም እውን ዘጠቓልል ኢዩ።

ኢሳይያስ ኣብ መንነ ናይ ቀረባ መሳርሕቱ ዘይምስምማዕን ዘይምትእምማንን ብኸመይ ከም ዝዘርአ ዝገልጹ ካብ ዘተኣማምኑ ምንጭታት ዝረኸብኩዎም ውሑዳት ትረኻታት ከካፍለኩም፥

ኣብ ሓደ ኣጋጣሚ፡ ሓደ መራሒ ማኪና፡ ንኢሳይያስን ንሓደ ካልእ ኣባል ፖለቲካዊ ቤት ጽሕፈትን ካብ ዓረርብ ናብ ዓምበርበብ ኣሳፊሩዎም ይኸይድ ነበረ። ክፍልታት ህዝባዊ ምምሕዳርን ጸጥታን (ሓለዋ ሰውራ) ዝተደኮኑሉ ሕሸክብ ኣብ ዝተባህለ ቦታ ምስ በጽሑ፡ እቲ መጓዕዝቱ ዝነበረ ኣባል ፖለቲካዊ ቤት ጽሕፈት፡ ኣብ ቤት ጽሕፈት ነፍስሄር ዓሊ ስይድ ዓብደላ (ሓላፊ ክፍሊ ጸጥታ) ወሪዶም ድራር ንክበልዑ ሓሳብ ኣቕረበ። "ግደፈና በጃኻ፡ ስለምንታይ ንሓደ ሰኽራም ከዘናግዕ ግዜ ዘጥፍእ" ብምባል ኢሳይያስ ነቲ ሓሳብ ብቕልጡፍ ነጺጉዎ። ዓሊ ሰይድ ሰኽራም ምኺኑ ንምእማት ኢዩ ነይሩ እቲ ዘረባ። ኣብ ካልእ ኣጋጣሚ፡ ሕጂ እውን እቲ መራሒ ማኪና፡ ንኢሳይያስን ንሓደ ካልእ ኣባል ፖለቲካዊ ቤት ጽሕፈትን በዚ ኣብ ላዕሊ ዝተተቕሰ መገዲ ክሓልፉ ከለዉ፡ ብስብሓት ኤፍረም (ሽው ሓላፊ ክፍሊ ህዝባዊ ምምሕዳር ዝነበረ) ክሓልፉ ሓሳብ ምስ ኣቕረበ፡ ኢሳይያስ ብተመሳሳሊ ቃና "ስለ ምንታይ ምስ ክልተ ዝመልሓሱ ሰብ ከዕልል ግዜይ ዘጥፍእ" ብምባል ነቲ ሓሳብ ነጺጉዎ።

ሓደ ኣብ ሓደ እዋን ዓቢ ቦታ ዝነበሮ መሳርሕተይ (ስሙ ንውሕስነቱ ዘይተጠቕሰ)፡ ኣብ መጀመርታ 90ታት ዝነበረ ዛንታ ኣካፊሉኒ። ምስ ኢሳይያስ ኣብ ዝገበሮ ቆጸራ፡ ዘውዲ (ጸሓፊት ኢሳይያስ) ምምጽኡ ምስ ሓበረቶ'ሞ ንኽኣቱ ምስ ፈቐደት፡ ሓደ ዘይተጸበዮ ዘገርም ፍጻመ ኣጓኒፉዎ። ኢሳይያስ ኣብ'ቲ ቤት ጽሕፈቱ ንሓደ ሰብ ብነድሪ ይገንሖ ነበረ፣ "መዓስ ኢኻ ምሕሳው እተቋርጽ? መዓስ ኢኻ ክልተ መልሓስ ምውናን እተቋርጽ?" ይብሎ ነበረ። እቲ ዝግናሕ ዝነበረ ሰብ፡ ካልእ ዘይኮነስ፡ ስብሓት ኤፍረም ኢዩ ነይሩ።

ኣብ ካልእ እዋን እውን ሓደ መሳርሕተይ (ስሙ ብጸጥታ ምኽንያት ክጠቕሶ ዘይደሊ)፡ ኣስካሉ መንቀርዮስ፡ ኣብ ዓምበርበብ ንኣስመሮም ገረዝጊሄር ኣብ ቤት ጽሕፈቱ ክትበጽሖ ምስ ከደት፡ ኢሳይያስ ንኣስመሮም ክጭድረሉ እንከሎ ከም ዝረኣየትን ከም ዘዕለለቶን ሓቢሩኒ። "ሎሚ ጎይታኻ፡ ጽባሕ ጎይታኻ፡ ሃለውለው ኣይትበል" ኢዩ ዝብሎ ነይሩ።

ብተወሳኺ፡ ኣብ 1973 ዓ.ም. ኣብ እዋን ምንቅስቓስ መንካዕ፡ ኢሳይያስ ንነፍስሄር ተመስገን በርሀ (ብሪጋዴር ጀነራል) ከም ዝጸፍዖን ብሰንኪ'ዚ ድማ ብተጋደልቲ ዓቢ ናዕቢ ከም ዝተላዕለን ኩሎም ኣባላት ምንቅስቓስ 1973 ዝፈልጥዎ ጉዳይ ኢዩ።

ካልእ ንውርደት ኢሳይያስ ዝተቓልዐ ድኹም ገጽ ባህሪ ዝነበሮ ሰብ፡ ነፍስሄር ሮመዳን መሓመድ ኑር ከም ዝነበረ ብጾቱ ይገልጽዎ። ንልኡምነቱ ኣመልኪቱ መሓመድ ዓሊ ዑመሩ ኣብ ሓደ ኣጋጥሚ ንሮመዳን 'ሓወልቲ' ኢሉ ከም ዝጸረፎ ኣሕመድ ኣል ቐይሲ ኣብ 1988 ኣብ ዓረርብ ከዕልለኒ እዝክር። ሮመዳን ኣብ 1994 ዓ.ም. ኣብ

ዝተኻየደ ሳልሳይ ውድባዊ ጉባኤ ህዝባዊ ግንባር፡ ሓደ ዘሕፍር ፍጻመ ከም ዘጋጠሞ ንኹሎም ናይ'ቲ ውድብ ኣባላት መሪሕነትን ላዕለዎት ካድረታት ናይ ኣደባባይ ምስጢር ኢዩ ነይሩ። እዚ ድማ እቲ ብጸቕጢ ካብ ሓላፍነቱ ንክወርድ ብኢሳይያስ ዝተገብረሉ መጸዋዕታ ኢዩ። መሳርሕቱ ከም ዝምስክሩዎ፡ እቲ ዝተዳለወሉ ናይ ስንብታ ጽሑፍ ኣብ ቅድሚ ጉባኤኛታት ከም ዝንበብ ኢዩ ተገይሩ። ድሕሪ'ዚ ፍጻመ እውን፣ ኢሳይያስ ኣብ ልዕሊኡ ናይ ምትኹታኽ ተግባር ኣየቋረጸን።

ከም'ቲ ሓደ ላዕለዋይ በዓል ስልጣን ህግደፍ ዝገለጸለይ (ንድሕነቱ መንነቱ ኣይተጠቕሰን)፡ ኢሳይያስ ንሮማዳን ሓሓሊፉ፡ ብዛዕባ ምወላ ናይ'ቲ ድሕሪ ናጽነት ኣብ ገማግም ባጽዕ ክሃንጾ ዝጀመረ ገዛ፡ ነቲ ገንዘብ ካበይ ከም ዘምጽአ ብምሕታት የፈራርሆ ነይሩ ዝብል ኢዩ። ኢሳይያስ፡ ሰገን ኮንስትራክሽን ዝተባህለ ሓደ ካብ'ቶም ብህግደፍ ዝውነኑ ናይ ህንጻ ዋኒናት፡ ንናይ ሮመዳን ገዛ ኣብ ምህናጽ ይደጋገፎ ከም ዝነበረ ኣጸቢቑ ይፈልጥ ነይሩ ኢዩ። ነዚ ድማ ኣብ ዕላላት፡ ብፍላይ ኣብ'ቲ እናሰተኻ ዝካየድ ዕላል ደጋጊሙ የልዕሎ ነይሩ።

ናይ ኢብራሂም ዓፋ ሞት ንኢሳይያስ ከም ድላዩ ክዕንድር ዕድል ከፊቱሉ ኢዩ ዝብል ኣዘራርባ እውን ኣብ ግዜ ቃልሲ ይኹን ድሕረኡ ንሰምዓ ኔርና ኢና። ሓደ ንኢሳይያስ ዝደፍሮ ዝነበረ ሰብ ኢብራሂም ኢዩ ነይሩ ዝብል መረዳእታ ጸኒሑ ኢዩ። ምስ ኣድሓኖም ኣብ እንራኸበሉ ዝነበርና እውን ብዛዕባ'ዛ ጉዳይ'ዚኣ ኣጥቢቀ ይሓቶ ኔረ። ኣድሓኖም ብዘይ ቀልዓለም ኣዚ ኣበሃህላ'ዚ ሓሶት ከም ዝነበረ ኢዩ ዝጠቅስ። "ብኣንጻሩ" ይብል ኣድሓኖም "ኢብራሂም ንኢሳይያስ ኣዝዩ ይፈርሖ ነይሩ ኢዩ።"[xiii]

ኢሳይያስ፡ ኣብ ውሽጢ ወተሃደራዊ ኣርከናት (heirarchy) ከይተረረፈ፡ ኣብ ልዕሊ'ቶም ኣብ ትሕቲኡ ዝነበሩ ላዕለዋት መኮንናት ጭካነ ዘርኣየሉ ኣጋጣሚታት ነይሮም ኢዮም። እሙናት ምንጭታት ከም ዝሕብሩዎ፡ ሜጀር ጀነራል ተኽላይ ሃብተሰላሴ ብዝተፈላለዩ ምኽንያትት ንዓመታት ብኢሳይያስ ከም ዝግለል ወይ ከም ዝዋሰን ተገይሩ ኢዩ። ኢሳይያስ ከም ሰብ እውን ኣይቆጽሮን ነይሩ። ነፍስሄር ሜጀር ጀነራል ገረዝጊሄር ዓንደማርያም (ውጬ) ከም መንጐኛ ኮይኑ ከተዓርቖ ንብርከት ዝበሉ እዋናት ከም ዝፈተነ እቶም ምንጭታት ይሕብሩ። ነፍስሄር ገረዝጊሄር ንኢሳይያስ ንሜጀር ጀነራል ተኽላይ ክምሕሮ ከም ዝለመነ ምንጭታተይ ይሕብሩ። "ቀጺዕካዮ ኢኻ፡ ሕጂ ግን ይኣኽሎ ናብ ጽላለ ከየድህበሉ" ይብሎ ነይሩ።

ሓደ ካልእ ዘሕዝን ፍጻመ ከኣ ንኣማውታ ነፍስሄር ሜጀር ጀነራል ሃይለ ሳሙኤል (ቻይና) ዝምልከት ኢዩ። ብጽምዋ እናተሳቐየ፡ ኩነታት ጸልሚቱዎ፡ ንነዊሕ እዋን ካብ ብጾቱ ተነጺሉ፡ ከም ጀነራል ዝነበሮ ኩሉ ሓለፋታት ተገፊፉ፡ ጥዕንኡ ብቕልጡፍ

እናተበላሸወን እናማህመነን ምስ ከደ፣ ኣብ መወዳእታ ብሕማም ከም ዝሞተ መሳርሕቱ ይገልጹ። ነፍስሄር ሜጀር ጀነራል ሃይለ ሳሙኤል ብገስረጥ ኣከያይዳ ናይ'ቲ ስርዓት ኣዝዩ ጉሁይ ከም ዝነበረ ምስኡ ብቐረባ ዝዋስኡ ዝነበሩ መሳርሕቱ ይዝክሩ።

ኣብ ህዝባዊ ግንባር፡ ተቐባልነት ንምርካብ፡ ምስ ሓረስቶት ምምስሳልን መንነትካ ምሕባእን ኣገዳሲ ኢዩ ነይሩ። ኣብ ኣስመራ ይኹን ኣብ ካልኦት ዓበይቲ ከተማታት ዝዓበዩ ተማሃሮ ዩኒቨሪስቲ፡ ንኡስ ቡርጆዋ ተባሂሎም ምእንቲ ከይጽውዑ ብምስጋእ፡ ላህጃኦም ከይተረፈ ብምቕያር ነቲ ናይ ሓረስቶት ባህሊ ንምርዓም ጻዕርታት ከካይዱ ይርአዩ ነይሮም። ሓደ ኣገራሚ ፍጻመ (ድሕሪ ናጽነት ኤርትራ)፡ እቲ ነፍስሄር ሜጀር ጀነራል ገረዝጊሄር ዓንደማርያም (ውጬ)፡ ኣብ ዊዓ ንዝነበሩ እምቢተኛታት ተማሃሮ ዩኒቨርሲቲ ዝሃቦ መግለጺ እዩ። ንሱ፡ ናጽነት ኤርትራ ብተማሃሮ ራብዓይ ክፍሊ ከም ዝመጸት ብዘየማትእ መገዲ ገሊጹሎም። ከም'ዚ ዝበለ ዘረባ ኣዝዩ ሓደገኛ ኣብ ልዕሊ ምኳኑ፡ ነቲ ኣብ ህዝባዊ ግንባር ሰፊኑ ዝነበረ ጽልኢ ምሁራን የንጸባርቕ።

ህዝባዊ ግንባር ኣብ ልዕሊ ዝተማህሩ ውልቀ ሰባት ናይ ምጽላእ ባህሊ ከም ዝዓቢ ገይሩ'ዩ። እዚ ድማ ንኢሳይያስ ብስም'ቲ ሜክሲካዊ ናይ ሓረስቶት ሰውራዊ መራሒ፡ "ፓንቾ ቪላ" ተባሂሉ ብመሳትኡ ንክጽዋዕ ጠንቂ ኮይኑ። ዘይከም ናይ ሰብዓታት ተጋድሎ ሓርነት ኤርትራ፡ ህዝባዊ ግንባር ብቐጻሊ ብሓደን መላኽን ሰብ ኢዩ ዝምራሕ ዝነበረ። ኢሳይያስ፡ ነቕ ዘይብል ስልጣን ዝጨበጠ ኮይኑ፡ ኣልፋን ኦሜጋን ናይ'ቲ ውድብ ኢዩ ነይሩ።

ህግሓኤን እቲ መቐጸልትኡ ዝኾነ ህግደፍን ናብ ሓደ ውልቀ ሰብ፡ ናብ ኢሳይያስ ዝቐንዐ ዕዉር ተኣማንነት ባህሊ ኣማዕቢሉ። እዚ ድማ ናይ ተማእዛዝነትን ኣሜን በሃልነትን ሃዋህው ፈጢሩ። እዚ ፍሉይ ኩነታት'ዚ፡ ንተኣማንነት ናብ'ቲ ዝሰፍሐ ዕላማ ካብ ምቕናዕ ሓሊፉ፡ ነቲ ኣብ ኢሳይያስ ኣፍወርቂ ዝቐንዐ ተኣማንነት ቀዳምነት ዝህብ ተበላጺ ጉጅለ ሊሂቃን ንምፍጣር ምኽንያት ኮይኑ።

ከም'ቲ ኣቐዲሙ እተባህለ፡ ከም'ቲ ሰብ ብኣርኣያ ስላስ እተፈጥረ፡ ህዝባዊ ግንባር ብተምሳል ኢሳይያስ ኢዩ ተሃኒጹ። እቲ ኣብ'ቲ ውድብ ዝነበረ ናይ ኣተሓሳስባ ደረቕነት (regimentation) ክሳዕ ክንድ'ዚ ብምስፋኑ፡ ናይ'ቲ ውድብ ላዕለዎት ካድረታት ኣባላት ፖለቲካዊ ቤት ጽሕፈትን ማእከላይ ሽማግለን ከይተረፉ፡ ኣብ ኣዘራርባ፡ ኣከዳድና፡ ኣመላት፡ ዋላ እውን ኣብ ኣካላዊ ቋንቋ፡ ናይ ኢሳይያስ ሞዴል ክንጸባርቑ ክትርኢ እንከሎኻ ይገርመካ። እዚ ድማ ንዕኡ ንምምሳል ከም ቅቡል ናይ ባህርይ መምዘኒ ኮይኑ ይቑጸር ስለ ዝነበረ ኢዩ።

ሓደ ካልእ ኣጋጣሚ፡ ኣነን ኣለምሰገድ ተስፋይን ኣባላት ጨንፈር ሓርበኛ ኳንና ከነገልግል ከለና፡ ብዛዕባ'ቲ ብምፍራስ ናደው እዝ እተደምደመ፡ ብህዝባዊ ግንባር ኣብ

ልዕሊ ኣፍዓበት እተኻየደ ዓቢ መጥቃዕቲ ክንጽሕፍ ሓላፍነት ተዋሂቡና ነይሩ። ኣነን ኣለምሰግድን ካብ'ቲ ሽው ኣዛዚ ግንባር ናቕፋ ዝነበረ መስፍን ሓጎስ ብዛዕባ'ቲ መጥቃዕቲ ሰፊሕ ሓፈሻዊ መብርሂ (ከም ዜሮ ሰዓት፡ ምክፍፋል ስራሕ ኣብ መንን ክፍላተ ሰራዊት፡ እቲ ግንባር ክኽተሎ ዝሓሰበ ወተሃደራዊ ሜላታትን ዝኣመሰሉ ዝርዝራት) ተዋሂቡና።

ንኣለምሰገድ ኣብ ግንባር ናቕፋ ገዲፈዮ ምስ ከድኩ፡ ኣብ ሰሜናዊ ምብራቕ ሳሕል፡ ምስ'ቲ ብነፍስሄር ገረዝጊሄር ዓንደማርያም ዝእለ ክፍለ ሰራዊት (ክፍለ ሰራዊት 85) ንምጽምባር ብማኪና ተጓዒዘ። ነፍስሄር ገረዝጊሄር፡ ኣብ እዋን መጥቃዕቲ ንኣዘዝቲ ሰራዊቱ ትእዛዝ እናኣመሓላለፈን እናመርሐን እንከሎ ብዓይነይ እናተዓዘብኩ ኣሰንየዮ። በሊሕ ወተሃደራዊ ኣዛዚ ምዃኑ ድማ ናይ ዓይኒ ምስክር እየ። እቲ ኲናት ብዓወት ምስ ተዛዘመ፡ ኣብ ወሰን ከተማ ኣፍዓበት ኣብ ልዕሊ ሓደ ዓቢ ከውሒ ኮፍ ኢልና ንዛነ ኔርና።

ናይ ዕረፍቲ ህሞትና እናኣስተማቐርና እንከሎና፡ ብህወሓት ዝወጸ ኣዋጅ ብሬድዮ ሰሚዕና። ብዛዕባ'ዚ ዓቢ ወተሃደራዊ ፍጻመ ዘለዎም ኣድናቖት፡ ሓጐስን ፍናንን ከምኡ እውን ኣብ መጻኢ ንምትሕብባር ዘለዎም ድሌትን ዘበስር መግለጺ ድማ ኢዩ ነይሩ። ኣብ'ቲ እዋን'ቲ ህዝባዊ ግንባርን ህወሓትን ንኣስታት ኣርባዕተ ዓመታት ዝኣክል ሓርፋፍ ዝምድና ከም ዝነበሮም ምፍለጥ ኣገዳሲ እዩ። ንመግለጺ ህወሓት ድሕሪ ምስማዕ፡ "እዚ ካብ ህወሓት ዝወጸ ኣዋጅ ብሓቂ ኣወንታዊ ምዕባለ ኢዩ፡ ህዝባዊ ግንባር ግብረ መልሲ ምሃብ ከድልዮ ኢዩ" ዝብል ርእይቶይ ንነፍስሄር ገረዝጊሄር ኣቕሪበሉ። ነፍስሄር ገረዝጊሄር፡ ንርእይቶይ ብትሪ ብምንቃፍ፡ "ህወሓት ንዓና ዘይደሞክራስያውያን ዝብል ስያመ ከም ዝህበና ትፈልጥዶ? ስለምንታይ ኢና ክንምልሽ ዘሎና?" ኢሉኒ። ኣነ ኸኣ፡ ብዓይኒ ተግባራውነት (pragmatism) እዛረብ ከም ዝነበርኩን፡ ረብሓታት ከምጽእ ዝኽእል ምትሕብባር ኣብ ግምት ከነእቱ ከም ዘሎናን ሓቢረዮ። እቲ ዘሕዝን ግን፡ እቲ ዕላል ብሃንደበት ደው ምባሉ ኢዩ።

ድሕሪ ውድቀት ኣፍዓበት፡ ኣነን ኣለምሰገድ ተሰፋይን ናብ ዓረራብ (መዓስከርና) ተመሊስና። ኣለምሰገድ፡ ኣብ ጥቓ ሓደ ሬሳ ስዉእ ተጋዳላይ ኮይኑ ብምስትንታን "ልቢ ተጋዳላይ" ብዝብል ኣርእስቲ ጽሑፍ ኣቕሪቡ። ነዚ ተመክሮ'ዚ ከም ኣብነት ተጠቒሙ፡ ትርጉም መስዋእቲ ብውሕሉል ኣገባብ ኣቕሪቡዎ። በዚ ስነ ጽሑፋዊ ኣበርክቶኡ ድማ ዓሚቝ ጽልዋ ገዲፉ።

ማዕረማዕረ'ዚ፡ ኣነ እውን "ሕጂ ከኣ ምርብራብ? እወ ግን ኣብ ፍልይ ዝበለ ኩነታት" ዝብል ጽሑፍ ኣበርኪተ። ነቲ ምስ ዓወት ዝመጽእ ሕልኽላኻት ብዕምቆት ብምትንታን፡ ነቲ ኣብ ቅድሚ'ቲ ውድብ ዘሎ ብድሆታት ኣልዒለ፡ ንኣድማዒ ኣተሓሕዛ ዝሕግዙ

ሓሳባት ድማ ኣስፈረ። እተን ጽሑፋት ምስ'ቲ ናይ ሓባር ተመክሮታትን ባህግታትን ህዝብና ብምኻደን፡ ኣብ ኣባላት ህዝባዊ ግንባር ልዑል ተቐባልነት ረኺበን ።

ናይ ህወሓት ናይ ሬድዮ ምልክታ ስዒቡ ድሕሪ ሒደት መዓልታት፡ ህዝባዊ ግንባር ብመምርሒ ዋና ጸሓፊ ንመግለጺ ህወሓት ዝድግፍ መግለጺ ኣውጺኡ። ነፍስሄር ገረዝጊሄር ሓዊስካ ኩሉ ሰብ፡ መርገጺ ህዝባዊ ግንባር ከቃልሕ ጀሚሩ። እዚ ድማ ነቲ ኣብ መንጎ ክልቲአን ውድባት ዝነበረ ምሉእ ምትሕብባር ዳግመ ምጥንኻር ዘበሰረ ኮይኑ፡ ክሳዕ ውድቀት መንግስቱ ሃይለማርያምን ድሕሬኡን ድማ እቲ ምሕዝነት ቀጺሉ።

እቲ ኢሳይያስ ኣብ'ቲ እዋን ኩናት ብጥንቃቐ ዝሰርሖ ወይ ዝሃነጾ ናይ ገዛእ ነብሱ ምስሊ፣ ኣብ'ታ ናጻ ዝኾነት ኤርትራ ተኸታታሊ ፈተናታት ገጢሙዎ። ድሕሪ ናጽነት ኤርትራ ዘጋጠመ ብድሆታት ሓያል'ኳ እንተ ነበረ፣ ቅኑዕ ኣተሓሳስባ፡ መትከላት፡ ፖሊሲታትን ንጹር መርሓ ጎደና ምስ ዝህሉ ግን ዘይስገርሲ ኣይነበረን።

ፈተናታት ድሕሪ ናጽነት፦ ቅድሚ ኹሉን ልዕሊ ኹሉን ምስ ጎረባብቲ ሃገራትን ኣህዛብን ብስኒት ናይ ምንባር ብድሆ ነይሩ። ኤርትራ ኣብ'ቲ ዝተሓላለኸ ፖለቲካዊ መልክዐ መሬት ናይ'ቲ ዞባን፡ ኣብ'ቲ ሰፊሕ ዓለማዊ መድረኽን ብሜላ ክትጎዓዝ ነይሩዋ። ካብ'ዚ ሓሊፉ ምስ ክልተኣውያንን ብዙሕነታውያንን ውዳበታት ዝምድናታት ምድልዳል ኣድላይነት ዲፕሎማሲን ልዝብን ኣዕጋቢ ግምት ክወሃቦ ዝግባእ ጉዳይ ኢዩ ነይሩ። ብዘይካ'ዚ፡ እቲ ኩነታት ኣገዳስነት ሰናይ ምሕደራ ብምጉላሕ፡ ልዕልና ሕጊ ምትግባርን ተሓታትነት ምርግጋጽን ዝጠልብ ኢዩ ነይሩ። ብተወሳኺ፡ ርእይቶን ተሳትፎን ህዝቢ መሰረት ሃገራዊ ዳግመ ህንጸት ምዃኑ ብምግንዛብ፡ ነቲ ኣብ ነፍስ ወከፍ ደረጃ ምምሕዳራዊ ጽፍሒ ዝርከቡ ሰብ ብርኪ (stakeholders) ዝካየድ ምምኽኻር ትካላዊ ንምግባር ክፉትነትን ፖለቲካዊ ድሌትን ይጠልብ ነይሩ።

እታ ውልዶ ሃገር፡ ካብ ዘቤታውን ግዳማውን ምንጭታት ጸጋታት ብምጉስጓስ ብድድ ኢላ ቁጠባኣ ንምጅማር ኣገዳሲ ኢዩ ነይሩ። እዚ ድማ ብተኣምር ዘይኮነስ ኣብ ኣፍልጦን ንቕሓትን ክምርኮስ ነይርዎ። ከመይሲ፡ ብዘይ ኣፍልጦ ዝውሰድ ተበግሶ ፋይዳ ክህልዎ ስለ ዘይክእል። ስለዚ ብመንጽር ምሕደራ፡ ሚዛን ስርዓትን ምቁጽጻርን (checks and balances) ምሕላው ኣድላዪ ኢዩ ነይሩ። ኣብ ትካላዊ ኣሰራርሓ፡ ኣብ ኣድማዕነት፡ ኣብ ውጽኢታዊነት ምእማን፡ ፖለቲካዊ ድሌት ዝጠልብ ጉዳይ ኢዩ ነይሩ።

እዚ ኩሉ ብድሆታት ንኢሳይያስ (ከም ሰብን ከም ገጸ ባህርን) ከም ናይ ፈተና ግዜ ኮይኑ ኣገልጊሉ። ኣብ'ቲ ግዜ'ቲ ከኣ'ዩ እቲ ሓቀኛ ባህርያቱ ዝተቓለዐ። እዚ ማለት ድማ፡ ኣብ ቅድሚ ዝተሓላለኸን ብዙሕ ጣጣ ዘለዎን መሰናኽላት፡ ምስ ተለዋዋጢ ኩነታት

ክተዓጻጸፍን ክመርሕን ናብ ቅኑዓት ውሳኔታት ዘምርሑ ኣገባባት ክኸተልን ዓቕምን ድሌትን ከም ዘይብሉን ብተደጋጋሚ እናተጋህደ መጺኡ።

ኢሳይያስ ንትካላትን ትካላዊ ኣሰራርሓን ከም ቁሪ ኢዩ ዝፈርሖም። እዚ ተግባር'ዚ ኣቐድም ኣቢሉ ኣብ ሚኒስትሪ ምክልኻል ብዝተኸስተ ፍጻመ ክግለጽ ይከኣል። እዚ፡ ነቲ ናይ ሽሁ ሚኒስተር ምክልኻል ዝነበረ (መስፍን ሓጎስ) ክሳዕ ናብ ምግላል ዘምርሐ ተርእዮ ኢዩ። ኣብ ኣስመራ ከም ዝዕለል፡ ኢሳይያስ ኣብ ልዕሊ ጽቡቕ ዝሰርሑ ትካላት ዘለዎ ጽልኢ ብዋዛ ዝገልጽ ኣብነት እነሆ፡- ምምሕዳር ከተማ ኣስመራ ሳላ'ቲ ካብ 1950ታትን 60ታትን ዝጸንሐ ስሩት ባህሉ ብዘይ ገለ ጸገም ይሰርሕ ከም ዝነበረ ምስ ረኣየ፡ ኢስይያስ ነዚ ንምፍራስ ንሜጀር ጀነራል ሮማዳን ኣውልያይ ከም ኣመሓዳሪ ዞባ ማእከል ገይሩ መዚዙዎ። ሮማዳን ኣውልያይ ከኣ ተልእኾኡ ብጽፈት ፈጺሙ።

ምስ ጎረባብቲ ሃገራት ዝግበር ዝምድናታት ቅጥዒ ስለ ዘይነበሮ፡ ከምኡ እውን ብሰንኪ ባዕሉ ለሚኑ ዘምጽኦ ተነጽሎ፡ በቲ ቶኽታኺ ናይ ወጻኢ ፖሊሲኡ፡ በቲ ኣብ ብሕታዊ ጽላትን ኣብ ኣህጉራዊ ወፍርን ዘለዎ ኣሉታዊ ኣረኣእያ፡ ከምኡ እውን ልዕሊ ሕጊ ኮይኑ ናይ ምስራሕ ዝንባለኡ፡ እታ ሃገር ኣብ ቀጻሊ ጸገማት ኣትያ። እምበኣር እዚኣቶም'ዮም ዝኾነ ልቦና ዘለዎ ሰብ ከም ረቛሒታት ዓወታቱ ወይ ውድቀቱ ንምዕቃን ዝጥቀመሎም። ንኣመራርሓ ኢሳይያስ ብዝምልከት እምበኣር እቲ መልሱ ብሩህ ኢዩ።

እዚ ኩነታት'ዚ ክእለ ይኽእልዶ ነይሩ? እቲ መልሲ ዘየወላው "እወ" እዩ። ኢሳይያስ ስልጣኑ ከደልድል ዝኸኣለ፡ ከም ድላዩ ክገላበጥ ምሉእ ዕድል ስለ ዝተዋህቦ ኢዩ። ህላወኦም ከረጋግጹ ዝኽእሉ ጽልዋኦም ሓያል ዝኾነ መሳርሕቲ ብዘይምንባሮም፡ ኢሳይያስ ውልቀ መላኺ ንክኸውን ኣበርክቶ ገይሮም ኢዮም። ኣብ'ቲ ፖለቲካዊ መድረኽ ዝነበሮ ዓብላልነት፡ ሳዕቤን ናይ'ቲ ንመስርሕ ታሪኽ ኤርትራ ከም ድላዩ ገይሩ ንክቐርጽ (shape) ዝተዋህቦ ዕድላት ኮይኑ፡ ኣብ መወዳእታ፡ ንሓባራዊ ረብሓታት ህዝባዊ ግንባርን ኣባላቱን ህዝቢ ኤርትራን፡ ብናቱ ረብሓታት ተኪኡዎም። ነቲ ንህዝቢ ንምግልጋል ዝተረከቦ ሓላፍነት ድማ ህዝቢ ንዕኡ (ንውልቃዊ ረብሓታቱ) ክገልግል ግዴታ ከም ዘለዎ ብዝመስል ኣተሓሳስባ ቀይሩዎ።

ኢሳይያስ ዕድመ ኣናደፍአ ብዝኸደ መጠን፡ ሃለውለው በሃሊ፡ ዓጃውን ንሕልምታቱ ዝኣምንን ሰብ እናኾነ መጺኡ። ኣብ ክንዲ ዝልብምን ዝጎርሕን፡ ናብ ህጻንነት ዝምለሰሉ ህሞት ኢና እንርኢ ዘሎና። እዚ ኣካይዳ'ዚ ድማ ምስ ኤሪ-ቲቪ (እንኮ ወግዓዊ መደበር ቴሌቪዥን ኤርትራ) ብፍላይ ኣብ ኣጋጣሚ ሓድሽ ዓመት ኣብ ዝገብሮ ቃለ መሕትት ጎሊሑ ይረአ። ብዛዕባ ቁጠባ፡ ዞባውን ኣህጉራውን ፖለቲካ፡ ዘቤታዊ ጉዳያት፡ ዓቕሚ ሰብ፡ ክሊማዊ ለውጢ፡ ትሕተ ቅርጺ፡ ጸዓትን ሃብቲ ማይን ካልኦትን ዝኣመስሉ ሰፋሕቲ

ኣርእስታት ከም እንኮ ፈላጥ ናይ ዓለም ኮይኑ ክምድር እንከሎ ንሰማዒኡ የስደምም። ዳርጋ ኣብ ነፍስ ወከፍ ዛዕባ ንነብሱ ከም ሊቅ ገይሩ ኢዩ ዘቕርባ።

ፕረሲደንት ኢሳይያስ ብዛዕባ ዝተሓላለኹ ቁጠባዊ ስትራተጂታት፡ ክሊማ፡ ሕርሻዊ ርድኢታት፡ ፖለቲካዊ ብልሓት፡ ስነ ምድራዊ ፍልጠት፡ ወይ ምምዝማዝ ቁጠባዊ ጸጋታት ክዛረብ እንከሎ፡ ስኽፍ ዝብሎ እውን ኣይመስልን። ኣረኣእያኡ ብትዕቢት ስለ ዝተሸፈነ። ንኣጋጣሚ መበል ሰላሳን ሰለስተን ዓመት በዓል ናጽነት ኤርትራ ኣመልኪቱ ዝሃቦ መደረ ንብዙሕ ሰብ ኣገሪሙ። እምበርዶ ጥዑይ ኢዩ ኣብ ዝብል መደምደምታ ዝበጽሑ ዜጋታትን ወጻእተኛታትን እውን ውሑዳት ኣይኮኑን። ኣብ መደርኡ፡ ኢሳይያስ፡ ኣተሓሳስብኡ ኣብ ተስዓታት ከም ዘሎ ብግልጺ ኣርእዩ። ኢሳይያስ፡ ኣብ መደርኡ ከም ሃንዳሲ ናይ'ቲ ብዝሐ ዋልታዊ (multi-polar) ዓለማዊ ስርዓት ኮይኑ ቀሪቡ።

ኢሳይያስ ሓድሽ ኣህጉራዊ ልምዓታዊ ስርዓት ንምህናጽ ዝሕግዙ ሓሳባት ይገልጽ፣ ንምዕዋቱ ዘገልግሉ ስትራተጂታት ይዝርዝርን መደባት የቕርብን፣ ከምኡ እውን ንምትስዳስ ጸጋታት ዝምልከቱ ርእይቶታት ኣብ ዝተፈላለዩ ኣህጉራዊ መጋባእያታት ከቕርብ ጸኒሑ። ናቱ ራእይ ዝሓሸት ዓለም ንምፍጣር ከም ዝኾነ ኢዩ ዘብርህ። እቲ ዘገርም ግን፡ እታ ንሱ ዘመሓድራ ዘሎ ንእሽቶ ሃገር፡ ድሕሪ ኣስታት ሰላሳ ዓመትታት ዝወሰደ ናይ ናጽነት እዋን፡ ካብ ክቱር ድኽነት ክትወጽእ ዘይምኽኣላ ኢዩ። እዝስ ምስ ምንታይ ክቑጸር ይኽእል?

ኤርትራ ክሳዕ ሕጂ ብመቑነን (ration) ኣትመሓደር ሃገር ኢያ ኮይና ዘላ። ዜጋታታ መዓልታዊ መሰረታዊ ድሌታቶም (ከም ባኒ፡ ሽኮር፡ ዘይቲ ምግቢ፡ ብርስን) ንምርካብ መስርዕ ይሕዙ። ፕረሲደንት ኢሳይያስ ህዝቡ ምስ ከም'ዚ ዝኣመሰለ ጸገማት ይቃለስ ምህላዉ ዝረስዐ ይመስል። ጃምላዊ ስደት መንእሰያት፡ ነቲ ምብሕጓጉ ዓቕሚ ሰብ ኤርትራ ዝያዳ ዘጉልሕ ተርእዮ ኢዩ።

ፕረሲደንት ኢሳይያስ ኣብ'ቲ 'ራእያዊ' ኣተሓሳስባኡ ኮይኑ፡ ካብ'ቲ ህዝቡ ዘጋጥሞ ዘሎ ተሪር ክውንነትን ጸገማትን ተነጺሉ ኣብ ናይ ሕልሚ ዓለም ይነብር ኣሎ። 'ራእያዊ' ቃላቱ ምስ ናይ'ቶም ኣብ ትሕቲ ምልካዊ ስልጣኑ ዘጋጥሙ ጸገማት ኣዝዩ ዝተቓረነ ኮይኑ፡ ኣብ መንጎ ኣረኣእያታቱን ተመክሮታት ህዝቢ ኤርትራን ዓቢ ጋግ ከም ዘሎ ድማ የቃልዕ። እዚ ድማ ከም'ቲ ኣብ ዝቕጽሉ ምዕራፋት እንዝትየሎም፡ ናይ ውልቀ መላኺ ልሙድ መለለዩ ባህሪ ኢዩ።

ካልኣይ ክፋል

ኩነታት ኤርትራ ድሕሪ ናጽነት፣ ትንታኔኣዊ ጸብጻብ

ምዕራፍ 1

ኤርትራ ኣብ 1991 ዓ.ም.

ዕላማ ተጋድሎ ንናጽነት ኤርትራ ክንዮ'ቲ ንናጽነትን ርእሰ ውሳኔን ዝዓለመ ወፍሪ ኢዩ ዝኸይድ ነይሩ። ንማሕበራዊ ፍትሒ ከም ቀንዲ ዕላምኡ ኣብ ምዕዋት ዘተኮረ ብሰፊሕ ራእይ ኢዩ ዝድረኽ ነይሩ። እቲ ምንቅስቓስ ብመሰረቱ ሰብኣዊ መሰላት ንምርግጋጽ ዝዓለመ ኮይኑ፣ እዚ ድማ መሰልን ክብሪ ወዲ ሰብን ዝሓለወ ዝሓሸ ህይወት፣ ሓሳብካ ብዘይ ፍርሒ ናይ ምግላጽ ናጽነት፡ መሰል ምውዳብን ኣብ ፖለቲካዊ ንጥፈታት ምውፋርን፡ ፍትሓውን ምዕሩይን ማሕበራዊ ኣገልግሎት ምርካብ፡ ምድህሳስ ቁጠባዊ ዕድላት፡ ሃይማኖታዊ ናጽነት፡ ምዕቃብን ምምዕባልን ባህሊ፡ ብመሰረት ውልቃዊ ምርጫታት ናይ ምንባር ናጽነትን ግዝኣተ ሕጊ ምርግጋጽን ዝኣመሰሉ መሰላት የጠቓልል። ካብ'ዚ ሓሊፉ ምስ ጎረባብቲ ሃገራት ሰላማውን ስኒታውን ሓባራዊ ህይወት ንምስፋን ይዕልም።

ኤርትራ፡ ኣብ 1991 ዓ.ም. ኣብ ልዕሊ'ቲ ስርዓት ኢትዮጵያ ዝረኸበቶ ዓወት ብቐንዱ ህዝቢ ኤርትራ ብዝኸፈሎ ክቡር መስዋእትን ብቕዓት መሪሕነቱን ምዃኑ ዘይከሓድ ሓቂ ኢዩ። እዚ ኮይኑ ግን፡ እቲ ዓወት ካብ ካልኦት ኣገደስቲ ኣብ ዞርያና ዝተኸስቱ ፍጻመታት ነጺልካ ክርአ ኣለዎ ማለት ኣይኮነን። ከም ኣብነት፡ እዞም ዝስዕቡ ክጥቀሱ ከኣ ይኽእሉ። ብምብትታን ሕብረት ሶቭየት ዝተደምደመ ኣህጉራዊ ናይ ኣሰላልፋ ሓይልታት ለውጥታት፡ ምድልዳልን ምድንፋዕን ተቓወምቲ ሓይልታት ኣብ ኢትዮጵያ፡ ከምኡ እውን ኣብ ውሽጢ ደርጊ ዝተኸሰተ ናይ ኣሰላልፋ ሓይልታት ለውጥታት። እዞም ዳሕረዎት ረጃሒታት ኣቃሊልካ ዝረኣዩ ኣይኮኑን።

ዝኾነት ውልዶ ሃገር፡ ከም ውጽኢት ምውጋድ መግዛእቲ ይኹን ወይ ካልእ ኩነታት፡ ብተለምዶ ነብሳ ዳግም ናይ ምህናጽ ዝተፈላለየ ዕድላት ኣለዋ። ስፍሓትን ዕምቈትን ናይዞም ዕድላት'ዚኣቶም ድማ ኣብ ከም ታሪኻዊ ኩነታት፡ ዘቤታዊ ጸጋታት፡ ፖለቲካዊ ምርግጋእን ኣህጉራዊ ረቛሒታትን ዝኣመሰሉ ዝተፈላለዩ ረቛሒታት ዝምርኮስ ክኸውን ይኽእል። መብዛሕትኡ ግዜ፡ ውልዶ ሃገራት መኣዝነን ክሳዕ ብንጹር ዝፈልጣ ግዜ ይወስደለን ኢዩ። ኤርትራ እውን ካብ'ዚ ሓቂ'ዚ ወጺኣ እትነብር ሃገር ኣይነበረትን።

ብ1991 ዓ.ም. ኤርትራ ካብ ናይ ሰላሳ ዓመት ንናጽነትን ሃገራዊ ክብርን ዝዓለመ ኲናት ክትወጽእ ከላ፡ ኣማኢት ብድሆታትን ዕድላትን ዝሓዘለ መስቀላዊ መገዲ ይጽበያ ነይሩ።

ናይዛ ሓዳስ ሃገር ልደት (birth) ብከቢድ ዋጋ ኢዩ መጺኡ፣ በሰላታት ግጭትን ዘይርጉጽነትን ጌና ኣይበነነን። ኣሽሓት ተጋደልቲ ህይወቶም ንሓደ ክቡርን ቅዱስን ኢዩ ኢሎም ዝኣመኑሉ ዕላማ ወፍዮም።

ኣማኢት ኣሽሓት ነበርቲ ተመዛቢሎም፡ ብርክት ዝበሉ ካልኦት እውን ኣብ ጎረባብቲ ሃገራትን ክንዮኡን ዕቍባ ሓቲቶም። ኣብ እዋን ኲናት፡ እታ ሃገር ኣብ ማሕበራውን ቁጠባውን መዳያት ምዕባለ ከተምጽእ ዘይሕሰብ ኢዩ ነይሩ። እቲ ኩነታት ድማ እናበኣሰ ወይ እናተበላሸወ ምኻዱ ርዱእ ነገር ኢዩ።

እቲ ነቲ ዕጥቃዊ ቃልሲ መሪሑ ነታ ሃገር ካብ መግዛእቲ ኢትዮጵያ ሓራ ዘውጽአ ፖለቲካዊ ውድብ (ህግሓኤ) ድሕሪ ናጽነት ኤርትራ፡ ብመሰረት'ቲ ሓድሽን ፍሉይን መዐቀኒታት ክፍተን ነይሩዎ።

እቲ ኲናት ብወገን እተን ሓርነታዊ ምንቅስቓሳት፡ ጽንዓት፡ ዘይምሕላል፡ ትብዓት፡ ዘይተጸዓድነት፡ ተወፋይነትን ልዑል ደረጃ ወተሃደራዊ ኣቃውማን ይጠልብ ነይሩ። ጽኑዕ ኣቃውማን (hierarchy) ዲሲፕሊንን ዘለዎ ሰንሰለት እዝን ቁጽጽርን ክህሉ ኣድላዪ ኢዩ ነይሩ። ስርዓትን ብቕዓትን ንምዕቃብ ንጹር መስመራት ስልጣንን ሓላፍነትን (authority and responsibilities) ይሓትት ነይሩ። ብቕልጡፍ ንዝቀያየሩ ኩነታትን ንዝምዕብሉ ስግኣታትን ንምብዳህ ናይ ምትዕጽጻፍ ክእለት ይሓትት ነይሩ፤ ኣብ ዘለዋዋጥን ህጹጽን ሃዋህው፡ ኣድማዕነት (effectiveness) ንክህሉ፡ ብቀጻሊ ካብ ተመክሮ ምምሃርን ምትዕርራይን ከም ልምዲ ክውሰድ ነይሩዎ። ኣድላይነት ናይ ሓደ ብታክቲካውን ስትራተጂያውን ደረጃ ብቑዕ ዝኾነ መሪሕነት ወይ ኣመራርርሓ ክህሉ እውን ኣገዳሲ ኢዩ ነይሩ። ከምኡ እውን ኣብ ትሕቲ ጸቕጢ (pressure)፡ ኣገደስትን ግዜ ዘይህቡን ውሳነታት ንምውሳድ። ብተወሳኺ ንኣከያይዳ ናይ'ተን ውድባት ዘነጽሩን ዘጉልሑን ቅጥዕታትን ስርዓተ ክብርታትን ክህሉዉ ይጠልብ ነይሩ።

እቶም ሕቶታት እዞም ዝስዕቡ ነይሮም፥ እቲ ብተዓጻጻፍነቱን ብቕዓቱን ዝፍለጥ ኣብ ጽንኩር ወተሃደራዊ ኩነታት ዝተፈተነን ዘመስከረን ህግሓኤ፡ ንልምዓታዊ ጉዳያትን መደባት ዳግመ ህንጻን ዝኣልን ዘማእዝንን ምንቅስቓስ ወይ ፖለቲካዊ ውድብ ንምኧን ብዓወት ክሰጋገር ይኽእል ዲዩ? ግንዛበ ናይ'ቲ ሓድሽ ኩነታት ከጥርን ከማዕብልን ንዕኡ ከማሕድሮ ዘኽእሎ ብቕዓት ከረጋግጽን ይኽእል ዲዩ? እቲ ሓድሽ ጠባያትን ልምድታትን፡ ነቲ ናይ'ቲ እዋን ጠለባት ዝምልሽ ክኸውን ይኽእል ዲዩ? ግዝኣተ ሕጊ ክነግስ ይኽእል ዲዩ? ስልጣን ንሕጋዊ ዋናታቱ ማለት ንህዝቢ ኤርትራ ብዘይ ውዓል ሕደር ከረክቦ ይኽእል ድዩ? እቲ ውድብ ኣብ ዝሓለፈ ዓመታት ዘማዕበሎ ጽንዓትን ዘይተጸዓድነትን እናዓቀበ፡ ባህሊ ምስጢርን ወተሃደራውነትን እናገለለን እናኣትረፈን ብደሞክራስያዊ ባህርያት ዝልለ ውድብ ንምኧን ከመይ ገይሩ ክሰጋገር ይኽእል? ከመይ ኢሉ ኢዩኸ ቀስ ብቐስ ናብ'ቲ ሓቛፍነት፡ ኣሳታፍነት፡ ተሓታትነት፡ ግሉጽነት፡ ልዕልና ሕግን ውልቃዊ ናጽነትን ዝሓቝፈ መሳርሒ ክቕየር ዝኽእል?

ሃገራዊ ሓድነትን ማሕበራዊ ምትእስሳር ምህናጽን ንምርግጋእ እውን ወሳኒ ኢዩ ነይሩ። ዘተን ናይ ምጽውዋር ባህልን ምድንፋዕ ነቶም ዘቤታውያን ፍልልያት ናብ ዘይተደልዩ ጥርዝታት ንከይበጽሑ ንምክልኻል ምሓገዘ። ማዕረ ማዕረኡ ድማ ነቶም ነባራት ተጋደልቲ ምስ'ዚ ሓድሽ ክውንነት ንክለማመዱ ምድላውን ምስ ሲቪላዊ ህዝቢ ተጸንቢሮም ብዘይ ገለ ጸገም ከም ዝሰርሑን ምግባርን ግዜ ዘይወሃቦ ጉዳይ ኢዩ ነይሩ። ካልእ ርኡይ ስክፍታ፡ ኣብ እዋን ሰላም፡ ድሌታት ናይ'ቶም ብኩናት ዝሰንከሉ ገዳይም ተጋደልቲ ምምላእ ኢዩ ነይሩ። እዚ ሕቶ'ዚ እውን መልሲ ዝጠልብ ኢዩ ነይሩ።

እቲ ቁጠባዊ ኩነታት ካልእ ሰፍ ዘይብል ብድሆ ኣቕሪቡ። ብኩናት ዝዓነወት ንእሽቶ ሃገር ዳግማይ ንምህናጽ ዝሕግዙ ጸጋታት ካበይ ክመጹ ኢዮም? ካብ ስርዓት ኢትዮጵያ ዝተወርሱ ድኹማት ትካላት ከመይ ገይሮም ነቲ ሓድሽ ኩነታት ንምግጣም ክሕይሉ ወይ ክተዓራረዩ ይኽእሉ? እቲ ዓቕሚ ሰብ ምስ ጠለባት ሃገራዊ ዳግመ ህንጸት ብኸመይ መገዲ ከመዓራረ ይኽእል? ከምኡ እውን እቲ ኣብ ደረጃ ምብራስ ዝነበረ ናይታ ሃገር ትሕተ ቅርጺ ብኸመይ መገዲ ህይወት ክዘርእ ይኽእል? ኩሎም እቶም ኣቐዲሞም ዝተጠቕሱ ጠለባት ንሃገራዊ ዳግመ ህንጸት ዝኸውን ኩለ መዳያዊ መርሓ ጎደና ዝጠልቡ ኢዮም።

እቲ ኤርትራውያን ኣብ ጎረባብቲ ሃገራት፡ ማእከላይ ምብራቕ፡ ኤውሮጳን ሰሜን ኣመሪካ ዕቑባ ከም ዝሓቱ ዝገበረ ጉዳይ ጃምላዊ ስደት፡ ነቲ ኩነታት ዝያዳ ዝተሓላለኸ ገይሩዎ ነይሩ። ብፍላይ ድማ ነቶም ኣብ ሱዳን ዝነብሩ ኤርትራውያን ስደተኛታት ፍሉይ ቆላሕታ ክውሃቦም ይግባእ ነይሩ። ብመሰረት ጸብጻብ ናይ'ቲ ኣብ ጉዳያት ስደተኛታት

ዝነጥፍ ኣህጉራዊ ትካል (UNHCR)፡ ኤርትራ ኣብ ግንቦት 1991 ዓ.ም. ናጽነታ ኣብ ዝረኸበትሉ እዋን፡ ኣስታት ሓሙሽተ ሚእቲ ሽሕ ኤርትራውያን ስደተኛታት ኣብ ሱዳን ይነብሩ ነይሮም (UNHCR, 1998)።[xiv]

ኣብ መንጎ'ዚ ብድሆታት'ዚ፡ ኣብ ቅድሚ ማሕበረሰብ ዓለም ሕጋውነት ናይ ምርካብ ዝነበረ ግዴታ ልዕሊ ኹሉ ኢዩ ነይሩ። ካብ ኣዕናዊ ኩነታት ዝወጸት ሃገር ዳግማይ ንምህናጽ፡ ኣህጉራዊ ተፈላጥነትን ደገፍን ምርካብ ዲፕሎማስያዊ ጻዕርታት የድሊ ነይሩ።

ስርዓተ ትምህርቲ ንጠለባት ሃገራዊ ዳግመ ህንጸት ንምምላእ ዳግማይ ክሕይል ነይሩዎ፣ እቲ ንሰላሳ ዓመታት ኣብ እተኻየደ ግጭት ነቲ ህዝቢ ዘጋጠሞ ዓሚቝ ማህሰይቲ ድማ ኣካላውን ስነ ኣእምሮኣውን ፍወሳን ሕውየትን (healing) የድልዮ ነይሩ።

ካብ'ዚ ሓሊፉ፡ ካብ ደቡብ (ማለት ኢትዮጵያ) ካብ'ቶም ነቲ ናይ'ታ ሓዳስን ናጻን ኤርትራ ርጉእ ኩነታት ዘይቅበሉ ወገናት፡ ስግኣት ክመጽእ ከም ዝኽእል ትጽቢት ዝገብረሉ ኩነታት ነይሩ ኢዩ። ንዘመናት ብንግስነት ኣምሓራ ኮነ ተባሂሉ ዝቃላሕ ዝነበረን ዝተጎስጎሰሉን ኣዝዩ ሱር ዝሰደደ ናይ ሰለስተ ሽሕ ዓመት ጽውጽዋይ ኣብ ልዕሊ'ቶም ምስ ቀይሕ ባሕርን ዘመናዊት ኤርትራን ዝዳወቡ መሬታት ሕጋዊ ናይ ምውናን መሰል ከም ዘለዎ ይገልጽ። ወለዶታት ኢትዮጵያውያን በዚ ጽውጽዋይ'ዚ ሓንጎሎም ላድዩን ደንዚዙን ኢዩ። እዚ ድማ ኣብ'ቲ እዋን'ቲ ኣብ መንጎ ህዝባዊ ግንባር ሓርነት ኤርትራን ህዝባዊ ሰውራዊ ደሞክራስያዊ ግንባር ኢትዮጵያን (ኢህኣዴግ) ዝነበረ ርክብ ጌና ምዉቕ ኣብ ዝነበረሉ ህሞት ኢዩ ነይሩ።

እቲ ኣብ ዓለም ብሓፈሻ፡ ኣብ'ዚ ዞባና ድማ ብፍላይ፡ ኣዝዩ ዘተሓሳስብ ዝነበረ ካልእ ጉዳይ፡ እስላማዊ ጥሩፍነት ኢዩ። ብካልእ ኣዘራርባ፡ ቀርኒ ኣፍሪቃን ጎረቤት ዝኾነት ማእከላይ ምብራቕን ካብ'ዚ ዘጨንቕ ተርእዮ'ዚ ጓኖት ኣይነበራን። ኤርትራ እውን ካብ'ዚ ናጻ ክትከውን'ያ ኢሉ ዝተጸበየ ኣይነበረን።

ናይ'ታ ሓዳስ ሃገር ጸጥታን ምዕባለን ከተረጋግጽ እናተቓለስካ በቲ ሓደ ወገን፡ በቲ ካልእ ድማ ነዞም ኣብ ላዕሊ ዝተጠቕሱ ብድሆታት ብኸመይ ከም እትገጥሞም ምውጣን ተኣፋፊ ጉዳይ ኢዩ ነይሩ።

እዞም ኣብ ላዕሊ ዝተጠቕሱ ዘይንዓቑን በዳህትን ዕንቅፋታት'ዚኣቶም እናሃለዉ፡ ኤርትራ ክትጥቀመሎም እትኽእል ርኡያት ዕድላት እውን ነይሮም ኢዮም።

ናጽነት ንኹሎም ዝተፈላልዩ ኣተሓሳስባታት ዝነበሮም ሓርበኛታት ኤርትራውያን መተኣኻኸቢ ረቛሒ ኢዩ ነይሩ። ዓወት ንምምጻእ ከቢድ ዋጋ ስለ ዝተኸፍሎ፡ ናጽነት ብሓቂ ዝግብኦም ኮይኑ ተሰሚዑዎም። መገዲ ናጽነት ከቢድን ነዊሕን ኢዩ ነይሩ። ዕጥቃዊ ቃልሲ ኤርትራ ክፈሽል ኢዩ ዝብል ግምታት ኣብ ገለ እዋናት ኣስፋሕፊሑ

ነይሩ ኢዩ። ስለዚ ናጽነት ምስ መጸ ኩሉ ሰብ ብሓጎስ ተፈንጪሑ፡ ዓሊሉ ድማ። ኩሉ ኤርትራዊ፡ ኣብ እዋን ዕጥቃዊ ቃልሲ ኣብ ነንሕድሕዱ ዘውረዶ ቁስሊ ንምሕዋይ ይቕረ ክበሃህልን ንምርስዖም ዘኽእል ጥጡሕ ባይታ ከመቻቹን ድልውነቱ ኣርኢዩ። እቲ ዝበዝሐ ድማ ነቲ ጉዳይ ሓንሳብን ንሓዋሩን ክዓጽዎን፡ ብክፉት ኣእምሮን ልብን ሓድሽ ምዕራፍ ታሪኽ ክጅምርን ዝተሰማምዐ ይመስል ነይሩ። ዝሓለፈ ሓሊፉ ኢዩ ብምባል። እዚ ድማ በቲ 99.98 ሚእታዊት ኤርትራውያን ንናጽነት ኤርትራ ዘድመጹሉ ብታሪኽ ኣዝዩ ፍሉጥ ዝኾነ ረፈረንደም ተደምዲሙ። ከምዚ ኮይኑ ግን ታሪኽ ዝጠንቁ ቅረታ ዝነበሮም ዜጋታት ኣይነበሩን ማለት ኣይኮነን።[xv]

ኣብ'ቲ ኣብ ልዕሊ ህዝባዊ ግንባር ሓርነት ዝነበረ ኣኽብሮትን ደገፍን እምነትን ብምምርኳስ ንህዝቢ ኣብ ሓባራዊ ዕላማ ንምጥርናፍን ወይ እውን ከም ዝዓሰል ምግባርን ዕድል ተረኺቡ ነይሩ። ልዑላዊትን ደሞክራስያዊትን ብልጽግትን ኤርትራ ንምፍጣር ራኢይ ናቱ ዝገበረ ዕላማ።

ኤርትራ፡ ኣብ ገማግም ቀይሕ ባሕሪ ምህላዋ ጥራይ ብግቡእ እንተ ድኣ ተጠቒማትሉ ዓቢ ጸጋ ኢዩ ነይሩ። ዓመታዊ፡ ልዕሊ ዓሰርተ ሚእታዊት ናይ ዓለምና ግሎባዊ ንግዲ፡ ብቀይሕ ባሕሪ ዝሓልፍ ኮይኑ፡ ካብ'ቲ ኣብ ደቡባዊ ኣፍደገ ባሕሪ ዝርከብ ባብ ኣል መንደብ ክሳብ ኣብ ሰሜን ዝርከብ መትረብ ሱዌዝ ዝዝርጋሕ ኢዩ። ቀይሕ ባሕሪ ከም መተካእታ ዘይብሉ ቁጠባዊ መስመር ባሕሪ ዘገልግል ኢዩ። ኣብ ዝቕጽሉ ዓሰርተታት ዓመታት ኣገዳስነቱ እናዓበየ ከም ዝኸይድ ድማ ጥርጥር የልቦን። ንሰሜናዊ ምብራቕ ገማግም ኣፍሪቃን ሓውሲ ደሴት ዓረብን ሓዊስካ ኣብ ገማግም ቀይሕ ባሕሪ ዝርከባ ሃገራት፡ ዓቢ ናይ ዕብየት ዓቕሚ ከም ዘለወን ተንተንቲ ይዛረቡ። ኣብ'ዚ ከባቢ፡ ብዝሒ ህዝቢ ብ100% ክውስኽ ምኳኑን ኣብ መጀመርታ 2050ታት ድማ ካብ ኣስታት 620 ሚልዮን ናብ ኣስታት 1.3 ቢልዮን ክዓቢ ምኳኑን ይሕበር። ጎኒጎኒ'ዚ፡ እቲ ጃምላዊ ዘቤታዊ ፍርያት (GDP) ኣብ'ዚ ዝጥቀስ ዘሎ ግዜ ካብ 1.8 ትሪልዮን ዶላር ናብ 6.1 ትሪልዮን ዶላር ክድይብ ምኳኑ ትጽቢት ይግበር (Due, 2021)።[xvi]

ኤርትራ ኣብ'ዚ ስትራተጅያውን ቀንዲ መተሓላለፍን ዝኾነ ዞባ ምህላዋ፡ ኣቓልቦ ዓውለማውያን ሓይልታት ክትስሕብ ተኽእሎ ነይሩን ኣሎን። ኣብ ውሽጢ'ዚ ዞባ ዝፍጸም ምዕባለታት ብንቕሓትን ዓቢ ተገዳስነትን ዝከታተላ ዓበይቲ ቁጠባውን ፖለቲካውን ወተሃደራውን ሓይልታት ዓለም ድማ ኣብ'ዚ መዳይ ንዝኾነ ዘይምርግጋእ ክጻወርኦ ከም ዘይክእላ ፍሉጥ ኢዩ ነይሩ። ኩነታት ናይ'ዚ ዞባ ናብ ህውከት ወይ ዘይምርግጋእ እንተደኣ ማዕቢሉ ድማ፡ ወተሃደራዊ ይኹን ዲፕሎማስያዊ ምትእትታው ክሕሰብ ከም ዝኽእል ትጽቢት ይግበር ነይሩ። እንተላይ ኣራግጽ።

ነዚ ኣቐዲሙ ዝተጠቕሰ ረቛሒታት ኣብ ግምት ብምእታው፡ መሪሕነት ኤርትራ ብመንጽር'ቲ ሽው ዝነበረ ኩነታት፡ ጥንቃቐ ክገብር ግድን ነበረ። እዚ ኩነታት'ዚ፡ ማሕበረሰብ ዓለም፡ ተራ ኤርትራ ኣብ ውሽጢ'ቲ ዞባ፡ ከም ሓደ ረባሺ ሓይሊ ዘይኮነስ፡ ከም ሓደ ናይ ምርግጋእ ሓይሊ ገይሩ ንክወስዶ ልዑል ጥንቃቐ ዝሓትት'ዩ ነይሩ። እ'ቲ መሪሕነት ብዝግባእ ይረዳኣዮ ወይ ኣይረድኣዮ ብዘየገድስ፡ ናይ'ቲ ዞባ ድሕነት ናይ ምርግጋጽ ሓላፍነት መብዛሕትኡ ግዜ ካብ ቁጽጽሩ ወጻኢ ክኸውን ይኽእል ምንባሩ ምፍላጥ ኣገዳስነት ነይሩዎ። እዚ ድማ ኣብ'ቲ ዞባ ዝኸሰት ናይ ሓይሊ ሚዛን ምልውዋጣት ወይ እውን ኣሰላልፋ ሓይልታት ብዝምልከት ንቕሓትን ምስትውዓልን ኣብ ውሽጢ እቲ ዝተሓላለኸ ኩነታት ድማ ናይ ገዛእ ርእሱ ተራ ብዝምልከት ንጹር ግንዛበን የድልዮ ነይሩ። ናይ'ዚ ኩነታት ግቡእ መረዳእታ ዘይምህላው በቲ ሓደ ወገን፡ በቲ ካልእ ድማ ንህላወኻ ኣብ ምልክት ሕቶ ዘእቱ ጠባያት (behaviors) ምርኣይ ከቢድ ሳዕቤን ክህልዎ ከም ዝኽእል ፍሉጥ ነይሩ።

ማሕበረሰብ ዓለም፡ ነታ ንእሽቶ ውልዶ ሃገር ብጽቡቕ ዓይኒ ኢዩ ርእዩዋ፣ ንዕብየታ ዝድግፍ ሃዋህው ወፍዩላ፡ ኣብ ውሽጢ ማሕበረሰብ ዓለም ሕጋዊ ህላወኣን ተራኣን ንክተረጋግጽ ድማ ደገፉ ለጊሱ። ሓያሎ ብዙሕ ዝጩንፈረን (multilateral) ክልተኣውያንን (bilateral) መወልቲ ትካላት፡ ምስ ኤርትራውያን መዛኑኣን ንምምኽኻርን ስትራተጅያዊ ድሌታተንን ቀዳምነታተንን ናይ ክልቴኦም ወገናት ንምግምጋም ክዋስኣ ጀሚረን ነበራ። ዲፕሎማስያዊ ልኡኻተን ንመጻኢ ምትሕብባር ኣብ ግምት ዘእትዉ ፕሮቶኮላትን ሕግታትን ብሓባር (ምስ ኤርትራ) ክሕንጽጹ ጀሚሮም። እቲ ብኣህጉራዊ ደገፍን ክትትልን እተኻየደ ረፈረንደም ኣብ ታሪኽ ድሕረ ናጽነት ኤርትራ ኣገዳሲ ምዕራፍ'ዩ ነይሩ። ማሕበረሰብ ዓለም ንድሌት ህዝቢ ኤርትራ ተፈላጥነት ሂቡ፣ ናይ ኤርትራ ሕጋዊ ህላወ (ምስ ግዝኣታዊ ዶባታ) ኣብ ውሽጢ ኣህጉራዊ ማሕበረሰብ፡ ምስ ውልቀ ልዑላውያን ሃገራት፡ ከምኡ እውን ምስ ዞባውያንን (ኢጋድ፡ ሕብረት ኣፍሪቃን ካልኦትን) ኣህጉራውያንን ውድባት (ከም ሕቡራት ሃገራትን ወግዓዊ ጨናፍሩን) ወግዓዊ ርክብ ንክካየድ መገዲ ጸሪጉ።

ካብ ዝተፈላለዩ ግሎባዊ ተመክሮታት፡ እንተላይ ካብ ሓርነታዊ ምንቅስቓሳት ኣፍሪቃ ዝተኻዕበተ ትምህርቲ፡ እንታይ ክሕቆፍ እንታይ ክንጸግ ከም ዝግባእ ጠቓሚ መምርሒ ሂቡ። እዞም ምንቅስቓሳት'ዚኣቶም ንመግዛእታዊ ዕብለላ ኤውሮጳ ንምውጋድን ናጻን ደሞክራስያውያን ሃገራት ንምቛምን ኣብ ዝብሉ ዕላማታት ዝተመስረቱ ኢዮም ነይሮም። ካብ'ዚኣቶም፡ ግንባር ሃገራዊ ሓርነት (FNL) ኣልጀርያ፡ ህዝባዊ ምንቅስቓስ ሓርነት ኣንጎላ (MPLA)፡ ህዝባዊ ውድብ ደቡብ ምዕራብ ኣፍሪቃ (SWAPO) ናሚብያ፡ ግንባር

ሓርነት ሞዛምቢክ (FRELIMO)፡ ናይ ዚምባብወ ኣፍሪቃዊ ሃገራዊ ሕብረት (ZANU)፡ ናይ ዚምባብወ ኣፍሪቃዊ ህዝባዊ ሕብረት (ZAPU)፡ ሃገራዊ ኮንግረስ ኣፍሪቃ (ANC) ደቡብ ኣፍሪቃ፡ ከምኡ እውን ኣፍሪቃዊ ሰልፊ ንናጽነት ጊኒን ኬፕ ቨርደን (PAIGC) ይርከቡዎም።[xvii]

እዞም ሓርነታውያን ምንቅስቓሳት'ዚኣቶም ብሓቂ ንፖለቲካዊ ባህጊ ህዝቦም ዘቃልሑን፡ ነቲ መግዛእታዊ ተረፍመረፍ ካብ ሱሩ ኣብ ምምሓው ዓቢ ኣበርክቶ ዝነበሮምን ኢዮም። ከም ተጋድሎ ሓርነት ኤርትራን፡ ህዝባዊ ግንባር ሓርነትን ገዚፍ መስዋእቲ ከፊሎም፡ ኣብ ናይ ነፍስ ወከፎም ዕላማ ድማ መዘና ዘይብሉ ተወፋይነትን ወንን ኣርኢዮም። እዞም ምንቅስቓሳት'ዚኣቶም ብዓብላሊ መልክዕ ንማርክስነት ከም መገዲ ድሕነትን ማሕበራዊ ለውጥን ዝሓቖፉን ዘሳሰዩን ኢዮም ነይሮም። መብዛሕትኦም ብዋጋ ናይ'ቲ ሓባራዊ ዕላማ፡ ኣብ ጸቢብ ረብሓታቶም (ስልጣን) ዝያዳ ብዝግደሱ ልሂቃን (elites) ከም ዝምርሑ እናተነጸረ ምስ ከደ ግን፡ መወዳእታኦም ኣይጸበቐን። ምስጢርን ምሕረተ ኣልቦ (ruthless) ባህርያቶም ንኣገዛዝኣኦም ወይ ኣገባብ ምሕደራኦም ተቖጻጺሩዎ። መብዛሕትኦም ዘይደሞክራስያዊ ዝንባለታት ኣርኢዮም፣ ኣብ ክንዲ ሃገራዊ ጉዳያት ንምፍታሕ ወይ ንምእላይ ደሞክራስያዊ ኣሰራርሓ ዝጥቀሙ፡ ንሓቂ (ፍጹም ሓቂ) ከም ውልቃዊ ጥሪቶም ገይሮም ሒዞምዎ። ኣብ መወዳእታ ድማ ሃገራዊ ድሕነት ወይ ፖለቲካዊ ምርግጋእ ንምርግጋጽ ብዝብል ምስምስ ንዘይተወሰነ እዋን ኣብ ስልጣን ጸኒሖምን ኣለዉን።

ብርግጽ እዞም ኣብ ጸቢብ ክሊታት ዝተጠርነፉ ልሂቃን፡ ንዓሰርተታት ዓመታት ስርዓተ ምስጢርን ናይ ዘይተሓታትነት ባህልን ብምትካል፡ ስልጣን ከሕዙ ጸኒሖም ኢዮም፣ እዚ ባህሪ'ዚ ነቲ ኣብ ቃልሲ ዝነበሩሉ ዓመታት ዘዘኻኽር ኢዩ (Mesfin, 2008)።[xviii] እዞም ምንቅስቓሳት'ዚኣቶም መብዛሕትኡ ግዜ ናይ ሓሳባት ፍልልያት ኣይጻወሩን ኢዮም ነይሮም። ንዝተፈላለዩ ርእይቶታት ወይ ርእዮተ ዓለም መድረኽ ኣየመቻችኡን። ከምኡ እውን ንፍልልያት ወይ ግርጭታት ብልዝብ ዝፈትሑሉ ኣገባብ ወይ መካኒዝም ኣይነበሮምን:: መብዛሕትኡ ግዜ ድማ ዓመጽ ወይ ጭፍለቓ (coercion) ከም መሳርሒ ይጥቀሙ ነይሮም።

ድሕሪ ምውሓስ ናጽነት፡ እዞም ምንቅስቓሳት'ዚኣቶም ቀጺሎም እንታይ ክገብሩ ምኻኖም ራእይ ኣይነበሮምን። ከምኡ እውን ሓሳባቶም ናብ ክውንነት ንምትርጓም ንጹር ኣንፈት ኣይነበሮምን። ብዛዕባ ማሕበረ ቁጠባዊ ኣቃውማ ሕብረተሰብ እኹል ርድኢት ኣይነበሮምን፡ ድሌታቶምን ባህግታቶምን እውን ዝፈልጡ ኮይኖም ኣይተረኽቡን። እቲ ዝተዓዘብናዮ ተርእዮታት፡ ናይ'ቲ ተራ ህዝቢ ዝተሓምሸሸ ሕልምን ዝተበታተነ ባህግን

ታሪኽ ኢዩ። በቲ ሓደ ሸነኽ ድማ ታሪኽ ናይ'ቶም ኣብ ጸበብቲ ዓንኬላት ዝተጠርነፉ ልሂቃንን እሙናት ሰዓብቶምን፡ ናይ ፍጹም ምግባት ስልጣን ታሪኽ ኢዩ። ኩሎም ድማ ኣብ ዙርያ መታለሊ ጭርሖታት ዝተሓብኡ ተርእዮታት ኢዮም ነይሮም። ኤርትራ ካብ'ዚ ፍጻመ'ዚ ብዙሕ ክትመሃር ነይሩዋ።

ኣብ መንጎ ህግሓኤን ኢህኣደግን (ናይ ቀደም ህወሓት) ዝነበረ ዘተባብዕ ናይ ስራሕ ዝምድና፡ ኣብ ብዙሕ ሸነኻት (ቁጠባዊ፡ ጸጥታዊ፡ ዲፕሎማስያዊ፡ ወዘተ) ንምትሕብባርን ንምውህሃድን ባብ ኣርሒዩ ኢዩ። ክልቲኦን ውድባት ካብ 1975 ዓ.ም. ብሓባር ክሰርሓ ካብ ዝጀምራ ኣትሒዘን ዝተራእየ ላዕልን ታሕትን ውረድ ደይብን ብዘየገድስ፡ ነቲ ጥርጣረን ዘይምትእምማንን ብመጠኑ ድማ ነቲ ፖለቲካዊ ፍልልያት ንምቅላልን ንምጽባብን ነዊሕ መገዲ ተጓዒዘን ኢየን። ኣብ 1991 ዓ.ም. እዚ ሽርክነት'ዚ፡ ኣብ ኣዲስ ኣበባ ንዝነበረ ምልካዊ ስርዓት ንምውዳቕ ዝዓለመ ሓባራዊ ስትራተጂን ብግሩም መገዲ ዝተወደበ ብዙሕ ሸነኻዊ ወተሃደራውን ፖለቲካውን ዲፕሎማስያውን ተበግሶታትን ኣብ ምሕንጻጽ ኣብ ዝለዓለ ጥርዙ በጺሑ ኢዩ። እዚ ሃዋህው'ዚ፡ ነቲ ኣብ መንጎ ክልቲኦን ሃገራትን ኣብ'ቲ ሰፊሕ ዞባን፡ ከም ክልተ ልዑላውያን ሃገራትን፡ ምስ ኣህጉራዊ ሕግን ስርዓታትን ብዝሰማማዕ መገዲ ዝገሃድ ዝነበረ ዳይናሚካዊ ፖለቲካዊ ኩነታት ብውሕልነት ንምምላሽን ንምፍታሕን ዝያዳ ጻዕሪ ክግበር ይጽውዕ ነይሩ።

ኤርትራ እውን ንዅሉ ዝሓቁፍ፡ ንቕድሚት ዝጥምት፡ ኣብ ድሌታት ሕብረተሰብ ዝተሰረተ ኩሉ ዘጠቓለለ ልምዓታዊ ኣጀንዳ ክትቀርጽ ዕድል ረኺባ ነይራ። እዚ ሓድሽ ኣጀማምራ'ዚ ሓድሽ ቅዋም ንምርቃቕንን ምጽዳቕን ምትግባርን፡ ኣገደስቲ ትካላት ንምቛምን ቁጠባዊ ዕብየት ንምርግጋጽን ዘኽእል ምኾነ። ንዜጋታት ሃገር ንምሕያል፡ ባህላዊ መንነት፡ ምዕባለ ትሕተ ቅርጺ፡ ትምህርትን ሰብኣዊ ርእሰ ማልን ቀዳምነት ክወሃቦ ነይሩዎ።

ካብ'ዚ ሓሊፉ፡ ኣህጉራዊ ደገፍ ንምርግጋጽን ካብ'ታ ግሎባዊት (globalized) ዓለም ንምጥቃምን፡ ማሕበራዊ ምትእስሳር ምድንፋዕ፡ ልዕልና ሕጊ ምርግጋጽ፡ ሰናይ ምሕደራ (good goverance) ምርዓም ንምርግጋእን ሕጋውነትን ኤርትራ ኣዝዩ ኣገዳሲ ዕድል ነይሩ።

ኤርትራ ኣብ 1991 ዓ.ም. ዘካየደቶ ጉዕዞ ብኣሰካፊ ብድሆታትን ተስፋ ዝህብ ዕድላትን ዝተለለየ ኢዩ። ነዚ ተነቃፊ ሚዛን ሒዝካ ብምጉዓዝ፡ ካብ'ቲ ዑናታት ኲናት ተገላጊልካ ርጉእን ብልጹግን ስሙርን ህዝቢ ንምህናጽ ዘኽእል መገዲ ምኸፈተ።

ምዕራፍ 2

ኩነታት ሃገር፡ ኣብ'ዚ እዋን'ዚ

ኣብ ወሰናስን ቀይሕ ባሕሪ እትርከብ ብዙሕ ገበናት ዘይፍጸመላ፡ ብሄራዊ ስኒት እተሳሲ፡ ክገብር በሃሊትን ኣብ ሓደ እዋን ድማ ከም መብራህቲ ተስፋ ኣፍሪቃ እትቑጸር ዝነበረትን ሃገር፡ ተስፋ ዘቑርጽን ጸልማት ዝሰፈኖ ዛንታን ካብ ዝሰፍና ነዊሕ ኮይኑ። ሃገረ ኤርትራ፡ ብዝተፈላለየ ማሕበራውን ቁጠባውን ፖለቲካውን መዐቀኒታት ከም ዝተገምገመ፡ ብቁጠባዊ ምንቁልቋል፥ ፖለቲካዊ ምዝንባዕ (disorientation)፡ ትካላዊ ሕማምን ውድቀትን (dysfunction) ከምኡ እውን ዘፈሩ ዝተበናጠሰ ማሕበራዊ ዓለባ ከም ዝኾነት ንዕዘብ።

ኩነታት ኤርትራ፡ ከም'ዚ ሕጂ እንዕዘቦ ዘለና፡ በዞም ዝስዕቡ ባህርያት ክልለ ይከኣል፥ ናይ ሓደ ወለዶ ዓቕሚ ምብኻን፡ ኮነ ኢልካ ማሕበራዊ ዓለባ (social fabric) ንምብትታኽ ለይትን መዓልትን ምስራሕ፡ ብጥንቃቐ ዝተነድፈ ብብዙሕነት ዝልለ ባህሊ ምዕናው፡ ዘይግቡእ ምግፋዕን ምቍጽጻርን ሃይማኖትን ሃይማኖታዊ ትካላትን፡ ንዝኾነ ተቓዋሚ ድምጺ/ታት ብሓይሊ/ብኀነጽ ምዕፋን፡ ንመንእሰያት ኣብ ድፋዓትን መዳጎኒ ቦታታትን ምስዳድ፡ ጃምላዊ ስደት ናይ ብዓሰርተታት ኣሽሓት ዝቑጸሩ መንእሰያት ደቂ ተባዕትዮን ደቂ ኣንስትዮን፡ ምግሃስ መሰረታዊ ሰብኣዊ መሰላት፡ ፍጹም ምግላል ገዳይም ተጋደልቲ፡ ኣተሓሳስባ ሕብረተሰብ ብሓይልን ብምትላልን ብዝተሰነየ መገዲ ኣብ'ቲ እቲ ስርዓት ዝደልዮ ኣረኣእያ ከም ዝርዕም ምግባር፡ ከምኡ እውን ኣህጉራዊ ተነጽሎ።

እቲ ፖለቲካዊ ኩነታት ብዘሰክፍ ደረጃ ተበላሽዩ ኢዩ። ፖለቲካዊ ምርግጋእ ንማለቱ እውን የለን። ብሰንኪ ጉድለት ግሉጽነት ዝፍጠሩ ፖለቲካዊ ተቓውሞታትን ስክፍታታትን

ልሙዳት ኮይኖም ኣለዉ። ዜጋታት፡ መራሕቶም ነታ መንግስታዊት መርከብ ንምምራሕ ብዘይምኽኣሎም እቲ ተስፋ ምቑራጽ እናወሰኸ ይኸይድ ኣሎ።

ብመሰረት ማዕከን ገንዘብ ንሰላም (Fund for Peace - FFP)፡ ዝተባህለ ናይ መጽናዕቲ ትካል፡ ኤርትራ (ካብ ዝለዓለ ደረጃ ውድቀት፡ ማለት 120፡ 94.5 ነጥቢ ብምምዝጋብ) ሓንቲ ካብተን ዕስራ ኣገዳሲ ተነቃፊት (fragile) ዝኾና ሃገራት ትቑጸር። ካብ'ተን ዕስራ፡ ሶማልያ፡ የመን፡ ደቡብ ሱዳን፡ ዲ.ኣር.ሲ.፡ ሱዳን፡ ሪፓብሊክ ማእከላይ ኣፍሪቃ፡ ቻድ፡ ኢትዮጵያ ወዘተ ይርከብኣን። ነዚ ነጥቢ'ዚ ምስ ናይ ቦትስዋና (55.3)፡ ናሚብያ (60.3)፡ ጋና (62.3)፡ ሞሮኮ (68.20)፡ ደቡብ ኣፍሪቃ (72.0)፡ ጋምብያ (76.1)፡ ታንዛንያ (76.6) ምስ እነጻጽሮ፡ ኤርትራ ኣብ ከመይ ዝበለ ኩነታት ከም ዘላ ንምርዳእ ኣየጸግምን። ምዕባለ ንምዕቃን ዝጥቀሙሉ መዐቀኒታት፡ ከም ጥምረትን (cohesion)፡ ቁጠባውን ፖለቲካውን ማሕበራውን መለከዕታት (indicators) ዝሓቖፉ ኢዮም። ናይ ጥምረት መርኣያታት፡ ንኣሰራርሓ ጸጥታ፡ ዝተጎጃጀሉ ልሂቃንን፡ ጉጅለኣዊ ቅሬታ ምግላጽን (grievance) ይዕቅኑ። እቶም ቁጠባዊ መለከዒታት ብወገኖም፡ ንቁጠባዊ ምንቁልቋል፡ ዘይምዕሩይ ቁጠባዊ ምዕባለን ስደት ደቂ ሰባትን ምጽንቃቕ ሓንጎልን (brain drain) ይግምግሙ። ፖለቲካ፡ ብመንጽር ሕጋውነት መንግስቲ፡ ህዝባዊ ኣገልግሎታት፡ ሰብኣዊ መሰላትን ልዕልና ሕግን ኢዩ ዝረአ። ማሕበራዊ መለክዒታት ድማ ንዲሞግራፊያዊ ጸቕጥታትን ስደተኛታትን ዘቤታዊ ናይ ተመዛበልቲ ኩነታትን (IDPs) ዝምልከት ኢዩ። እቲ ሰንጣቒ ረቛሒ (crosscutting factor) ንግዳማዊ ምትእትታው ዝምልከት ኢዩ (Peace, 2023)።[xix]

ፍጥነት ምንቁልቋል ብፍላይ ኣብ ከም ጸጥታዊ መጋበርያታት[xx] ጉጅላዊ ቅሬታ[xxi] ከምኡ እውን ቁጠባዊ ምንቁልቋል[xxii] ዝኣመሰሉ መዳያት ይግምግም። እዚኣቶም፡ ነዞም ዝስዕቡ የጠቓልሉ፥ ናይ ሕብረተሰብ ብሓፈሻ፡ ናይ ነፍሲ ወከፍ ሰብ እቶት ድማ ብፍላይ፡ ሓፈሻዊ ሃገራዊ ፍርያት፡ መጠን ሸቕለት ኣልቦነት፡ ዝቕባበ፡ ኣፍራይነት፡ ዕዳ፡ ደረጃ ድኽነት ወይ ውድቀት ንግዲ ወዘተ ምስ ቀጻሊ ቁጠባዊ ምንቁልቋል ዝተኣሳሰሩ ናይ ቁጠባዊ ቅዲታት ረቛሒታት ኣብ ግምት ዘእተወ ኢዩ። ብተወሳኺ፡ ናይ ደቂ ሰባት ካብ መረበቶም ምምዝባልን ምጽንቃቕ ሓንጎልን (braindrain)[xxiii] መንግስታዊ ሕጋውነት[xxiv] ከምኡ እውን ሰብኣዊ መሰላትን ግዝኣተ ሕግን ይግምግም (Peace, 2023)።[xxv]

ጸብጻብ ሂዩማን ራይትስ ዎች 2023 ዓ.ም፡ መንግስቲ ኤርትራ ኣብ ልዕሊ ዜጋታቱ ዘካይዶ ከቢድ ጭፍለቓ ወይ ጸቕጢ ይቕጽሎ ከም ዘሎ ይሕብር። እዚኣቶም ድማ ነዚ ዝስዕብ የጠቓልሉ፥ ሓሰብካ፡ ርእይቶኻ፡ ከምኡ እውን ኣብ ሃይማኖታዊ እምነትካ ናጻ ኴንካ ንከይትገልጽ ደረት ምግባርን ከምኡ እውን ብኣህጉራውያን ተዓዘብቲ ዝካየድ ናጻ

ከትትል ምዕንቃፍን። መንግስቲ፡ ንኤርትራውያን ዜጋታት፡ ብብዝሒ ንደቂ ተባዕትዮን ዘይተመርዓዋ ደቂ ኣንስትዮን ብዝምልከት፡ ደረት ብዘይብሉ ውዕላት (without fixed terms)፡ ውሑድ ካሕሳ፡ ኣብ ምርጭኦም ዘይምርኮስ ሞያ ወይ ናይ ስራሕ ቦታን ናብ ወተሃደራዊ ወይ ሃገራዊ ኣገልግሎት ናይ ምምልማል ልምዱ ይቕጽል ኣሎ እውን ይብል (Watch, 2023)።[xxvi]

ብተወሳኺ፡ ብዘይ ሕጋዊ ውክልና፡ ፍርዳዊ ዳግመ ግምት ወይ ምብጻሕ ስድራ ቤት ዘይብሉ ሰፊሕ ጃምላዊ ማእሰርትን ብዘይ ምኽንያት ንነዊሕ እዋን ምእሳርን ቀጺሉ፣ ገለ ውልቀ ሰባት ድማ ንዓሰርተታት ዓመታት ከም'ዚ ዓይነት ኩነታት ተጻዊሮም። እዚ ተግባራት'ዚ ብቐንዱ ናብቶም ከም ተቓወምቲ መንግስቲ ዝቑጸሩ ውልቀ ሰባት ዝቐንዐ ኮይኑ፡ እንተላይ ነቶም ካብ ወተሃደራዊ ኣገልግሎት ዝሃድሙ እውን የጠቓልል። መንግስቲ ንልዕሊ ዕስራ ዓመታት ነተን ብወግዒ ኣፍልጦ ዝረኸባ ሃይማኖታት ማለት ሱኒ ምስልምና፡ ኤርትራዊት ኦርቶዶክስ፡ ሮማዊት ካቶሊክ፡ ወንጌላውያን (ሉተራን) ኣብያተ ክርስቲያን ዘጠቓልላ ዘይሰዕቡ ኣመንቲ ሃይማኖታዊ ናጽነት ከሊኡዎም ኢዩ። እቶም ምስ "ተፈላጥነት ዘይብሎም" እምነታት ዝተኣሳሰሩ ሰባት፡ ማእሰርቶም ቀጺሉ፡ ሃይማኖታዊ እምነቶም ክኽሕዱ ንምግዳድ እተኻየደ ናይ ስቅያት ኣጋጣሚታት እውን ነይሩ ኢዩ።

ኤርትራ ነቲ ኣብ 1951 ዓ.ም. ዝጸደቐ ውዕል ስደተኛታት ሕቡራት ሃገራት ወይ እውን ነቲ 1969 ዓ.ም. ዝጸደቐ ውዕል ስደተኛታት ኣፍሪቃ ከም ዘየጽደቐቶ ክፍለጥ ይግባእ። ከሳዕ መወዳእታ 2021 ዓ.ም. ልዕሊ 580,000 ኤርትራውያን ስደተኛታትን ሓተትቲ ዑቕባን ኣብ ወጻኢ ሃገራት ይነብሩ ከም ዝነበሩ፡ ካብ'ዚኣቶም ድማ ዝበዝሑ ካብ'ታ ሃገር ክሃድሙ ዝወሰኑሉ ቀንዲ ምኽንያት እቲ ዝካየድ ዘሎ ገደብ ኣልቦ ሃገራዊ ኣገልግሎት ምዃኑ ይጠቕሱ።። እዚ ድማ ኣብ'ቲ ብግንቦት 2022 ዓ.ም. ዝሰፈረ ጸብጻብ ብፍሉይ ድማ ኣብ ጸብጻብ ወሃቢ ውድብ ሕቡራት ሃገራት ኣብ ኩነታት ሰብኣዊ መሰላት ኤርትራ ተሰኒዱ ኣሎ (Human Rights Watch, 2023)።[xxvii]

ኣምነስቲ ኢንተርናሽናል ኣብ 2022/23 ዓ.ም. ኣብ ዘውጽኦ ጸብጻብ ብሰበ ስልጣን ኤርትራ ኣብ ልዕሊ ናይ ፖለቲካ ተቓወምቲ፡ መራሕትን ኣባላት ሃይማኖታዊ ጉባኤታትን ዝፍጸም ዘሎ ቀጻሊ ግፍዒ፡ ናብ ኢደ ዋኒናዊ ማእሰርቲ ከም ዘብጽሖም መዝጊቡ ኣሎ። ሃለዋት እዞም ግፍዒ ዝወርዶም ዝነበረን ዘሎን ውልቀ ሰባት ኣይተፈልጠን፣ ንሃገራዊ ኣገልግሎት ዝተመደቡ ሰባት ድማ መብዛሕትኡ ግዜ በቲ ገደብ ኣልቦ ዝመስል ኣገልግሎት ዝተቐየዱ ኢዮም ነይሮም። እቲ ዘሰክፍ ግን ኣብ መዓስከር ወተሃደራዊ ታዕሊም ሳዋ፡ ብወተሃደራዊ ኣዘዝቲ ኣብ ልዕሊ'ተን ኣገልገሎተን ዝፍጽማ ዘለዋ ደቂ ኣንስትዮ፡

ጸታዊ ዓመጽ ይፍጸም ከም ዝነበረ ዘመልከት ክስታት ነይሩ ኢዩ (International A., 2023)።[xxviii]

ናይ'ቶም ንዘይጥዑይ ምሕደራ ፕረሲደንት ኢሳይያስ ኣፍወርቂ ኣመልኪቶም ተቓውሞኦም ዝገለጹ ናይ'ቲ ብጉጅለ 15 (G-15) ዝፍለጥ ዓሰርተ ሓደ ኣባላት ዝነበርዋ ጉጅለ፡ ኣብ መስከረም 2001 ዓ.ም. ብሓይልታት ጸጥታ ካብ ዝእሰሩ 'ንደሓር፡ ኩነታቶም'ን ዝተኣሰሩሉ ቦታኦምን ኣይተገልጸን። እዞም ዓሰርተ ሓደ ኣባላት፡ ክፉት ደብዳበ ናብ ፕረሲደንት ኢሳይያስ ዝብል ጽሑፍ ድሕሪ ምዝርጋሖምን ኢዮም ዝተኣሰሩ። እቲ ደብዳበ ነቲ ዝጸደቐ ቅዋም ክትግበርን ክፉት ምርጫ ክካየድን ዝጽውዕ ኢዩ ነይሩ። ብተመሳሳሊ መገዲ፡ ሃለዋትን ኩነታትን ናይ'ቲ ሽወደናዊ ጋዜጠኛ ዳዊት ኢሳቕን፡ ናይ'ቶም ምስ ጉጅለ 15 ተሓባቢርኩም ተባሂሎም ዝተኣሰሩ ካልኦት ዓሰርተ ሽዱሽተ ጋዜጠኛታትን ብምስጢር ተሸፊኑ ተሪፉ።

ውሑዳት ላዕለዎት ሰበ ስልጣን መንግስትን፡ ላዕለዎት ኣዘዝቲ ሰራዊትን ሰልፍን ዝሓቖፈ፡ ነቲ ብኢሳይያስ ዝምራሕ መንግስቲ ንምውዳቕን ቅዋማዊ መንግስቲ ንምትካልን ዝዓለመ ኣብ ወርሒ ጥሪ 2013 ዓ.ም. ብናዕቢ ፎርቶ ዝፍለጥ እምቢታ ኣበጊሶም። እቶም ድሕሪ'ዚ ምንቅስቓስ ዝነበሩ ወሰንቲ ውልቀ ሰባት ወይ መራሕቲ፡ ምስ ደገፍቶም ኣብ ትሕቲ ቀይዲ ኣትዮም ኣለዉ፡ ሃለዋቶም ድማ ጌና ኣይተገልጸን። እዚኣቶም ድማ፥ ዓብደላ ጃብር (ሓላፊ ጉዳያት ውደብ ነበር፡ ህግደፍ፡) ሙስጣፋ ኑር ሑሴን (ኣመሓዳሪ ዞባ ደቡብ ነበር)፡ ኣሕመድ ሓጂ ዓሊ (ሚኒስተር ጸዓትን ዕደናን ነበር)፡ ሜጀር ጀነራል ዑመር ጠዊል (ወተሃደራዊ ኣዛዚ ዞባ ደቡብ ነበር)፡ ከምኡ እውን ኢብራሂም ቶቲል (ኣባል ማእከላይ ሽማግለ ነበር፡ ህግደፍ) ኢዮም። ስዒድ ዓሊ (ወዲ ዓሊ፡ ኣብ'ቲ ናዕቢ ዝተሳተፈ ላዕለዋይ መኮንን ሰራዊት) ተቐቲሉ። እቲ መንግስቲ ንምውዳቕ ዝተገብረ ፈተነ ፈሺሉ። ሰራዊት መንግስቲ ነቲ ክህሉ ዝኽእል ናዕቢ ዓፊኖምዎ። ኣብ መገድታት እተኻየደ ናዕብታት ድማ ኣይነበረን (Gettleman, 2013)።[xxix]

ብመሰረት ዘተኣማምኑ ምንጭታት ሓበሬታታተይ፡ ከም በዓል ሮሞዳን መሓመድ ኑር ዝኣመሰሉ ፍሉጣት ሰባት ከይተረፉ ነቲ ናዕቢ ይፈልጡዎ ጥራይ ዘይኮነስ ምስ'ቲ ናዕቢ ይደናገጹ ከም ዝነበሩ ይፍለጥ ኢዩ።

እዞም ኣቐዲሞም ዝተጠቕሱ ምሕቃቕትን ምስዋራትን ዜጋታት፡ ብዘይካ እቶም ብሳዳም ሑሴን፡ ጆሴፍ ስታሊንን ማኦ ሰ ቱንግንዝተፈጸሙ ካልእ ዝወዳደሮም የለን፡ ኩሎም ድማ ኣሰር ናይ ጸጋማውያን ምንቅስቓሳት ዝተኸተሉ ኢዮም።

እዞም ክልተ ዓበይቲ ፍጻመታት፡ ሓደ መሰረታዊ ሓቂ ዘጉልሑ ኢዮም፥ መሰረት መንግስቲ ወትሩ ሰንኮፍ ወይ ኣብ ትሕቲ ምልክት ሕቶ ምዃኑ። ኣብ ኣባላቱን ኣብ

ህዝብን ከም'ዚ ዓይነት ቅሬታታት ክበዝሕ ምኽኣሉ ኣብ ግምት ብምእታው፡ መንግስቲ ብዛዕባ ድሕነቱ ኣዝዩ ከም ዝሻቐል ርዱእ ኢዩ። እዞም ኩነታት'ዚ ኣቶም፡ ለውጢ ይከኣል ጥራይ ዘይኮነስ ክገሃድ ምኺኑ ዘስምዑ ወይ ዘተንብሁ ምልክታት ኢዮም። ካብ'ዚ ሓሊፉ፡ እዞም ፍጻመታት፡ ለውጢ ካብ ውሽጢ ዝብገስን፡ ብደቂ ውሻጠ ዝደፋፉእን ከም ዝኾነ ዘጉልሑ ኢዮም። እዚ ኣረኣእያ'ዚ ምስ'ቲ ኣብ ብዙሓት ካልኦት ሃገራት ዝተዓዘብናዮ፡ ናይ ሓደ ስርዓት ለውጢ ብቐንዱ ብግዳማዊ ሓይልታትን ጽልዋታትን ዘይኮነስ ብውሽጣዊ ናይ ስልጣን ዳይናሚክ (ናይ ለውጢ ሕግታት) ኢዩ ዝውሰን ዝብል ሓሳብ ዝሰማማዕ ኢዩ። ኣብ ዝሓለፉ ሰላሳ ዓመታት፡ ንመንግስቲ ንምውዳቕ ዋላ'ኳ ንኣሽቱ ይኹኑ፡ ካልኦት ፈተነታት ክነብሩ ከም ዝኽእሉ ንምግማት ዘሸግር ኣይኮነን። ኣብ ከም ኤርትራ፡ ኣብ ትሕቲ ጽኑዕ ቁጽጽር ዝኣተወ ሕብረተሰብ፡ ከም'ዚ ዓይነት ሓበሬታ ምርካብ ከቢድ ዕማም ክኸውን ይኽእል ኢዩ። ኣረጋጊጽና እንፈልጦ ነገር እንተሎ፡ ከም'ዚ ዓይነት ናይ ተቓውሞ ተግባራት ነይሩን ኣሎን፡ ክቕጽል እውን ኢዩ።

ፓትርያርክ ኦርቶዶክሳዊት ቤተ ክርስቲያን ኤርትራ፡ ኣቡነ ኣንቶንዮስ፡ ኣብ መበል ተስዓን ኣርባዕተን ዓመት ዕድሚኦም ብዕለት 9 ለካቲት 2022 ዓ.ም. ዓሪፎም። ካብ 2006 ዓ.ም. ጀሚሩ ዘይሕጋዊ ናይ ገዛ ማእሰርቲ (ማሕዩር) ተፈሪዱዎም ነይሩ፡ እዚ ድማ ንፖሊሲታት መንግስቲ ብግልጺ ምስ ነቐፉ ብሰበ ስልጣን መንግስቲ እተወሰደ መቕጻዕታዊ ስጉምቲ ኢዩ። ብወግዕን ብዝኾነ ኣፍልጦ ዘወሃቦ ገበናዊ ጌጋ ተኸሲሶም ወይ ተፈሪዶም ኣይፈልጡን። ብ15 ጥቅምቲ 2022 ዓ.ም. ኣቡነ ፍቕረማርያም ሓጎስ (ኣቡን ካቶሊካዊት ቤተ ክርስቲያን ሰገነይቲ) ብስራሕ ኣብ ኤውሮጳ በጺሖም ምስ ተመልሱ ካብ ኣህጉራዊ መዓርፎ ነፈርቲ ኣስመራ ተወሲዶም። ብዘይ ዝኾነ ክሲ ኣብ ቤት ማእሰርቲ ዓዲ ኣቤቶ ተዳጒኖም ምንባሮም ዝተፈላለዩ ምንጭታት ኣረጋጊጾም። እንተ ኾነ ኣቡነ ፍቕረማርያምን ኣባ ምሕረትኣብን (ካልእ ካቶሊካዊ ካህንን) ብ28 ታሕሳስ 2022 ካብ ማእሰርቲ ተፈቲሖም።

ብተወሳኺ፡ ሰራዊት መንግስቲ ብርክት ዝበሉ ናይ ግፋ ወፍርታት ብምክያድ፡ ኣብ'ቲ እዋን'ቲ ንመንእሰያት ካብ ጎደናታት እናለቐሙ ንግዱድ ወተሃደራዊ ኣገልግሎት ኣብ ትሕቲ ቀይዲ ኣእትዮምዎም። ሰበ ስልጣን መንግስቲ፡ ንወለዲ፡ ነቶም ካብ ምዝገባ ሃገራዊ ኣገልግሎት ዝሃደሙ ደቆም ከምጽእዎም ኣገዲዶምዎም (International A., 2023)።[xxx]

ዓመታዊ ጸብጻብ ላዕለዋይ ኮሚሽነር ሕቡራት ሃገራት ንሰብኣዊ መሰላት (ምስ ጸብጻባት ቤት ጽሕፈት ላዕለዋይ ኮሚሽነርን ዋና ጸሓፊን) ሓፈሻዊ ትሕዝቶ ኩነታት ሰብኣዊ መሰላት ኤርትራ የቕርብ።[xxxi] እዚ ገምጋም'ዚ ብቐንዱ ኣብ ዘይተወሰነ ሃገራዊ/

ውተሃደራዊ ኣገልግሎትን ኣብ ቁጠባዊ፡ ማሕበራውን ባህላውን መሰላት ህዝቢ ኤርትራ ዘስዕቦ ኣሉታዊ ጽልዋን ዘተኮረ ኢዩ። ብተወሳኺ፡ ኣብ ኩነታት ልዕልና ሕጊ፡ ምምሕዳር ፍትሒ፡ ከምኡ እውን ንነዊሕ ዝኸይድ ዘይሕጋዊ ማእሰርቲ ከምኡ እውን ምሕቃቕ ሓዊሱ ግህሰት ሲቪላውን ፖለቲካውን መሰላት ዝፍጸመሉም ኣጋጣሚታት ይግምግም። እቲ ጸብጻብ፡ ኣብቶም ኣድልዖን ስደትን ከምኡ እውን ኣብ ባህላዊ ኣነባብራኦም ጣልቃ ምትእትታውን ከገጥሞም ዝጸንሐ ኤርትራውያን ደቀባት ዓፋር ኣቓልቦ ይገብር። ቀጺሉ፡ እቲ ጸብጻብ፡ ኣብ ምሕላው መሰል ኤርትራውያን ስደተኛታትን ሓተትቲ ዑቕባን፡ ኣብ ዘባናን ክንዮኡን ዘሎ ቀጻሊ ብድሆታት የጉልሕ። ብዝተፈላለዩ ትካላት ተጣበቕቲ ሰብኣዊ መሰላት ለበዋታት'ኳ እንተ ቐረበ፡ ኣብ'ቲ ኣብ ኤርትራ ሰፊኑ ዘሎ ስርዓት ሃገራዊ ኣገልግሎት፡ ዝኾነ ይኹን ምምሕያሽ ኣይተራእየን (Babiker, 2023)።

እቲ ፍሉይ ጸብጻብ ብተመሳሳሊ መገዲ ፡ ነቲ ኣብ ሕዳር 2020 ዓ.ም. ኣብ ኢትዮጵያ ዝተወልዐ ግጭት ብምጥቃስ፡ ኣብ ኩነታት ግጭት ትግራይ፡ ብሰራዊት ኤርትራ ዝተፈጸመ ከቢድ ግህሰት ሰብኣዊ መሰላት፡ እንተላይ ተሳትፎ ሓይልታት ምክልኻል ኤርትራ ኣብ ሰፊሕ ጭፍጨፋታት፡ ኣብ ጾታ ዝተመስረተ ዓመጽን፡ ኣብ ምዝማት፡ ምዕንቃፍ ሰብኣዊ ሓገዝ፡ ምዕናው ሲቪላዊ ትሕተ ቅርጽን መዓስከራት ስደተኛታትን፡ ከምኡ እውን ኣብ ልዕሊ ኤርትራውያን ስደተኛታት ዝተኻየደ ምጭዋይን፡ ውጡን መጥቃዕትን ሓቢሩ (Babiker, 2023)።

ብመሰረት ሄሪተጅ ፋውንደሽን (Heritage Foundation) ዝተባህለ ናይ መጽናዕቲ ትካል፡ ኤርትራ ንቁጠባዊ ናጽነት (economic freedom) ብዝምልከት ካብ መላእ ዓለም መበል 170 ትስራዕ። ኣብ ትሕተ ሰሃራ ኣፍሪቃ ድማ መበል 44 ካብ 47 ሃገራት ትስራዕ። ናይ ኤርትራ ቁጠባ ብመሰረት'ቲ ናይ 2024 ዓ.ም. መመልከቲ (index) ኣዝዩ ዝተሃሰየ (repressed) ተባሂሉ ይግመት።[xxxii]

ኤርትራ ንነዊሕ እዋን ካብ ዘጋጠሙዋ ጸገማት ኣዞም ዝስዕቡ ክጥቀሱ ይኽእሉ፥ ድኹም ምሕደራ፡ ሕጽረት ተወፋይነት (commitment) ንመዋቕራዊ ጽገና፡ ድኹም ምሕደራ ህዝባዊ ፋይናንስ፡ ከምኡ እውን ዘይማዕበለ ሕጋውን ኣስተኻኻልን (regulatory) ቅርጽታት። ድኹም ትግበራ መሰል ዋንነት ንብረትን፡ ሰንኮፍ ግዝኣተ ሕግን ንብዙሓት ሰባት ናብ ዘይወግዓዊ ስራሕ ከም ዝጽመዱ ገይሩ። ኤርትራ ኣብ'ዚ መዳይ'ዚ ካብ 176 ሃገራት መበል 171 ቦታ ሒዛ ኣላ። (ኣብ'ቲ ዝርዝር እታ ናይ መወዳእታ፡ ሰሜን ኮርያ ኢያ (Kim, 2023)። ኣብ ኤርትራ፡ እቲ ሓፈሻዊ ኩነታት ግዝኣተ ሕጊ ድኹም ኢዩ። እታ ሃገር ብመንጽር መሰል ንብረት፡ ፍርዳዊ ብቑዕነት፡ ምምሕዳራዊ ቅንዕና (integrity)፡ ኣብ ኩሉ፡ ትሕቲ ማእከላይ ደረጃ ዓለም ኢያ ትስራዕ። ኤርትራ ካብ ሃገራት ዘባ

ትሕተ ሰሃራ ኣፍሪቃ፡ መበል 46 ኢያ፡ ሓፈሻዊ ነጥባ ድማ ካብ'ቲ ዞባውን ዓለማውን ማእከላይ ደረጃታት ኣዝዩ ዝተሓተ ኢዩ (Kim, 2023)።[xxxiii]

ፕሮጀክት ሰብኣዊ ርእሰ ማል ባንኪ ዓለም (World Bank Human Capital Project) ጸብጻቡ ኣብ ጥቅምቲ 2022 ዓ.ም. ኣሓዲሱዎ። እቲ ጸብጻብ ብዓይኒ ሰብኣዊ ርእሰ ማል መመላእታ መለክዕታት፡ ብደረጃ ሃገር ዝተዳቐቐ ሓበሬታ (HCCIs) የቕርብ። እቲ ዳታ ብዘይካ ኤርትራ ን172 ሃገራት ዝሽፍን ኢዩ (Bank T. W., 2020)።[xxxiv]

ኣብ ኤርትራ ዝነጥፍ ናይ ባንኪ ዓለም መደብ ልቓሕ፡ ብሰንኪ ኤርትራ ዕዳኣ ንኸትከፍል ፍቓደኛ ብዘይ ምዃና ዘይንጡፍ ኮይኑ ኣሎ። ተራኡ ድማ ኣብ ቴክኒካዊ ሓገዝ፡ ትንተናዊ ስራሕ ምክያድ፡ ከምኡ እውን ንሰፊሕ ዳግመ ተሳትፎ ንምድላው ጥራይ ዝተሓጽረ ኢዩ (Bank T. W., The World Bank IBRD IDA, 2021)።[xxxv]

ብመሰረት ሞ ኢብራሂም ፋውንዴሽን (Mo Ibrahim Foundation) ዘውጽኦ ጸብጻብ፡ ኣብ'ዚ እዋን'ዚ ካብ ሓምሳን ኣርባዕተን ሃገራት ኣፍሪቃ፡ እተን ዕስራን ሰለስተን እንተወሓደ ሓደ ዘይኣፍሪቃዊ ወተሃደራዊ ህላወ የእንግዳ ኣለዋ። ካብ ኣፍሪቃ ወጻኢ ዝኾና ዓሰርተ ኣርባዕተ ሃገራት፡ ኣብ ኣህጉር ኣፍሪቃ ወተሃደራዊ መዓስከራት ኣለወን። ስትራቴጂያዊ ኣገዳስነት ዘለዎ ቦታ ዝሓዘት ጅቡቲ፡ ኣብ'ዚ እዋን'ዚ ሸውዓተ ካብ ኣፍሪቃ ወጻኢ ዝኾና ወተሃደራዊ መዓስከራት ተእንግድ ኣላ። ኢማራት ዓረብ ኣብ 2015 ዓ.ም. ንፈለማ እዋን ኣብ ኤርትራ ኣፍሪቃዊ ወተሃደራዊ መደበር ከፊታ፡ እንተኾነ ኣብ ለካቲት 2021 ዓ.ም. ብጸቕጢ ኣመሪካ ንገለ ክፋል ወተሃደራዊ መደበር ዓሰብ ኣፍሪሳቶ (ድምጺ ኣሜሪካ፡ ድምጺ ኣሜሪካ ዜና፡ 2021)።[xxxvi]

ትካል ሰላም ሕቡራት መንግስታት ኣመሪካ (United States Institute for Peace - USIP)[xxxvii] ዝተባህለ መጽናዕታዊ ትካል ንWashington Institute for Near East Policy ብምውካስ ዘቕረቦ ጸብጻብ ከም ዘመልከቶ፡ ካብ መጀመርታ 2019 ዓ.ም. ጀሚሩ፡ ኣብ ኤርትራ ኣብ ዓሰብ ዝርከብ መደበር ኢማራት ኣብ ልዕሊ'ቶም ሸሞንተ ሚእቲ ክሳዕ ሽሕን ክልተ ሚእትን ዝግመቱ ናይ ባሕሪ፡ ናይ ኣየርን ናይ ደገፍን ሓይልታት፡ ብተወሳኺ ሓደ ቦጠሎኒ ሓይልታት ምድሪ ከም ዘእንገደ ይግለጽ። ዋላ'ኳ ኢማራት ዓረብ ብመሰረት ተመራመርቲ ሕቡራት ሃገራት ነቲ መደበር ኣየር ተጠቒማ ብሕቡእ ናብ LNA ሊብያ ኣጽዋር ምስግጋር እንተ ቐጸለት፡ እዚ ህላወ'ዚ ክሳብ 75 ሚእታዊት ከም ዝነከየ ይንገር (USIP, 2020)። [xxxviii]

ኣብ 2007 ዓ.ም ዝጸደቐን ኣብ 2012 ዓ.ም. ኣብ ግብሪ ዝወዓለን ኣፍሪቃዊ ቻርተር ሕብረት ኣፍሪቃ፡ ብኣርብዓን ሽዱሽተን ሃገራት ተፈሪሙ ብሰላሳን ሸሞንተን ሃገራት

ጸዲቑ ኣሎ። ካብተን ዘይፈረማ ወይ ዘየጽደቓ ሃገራት፡ ቦትስዋና፡ ግብጺ፡ ኤርትራ፡ ሊብያ፡ ሞሮኮ፡ ታንዛንያ ይርከብኦን (Foundation, 2023)።[xxxix]

ንናይ ኤርትራ GDP per capita ኣመልኪቱ ብጭቡጥ ክዛረብ ዝኽእል ዓለምለኻዊ ውድብ ኣይተረኽበን። ሓበሬታት ከም ምስጢር ስለ ዝተሓዝ። ዓለማዊ ባንክ ኣብ ናይ 2011 ጸብጻቡ፡ ናይ ኤርትራ ጂዲፒ ፐር ካፒታ $643.8 ኢሉ የቕርብ።[xl]

International Monetary Fund - IMF ብዛዕባ ኤርትራ ዝኾነ ይኹን ሓበሬታ ከም ዘይብሉ ይጠቅስ። The World Fact Book ዝተባህለ ብሲ.አይ.ኣይ. (CIA) ዝልቀቕ ጸብጻብ ኣብ 2017 ዓ.ም. ናይ ኤርትራ GDP per capita $1,600 ከም ዝነበረ ይጠቕስ። እዚ ጸብጻብ'ዚ ንጂ.ዲ.ፒ. ፐር ካፒታ ናይ ካልኦት ሃገራት ኣፍሪቃ ኣመልኪቱ ነዞም ዝስዕቡ ኣሃዛት ይህብ፥ ኢትዮጵያ $2,440 (2022 ዓ.ም.)፡ ሱዳን $3,600 (2022 ዓ.ም.)፡ ጅቡቲ $5,000(2022 ዓ.ም.)፡ ቦትስዋና ድማ $15,000 (2022 ዓ.ም.)።[xli]

ብመሰረት Trade Economics ዝበሃል ናይ መጽናዕቲ ትካል፡ ኣብ 2023 ዓ.ም. ናይ ኤርትራ ጃምላዊ ዘቤታዊ ፍርያት ዕብየት 2.9% ነይሩ። ኢትዮጲያ ኣብ'ዚ ዓመት'ዚ 7.9% ጂቡቲ ድማ 5.7% ኣመዝጊበን።[xlii] ብመሰረት ጸብጻብ ናይ ኣፍሪቃ ልምዓት ባንክ (African development Bank) ሓቀኛ ናይ GDP ዕብየት ኣብ 2022 ናብ 2.3% ከም ዝወረደ ይእምት።[xliii]

ኣብ ጽላት ጥዕና፥ 95.65 ህጻናት ኤርትራ ንልዑል ወይ ኣዝዩ ልዑል ዝኾነ ናይ ማይ ተቓላዕነት (vulnerability) ዝተቓልዑ ኢዮም።[xliv] ምጣነ ሞት ናይ ትሕቲ ሓሙሽተ ዝዕድሜኦም ህጻናት ካብ 85.5 (ካብ 1000 ጥዑያት ዝተወልዱ ህጻናት) ኣብ 2000 ዓ.ም. ናብ 38.1 (ካብ 1000 ጥዑያት ዝተወልዱ ህጻናት) ኣብ 2021 ነኪዩ። እዚ ኣዎንታዊ ምዕባለ ኢዩ።[xlv]

ጸብጻባት WHO (2022 ዓ.ም.) ኣብ ህጻናት ምጣነ ስታንቲንግ (stunting)[xlvi] ጌና ልዑል (50.2%)[xlvii] ከም ዘሎ ይሕብሩ። እዚ ምስ ካልኦት ትሑት እቶት ዘለወን ሃገራት ክንጻጸር እንከሎ (25%) ኣዝዩ ልዑል ኢዩ። እዚ፡ ሳዕቤን ናይ ዋሕዲ መኣዛ ዘለዎ ምግቢ (ማልኑትሪሽን) ኢዩ።[xlviii] መጠን ናይ'ቲ መሰረታዊ ናይ ማይ ኣገልግሎት ዝረክብ ህዝቢ 52%ኢዩ።[xlix] ንምክልኻል ቆልዑ (child protection) ብዝምልከት (ዋላ'ኳ ናይ ቀረባ ሓበሬታ እንተ ዘየሎ) 60% ናይ'ቶም ትሕተ ሓሙሽተ ዓመት ዝዕድሜኦም ቆልዑ ኣብ ዝምልከቶም ኣብያተ ጽሕፈት ምዝጉባት ኢዮም።[l] UNFPA ዝተባህለ ዓለማዊ ውድብ፡ 89% ደቂ ኣንስትዮን ገለ ዓይነት ናይ ምኽንሻብ (female genital mutilation - FGM) ተገሩለን ኢዩ ይብል።[li]

ህሉው ኩነታት ትምህርቲ ኣብ ኤርትራ ንምግማጋም ቁሩብ ከሽግር ይኽእል ኢዩ። ንምንታይሲ እኹል ሓበሬታ ስለ ዘየሎ። እቶም ዝርካቦም እውን ዘተኣማምኑ ኢዮም ክትብሎም ኣጸጋሚ ክኸውን ይኽእል ኢዩ። ካብ'ቲ ውሑድ ሓበሬታ ሓደ ሓደ ብምጥቃስ ግን ኩነታት ትምህርቲ ኣብ ኤርትራ ንምብራህ ዘይከኣል ኣይኮነን። እዚ ድማ ምስ ዝርጋሐን (access) ጽሬትን (quality) ዝተኣሰሳአር ኢዩ።

ግሎባል ፓርትነርሺፕ ፎር ኤዱኬሽን (Global Partnership for Education - GPE) ዝተባህለ ምስ ሚኒስትሪ ትምህርቲ ኣብ መትከላት ሽርክነት ተሞርኪሱ ዝነጥፍ ውድብ፡ ኣብ ናይ 2021 ዓ.ም. ጸብጻቡ - ሚኒስትሪ ትምህርቲ - ዝሃቦ ሓበሬታ ብምጥቃስ 38.4% ኣብ ክሊ ዕድመ ናይ ማእከላይ ደረጃ ዝርከባ ደቂ ኣንስትዮ ናይ ትምህርቲ ዕድል ከም ዘይብለን ይጠቅስ። ኣብ ቅድመ ትምህርቲ እውን እንተኾነ 21% ናይ'ቶም ህጻናት ጥራይ ኢዮም ኣብ መእዲ ትምህርቲ ናይ ምስታፍ ዕድል ዘለዎም።[lii]

ትካል ስታቲስቲክስ ዩነስኮ [UNESCO Institute of Statistics (UIS) International Standard Classification of Education (ISCED)] ኣብ ዝሃቦ ጸብጻብ ኣብ 2019 ዓ.ም. ኣብ መባእታ 48% ናይ'ቶም ኣብ ክሊ ዕድመ ናይ መባእታ ደረጃ ትምህርቲ ዝርከቡ ህጻናት (ጽሩይ መጠነ ተሳትፎ ወይ Net Enrolment Rate) ኣብ መኣዲ ትምህርቲ ከም ዘየለዉ ገምጋሙ የቕርብ።[liii] ብተመሳሳሊ መገዲ፡ 39.4% ኣብ ናይ ማእከላይ ደረጃ ክሊ ዕድመ ዘለዉ ህጻናትን፡ 48.1% ኣብ ክሊ ዕድመ ካልኣይ ደረጃ ዘለዉ መንእሰያትን እዚ ዕድል'ዚ የጋጥሞም። እቲ ጸብጻብ ብተወሳኺ፡ ኣብ 2019 ዓ.ም. ካብ ብምሉኡ'ቲ ኣብ መባእታ ደረጃ ዝርከብ ተመሃራይ፥ 60% ናይ ደቂ ተባዕትዮ 52% ናይ ደቂ ኣንስትዮ ትምህርቶም ከም ዘጠናቕቑ (compeletion rate) ይእምት። ኣብ ማእከላይ ደረጃ፡ እቲ መጠን 50% ኣብ ደቂ ተባዕትዮ 52% ድማ ኣብ ደቂ ኣንስትዮ ኢዩ።[liv]

ንጽሬት ትምህርቲ ብዝምልከት፥ ኣብ 2019 ዓ.ም. 84.5% ካብ መማህራን ኣብ መባእታ ከምህሩ እቲ ዝወሓደ ብቕዓት (qualification) ከም ዝነበሮም ይሕብር።[lv] እዚ ብኣዎንታ ዝግለጽ ኢዩ። እዚ መጠነ ብቕዓት ምስ ካልኦት ዝምዕብላ ዘለዋ ሃገራት ክነጻጸር እንከሎ ጽቡቕ ኢዩ። ኮይኑ ግን ነቲ ሞያ ጠንጢኖምዎ (ሃገር ለቒቖም) ዝኸዱ መማህራን ማእለያ ከም ዘይብሎም እቲ ናይ GPE ጸብጻብ ብንጹር ይጠቅስ። ከምኡ ስለ ዝኾነ ድማ ሕጽረት መማህራን የጋጥም። እዚ ኣዝዩ ዝተሓሳሰብ ተርእዮ ኢዩ።

ኣብ 2018 ዓ.ም. መጠን ናይ'ተን መሕጸቢ ኢድ ማይ ዘለወን መባእታ ኣብያተ ትምህርቲ 3%፡ ሽቓቕ ዘለወን 26.2%፡ ኤለክትሪሲቲ ዘለወን ድማ 28.7% ነይሩ። ኣብ

ማእከላይ ደረጃ፡ እቲ መጠን ህላወ ማይ 4.7%፡ ሽቓቕ ድማ 43.2% ኢዩ ነይሩ። ኣብ ላዕለዋይ ደረጃ ቀረብ ማይ 10.3%፡ ቀረብ ኤለክትሪሲቲ 62.9%፡ ህላወ ሽቓቕ ድማ 49.1% ነይሩ።[lvi]

መጠን ናይ'ቲ ንጽላት ትምህርቲ ዝስላዕ ባጀት (ካብ ብምሉኡ'ቲ መንግስታዊ ባጀት) ፍሉጥ ኣይኮነን።[lvii] ብሕቡራት ሃገራት ዝተኣወጀ Sustainable Develoment Goal 4 (SDG 4)፡ ሓንቲ ሃገር ብውሑዱ 4% ናይ GDP ኣብ መዓላ ትምህርቲ ክተውዕል ከም ዘለዋ፡ ብዘይካ'ዚ ድማ ካብ 15%-20% ናይ'ቲ መንግስታዊ ወጻኢታት (public expenditure) ንትምህርቲ ክስላዕ ከም ዘለዎ የተሓሳስብ። እቲ ዘገርም፡ ካብ'ቶም SDG 4 Eritrea Country Profile - ጸብጻባት ክወሃቦም ዝግብኦም 22 መለከዕታት (indicators)፡ ኤርትራ ን5 ካብኣቶም ጥራይ ኢያ ጸብጻብ ሂባ። እዚ ድማ ኣብ'ታ ሃገር ዘሎ ዘይግሉጽነት ዝእምት ኢዩ።

ኤርትራ ንመጀመርያ ግዜ ንምወላ ትምህርቲ (financing of education) ብዝምልከት ኣብ'ቲ Eritrea Education Sector Plan – 2018 ዘርእስቱ ሰነድ፡ ኣብ 2015 መጠን ናይ'ቲ ንጽላት ትምህርቲ ዝስላዕ ባጀት 10.5% ከም ዝነበረ ይጥቀስ (እዚ ምስ'ቲ ዓለማዊ ገምጋም (15%-20%) ክነጻጸር እንከሎ ትሑት ኢዩ። እቲ ሰነድ ብተወሳኺ 1.14% ናይ ጂ.ዲ.ፒ. ናብ መዓላ እቲ ጽላት ይውዕል ይብል። እዚ እውን ምስ ዓለማዊ ስታንዳርድ (4%) ክነጻጸር እንከሎ ኣዝዩ ውሑድ ኢዩ።[lviii]

እዚ ኣብ ላዕሊ ዝተተቕሰ ሰነድ ንሓፈሻዊ ኩነታት ትምህርቲ ኣብ ኤርትራ ብከም'ዚ ዝስዕብ ይገልጾ፥

> ትሑት ዝር.ጋሐን ዘይምዕሩይን ትምህርቲ ኣብ ኩሎም ደረጃታት ትምህርቲ፡ ትሑት ደረጃ ትምህርታዊ ብቕዓት፡ ዘየዕግብ ውጽኢት መምሃራን ካብ ኮለጃት፡ ትሑት ዝር.ጋሐን ጽሬትን ትምህርቲ ኣብ ናይ ሞያዊ ስልጠና ትካላት፡ ደረጃኡ ኣዝዩ ትሑት ዝኾነ ትሕተ ቅርጽን መምሃሪ ናውትን፡ ልዑል ደረጃ መሃይምነት ኣብ ተራ ህዝቢ፡ ናይ መሃይምነት ሃዋህው ምስ ኣዝዮም ውሑዳት ዝንበቡ መጻሓፍትን ኣዝዩ ትሑት ዝኾነ ናይ ምንባብ ልምድን ኣብ ውሽጢ እቲ ሕብረተሰብ፡ ኣዝዩ ውሱን ቀረብ ንዘይስሩዕ ትምህርቲ፡ ዘይተመጣጠነ ዝር.ጋሐ ማሕበራዊ ኣገልግሎት፡ ስርዓቱ ዝሓለወ ናይ ግምገማ ኣገባባት ዘይምህላው።[lix]

ሕጂ እውን ንጽሬት ናይ ትምህርቲ ብዝምልከት እዚ ዝስዕብ ሓበሬታ ንረክብ። ኣብ 2018 ዝተገብረ ፈተናታት (Measurement of Learning Achievement – 2018)

ኣብ ሓሙሻይ ክፍሊ 6 ካብ 10 ተመሃሮ ጥራይ ኢዮም ኣብ'ቲ ክፍሎም ዝጠልቦ ናይ ምንባብ ደረጃ ክንብቡ ዝኽእሉ። ብዘይካ'ዚ 1 ካብ 10 ተመሃሮ ጥራይ ኢዮም ናይ ቁጽሪ ብቕዓቶም ዘረጋግጹ። ኩሎም ተመሃሮ ኣብ ኩለን ዓይነታት ትምህርቲ (ናይ ኣደ ቋንቋ፡ ቁጽርን እንግሊዝኛን) እቲ ዝወሓደ ናይ ምልከት ደረጃ ወይ ድማ ተደላዪ ናይ ምልከት ደረጃ (Desired Mastery Level) ኣየማልኡን።[lx]

ጸብጻብ ናይ GPE ከም ዝሕብሮ ኣብ መባእታ ደረጃ፡ ልዑል ደረጃ ምድጋምን ካብ ትምህርቲ ምእላይን (dropouts) ከም ዘሎ ይእምት። ንማእከላይን ንካልኣይን ደረጃታት ዝምልከቱ ሓበሬታታት ከም ዘይተረኽቡ ግን ይጠቕስ።[lxi]

ላዕለዋይ ትምህርቲ ብዝምልከት፥ መንግስቲ ኤርትራ፡ ከም'ቲ ኣብ ሓደ ካብ'ቶም ምዕራፋት ናይ'ዚ መጽሓፍ ዝተጠቕሰ፡ ናይ ተመሃሮ ናዕቢ ብዝፈጠረሉ ስግኣት ምስምስ ብምግባር ንዩኒቨርሲቲ ኣስመራ ዓጽዩዋ ኢዩ። ዩኒቨርሲቲ ኣስመራ ኣብ 1957 ዝተመስረተት ናይ መጀመሪያ ዩኒቨርሲቲ ኤርትራ ኢያ። World Higher Education Database (WHED)፡ ኣብ ኤርትራ ሸውዓተ ኣብ International Association of Universities (IAU) ኣባልነት ዘለዎም ትምህርታውያን ትካላት ከም ዘለዉ ይሕብር። እዚኣቶም ብደረጃ ትሕተ ምረቓ (ዲግሪ)፡ ድሕረ ምረቓ (ዲግሪ)፡ ዲፕሎማ፡ ኣድቫንስድ ዲፕሎማን ብናይ መማህራን ዲፕሎማን ተመሃሮ የመርቑ። እዚኣቶም ነዞም ዝስዕቡ የጠቓልሉ፥ Adi Keih College of Arts and Social Sciences፡ Asmara College of Health Sciences፡ College of Marine Sciences and Technology፡ Eritrea Institute of Technology፡ Halhale College of Business and Economics፡ Hamelmalo Agricultural College፡ Orotta School of Medicine and Dental Medicine።[lxii]

ጃምላዊ መጠን ተሳትፎ ኣብ ላዕለዋይ ትምህርቲ (Gross enrollment ratio for tertiary school) 3% (2016 ዓ.ም.) ኢዩ ነይሩ። እዚ ማለት ድማ ካብ'ቶም ኣብ ክሊ ዕድመ ላዕለዋይ ትምህርቲ ዘለዉ መንእሰያት 3% ጥራይ ኣብ ገበታ ላዕለዋይ ትምህርቲ ይሳተፉ ኣለዉ ማለት ኢዩ። እዚ መጠን'ዚ ኣብ ኢትዮጵያ 10% (2018) ክኸውን እንከሎ፡ ኣብ ሱዳን ድማ 17% (2015 ዓ.ም.) ኢዩ። ኣብ ካልኦት ሃገራት ኣፍሪቃ ምስ እንምልከት፡ ኣብ ጋና 20% (2022 ዓ.ም.)፡ ጋቦን 23% (2019 ዓ.ም.)፡ ኣብ ባትስውና ድማ 23% (2021 ዓ.ም.) ኮይኑ ንረኽቦ።[lxiii] ናይ ኤርትራ መወዳድርቲ ቻድን ማእከላይ ኣፍሪቃ ረፓብሊክን ኢየን። በመሰረት ጸብጻብ ትካል ስታቲስቲክስ ዩነስኮ፡ ኣብ ኤርትራ ቁጽሪ ናይ'ቶም ኣብ ገበታ ላዕለዋይ ትምህርቲ ክሳተፉ ዝግብኦም መንእሰያት 386,519 ኢዩ።[lxiv] 3% ናይ'ዚ ኣሃዝ'ዚ 11,595 ምኧኑ ኢዩ።

The European University for Well-Being, EUniWell, ዝተባህለ ትምህርታዊ ትካል ንምሕደራ ኮለጃት ኣመልኪቱ ነዚ ዝስዕብ ጸብጻብ ይህብ፡-

> ኮለጃት ኣብ ትሕቲ ሓባራዊ ወተሃደራውን ኣካዳምያውን ምሕደራ ኢዮም ዝመሓደሩ። ሓደ ሓደ ምንጪታት ከም ዝሕብርዎ፡ ተመሃሮ ኣብ ትሕቲ ዝተፈላለዩ ኣሃዱታት ኣብ ትሕቲ ወተሃደራዊ እዚ ይመሓደሩ። ድሕሪ ምስንባት ናይ ብርከት ዝበሉ ናይ ኣስመራ ዩኒቨርሲቲ መማህራን፡ ናይ'ተን ትካላት መማህራን ወጻእተኛታት እናኾኑ መጺኦም። ድሕሪ ምረቓ፡ ተመሃሮ ብውሑድ ደሞዝ ኣብ ሲቪሊያዊ ሃገራዊ ኣገልግሎት ይምደቡ። ገሊኦም ድማ ኣብ ገጠር ከም መማህራን መባእታ ኣብያተ ትምህርቲ ይምደቡ። ኣብ መንጎ ትምህርቶን ዘቋርጹ ተመሃሮ ወተሃደራዊ ኣገልግሎት ንክፍጽሙ ናብ ሳዋ ይለኣኹ።[lxv]

ሓደ ስሙ ክጥቀስ ዘይደሊ ብዛዕባ ኩነታት ላዕለዋይ ትምህርቲ ደሓን ዝኾነ ኣፍልጦ ዘለዎ ዜጋ ኩነታት ላዕለዋይ ትምህርቲ ከመምዚ ይገልጾ፡-

- ላዕለዋይ ትምህርቲ ንኣዝዩ ውሑድ ሚእታዊት ናይ'ቶም ኣብ ላዕለዋይ ትምህርቲ ንክሳተፉ ዕድሜኦም ዝበጽሐ መንእሰያት ከም ዘሳሲ
- ናይ ብቑዓት (qualified) መማህራንን ካልኦት ጸጋታትን ሕጽረት ከም ዘሎ
- ብሰንኪ'ዚ ኣብ ላዕሊ ዝተጠቕሰ ምኽንያታት ብጽሬቱ ትሕት ዝበለ ደርጃ ትምህርቲ ከም ዝወሃብ
- ምግዓዝ ናይ ብርከት ዝበሉ ምሁራት ኤርትራውያን ንወጻኢ ሃገር (braindrain)
- ሕጽረት ምርምራዊ ትሕተ-ቅርጺን ምርምራዊ ምወላን

ኣብ ሓደ እዋን፡ ምንጪ ሓይሊ ዝነበረ ዓቕሚ ሰብ፡ ጠንቂ ስክፍታ ኮይኑ ኣሎ። ጃምላዊ ስደት ክኢላታትን ምሁራትን መንእሰያት፡ ነታ ሃገር መጠነ ሰፊሕ ዝኾነ ምጽንቃቕ ወይ ጽንተተ ኣእምሮ ፈጢሩላ ኣሎ። ሳዕቤን ናይ'ዚ ስደት'ዚ፡ ኣብ ውሽጣዊ ዕዳጋ ስራሕ (labor market) ጥራይ ዘይኮነስ፡ ኣብያተ ትምህርቲ ብቑዓት መምህራን ንምርካብ ኣብ ዝቃለሳሉ ዘለዋ እዋን ኣብ'ቲ ብዓይነቱ ዝብሕጎግ ወይ እውን ደረጅኡ እናኣንቆልቆለ ዝኸይድ ዘሎ ኩነታት ትምህርቲ ይረአ ኣሎ።

ካልእ እቲ ስርዓት ንህዝቢ ኤርትራ ዘይሓሊ ምዃኑ ዝምስክር መርትዖ ከቐርብ። ሓደ ንድሕነቱ ስሙ ክጥቀስ ፍቓደኛ ዘይኮነ ወዲ ውሽጠ ንኩነታት ማይ ኣመልኪቱ እዚ ዝስዕብ ሓበሬታ ሂቡኒ፥

ሎሚ ኣብ ኤርትራ ብቁጽሪ ብርከት ዝበላ ዲጋታት ተሃኒጸን ኣለዋ። እዘን ዲጋታት ካብ 30 ክሳብ 120 ሚልዮን ኲቢክ ሜተር ማይ ዘዋህለላ ዲጋታት እየን። እዘን ዲጋታት ብትእዛዝን ምክትታልን ፕረሲደንት ኢሳይያስ እየን ተሃኒጸን። ሓላፍነት ዝወሰዳ ዝመስላ ኩባንያታት ኣብ'ቲ ከባቢ ዲጋታት'ኳ ዝውዕላ እንተ ነበራ ስም ጥራይ እዩ። ጽቡቕ ስራሕ'ዩ፡ እንተ በቲ እንተ በዚ ዲጋታት ምህናጽ ዘሕጉስ እምበር መዓስ የጉሂ። ሃኒጽካ እንታይ ኣፍረኻ? ዝብል ሕቶ ግን ብግቡእ ክምለስ ኣለዎ። እቶም ካብ ኮሊጅ ሕርሻ ሓመልማሎ ብዲግሪን ዲፕሎማን ዝተመረቑ መንእሰያት ኣብ ከባቢ እዘን ዲጋታት ተመዲቦም ኣለዉ። እቶም ነዞም መንእሰያት ዘመሓድሩ ሓለፍቲ ግን ዝኾነ ዓይነት ትምህርቲ ዘይብሎም፡ ነቶም መንእሰያት ኣብ ክንዲ ብሞያዊ ብወተሃደራዊ ስርዓት ጥራይ ከመሓድርዎም ዝተመዘዙ ሓለፍቲ'ዮም። እዚ ብሚልዮናት ኲቢክ ሜተር ዝዕቀን ማይ ሒዙ ዘሎ ዲጋታት ድማ ንልዕሊ 15 ዓመታት ብዘይ ፍሬ ቀምበይበይ ዝብል ማይ ጥራይ ሒዙ ምህላዉ፡ ኣዝዩ የተሓሳስብ። ቦታታት ይምድመዱ፡ ቱቦታት ይዝርጋሕ፡ ዓመታት ይሓልፍ፡ እቲ ዘደንጹ ጉዳይ፡ እቲ ኣማኢት ክኢላታት ሕርሻ ዘለውዎ ሚኒስትሪ ሕርሻ፡ ብዛዕባ እዘን ዲጋታት ዋላ ሓንቲ ዘይፈልጥን ኣብ ጉዳይ ዲጋታት ኢዱ ከእቱ ዘይፍቀደሉን ምዃኑ እዩ። እዘን ብጉልበት ሰራዊትን ህዝብን ዝተሰርሓ ዲጋታት ተመሊሰን ንህዝቢ ኣገልግሎት ዘይህባ ምዃነን ከኣ ካልእ ዘደንጹ ስራሕ እዩ። ከተማ ኣስመራ ዝተፈላለየ ምኽንያት እናተዋህቦ ኣብ ከባቢኣ ከባቢ 80 ሚልዮን ኲቢክ ሜተር ማይ ተኸዚኑ እንከሎ፡ ተቐማጦኣ ብስእነት ማይ ክሳቐዩ ምርኣይ፡ መልሲ ዘለዎ ሰብ እንተዝረክብ ከዛረብ ምሓተትኩ። ኩለን ዲጋታት ፕርሲደንት ጥራይ እዩ ዘመሓድረን፡ ንሱ ዘይፈልጦን ዘይኣዘዞን ንጥፈት የለን። ኣዝዩ ዘገረም ክስተት!

ኣብ ካልእ ኣርእስቲ ክንሰግር፡ ኣብ ነፍሲ ወከፍ ዓመት ዝግበር ቃለ መሕትት ፕረሲደንት ኢሳያስ፡ ብቐጻሊ ዝለዓል ጉዳይ ምህናጽ መንበሪ ኣባይቲ እዩ። እወ ክለዓል ዝግብኦ እዋናዊ ጉዳይ እዩ። ነዚ ኣመልኪቱ እውን እዚ ኣብ ላዕሊ ዝተተቕሰ ሰብ ብከም'ዚ ዝስዕብ ሓሳባቱ የካፍል፥

ኣብ ሓደ ካብ'ቶም ኣጋጣሚታት ፕርሲደንት ኢሳያስ፡ "ኩሉ ኤርትራዊ ኣብ ገምገም ባሕርን ኣብ ከበሳን ክልተ መንበሪ ኣባይቲ ክህልዎ እየ ዝደሊ" ኢሉ ምንባሩ፡ ክዝክሮ

ከለኹ፡ ምስ'ቲ ብግብሪ ንልዕሊ ዓሰርተ ሓሙሽተ ዓመታት ብዘይካ እተን ብመንግስቲ ተሰሪሐን ዝበሃላ ብቑጽሪ ቁንጣሮን ነቶም ኣብ ወጻኢ ዝነብሩን ጥራይ ዝወሃባን ከሳዕ ሕጂ ኣብ ምፍታሕ ሽግር ኣባይቲ ዘየድመዓ ኣባይቲ ዝኾነ ሰብ ከሰርሕ ፍቑድ ኣይኮነን። ኣብ'ቲ መጀመርያ ከኽልከል እንከሎ ዝወሃብ ዝነበረ ምኽንያት ኔይሩ፡ ገለ ገለ ሰውድያውያን ኣሚራት ምስ ምስፍሕፋሕ ሃይማኖት ዝተተሓሓዘ፡ ንእመንቲ ሃይማኖት ምስልምና ዘይተኣደነ ገንዘብ ብምስኳኽ መሬት እናዓደጉ ኣባይቲ ከሰርሑ ተረኺቦም ዝብል ምስምስ እዩ ተጋዊሑ። ሕራይ፡ እዚ እንተ ኾይኑ እቲ ምኽንያት ንሸው ኣባይቲ ዘይምስራሕ ቅቡል ነይሩ ክበሃል ይከኣል ይኸውን። ብድሕሪኡ'ኸ መን ደኣ መጺኣም እንተበልካ መልሲ የለን። ሰብ ምስ ጨነቕ ተሓቢኡ'ኳ ዝተለጣጠፈ ገዛውቲ ድማ ግረዴራት ኣምጺእካ ሓራስን ኣረጊትን እናውጻእካ ኩሉ ፈሪሱ። ንምሽቱ ደኣ እንታይ ንግበር? መንበሪ ኣባይቲ ምእንቲ ከወሃበና ንስደት ከነምርሕ ጥራይ እዩ ዘሎና። ሕጂ ኣብ ኣስመራ ክልተ ዓርብያ ሑጻ ጽዒንካ እንተ ተረኺብካን መንግስቲ ከትግልብጥ ተታሒዝካን ማዕረ እዩ ክብደቱ። ስለምንታይ ግን ምህናጽ ኣባይቲ ከሳዕ ክንድዚ ከቢዱ? ኣብ ባጽዕን ኣብ ዓዲ ንፋስን ካብ ዝስራሕ ልዕሊ ዓሰርተ ሓሙሽተ ዓመቱ ዘቑጸረ ልዕሊ ዓሰርተ ክልተ ሽሕ ሰባት ከሰፍር ዝኽእል ኣባይቲ መሳኹትን መዓጹን ከይለገቦ፡ ኤለክትሪን ማይን ከይኣተዎ፡ ዝኾነ ነባሪ ከይኣተዎ ክረምቲ ብዝናብ ክረምቲን ብጸሓይ ሓጋይን ተነቓቒዑ ይርከብ ኣሎ። እዚ ኣባይቲ ንሚኒስትሪ ህንጻ ብሓላፍነት ተዋሂቡ እንተ ዝኸውን ከይዓነወ እንከሎ ኣብ ጥቕሚ ምወዓለ ይመስለኒ!! ሚኒስትሪ ህንጻ፡ ህንጻ ጥራይ ሒዙ ካብ ዝተርፍ ግን ዓመታት እዩ ኣቑጺሩ። ደሞዞም ወሲዶም ንገዝኦም ዝኸዱ ሓለፍትን ሰራሕተኛታትን ጥራይ ኣለዉዎ።

ኣብ ኤርትራ፡ መንግስቲ ዝኸተሎ ከስተውዕለሉ ዝግባእ ኣተሓሕዛ ጉዳያት ኣሎ። እዚ ንኩሉ'ቲ ተጀሚሩ ዘይውዳእ ወይ እውን ፍረ ዘይህብ ፕሮጀክትታት ዝምልከት ኢዩ። እቲ ዓቢ ክእለት ናይ'ቲ መንግስቲ ድማ ኣብዚ'ዩ። ብኣገላልጻ ሓደ ስሙ ክጥቀስ ፍቓደኛ ዘይኮነ ግንከ ጥለቕ ዝበለ ኣፍልጦ ዘለዋ ሰራሕተኛ መንግስት ተጀሚሩ ከም ዘሎ ዝንገረሉ ወይ ዝእወጀሉ ግንከ ከመይ ይኸይድ ከም ዘሎን ከመይ ከም ዝተወድኣን ተዘሪቡሉ ዘይፈልጥ ስራሓት ማእለያ የብሉን። ብኣገላልጻ እዚ ከኢላ፡ እዚ እቲ ንብዙሓት ኣዕሚቑም ዘይርእዩን ብዘብለጭልጭ ዜና ጥራይ ዝምስጡን ዜጋታት ዘደናግሮም ዘሎ ኣተሓሕዛ ድማ ኢዩ ይብል። ንሱ ብምቕጻል ኣብ ምጅማር ጥራይ ከም ዝዛረቡ ይጠቅስ'ሞ ናይ'ዚ ኣተሓሕዛዚ ቀንዲ ጠንቂ ድማ፡ መንግስቲ ኤርትራ ብመጽናዕቲ

ዘይሰርሕ ምኽኑን ኢዩ ይብል። ብድሌት ናይ ፕረዚደንት ኢሳይያስ እምበር፡ ናይ ሞያውያንን ምኩራትን ርእይቶ ዘይብሉ፡ መጽናዕቲ ዘይግበረሉን፡ ንስለ ዜናዊ ሃልኪ ጥራይ ዝግበር መደባት ብምዃኑ፡ ዘላቒን ዝጭበጥ ውጽኢትን ዘይብሉን ኣተሓሕዛ እዩ። እዞም ዝስዕቡ ኣብነታት ድማ ይተቕስ፥

- ኣብ ሳዋ ብ2019 ዓ.ም. ብሓገዝ ናይ ባንክ ኣፍሪቃ፡ ዕስራ ሚልዮን ዶላር ወጻኢ ዝተገብረሉ ናይ ሞያ ቤት ትምህርቲ ተኸፊቱ ኔይሩ። ኣብ ምጅማር ናይ'ቲ ቤት ትምህርቲ፡ መራኸቢ ብዙሓን ናይታ ሃገር ልዕሊ ኣርባዕተ ጊዜ፡ ነቲ ትካልን ነቶም ሰልጠንትን ኣመልኪቱ ንህዝቢ ኣበሲሩ። እቲ ኣብ'ቲ ትካል ዝተኣታተወ መሳርሒታት፡ ናይ ኤለክቲሪክሲቲ፡ ናይ ዕንጨይቲ፡ ናይ መኪና ሞቶረ፡ ናይ ማይ መስመራት ወዘተ ብውሑዱ ናይ ሸውዓተ ዓይነት ሞያታት መምሃሪ መሳርሒታት እዩ ነየሩ። ኣዝዩ ዘመናዊ፡ ስርሓት ናይ ጀርመን ምንባሩ እዩ ተቓሊሑ። እቲ ዘገርም ሓንቲ ኮርስ ምስ መሃረ ተዓጽዩ። ዝተዓጽወሉ ምኽንያት እቲ ምሳርሒታት ኣዝዩ ዝተራቐቐ ብምዃኑ፡ ኣብ ከም ናይ ሳዋ ዓይነት ሃሩር ዘለዎ ቦታ (እኹል ናይ ኤለክትሪክ ቀረብ ዘይብሉ) ክትከል ዘይግባእ ብምንባሩ ብዙሕ ጸገማት ከም ዘጋጠሞ እዩ ዝዝረብ። ብመጽናዕቲ ተሰንዩ እንተ ዝነብር ንኸንደይ መንእሰያት ምሓገዘ?
- ኣብ ኤርትራ ብብዝሒ ዝኣተዋ ትራክተራት፡ ዶዘራት (D-10ንን ልዕሊኡን) ናይ ህንጻ መካይንን ከም ዘለዋ ይዝረብ እዩ። ክኣትዋ ከለዋ ይቃላሕ መወዳእትኡ ኣበይ ዓሊበን እንታይ ኣፍርየን ኢልካ ምስ እትሓትት ግን መልሲ የብሉን። ብዘይ መጽናዕቲ እየን ዝኣትዋ፡ ምስዓነዋ ድማ በብዘለዎኦ ተጓሒፈን ይተርፋ።
- ኣብ ዓዲ ሃሎ (ማእከላይ ቤተ መንግስቲ) ተተኺሉ ዘሎ ዎርክሾፓት ኣብ ኣፍሪቃ ከምኡ የለን ተባሂሉ እዩ። ዘመናውነቱን ብዝሑን፡ ብመጽናዕቲ ተተኺሉ እንተ ዝኸውን፡ ንኸንደይ ዘጋታት ምጠቐመ? እዚ እውን ከም ካልኦት ትካላት ክጅመር ከሎ ሰቲ እዩ ተነስኒሱሉ፡ ኣበይ በጺሑ ግን ሕቶ ጥራይ እዩ። መልሲ የልቦን።
- ኣብ ዓዲ ሃሎን ገርገራን ተተኺሉ ዘሎ ኣርባዕተ ሜጋዋት ጸዓት ከፍሪ ዝኽእል ናይ ጸሓያዊ ጸዓት መመንጨዊ መደበራት ተጀሚሩ እምበር ዋላ ሓንቲ ፍረ ከህብ ኣይተራእየን። ከም ዝተተኸለ ተኣዊጁ፡ ኣብ'ዚ መዓላ ውዒሉ፡ ንኸም'ዚኦም ዝኣመሰሉ ጸገማት ፈቲሑ ክበሃል ግን ኣይተሰምዐን። ስለምንታይ? እዚ እውን ብዘይ መጽናዕቲ ከም ዝተተኸለን፡ መንግስቲ'ኳ ይሰርሕ ኣሎ ንምባል ዝዓለመን ካብ ምኳን ሓሊፉ፡ ካልእ ፋይዳ የብሉን።

ብውሑዱ ነዛ ጸልሚታ ትሓድር ዘላ ርእሰ ከተማ ሽሞንተ ሜጋዋት ጥራይ ከም ዝኣኽላን ዝዝረበላን ኣስመራ ናይ መብራህቲ ኣገልግሎት ምረኽበት ነይራ፡፡

- ኣብ ሓልሓለ ተጀሚሩ ዘሎ ናይ ጸባ ከብቲ መራብሒ ትካል እውን ኣሎ። ኣርባዕተ ጊዜ ካብ ኤውሮጳ ከብቲ ከም ዝመጸ ተዘሪቡሉ። ኣብ'ቲ ትካል ተተኺሉ ዘሎ ካብ ኤውሮጳ ዝተገዝኣን ብኤውሮጳውያን ኪኢላታት ዝተተኽለን ኣገዳሲ ዘመናዊ ናይ መሕለቢ መሳርሒታት ካብ ዝትከል ልዕሊ ሸውዓተ ዓመታት ኣቑጺሩ ኣሎ፡፡ ከትከል ከሎ ኣብ መራኸቢ ብዙሓን ዓቢ ቆላሕታ'ዩ ተገይሩሉ፡፡ ክሰርሕ ግን ኣይተራእየን፡ ብርግጽ ድማ ኣይሰርሐን፡ በብእዋኑ ዝመጹ በጻሕቲ ይርእይዎ፡፡ ሓንቲ ላም ከትሕለብ ግን ኣይረኣናን፡፡ ብመጽናዕቲ ዘይተተኽለ ምኽኑ ጥራይ ኢና ንርዳእ፡፡

ኤሪቲቪ ኣብ ናይ ታሕሳስ 24 2020 ዝዘርግሖ ንዲጋ ከርከበት ዝምልከት መደብ፡ ዲጋ ከርከበት ካብቶም ኣብ ኤርትራ ተሰሪሖም ዘለዉ ዲጋታት እቲ ዝዓበየ ዲጋ ምኧኑን እቲ ዲጋ ዓቅሩርዎ ዘሎ መጠን ማይ ድማ 330 ሚልዮን ኩቢክ ሜትር ከም ዝኾነ ኢንጅነር ኪዳነ ብርሃነ ይጠቅስ። ኢንጅነር ኪዳነ እዚ ዓቅሚ'ዚ 13,000 ሄክታር ዝስፍሓቱ ቦታ ከልምዕ ከም ዝኽእል ድማ ይገልጽ፡፡[lxvi]

እዚ ዲጋ'ዚ ካብ ዝስራሕ ዓሰርተ ሓሙሽተ ዓመታት ኣቑጺሩ ኣሎ። ሓደ ሓደ ዘተኣማምኑ ምንጭታት ናይ ሓበሬታ ከም ዘገልጽዎ ግን ክሳብ ሕጂ 30 ሄክታር ጥራይ ኢዩ ለሚው ዘሎ። ሓደ ብዛዕባ'ዚ ዲጋ ደሓን ኣፍልጦ ዘለዎ ሰብ ከም'ዚ ዝስዕብ ይብለ፥

ነቲ ዲጋን ፕሮጀክቱን ከመሓድሮ ስማዊ ሓላፍነት ተዋሂብዎ ዘሎ ኮርፖረሽን ዘራእትን ጥሪትን ነቲ ብቑዕን ንናይ ሕርሻ ሰክተር ከመርሕን ዝግብእ ሚኒስትሪ ንጎኒ ገዲፍካ'ዩ። ነቲ ፕሮጀክት ከመርሑዎ ዝምደቡ ሰባት፡ ወተሃደራዊ ተመኩሮ እምበር ናይ ሕርሻ ይኹን ተክኒካዊ መዳይ ናይ ሕርሻ ፍልጠት ዘይብሎም እዮም። ኣብ ዲጋ ከርከበት ተኣኪቦም ዘለዉ ካብ ኮሌጅ ሕርሻ ሓመልማሎ ዝተመረቑ ከኢላታት ውሑዳት ኣይኮኑን፡፡ ከም ከኢላታት ዘይኮኑ ግን ከም ተራ ኣስተይቲ ማይን ዘርጋሕቲ መስመራት ማይን ስለ ዝቑጸሩ፡ ካብ'ቲ ቦታ ከሃድሙን (እንተ ሰለጦም ስግረ ዶብ እንተ ዘይሰለጦም ድማ ናብ ዓዓዶም) ጥራይ እዩ ዕድሎም፡፡ ሚኒስትሪ ሕርሻ ኣብ ዲጋ ከርከበት ክሳብ'ዛ ለይቲ ሎሚ፡ ዋላ ሓንቲ ኣበርክቶ ዘይብሉ ምኽኑ ድማ ካልእ ፍሽለት ናይ'ቲ ዲጋ እዩ፡፡ ከም ዝግባእ ሚኒስትሪ ሕርሻ ካብ መጽናዕቲ ጀሚሩ ክሳብ ምሕደራ ዲጋ ከርከበት

ሓላፍነት ወሲዱ እንተ ዝኸውን፡ እንተ ወሓደ ንዕዳጋታት ሃገር ገለ ምርግጋእ ምፈጠረ ይመስለኒ።

እዞም ኣብ ላዕሊ ዝተጠቕሱ ኣብነታት መንግስቲ ኤርትራ ብዘይ መጽናዕቲ ዝሰርሖ፡ ብግዜ ዝዘርጋሕ ሃገራዊ ናይ ልምዓት መቓን ዘይብሉ፡ ብድሌትን ቃሕታን ናይ ሓደ ሰብ ጥራይ ዝጐዓዝ ምዃኑ ጥራይ ኢዩ ዘርኢ።

ምረት፡ ቁጥዐ፡ ነድሪ፡ ብስጭት መንእሰያት፡ ንከም ብርጌድ ንሓመዱ ወይ ሰማያዊ ማዕበል ዝኣመሰሉ፡ ካብ መንግስቲ ለውጥን ተሓታትነትን ዝጠልቡ ምንቅስቓሳት ፈጢሩ ኣሎ። እዞም ድምጽታት'ዚኣቶም ነቲ ንክግንፍል ዘስግእ ዘሎን ዘይተርፍን ዘይዕግበት ዝውክሉ ኢዮም። እዚ ምንቅስቓስ'ዚ ኣብ 2021 ዓ.ም. ዝጀመረን ብዓብላሊ መልክዑ ብመንእሰያት ዝምራሕ ኮይኑ፡ ብዙሓት ካብ'ቶም ኣባላቱ ሃገራዊ ኣገልግሎት ዝነበሩ ኢዮም። እቲ ዓሚቕ ዘይዕግበቶም፡ ነቲ ስርዓት ብመጻኢኦምን ብናይ'ታ ሃገር መጻኢን ከም ዝተጻወተ ጌርካ ካብ ምርኣይ ዝመንጨወ ኢዩ። እቲ ምንቅስቓስ፡ ሓደ ካብ'ቲ መንግስቲ ኣብ ኤርትራውያን ዲያስፖራ ንዘሕደሮ ፍርሒ ዝሕምሽሽ ኢዩ። እዚ ምንቅስቓስ'ዚ ብናይ ከባቢ ጉጅለታት ወይ ጨናፍር ዝሰርሕን ዓለማዊ ሽፋን ዘለዎን ኢዩ። ብግዳማዊ ኣረኣእያ፡ ኣብ መንጎ ዝተፈላለዩ ጨናፍራቱ ብመጠኑ ውህደት ዘሎ ይመስል። ኣብ'ዚ ቀረባ እዋን ብኤርትራውያን መንእሰያት ኣብ ሓያሎ ክፋላት ዓለም፡ ጀርመን፡ እስራኤል፡ ሆላንድ፡ ሽወደን፡ ዴንማርክ፡ ኣመሪካ፡ ካናዳ፡ ስዊዘርላንድን ኢትዮጵያን ካልኦትን ዝተዳለወ ፖለቲካዊ ፍጻመታት፡ ናይ'ዚ ምንቅስቓስ ጭቡጥ መግለጺ ኢዩ።

እዚ ምንቅስቓስ'ዚ ንክፍጠር ቀንዲ ብሓላፍነት ዝሕተት ኣካል እንተልዩ መንግስቲ ኤርትራ ኢዩ ዝብል ርእይቶ ኣለኒ። ገደብ ኣልቦ "ሃገራዊ ኣገልግሎት"፡ ምግፋዕ መንእሰያት፡ ህዝቢ ኤርትራ ዘጋጥሞ ዘሎ ኣሰቃቒ ኩነታት፡ ቀጻሊ ወተሃደራዊ ግጭታት ምስ ጎረባብቲ ሃገራት፡ እናተበላሸወ ዝኸይድ ዘሎ ቁጠባን ምዕፋን ሃይማኖታዊ ትካላትን፡ እዚኣቶም ኩላቶም ኣብ'ቲ ብመንእሰያት ዝግለጽ ዘሎ ብስጭትን ምረትን፡ ሕርቃንን ኣበርኪቶ ገይሮም ኢዮም።

እዚ ምንቅስቓስ'ዚ ዕላምኡ ብዝበለጸ ከነጽር ይግብኦዶ? እዚ ምንቅስቓስ'ዚ ፈተውቱ ከለልን ከብዝሕን ጻላእቱ ከውሕድን ይግብኦዶ? ስርዓት ኤርትራ ንምድኻሙ ዝገብሮ ዘሎ ተንኮለኛ ፈተነታት ንምምካት ስትራተጅኡ ምብራኽ ከድልዮ ዲዩ? ነቲ በቲ ስርዓት ነቶም ኣብ ዲያስፖራ ዝርከቡ ኤርትራውያን ብናይ ሓሶት ሃገራውነት ውዲታት ተጠቒሙ (ፍርሒ

ከም መሳርሒ ተጠቒሙ) ንምጥርናፍ ዝዓለመ መታለሊ ወፍሩ ንምብዳህ ንዝዓበየ ውዳበ ቀዳምነት ክህቦ ይግባእ'ዶ? ነቲ ናይ'ቲ ስርዓት ናይ ቀደም ሜላታት ኣፍሺሉ፡ ንመንእሰያት ብኣድማዒ መገዲ ከም ዝሳተፉ ንምግባር ዝያዳ ዝተራቐቐ ስትራተጂ ከማዕብል ይግባእ ዲዩ? ነቲ ናይ'ቲ ስርዓት ቀንዲ ምንጪ እቶት ዝኾነ ክለተ ሚእታዊት ግብሪ ንምዝራግ ዝገብሮ ዘሎ ጻዕሪ ዝያዳ ከሓይሎ ይኽእል'ዶ? ነቲ ስርዓት ንናይ ገዛእ ርእሱ ፖለቲካዊ ዕላማታት ከዕውት ብማለት ንዲያስፖራ ምሕላብ ንዘልኣለም ደው ከብሎ ይግባእ'ዶ? ነቲ ስርዓት ዝገብሮ ዘሎ ጭካነ ኣብ ዓለም ከቃልሖ የድሊ'ዶ? ብዘይ ሓደ ጥርጥር። ንሰማማዓሉ ኣይንሰማማዓሉ ብዘየገድስ፡ እዚ ምንቅስቓስ'ዚ ኣቃሊልካ ዘይረአ ተርእዮ ኢዩ። ስለ ዝኾነ ድማ ዕቱብ ኣቓልቦ ክወሃቦ ይግባእ።

ነቶም እዚ ምንቅስቓስ'ዚ ዝኽተሎም ሜላታት ክንነቕፎም ንኽእል ኢና። እዚ፡ ኩሉ ኤርትራዊ ንክዝትየሉ እውን ክፉት ጉዳይ ኢዩ። ይኹን'ምበር፡ እቲ ምንቅስቓስ ብናይ ወጻኢ ኣካላት ከም ዝተለዓዓለን ዝተበጋገሰን ወይ እውን ከም ዝምወልን ጌርካ ምቕራብ (ከም'ቲ ገለ ትካላት መንግስትን ደገፍትን ተደናገጽትን ዝብሉዎ) ፍትሓዊ ኣይኮነን፡ ክኹነን ከኣ ይግብኦ። ከም'ዚ ዓይነት ብመንእሰያት ዝምራሕ ፖለቲካዊ ምንቅስቓሳት፡ ነቶም ከም ኤርትራ ዝኣመሰሉ ዓፈናውያን ስርዓታት ዝፍጽሙዎ ግፍዕታት ምላሽ ንምሃብ ዝቕልቀል ባህርያዊ ግብረ መልሲ ምዃኑ ምፍላጥ ኣገዳሲ ኢዩ።

ኣብ መጀመርታ 2010ታት፡ ኣብ ማእከላይ ምብራቕ ዝተዘርገሐ ብናዕቢ ጽድያ ዓረብ (Arab Spring) ዝፍለጥ እምቢታ እስከ ንርአ። ብቐንዱ ብናይ ደገ ሓይልታት ዲዩ ተለዓዒሉ? በቶም በብወገኖም ኣብ ትሕቲ ምልካዊ ስርዓታት ዝተሳቐዩ ዘይዕጉባት መንእሰያትዶ ኣይኮነን ዝምራሕ ነይሩ? ብተመሳሳሊ መገዲ፡ ፍልስጤማዊ ኢንቲፉዳ ብናይ ወጻኢ ሓይልታት ዝተደፋፍኣ ምልዕዓል ድዩ ነይሩ? እዚኣቶም ኣብ ሕመረቶም (ዘይምሉእነቶም ብዘየገድስ) ካብ ውሽጦም ዝተደረኹ ናይ ብሓቂ ሃገራውያን ምንቅስቓሳት መንእሰያት ኢዮም ብምባል እማጐት።

ዶክቶር ኣርኣያ ደበሳይ ኣብ'ቲ Unsolicited Advice to Brighed N'Hamedu ዘርእስቱ ሓተታኡ፡ ብዛዕባ ኣገዳስነት ምቛም ሓደ ፖለቲካዊ ኣካል መተሓሳሰቢ የቕርብ። እዚ ሓሳብ'ዚ ድሮ ብርጌድ ንሓመዱ እውን ከሳስዮ ጀሚሩ ከም ዘሎ ይጠቅስ። እዚ ኣካል'ዚ ነቶም ኣብ ሕቖፌ ብርጌድ ንሓመዱ ዝነጥፉ ውዳበታት ሕጋዊ ምኽርን መምርሒታትን ክህብ ትጽቢት ይግበረሉ። እንተ ተኻኢሉ እውን፡ እዚ ኣካል'ዚ ሕጋዊ ወኪል ናይ ብርጌድ ንሓመዱ ኮይኑ ንክገልግል ትጽቢት ይግበረሉ። ዶክቶር ኣርኣያ ቀጺሉ፡ እዚ ተጀሚሩ ዘሎ ተበግሶ ብምዝገባ ኣባላት ክጅመር ከም ዘለዎ ይጠቅስ። ካብ'ዚ ቀጺሉ ምምራጽ ሓደ ሕጋዊ ወካሊ ኣካል ኣገዳሲ ኢዩ ይብል። ንግደ ናይ'ቲ ፖለቲካዊ

ኣካል ኣመልኪቱ ነዞም ዝሰዕቡ ዕማማት ይጠቅስ፥ ለውጢ ንምቅልጣፍ ዘኽእል ንጹር ስትራትጂ ምርቃቕ፡ ንኹሎም ደለይቲ ፍትሒ ምውካል፡ ንህዝቢ ኤርትራ ብምውካል ብሓደ ድምጺ ምዝራብ፡ ዲፕሎማሲያዊ ንጥፈታት ምክያድ፡ መሰጋገሪ መንግስቲ ንምቛም መሰረት ምንባር ወዘተ። ብርጌድ ንሓመዱ ነዚ መገዲ'ዚ ዝኽተል ዘሎ ይመስል (Debessai, 2023)። [lxvii]

ሓደ ካልእ ኣገዳሲ ባህሪ ሕብረተሰብ ኤርትራ፡ እቲ ኣብ ሓደ እዋን ንዝተፈላለዩ ኮማት ኣሲሩ ዝሕዝ ዝነበረ መጣበቂ (ሓያል ፈትሊ) ተዳኺሙ ምህላዉ ኢዩ። ኣብ ትካላት ዝነበረ እምነት ማህሚኑ፡ ኣብ መንጎ ዜጋታት ድማ ምፍልላያት ፈጢሩ። ማሕበራዊ ምፍልላይ እናዓመቐ ብምምጽኡ፡ ናይታ ሃገር ብዙሕነት ኣብ ክንዲ ንሃገራዊ ሓበን፡ ንፖለቲካዊ መኽሰብ ህግደፍ ተመዝሚዙ።

ኣብ መዳይ ወጻኢ ጉዳያት፡ መንግስቲ ኣብ ኲናት ዩክሬን ዝወሰዶ መርገጺ፡ ንኹሉ ተዓዛቢ ኣገሪሙዎ ኣሎ። እዚ ኣካታዒ መርገጺ'ዚ፡ ነታ ሃገር ኣብ ዓለማዊ መድረኽ ዝያዳ ንጽልቲ ከም እትኸውን ገይሩዋ፡ ነቲ ኣብ መንጎ እታ ሃገርን ኣህጉራውያን መሻርኽታን ዘሎ ምፍልላይ ድማ ኣዕሚቑዎ። እቲ ዘገረም ግን ኤርትራ ንዓሰርተታት ዓመታት ኣንጻር ጎበጣ ከም ዘይተቓለሰት፡ ንጎበጣ ሩስያ ኣብ ልዕሊ ዩክሬን ምድጋፉ ግርምቢጥ ኢዩ። እቲ ስርዓት ክሳዕ ክንደይ መትከላዊ ኣመራርሓ ከም ዘይብሉ ድማ ብግሁድ የነጽር።

እታ ሃገር ምስ ጎረባብታ ዘለዋ ርክብ እናላሕለሐ መጺኡ፡ ወጥርታት ድማ ፈሊሑ ክግንፍል ይደሊ ኣሎ። ኣንጻር ምዕራባውያንን ኣህጉራውያን ትካላትን ምዝራብ ልሙድ ብምዃኑ፡ ነታ ሃገር ዝያዳ ነጺሉዋ ኣሎ። ኣብ'ዚ ቀረባ እዋን፡ ወጻኢ ጉዳያት ኤርትራ ብዛዕባ ሕብረት ኤውሮጳ ዝሃቦ ጋዜጣዊ መግለጺ ክጥቀስ ይከኣል። እቲ መግለጺ፥ ነቲ ንኤርትራ ካብ'ቲ ቅዱስ ዝኾነ ራኢ ህንጸት ሃገርን ምቕዳም ሰላምን ምርግጋእን ሓድሕዳዊ ምትሕግጋዝን ንምዕንቃጽ ዝትግበር ዘሎ ፖሊሲታት ሕብረት ኤውሮጳ ኣትሪሩ ይነቅፍ።[lxviii]

ኤርትራ፡ መብዛሕትኡ ግዜ ሰሜን ኮሪያ ኣፍሪቃ ኢያ እትብሃል፡ ምኽንያቱ ድማ ፕረሲደንት ኢሳይያስ ጭቆናኡ ብምትራሩ ቁጠባ ሃገር ኣብ ኣፍደገ ዕንወት ኣብ ዝወድቀሉ ዘሎ እዋን፡ ኣዝያ ንጽልትን ምልካዊትን ውሑዳት ፈተውቲ ዘለዉዋን ሃገር ኮይና ኣላ። ኣብ ዝሓለፈ ዓመታት ድማ ብኣሽሓት ዝቑጸሩ ሃገር ለቒቖም ዝኸዱ ስደተኛታት ኣጥሪያ። እቲ ስርዓት በዚ ጽያፍ ተግባራቱ ዝሕበን ይመስል።

ተቓወምቲ፡ ዋላኳ እንተ ሃለዉ፡ ኣብ ልዕሊ ገዛኢ ስርዓት ዉሁድ ብድሆ ክውድቡ ብዘይ ምኽኣሎም ተኸፋፊሎም ይቕጽሉ ኣለዉ። ርግጸኛ ዝኾነ ኣማራጺ ኣብ ዘይብሉ ኩነታት፡ መንግስቲ ብዘይ ቁጽጽርን ብዘይ ብድሆን ስልጣን ሒዙ ይቕጽል ኣሎ።

እታ ሃገር ናብ ዕግርግር እናወረደት ኣብ እትኸደሉ ዘላ እዋን፡ እቲ ናይ ምሕዋይ ጉዕዞ ነዊሕን ኣድካምን ይመስል። እቲ ብድሆታት ኣዝዩ ኣሰካፊ ኢዩ፣ እቲ መጻኢ እውን ርግጸኛ ኣይኮነን። ኣብ'ዚ ናይ ውድቀት ትረኻ፡ እቲ ተስፋ፡ ነቲ ነታ ሃገር ናብ ምሉእ ብርሃን ዝመርሓ ናይ ለውጢ ብልጭታ እናተጸበየ፡ ጭልምልም ይብል ኣሎ።

ምዕራፍ 3

ናይ'ታ ውልዶ ሃገር ቀዳምነታት እንታይ ከኾኑ ነይሩዎም?

ድኽነት፡ ውሑድ ዓቕሚ ቁጠባን ዋሕዲ ህዝብን፡ ነቲ ኣብ ድሕሪ ናጽነት ዝነበረ ናይ ኤርትራ ክውንነት ይገልጹ ነይሮም። እዚ ክውንነት ወይ ብድሆ ብዘየገድስ ግን፡ ኤርትራ በቲ ንመጻኢኣ ኣብ ምቕራጽ ብዋጋ ዘይሽነንን ሃብታ (ዘይሕለልን ክምህ ዘይብልን ተበላሓትን ጸዋርን ዓቕሚ ህዝባ) ትምካሕ ነበረት። ህዝቢ ኤርትራ ንሰላሳ ዓመታት ዝቐጸለ ብድሆታት ኲናት ተጻዊሩ ጥራይ ዘይኮነ፡ ናጽነቱ ኣብ ምውሓስ እውን ተዓዊቲ ኮይኑ ወጺኡ። እዚ መዘና ዘይብሉ ዓወት'ዚ፡ ነቲ ተስፋ ዘለዎ ልምዓታዊ ጉዕዞ፡ መድረኽ ኣዳሊዩሉ። ካብ'ዚ ብምብጋስ ድማ ብዙሓት ተዓዘብቲ፡ ንኤርትራ ናይ ቀርኒ ኣፍሪቃ "መብራህቲ ተስፋ" ኢሎም ሰይሞምዋ።

ኤርትራ ኣብ ወሰን ቀይሕ ባሕሪ ኣብ ቀርኒ ኣፍሪቃ እትርከብ፡ ምስ ሱዳን፡ ኢትዮጵያን ጅቡትን እትዳወብ ንእሽቶ ሃገር ኢያ። ኣብ ስትራተጂያዊ ኣገዳስነት ዘለዎ ኣቀማምጣ ብምህላዋ፡ ጂኦፖለቲካ ኣብ ልዕሊ ጉዕዞ ኤርትራ ነዊሕ ጽላሎት ከም ዘውድቕ ርዱእ'ዩ ነይሩ።

ኣብ'ዚ ዝተሓላለኸ ጂኦፖለቲካዊ ኩነታት፡ ካብ ደቡብ ቀጻሊ ስግኣት ይመጻ ነይሩ። ዓባይ ጎረቤት ኤርትራ ዝኾነት ኢትዮጵያ፡ ካብ ነዊሕ እዋን ንወደባት ባጽዕን ዓሰብን ዘጠቓለለ ፖለቲካዊ ባህግታት ዓቂባ ጸኒሓ። ነዛ ኣፍደገ ባሕሪ ዘይብላ 120 ሚልዮን ህዝቢ ዝሓዘት ኢትዮጵያን፡ ናይ'ቶም ናጽነት ኤርትራ ዘይተዋሕጠሎም ልሂቃን ኣምሓራ ጥሙሕን ኣብ ግምት ብምእታው፡ ኣብ'ዚ ከባቢ፡ ኤርትራ ኣዝዩ ጥንቃቐ ዝመልአ ኣገባብ ፖለቲካ ክተካይድ የገድዳ ነይሩ።

ንጉሳውያን ኣምሓራ ንዘመናት ዝኹስኲስዎን ዝሓብሓብዎን ሱር ዝሰደደን ጽውጽዋይ፡ ሃጸያዊ ግዝኣት ኢትዮጵያ ሕጋዊ ወናኒ ገማግም ባሕሪ ኤርትራ (ብፍላይ ድማ ባጽዕን ዓሰብን) ከም ዝነበረት ይትርኽ። ኣብ መንጎ ህዝብታት ኤርትራን ኢትዮጵያን ዝነበረ ታሪኻውን ባህላውን ምትእስሳር ካብ ዘመነ ኣኽሱም ዝነቐለ ምዃኑ ዘይከሓድ'ኳ እንተ ኾነ፡ ሓደ ከጉሰ ዘይግብኦን ዘይከሓድን ታሪኻዊ ክውንነት ከም ዘሎ ግን ክፍለጥ ይግባእ። እዚ ድማ እቲ ሓምሳ ዓመታት ብኢጣልያ፡ ተወሳኺ ዓሰርተ ዓመታት ብብሪጣንያ ኣብ ልዕሊ ኤርትራ ዝተገብረ ጎበጣን፡ ከም ውጽኢቱ ድማ ሃገራዊ መንነት ንምፍጣር ምኽንያት ዝኾነን ፍጻመታትን ኢዩ።

ካልእ ኣብ'ቲ ዞባ ዝጸንሐ ቀጻሊ ስግኣት፡ እስላማዊ ሃይማኖታዊ ጥሩፍነት ኢዩ ነይሩ። ቀርኒ ኣፍሪቃን ጎረቤት ማእከላይ ምብራቕን ነዚ ዘሰክፍን ዘጨንቕን ተርእዮ'ዚ ዓኖት ኣይነበራን፡ ኤርትራ እውን ካብ'ዚ ነጻ ኣይነበረትን።

ኩናት ናጽነት መጠነ ሰፊሕ ስደት ኣስዒቡ፡ እዚ ድማ ብግዲኡ ነቲ ኣፍራዪ ህዝባ ኣባዲሙ ኢዩ።

ነዚ ኣብ ላዕሊ ዝተጠቕሰ ኣብ ግምት ብምእታው፡ ቀዳምነትት ኤርትራ እንታይ ክኸውን ነይሩዎ?

ምጅማር መስርሕ ሕውየት

ኣብ መንጎ ህዝባዊ ግንባር ሓርነት ኤርትራን፡ ተጋድሎ ሓርነት ኤርትራን ዝተራእየን ዘሎን ፖለቲካዊ ፍልልያት ወይ ዘይምርድዳእ ኣብ ልዕሊ ኤርትራ ሰፍ ዘይብል ጉድኣት ኣስዒቡ ኢዩ። እቲ ውሽጣዊ ጸጋታት፡ (ኣብ እዋን ኩናት ሓድሕድ ብክልቴኦም ወገናት ዝተኸፍለ መስዋእቲ ወይ ክሳራ ድማ ብፍላይ)፡ እቲ ዘጋጠመ ናይ ዕድላት ምብኻን፡ ኣብ መንጎ ሰዓብቲ ክልቴኦም ውድባት ዝተፈጥረ ፖለቲካዊ ዘይምስምማዕን ወጥርን፡ ከምኡ እውን እቲ ኣብ ነንሕድሕዶም ዝማዕበለን ዝሰረጸን ምረትን ቂምን ኣብ ግምት ኣትዩ፡ ነቲ ወጥሪ ዘዝሕልን ነቲ መስርሕ ሕውየት ዘበጋግስን መሪሕ መትከላትን ኣገባባትን ክረቅቕን ክትግበርን እዋኑ ዝጠልቦ ሕቶ ኢዩ ነይሩ።

ከም'ቲ ፖለቲካዊ ዕብለላ ኣብ ዘጋጥመካ እዋን (ከም ውሑዳን (minority) ኣብ እትፍለጠሉ እዋን)፡ መለለዪ ባህሪኻ ጽንዓትን ተወፋይነትን ክኸውን ዘድሊ፡ ብዝሒ ወይ ጸብለልትነት ኣብ ዝህልወካ እዋን ድማ ከም ውርዙይነትን ጭውነትን ተጻዋርነትን ሓቛፍነትን ዝኣመሰሉ መለለዪ ባህርያት ክህሉውኻ ይግባእ። እዚ ኣበሃህላ'ዚ ኣብ ድሕሪ ናጽነት ኤርትራ ኣብ ግብሪ ክውዕል ነይሩዎ። ህዝባዊ ግንባር ነቲ መስርሕ ሕውየት

ብዝሓሸ መገዲ ንምጅማር፡ ጥበብ፡ ጥንቃቐ፡ ኣርሒቕካ ምርኣይ፡ ሓቛፊ ምኳን፡ ተጻዋሪ ምኳን ዝኣመሰሉ ጠባያት ከርኢ ይኽእል ነይሩ። ወሳኒ ቀዳማይ ስጉምቲ፡ ነቶም ንናጽነት ህይወቶም ዝሰውኡ ኲሎም ዜጋታት ኣፍልጦ ምሃብ ክኸውን ነይሩዎ። ስዒቡ ድማ፡ ፖለቲካዊ ጸግዖምን ኣባልነቶምን ብዘየገድስ፡ ንኹሎም ኤርትራውያን ሰማእታት ናይ ሰማዕትነት ምስክር ወረቐት ክዕደል ነይሩዎ።

ብተወሳኺ፡ ከም'ቲ ንወለዲ ሰማእታት ህዝባዊ ግንባር ዝተዋህበ ካሕሳ (30 ሽሕ ናቕፋ)፡ ነቶም ንተመሳሳሊ ዕላማ ኣብ ትሕቲ ተጋድሎ ሓርነት ኤርትራ ህይወቶም ዝኸፈሉ ስዉኣት እውን ብማዕረ ክውሃብ ይኽእል ነይሩ። ብተመሳሳሊ መገዲ፡ ኲሎም ተጋደልቲ ንሃገሮም ዝኸፈሉዎ መስዋእቲ ንምዝካር፡ መዓልቲ ሓርበኛታት ምእዋጅ፡ ኣብ መስርሕ ሕውየት ዓቢ ኣበርክቶ ክህልዎ ይኽእል ነይሩ።

ስርዓት ህግደፍ ነቲ ተጋደልቲ ተጋድሎ ሓርነት ኤርትራ ዝኸፈሉዎ መስዋእቲ ኣፍልጦ ክህብ ኣይከኣለን ጥራይ ዘይኮነስ፡ ንኣባላት ምንቅስቓስ 1973 (መንካዕ) እውን ከይተረፈ ከም ሕጋውያን ኣባላት ህዝባዊ ግንባር ምኳኖም ኣፍልጦ ካብ ምሃብ ሓንጊዱ'ዩ። ኣሳእል ተጋደልቲ ህዝባዊ ግንባር ነበር ኮነ ኢልካ ዝተደምሰሰሉ ናይ ጉጅለ ስእልታት ምርኣይ ብሓቂ ዘገርም ኢዩ ነይሩ። ነፍስሄር በራኺ (ወዲ ፈንቅል)፡ መሓሪ ዑቕባዝጊ፡ ከምኡ እውን ነፍስሄር ተወልደ ኢዮብ፡ ነፍሲ ወከፎም ኤ.ኬ-47 (ካላሺንኮቭ) ተሓጊጦም ዝተሳእሉዎ ስእሊ እዝክር። እንተ ኾነ ግን ኣብ ሓደ ካብ ናይ መጀመርታ 1990ታት ሕታማት ሓዳስ ኤርትራ ዕለታዊ ጋዜጣ ዝወጸ ስእሊ፡ ስእሊ ተጋዳላይ ተወልደ ኢዮብ ኮነ ኢሉ ጸሊም ቀለም ተቐቢኡ ነይሩ። እዚ ድማ ነቲ ጆሴፍ ስታሊን ፎቶ ኤዲቲንግ ከም መሳርሒ ተጠቒሙ ንብጾቱ ዝነበሩ ካብ ታሪኻውያን ኣሳእል ይድምስሶም ዝነበረሉ ዘመነ ሶቭየት ሕብረት የዘኻኽር። ብተወሳኺ፡ ኣብ ሰሜናዊ ምብራቕ ሳሕል ዝተሳዕረ እዚ (command) ኢትዮጵያ (ዉቃው) ኣብ ዝተሰነደ ሰፊሕ ቪድዮ ክሊፕ፡ ብዛዕባ ዑቕበ ኣብርሃ ዝኾነ ኣሰር ዘይምህላዉ ብሓቂ ተስፋ ዘቑርጽን ዘሰንብድን ፍጻመ ኢዩ ነይሩ። ዑቕበ ኣብርሃ ኣብ'ዚ እዋን'ዚ ብሰንኪ'ቲ ምስ ጉጅለ 15 ዝነበሮ ምትእስሳር ኣብ ቤት ማእሰርቲ ዝምህሞን ዘሎ ሓደ ካብ'ቶም መራሕቲ ህዝባዊ ግንባር ሓርነት ኤርትራ ኢዩ። እዚ ኣገዳሲ ፍጻመ'ዚ፡ ኣዛዚ ናይ'ቲ ግንባር ኣብ ዝነበረሉ እዋን ዝተፈጸመ ክሕከኽ ዘይግባእ ታሪኽ'ዩ ነይሩ። ብተማሳሳሊ መገዲ፡ ናይ ካልኦት ታሪኽ ዝሰርሑ ጀጋኑ ኣስማት ንምጥፋእ ዝግበር ወፍሪ እውን ህግደፍ ስርሐይ ኢሉ ተታሒዙዎ ከም ዘሎ ክንዝክር ይግባእ።

መስርሕ ሕውየት ንምስላጥን ኣብ መደመደምታ ምብጻሕን ዘኽእሉ ተመክሮታት ምውካስ ይከኣል ነይሩ ኢዩ። እቲ መሰረታዊ ዕላማ ድማ ኣብ እዋን ሓርነታዊ ኲናት ሰኣን ውርጹጽ ኣተኣላልያ ዝበጽሑ ጉድኣታትን ቁስልታትን ምፍዋስ ክኸውን ነይሩዎ።

ሃገራዊ ናይ ዕርቂ መንግስቲ ንምቛም መገዲ ብምጽራግ ምርግጋእ ምውሓስ

ጉዕዞ ናጽነት ኤርትራ ብኣዝዩ ዝተሓላለኸ ድምር ናይ ዘቤታውያን ናይ ለውጢ ሓይልታትን (ዳይናሚክ) ግዳማዊ ጽልዋታትን ኢዩ ተቐሪጹ። ብዝተፈላለየ ስነ ሓሳባትን ቅዲ ኣመራርሓን ዝልለዩ ዝተፈላለዩ ፖለቲካውያን ውዳበታት፡ ኣብ ዝተፈላለየ እዋን ምስ ግዜ ተቐልቂሎምን ገሊኦም ድማ ሓቚቖም ተረፎምን። ምፍጣር ናይ'ዚ ተርእዮ'ዚ፡ ብዙሕ ረቛሒታት ክህሉዎ ይኽእል። ገለ ካብኣቶም ንምጥቃስ፥ ማሕበረ ቁጠባዊ ኣቃውማ ሕብረተሰብ ኤርትራ፡ ናይ 1940ታትን 1950ታትን ፖለቲካዊ ሃዋህው፡ ከምኡ እውን ዓለማዊ ምንቅስቓስ ንደሞክራስን ፍትሕን ወዘተ። ብተወሳኺ፡ ኣብ ውሽጢ'ቲ ማሕበርነታዊ ደምበ ዝነበረ ምፍልላይ፡ ብፍላይ ድማ ኣብ መንጎ ሕብረት ሶቭየትን ቻይናን ዝነበረ ወጥሪ፡ ከምኡ እውን ጽልዋ ናይ'ቲ ኣብ 1960ታትን 1970ታትን ኣብ ማእከላይ ምብራቕ ሰፊኑ ዝነበረ ምንቅስቓስ ህዳሰ ዓረብ (Arab Renaissance)፡ንፖለቲካዊ መልክዕ ኤርትራ ኣብ ምቕራጽ ልዑል ተራ ተጻዊቱ ኢዩ። ናይ'ዚ ፍልልያት'ዚ ጽልዋታት ብዘየገድስ፡ ምዕዋት ናጽነት ኤርትራ ብቐንዱ ብምኽንያት'ቲ ምሉእ ህዝቢ ኤርትራ ኣብ ዝተናውሐ እዋን ዘርኣዮ መዘና ዘይብሉ ተወፋይነትን ዝኸፈሎ ክቡር መስዋእትን ምዃኑ ክከሓድ ዘይከኣል ሓቂ ኢዩ።

እቲ ዘሕዝን ግን ኣብ መንጎ ዝተፈላለያ ፖለቲካውያን ውዳበታት ኤርትራ ዝነበረ ፖለቲካዊ ዘይምርድዳእ ብሰላማውን ደሞክራስያውን ዘተ ክፍታሕ ዘይምኽኣሉን'ዩ። እዚ ድማ ፖለቲካዊ ብስለትን ዓቕምን ድሌትን ዘይምንባሩን'ዩ ዘመልክት። ምሕቃቕ ናይ'ቲ ብሓራካ ዝፍለጥ ምንቅስቓስ ሓርነት ኤርትራ ኣብ ዘባ ሳሕል፣ እቲ ንኣስታት ዓሰርተ ዓመታት ኣብ መንጎ ህዝባዊ ግንባር ሓርነት ኤርትራን ተጋድሎ ሓርነት ኤርትራን ዝቐጸለ ትርጉም ኣልቦ ኲናት ሓድሕድን ፖለቲካዊ ረጽምን (ክሳዕ'ቲ ምውጻእ ተጋድሎ ሓርነት ኤርትራ ካብ ኤርትራ ዘኸተለ ተርእዮ)፡ ከምኡ እውን ካብ 1981 ክሳዕ 1991 ኣብ መንጎ ህዝባዊ ግንባር ሓርነት ኤርትራን ዝተፈላለዩ ዝተበታተኑ ጉጅለታት ተጋድሎ ሓርነት ኤርትራን ሓሓሊፎም ዝተኻየዱ ወተሃደራዊ ግጭታት ከም ኣብነታት ክጥቀሱ ይኽእሉ። እዚ ኣብ መንጎ ግንባራት ዝነበረ ፍልልያት'ዚ፡ ኣብ ህዝቢ ኤርትራ (ኣብ ውሽጢ ኤርትራን ወጻእን) ከፋፋሊ ጽልዋ ስለ ዘሕደረ፡ ኣብ መንጎ ናይ ዝተፈላለዩ ውድባት ደገፍቲ ወጥሪ ፈጢሩ'ዩ።

ብመንጽር'ዚ ኣብ ላዕሊ ዝተጠቕሰ ኩነታት፡ እቲ ብፖለቲካውን ወተሃደራውን ዓብላልነቱ ስልጣን ዝሓዘ ስርዓት ህግሓኤ፡ ቀዳማይ ትኹረቱ፡ ፖለቲካዊ፡ ርእዮተ ዓለማዊ፡ ሃይማኖታዊ ወይ ቀቢላዊ ጸግዒ ወይ ድራኸ (motivation) ብዘየገድስ፡

ንመላእ ህዝቢ ኤርትራ ንምጥርናፍ ዝዓለመ ናብ ሰላምን ሃገራዊ ዕርቅን ዳግመ ህንጻን ዝጥመት፡ ንኹሉ ዝሓቑፍ መድረኽ ምምችቻው ክኸውን ነይሩዎ። እዚ ተበግሶ'ዚ፡ ከም ምልክት ፖለቲካዊ ብስለትን ናይ ኣተኣላልያ ጥበብን ተወሲዱ ሰላምን ሃገራዊ ዕርቂ ዝዕላምኡ መንግስቲ ብምቛም ኣብ ዝለዓለ ጥርዙ ክበጽሕ ይኽእል ነይሩ። ነዚ ተበግሶ'ዚ ብምውሳድ፡ ህዝባዊ ግንባር ብርክት ዝበለ መኸሰብ ክረክብን ንዝበዝሐ ክፋል ሕብረተሰብ ኤርትራ ድማ ኣብ ከባቢኡ ከም ዝዓስል ክገብርን ምኸኣለ ነይሩ።

እቲ ናይ ፖለቲካዊ ምስግጋር መድረኽ ወይ ገጽ፡ ብኣባላት ተቓወምቲ ፖለቲካውያን ውዳበታት (ብውክልና ደረጃ)፡ ልምዳውያንን (traditional) ሃይማኖታውያንን መራሕቲ፡ ደቂ ኣንስትዮ፡ ወከልቲ ሲቪካውያን ማሕበራት፡ ከምኡ እውን ዲያስፖራ ሓዊሱ፡ ካብ ዝተፈላለየ ክፋላት ሕብረተሰብ ኤርትራ ዝመጹ ወከልቲ ብዘካተተ መገዲ ብሃገራዊ ዋዕላ ኣቢሉ ክሕንጸጽ ይከኣል ነይሩ። ናይ ከም'ዚ ዝዓይነቱ ምትእኽኻብ ዕላማ፡ ንመስጋገሪ እዋንን ንመጻኢ ሃገርን ዝምልከት ኩለ መዳያዊ መርሓ ጎደና (roadmap) ምሕንጻጽ ምኾነ ነይሩ። ከም ቀዳማይ ገጽ ናይ ሕውየት መስርሕ ኮይኑ እውን ከገልግል ይኽእል ነይሩ። እዚ መርሓ ጎደና'ዚ፡ በብእዋኑ እናተገምገመን እናጸፈፈን ዝኸደሉ ዕድል እውን ነይሩ ኢዩ።

ምስ ጎረባብቲ ምዉቕን ልባውን ዝምድና ምምስራት

ሃገራት፡ ጎረባብተን ክመርጻ ኣይክእላን ኢየን። ዕጫ ጎረባብቲ ሃገራት ድማ ኣብ ነንሓድሕዱ ዝተኣሳሰረ ኢዩ። ኣብ'ቲ ጎረቤት ዝፍጠር ለውጢ፡ ንውልቃውያን ሃገራት ክጸልወን ተኽእሎ ኣሎ። ብዘይካ'ዚ፡ ጎረባብቲ ሃገራት ተመሳሳሊ ብድሆታት የጋጥመን ኢዩ። ክሊማዊ ለውጢ፡ ሕቶ ስደተኛታት፡ ዝተፈላለየ ቅርጽን መልክዕን ዘለዎ ፖለቲካዊ ጥሩፍነት ምቅላስ፡ ከምኡ እውን ወፍሪ ኣንጻር ዘይሕጋዊ ምስግጋር ደቂ ሰባት፡ ዕጾ ፋርስን ካልኦት ዘይሕጋውያን ናይ ንግዲ ንጥፈታትን ከም ኣብነታት ክጥቀሱ ይኽእሉ።

ኣብ መትከላት ሽርክነትን ኣብ ሓድሕዳዊ ምትሕግጋዝን፡ ምኽባር ልኡላውነትን ግዝኣታዊ ሓድነትን ዝተሰረተ ምስ ጎረባብቲ ሃገራት ዝካየድ ምዉቕን ልባውን ዝምድናታት ምፍጣር ንርግኣት ዝኾነት ትኹን ሃገር ወሳኒ ኢዩ። እዚ ኩነት'ዚ፡ ካብ ምውሓስ ሃገራዊ ድሕነት ሓሊፉ፡ ነተን ኣብ ሓደ ዞባ ዝርከባ ሃገራት ርጉእን ብልጹግን መጻኢ ንክፈጥራ መሰረት ክኸውን ይኽእል ኢዩ። እቲ ዞባ፡ ብዘይ ርጉእነት (instability) ዝልለ ምስ ዝኸውን፡ ነቲ ኩነታት ንምምእዛንን ንምምራሕን ንምብዳህን ንምጽዋርን ዘኽእል ዓቕሚ ንምድላብ ተወሳኺ ጻዕሪ የድሊ።

ስለዚ፡ ኤርትራ ቀዳምነት ክትህቦ ዝነበራ፡ ብዛዕባ ዓለማውን ዞባውን ፖለቲካ ናይ ርድኢት ዓቕማ ምኽዕባት፡ ምስኡ ጎኒንጎኒ ድማ ዞባዊ ስኒት ንምርግጋጽ ዝዓለመን ነቲ ክመጽእ ዝኽእል ምትፍናን ንምዝሓል ዝሕግዝ ፖሊሲ ወጻኢ ምሕንጻጽን ምትግባርን ክኸውን ነይሩዎ። "ሓደ መዓልቲ ካብ ምውጋእ ንሓደ ሽሕ መዓልቲ ዘተ ምክያድ ይምረጽ" ይብል ሱን ትሱ ዝተባህለ ዓቢ ቻይናዊ ናይ ወተሃደራዊ ስትራተጂ ክኢላ። ሕመረት ናይ'ቲ ጥቕሲ ዘጉልሖ እንተልዩ፡ ዲፕሎማሲን ልዝብን ምውጋድ ግጭትን፡ ልዕሊ'ቲ ብባህሪኡ ኣዕናዊ ዝኾነ ቀጥታዊ ወተሃደራዊ ረጽሚ ዝያዳ ብልጫ ከም ዘለዎ ኢዩ።

እቶም ኣብ መንጎ ኤርትራ በቲ ሓደ ወገን፡ ጎረባብታ (የመን፡ ጅቡቲ፡ ኢትዮጵያ ብገለ ደረጃ እውን ሱዳን) ከኣ በቲ ካልእ፡ ዝተኸስቱ ወተሃደራዊ ረጽምታት ብፍጹም ኣድላይነት ኣይነበሮን። ኩሎም'ዞም ክስተታት'ዚኣቶም ነናይ ባዕሎም ጠንቅታት'ኳ እንተ ነበሮም፡ ኣብ መኣዲ ዘተ ክፍትሑሉ ዘይክእሉሉ ምኽንያት ግን ኣይነበረን።

ኣብ መንጎ ጎረባብቲ ሃገራት እንተስ ዶብ፡ እንተስ ካልኦት ረቛሕታት ዝድረኾዎም ምስሕሓባት ክህልዉ ታሪኽ ናይ ዓለምና ዝምስክሮ ጉዳይ ኢዩ። ኣብ ኣህጉራዊ ሕግን ደምብን ክንምርኮስ እንተ ኼና ድማ ውግእ እቲ ናይ መጨረሽታ ኣማራጺ ኢዩ ክኸውን ዝግብኦ። ንዓሰርተታት ዓመታት ዝቐጸለ ናይ ዶብ ምስሕሓብ ዘለወን ሃገራት ውሑዳት ኣይኮናን። ልዝበን መንጎኛነት ሳልሳይ ኣካላትን እንቐጽለ ግን ካብ ጎደና ልምዓት ኣየተኣልያን። መስርሕ ዕቤተን ድማ ኣይጎሰይኦን።

እቲ ኣብ መንጎ ኤርትራን ኢትዮጵያን ዝተከፈተ'ሞ እዚ ዘይበሃል ዕንወት ዘብጽሐ ኲናት፡ ብመሰረቱ ክኸውን እውን ኣይነበሮን። ከም'ቲ መራሕቲ ክልቲኤን ሃገራት ኣብ በበይኖም ኣጋጣሚታት ዝገለጽዎ እቲ ኲናት "ትርጉመ ኣልቦ ኲናት" ኢዩ ነይሩ። ኣብ ናይ ዶብ ምስሕሓብ ጥራይ ዝተሓጽረ ግን ኣይነበረን። ብናተይ መረዳእታ፥ ካብ ዶብ ሓሊፉ ኣብ'ቲ ጀዮፖለቲካ ወይ ዞባ መን ዓብለለ፡ መን ዝያዳ ጸለወ፡ ብፖለቲካን ቁጠባን ወተሃደራውን መን ሓያል ኮይኑ ወጸ ኣብ ዝብሉ ምስምሳት ዝተመርኮሰ ኢዩ ነይሩ። ከም ናይ ንግዲ ልውውጣት፡ ባጤራ፡ ካልኦት ንዕኦም ዝመስሉ ረቛሕታት እውን ኣብ'ቲ ምስስሕሓብ ኣበርኪቶ ጌሮም ኢዮም። ኣብ መጨረሽታ ድማ ኣብ ጠረጴዛ ክጅመርን ኣብ ጠረጴዛ ክዛዘምን ኢዩ ነይርዎ። ክልቲኦም ስርዓታት ነዚ ብድሆ'ዚ ብሜላን ወሕልነትን ክኣልዩ ዘምፍታኖምን ዘይምኽኣሎምን ነጸብራቕ ናይ ፖለቲካዊ ዘይብስለቶም (immaturity) ኢዩ። ስርዓት ኢትዮጵያ ነቲ ይግባይ ዘይበሃሎ ብይን ዶብ ሕቡራት ሃገራት ዘይምቕባሉ ይቕረ ዘይበሃሎ ፖለቲካዊ ጌጋ ኢዩ ፈጺሙ። እቲ ኩነታት ከም ዝብእስ ኣብ ምግባር ድማ ዓቢ ተራ ነይርዎ። ዓለም ነዚ ምዕባሌ'ዚ (ናይ ስርዓት ኢትዮጵያ እምቢታ)

እናረእየት ምጽቃጣ ድማ ብዝለዓለ ደረጃ ዝግለጽ ምስሉይነት ኣንጸባሪቃ። ብኩሉ መለከዒታ ድማ ከኹነን ዝግብኦ ተግባር ኢዩ።

ብዛዕባ ዝምድና ኣብ መንነ'ቲ ንኢትዮጵያ ዝመርሕ ዝነበረ ስርዓት ኢህኣደግን (ወይ እውን ህዝባዊ ወያነ ሓርነት ትግራይ) ህዝባይ ግንባር ሓርነት ኤርትራን (ደሓር ህዝባዊ ግንባር ንደሞክራሲ ንፍትሕን) ሓደ ከስምረሉ ዝደሊ ጉዳይ ኣሎ። ኣብ ታሪኽ ምልስ ኢልና እንተ ርኢናዮ፡ እቲ ዝምድና ካብ ዝምስረት ኣትሒዙ ብዙሕ ሓላፍ ዘላፍ ዝነበሮን ብዙሕ ውረድ ደይብ ዝሓለፈን ኢዩ። እዞም ክልተ ውድባት ክንደይ ግዜ ብሓባር ዘይሰርሑ፡ ክንደይ ግዜኸ ዘይተሰሓሓቡ። ክንደይ ግዚ ናይ ሓባር ጸላኢ ዝነበሮ ክነሶም፡ ናይ ቃላት ውግእ ዘየካየዱ። ክንደይ ናይ ፕሮፓጋንዳን ጸለመን ዘመተ ኣብ ነንሓድሕዶም ዘይተኻየደ። እዚ በቲ ሓደ ወገን ክኸውን እንከሎ፡ በቲ ካልእ ድማ ክንደይ ናይ ሓባር ስራሕ ዘይሰርሑ። ሰራዊት ህወሓት ኣብ ሻድሻይ ወራር ከም ዘተሳተፈን፡ ናይ ክልቴኦም ውድባት ኣባላት ብሓባር ኣብ ጎቦታት ሳሕል ከም ዝተሰውኡን ዝኾነ ይኹን ሰብ ክኽሕዶ ዘይክእል ሓቂ ኢዩ። ተጋድሎ ኤሪትራ ካብ ሜዳ ከም እትለቅቕ ኣብ ምግባር ክልቴኦም ውድባት ብሓባር ኣይሰርሑን ድዮም? ድሕሪ ምድምሳስ እዚ ናደው፡ ክሳብ ምሕራር ኤርትራን ኢትዮጵያን ኣብ መንጎ ክልቴኦም ውድባት ተራእዩ ዘይፈለጥ ዝነኣድ ሓባራዊ ወተሃደራውን ፖለቲካውን ዲፕሎማሲያውን ስርሓት ኣይተሰርሐን ድዩ? ሽውዓተ ዓመታት ድሕሪ ምሕራር ኤርትራን ኢትዮጵያንከ (ኣነ ናይ ፖለቲካ ሕጽኖት ኢለ ዝጽውዖ) ብድሆታቱን በብእዋኑ ዝኽሰቱ ዝነበሩ ሽግራትን ብዘየገድስ፡ ኣብ ሰናይ ጉርብትና ዝተመርኮሰ ናይ ሓባር ጸዕርታት (ፖለቲካዊ፡ ጸጥታዊ፡ ቁጠባዊ፡ ዲፕሎማሲያዊ፡ ማሕበራዊ፡ ወዘተ) ኣይተኻየደን ድዩ? ሰበ ስልጣናት ክልቴኤን መንግስታት ኣብ ኣዲስ ኣበባ ኣስመራን ብሓባር ኣየውደኽደኹን ድዮም? ኣብ ፈቓዶ ኣዝማሪ ቤት፣ (ኣብ ኣዲስ ኣበባ) እንዳ ሪታ፡ ቦሎኛ ቤት ምግቢ ወዘተ (ኣብ ኣስመራ) ከም ሕሱም ኣይተሰትየን ድይ? እዚ ኩሉ ክርሳዕ ዝግብኦ ኣይመስለንን። ብድሕሪ'ዚ ከኣ ኢዩ ኣብ ኩናት ተኣትዮ። መበገሲኡ ከኣ እቲ ኣብ ላዕሊ ዘርዚረዮ ዘሎኹ ምኽንያታት ይመስለኒ። ኣብ መጨረሽታ ሓደ ክብሎ ዝደሊ መሰረታዊ ሓቂ ኣሎ፥ ንሱ ድማ እዚ ዝስዕብ ኢዩ። ዝምድና ናይ ክልቴኦም ውድባት ምስ ረብሓታት ናይ ክልቴኦም ወድባት ብምዝማድ ኢዩ ክራአ ዝግብኦ። ረብሓታቶም ኣብ ዝተረኣኣሰሉ (overlap) ኣብ ዝነበረሉ እዋን ብሓባር ክሰርሑ ርኢና፡ ኣብ ዝጋራጨወሉ እውን ድማ ክናቖቱ ክንርኢ ጸኒሕና። ባህርይ ናይ ፖለቲካ ስለ ዝኾነ። ክልቴኦም ንዝነበሮም ዘይምርድዳእ ወይ ፍልልያት ረብሓ ናይ ክልቴኡ ህዝብታትን ናይ'ቲ ዞባን ኣብ ግምት ብምእታው ብልዝብን ብሰላማዊ መገድን ክፈትሕዎ ነይሮምዶ? እወ። ይኽእሉኸ ነይሮምዶ? ብዘይ ጥርጥር። ሰሪ ፖለቲካዊ ዘይብስለቶም

(political myopia) ግን ኣይገበረዎን። እዚ ኣዝዩ የሕዝን። ንብድሕሪ ሕጂከ? ፖለቲካ ዘይገብሮ የብሉን። ኮፍ ኢሎም ክዘራረቡ እንተ ርኢና ክገርመና የብሉን። ካብ'ዚ ኣብ ላዕሊ ዝተጠቕሰ መረዳእታ ወጺእና፡ ንነገራት ኣብ ስምዒት ተሞርኪስና ክንርኢ ምስ እንጅምር ግን ኣብ እንበጽሖ የብልናን ዝብል መረዳእታ ኣለኒ።

ኣህጉራዊ ደገፍ ንምርካብን ግዳማዊ ስግኣታት ንምምካንን ዝተራቐቐ ዲፕሎማስያዊ ጻዕሪ ምግባርን

ዓለም ቅድሚ ሕጂ ዘይነበራ ምትእስሳር ፈጢራ ኣላ። ግሎባውነት (globalization)፡ ውልቀ ሃገራት ነንበይነን ብምዃን ክስሰና ይትረፍ፡ ክነብራ እውን ዘየፍቅድ ሃዋህው ፈጢሩ ኣሎ። ሓንቲ ሃገር፡ ኣብ'ዛ ግሎባላዊት ዓለም ክትህሉ፡ ሕግታት ተሳትፎ (rules of engagement) ክትርዳእ ኣለዋ ወይ ድማ ክትዳኸምን ካብ ዓለም ክትንጸልን ዘለዋ ተኽእሎ እናዓበየ ይመጽእ። ብዛዕባ ሕግታት ኣከያይዳ ዓለም ኩለ መዳያዊ ግንዝበ ወይ ርድኢት ምምዕባልን ኣብ'ቲ ዓለማዊ ስርዓት ንምጉዓዝ ዘድሊ ጥበባት ምኽዕባትን ፈቲና ጸሊእና ክንሰግሮ ዘይንኽእል ሓቂ ኢዩ። እቲ ልሙድ ግሎባዊ ኣካይዳ (ወላኳ ኩለን ሃገራት ኣየተግብርኦ)፡ ረብሓ ካልኦት ከይጠሓስካ ወይ ንካልኦት ከይዓመጽካ ሃገራዊ ረብሓኻ ንምድንፋዕ ዝዓለመ ስራሕ ምስራሕ ማለት ኢዩ። ኣብ ኣህጉራዊ ዲፕሎማሲ፥ ኩሎም ተቐናቐንቲ ኣካላት መኽሰብ ዝረኽቡሉ (win-win solution) ኩነታት ምፍጣር ማለት ኢዩ። ሓደ ሓደ ኣህጉራዊ ደምብታት (norms) ብምግንዛብን ብምኽባርን ናይ ሓባር ባይታ ብምልላይን ብምምችቻእን፡ ሃገራት፡ ዞባዊ ስኒትን ምርግጋእን፡ ዕብየትን ብልጽግናን ከበጋግሳን ካብ ነንሕድሕደን ዝመሃራሉ መገዲ ክፈጥራን ክናበባን ይኽእላ ኢየን። ኤርትራ በዚ ልዕል ኢሉ ዝተጠቕሰ መትከላት ዝኽተል ፖሊሲ ክትረብሕ ምኽኣለት ነይራ።

ሰባት ዘማእከለን ኣብ መትከል ሽርክነት ዝተመስረተን ውጥናትን መደባትን ልምዓት ምሕንጻጽ

ዘላቒ ዕብየት፡ ኣብ ኩሉ ጽፍሕታት ርጉእን ጥዑይን ቁጠባዊ ሰረታት ይሓትት፣ ከምኡ እውን ኣብ ኩሉ ዓውድታት ንቁጠባዊ ወፍሪ ዘመቻችእ ጥዑይ ሃዋህው ይጠልብ። ነዚ ንምፍጻም ድማ ብሃገራዊ ዘተን ልዝብን ዝምዕብል (ዝረቅቐ)፡ ድኽነት ንምንካይ ዝዓለመ ሃገራዊ ልምዓታዊ ስትራተጂ ምሕንጻጽ የድሊ። ዋኒናውነት (entrepreneurship)

ዘደንፍዕ፡ ውህለላ ርእሰ ማልን ወፍርን ዘተባብዕ፡ ሰደድ ዘዕቢ፡ ምስ ጎረባብትን ምስ ግዳማዊ ዓለምን ድልዱል ንግዳዊ ዝምድናታት ከም ዘድሊ ዝርዳእ፡ ዘባዊ ምትሕብባር ዘቐድም ማክሮ ኢኮኖሚያዊ ፖሊሲ (ጥውይ ፊስካላውን ገንዘባውን ፖሊሲ ሓዊሱ) ምሕንጻጽ ድማ ይሓትት።

መንግስታት ሃገራት ኣፍሪቃ ኣብ ውሽጣዊ ዕዳግአን ናይ ብሕታዊ ጽላት ምውድዳር ከተባብዓ ከለዋ፡ ናይ ወጻኢ ወፍርን ህዝባዊ ኣገልግሎትን ንከዕብያ ሓጊዙወን ኢዩ። ከመይሲ እቲ ብሕታዊ ጽላት ንተዓጻጻፍነትን ፈጠራን ስለ ዘተባብዕ። ምሪሸስ በቲ ዘረጋገጸቶ ናይ መንግስታውን ብሕታውን ጽላታት ኣብነታዊ ሽርክነት፡ ዓለምለኻዊ ተፈላጥነት ረኺባ ኢያ። ኬንያ እውን ብዙሕ ግዜ ብሰደድ ሆርቲካልቸር ማለት፡ ዕንባባታትን ኣሕምልትን ፍረታትን፡ ከም ኣብነት ትጥቀስ። ኣብ ውሽጢ ሰላሳ ዓመታት፡ ሰደድ ሆርቲካልቸር ዓብዩ፡ ናይታ ሃገር ካልኣይ ዝዓበየ ናይ ወጻኢ ሸርፊ እቶት ኮይኑ ኣሎ።

ማሕበረሰባት፡ ድሌታቶም እንታይ ምዃኑን ብኸመይ ከም ዝዕወቱሉን ንምፍላጥ ኣብ ኣዝዩ ዝሓሸ ኩነታት ስለ ዝርከቡ፡ ነቶም ማሕበረሰባት (local communties) ዘማእከለ ናይ ልምዓት መደባት ክሰፍሕ ይግባእ። ይኹን'ምበር ናይ'ዞም ተበግሶታት ቀጻልነትን ዘላቕነትን ንምውሓስ፡ ትካላዊ ለውጢ የድሊ ኢዩ። ስለዚ መንግስታት ተሓታትነት ንምዕባይ ኣብ ዝተፈላለዩ ጽፍሕታት ዘለዉ መንግስታውያን ትካላት ብኣድማዕነት ተልእኾኦም ምእንቲ ክፍጽሙ ቅጥዒ ዘትሕዙሉም መገዲ ክናድዩ ኣለዎም። እዚ ድማ ንዘይተማእከለ (decentralized) ኣገባብ ምሕደራን ፖለቲካዊ ስልጣንን፡ ምዕሩይ ዝርጋሐ ጸጋታትን ዘካተተን ንተሓታትነትን ግሉጽነትን ከም ኣገባብ ዘቐድምን ክኸውን ይግብኦ። ከም ህንድን ሞሪሸስን ዝኣመሰላ ኣብ ምምዕባል ዝርከባ ሃገራት ናይ'ዚ ኣገባብ'ዚ ግሩም ኣብነታት ኢየን። እቶም ትካላት ንጹራት ዝኾኑ ሓላፍነታትን ስልጣንን ክወሃቦም ድማ ይግባእ።

ከም ፖሊሲ፡ ኣብ ብዙሓውነት (diversification) ቁጠባዊ ምንጪ ሃገር ምትኳር፡ ኣብ በይናዊ ምንጪ ቁጠባ (uni-economy) ዘተኮረ ቁጠባ ንከይትቑረን ይሕግዘካ። ብብዙሕነት ዝልለ ቁጠባ (diverisified economy) ከም ፖሊሲ ዘየተኣታትዋ ሃገራት፡ ቁጠባዊ ነውጺ ክገጥመን ዘሎ ተኽእሎ ቅልውላው እናዓበየ ይመጽእ። ሞሪሸስ ካብ እንኮ ቁጠባ (ምፍራይ ሽኮር) ጥራይ ዝተመርኮሰት ሃገር፡ ናብ ዝያዳ ዝተፈላለየን ናብ ሰደድ ዝቐንዐን ቁጠባ እተሳሲ ሃገር ብምዃን ነዊሕ መገዲ ተጓዒዛ ኣላ። ብኣንጻሩ፡ ዋላ'ኳ ጽቡቕ ቁጠባዊ ኣፈጻጽማ እንተ ሃለዎ፡ ቁጠባ ቦትስዋና ግዳይ ምልውዋጥ ግሎባዊ ዕዳጋ ኣልማዝ ክኸውን ይኽእል'ዩ ዝብል ስክፍታታት ኣሎን ጸኒሑን። ቁጠባዊ ውድቀት

ኣርጀንቲና፡ ቁጠባኣ ብዙሕነት ብዘይምህላዉ ከም ዝኾነ እውን ይግለጽ ኢዩ። ስለዚ ቁጠባ ሓደ ሃገር ብዝሓዊ ጠባይ ከም ዝህልዎ ምግባር ከም ስትራተጂ ልምዓት ብዕቱብ መገዲ ክሕሰበሉ ይፐለብ (Liebenthal, 2006)።[lxix]

ቁጠባዊ ዕብየት ኤርትራ ምስ ኣህጉራውያንን (multilateral) ክልተኣውያንን (bilateral) ትካላት ፋይናንስ ምትሕብባር የድሊዮ ነይሩ። ቁጠባ ሃገር ንምድልዳል ንብሕታዊ ጽላት መተባብዒታት ክቐርበሉ ነይሩዎ። ኤርትራ ንክትዕወት፡ ድልዱል ቁጠባ፡ ብዓለም ደረጃ ተቐባልነት ዘለዎ ብሉጽ ዲፕሎማሲ፡ ምስ ጎረባብታን ማሕበረሰብ ዓለምን ኣወንታዊ ዝምድና፡ ምሁርን ዝሰልጠነ ሕብረተሰብን ተባላሓቲ መንእሰያትን ምዕቡል ብሕታዊ ጽላትን የድልያ ነይሩ።

ምህናጽ ትካላት - ኣብ መንጎ ሓጋጊ ኣካል፡ ፈጻሚ ኣካልን ፍርድን ናይ ስልጣን ምፍላላይ፡ ልዕልና ሕጊ ምርግጋጽ፡ ምንጻር (definition) ዕማም መንግስቲ

ሰናይ ምሕደራ፡ ንቁጠባዊ ዕብየት ወሳኒ ረቛሒ ኢዩ። ንውድቀት ፖሊሲን፡ ምርማስ ዕዳጋን ንምውጋድ ድማ ቅድመ ኩነት ኢዩ። መዝገበ ቃላት ዌብስተር፡ ንምሕደራ ክገልጾ እንከሎ፥ "ኣብ ናይ ሓንቲ ሃገር፡ ንልምዓት ዝጠመተ ቁጠባውን ማሕበራውን ጸጋታት ንምምሕዳር ወይ ንምክያድ ዝዝውተር ናይ ስልጣን ኣገባብ ኢዩ" ይብል።[lxx] ባንኪ ዓለም ንምሕደራ ክገልጾ እንከሎ ድማ ኣብ ሓንቲ ሃገር፡ ስልጣን በቲ ዘሎ ልምድታትን ትካላትን ክትግበር እንከሎ ኢዩ ይብል። እዚ ድማ መንግስታት ዝምረጹሉ፡ ዝከታተሉሉን ዝተኻኸኡሉን፡ ጥዑይ ፖሊሲታት ብኣድማዒ መገዲ ናይ ምሕንጻጽን ምትግባርን ዓቕሚ፡ ከምኡ እውን ዜጋታትን መንግስትን ኣብ መንጎኦም ንዝካየድ ቁጠባውን ማሕበራውን ርክባትን ውዕላትን ኣብ ዘመሓድሩ ትካላት ዘለዎም ኣኽብሮት የጠቓልል። ባንኪ ዓለም (WB) ምሕደራ ዝዕቀነሉም ሽድሽተ መዳያት (dimensions) ይገልጽ። እዚኣቶም ድማ ድምጽን ተሓታትነትን፣ ፖለቲካዊ ምርግጋእ ምርግጋጽን ጎነጽ (violence) ናይ ዘይምህላውን ኩነትን፡ ብቕዓት መንግስትን፡ ጽሬት ቁጽጽርን፡ ልዕልና ሕግን ከምኡ እውን ምቁጽጻር ብልሽውና (Bank T. W., World Governance Indicators, n.d.) ኢዮም።[lxxi]

ፒተር ሮጀርስን መዳርስቱን ኣብ'ታ *መእተዊ ንዘላቒ ልምዓት* (An Introduction to Sustainable Development) እትብል መጽሓፍ፣ ድኹም ምሕደራ ንልምዓት ዕንቅፋት ምኳኑ፡ ንመስርሕ ልምዓት ዝጥምዝዝን ኣብ ድኻታት ዘይመጣጠን ኣሉታዊ ጽልዋ ከሕድር ዝኽእልን ምኳኑ ይሕብሩ። ሰናይ ምሕደራ፡ ተሓታትነት፡ ህዝባዊ

ተሳትፎ፡ ምምሕዳራዊ ዘይምእኩልነትን፡ ግሉጽነትን ተገማትነትን (predictability) ከም ዝሓትት ድማ ይምጉቱ (Peter P. Rogers, 2009)።[lxxii]

ተሓታትነት ክብሃል እንከሎ ሰበ ስልጣን በቶም ዘዘውትርዎም ጠባያት (ነውራማትን ቅቡላትን) ተጠየቕቲ ምዃኖም የመልክት፤ ዘይምእኩልነት፡ ንኹሎም ሰብ ብርኪ (stakeholders) ኣብ መስርሕ ውሳነ ንክሳተፉ ሃዋህው ይፈጥር፤ ጥዑያት ፖሊሲታትን ሕግታትን ስርዓታትን ብጥብቂ ምኽባር ድማ ንተገማትነት (predictability) የውሕስ። ብዘይካ'ዚ፡ ሓደ ስርዓተ ምሕደራ ግሉጽነት የዘውትር ኢዩ ንክበሃል፡ ዜጋታቱ ብዛዕባ ኩሉም እቲ መንግስቲ ዝወሰዶም ስጉምትታትን ፖሊሲታትን ክሕበሩ ይግባእ (Peter P. Rogers, 2009)።[lxxiii]

ብመሰረት ካልደረሲ ዝተባህለ ናይ ስነ ቁጠባ ክኢላ፣ ቁጠባዊ ዕብየት ክረጋገጽ ዝኽእልን ናይ ወጻኢ ሓገዝ ኣድማዒ ዝኸውንን፡ መንግስታት ድሮ ኣብ ቅኑዕ መስመር ምስ ዝህሉዉን፡ ቀዳምነታቶም ምስ ዘለልዩን ዘነጽሩን፡ ፖሊሲታት ምስ ዘተግብሩን፣ ከምኡ እውን ቁልፊ ትካላት ከማዕብሉ ከለዉን ኢዩ ይብል። እዚ ድማ ኣብ ክንዲ ኣብ ናይ ወጻኢ ሃገራት ዝርከባ ርእሰ ከተማታት ንዝርከቡ ሰባት ክትምስጥ ምድላይ፡ ናይ ባዕሉ ምኽንያት ዘሎዎ ክኸውን ይግባእ (Calderisi, 2006)።[lxxiv] ኮሊየርን ጋኒንግን *መብርሂ ንቑጠባዊ ኣፈጻጽማ ኣፍሪቃ* (Explaining African Economic Performance) ብዝብል ኣርእስቲ ኣብ ዝጸሓፍዎ ዓንቀጽ፡ ኣብ መንጎ ቁጠባዊ ዕብየትን፡ መጠን ሓገዝ ልምዓት ወጻኢ ሃገራትን፡ (Overseas Development Aid - ODA) ብሰንኪ ድኹም ፖሊሲታተን፡ ኣብ መብዛሕትአን ሃገራት ኣፍሪቃ፡ ኣሉታዊ ዝምድና ከም ዘሎ ይሕብሩ (Gunning, 1999)።[lxxv] ፖል ኮሊየር ኣብ'ቲ *ንዝወደቐት ሃገር ዳግም ንምህናጽ ዘድልዩ ሓደስቲ ሕግታት* - New Rules for Rebuilding a Broken Nation - (ኣብ ክፍሊ ጉዳያት ወጻኢ ኣመሪካ እተዋህበ) ብዝብል ኣርእስቲ ዝሃቦ ፍሉጥ ኣስተምህሮኡ፡ ንመንእሰያት ስራሕ ምፍጣርን ኣወሃህባ ማሕበራዊ ኣገልግሎታት ዝድግፍን ንጹህ መንግስቲ ከም ዘድሊ እውን ኣስሚሩሉ። "እዚ" ይብል ንሱ "ሃገራት ካብ ናይ ስርቂ ፖለቲካ ናብ ናይ ተስፋ ፖለቲካ ክሰጋገራ ክመርሐን ይኽእል'ዩ (Collier, 2009)።[lxxvi]

ሓደ ካብ'ቲ ናይ ሓንቲ ውልዶ ሃገር ቀንዲ ቀዳምነታት፡ ነቲ ናይ ምሕደራ ጉዳይ ትኹረት ምሃብ ኢዩ ነይሩ። እዚ ድማ ነዞም ዝስዕቡ የጠቓልል፥ ልምዓታዊ ስትራተጅኣ ንኹሉ ዝሓቁፍ ንክኸውን ጻዕሪ ምግባር፣ ንፍሉይ ኩነታታ ዝምልሱ ኣብ ውሽጢ ሃገር ዝማዕበሉ (homegrown) ፖሊሲታት ምሕብሓብ፡ ድልዱላትን ግሉጽነት ዝመለለዮም ትካላት ምህናጽ፡ ፖሊሲታታ ንምትግባር ዘኽእላ ስርዓት ኣሰራርሓ (standards of parctice) ምምዕባል፡ ከምኡ እውን ናይ ሕጊ ኣልቦነት ባህርያት ምቕናስ ወይ ምውጋድ።

ሓንቲ ውልዶ ሃገር (ወይ እውን ዝኾነት ሃገር)፡ ንዕማም መንግስቲ ብንጹር ከተቐምጥ ግዴታ ኣለዋ፡ ነቲ ኣብ ሕብረተሰብ እትጻወቶ ተራ ድማ ብንጹር ከተቕርቦ ይግባእ። መንግስታት ብሓፈሻ፡ ብውጽኢታዊ መገዲ የተግብርኦ ወይ ኣየተግብርኦ ብዘየገድስ፡ ፍሉይ ተልእኾ ኣለወን - እዚ ድማ ፍሉይ ጠመተ የድልዮ። ምኽንያቱ ድማ ናይ ሓደ መንግስቲ ዓወት ወይ ውድቀት ኣብ ናይ'ዞም ተልእኾታት ኣተሓሕዛን ምሕደራን ስለ ዝምርኮስ።

ሓደ ካብ'ቲ ቀንዲ ሓላፍነታት መንግስቲ፡ ልምዓታዊ ፖሊሲታት ምሕንጻጽን ንዕኡ ንምፍጻም ወይ ንምትግባር ዝሕግዙ ስትራተጅታት ምንጻርን ኢዩ። መንግስታት ንተልእኾኦም ብንጹር ይገልጹ፡ ነቲ ቀንዲ ክብርታቶምን ዕላማታቶምን የነጽሩ፡ ኣብ መወዳእታ ድማ ዕጫ (destiny) ናይታ ሃገር የርቅቑ። እዚ ተልእኾ'ዚ ንዜጋታት ኣገልግሎት ምሃብ፡ ልዕልና ሕጊ ምኽባር፡ ቁጠባዊ ብልጽግና ምብራኽ፡ ድሕነት ዜጋታት ካብ ውሽጣውን ግዳማውን ሓደጋታት ምውሓስ፡ ንቁጠባዊ ዕብየት ኣገዳሲ ትሕተ ቅርጺ ምውዳድ፡ ትምህርቲ፡ ክንክን ጥዕና፡ ከምኡ እውን ዝተፈላለየ ማሕበራዊ ኣገልግሎታት ምዕሩይ ብዝኾነ ኣገባብ ምዝርጋሕን ምሃብን፡ ምስ ጎረባብትን ማሕበረሰብ ዓለምን ንሓባራዊ ረብሓን ካልእን ኣወንታዊ ዝምድናታት ምሕብሓብ ዘጠቓልል ኢዩ። ኩሎም'ዞም ልዕል ኢሎም ተጠቒሶም ዘለዉ ረቛሒታት፡ ህዝቢ ኣቐዲሙ ዘትዩሎም ኣብ ዝሰፈሩ ማሕበረ ቁጠባዊ ኣቀዋውማ ሕብረተሰብ ኣብ ግምት ዘእተዉ ናይ ፖሊሲ ሰነዳት ዝጥርንፉን ግሉጻትን ክኾኑ ይግባእ። ኣብ ኩሎም'ዞም ኣብ ላዕሊ ዝተጠቕሱ ዕማማት፡ ምዕሩይነት (equity) ልዑል ኣቓልቦ ክወሃቦ ይግባእ።

እቲ ካልኣይ ወይ ስትራተጂያዊ ውጥን ምርቃቕ (እቲ ካልኣይ ዕማም)፡ እምነ ኩርናዕ ናይ ዝኾነ መንግስቲ ሓላፍነት ኢዩ። መንግስቲ ነዞም ዕላማታት ፖሊሲ ብኸመይ ከተግብሮም ከም ዝሓሰበ ክገልጽ ኣለዎ። እንታይ ዓይነት ኣገባብ ኢዩ ክኽተል? ውሽጣውን ግዳማውን ጸጋታት ብኸመይ ከካትት ወይ ከጎሳጉስ ኢዩ? ኣብ'ዚ ጻዕሪ'ዚ እቲ ብሕታዊ ጽላት እንታይ ተራ ኣለዎ? ዜጋታት ነዞም ዕላማታት'ዚኣቶም ኣብ ምፍጻም እንታይ ሓላፍነት ይስከሙ? ኣብ መንጎ እቲ ብሕታውን መንግስታውን ጽላላታት እንታይ ዓይነት ሽርክነት የድሊ? ተራ ናይ ግዳም ርእሰ ማል እንታይ ክኸውን ኢዩ? ብኸመይከ ናብ ሃገር ይፈስስ? በየናይ መገዲኸ ንጥቀመሉ? ወዘተ ዝብሉ ሕቶታት መልሲ ይጽበዩ።

እቲ ሳልሳይ መሰረታዊ ግደ መንግስቲ፡ ድልዱል ስርዓተ ምቁጽጻር (regulatory mechanism) ምፍጣር ኢዩ። ብመሰረት ቁጠባውን ማሕበራውን ኮሚሽን ሕቡራት ሃገራት እስያ ፓሲፊክ (United Nations ESCAP)፡ እዚ ስርዓተ ምቁጽጻር ነዞም ዝስዕቡ የጠቓልል፥ ሕጋዊ መሳርሒታት፡ ሕግታት፡ ኣገባባትን ኣሰራርሓታትን፡ መስርሓትን።

እዞም ኣገባባት'ዚኣቶም ንብዙሓት ዕላማታት ዘገልግሉ ኮይኖም፡ ህዝባዊ ረብሓታት ምርግጋጽ፡ ንቴክኒካውን ድሕነታውን ጽፈታውን ደረጃታት (quality standards) ንምሕላው፡ ከምኡ እውን ንልሙዳት ኣገባባት ኣሰራርሓ (compliance) ንምውሓስ ከም ኣብነታት ክጥቀሱ ይኽእሉ (ESCAP, 2008)።[lxxvii]

ራብዓይ ዕማም መንግስቲ ድማ ንሃገራዊ ዳግመ ህንጸትን ልምዓትን ዘድሊ ክኢላ ዓቕሚ ሰብ ንምህናጽ ብማለት ፖሊሲ ምምዕባል ዓቕሚ ሰብ (HDR) ምሕንጻጽ ኢዩ። ኣብ'ዚ ክይተመለሹ ክሓልፉ ዘይግብኦም ነገራት ኣለዉ። ነዞም ዝስዕቡ ድማ ከጠቓልሉ ይኽእሉ፥ እንታይ ዓይነት ዓቕሚ? እንታይ ዓይነት ክእለት? እንታይ ዓይነት ስነ ምግባር? እቲ ዝውሃብ ትምህርቲ ንናይ መበል ዕስራን ሓደን ክፍለ ዘመን ጠለብ ክኢላዊ ዕዮ የማልእ ዲዩ? እቲ ዝውሃብ ትምህርትን ስልጠናን ንምርምርን ነቐፌታዊ ኣተሓሳስባን ዘተባብዕ ዲዩ? ምስ ፖሊሲታት ዳግመ ህንጸት ሃገር ዝሳነ ዲዩ? ወዘተ።

እዞም ኣብ ላዕሊ ዝተጠቕሱ ዕማማት፡ ንሓንቲ ውልዶ ሃገር ዓበይቲ ብድሆታት ኢዮም ነይሮም። ኣብ'ዚ፡ እቲ ቁምነገር፡ ካብ'ቶም ድሮ እትውንኖም ልምድታት ጀሚርካ ንሓድሽ ሓሳባት ክፉትን ተቐባልን ኴንካ ምጽናሕ ኢዩ ነይሩ። ነዚ መገዲ'ዚ ተኸቲልካ ንምጉዓዝ፡ ፖለቲካዊ ድሌትን ተወፋይነትን የድሊ ነይሩ። ምኽንያቱ ድማ ሰላምን ምርግጋእን ራህዋን ንምስፋን ካልእ ኣማራጺ ስለ ዘይነበረ።

ነብሳ ዝኸኣለት ኤርትራ ምህናጽ ነዊሕ እዋን ዝሓትት ጻዕሪ ኢዩ። ነዚ ንምዕዋት ኤርትራ ምስ ጎረባብታ ኣወንታዊ ዝምድናታት እናኣደንፈዐት ብውሕልነትን ጽፈትን ምስ ኣብ ከባቢኣ ዘለዋ ሃገራት ክትሰርሕን ክትተሓጋገዝን ነይሩዋ። ኣብ ወሰናስን ቀይሕ ባሕሪ ዘለዋ ስትራተጂያዊ ኣቀማምጣ ድማ ንረብሓኣ ክውዕል ነይሩዎ።

ንጸጋታት ዓቕሚሰብ ኤርትራ ናብ ዝለዓለ ደረጃ ምብጻሕ

ፍልጠት፡ ክብርታትን ክእለትን፡ ንውልቀ ሰባትን ንማሕበረሰባትን ሕብረተሰባትን ቁጠባዊ ምዕባለ ንምውሓስ ይሕግዞም። ዝተማህሩ ሰባት ዝያዳ ኣፍረይቲ ኢዮም፡ ኣብ ምዕባይ ቁጠባ ድማ ዝያዳ ኣበርክቶ ይገብሩ። ኣብ ትምህርቲ ዝግበር ወፍሪ ብመንጽር ውልቃዊ ኣታዊታት ብተዛማዲ ዓቢ ረብሓ ይህብ። ምጽሓፍን ምንባብን ቁጽርን ንሕብረተሰባት ዓይነት ናይ'ቲ ዓያዩ ሓይሊ ንምድንፋዕ ይሕግዞም። ትምህርቲ፡ ደረጃ መነባብሮ ንምዕባይን ሰባት ካብ ድኽነት ንምውጻእን ቀንዲ ረቛሒ ኢዩ።

ትምህርቲ ንቁጠባዊ ዕብየት ኣገዳሲ ረቛሒ ኢዩ። ደረጃ መነባብሮ ክመሓየሽ እንተ ኾይኑ፡ ቁጠባዊ ዕብየትን ልዑል ኣፍራዪ ጉልበት ሰብን ይሓትት። እዚ ክኸውን ዝኽእል

ሰመረ ሰሎሞን

ኣብ ዓይነት ዓያዪ ክፋል ናይ'ቲ ሕብረተሰብ ለውጢ ምስ ዝህሉ ጥራይ ኢዩ። ብትምህርትን ስልጠናን ጥራይ ኢዩ ድማ ናብኡ ዝብጻሕ (James M. Cypher, 2004)።[lxxviii]

ይኹን'ምበር፡ ብገለ ሃገራት ዝቐርብ ኣገልግሎት ትምህርቲ ጽሬት ይጎድሎ ኢዩ። እዚ ድማ ብፍላይ ኣብ'ተን ኣብ ምምዕባል ዝርከባ ሃገራት ጎሊሑ ይረአ። ትምህርቲ ነብ ምሽምዳድ ወጺኡ ነቐፌታዊ ኣተሓሳስባ ከተባብዕን ነቲ ኩሉ ግዜ ዝቀያየር ጠለብ ዕዳጋ ዕዮ ድማ ከከም ኩነታቱ ክገጥሞን ክብድሆን ማዕረ ማዕሬኡ ክኸይድን ይግባእ። ስለዚ ዓይነት ወይ ጽሬት ትምህርቲ ምምሕያሽ ይጽንሓለይ ዘይበሃሎ ጉዳይ ክኸውን ይግባእ። ሮዛሊን ማክኪዮን ኣብ *መሳርሒታት ትምህርቲ ንዘላቒ ልምዓት* (Education for Sustainable Development Toolkit)፡ ኣብ ዝብል ጽሑፉ፡ ትምህርቲ፡ ኣብቶም ንተሳትፎ ህዝብን ወሰንቲ ኣካላት ማሕበረሰብን ዘተባብዑን ዝድግፉን ጥበባትን ክብርታትን ኣረኣእያታትን ከተኩር ከም ዘለዎ ትሕብር። ትምህርቲ፡ ብገምጋም ንኹሉ ሕብረተሰብ ዝስሕብ ኣድማሳውን ንኹሉ ዝሓቁፍን ክኸውን ከም ዘለዎ ድማ ትሙጉት (McKeown, 2002)።[lxxix] ሓደ ብOECD (Organisation for Economic Cooperation and Development) ዝተኻየደ *መጽናዕቲ* ከም ዘመልክቶ፡ ናይ ዓቕሚ ሰብ ምምዕባል ረቛሒታት ኣብ ኣርባዕተ ቀንዲ ባእታታት ክጠቓለሉ ይኽእሉ ኢዮም ይብል። እዚኣቶም ድማ፡ ደረጃ ትምህርቲ፡ ክእለት ዓያዪ ሓይሊ፡ ጥዕና ህዝቢ፡ ከምኡ እውን ንሰባት ምስ ናይ ዕዮ ዕዳጋ ዘራኽቡን ምስ ሓደስቲ ብድሆታት ብቕልጡፍ ንክላመዱ ዕድላት ዝህቡን ፖሊሲታት (OECD, 2005) ኢዮም።[lxxx]

መጽናዕትታት ከም ዘመልክትዎ፡ ዝበረኸ ኣጠቓቕማ ሰብኣዊ ዓቕሚ ወይ ሰብኣዊ ርእሰ ማል ከምኡ ድማ ኣብ ንምፍራይ ዝሕግዘካ ፍልጠት፡ ቁጠባ ንክዓቢ ካብ ዝድርኹ ረቛሒታት'ዮም (Dietz, The Process of Economic Development, 2004)።[lxxxi] ስለዚ ከኣ መንግስቲ ብትምህርቲ፣ ኣብ ውሽጢ ስራሕ ብዝካየድ ስልጠና፡ ኣመጋግባ፡ ክንክን ጥዕናን ጽሬትን ኣቢሉ ኣብ ሰባት ወፍሪ ብምግባር ዓይነትን ደረጃን ናይ'ቲ ዝተቖጽረ ሓይሊ ዕዮ ከም ዝውስኽ ክገብር ይግባእ (James M. Cypher, 2004)።[lxxxii] ካብ'ዚ ብምብጋስ ጥዑይ ፖሊሲ ምምዕባል ዓቕሚ ሰብ ንልምዓት ዘድሊ ቅድመ ኩነት ኢዩ። ከም'ቲ ኣቐዲሙ ዝተገልጸ፡ ደቡብ ኮሪያ ኣብ ሰብኣዊ ርእሰ ማላ ዓቢ ወፍሪ ብምግባር ቅልጡፍ ዕብየት ከርእያ ካብ ዝኸኣላ ሃገራት ሓንቲ ኢያ።

ኣብ ህዝባ ወፍሪ ምግባር ንኤርትራ ኣዝዩ ኣገዳሲ ኢዩ ነይሩ። ልዑል ትምህርቲ ዝቐሰሙ ኤርትራውያን ብደረጃ ዓለም ዝድነቑ ወፍርታት ክስሕቡ ይኽእሉ ነይሮም። እቲ ሓደ ሽሕ ኪሎ ሜተር ዝሸፍን ነዊሕ ገማግም ባሕሪ ኤርትራ፡ ምዕቡል ናይ ቱሪስት ኢንዱስትሪ ንምፍጣር ክውዕል ይኽእል ነይሩ። ኤርትራ ንናይ ኣገልግሎት ኢንዱስትሪን

ናይ ሓበሬታ ተክኖሎጅን (IT) ብዝምልከት እውን ማእከል ስሕበት ክትከውን ተኽእሎ ነይሩ።

መንእሰያትና ኣፍረይቲ ክኾኑ ብፍልጠት ዝሰነቑ፡ ምስ'ቲ ዓለም በጺሓቶ ዘላ ደረጃ ምዕባለ (ስነ ፍልጠት፡ ተክኖሎጂ፡ ስነ ጥበብ፡ ስፖርት ወዘተ) ክላለዩ ጥራይ ዘይኮነስ ክመልከዎምን ክጥቀሙሉን ከም ዝኽእሉ ምግባር፡ ልዑል ስነ ምግባርን ማሕበራዊ ክብርታታትን ዘሳስዩ ኣብ ዕለታዊ ህይወቶም ድማ ዘተግብሩ፡ ሃገሮም ህዝቦምን ዘፍቅሩ፡ ብሃገሮም ዝንየቱ፡ ንመሰሎም ንምጥባቅ ድሕር ዘይብሉ፡ ንምርምርን ነቐፌታዊ ኣተሓሳስባን (critical thinking) ዘጋልጾምን ዘላልዮምን ትምህርቲ ክቐስሙን ስልጡናትን ፍልልያት ዝጸወሩን ንክኾኑ ዘኽእሎም ትምህርቲ ከም ዝቐስሙ ምግባር ኣገዳሲ ናይ ፖሊሲ ባእታ ኢዩ።

ኣብ ኤርትራ ምምዕባል ዓቕሚ ሰበ ዘይተፈተነ ኣይኮነን። ክንደይ ሰብ ሞያ ንትምህርትን ስልጠናን ንወጻኢ ዘይተላእኩ። ክንደይ ተመሃሮ ንልዑል ትምህርቲ ናብ ከም በዓል ደቡብ ኣፍሪቃ ዝኣመሰላ ሃገራት ዘይተላእኩ። ውጽኢቱ ግን ኣዕጋቢ ኣይነበረን። ተማሂርካ መጺእካ መተባብዒ (ብመልክዕ ደሞዝ፡ ሓላፍነት፡ ናይ ስራሕ ርውየት፡ ወዘተ) ዘይትረኽበሉ እንተ ኾንካ፡ ብሞያኻ ንክትሰርሕ ወይ እውን ከተገልግል ዘመቻቹ ትካላዊ ኣሰራርሓ እንተ ዘየልዩ፡ ወይ እውን ከም በዓል ሞያ መጠን ዝግበኣካ እኽብሮት ዘይትረክብ እንተ ኾንካ፡ ሞያኻ ኣብ መዓላ ምውዕል በዳሂ ኢዩ። በዞም ዝተጠቐሱ ምኽንያታት ከኣ ኢዩ ውጽኢቱ ኣዕጋቢ ኣይነበረን ዝበሃል።

ዓቕሚ ዲያስፖራ ምምዝማዝ፥ ንዲያስፖራ ኣብ ሃገራዊ ዳግመህንጸት ምውህሃድ

ናይ ዓለማዊ ባንክ[lxxxiii] (WB) ኣብ 1994 ዓ.ም. ቁጽሪ ኤርትራውያን ስደተኛታት ሓሙሽተ ሚእቲ ሽሕ ከም ዝነበረ ገምጋም ከም ዝነበሮ ገሊጹ (Miovic, 1994)።[lxxxiv] ዲያስፖራ ከም ዓቢ ሓይሊ ተወዲቡ ልዑል ኣበርክቶ ከም ዝገበረን ኣብ ተጋድሎ ንናጽነት ኤርትራ ብዙሕ መስዋእቲ ከም ዝኸፈለን ክዝከር ዘለዎ ጉዳይ ኢዩ። ህዝባዊ ግንባር ሓርነት ኤርትራ፡ ካብ'ቶም ዓበይቲ ዓለማውያን ፖለቲካውያን ተዋሳእቲ (ምዕራባውያን ኣብ ዞርያ ኣመሪካ፡ እቲ ማሕበርነታዊ ደምበ ከኣ ኣብ ዞርያ ሕብረት ሶቭየት ነበር) ምስ ተነጸለ፡ ኣብ ወጻኢ ሃገራት ብዝተወደበ ሓፋሽ ውዳበታቱ ኣቢሉ፡ ንዲያስፖራ ከም ሓደ ዓቢ ፖለቲካዊ ዓንዲ ሕቖን ከም ሓደ ናይ ገንዘብ ኣታዊ ምንጭን ተጠቒሙሉ ኢዩ። ኣብ 1991 ዓ.ም. መንግስቲ ንኹሎም ኣብ ወጻኢ ዝነብሩ ኤርትራውያን ናይ ዲያስፖራ ግብሪ

ኣተኣታትዩ፣ እዚ ድማ ካብ ስራሕ ይኹን ካብ ማሕበራዊ ድሕነት ዝረኽቡዎ ኣታዊታት ብዘየገድስ ካብ ዓመታዊ ኣታዊኦም ክልተ ሚእታዊት ኢዩ ነይሩ (Hirt, 2014)።[lxxxv] ዲያስፖራ፡ ናይ'ቲ ግንባር ዓቢ ምንጪ እቶት ካብ ምኳን ሓሊፉ፡ ነቲ ንናጽነት ዝግበር ምንቅስቓስ እውን ዘይተኣደነ ፖለቲካዊ ደገፍ ይገብር ነይሩ ኢዩ። ብህዝባዊ ዲፕሎማሲ ገይሩ እውን ኣብ ዝተፈላለዩ ኣህጉራውን ዞባውን ፖለቲካዊ መድረኻት ድምጺ ህዝባዊ ግንባርን ህዝቢ ኤርትራን ኮይኑ ኣገልጊሉ ኢዩ።

ድሕሪ ናጽነት፡ ኣብ ወጻኢ ዝርከባ ኤምባሲታት ኤርትራ ካብ ዲያስፖራ ማእለያ ዘይብሉ ገንዘብ ኣብ ምእካብ ንጡፋት ኮይነን ጸኒሐን ኢየን። ኣምሳያ ናቱ ድማ ኣባላት ዲያስፖራ መንግስታዊ ኣገልግሎታት ክረኽቡ ዘኽእሎም ፍቓድ ተዋሂቡዎም። እዚ ድማ ናይ ልደትን መርዓን ምስክር ወረቐት ምርካብ፡ ኣብ ኤርትራ መሬት ናይ ምግዛእ መሰል ምህላው፡ ናይ ንግዲ ስራሕ ዕድል፡ ከምኡ እውን ናይ ብዕድመ ዝደፍኡ ኣዝማድ መውጽኢ ቪዛ ናይ ምርካብ ዕድላት ተዋሂቡዎም (Reich, 2015)።

ንድሕሪት ተመሊስና እንተ ርኢናዮ፡ ኤርትራ ካልእ ኣገባብ ብምኽታል ንዲያስፖራ ብዝበለጸ ክትጥቀመሉ ትኽእል ነይራ ኢያ። ኣብ ክንዲ ካብ ደሞዞም ክልተ ሚእታዊት ግብሪ እትወስድ፡ ኣብ ዓዶም ወፍሪ ንክገብሩ ከተነቓቕሖምን ከተተባብዖምን ትኽእል ነይራ፡ በዚ ድማ ሰፊሕ ናይ ወጻኢ ባጤራ ኣታዊታት ናብ'ታ ሃገር ክትስሕብ ምኽኣለት። እዚ ድማ ብግዴኡ ነታ ሃገር ኣብ ጥዑይ ናይ ዕብየት መስመር (trajectory) ከቕምጣ ይኽእል ነይሩ።

ብዝተፈላለዩ ፖለቲካዊ ኣካላት፡ ሲቪካዊ ውዳበታት፡ ሃይማኖታዊ ትካላትን ብዲያስፖራን ዝቐመ ስሙር ግንባር፡ ንኹሉ ዝሓቁፍ ኣብ ሃገራዊ ዕርቂ ዝተመስረተ መንግስቲ ንምህናጽ መገዲ ክጸርግ ይኽእል ነይሩ። እቲ ድሕሪ ናጽነት ዘጋጠመ ዝኸፍአ ነገር፡ ብስርዓት ህግደፍ ኣብ ውሽጢ ዲያስፖራ ዝተበገሰን ኮነ ኢሉ ዝተኹስኰሰን ናይ ፖለቲካ ምምቕቓልን ምርሕሓቕን መንፈስን ሃዋህውን ኢዩ ነይሩ።

ምህናጽ ውሁድ ሃገራዊ መንነት

ብባህሎም፡ መንነቶም፡ ታሪኾም፡ ስርዓተ ክብርታቶምን ዝሕበኑ ማሕበረሰባት፡ ዋላ'ኳ ዘገም ኢሉ ዝጎዓዝ ይኹን፡ ዘላቒ ምዕባለ ክርእዩ ተኽእሎ ኣሎ። ሃገራዊ መንነት፡ ንሰባት ኣብ ዙርያ ህንጸት ሃገር ዝኣመስሉ ቅዱሳትን ልዑላትን ባህግታት ኣብ ምጕስዳስ ዘገልግል ኣድማዒ መሳርሒ ኢዩ። ኣብ ኤርትራ ህንጸት ሃገር ኣብ መወዳእታ 1880ታት ኢጣልያ ንኤርትራ ብመግዛእቲ ኣብ ዝጎበጠትላ እዋን ኢዩ ጀሚሩ። ድሕሪኡ ዝመጸ መግዛእታዊ

ምምሕዳር (ብሪጣንያዊ ወተሃደራዊ ምምሕዳር) ነቲ ኣብ ሓደ እዋን ተዓፊኑ ዝነበረ ፖለቲካዊ ንቕሓት ኣብ ምዕባይ ግደ ነይሩዎ። እቲ ምስ ኢትዮጵያ ዝተገብረ ፌደራላዊ ስርርዕ፡ ንኤርትራ ብ1962 ማለት ኤርትራ ብሃጸያዊት ኢትዮጵያ ክሳዕ እትጉበጥ፡ ናይ መጀመርታ ዕድል ርእሰ ምሕደራ ሂቡዋ ኢዩ። እዚ ድማ ካብ ኩሉ ጽፍሕታት ሕብረተሰብ ንዝመጹ ዜጋታት ንሓባራዊ ዕላማ (ናጽነት) ዝእከብ ዕጥቃዊ ቃልሲ ወሊዱ። በዚ ድማ ህንጸት ሃገር ኣብ ኤርትራ ብርግጽ ኣቐዲሙ ብምጅማር፡ ኣብ'ቲ ናይ ሰላሳ ዓመት ኩናት ናጽነት ኣብ ዝለዓለ ጥርዙ በጺሑ ዝብል እምነት ኣለኒ።

ኩናት ናጽነት፡ ዝተሳገሮ ዓቐበ ቁልቁል ብዘየገድስ፡ ኣብ ኤርትራውያን ሓያል ናይ ሃገራዊ መንነት ስምዒት ኣለዓዒሉ ኢዩ። ካብ ክልቲኡ ደምበታት ብዲፕሎማስያዊ ኣገባብ ተነጺሎምን ካብ ማሕበረሰብ ዓለም ዝኾነ ደገፍ ኣብ ዘይነበሮን ሃዋህው፡ ምንቅስቓሳት ናጽነት፡ ኣብ ናይ ገዛእ ርእሶም ጸጋታት (ብዓቢኡ ድማ ዓቕሚ ህዝቢ ኤርትራ) ካብ ምጽጋዕ ሓሊፎም ካልእ ኣማራጺ ኣይነበሮምን። ጉዕዞ ናጽነት ነዊሕን ኣድካምን፡ እቲ ጸላኢ ሓያልን ዝተራቐቐን፡ (ብሕብረት ሶቭየትን መሻርኽታን ዝድገፍ)፡ ዝተኸፍለ ዋጋ ድማ ከቢድ ኢዩ ነይሩ። ይኹን'ምበር፡ እቶም ንናጽነት ዝጠመቱ ምንቅስቓሳት ንመብዛሕትኡ ህዝቦም ኣብ ዙርያ'ቲ ክቡር ዕላማ ከም ዝዓስል ገይሮምዎ። እዚ ዝወለዶ ናይ ኩርዓትን ሃገራዊ መንነትን ስምዒት እሞ ሕሰቡዎ!

ድሕሪ ናጽነት፡ ኤርትራ፡ ሃገራዊ መንነት ንምድልዳልን ንምድራዕን ኣብ'ዚ መሰረት'ዚ ክትህነጽ ትኽእል ነይራ። ብዘይካ'ቲ ሃገራዊ መንነት ኣብ ምድልዳል ኣበርክቶ ዝገበረ ናይ ሰላሳ ዓመት ኩናት፡ ካልኦት ናብ'ቲ ዝቕጽል ደረጃ ንምስግጋር መሳርሒ ክኾኑ ዝኽእሉ ረቛሒታት ነይሮም ኢዮም። እዚኣቶም ነዞም ዝስዕቡ የጥቓልሉ፡- ምዕቡልን ውሁድን ቁጠባ፡ ዝተማህረን ዝሰልጠነን ህዝቢ፡ ዘመናዊ ትሕተ ቅርጺን ናይ መራከቢ መስመራትንሰናይ ምሕደራ፡ ምኽባር ሰብኣዊ መሰላት፡ ኣብ መንጎ ዜጋታት ናይ ሓባር ረብሓታትን ዕላማታትን ምርጫታትን ምፍጣር (Reich, 2015)።[lxxxvi]

ስርዓት ኤርትራ መኸሰቡ ከደልድልን፡ ሃገራዊ መንነት ንምዕባይ ድማ ንንጥፈታቱ ክብ ከብልን እኹል ዕድል ነይሩዎ። ስዒቡ ድማ እቲ ብግቡእ ዝተኾስኮሰ ሓድሽ ወለዶ፡ እዞም ክብርታት እዚኣቶም ምስ ግዜ ናብኡ ምስ ተመሓላለፉ፡ ናብ'ቲ ዝቕጽል ደረጃ ከሰጋግሮም ይኽእል ነይሩ።

ምትእትታው ሰፊሕ ናይ ፖለቲካ ተራጻምንት (polarisation) ባህሊ፡ ንጉዕዞ ገስጋስ ሃገራዊ መንነት ዕንቅፋት ኢዩ ነይሩ። ኤርትራ፡ ህዝባ ንፖለቲካዊ ሳዕቤናት (political repercussion) ከይፈርሐ ኣብ ሃገራዊ ዳግመ ህንጸት ኣበርክቶ ክገብር ዝደፋፍኣሉ ሃዋህው ከተዕቢ ነይሩዋ።

ሞያዊ ሰራዊት ምህናጽ

ኣብ መንጎ ልዑላውያን ሃገራት ዝፍጠር ውግኣት ወይ ወተሃደራዊ ረጽምታት ብዝተኻእለ መጠን ክውገድ ይግባእ። እቲ ኣዕናዊ ባህርያት ውግእ ንማንም ኣይምሕርን ኢዩ፣ ሳዕቤናቱ ድማ ንኹሉ ይትንከፍ ኢዩ። ንከም'ዚ ዓይነት ግርጭታት ንምክልኻል እቲ ዝበለጸ ኣድማዒ ኣገባብ ዲፕሎማስያዊ ዘተን፡ ብልዝብ ፍታሕ ምድላይን ኢዩ። ከም ኣማራጺ፡ ናይ ግትኣት ወይ ምድራት (deterence) ስትራተጂታት እውን ክዝውተሩ ይኽእሉ ኢዮም።

ምምስራት ሓያልን ሞያውን ወተሃደራዊ ሓይሊ፡ ተጻብኦ ንምጅማር ወይ ኣንጻር ጎረባብቲ ሃገራት ውግእ ንምኽፋት ዝዓለመ ኣይኮነን። እንታይ ደኣ፡ እቲ ቀንዲ ዕላማ ከም መከላኸሊ ወይ መግትኢ መሳርሒ ኮይኑ ከገልግልን ሃገራዊ ድሕነት ንምውሓስን ኢዩ። ህላወ ሓደ ልዑል ክእለት ዘለዎን ሞያውን ወተሃደራዊ ሓይሊ፡ ኣብ እዋን ቅልውላው፡ ንሃገር ኣብ ምክልኻል ዝድረት ጥራይ ዘይኮነስ፡ ኣኽብሮትን ኣድናቖትን ጎረባብቲ ሃገራት ንክረክብ እውን ይሕግዞ ኢዩ።

ካብ ደቡብ (ከም'ቲ ኣቐዲሙ ዝተገልጸ ካብ ኢትዮጵያ) ክመጽእ ዝኽእል ሓደጋታት ንምምካት፡ ፖለቲካዊ ይኹን ሃይማኖታዊ ጥሩፍነት ንምዕጋት፡ ከምኡ እውን ነቲ ዘይርጉእ ቀርኒ ኣፍሪቃ ኣብ ምርግጋእ እጃም ከም ዝህልወካ ንምግባር፡ ምምስራት ዘመናዊ ሞያዊ ሰራዊት (ሓይሊ ምድሪ፡ ሓይሊ ባሕሪ፡ ሓይሊ ኣየር) ኣገዳሲ ነበረ።

ኣብ ውሽጢ ዓሰርተታት ዓመታት ዝተዋህለለ ሃብታም ተመክሮ መሰረት ብምግባር፡ ተወፋይነትን ሰናይ ድሌትን ኣባላቱን ህዝቡን ብምጥቃም፡ መንግስቲ ኤርትራ፡ ንሃገራዊ ድሕነት ከውሕስ ዝኽእል፡ ምልምል፡ ዘመናውን ብቕዓት ዘለዎን ሞያዊ ወተሃደራዊ ሓይሊ ንክሃንጽ ፍሉይ ዕድል ነይሩዎ። ምስ ኩነታት ኤርትራ ዝቃዶ ወትሃደራዊ ክልሰ ሓሳብን ግብራዊ ፍልጠትን ንምትሕልላፍ ዝተወፈየ ወተሃደራዊ ኣካዳሚ ምምስራት፡ ንኤርትራ ዘገልግሉ፡ ንዕድመ ልክዕ (lifetime) ዝጸነሐ ሞያዊ ብሉጽነት ንምዕቃብ ዝተዳለዉ ወተሃደራዊ መኮንናት መሰልጠንን ምፈጠረን ነይሩ።

ብተወሳኺ፡ እቲ ወተሃደራዊ ኣካደሚ፡ ክንዮ'ቲ ኣብ ምምልማል ሞያውያን መኮንናት ዘለዎ እጃም፡ ንወተሃደራዊ ታሪኽ ሰራዊት ሓርነት ኤርትራን (ELA) ህዝባዊ ሰራዊት ሓርነት ኤርትራን (EPLA) ከም ኣገዳሲ ማእከል ምርምርን ሰነዳን ኮይኑ ከገልግል ይኽእል ነይሩ። እዚ ድማ ነቲ ናይ'ዘን ውዳበታት ሃብታም ሕድሪ ዓቂቡ ካብ ሓደ ወለዶ ናብ ካልእ ወለዶ ክመሓላለፍ ምኽኣለ ነይሩ።

ኤርትራ፡ እቲ ብተዛማዲ ንእሽቶ ስፍሓታን ድሩት ጸጋታትን ምስ'ቲ ብሰንኪ ጂኦፖለቲካዊ ኩነታት ክመጽእ ዝኽእል ግዳማዊ ስግኣታት ክነጻጸር እንከሎ፡ እቲ

መንግስቲ ግዳማዊ ሓደጋታትን፡ ከጋጥም ዝኽእል ወትሃደራዊ ምትኹታኹን ንምምካትን ምስ ዓበይትን ሓያላትን ሃገራት ወተሃደራዊ ምሕዝነት ንምምስራትን ዘኽእል ሜላታት ክድህስስ ይኽእል እውን ነይሩ። ከም ናይ ቀረባ ኣብነት፡ ጎረቤት ሃገር ጅቡቲ ክትጥቀስ ይከኣል ኢዩ። እዛ ዝተጠቕሰት ሃገር ኣብ ሓደ እዋን ኣብ ትሕቲ መግዛእቲ ፈረንሳ ዝነበረት ኢያ። ኣብ ኣፍ ደገ ደቡባዊ ቀይሕ ባሕሪ እትርከብ ብምኳና፡ ከም ኣፍ ደገ ግሎባዊ ንግዲ፡ ስትራተጂያዊ ቦታ ሒዛ ኣላ። ብታሪኽ፡ ጅቡቲ ነታ መውጻኢ ባሕሪ ዘይብላ ኢትዮጵያ ኣገዳሲት መውጽኢ ባሕሪ ኮይና ኢያ እትረአ። ጅቡቲ ብሰንኪ ውሑድ ህዝባን ተቓላዕነታን፡ ካብ ጎረባብታ ሃገራት ንዝመጽእ መጥቃዕቲ ቅልዕቲ ኢያ ነይራ።

ጅቡቲ ብጎረባብታ ክትፍራሕን ተኸቢራ ክትጸንሕን ዝኸኣለት በቲ ምስ ፈረንሳ ዝገበረቶ ስትራተጂያዊ ወተሃደራዊ ምሕዝነትን ውዕልን ኢዩ። ብርግጽ እዚ ምሕዝነት'ዚ ኣብ'ቲ ዞባ ንጂኦፖለቲካዊ ረብሓታት ፈረንሳ እውን ጠቓሚ ኢዩ። ብናተይ ኣረኣእያ፡ መንግስቲ ጅቡቲ ህላወኡ ንምርግጋጽን ኣብ'ቲ ዞባ ከም ኣገዳሲ ፖለቲካዊ ተዋሳኢ ኮይኑ ንምቕጻልን፡ ዲፕሎማስያውን ወተሃደራውን ሽርክነት ምፍጣር ኣገዳሲ ምኳኑ ብምግንዛቡ በሊሕ ጆኦፖለቲካዊ ብቕዓት ኣርኢዩ ኢዩ። ሓደ ኣብ መወዳእታ 1990ታት ኣምባሳደር ጅቡቲ ኣብ ዒራቕ ዝነበረን ናይ ቀረባ ዓርከይ፡ ሓደ እዋን (ክልቴና ከም ኣባላት ቦርድ ኣህጉራዊ ቤትትምህርቲ ባቕዳድ ኳንና ነገልግለል ኣብ ዝነበርናሉ እዋን) ልቦናዊ ኣረኣእያ ኣካፊሉኒ። ኣብ'ቲ ግዜ'ቲ፡ ኣብ ዒራቕ ንውድብ ሕቡራት ሃገራት ናይ ምግልጋል ፍሉይ ዕድል ረኺበ ነይረ። እቲ ኣብ ዒራቕ ዝነበረ ናይ ጅቡቲ ኣምባሳደር ነበር፡ ዒራቕ ንኩወይት ኣካል ሕጋዊ ግዝኣታ ምኳና ብተደጋጋሚ'ኳ እንተ ገለጸት፡ ኩዌታውያን ዝፈጸሙዎ ዝዓበየ ጌጋ፡ ነቲ ናይ ሳዳም ሑሴን ኣብ ልዕሊ ልኡላውነቶም ዘንበሮ ጥሙሕ ኣቃሊልካ ምርኣይ ኢዩ ዝብል እምነት ነይሩዎ። ቀጺሉ ድማ "ንሕና ሰበኽ ሳግም ክንከውን ንኽእል ኢና፡ ግን ከኣ ባህርያዊ ናይ ምንባር ጠባይ (instinct) ንውንን ኢና። ምስ ፈረንሳውያን እንተ ዘይንመሓዞ፡ ብቐሊሉ ግዳይ ከም ሶማልያን ኢትዮጵያን ዝኣመሰላ ጎረባብቲ ሃገራት ምኾንና ኔርና። እቲ ዘሕዝን ግን፡ ጅቡቲ ብተደጋጋሚ መገዲ መጠንቀቕታታት'ኳ እንተ ሃበት፡ ኩዌት ንኣሜሪካውያን ይኹን ካልእ ምዕራባዊ ሓይሊ ክትዕድምን ወተሃደራዊ ህላወ ክትምስርትን ዝሃብናዮ ምኽሪ ኣይሰምዓቶን። ሳዕቤን ውሳነኣ ድማ ብዘሕዝን መገዲ ተጋሂዱ።" ኢሉ።

ኣብ እዋናዊ ፖለቲካ እነተ መጺእና፡ ሃገራት ባልቲክ ናብ ውድብ ውዕል ሰሜን ኣትላንቲክ (ኔቶ) እንተ ዘይጽንበራ ነይረን ዕጫአን እንታይ ክኸውን ከም ዝኽእል ምግማት ኣየሸግርን።

ምስ ፈጠራ/ምህዞ/ታት ምጉዓዝ፡ ዓለም ከተቕርቦ እትኽእል ዕድላት ምጥቃም

ምህዞ መብዛሕትኡ ግዜ ምስ ዘመናዊ ቴክኖሎጂ ዝተኣሳሰር ኮይኑ፡ ከም'ቲ ኣቐዲሙ ዝተጠቕሰ፡ ቴክኖሎጂ ንዓለም ብዕምቆት ከም ዝቐየራ ዝኽሕድ ሰብ የለን። ይኹን'ምበር፡ ትርጉሙ ክንዮ ምዕባለታት ቴክኖሎጂ ዝዝርጋሕ ኢዩ። እቲ ናይ ምህዞ ሕመረታዊ ትርጉም ንዕብየት፡ ዕድላት ብምምችቻእ ንዓቕሚ ደቂ ሰባት ብዝለዓለ ደረጃ ዕድላት ምርሓውን ምምዝማዝን ማለት ኢዩ። ከም'ዚ ንምግባር ድማ ዓቕሚ ሰብ ንምምዕባል ዝዓለመ ብፍላይ ድማ ንመንእሰይ ወለዶ ኣብ ገበታ ትምህርቲ ከም ዝሳትፍን ምዕቡል ትምህርቲ ከም ዝሰንቕን ንምግባር ኢዩ። ዕላማ ናይ'ዚ ድማ ክብሪ ዘለዎ ሰብኣዊ ጸጋ ምኹስኳስ ኢዩ።

ምህዞ፡ ምስ'ቲ ካብ ሳንዱቕ ወጺእካ ምሕሳብን ካብ ልሙድ መስርሕ ኣተሓሳስባ ምልጋስን (diverge ምግባር) ዝመሳሰል ትርጉም ኣለዎ። ንኣቕሑትን ኣገልግሎታትን ክብሪ ምውሳኽ (value-added) ዝብል ኣምር ዘጠቓልል እውን ኮይኑ፡ ሕብረተሰባዊ ጽልዋ ናብ ዝለዓለ ደረጃ ንምብጻሕ ዝግበር ጻዕርታት ምዕባይ ድማ ይጠልብ። ምህዞ፡ ውህለላ ርእሰ ማል ይሓትት። ንቴክኖሎጂያዊ መልክዕ መሬት ዳግማይ ዝቐርጽ ጥራይ ዘይኮነስ፡ ንቁጠባ፡ ንትምህርቲ፡ ንፈጠራን ማሕበራዊ ምዕባለን ንምድንፋዕ እንጥቀመሉ ኣገባብ ዝቐርጽ ብዙሕ ሸነኻት ዘለዎ ኣምር ኢዩ።

ዓለም ኣብ 1990ታት ዓሚቕ ለውጢ ኣጋጢሙዋ። ኣብ'ቲ እዋን'ቲ ኢዩ ንፈለማ እዋን ሓበሬታ ንተጠቀምቲ ንምዝርጋሕ ዘመቻችእ ዓለምለኻዊ መርበብ ሓበሬታን ናይ ብራውዘር ዝውተራን እተማህዘ። እዚ ምህዞ'ዚ ኣብ ናይ መራኸቢታት ተክኖሎጂ ሱር ነቀል ለውጢ ብምምጽእ፡ ሰባት ሞባይላትን ውልቃዊ ኮምፒዩተራትን ኣብ መዓልታዊ ህይወቶም ከዘውትሩ ዝጀመሩሉ ዘመን ኣበጊሱ። ቅልጡፍ ዝርገሐ ሓበሬታ ንዓለምለኻዊ ምትእስሳር ንምቅልጣፍ ዓቢ ኣበርክቶ ገይሩ ኢዩ።

ነዚ ምዕባለታት ኣብ ግምት ብምእታው፡ ኤርትራ ንልምዓታዊ ዕላማታታ ንምድጋፍ፡ ዓቕሚ መንእሰይ ወለዶኣ ብዝሰጐመ (advanced) ትምህርትን ቴክኖሎጅን ከተበርኽ ፍሉይ ዕድል ረኺባ ነይራ። ህዝቢ ብቐሊሉ ብዙሕ ሓበሬታ ምስ ዝረክብ፡ ነዚ ፍልጠት'ዚ ተጠቒሙ ምዕባለን ለውጥን ከምጽእ ይኽእል ነይሩ። ካብ'ዚ ሓሊፉ፡ ኤርትራ ዲጂታላዊ ቴክኖሎጂ ኣብ ስርዓተ ትምህርታ ብዘይ ገለ ጸገም ከተዋሃህዶ ትኽእል ነይራ፡ በዚ ድማ ምዕባለታት ክትቅስቐስን፡ ጠለባት ቁጠባን ዲፕሎማሲን መበል ዕስራን ሓደን ክፍለ ዘመን ከማልእ ዝኽእል ብዲጂታል ትምህርቲ ዝሰነቐ ሓድሽ ወለዶ ክትሕብሕብን ምኸኣለት። ከምኡ ብምግባራ ኤርትራ ንነብሳ ኣብ ዓለም ከም ኣገዳሲት ተዋሳኢት ገይራ ክትሰርዓ ምኸኣለት ነይራ።

ኤርትራ ኣብ ቴክኖሎጂ ዘለዋ ተቓውሞ ምስ ሓደ ኣብ መጀመርታ 1990ታት ኣብ'ቲ ዞባ ዝንቀሳቐስ ዝነበረ ላዕለዋይ በዓል ስልጣን USAID ነበር ብዝገበርኩዎ ዕላል ክበርህ እደሊ። ንሱ ከም ዝበለኒ፡ ልኡኽ ኣመሪካ ምስ መንግስቲ ኤርትራ ብዛዕባ ክልተኣዊ ዝምድናታት ንምዝታይ ናብ ኣስመራ ዑደት ኣካዪዱ። ካብ'ቶም ዝተዘተየሎም ኣርእስታት፡ ኤርትራ ኣብ ምትእትታው ሞባይል ቴሌፎን ክትረኽቦ እትኽእል ደገፍ'ዩ ነይሩ።ፕረሲደንት ኢሳይያስ ዝሃቦ መልሲ ግን፡ ካብ ሞባይል ቴክኖሎጂ ንላዕሊ ብቐዳምነት ዝስራዕ ዝያዳ ተኣፋፊ ቀዳምነታት ከም ዝነበሮ ዝገልጽ ነበረ። እቲ ልኡኽ፡ እቲ ዘቕረቦ ዕድመ ክንጸግ ምስ ረኣየ ኣዝዩ ገረሞ።

ብመሰረት ኣህጉራዊ ሕብረት ቴሌኮሙኒኬሽን፡ ኣብ 2021 ዓ.ም. ካብ 100 ነበርቲ እተገብረ ምዝገባ ሞባይል ሴሉላር፡ 50 ሚእታዊት ነይሩ። ኣብ ገዛኦም ኢንተርነት ዝጥቀሙ ስድራቤታት ኤርትራ 1.92 ሚእታዊት ኮይኑ ምስ ኢትዮጵያ ምስ ዝነጻጸር (18%)፡ ጅቡቲ (52.6%)፡ ኬንያ (24.1%)፡ ሱዳን (16.2%)፡ ሩዋንዳ (18.5%) ኢዩ (ITU, n.d.) ነይሩ።[lxxxvii]

ብሓፈሻ ኤርትራ ንባዕላን ንህዝባን ብሩህ መጻኢ ክትቀርጽ ዓቕሚ ነይሩዋ። እንተኾነ ግን ስትራተጂያዊ ወይ ኣርሒቕካ ምጥማት፡ ልቦና ዝመልኦ ኣመራርሓ፡ ከምኡ ድማ ንነዊሕ እዋን ዝዓለመ ተወፋይነትን መሃዝነትን ዝሓትት ነበረ።

ምዕራፍ 4

ምልክን ዘመናዊ ምልካውነትን ብመንጽር ሰብ ሞያ ናይ'ዚ ዓውድን ዝምድናኦም ምስ ኩነታት ኤርትራን

ዶ/ር ስቲፈን ኮትኪን[LXXXVIII] (እቲ ህቡብ ኣመሪካዊ ተመራማሪ ናይ ዘመናዊ ምልኪ) ኣብ'ቲ "ዘመናዊ ምልካውነትን ጂኦፖለቲካን፡ ንምርቃቅ ፖሊሲ ዝሕግዙ ሓሳባት" (Modern Authoritarianism and Geopolitics: Thoughts on a Policy Framework) ዝብል ኣርእስቲ ዝሓዘ ኣስተምህሮኡ ብዛዕባ እዋናዊ ምልካውነት ሕጽር ዝበለ ግንከ ንጹር ገምጋም ይህብ። ነዞም ዝተፈላለዩ ምልካውያን ስርዓታት ኣብ ሓሙሽተ መዳያት ጠርኒፉ ይዛረበሎም (Kotkin, 2022)።[lxxxix]

እቲ **ቀዳማይ** ዘዘውተርዎ ኣገባብ፡ ምጥቃም ጨፍለቕቲ (coercive) ኣገባባት ኢዩ።ኩሎም ምልካውያን ስርዓታት ጭፍለቓ ንምትግባር፡ ኣብ ፖሊስን ሰራዊትን ኣካላት ጸጥታን ይምርኮሱ። እዞም ስርዓታት'ዚኦም፡ ምስ ፍሉይ ድሌታት ነፍስ ወከፍ ስርዓት ዝሰማማዕ ብፍሉይ ዝተቐየሰ ሰፊሕ ናይ ጭፍለቓ ወይ ጎነጽ ኣገባባት ይጥቀሙ። እዘን ኣሃዱታት'ዚኣተን መብዘሕትኡ ግዜ ኮነ ኢልካ ብሓባር ከም ዘይሰርሓ ወይ ከም ዝፈናጨላ ይገበር፡ ሓደ ሓደ ግዜ ድማ ኣብ ልዕሊ እቲ ስርዓት ዝኾነ ይኹን ስሙር ተቓውሞ ከይፈጥራ ብማለት ኣብ ነንሕድሕደን ስኒት ከም ዘይህልወን ይግበር።

ስርዓት ኤርትራ ብብዝሒ ኣብ'ቲ ኣብ ትሕቲ ሃገራዊ ድሕነት ዝተወደበ ናይ ጸጥታ መጋበርያታት ኢዩ ዝምርኮስ። ብተወሳኺ፡ ብቐጥታ ናብ ቤት ጽሕፈት ፕረሲደንት ጸብጻብ ዝህባ፡ ግንከ ዝለዓለ ሓላፍነት ዘለወን ተመሳሰልቲ መሓውራት ስለያ ኣለዋ። ብመሰረት ምንጭታተይ፡ እዘን ዳሕረዎት፡ ነተን በዘልማድ ህዝቢ ዝፈልጠን ልምዳውያን ናይ ጸጥታ መጋበርያትት ጸጥታ ንምክትታል እውን ሓላፍነት ተዋሂቡወን ኢዩ።

እተን ልምዳውያን ናይ ጸጥታ መጋበርያታት ብስርዓት ህግደፍ ብኸመይ ከም ዝተገለላን ዝተዋሰናን (marginaized) ብህዝቢ ድማ ብኸመይ ከም ዝረኣያን ዝገልጽ እዚ ዝስዕብ ትረኻ ኣሎ። ምስ ሓደ ንዓመታት ዝፈልጦ መጋድልተይ (ብጸጥታዊ ምኽንያት ወይ ንድሕነቱ ኢለ ስሙ ከጠቕሶ ዘይደሊ) ከዛረብ ዕድል ረኺበ። ንሱ ኣብ'ዚ እዋን'ዚ ኣብ ውሽጢ ክፍሊ ጸጥታ ዝሰርሕ ኢዩ። እቲ መሳርሕተይ፡ ኣብ'ቲ ብሓላፊ ክፍሊ ውሽጣዊ ጸጥታ፡ ብርጋዴር ጀነራል ስምኦን ገብረድንግል ዝተመርሐ ኣኼባ፡ ሓደ ናይ ኮሎኔል መዓርግ ዘለዎ መኮነን (እዚ መኮነን ወዲ መታሕት ኢዩ) ኢዱ ኣልዒሉ ህዝቢ ብኸመይ ከም ዝርእዮም ንምጕላሕ ከም'ዚ ክብል ሓሳቡ ገሊጹ፦

> ቀደም ኣብ ባር ክንኣቱ ከለና ኩሉ ሰብ ከይስማዕን ከይግናሕን ብምፍራህ ነቲ ዝዛረበሉ ዝነበረ ኣርእስቲ ቀልጢፉ ክቕይሮ ይርአ ነይሩ። ኣብ'ዚ ግዜ'ዚ ግን ኣብ ባር ክንኣቱ እንከሎና ሰባት ብዛዕባ ከዛረቡሉ ዝጸንሑ ኣርእስታት ዝያዳ ምእንቲ ክስምዓሎም ድምጺ ወሲኾም ዕላሎም ይቕጽሉ ኣለዉ።

ተሳተፍቲ ኣኼባ ብሓባር ስሒቖም። ብተወሳኺ፡ እቲ መጋድልተይ፡ ብቐጥታ ናብ ቤት ጽሕፈት ፕረሲደንት ጸብጻብ ዝህብ ተመሳሳሊ መሓውር ብምቕልቃሉ፡ እቲ ልምዳዊ ኣሰራርሓ ጸጥታ ውጽኢታዊ ከም ዘይኮነ ጥራይ ዘይኮነስ ለሚሱ እውን ኢዩ ኢሉ ጠቒሱለይ። ንሱ፡ "ብናጻ ክንስዕቦ ወይ ክንከታተሎ እንኽእል ብተቓዋምነት ንዝተጠርጠሩ ውልቀ ሰባት ዝምልከት ጉዳይ የብልናን። ኣብ ክንድኡስ፡ ብዛዕባ ጉዳዮም ዝኾነ ይኹን ኣፍልጦ ዘይብልና ሰባት ክንኣስር መምርሒ ይወሃበና" ይብል። ኣስዕብ ኣቢሉ፡ “በቲ ንቤት ጽሕፈት ፕረሲደንት ጸብጻቡ ዝህብን ካብኡ መምርሒ ዝቕበልን ኣሃዱ ምክትታትል ስለ ዝግበረልና እውን ስግኣትና ዓቢ ኢዩ” ይብል። እዚ ብቤት ጽሕፈት ፕረሲደንት ዝምራሕ፡ ማዕረ ማዕረ'ቶም ናይ ጸጥታ ትካላት ዝነጥፍ ትካል፡ ምስ ኮሎነል ወልደዝጊ ጥቡቕ ምትእስሳር ከም ዘለዎ እቲ መጋድልተይ ሓቢሩኒ። ንሱ፡ ወልደዝጊ ልዕሊ ስምኦን ገብረድንግል ተሰማዕነት ከም ዘለዎ ይሕብር።

እቲ መጋድልተይ ሓደ ካብ'ቶም ንኣባላት ጸጥታ ኣዚዮም ዘሰክፉና ነገራት ንባዕልና ተወጊንና ከለናን ናይ ባዕልና ቅሬታታት ከለናን፡ ብከባቢና ከም 'ናይ እዝኒ' ተቖጺርና ሰባት ካባና ብምህዳሞምን ኢዩ ይብል።

ካብ'ዚ ሓሊፉ፡ ኣብ ውሽጢ'ቲ ስርዓት ኣዝዩ ዝፍራሕ ካብ ፍርዲ ወጻኢ ዝኾነ ትካል (ፍሉይ ቤት ፍርዲ) ምህላዉ ኣብ ግምት ምእታው የድሊ። እዚ ቤት ፍርዲ'ዚ ብፕረሲደንታዊ ኣዋጅ ዝተመስረተ ኮይኑ፡ ካብ'ቲ ዘሎ ስርዓት ፍርዲ ናጻ ኮይኑ ይሰርሕ፡

ሓንሳእ ፍርዲ ምስ ሃበ ድማ ይግባይ ዝበሃለሉ ዕድል የሎን። ብፍላይ፡ ኣብ'ዚ ቤት ፍርዲ'ዚ ዘገልግሉ ዳያኑ ካብ'ቲ ሰራዊት ዝተመርጹ ኮይኖም፡ ዝኾነ ንሞያኦም ዘረጋግጽ ወግዓዊ ምስክር ወረቐት ወይ ተመክሮ ዘይብሎም ኢዮም።

ሰራዊት፡ ነቶም ካብ ወተሃደራዊ ክትባት (conscription) ንምህዳም ዝፍትኑ ውልቀ ሰባት ምህዳንን ኣብ ቁጽጽር ምእታውን ነጢፉ ይሰርሕ። እቶም ዝተታሕዙ ድማ ብተለምዶ ንዘይተወሰነ እዋን ኣብ ትሕቲ ኣሰቃቒ ዝኾነ ኩነታት ኣብ ቤት ማእሰርቲ ይድርበዩ።

ንምርግጋጹ ኣዝዩ በዳሂ'ኳ እንተ ኾነ፡ ኣብ'ታ ሃገር ብውሑዱ ሰብዓን ሽውዓተን ብፖሊስን ሰራዊትን ዝመሓደራ ኣብያተ ማእሰርቲ ወይ መዳጎኒ ማእከላት ከም ዘለዋ ይእመን (UNITAR, 2016)።[xc] ካብ'ዚኣተን እቲ ዝኸፍአ እቲ ኣብ ዓዲ ኣቤቶ ዝርከብ ኢዩ (PBS, 2021)።[xci]

ፒ.ቢ.ኤስ.፡ ንሸይላ ቢ ኪታሩት ዝተባህለት ናይ ቀደም ናይ ውድብ ሕቡራት ሃገራት ፍልይቲ ናይ ሰብኣዊ መሰላት ወሃቢት ጸብጻብ ብምጥቃስ፡ ንኩነታት ኣብያተ ማእሰርቲ ኤርትራ ብከም'ዚ ዝስዕብ ይገልጾ፥

> ኣብ ኤርትራ፡ ኣብ ሓቅታትን ኣሃዛትን ወይ እውን ኣብ ጭቡጥ ስታቲስቲክስን ዝተሞርኮሱ ሓበሬታት ክትረክብ ኣዝዩ ኣጸጋሚ ኢዩ። እዚ ድማ ነቲ ናይ'ቲ ስርዓት ዘይግሉጽነት የንጸባርቖ። ሸይላ ቢ ኪታሩት፡ ናይ ቀደም ናይ ውድብ ሕቡራት ሃገራት ፍልይቲ ንሰብኣዊ መሰላት ዝምልከት ወሃቢት ጸብጻብ ኣብ'ቲ ካብ ኤርትራ ምህዳም ዚብል ጽሑፉ፡ ዝኾነ ወግዓዊ ስርዓት ቤት ማእሰርቲ፡ ናይ ኩሎም ኣብ ትሕቲ ቁጽጽሩ ዘለዉ ኣሱራት ዝርዝር ኣስማት ክህሉዎ ይግባእ ነይሩ። እዚ ግን ኣብ ኤርትራ ኣይከኣልን ኢዩ" (PBS Frontline, 2021) ትብል።[xcii]

ሓደ ካልእ ኣገዳሲ እቲ ስርዓት ዝተቀመሉ ናይ ጭፍለቃ ኣገባብ፡ እቲ በዘልማድ ስግረ ዶባዊ ዓመጽ (transnational repression) እንብሎ ኣገባብ ኢዩ። ስግረ ዶባዊ ዓመጽ፡ ምልካውያን ስርዓታት ኣብ ወጻኢ ንዝርከቡ ዜጋታቶም (ዝቃወምዎም ውልቀ ሰባትን ጉጅለታትን) ንምቁጽጻር ዝጥቀሙሉ ዓመጽ ዝመለለይኡ ኣገባብ ኢዩ። እዚ ነዞም ዝስዕቡ ከጠቓልል ይኽእል፥ ምስላይ፡ ምስንባድ (harassment)፡ ምጭዋይ፡ ከምኡ እውን ቅንጸላ (Kurasawa, 2020)።

እቲ **ካልኣይ ሸነኽ** ናይ'ቲ ትንታኔ፡ ንዋሕዚ እቶትን ዋሕዚ ገንዘብን ዝምልከት ኮይኑ፡ ፕሮፌሰር ኮትኪን፡ ምልካውያን ስርዓታት ንስልጣኖም ቀጠው ኣቢሎም ንምዕቃብ፡ ኣብ'ዚ መዳይ'ዚ ኣዚዮም ከም ዝምርኮሱ የረጋግጽ።

እቲ ኣገዳሲ ነገር፡ እዚ ቁጠባዊ መስመረ ህይወት (lifeline) ምስ ምምሕያሽ መነባብሮ ህዝቦም ወይ ምስ ቁጠባዊ ዕብየት ናይታ ሃገር ዝኾነ ዓይነት ምትእስሳር ዘይብሉ ምዃኑ ኢዩ። ብቐንዱ ድማ ኣብ ምዝመዛ ክቡር ጸጋታት ሃገር፡ ከም ኣብ ምኹዓት ክቡር ማዕድናትን ሃይድሮ ካርቦንን (ምስ ነዳዲ ዝተኣሳሰር ፍርያት) ዘተኮረ ኢዩ። እዚ ሓቂ'ዚ ድማ ነቲ ኣብ ኤርትራ ዘሎ ምልካዊ ስርዓት ብማዕረ ይምልከት። ዕደና ወርቅን ኣብ'ዚ ቀረባ እዋን ድማ ምውጻእ ፖታሽን፡ ናይ'ቲ ስርዓት ቀንዲ ምንጪ እቶት ኮይኖም ኣለዉ። ብተወሳኺ፡ እተን ኣብ ትሕቲ ቁጽጽር ህግደፍ ዝርከባ ዝተፈላለያ ንግዳውያን ትካላት ብሕቡእን ግሁድን ኣብ ንግዳውን ፋይናንሳውን ስርሓት እናነጥፋ ነቲ ናይ'ቲ ስርዓት ፋይናንሳዊ ስረት ኣብ ምድልዳል ኣበርክቶ ይገብራ። ህግደፍ ኣብ ላዕሊ ዝተጠቕሱ ንጥፈታት ጥራይ ከይተሓጽረ ኣብ ጸሊም ዕዳጋ ኣጽዋር ከም ዝነጥፍ እውን ካብ ውሽጢ ዝተረኽቡ ዘተኣማምኑ ምንጭታት ሓበሬታ ይህቡ ኢዮም። ኣብ ፕሮጀክት ምርምርን ሓበሬታን ማእከላይ ምብራቕ ኣብ ዝተዘርግሐ ጽሑፍ፡ ዳን ኮነልን ቁጠባ ኤርትራ ብኸምዚ ዝስዕብ ይገልጾ፥

> ኣብ'ዘን ዝሓለፋ ዓመታት፡ እቲ ቁጠባ ብመንግስትን ብህግደፍን ዝዕብለል ኮይኑ፡ እዚ ድማ ዋንነት ናይ'ተን ዓበይቲ ፋይናንሳውን ንግዳውን ትካላት፡ መኽዝናት፡ ኣገልግሎታት፡ ትካላት መራኸቢታትን ኩባንያታት መጓዓዝያን የጠቓልል። ህግደፍ ንንጥፈታት ባንኪ፡ ንግዲ፡ ህንጻ፡ መጎዓዝያ ባሕሪ፡ ፋብሪካ ሓጺን፡ ጽገና ማኪና፡ ምጽጋን ጽርግያን ምኹዓት ዒላታትን፡ ካልኦትን ይውንን ወይ ይቆጻጸር ኢዩ። ብተወሳኺ፡ ምስ ናይ ወጻኢ ኣውፈርቲ ብምልፋን ኣብ ልዕሊ ካልኦት ዓበይቲ ትካላት፡ ከም ዕደና፡ ዓብላሊ ብርኪ ይውንን (Connell, 2006)።[xciii]

ካብ'ዚ ሓሊፉ እቲ ስርዓት በቲ ኣብ ልዕሊ ዲያስፖራ ዘዘውትሮ ፖሊሲ፡ ካብ ኣታዊታቶም ክልተ ሚእታዊት ግብሪ ከም ዝኸፍሉ ይገብር። እዚ ተግባር'ዚ "ምሕላብ ዲያስፖራ" ተባሂሉ እውን ይፍለጥ ኢዩ። እዚ ሜላ'ዚ ነቲ ስርዓት በብዓመቱ ዓሰርተታት ሚልዮናት ዶላር ንክግሕጥ የኽእሎ፡ እዚ ድማ ነቲ መጨፍላቒ (coercive) መጋበርያታቱ ንምድልዳል ይጥቀሙሉ። ኤምባሲታት ኤርትራ፡ ዘይከም'ተን ብዙሓት ካልኦት ዲፕሎማስያውያን

ትካላት ዓለም፡ ካብ ዲያስፖራ ገንዘብ ንምእካብን ኣብ ልዕሊ ዜጋታተን ንምስላይን ንስግረ ዶባዊ ዓመጽ (transnational aggression) ቀዳምነት ብምሃብ፡ መብዛሕትኡ ግዜ ነቲ ልሙድ ዕማም ኤምባሲ ታሕተዋይ ደረጃ ኢየን ዘትሕዛኦ። ነቲ ጉዳይ ዘጋድድ ድማ፡ እቲ ስርዓት፡ ነቲ ናይ ውሽጢ ሃገር መጠነ ሽርፊ ሕጋዊ ብዘይኮነ ኣገባብ ከም ድላዩ ዘደይቦ'ን ዘውርዶን ምኻኑ ኢዩ። ብመንጽር እቲ ዲያስፖራ ንስድራ ቤቶም ንምድጋፍ ዝልእኩዎ ሓዋላ ክረአ እንከሎ ድማ ምስ ውጹእ ምትልላልን ሽጠፍን ይጽብጸብ።

ካልእ ምንጪ እቶት (እሞ ከኣ እዝዩ ዘተሓሳስብ መዳይ)፡ እቲ ስርዓት፡ ነቲ ስዑዲ ዓረብን ኢማራትን ኣብ የመን ዝካየድ ንዝነበረ ናዕቢ ሑቲ ንምዕጋት ዝገብርኦ ዝነበራ ጻዕሪ ብምድጋፍን መዕርፎ ነፈርቲ ዓሰብ ክጥቀማሉ ድልውነቱ ምራኣዩን ከም ዓስቢ ድማ እቲ ስርዓት ብዓሰርተታት ሚልዮናት ዶላር ዝግመት እቶት ምርካቡን ኢዩ።

ብኣገላልጻ ፕሮፌሰር ኮትኪን፡ እቲ **ሳልሳይ መዳይ** ኣብ ዙርያ ምቁጽጻር ዕድላት ህይወት ዝዝንቢ ኢዩ። እቲ ፕሮፌሰር፡ ኣብ ስነ ማሕበራዊ ትንታነኡ፡ ምልካውያን ስርዓታት ኣብ ዝተፈላለየ መዳያት ህይወት ዜጋታት፡ ከም ስራሕ፡ ትምህርቲ፡ ኣህጉራዊ መገሻታትን ዋንነት ንብረትን ዝኣመሰሉ፡ ዕብለላን ጽልዋን ከም ዘለዎም የረጋግጽ። እዚ ከኣ ብመሰረቱ ሓደ ውልቀ ሰብ ኣብ ውሽጢ ከም'ዚ ዓይነት ስርዓት ህይወቱ ክመርሕን ወይ ሞያዊ ምዕባለኡን ኣብ ሰናይ ድሌት ናይ'ቲ ስርዓት ዝተመርኮሰ ከም ዝኾነ የመልክት። ብሓደ ውልቀ ሰብ ነቲ ስርዓት ዝቃወም ዝኾነ ነገር ምስ ዝረአ፡ እዚ ሓለፋታት'ዚ ንዕሉቱ ክስረዝን፡ ኣብ መላእ ስድራ ቤቱ ድማ ኣሰቃቒ ሳዕቤን ክህሉዎን ይኽእል።

እዚ ኣምር'ዚ ኣብ ኩነታት ናይ ሕጂ ኤርትራ ብከመይ ይርአ?

ኩሉ ኣብ ኤርትራ ዘሎ ናይ ስራሕ ዕድላት፡ ብመንግስቲ ወይ ብገዛኢ ሰልፊ (ህግደፍ) ብዝውነኑ ትካላት ኢዩ ዝቐርብ። ኣብ ከም'ዚ ዝኣመሰለ ጽኑዕ ቁጽጽር ዘለዎ ሃዋህው፡ ተቓውሞ ከስምዕ ዝደፍር ሰብ እንታይ ሳዕቤን ክህሉዎ ከም ዝኽእል ንምግማቱ ኣሸጋሪ ኣይከውንን። ካብ "ምድስካል" ዝብሃል ንብዙሓት ማእከላይን ላዕለዎትን ሰራሕተኛታት መንግስቲ ዘጋጠሞም ዕጫ፡ ክሳዕ ናብ ጽርግያ ምድርባይ ዝበጽሕ ሳዕቤን ከጋጥሞም ይኽእል ኢዩ።

ኣብ ትሕቲ'ዚ ስርዓት'ዚ፡ ናብ ወጻኢ ሃገራት ዝግበር መገሻ ኣዝዩ ድሩት ኢዩ። ናይ'ቶም ብጥዕናዊ ምኽንያት ከዳዓዙ ዝደልዩ ብዝምልከት እቲ መስርሕ መርመራ ጽኑዕ ኮይኑ፡ ነቶም ፍሉይ ሓለፋታት ዘለዎም ጥራይ ኢዮም ፍቓድ ዝወሃቦም።

ዕደላ መንበሪ ኣባይቲ እውን ኣብ ትሕቲ ናይ'ቲ ስርዓት ምሉእ ቁጽጽር ኢዩ። ዕደላ ገዛውቲ ንውልቀ ሰባት ብደረጃ ተኣማንነቶምን፡ ምስ'ቲ ገዛኢ ሰልፊ (ህግድፍ) ብዘለዎም

ቅርበትን ይውሰን። ከም ሳዕቤኑ ድማ ውልቀ ሰባት ገዝኦም ከዕቅቡ እንተ ድኣ ደልዮም እቲ ስርዓት ዝበሎም ካብ ምግባር ሓሊፎም ዝህሉዎም ካልእ ኣማራጺ የብሎምን።

እቲ **ራብዓይ መዳይ**፡ ፕሮፈሶር ኮትኪን ኣብ ቴማታትን ዛንታታትን ትረኻታትን ብዕምቆት ይኣቱ። ብመሰረት'ዚ ትንታኔ'ዚ ፕሮፌሰር ኮትኪን፡ እዞም ትረኻታት ብቐንዶም ኣብ ውሽጣውን ግዳማውን ስግኣታት ሃገር ዘተኮሩ ኢዮም። ንዝሓለፈ ታሪኻዊ ክብርን፡ ዕብየት ሃገርን ዘጉልሑ ኮይኖም፡ ነዚ ኹሉ ድማ ንኣተሓሳስባ ህዝቢ ንምቕራጽ ወይ ሓንጎሉ ንምሕጻብ ዝዓለመ ዝተሓላለኸ ናይ ፕሮፖጋንዳ ማሽን የሰንዮ። እዞም ስርዓታት'ዚኦም ኣብ ሳንሱርን ምቁጽጻር ሓበሬታን ብሓያል መንፈስን ከብ ብዝበለ ደረጃን ብዘደንቕ ተንኮልን ርቀትን ይነጥፉ። ኤርትራ፡ ነዚ ኹሉ ባህርያት እተንጸባርቕ ሃገር ኢያ።

ትረኻ ህግደፍ ኣብ ዙርያ ሓያል ጸረ ወያነ ብሂላት (rhetoric) ዝዝንቢ ኮይኑ፣ ንምዕራባውያን ብፍላይ ድማ ንኣሜሪካ፡ ንኤርትራ ንምድኻም ኣብ ዝገብሩዎ ፈተነታት ምስ ወያነ ስምምዕ ከም ዘለዎም ጌሮም ብምግላጽ የጥቅዕዎምን የጸልሙዎምን ይዝልፍዎምን። "ኣመሪካን ምዕራብን ቀንዲ ጸላእቲ ህዝቢ ኤርትራ ኢዮም"፣ "ንመስርሕ ልምዓት ኤርትራ ዓበይቲ ዕንቅፋታት ኢዮም"፣ "ኤርትራ ኣብ ናይ ገዛእ ርእሳ ጸጋታታን ዓቕምን ተመርኲሳ ንእትገብሮ ልምዓታዊ ወፍርታት ተቓወምቲ ኢዮም" ወዘተ ዝብሉ ዘመተታት ልሙዳትን በተን ወግዓውያን ናይ ዜና ማዕከናት ዝቃልሑን ኢዮም።

እዚ ፕሮፓጋንዳዊ መስርሕ'ዚ ነቲ ኣብ እዋን ኲናት ናጽነት ዝተሰግረ ሽግር ኣብ ልቢ ሰብ ከም ዝሰርጽ ምግባር፡ ኣብ ከም ናደው፡ ውቃው፡ መብረቕ፡ ፈንቅል፡ ከምኡ እውን ኣብ ዝተፈላለየ ግንባራት ኣንጻር ጎበጣዊ ሓይልታት ኢትዮጵያ እተኻየዱ ወሰንቲ ውግኣት ንዝተረኽቡ ዓወታት ክብሪ የልብሱዎ፡ ከም መዘና ዘብሎም ዓወታት ጌሮም ድማ የቕርብዎም። ብዘይካ'ዚ፡ ካብ ቀዳማይ ክሳብ ሻድሻይ ዝተኻየዱ ወራራት ኢትዮጵያ፡ እንተላይ ንሰላሕታ ወራር ዘጠቓለለ መወዳእታ ዘይብሎም ዛንታታት ይደጋግሙ። እዞም ጅግንነታት'ዚኣቶም ኣይተፈጸሙን ወይ እውን እዞም ፍጻሜታት'ዚኣቶም ክዝከሩ የብሎምን ማለት ኣይኮነን። እቲ ዘገረምን ዘተሓሳስብን ግን እቲ ንፖሊቲካዊ ሃልክን ንጉጅላዊ ረብሓን ኢልካ ዝግበር ፈተነታትን ጻዕርታትን ኢዩ። ከምኡ እውን ሓንጎል ሰብ ምሕጻብ።

ዓውደ ኣዋርሕ ኤርትራ ብዓመታዊ በዓላት፡ ብፍላይ ድማ ብመዓልቲ ናጽነት፡ ፈንቅል፡ መዓልቲ ደቀንስትዮ፡ መዓልቲ ሽቃሎ፡ መዓልቲ ሰማእታት፣ ከምኡ እውን ንፈላሚ ዕጥቃዊ ቃልሲ ዝዝክር ባሕቲ መስከረም፡ የጠቓልል። ሓሓሊፉ እውን

ዝኸሪ ምድምሳስ እዚ ውቃው፡ ምድምሳስ እዚ ናደው እናተባህለ በዓላት ይውድብን ይካየድን።

ካብ ሓምለ ክሳዕ መስከረም ዘሎ ግዜ፡ ነቶም ኣብ ውሽጢ ሃገር ይኹን ኣብ ወጻኢ ዘለዉ ኤርትራውያን፡ ኣብ መላእ ዓለም ዝኽበሩ ሃገራውያን ፈስቲቫላት ይውፈ። መወዳእታ ዘይብሉ ኲዳታትን ዳንኪራን ድማ ይግበር። ሓደ ጽቡቕ ሓበሬታ ዘለዎ መሳርሕተይ ዝነበረ ሰብ (ስሙ ብጸጥታዊ ምኽንያት ክጠቕሶ ዘይደሊ) ነዚ ኣመልኪቱ ከም'ዚ ዝስዕብ ይብል፥

> ምድላዋት ናይ'ቶም ኣብ ቀጽሪ ኤክስፖ ዝካየዱ ዓመታዊ በዓላት ዳርጋ ዓመት መመላእታ ኢዩ ዝወስድ። እተን ምምሕዳራዊ ዞባታት ነቲ ዝካየድ ዘሎ በዓል ምስ ዛዘማ ብቕጽበት ንዝመጽእ ዓመት ምድላዋት ክጅምራ ኣለወን። እዚ ድማ ቀጻሊ ዑደት በዓላት ብምፍጣር ንኣቓልቦ ህዝቢ ካብ'ቲ ተኣፋፊ ጉዳያት መዓልታዊ ህይወቱ ንምእላይ ዝዓለመ ኢዩ። እቶም ኣብ'ቲ በዓላት ዝሳተፉ ደቂ ሃገር (ተዋሳእትን ኣለይቶምን) ኣዝዩ ኢዩ ዝስልችዎም። ብዛዕባ'ቲ ኣብ ምድላው በዓላት ዝባኽን ግዜኦም ድማ ብዙሕ ኢዮም ዘዕዘምዝሙ።

ተመሃሮ ነቲ ኣብ በዓል ናጽነት ዝግበር ምርኢት ንምቕራብ ዓመት መመላእታ'ዮም ከም ዝዳለዉ ዝግበር። እዚ ድማ ብዋጋ ትምህርቶም'ዮም ዝፍጸሙ። ናይ ኣማእታት ሰዓታት ብኩራት ኣብ ምክትታል ትምህርቶም ክሳብ ክንደይ ዝኣክል ኣሉታዊ ጽልዋ ከም ዝህልዎ ንምግማት ኣሸጋሪ ኣይኮነን።

ሓደ ካልእ ብዛዕባ'ዚ ጉዳይ ጽቡቕ ኣፍልጦ ዘለዎ ሰብ፡ ኣብ መሰናድኦታት'ዞም በዓላትን ፈስቲቫላትን ዝጠፍእ ገንዘብ ክዝረብ እንከሎ ናብ ምክልኻል (እንተላይ መዓስከር ሳዋ) ዝስላዕ ባጀት ንጎኒ ገዲፉካ፡ እቲ ዝለዓለ ምኻኑ ይጠቅስ።

ዝርዝር ናይ'ቲ ስርዓት ውሽጣውያን ጸላእቲ ነዊሕ ኢዩ። ከም በዓል ተጋድሎ ሓርነት ኤርትራ፡ ጉጅለ 15፡ መራሕትን ሰዓብትን ናዕቢ ፎርቶ፡ ብርጌድ ንሓመዱ (ሰማያዊ ማዕበል)፡ ፈልሲ፡ ብሩህ መጻኢ፡ ምንቅስቓ ይኣክል፡ ኣሰና፡ ኤሪሳት፡ ኤሪፒኤም፡ ደሃይ ኤርትራ፡ ጉጅለ 13ን ካልኦት ተቓወምቲ ውልቀ ሰባትን (ብርሃነ ኣብርሀ፡ ቢትወደድ ኣብርሃ፡ ሓጅ ሙሳ፡ ኣቡ ዓረ፡ ዓብዱ ሀጂ፡ መሓመድ ዓሊ ዕመሩ፡ ወዘተ) ዘጠቓለለ ኢዩ። ብዛዕባ'ዞም ተቓወምቲ ብዙሕ ተጻሒፉን ተዘሪቡን ኢዩ። ጉጅለ 15 ደሓር ከኣ እቲ ብስም ናዕቢ ፎርቶ ዝፍለጥ ምንቅስቓስ ብዝምልከት፡ መጀመርታ ኣስማቶምን ዝናኦምን ጸሊም ቀለም ከም ዝቕባእ ምግባር፡ ደሓር ከኣ ኣብ ኣብያተ ማእሰርቲ ዒራ ዒሮን ካልኦት መዳጎኒ ማእከላትን ክምህምኑ ምግዳፎም፡ ቅዳሕ ናይ'ቲ ጨካን ሳሕላዊ ሜላታት ኢዩ።

ኣባላት ጉጅለ 15፡ “ከዳዓት”፡ “ተሓባበርቲ ወያነ”፡ “ተንበርከኽቲ” “መሳርሒታት ሲ.ኣይ.ኣይ” ወዘተ ተባሂሎም። ናይ ጥሪ 2103 ዓ.ም. ኣባላት ናዕቢ ፎርቶ "እስላማውያን" ዝብል ስያመ ተዋሂብዎም። ኣብ'ዚ፡ ንሓደ ኣገዳሲ ነጥቢ ከስምረሉ እደሊ፥ ናይ'ቶም ውልቀ ሰባት ብሄራዊ ይኹን ሃይማኖታዊ ምትእስሳር ብዘየገድስ፡ ኣባላት ናይ'ቲ ንናዕቢ ፎርቶ ዝመርሐ ጉጅለ፡ ካብ ዝኾነ ደላዩ ፍትሒ ኤርትራዊ ትጽቢት ዝግበረሉ ተግባር ኢዮም ፈጺሞም። ምንጭታተይ ከም ዝሕብርዎ፡ ኣባላት ናዕቢ ፎርቶ ኣብ ቀይዲ ምስ ኣተዉ፡ እቶም ልሙዳት መርመራታት ተጌሮሙሎም ኢዮም። ሓደ ካብ'ቶም ዘገረሙ ፍጻመታት ሙስጣፋ ኑር ሑሴን ዘርኣዮ ክምህ ዘብል መርገጺ ኢዩ። “እዚ ሰብ'ዚ (ንፕረሲደንት ኢሳይያስ ማለቱ ኢዩ) ንነዊሕ እዋን ኣሚንናዮ ኔርና። ግን ጠሊሙና ኢዩ። ንህዝቢ ኤርትራ ጠሊምዎ ኢዩ። ብዝወሰድክዎ ስጉምቲ ድማ ዝኹን ይኩን ጣዕሳ ከም ዘይብለይ ከረጋግጽ እፈቱ፡” እናበለ ንመርመርቱ ይጭድረሎም ከም'ዝነበር ይሕበር።

ኣብ መደምደምታ ወይ **ከም ሓሙሻይ መዳይ**፡ ፕሮፌሰር ኮትኪን፡ ኣብ'ቲ ኣህጉራዊ ሃዋህው ኣብ ልዕሊ ምልካውያን ስርዓታት ዘለዎ ጽልዋ ብዕምቆት ብምእታው፡ እዞም ስርዓታት፡ ጸረ ምዕራባውን ጸረ ሃጸያውን መግለጽታት ብምጥቃም፡ ንስልጣኖም ኣብ ምሕያልን ነቲ ዘመሓድሩዎ ህዝብታት ኣብ ምድንጋርን ወሳኒ ተራ ከም ዘለዎም የጉልሕ። ስርዓት ኤርትራ ኣብ ልዕሊ ምዕራባውያን ዘለዎ ቂምታ ንዓሰርተታት ዓመታት ኣብ ትረኻኡ ተዛሪቡሉን ኣውጊዑሉን ኢዩ። ይቕጽሎ ከኣ ኣሎ።

እዞም ኣብ ላዕሊ ዝተጠቕሱ ናይ ዘመናዊ ምልኪ መብርሂታትን መለከዒታትን፡ ነቲ ኣብ ኤርትራ ዘሎ ምልካዊ ስርዓት ብዘየወላውል መገዲ ዝገልጹ ኢዮም። ኩሉ'ቲ ኣንጻር'ዚ ምልካዊ ስርዓት ንምቅላስ ብዕላማ ዝለዓል ወገን ድማ፡ ነቶም ናይ'ዞም ኣዕኑድ ምልካዊ ስርዓት ዝኾኑ መጋበርያታትን መሳርሒታትን ብቐረባ ክፈልጦምን ክግንዘቦምን ኣገዳሲ ኢዩ።

ናይ ጸላኢኻ ድኹምን ሓያልን ጎድኒ ምፍላጥ፡ ናይ ቃልሲ ሜላታትካ ንምቕያስ ይሕግዝ። ንጸላኢኻ ኣብ ዘሕምሞ ጎድኑ ንምህራም ድማ ይረድኡ።

ናይ ሕልና እሱር ሰናይ ክፍለየሱስ

ነፍሲሄር ኣይንኣለም ማርቆስ (ጆ)

ነፍስሄር ምሕረት ኢዮብ

ናይ ሕልና እስርቲ ሚርያም ሓጎስ

ነፍሲሄር ሩፋኤል ሰሎሞን   ነፍስሄር ተወልደ ኢዮብ

ነፍሲሄር ሙሴ ተስፋሚካኤል

ናይ ሕልና እሱር በራኺ ገብረስላሰ

ነፍስሄር ወልደንኪኤል ሃይለ

ነፍስሄር ሓሰን መሓመድ ኣሚር

ነፍስሄር ፍስሃየ ወልደገብሪኤል

ነፍሲሄር ገረዝጊሄር ዓንደማርያም

ነፍስሄር ኣስመረት ሰሎሞን

ነፍስሄር ኣሰፋሽ ሰሎሞን

ምስ መሳድድተይ (ንሸወደን) - ኪዳነ ገብረሚካኤል፡ ኣነ፡ ብርሃነ ኣስገዶምን ዩሱፍ ሓሰንን ኣብ ስቶክሆልም

ናይ ስድራ ቤት ስእሊ

ምስ በዓልቲ ቤተይ ፋይዛ ኣደም

ምስ መሳርሕተይ ኣብ ክሪኤቲቭ ኣሶሽየትስ ኢንተርናሽናል

ምስ መሳርሕተይ ኣብ ቢሽከክ - ኪርጊዝስታን (ማእከላይ ኣስያ)

ሚሽን ዲረክተር - USAID - ጀይምስ ስተፈንሶን ኣብ ኤርቢል ሰሜናዊ ዒራቕ

ምስ መማህራን ኣብ ኤርቢል ሰሜናዊ ዒራቕ

ነፍስሄር ኣቦና ሓጅ ሙሳ መሓመድ ኑር

ናይ ሕልና እሱር ዓብዱ ሄጂ

ነፍስሄር ኣቦና ኣቡነ ኣንጦንንዮስ

ናይ ሕልና እስርቲ ሲሃም ዓሊ ዓብዱ

ምዕራፍ 5

ነቶም ብቐሊሉ ክንጸጉ ዝኽእሉ ሓሳባት ምንጻግን ናይ ተመሳሲልካ ምንባር ባህሊ ምብዳህን

ኣብቶም ቀዳሞት ምዕራፋት'ዛ መጽሓፍ ዝተዘተየሉን ኣብ ዝሓለፉ ሰላሳ ዓመታት ዘጋጠመ ተመኩሮታት ሃገርን ኣብ ግምት ብምእታው፡ ነዚ ሕጂ ኣብ ስልጣን ዘሎ ጉጅለ ህግደፍ ዝድግፍ ሰብ ኣሎ ኢዩ ኢልካ ምሕሳብ ዘገርም ክኸውን ይኽእል'ዩ። ይኹን'ምበር፡ "ኤርትራ ኣብ ሞንጎ ዘባዊ ዕግርግር ከም ደሴት ሰላም ደው ኢላ ኣላ"፣ "ኤርትራ ድሕሪ ምድኻም ወያነ ድሮ ንጎደና ምዕባለ ተተሓሒዛቶ ኣላ"፣ "ኤርትራ ብሳላ በሊሕ ኣረእእያ መራሒኣ ንናይ ዘባናን ዓለማዊ ፖለቲካን ትጸሉ ኣላ"፣ "ኤርትራ ንኩሎም ጸላእታ ኣምበርኪኻቶም እያ"፣ "ኤርትራ ማእከል ስሕበት ግሎባዊ ፖለቲካ ኮይና ኣላ" ኣናተባህለ ካብ ናይ'ቲ ስርዓት ደገፍትን ተደናገጽትን ዝግበሩ ናይ ፕሮፓጋንዳ ዘመተታት ውሑዳት ኣይኮኑን። እዚ ግን ካብ ሓቂ ኣጸቢቑ ዝረሓቐ ኢዩ። ኣነ፡ ኣብ ነፍስ ወከፍ ምስ'ዞም ውልቀ ሰባት ኣብ ዝራኸበሉ ኣጋጣሚ፡ መብዛሕትኡ ግዜ ነቲ ኣብ ሱዳን፡ ኢትዮጵያ፡ ደቡብ ሱዳን፡ ሶማልያ ዘሎ ቀጻሊ ዘይምርግጋእ ኢዮም ከም ኣብነት ዝጠቕሱ። ንጽድያ ዓረብ ብምጥቃስ፡ እቲ ናዕብታት ብኸመይ ከም ዝተዓፈነን ኣብ መላእ ማእከላይ ምብራቕ ዘውረድዎ ኣዕናዊ ሳዕቤንን ይገልጹ። ብተወሳኺ፡ ኣብ ሰብዓታትን ሰማንያታትን ንዓቢ ክፋል ኣፍሪቃ ዝለኸየ ናይ ኣፍሪቃ ሓርነታዊ ምንቅስቓሳት ይዝክሩ። እዞም ምንቅስቓሳት'ዚኣቶም ኣብ መወዳእታ ከመይ ጌሮም ንህዝቦም ተስፋ ከም ዘቑረጹ ድማ ከጉልሑ ይፍትኑን ከም መመካነዪ የቕርብዎን።

ከምዚ'ኦም ዝኣመሰሉ ክትዓትን ምውድዳራትን ምግባር ነውሪ'ኳ እንተ ዘይብሉ፡ ነቲ እንካትዓሉ ዘሎና ጉዳይ ብመንጽር መትከላት ማሕበራዊ ፍትሒ (ወይ ዝተቓለስናሎም ዕላማትት) ኣብ ጉዕዞ ሃገር ምስ እንልከዖም ግን ኣገዳስነቶም ይሃስስ ኢዩ። ምኽንያቱ ድማ ከም'ዚ ምግባር ልክዕ ንክልተ ክነጻጻአሩ ዘይግብኦም ነገራት ከም ምንጽጻር ስለ ዝመሳሰል ኢዩ። ብኣንጻሩስ፡ ከም'ቲ ኣብተን ዝሓለፉ ምዕራፋት ብዝርዝር እተተንተነ፡ ዓወት ቃልሲ ኤርትራ ንናጽነት፡ በቲ እቲ ምንቅስቓስ ባዕሉ ዘስፈሮም ባህግታትን ዕላማታትን መለከዒታትን ክዕቀን ወይ ክግምገም ኢዩ ዝግብኦ። እቲ ዘገድስ፡ ብመንጽር'ቶም መለከዒታት፡ እዞም ዕላማታት'ዚኣቶም ምዕዋቶምን ዘምዕዋቶምን ምግምጋም ኢዩ። ዝያዳ ንምብራህ፥ እታ ብልዕልና ሕጊ፡ ሰናይ ምሕደራ፡ መሰረታውያን ሰብኣዊ መሰላት ምርግጋጽ፡ ብልጽግና ምውሓስ፡ ሰላማውን ስኒታውን ዝምድና ምስ ጎረባብቲ ሃገራትን ኣህጉራዊ ማሕበረሰባትን ምርግጋጽ፡ ከምኡ እውን ሰብኣዊ ጸጋታታ ናብ ዝለዓለ ደረጃ ንምብጻሕ ትኹረት ዝገበረትን ፍልልያት እተኽብርን ኣብ ኣእምሮ ሰብ ዘላ ኤርትራ ክውንቲ ኮይና ዲያ ኣይኮነትን ዝብል ሕቶ ምሕታት ኣገዳስነቱ ርዱእ ኮይኑ ይስምዓኒ። እቲ መልሲ ፍሉጥ ኢዩ። ካብ'ዞም ትጽቢታት እዚ'እቶም ወላ ሓደ'ኳ ኣይተማልአን።

ዋላ'ኳ ፖለቲካውን ቁጠባውን ማሕበራውን ኩነታት'ዛ ሃገር እናኣንቀልቀለ ይመጽእ ከም ዘሎ ንማንም ሰብ ስዉር እንተ ዘይኮነ (ከም'ቲ ኣብ ዝሓለፈ ምዕራፋት ዝተዘተየሉ)፡ ሕጂ እውን ነቲ ክውንነት ከም ዘለዎ ንምውሳድ ዘጸግሞ ዘይንዓቕ ክፋል ሕብረተሰብ ኣብ ግምት ምእታው ኣገዳሲ ኢዩ። እዚ ምዕራፍ'ዚ ነዚ ዘሕዝን ተርእዮ'ዚ ንምምርማር ዝቐረበ ኢዩ።

ነቲ ተርእዮ ኣብ ምዝታይ ክሕሰቡ ዝኽእሉ ውሑዳት ጽንሰ ሓሳባት ክህልዉ ይኽእሉ ኢዮም።

- ከም'ቲ ፕሮፌሰር ኮትኪን ዝገለጾ፡ ኣድማዕነት ናይ'ቲ ህግደፍ ናብ ስልጣን ካብ ዝመጽእ ጀሚሩ ከዝርግሖ ዝጸንሐ ትረኻ/ዛንታታት ክኸውን ይኽእል'ዶ?
- ናይ ፍርሒ ረቛሒ ክኸውን ይኽእልዶ? ፍርሒ ንህይወት። እቲ ስርዓት ቀጻሊ ዝጥቀመሎም ጨፍለቒ ኣገባባት ኣብ ግምት ብምእታው፡ ሰባት ግብረ መልሲ ከይህቡ መሪጾም ክኾኑ ይኽእሉዶ? እቲ ግርምቢጥ ወይ ዘገርም ክስተት ነቲ ስነ ኣእምሮኣዊ ኩነታት ናይ ብዙሓት ኣብ ዲያስፖራ ዝርከቡ ኤርትራውያን ዝምልከት ኢዩ። እዚ'ኸ ብሰንኪ ናይ ፍርሒ ረቛሒ ክኸውን ይኽእልዶ?

- ብሰንኪ ድኽመት ኤርትራውያን ተቓወምቲ ውድባትከ ክኸውን ይኽእል ዲዩ?
- ምስ'ቲ ኣብ መላእ ዓለም እናሻዕ ዝርአ ብስም "ስቶክሆልም ሲንድሮም" ዝፍለጥ ስነ ኣእምሮእዊ ሕማም ምትእስሳር ክህልዎ ይኽእልዶ? እዚ ስነ ኣእምሮኣዊ ጸገም፡ እቶም እተበደሉ ሰባት ምስ'ቶም ኣብ ልዕሌኦም በደል ዝፍጽሙ ሰባት ዘማዕብልዎ ፍሉይ ናይ ምድንጋጽ ዝምድና ዝገልጽ'ዩ።
- ካልእ ግዳማዊ ረቛሒታት ክህሉዉ'ኸ ይኽእሉዶ?

እምበኣር፡ ነዞም ኣብ ላዕሊ ዝተጠቕሱ ረቛሒታት በብሓደ ንርኣዮም፡-

5.1 ትረኻታት/ዛንታታት

ዋላ'ኳ ኣንጻር ንቡር ርድኢት (common sense) ክመስል ዝኽእል እንተኾነ፡ ውልቀ ሰባት ምስ'ቲ ብምልካውያን ስርዓታት ዝዝርጋሕ ትረኻታት ዝሰማምዑሉ ሓያሎ ኣዕገብቲ (compeling) ምኽንያታት ክህልዉ ይኽእሉ ኢዮም። ሓደ ቀንዲ ናይ'ዚ ተመሳሲልካ ምንባር ምኽንያት፡ ካብ'ቲ ኣብ ልዕሌኻ ክፍጸም ዝኽእል ናይ ሕነ ምፍዳይ (ወይ ጭፍለቓ) ስጉምቲ ዝነቐለ ፍርሒ ኢዩ። መብዛሕትኡ ግዜ፡ ሰባት ንድሕነቶምን ንድሕነት ስድራቤቶምን ክብሉ ብፍቶት ይኹን ብግዲ ነቲ ናይ'ቲ ስርዓት ትረኻታት ክርዕምዎ ይኽእሉ ኢዮም። ምስ ትረኻታት ናይ'ቲ ስርዓት ምስምማዕ ከም ናይ ርእሰ ምዕቃብ ስልቲ ገይሮም ዝወስድዎ ውልቀ ሰባት እውን ኣለዉ። ንምንታይሲ፡ ዘይምስምማዕ ከቢድ ሳዕቤን ክኸትል ኣብ ዝኽእለሉ እዋን፡ ከም'ዚ ዓይነት መርገጺ ምውሳድ ኣብ ባህርይ ወዲ ሰብ ሱር ዝሰደደ መሰረታዊ ናይ ነብሰ ምድሓን ወይ ነብሰ ምዕቃብ ስልቲ ኢዩ።

ካብ'ዚ ሓሊፉ፡ ምልካውያን ስርዓታት፡ ከም'ቲ ብፕሮፌሰር ኮትኪን ዝተገልጸ፡ ብተለምዶ ኣብ ልዕሊ ሓበሬታ ጽኑዕ ቁጽጽር ይገብሩን ንኣማራጺ (alternative) መራኸቢ ብዙሓንን ኣረኣእያታትን ድማ ይድርቱን ኢዮም። እዚ ድማ ነቲ ሰባት ዝተፈላለዩ ኣረኣእያታትን ትረኻታትን ንምርካብ ዘለዎም ተኽእሎታትን ዕድላትን ብምድራት፡ ነቲ ናይ'ቲ ስርዓት ትረኻ ከም እንኮ ሓቂ ገይሮም ከም ዝቕበልዎ ክገብሮም ይኽእል ኢዩ።

ብተወሳኺ፡ ምልካውያን ስርዓታት ኣብ ፕሮፓጋንዳን ስብከትን ሓያል ምወላ ብምግባር እቲ በብእዋኑ ዝፍንውዎ ትረኻታት ኣብ'ቲ ሕብረተሰብ ሱር ከም ዝሰድድ ንምግባር ኣበርቲዖም ይሰርሑ ኢዮም። ከምኡ እውን ትካላት ትምህርቲ፡ ማዕከናት ዜናን ካልኦት ጸለውቲ ትካላትን መብዛሕትኡ ግዜ ነቲ ናይ'ቲ ስርዓት ትረኻ ንምስፍሕፋሕ ከም መድረኻት ኮይነን የገልግላ ኢየን (Kotkin, 2022)።[xciv]

ኣብ'ቲ ተመሳሲልካ ናይ ምንባር ባህሪ ዝሰፈኖ ስርዓት፡ ውልቀ ሰባት መብዛሕትኡ ግዜ ካብ'ቲ ቅቡል ትረኻ ወጺኦም ክሓስቡ ምስ ዝጅምሩ ከስዕቦ ዝኽእል ጸገማት፡ ከም ናይ ምግላል ወይ ናይ ተነጽሎ ፍርሒ ወይ እውን ሰባት ከይሕሱዉሎም ብማለት ስግኣት የሕድሩ። ገለ ገለ ውልቀ ሰባት፡ ነቲ ምስ'ቲ ሰፊኑ ዘሎ ትረኻ ንምምስሳል ናይ ምትዕርራይ ኣገባባት (coping mechanism) ከይተረፈ ከማዕብሉ ይኽእሉ። ብተወሳኺ፡ ገሊኦም ቅኑዕ ነገር ይገብሩ ከም ዘለዉ ኮይኑ ይስምዖም፡ ወይ ድማ ለውጢ ከም ዘይከኣል ክሳዕ ኣብ ምእማን ደረጃ ይበጽሑ። "እዚ ካብ ኮነ፡ ስቕ ኢልና ናብራና ዘይንገበር" ኣብ ዝብል መደመደምታ ይበጽሑ።

ፕሮፌሰር ኮትኪን፡ ኣብ'ቲ ኣቐዲሙ ዝተጠቕሰ ኣስተምህሮኡ ኣብ ኣምር "ምቁጽጻር ዕድላት ህይወት" ብዕምቆት ተንቲኑዎ ነይሩ ኢዩ (Kotkin, 2022)።[xcv] መነባብሮኦም ብዝተሓላለኸ መገዲ ምስ ሓደ ስርዓት ምስ ዝተኣሳሰር ወይ እውን ኣብኡ ምስ ዝምርኮስ፡ ሰባት፡ ወላ እናፈለጡ ነቲ ሰፊኑ ዘሎ ትረኻ ንምብዳህ ከወላወሉ ይኽእሉ ኢዮም። ምቅዋም፡ ንናይ ገዛእ ርእሶም ቁጠባውን ማሕበራውን ህይወት ኣብ ሓደጋ ከእቱ ስለ ዝኽእል።

እዞም ብድሆታት'ዚ ኣቶም ዝያዳ ዝጎልሑ፡ እቲ ተቓውሞ ናይ'ቲ ስርዓት ዝተበታተነን ዘይውዱብን ድኹምን ምስ ዝኸውን ኢዩ። ሽዑ፡ እቶም ውልቀ ሰባት ትርጉም ዘለዎ ለውጢ ንምምጻእ ዝሕግዝ ተግባራዊ መገዲ ወይ ኣማራጺ ንኽሓስቡ ኣዝዩ የጸግሞም።

ኣብ ትረኻታት እቲ ዓፋኒ ስርዓት ምጽጋዕ ብባህሪኡ ነቲ ስርዓት ምድጋፍ ማለት ከም ዘይኮነ ምፍላጥ ግን ኣገዳሲ ኢዩ። ብዙሓት ውልቀ ሰባት ኣብ ክንዲ ሓቀኛ እምነት ምሓዝ፡ ንኽነብሩ ክብሉ፡ ክሰማምዑ ወይ ክመሳሰሉ ይኽእሉ ኢዮም። ኩነታት እናማዕበለን ናይ ተቓውሞ ዕድላት እናተቐልቀለን ምስ ከደ ግን፡ ገለ ካብዞም ውልቀ ሰባት፡ ኣብ መወዳእታ፡ ናብ'ቶም ለውጢ ወይ ጽገና ዝዕላማኦም ምንቅስቓሳት ክጽንበሩ ዘይሕሰብ ወይ ዘገርም ነገር ኣይኮነን።

ኣብ ኩነታት ኤርትራ እንተ ደኣ መጺእና፡ ከም'ቲ ኣቐዲሙ ዝተገልጸ፡ እዚ ሰፊኑ ዘሎ ትረኻታት፡ ኣብ ዜጋታታ ናይ ተመሳሲልካ ምንባር ባህሊ ኣብ ምስራጽ ሓያል ጽልዋ ከህልዎ ይኽእል ኢዩ። ቀጻሊ ዝርገሐ ንሕስያ ዘይብሉ ሓሶትን ረቂቕ ምትላልን፡ንውልቀ ሰባት ንናይ ገዛእ ርእሶም ስነ ኣእምሮን ባህርያዊ ድሌታትን ኣብ ምልክት ሕቶ ከም ዘእትዉ ክገብሮም ይኽእል ኢዩ። በቲ ሓደ ወገን ከኣ ገለ ውልቀ ሰባት ሓቅነት ናይ'ቲ ዝጸለዎም ትረኻታት ንምርግጋጽ ነብሶም ደጋጊሞም ንክፍትሹ ይግደዱ ኢዮም።

ብዙሓት ገዳይም ኣባላት ወይ ተጋደልቲ ህዝባዊ ግንባር ሓርነት ኤርትራ፡ መብዛሕትኡ ግዜ ክሳዕ ካብዛ ዓለም ብሞት ዝፍለዩ፡ ብምቾት ዝነብሩሉ ናይ ገዛእ

ርእሶም ዓለም ይፈጥሩ ኢዮም። ብወግዓዊ መንግስታውያን መራኽቢ ብዙሓንን ዝወሃብ መዓልታዊ ዜናታትን ሓተታታትን፡ ብቐንዱ ድማ ኣብ ዙርያ ቅያታት ጅግንነትን ክቡር ሕሉፍ ታሪኽን ከም ዝነብሩ ይገብሮም። ነታ ብተዛማዲ ንእሽቶን "ሰብ ዝቐንኣላን" ሃገር፡ ብዓበይቲ ጎረባብቲ ሃገራት ከም በዓል ኢትዮጵያ ወይ ከም ኣመሪካ ዝኣመሰላ ኣህጉራውያን ሓይልታት 'ንክትውሓጥ ///ኽእላ ተቓላዕነት ስለ ዘሎ፡ ልኡላውነት ኤርትራ ንምሕላው ኩሉ ዝከኣል መስዋእቲ ክኽፈል ኣለዎ ዝብል ስምዒት የማዕብሉ። ከም'ዚ'ኣቶም ዝኣመሰሉ እምነታት እናኣሳሰዩ ግን ደቆም ንወጻኢ ከም ዝሃድሙ ካብ ምግባር ድሕር ኣይብሉን ኢዮም።

ኣብ ውሽጢ ኤርትራ፡ ኣማራጺ ምንጭታት መራኸቢ ብዙሓን ዳርጋ የሎን። እዚ ድማ፡ ንህዝቢ ኣብ'ተን መንግስቲ ዝቖጻጸረን ማዕከናት ዜና ዝዝርጋሕ ሓበሬታ ጥራይ ከም ዝምርኰስ ይገብሮ፡ ምኽንያቱ ኢንተርነት ዳርጋ የሎን እንተ ተባህለ ምግናን ኣይከውንን።

ምስ ህግደፍ ዝተኣሳሰራ ሲቪላዊ ኣገልግሎት ዝህባን ንግዳዊ ትካላትን ንህዝቢ ቀንዲ ምንጭታት ስራሕ ኢየን። ኣገደስቲ መቑነን (ሕብስቲ፡ ሽኮር፡ ማሽላ፡ ዘይቲ ወዘተ) ንምርካብ መብዛሕትኡ ግዜ ኣብ ኣኼባታት ህግደፍ ክትርከብ ምኽኣልን ከምኡ እውን ኣብ ሓይልታት ምልሻ ኣብ ምስታፍን ዝተመርኮሰ ኢዩ።

ክልተ ውልቀ ሰባት ኣብ ተነቃፊ ጉዳያት ንሓድሕዶም ምስጢሮም ክካፈሉ ይኽእሉ'ኳ እንተኾኑ፡ ህላወ ሳልሳይ ኣካል ግን ንከም'ዚ ዝኣመሰሉ ዕላላት ሃንደበት ደው ከብሎ ከም ዝኽእል ዝምስክሩ ብርክት ዝበሉ ናይ ቀረባ መሳርሕተይ ነበር ኣለዉ። ሓደ ኣብ ገድሊ ምሳይ ዝነብረ ሰብ፡ ኣብ ትሕቲ'ዚ ኩነታት'ዚ ድርብ ባህርይ ሒዝካ ምኻድ ከም ንቡር ተወሲዱ ኢዩ ይብል።

5.2 ድኹም ተቓውሞ

ተቓውሞ፡ ኣብ'ዚ ሕጂ ዘለዎ ኩነታት፡ ዝተበታተነ፡ ዘይተወደበን ዘይስጡምን ምዃኑ ክግለጽ ይከኣል። ብዝወሓደ ፕሮግራም ወይ መደብ (minimum program)፡ ኣብ ትሕቲ ስሙር ግንባር ንምጥርናፍ ይቃለስ'ኳ እንተሎ፡ እዚ ኩነታት'ዚ ንነዊሕ እዋን ለውጢ ከየርኣየ ምቕጻሉ ግን ዘተሓሳስብ ኢዩ። ብዙሓት ተቓወምቲ ምንቅስቓሳት ኣለዉ፣ ቁጽሮም ከኣ ካብ ልሙድ ንላዕሊ ኢዩ። እዞም ምንቅስቓሳት ብቐንዱ ካብ ማእከላይ ምብራቕ፡ ኣፍሪቃ (ኣብ ኢትዮጵያ ብፍላይ)፡ ኤውሮጳን ሰሜን ኣመሪካን ይዋፈሩ። ኣብ መንጎኦም ዝተፈላለየ ርእይቶ ዓለም ዘሳስዩ'ኳ እንተ ኾኑ፡ ሓደ ናይ ሓባር

ዕላማ ኣለዎም፡ እዚ ድማ ኣብ ውሽጢ ኤርትራ ለውጢ ንምምጻእን ብመገዲ መሰጋገሪ መንግስቲ ኣቢልካ ቅዋማዊ መንግስቲ ምትካልን ኢዩ።

ኣብ ውሽጢ'ዚ ዝተፈላለየ መልክዓት ተቓውሞ፡ ገሊኦም ምስ ተጋድሎ ሓርነት ኤርትራ ሱር ዝሰደደ ታሪኻዊ ጸግዒ ዘለዎም ክኾኑ እንከለዉ፡ ገሊኦም ድማ ኣባላት ህዝባዊ ግንባር ዝነበሩ ኢዮም። ይኹን'ምበር ብዙሓት ካብ'ዞም ዝተጠቐሱ ቀንዲ ኣካላት ናጻ ኮይኖም ኢዮም ዝሰርሑ። እቶም ተቓውሞታት ዝተፈላለየ ቅርጽታት ዝሓዘ ኮይኖም፡ ገሊኦም ከም ፖለቲካዊ ውድባት፡ ገሊኦም ድማ ናይ ሲቪክ ማሕበራት ኮይኖም ይንቀሳቐሱ። እዞም ውድባት፡ ሓይሊ ማሕበራዊ መራኸቢታቶም ብምጥቃም፡ ኣጀንዳኦም ንምዝርጋሕ ይነጥፉ። እቲ ዘሕዝን ግን፡ እቲ ኣብ መንጎ ነንሓድሕዶም ዝውርወር ዘረባታት መብዛሕትኡ ግዜ ውልቃውን ሓሓሊፉ ድማ መረረታት ዝመልኦ ቃና ዝሓዘን ኢዩ። እዞም ማሕበራዊ መራኸቢታት ኣብ መንጎ ዝተፈላለዩ ተቓወምቲ ጉጅለታትን ውድባትን ዘይምስምማዕ ንምዝራእን ምፍልላይ ንምዕባይን እውን መሳርሒ ኮይኖም ጸኒሖም ኢዮም። እዚ ድማ ኣዝዩ ዘሕዝን ኢዩ።

ብተወሳኺ፡ ነቲ ኣብ ኣስመራ ዘሎ ስርዓት ናይ ምቅዋም ሓባራዊ ዕላማ'ኳ እንተ ሃለወን፡ ኣብ ክንዲ ኣንጻር'ቲ ኣብ ስልጣን ዘሎ ስርዓት ስሙር ፖለቲካውን ዲፕሎማስያውን ግንባር ኣዋዲደን ዝሰርሓ፡ መብዛሕትኡ ሓይለን ኣብ ውሽጣዊ ግርጭታተንን ኣብ ልዕሊ ነንሕድሕደን ዘካይዳኦ መጥቃዕትታትን ኢዩ ዘውዕል። ንስርዓት ኣስመራ ንምምካት ሓባራዊ መድረኽ ዘይምህላው፡ ንብቕዓት ናይዘን ጉጅለታት ዝዕንቅፍ ኮይኑ፡ ገሊኣን ብዘይፍላጥ ነቲ ሰፊሕ ዕላማ ለውጢ ካብ ምጥቃም ንላዕሊ ነቲ ተቓውሞ ጉድኣት ከብጽሓሉ ይረአያ።

ውሑዳት ማሕበራዊ መራኸቢታት፡ ከም'ዚ ዓይነት ዘይምስምማዕ ዘኸትሎ ሃሳዩ ሳዕቤን ብምግንዛብ፡ ኣብ መንጎ ተቓወምቲ ምንቅስቓሳት ዝያዳ ስልጡን ዝኾነ ዘተን ምትእስሳርን ንምስፋሕ ይጽዕራ። እዚ ከኣ ኣዝዩ ዘተባብዕ ምዕባሌ ኢዩ።

መርበባት ስለያዊ መጋበርያታት ህግደፍ ኣብ ውሽጢ'ቶም ተቓወምቲ ውድባት ስሊኹ ብምእታው ኣብ ውሽጦም ብዓሌት፡ ወገንን ሃይማኖትን ካብኡ ሓሊፉ እውን ብኣውራጃ ብምክፍፋል ከዳኽሞም ፈተነታት ከም ዝገብር ናይ ኣደባባይ ምስጢር ኢዩ። እዚ ስለያዊ ስልኳ'ዚ ንኣድማዕነቶምን ሓድነቶምን ዝብርዝ ዓቕሚ ክህልዎ ከም ዝኽእል ምግንዛብ ኣገዳሲ ክኸውን ኢዩ።

ካብ'ዚ ሓሊፉ፡ ብዙሓት ባእታታት ደምበ ተቓውሞ፡ ካብ'ቲ ልሙድ ኣሰራርሓታት (comfort zones) ክወጹ ኣይደልዩን። እዚ ድማ፡ ነቲ ምንቅስቓስ፡ ምስ ዝምዕብሉ

ለውጥታት ተዓጻጻፍነት እናኣርኣየ መድረኽ ዝጠልቦም ዕማማት ንከይፍጽም ዕንቅፋት ይኾኖ።

ካልእ ምንጪ ምፍልላይ ድማ እቲ ኣብ ውሽጢ ደምበ ተቓውሞ ኣብ መንጎ ብዕድመ ዝደፍኡ ዜጋትትን መንእሰያትን ዘሎ ጋግ ኢዩ። እዚ ናይ ወለዶ ጋግ'ዚ ኣብ ምስራዕ ቀዳምነታትን ኣብ ምቕያስ ስትራተጂታትን ፍልልይ ከም ዝመጽእ ገይሩ ኢዩ። ከም'ዚ ኮይኑ ግን ብርክት ዝበሉ ግዱሳት ደለይቲ ፍትሒ ኣብ መንጎ'ዞም ወለዶታት ተመክሮ ንምትሕልላፍ ዘኽእሉ ዕድላት እናፈጠሩ ኢዮም። ከመይሲ ምትሕልላፍ ተመክሮ ኣገዳሲ መዳይ ናይ'ቲ ቃልሲ ስለ ዝኾነ።

ኣብ መወዳእታ፡ ኣብ ውሽጢ ኢትዮጵያ ኣብዘን ዝሓለፋ ዓመታት ዝተኸስተ ቅልውላውን ኣብ ልዕሊ ናይ ተቓውሞ ውዳበታት ብዙሕ ሕልኽልኻት ፈጢሩ ከም ዝነበረን ዘሎን ምጥቃስ፡ ምሉእ ስእሊ ንምሃብ ስለ ዝሕግዝ ኣገዳሲ ኢዩ እብል።

ሓያሎ ኣባላት ደምበ ተቓወሞ፡ ኣብ'ቲ ሽንክርክር ዝበለ ወተሃደራውን ፖለቲካውን ምዕባለታት ኢትዮጵያ ብምጥሓል ነቲ ዓቢ ስእሊ ዝረስዑዎ ይመስሉ። ገሊኦም ምስ ቀዳማይ ሚኒስተር ኣብይ ወይ ምስ'ቲ ተቓናቓኒኡ ሓይሊ (ወያነ) ይስለፉ። ብኣንጻሩ ድማ ገሊኦም እቲ ኲናት ካብ ፖለቲካዊ ፍልልያት ናይ'ቶም ተቐናቐንቲ ሓይልታት ዝመንጨወ ውሽጣዊ ግርጭት ስለ ዝኾነ ብሰላማዊ መገድን ብልዝብን ክፍታሕ ዝነበሮ ጉዳይ ኢዩ ይብሉ። እዚ ዳሕረዋይ ጉጅለ'ዚ፡ እቲ እንኮ መፍትሒ ኣብ ዲፕሎማሲ ከም ዘሎ ይኣምን፣ ኣብ ሰደቓ ልዝብ ኮፍ ኢልካ ክጅመርን ክዛዘምን ዝነበሮ ጉዳይ ኢዩ ኢሉ ድማ ይምጉት። ብተወሳኺ፡ ኤርትራ ሓዊስካ፡ ግዳማዊ ሓይልታት ኣብ'ቲ ኲናት ክሳተፉ ነይሩዎም ዲዩ ወይስ ኣይነበሮምን ኣብ ዝብል ሕቶ እውን ዘይምስምማዕ ኣሎ። ገሊኦም፡ ከም'ዚ ዓይነት ምትእትታው ነቲ ኲነታት ዘጋድዶ ጥራይ ዘይኮነስ ብወገን ስርዓት ህግደፍ ዝተወሰደ ስጉምቲ ዘይሓላፍነታዊ ምኳኑ ይምጉቱ። ከም ወተሃደራውን ፖለቲካውን ዕንደራ ጌሮም ድማ የቕርብዎ። ካልኦት፡ ንወያነ "ካብ ገጽ መሬት" ንምጽራግ ኣብ እተኻየደ ወፍሪ ምስ'ቲ ዕጡቕ ሓይሊ ኤርትራ (እቲ ስርዓት) ተኣማንነቶም ኣዊጆም። እዚ ተጋራጫዊ ኣረኣእያታት'ዚ፡ ተቓወምቲ ነቲ ንቅልውላው ኢትዮጵያ ዝምልከት ውሁድን ኣድማዕን ስትራተጂ ንምፍጣር ክህሉዎም ዝነበሮ ተበግሶን ዓቕምን ዝያዳ የተሓላልኾ።

ብናተይ ኣረኣእያ፡ ውሽጣዊ ጉዳያት ኢትዮጵያ፡ ብኢትዮጵያውያን ጥራይ ክፍታሕ ዘለዎ ዘቤታዊ ፖለቲካዊ ግርጭት ኢዩ ኢለ እማጎት። ንኤርትራ፡ ወይ ንካልእ ጎረቤት ሃገር ዝምልከት ግደ እንተድኣ ነይሩ ድማ ሃናጺ ክኸውን ነይሩዎ ዝብል ኣረኣእያ ኣለኒ። ንኣብነት፡ እቲ ጉዳይ ብልዝብ ንክድምደም ንምምችቻው ንክልቲኡ ወገን ጸቕጢ

ምግባር። ሰራዊት ኤርትራ ኣብ ኢትዮጵያ ዘካየዶ ዘይምኽኑይ ወተሃደራዊ ምትእትታውን ኣራግጽን ድማ ብዘየወላውል መገዲ እኹንን።

እዚ ኣብ ተቓወምቲ ዘሎ ውሽጣዊ ምፍልላይ፡ ኣብ ውሽጢ ሃገር ኣብ ዝነብሩ ኤርትራውያን ዘይነዓቕ ቁጥዐ፡ ብስጭት፡ ሓድሓደ ግዜ ድማ ናይ ተስፋ ምቑራጽ ስምዒት ከይተረፈ የለዓዕል።

ህዝቢ ዘርእዮ ዘሎ ተመሳሲልካ ናይ ምንባር ባህሪ ወይ ድማ ዘይምቅዋም ብኸፊል፡ በቲ ኣብ ውሽጢ ናይ ተቓውሞ ደምበ ዝፍጠር ዕግርግርን ውሽጣዊ ምፍሕፋሕን ዝተጸልወ ክኸውን ይኽእል ኢዩ። ምኽንያቱ ድማ ዘድምዕ ተቓውሞ እንተ ዘየሎ፡ እቶም ኣማራጺታት እናነከዩ ኢዮም ዝኸዱ። እዚ ድማ ምስ'ቶም ኣንጻር እቲ ስርዓት ዝቃለሱ ኮይኖም ናይ ሓባር መቓለሲ ባይታ ንከይምስርቱ ይዕንቅፎም።

5.3. ፍርሒ ከም ረቛሒ

ፍርሒ፡ ንዝረአዩ ስግኣታት ወይ ሓደጋታት ዝወሃብ ተፈጥሮኣዊ ግብረ መልሲ ኮይኑ፡ ኩሎም ደቂ ሰባት ከም ተመክሮ ዝሓልፉዎ ኣድማሳዊ ውሽጣዊ ጠባይ (universal insitinct) ኢዩ። ውልቀ ሰባት፡ ንፍርሒ ዝህቡዎ ግብረ መልሲ ግን ከከም ባህሪ ናይ'ቲ ዝስምዖም ስግኣት ወይ ሓደጋ ይፈላለ ኢዩ።

ብመሰረቱ፡ ሰባት ንምልካውያን ስርዓታት ዘርእዩዎ ግብረ መልሲ፡ ካብ ሓደ ስርዓት ናብ'ቲ ካልእ ስርዓት ክፈላለ ይኽእል። ብርክት ዝበሉ ውልቀ ሰባት፡ ምስ'ቲ ስርዓት ተሳኒዮም ክነብሩ ይመርጹ ወይ እውን ካብ ፍርሕን ክቱር ጭቆናን ዝተላዕለ መትከላቶም ኣብ ዋጋ ዕዳጋ ከእትዉ ይኽእሉ ኢዮም። ካልኦት ድማ ኣብ ካልኦት ሃገራት ዕቑባ ይደልዩ ወይ ይሕብኡ። ገሊኦም ኣቓልቦ ንከይስሕቡ ርእሰኻ ኣድኒንካ ምንባር ይመርጹ። ገለ እውን ብሰንኪ ኣብ ውልቃዊ ድሕነቶምን ድሕነት ስድራ ቤቶምን ዘለዎም ስክፍታታት፡ ኣብ ዝኾነ ዓይነት ፖለቲካዊ ንጥፈት ወይ ተቓውሞ ካብ ምስታፍ ይቑጠቡ፡ ስቕታ ድማ ይመርጹ። ካልኦት ኣመና ሃገራውያን ኮይኖም ይስምዖም እሞ እቲ ጨቋኒ ስርዓት ናይ ወጻኢ ስግኣታት ንምብዳህ ንዝገብሮ መጸዋዕታ ደገፍቲ ኮይኖም ይቐርቡ። ኩሎም እዞም ኣቐዲሞም ዝተጠቕሱ ረቛሒታት፡ ህዝቢ ኤርትራ ስለምንታይ ኣብ'ቲ ስርዓት ፍርሒ ከም ዘሕድር ዘመልኽቱ ኢዮም። ቁጽሮም ዘይነዓቕ ኣባላት ማእከላይ ደርቢ፡ ምስ'ቲ ብተደጋጋሚ ዝፍኖ ትረኻታት እንተ ዘይተሰማማሚያም፡ ንዝመጽእ ሳዕቤናት ንምፍኳስ፡ ንመትከላቶም ኣብ ዋጋ ዕዳጋ ከም ዘእትዉ ዝምስክሩ ሓያሎ መርትዖታት

ኣለዉ። እዚ ናይ ፍርሒ ረቛሒ፡ ካብ'ዚ ሓሊፉ ናብ ሓደ ዓቢ ክፋል ናይ'ቲ ኤርትራዊ ዲያስፖራ ኤርትራ እውን ልሒሙ ይርአ ኣሎ።

ገለ ካብ ዲያስፖራ፡ ኣብ ኤርትራ ንብረት ስለ ዘለዎምን፡ ንሓደጋ ምህጋር ክቃልዑ ስለ ዝኽእሉን ኣብ ልዕሊ'ቲ ስርዓት ፍርሒ የርእዩ። ካልኦት ድማ ሓሓሊፎም ናብ ዓዲ ብምኻድ ብዕድመ ንዝደፍኡ ወለዶምን ኣሕዋቶምን ናይ ቀረባ ኣዝማዶምን ክበጽሑ ድሌት ኣለዋም። ብዙሓት፡ ከም ክዳዓት፡ ደገፍቲ ወያነ ተባሂሎም ከይጽውዑ'ሞ ብማሕበረሰቦም ናይ ምግላል ሓደጋ ከየጋጥሞም ስግኣት የሕድሩ። ብህግደፍ ኣብ ዝዳሎ ዓመታዊ በዓላት ዝኸዱሉ ምኽንያቱ ድማ ምስ ብጾቶም ደቂ ሃገር ምኺን ንዓዲ ስለ ዘዘኻኽሮም ኢዩ። ከምኡ እውን ኣብ ጓይላ ክስዕስዑ፡ ክራኽቡ፡ እንጀራ ክበልዑ፡ ባህላዊ ክዳን ክኽደኑ፡ ከዕልሉ ስለ ዘኽእሎም።

ሓደ ጉጅለ ኤርትራውያን ዲያስፖራ ድማ በቲ "ስቶክሆልም ሲንድሮም" ዝብሃል ስነ ኣእምሮኣዊ ተርእዮ/ሕማም ዝተጸልወ'ዩ። እዚ፡ በቲ ብዱላት ሰባት ምስ'ቶም ኣብ ልዕሌኦም በደል ዝፍጽሙ ሰባት ዘማዕብልዎ ፍሉይ ናይ ምድንጋጽ ወይ ስነ ኣእምሮኣዊ ዝምድና ዝግለጽ ኢዩ።

ናይ ስቶክሆልም ሲንድሮም፡ እቶም ጅሆ ተታሒዞም ዝጸንሑ ውልቀ ሰባት ምስ'ቶም ጨወይቶም ስነ ኣእምሮኣዊ ርክብ ዝፈጥሩሉ ፍሉይ ተርእዮ ኢዩ። እዚ ሕማም'ዚ ብተለምዶ በቲ ኣብ ከም ጅሆ ምውሳድ፡ ምጭዋይን ካልኦት ሃሳይቲ ዝምድናታትን (abusive relationships) ኢዩ ዝገሃድ። ወላ'ኳ ነቶም ግዳያት ኣብ ሓደጋ ዘውድቕ እንተ ኾነ፡ ኣብ መንጎ ጨወይትን ተጨወይትን ስምዒታዊ ምትእስሳር ክምዕብል ይኽእል ኢዩ። ናይ ስቶክሆልም ሲንድሮም፡ እቶም ጅሆ ዝተታሕዙ ሰባት ኣብቶም ጅሆ ዝሓዙዎም ሰባት ፍቕርን ደስታን ዘርእዩሉ ተርእዮ እውን ኢዩ (Singh, 2022)።

ኣብ 1973 ዓ.ም.፡ ጃን-ኤሪክ ኦልሰን ዝተባህለ ብግዜያዊ ምሕረት ናጻ ዝተለቀ እሱር፡ ሓደ ካብ ዓበይቲ ትካላት ፋይናንስ ስቶክሆልም ዝኾነ ክረዲትባንከን ዝተባህለ ባንክ ክዘምት ኣብ ዝፈተነሉ እዋን፡ ሰለስተ ደቂ ኣንስትዮን ሓደ ሰብኣይን ዝርከቡዎም ኣርባዕተ ሰራሕተኛታት ጅሆ ሒዙ ነበረ። ኦልሰን፡ ነቲ ኣብ'ቲ እዋን'ቲ ኣብ ቤት ማእሰርቲ ዝነበረ ዓርኩ፡ ክላርክ ኦሎፍሰን፡ ንክሕግዞ ተወኪሱዎ። እቶም ጅሆ ዝተታሕዙ ሰባት ኣብ ውሽጢ ሓደ ናይ'ቲ ባንክ ካሳ ፎርተታት ንሽዱሽተ መዓልታት ተዓጽዮም ነይሮም። እቲ ዝገርም ግን፡ ምስ ተፈትሑ፡ ኣብ ቤት ፍርዲ ኣንጻር'ቶም ጅሆ ዝሓዙዎም ሰባት ዝመስከረ ሰብ ኣይነበረን፤ ኣብ ክንድኡስ ንመከላኸሊኦም ዝኸውን ገንዘብ ኢዮም ክእክቡ ዝጀመሩ (Singh, 2022)።

ካልእ ፍሉጥ ጉዳይ ድማ ናይታ ፓቲ ሄርስት እትብሃል ጓልኣንስተይቲ ጉዳይ ኢዩ። ፓቲ ነቲ ህቡብ ኣሕታሚ ዊልያም ራንዶልፍ ሄርስት ጓል ጓሉ እያ። ንሳ ኣብ 1974 ዓ.ም. በቲ ብስም ሰራዊት ሓርነት ሲምብዮን (Symbionese Liberation Army - SLA) ዝፍለጥ ናይ ከተማ ተዋጋኢ ኣሃዱ ተጨውያ ከም ጅሆ ተታሒዛ። ፓቲ ጅሆ ኣብ ዝነበረትሉ እዋን ንስድርኣን ንፖሊስን ብግልጺ ብምኹናን "ታንያ" ዝብል ስም ወሲዳ። ኣብ ሳን ፍራንሲስኮ ኣብ ዝርከባ ባንክታት ከይተረፈ ጎኒ ጎኒ SLA ብምዃን ክትዘምት ተራእያ፡ ንዕላማ SLA ድማ ደጊፋ። ይኹን'ምበር፡ ፓቲ ሄርስት ኣብ 1975 ዓ.ም. ኣብ ዝነበረ መጋባእያ ንስቶክሆልም ሲንድሮም ከም መከላኸሊ ክትጥቀመሉ ምስ ፈተነት፡ ኣይተዓወተትን፡ እዚ ድማ ንጠበቓኣ (ፍ.ሊ.በይሊ) ተስፋ ኣቑሪጹዎ። ኣብ መወዳእታ፡ ክልወጥ ዝኽእል ናይ ሸውዓተ ዓመት ናይ ማእሰርቲ ፍርዲ ረኺባ። ይኹን'ምበር፡ ጸኒሓ ብናጻ ድሌታ ከም ዘይተዋሰአት ብምርዳእ ብፕረሲደንት ቢል ክሊንተን ይቕረታ ተገይሩላ (Singh, 2022)።

እዚ ኣቐዲሙ ዝተጠቐሰ ጽንሰ ሓሳብ፡ ኣብ መንጎ ሓደ ክፋል ዲያስፖራ ኤርትራ በቲ ሓደ ወገን፡ ኣብ ኣስመራ ዘሎ ዓፋኒ ስርዓትን ኤምባሲታቱን ድማ በቲ ካልእ ወገን ንዝረአ ዝምድና ክገልጽ ይኽእል ኢዩ። እዚ ጉጅለ ዲያስፖራ ብዛዕባ እቲ ኣብ ኤርትራ ዘሎ ዘሰክፍ ኩነታት ክዛረብ ሽግር የብሉን። ብዛዕባ'ቲ ሰፊኑ ዘሎ ድኽነት፡ ስደት፡ ግዱድ ወተሃደራዊ ዕስክርና መንእሰያት፡ ቁጠባዊ ምንቁልቋል፡ ናይ ህዝቢ ብስጭት፡ ምስ ጎረባብቲ ሃገራት ዝካየድ ዘሎ መወዳእታ ዘይብሉ ኲናት፡ ሕሱም ናብራ ገጠራት ኤርትራን ካልእን ካብ ምዝራብ ድሕር ኣይብልን ኢዩ። እቲ ግርንቢጥ ግን ምስ'ቲ ኣብ ልዕሊ ህዝቢ ስቓይ ዝፍጽም ዘሎ ስርዓት ክደናገጽ ድማ ትሪኦ። ኣብ ገለ እዋናት እውን ተሓለቕቱ ኮይኖም ክራአዩ ይፍትኑ። እዚ፡ ተወሳኺ ማሕበረሰብኣውን ስነ ኣእምሮኣውን መጽናዕቲ ዝጠልብ ኣገዳሲ ማሕበራዊ ተርእዮ ኢዩ።

እቲ ልዕል ኢሉ ዝተጠቐሰ መጽናዕታዊ ተበግሶ ንምውሳድ ዝቐረበ ሓሳብ ወይ ምሕጽንታ፡ ርድኢት ክህብ ይኽእል'ኳ እንተኾነ፡ እቲ ምስ'ቲ ስርዓት ዘሎ ምትሕብባር ግን ካብ ሓቀኛ እምነት ጥራይ ዝንቀሳቐስ ከይከውን ከም ዝኽእል ምእማን ወሳኒ ኢዩ። ንዓይ ከም ዝመስለኒ፡ ኣመል ወይ ወልፊ ዝደረኾ ጠባይ እውን ክኸውን ይኽእል ኢዩ። ኩልና ከም ዘይንስሕቶ፡ ብዙሓት ውልቀ ሰባት፡ ትምባኾን ኣልኮላዊ መስተን ኣብ ጥዕናኦም ዘስዕቦ ሃሳዪ ሳዕቤን እናፈለጡ ግንከ ዘስዕቦ ጉድኣት ብዘየገድስ ብሰንኪ ወልፊ ዝኣክል ከዘውትርዎ ይርኣዩ። ደቂ ሃገርና፡ ምስዚ ሕማም'ዚ ዝቃለሱ ዘለዉ ይመስሉ።

ብዛዕባ'ዚ ጉዳይ'ዚ ምስ ሓደ ዓርከይ ክዕልል ከለኹ "ኣታ ወዲ እዚ ህዝቢ ተፈዊሱ ደኣ ከይከውን" ኢሉኒ። ስሒቕ ድማ።

ሓደ ካልእ ክንገንዘቦ ዘሎና ኮይኑ ዝሰምዓኒ ከይጠቐስክዎ ክሓልፍ ዘይደሊ ተርእዮ እውን ኣሎ። እዚ ንገለ ገለ ናብ ኤርትራ ዝመላለሱ ውሑስን ጥጡሕን መነባብሮ ዘሎዎምን ደቆም ሓቝፎም ዝሓድሩን ኣባላት ዲያስፖራ ዝምልከት ኢዩ። እዚኣቶም ንስቓይ'ቲ ህዝቢ (ብፍላይ ድማ ናይ መንእሰያት ስቓይ) ኣቓልቦ ዝህቡ ኣይመስሉን ጥራይ ዘይኮነስ ናይ ሃገርና ኩነታት ንቡር ከም ዝኾነ ጌሮም ከቕርቡ ይርአዩ። ንዓኣቶም፡ ስእነት፡ ተሾቕሪርካ ምንባር፡ ድኽነት፡ ምልማን፡ ስእነት ማይን ኤለክሪሲቲን፡ ብዘይ ፍርድን ፍርዳዊ ኣገባብን ኣብ ዘሰቅቕ ናይ ማእሰርቲ ኩነታት ተዳጒንካ ምንባር፡ ለይትን መዓልትን ኣብ ትሕቲ ሓደጋ ኩናት ምንባር፡ ብመቑነን ናይ ሓደ ሓደ ሃለኽቲ ነገራት ምንባር፡ ብዘይካ ናይ ህግደፍ ካልእ ትረኻ ኣብ ዘይብሉ ሃገር ምንባር፡ ወዘተ ንቡር ኢዩ። ንዓይ ከም ዝመስለኒ እዚእቶም ኣብ ውሑስ ህይወት ክሳዕ ዘለዉ ኤርትራ ንዕኦም ከም ሓንቲ ዙ (zoo) ኢያ። በጺሖምዋ፡ ርእዮምዋ፡ ተዘናጊዖሙላ ይመጹ። ንዓኣቶም እቲ ኣብ ውሽጢ ኤርትራ ዘሎ ህዝቢ ከም'ተን ኣብ'ቲ ዙ ዘሎ እንስሳ ኢዩ።

ብኣንጻር'ዚ ኣብ ላዕሊ ዝተጠቕሰ ተርእዮ፡ ኣብ'ዚ እዋን'ዚ፡ ቅድሚ ሕጂ ርኢናዮ ዘይንፈልጥ ኩነታት ንዕዘብ ኣለና። "ብርጌድ ንሓመዱ" ወይ "ሰማያዊ ማዕበል" ዝተሰምየ ዓለማዊ ምንቅስቓስ። እዚ ብኤርትራውያን መንእሰያት ዝተወደበ ንኢንቲፋዳ ዝመስል ናዕቢ ኢዩ። ኣብ ዝተፈላለየ ከባቢታት ኤውሮጳ፡ ማእከላይ ምብራቕ፡ ሰሜን ኣመሪካን ኣፍሪቃን ጨንፈራት ኣለዎ። እዚ ምንቅስቓስ'ዚ ነቶም ብኹሉ ዓይነት ሽግር ዝሓለፉ ኤርትራውያን መንእሰያት ዝሓቖፈ ኢዩ። ገሊኦም ካብ ሃገራዊ ኣገልግሎት ንምህዳም ናብ ሱዳንን ኢትዮጵያን ክሰግሩ እንከለዉ ብጥይት ዝተሳሕቱ፡ ካልኦት ብግዱድ ዕስክርና ተሳቒዮም መዕቀቢ ንምርካብ ምድረ በዳ ሰሃራ እናሰገሩ እንከለዉ ንግፍዕታት በደዊን ዝተቓልዑ፡ ገሊኦም ድማ ማኣከላይ ባሕሪ እናሰገሩ እንከለዉ ህይወቶም ኣብ ሓደጋ ዘእተዉ ወዘተ። እዞም ደቂ ተባዕትዮን ደቂ ኣንስትዮን መንእሰያት፡ ነቲ ንእስነቶም ዘባኸነ ስርዓት ከም ሕሱም ይጸልኡዎ። ምረትን ቁጠዓን ኣለዎም፡ በቲ ስርዓት ዝተጠልሙ ኮይኑ ድማ ይስምዖም። ልዑል ፖለቲካዊ ስምዒት ዘለዎም ኮይኖም፡ ምዑታት እውን ኢዮም። ኣብ'ዚ ግዜ'ዚ ድማ ኣብ ውሽጢ ኢትዮጵያ ከይተረፈ ጨንፈር ንምኽፋትን ቃልሶም ንምትህሃርን ኣበርቲዖም ይሰርሑ ኣለዉ።

ምዕራፍ 6

ቀንዲ ስግኣታት ምርግጋእ ኤርትራ

ምርግጋእ ሓንቲ ሃገር ብምኽንያት ኣዝዮም ዝተሓላለኹ ዘቤታውያንን ግዳማውያንን ኩነታት ኣብ ሓደጋ ክወድቕ ይኽእል ኢዩ። ምልካውነት ምስ ዝሰፍን ፖለቲካዊ ምርግጋእ ኣብ ሓደጋ ይወድቕ፣ እቲ ፖለቲካዊ መስርሕ ንኹሎም ወገናት ስለ ዘይሓቑፍ (ኣሳታፊ ስለ ዘይኮነ) ድማ ኣብ ዘይንዓቕ ክፋል ናይ'ቲ ሕብረተሰብ ተስፋ ናይ ምቑራጽ መንፈስን ስምዒትን የኸትል። ብካልእ ወገን፡ ቁጠባዊ ዘይምርግጋእ፡ ጠንቂ ድኽነት፡ ልዑል ሽቕለት ኣልቦነት፡ ዝቕባበ ዋጋታትን ሕጽረት ወጻኢ ባጤራን ይኸውን። ካብ'ዚ ሓሊፉ፡ ብሕጽረት ተሓታትነትን ስንኩፍ ትካላትን ብልሽውናን ብኩልነትን ዝልለ ድኹም ምሕደራ፡ ንምርግጋእ ሃገር ኣስጋኢ ይኸውን። እዚ ብግዴኡ ኣብ ዜጋታት ተስፋ ናይ ምቑራጽ መንፈስ ብምፍጣር፡ መንግስቲ ብኣድማዒ መገዲ ንከየመሓድር ይዕንቅፍ።

ብተወሳኺ፡ ድሩትነትን ስእነትን ናይ ከም ማይ፡ ዝሕረስ መሬትን ጸዓትን ዝኣመሰሉ ጸጋታት ኣብ ህዝቢ ዘይዕግበት ክፈጥሩ ይኽእሉ'ዮም። እቲ ኣገዳሲ ነገር፡ እዞም ጸገማት እዚኣቶም መብዝሕትኡ ግዜ ካብ'ቶም ብቕዓት ዘይብሎም መንግስታውያን ፖሊሲታት ዝምንጮው'ዮም። እዞም ጸገማት ግሉጽነት ብዘለዎ መገዲ ኣብ ዘይፍትሑሉ ግዜ ድማ፡ እቲ ኩነታት ብዝለዓለ ናህሪ እናበኣሰ ክኸይድ ይኽእል።

ኣብ ምርግጋእ ኤርትራ፡ ከምኡ እውን ኣብ ጉዕዞ ዕብየታ፡ ሓያሎ ሓደጋታት ኣለዉ። እቲ ቀዳማይ፡ ንዘቤታዊ ፖሊሲ ኤርትራን ኣተሓሕዛ ናይ'ቲ ምስ ጎረባብታን ምስ ኣህጉራዊ ማሕበረሰብን ዘለዋ ዝምድናን ዝምልከት ኢዩ። እቲ ካልኣይ እኩብ ስግኣታት ድማ ናይ ደገ ረቛሒታት ዘጠቓልል ኮይኑ ኣብዞም ዝስዕቡ ንኡሳን ኣርእስታት ክዛረበሉ እየ።

6.1 ዘቤታውን ናይ ወጻእን ፖሊሲ ኤርትራ

ምርግጋእ ኤርትራ ካብ'ቲ ኣብ ኣስመራ ዝሰረተ ስርዓትን፡ ብፍላይ ድማ ካብ ፕረሲደንት ኢሳይያስ ኣፍወርቅን ውሑዳት ሰዓብቱን ከቢድ ስግኣት የጋጥሞ ኣሎ።

ግጉይ ቁጠባዊ ፖሊሲታት ሃገር፡ ዓቢ ዋጋ ኣኽፊሉ ኢዩ። እዚ ድማ ናብ ናይ ውድቀት ሽለውለው ኣእትዩዋ ኣሎ። ከም'ቲ ልዕል ኢሉ ዝተተኾሰ፡ ብጽሒት ነፍስ ወከፍ ዜጋ ካብ'ቲ ጃምላዊ ዘቤታዊ ፍርያት (GDP) ናብ'ቲ ዝተሓተ ደረጃ ወሪዱ ይርከብ። ብመሰረት ኣፍሪቃዊ ናይ ልምዓት ባንክ፡ ኣብ 2022 ዓ.ም. መጠን ዝቕባበ ናብ 7.5 ደይቡ።[xcvi] መጠነ ሽርፊ ክሳብ ሕጂ ሓደ ዶላር ን15 ናቕፋ ኢዩ።

መንግስቲ፡ ኣብ ልዕሊ'ቲ ብሕታዊ ጽላት፡ ወይ ድማ ኣብ ልዕሊ ዝኾነ ብተበገሶ ገለ ክፋላት ሕብረተሰብ ዝቕልቀል ዘሎ ናጻ ቁጠባ፡ ስግኣት ስለ ዘለዎ፡ ከም ዝዳኸም ገይሩዎ ኢዩ። ከም ሕብስቲ ዝኣመሰሉ መሰረታውያን ናይ ምግቢ ጠለባት፡ ብምምቕራሕ (rationing) ይቐርቡ ኣለዉ። ኣብ ከም'ዚ ዝኣመሰለ ናይ ቅልውላው ኩነታት፡ ሕጽረት ኣብ ዝሰፍነሉ ዘሎ እዋን፡ ማይን ሓይሊ ኤሌክትሪክን ምርካብ ከም ምቾት ይቑጸር ኣሎ። ህዝቢ ድማ መዓልታዊ ኣብ ዘማርረሉ ደረጃ በጺሑ ኣሎ። ቁጠባ ኤርትራ ንምሕዋይ ዝተገብሩ ፈተነታት ኣይተዓወቱን። ባዕሉ እቲ ፕረሲደንት ከይተረፈ ውድቀት ናይ'ቶም ዝተገብሩ ፈተናታት ኣብ ዝተፈላለዩ ኣጋጣሚታት ኣሚኑሎም ኢዩ።

እናኸፍአ ዝመጽእ ዘሎ ፖለቲካዊ ኩነታት ኤርትራ፡ ጠንቂ ናይ ብኣማኢት ኣሽሓት ዝቑጸሩ መንእሰያት ናብ ስደት (ዝሓሸ ፖለቲካውን ቁጠባውን ማሕበራውን ህይወት ንምስትምቓር) ናይ ምምራሕ ተርእዮ ኮይኑ። ገደብ ዘይብሉ ሃገራዊ ኣገልግሎት፡ ልዑላውነት ሕግን ተሓታትነትን ዘይምህላው፡ ፖለቲካዊ መሰላት ምዕፋን፡ ጃምላዊ ማእሰርቲ፡ ወዘተ ካብ'ቶም ናይ ስደት ርኡያት ጠንቅታት ኢዮም። እቲ ዘሕዝን ድማ፡ ብሰሪ'ዚ ግጉይ ኣከያይዳ መንግስቲ፡ ናይ ኤርትራ ምርግጋእ ኣብ ዘተሓሳስብ ኩነታት ወዲቑ ምህላዉ ኢዩ።

ናይ ኤርትራ ደረጃ ብልሽውና መንግስታዊ ጽላት፡ 100 ኣዝዩ ጽሩይ ዝውክልን 0 (ዜሮ) ድማ ልዑል ደረጃ ብልሽውና ዘመልክት ኣገባብ ብትራንስፓረንሲ ኢንተርናሽናል (Transparency International) ተገምጊሙ ኣሎ። እቲ ትካል፡ ኣብ'ቲ ናይ 2021 ዓ.ም. ዝገበሮ ገምጋም፡ ንኤርትራ ካብ 100 ነጥብታት 22 ነጥቢ ብምሃብ፡ ካብ 180 ሃገራት ኣብ መበል 161 ደረጃ ሰሪዑዋ ኣሎ። እዚ ድማ ብመንጽር ምቁጽጻር ብልሽውና፡ ርኡይ ጸገማት ከም ዘለዋ ዘመልክት ኢዩ (International T., 2021)።

እቲ ኣብ ናይ ገዛእ ርእሳ ዜጋታታ ዝወርድ ዘሎ ግፍዕን ፖለቲካዊ ስደትን ኣብ ዝለዓለ ደረጃ በጺሑ ኣሎ። ስርዓት ህግደፍ ድማ፡ ዝኸፈል ከፊሉ ስልጣኑ ኣብ ምዕቃብ ተጸሚዱ ይርከብ።

ካልእ ንናይ ስልጣን ምትሕልላፍ ወይ ምትኽኻእ ዝምልከት ጉዳይ እውን ኣሎ። እዚ፡ ንዓሰርተታት ዓመታት ኮነ ኢልካ ተሸፊኑ ጸኒሑ ኢዩ። ንሓዋሩ ክለዓል እውን ዘይሕሰብ ኢዩ። ኣብ ዝኾነ ብቑዕ ትካል (ፖለቲካዊ ሰልፊ ይኹን፡ ሓጋጊ ኣካል፡ ፍርዳዊ ኣካል፡ ወይ ፈጻሚ ስራሕ) ኣብ ዘይብሉ ሃገር፡ ገለ ምልክታት ለውጢ ኣብ ዝረኣየሉ ግዜ ህውከት ንክለዓል ዘሎ ተኽእሎ ዓቢ ኢዩ።

ኤርትራ ምስ ጎረባብቲ ሃገራት፣ ከም ኢትዮጵያ፡ ሱዳን፡ ሶማልያን ጅቡትን ብዝጸንሓን ብዘለዋን ሓርፋፍ ርክባትን ብረጽሚ ዝልለ ዝምድናታትን፡ ቀጻሊ ምንጪ ናይ ዘይምርግጋእ ኮይና ጸኒሓ ኢያ። ብተወሳኺ፡ ኣብ የመን ኣንጻር ሑቲ ኣብ ዝተኻየደ ግጭት ንስዑዲ ዓረብን ሕቡራት ኢማራት ዓረብን ዝሃበቶ ደገፍ፡ ኣብ ፖሊሲ ወጻኢኣ፡ ኣብ ዞባዊ ረጽመታት ዘለዋ ኣሉታዊ ግደ ኢዩ ዘመልከት። ኣብ ዝምድና ህዝቢ የመንን ኤርትራን ንሓዋሩ ዝገድፎ በሰላ ድማ ቀሊል ኣይክኸውንን'ዩ።

ኤርትራ፡ ኣብ ልዕሊ ከም ኢጋድን ሕብረት ኣፍሪቃን ዝኣመሰላ ዞባውያን ኣካላት፡ ከምኡ እውን ኣብ ከም በዓል ሕቡራት ሃገራት ዝኣመሰላ ኣህጉራዊ ውድባት ብዘለዋ ተጻባኢ መርገጺ፡ ካብ ማሕበረሰብ ዓለም ንክትርሕቕ ኣኽኢሉዋ ኢዩ። ንወራር ሩስያ ኣብ ዩክሬን ብምድጋፍ ምስ ከም በዓል ሰሜን ኮረያን ቤላሩስን ዝኣመሰላ ሃገራት ምትእስሳራ፡ ነቲ ኣብ ውሽጢ'ቲ መንግስቲ ኤርትራ ሰፊኑ ዘሎ ርኹስ ኣተሓሳስባ ዘንጸባርቕ ኢዩ። እዚ ድማ ብዝያዳ በቲ ባዕላ ዝፈጠረቶ ተነጽሎ፡ በቲ ኣብ ዝኾነ ግዳማዊ ሓይሊ ዘሎዋ ፍርሒ፡ ከምኡ እውን በቲ ናይ 'መጁኒ' ዝብል ናይ ራዕዲ ባህሪ'ዩ ዝግለጽ።

እዞም ኣብ ላዕሊ ዝተጠቕሱ ረቛሒታት ነቲ ኣብ ውሽጢ ሃገር ዘሎ ዘይምርግጋእ የግድዱዎ። እዚ፡ ንዕጫ ሃገር ኣብ ሓደጋ ዘእቱ ብምኳኑ ገለ ነገር እንተ ዘይተገይሩ፡ ኤርትራ ወትሩ ርግኣት ዘይብላ ሃገር ክትከውን ተሓጽያ ዘላ ሃገር ኢያ። ህዝባ ቀሲኑ ዘይሓድረላ፡ ስድራ ቤታት ዝተበታተናላ፡ ህዝባ ብቐጻሊ ዘማርረላን ሃገር ስለ ዝኾነት ርግኣት ኣሎ ኢልካ ክትዛረብ ኣሸጋሪ'ዩ። ።

6.2 ኢትዮጵያ

እታ 120 ሚልዮን ህዝቢ ዝነብረላ ሃገር ኢትዮጵያ፡ ምስ ኤርትራ ብዕምቆት ዝተኣሳሰረ ነዊሕ ታሪኽ ኣሎዋ። ክልቴኦም ኣህዛብ ኣብ ሓደ ጂኦግራፍያዊ ዞባ ስለ ዝርከቡ።

ኤርትራ፡ ናይ'ቲ ጥንታዊ ኣክሱማዊ ስልጣነ መበቆል ኢያ። መጠራ፡ ቆሓይቶ፡ ቆሎወ ካልኦት ታሪኻውያን ቦታታት ናይ'ዚ ሃብታም ቅርስን ታሪኻዊ ኣገዳስነትን ዝምስክሩ ቦታትት ኢዮም። ኣዱሊስን ዙላን (ኣብ ናይ ሕጂ ኤርትራ ዝርከባ)፡ ኣብ ሓደ እዋን ኣገደስቲ ኣፍ ደገታት ባሕሪ ንግስነት ኣክሱም ኮይነን ብምግልጋል ነቲ ሽው ዝነበረ ናይ'ዚ ንግስነት'ዚ ምስ ካልኦት ሃገራት ዝነበሮ ህቡብ ባሕራዊ ርክብ የመልክት (Munro-Hay, 1991)። ብፍላይ፡ እቲ ኣብ ሳልሳይ ክፍለ ዘመን ድሕሪ ልደተ ክርስቶስ ኣብ ግዜ ንግስነት ኣክሱም ዝተተኽለ ሓወልቲ መጠራ፡ ኣብ ልዕሊኡ ናይ ጸሓይን ሰርቂ ወርሕን ቅርጽታት ዘለዎ ኮይኑ፡ ኣብ ትሕቲኡ ናይ ግእዝ ጽሑፍ ኣለዎ። እዚ ድማ ምስክር ናይ'ቲ ሽው ዝነበረ ምዕባለ ኢዩ (Eritrea, Historical sites worth visiting in the Eritrean Southern Region Part 1, 2013 - ኤርትራ ክብጽሖ ዘለዎም ታሪኻውያን ቦታታት፡ ዞባ ደቡብ ኤርትራ፡ ቀዳማይ ክፋል፡ 2013)።

ጽሑፍ ንጉስ ኤዛና፡ ነዚ ውርሻ'ዚ ዘንጸባርቕ ብዋጋ ዘይሽነን ቅርሲ ኮይኑ የገልግል። ይኹን'ምበር ናይ ሕጂ ኢትዮጵያን ኤርትራን ካብ ውድቀት ንግስነት ኣኽሱም ጀሚረን ዕግርግር ዝመልኦ ዘመናት ኢየን ኣሕሊፈን። እዚ በቲ ካብ ከም በዓል ፖርቱጋል፡ ቱርክን ግብጽን ዝኣመሰላ ሃገራት ዝተፈነወ ግዳማዊ ምትእትታዋትን ጎበጣታትን ኣራግጽን በቲ ሓደ ወገን፡ በቲ ካልእ ድማ ኣብ መንጎ ዝተፈላለዩ ዘቤታውያን ሓይልታት ዝተኸሰተ ውሽጣዊ ናይ ስልጣን ውድድራትን ረጽምን ክግለጽ ይከኣል።

ኣብ ግዜ መግዛእቲ ኢጣልያ ኢያ ኤርትራ ከም ሓንቲ ፍልይቲ ጅግራፊያዊት መንነት ክትቀልቀል ዝጀመረት። ኢትዮጵያ ድማ ብወገና ኣብ ትሕቲ መሪሕነት ዳግማዊ ምኒሊክ ናይ ገዛእ ርእሳ መንነት ንክትፈጥር ኣብ ሓደ ታሪካዊ መስርሕ ኣትያ። ሓምሳ ዓመት መግዛእቲ ጥልያን፡ ስዒቡ ዝመጸ ዓሰርተ ዓመት ኣብ ትሕቲ ብሪጣንያዊ ወተሃደራዊ ምምሕዳር፡ ነቲ ብ"ኤርትራውነት" ዝፍለጥ መንነት ንክምስረት ኣበርክቶ ገይሩ ኢዩ።

እቲ ስዒቡ ምስ ኢትዮጵያ ዝተገብረ ፈደራላዊ ኣወጋግና፡ ንኤርትራ ዘርብሕ ኣይነበረን፣ ክንዲ ዝኾነ ድማ፡ ናብ ናይ ሰላሳ ዓመት ኲናት ናጽነት ኣምሪሑ። ኣብ 1993 ዓ.ም.፡ ኤርትራ፡ ብማሕበረሰብ ዓለም ከም ሓንቲ ልዑላዊት ሃገር ተፈላጥነት ረኺባ። ኣብ ኣዲስ ኣበባ ዝመደበሩ ኢህኣደግ ንልዑላውነት ኤርትራ ብወግዒ ኣፍልጦ ሂቡ፡ እዚ ድማ ኣብ ሓባራዊ ታሪኽ ክልተ ውድባት ኣገዳሲ ህሞት ኢዩ ነይሩ።

ብስርዓት ኢህኣደግ ንኤርትራ ዝተዋህበ ኣፍልጦ፡ ንብዙሓት ልሂቃን ኢትዮጵያ፡ ብፍላይ ድማ ንልሂቃን ኣምሓራ ኣቑጢዑ፡ ኣይተወሓጠሎምን ድማ። እዚ ጽልዋ ዘለዎ ጉጅለ'ዚ፡ ምስ'ዚ ፖሊሲ'ዚ ዘይምስምማዕ ምኽንያት ገሊጹ ኢዩ። ነቲ ኣብ ሰለስተ ሽሕ

ዓመት ታሪኽ ዝተመስረተ ናይ ኢትዮጵያ ጽውጽዋይ ወይ ትረኻ ብምጥቃስ ድማ፡ ኤርትራ ወትሩ ዘይትነጻጸል ኣካል ኢትዮጵያ ምዃና ኣረጋጊጹን ክጉስጉስ ጀሚሩን።

ብመሰረት ልሂቃን ኣምሓራ፡ ያታውያን መራሕቲ ኤርትራ፡ ኢጣልያውያን ቅድሚ ምምጽኦም፡ ንነዊሕ እዋን ንስልጣን ሃጸያት ኢትዮጵያ ኣፍልጦ ይህቡሉን ንዕኦም ይግብሩን ከም ዝነበሩ ይገልጹ። እዚ፡ ገለ ሓቅነት ኣለዎ። ብርክት ዝበሉ ኢትዮጵያውያን ምሁራት፡ ሃጸይ ምኒሊክ ምስ ኢጣልያ ውዕል ውጫለ ምፍራሙ ዓቢ ጌጋ ኢዩ ፈጺሙ ብምባል ይከራኸሩ ኢዮም (Britannica, n.d.)።[xcvii] ብኣረኣእያኦም፡ ምኒሊክ ኣብ ግዜ ውግእ ዓድዋ፡ ንኢጣልያ ክሳብ ቀይሕ ባሕሪ ክስዕቦም ይግባእ ነይሩ ይብሉ። እዞም ልሂቃን'ዚኦም፡ ኣብ'ቲ ብፍትሃ ነገስት ዝበሃል ጥንታዊ ሰነድ ብምምርኳስ ንኤርትራ ከም ዘይትነጻጸል ኣካል ስርወ መንግስቲ ሰሎሞን ገይሮም እውን ይቖጽሩዋ ኢዮም።[xcviii]

ልሂቃን ኣምሓራ (ኣብ'ዚ እዋን'ዚ ድማ ብርክት ዝበሉ ተጋሩን ንካልኦት ብሄራት ዝውክሉ ኢትዮጵያውያንን) ብዓይኒ ጂኦፖለቲካ፡ 120 ሚልዮን ህዝቢ ዘለዋ ኢትዮጵያ፡ ብዘይ ኣፍ ደገ ባሕሪ ክትነብር ከም ዘይነበራ ይገልጹን ይጉስጉሱን ኣለዉ። ብኣበሃህላኦም፡ ኢትዮጵያ ኣብ ዞባዊ ጉዳያት ግልልቲ ብምዃና ንጸጥታኣ ርኡይ ሓደጋ ፈጢሩላ ኢዩ ዝብል እምነት ኣለዎም። ካብ'ዚ ሓሊፉ፡ ብቁጠባዊ ዓይኒ ክረአ እንከሎ፡ ኢትዮጵያ ናይ ቀይሕ ባሕሪ ኣፍ ደገ ዘይምህላዋ ንቁጠባዊ ቀጻልነታን ዕብየታን ናብ ስግኣትን ዘይምርግጋእን ክመርሓ ይኽእል ኢዩ ይብሉ። ኣብ መደመደምታ ድማ፡ ኢትዮጵያ ከም ዓሰብ ዝኣመሰለ ወደብ ባሕሪ ንክህሉዋ ኣዚዮም ይጸቕጡሉ።

ቀዳማይ ሚኒስትር ኣቢይ ኣሕመድ ብ13 ጥቅምቲ 2023 ዓ.ም. ንኣባላት ባይቶ (ብቴሌቪዥን) ንጉዳይ ቀይሕ ባሕሪ ኣመልኪቱ ወግዓዊ መደረ ኣስሚዑ ነይሩ። እቲ ሕቶ ናይ ህላወ ጉዳይ ከም ዝኾነ ብምግላጽ፡ ኢትዮጵያ፡ ናይ ወደብ ኣፍ ደገ (access) ክህሉዋ ወሳኒ ምዃኑ ኣስሚዑሉ። ቀዳምይ ሚኒስተር ኣብይ ዘረባኡ ብምቕጻል ኢትዮጵያውያን ንቀይሕ ባሕሪ ብዝምልከት ዘተ ክጅምሩ ብምትሕስሳብ፡ እዚ ንባዕሉ መጻኢት ኢትዮጵያ ኣብ ምቕራጽ ወሳኒ ግደ ከም ዝህሉዎ ኣረጋጊጹ። ኣብይ ኣሕመድ፡ ቀይሕ ባሕርን ኣባይን ምስ ኢትዮጵያ ዝተሓላለኸ ምትእስሳር ዘለዎም ኮይኖም፡ ወይ ንልምዓት ሃገር ክድርኹ ወይ ድማ ንውድቀታ ክደፋፍኡ ዝኽእሉ መሰረታውያን ረቛሒታት ምዃኖም ኣብሪሁ። ጂኦግራፍያዊ፡ ታሪኻዊ፡ ብሄራውን ቁጠባውን ምኽንያታት ብምጥቃስ፡ ኣፍደገ ባሕሪ ምህላው ንኢትዮጵያ መሰላ ምዃኑን እዚ ድማ ኣብ ቻርተር ሕቡራት ሃገራት ዝሰፈረ ምዃኑን ጠቒሱ (Addis Standard, 2023)።[xcix]

እቲ ቀዳማይ ሚኒስተር፡ ኣብ'ዚ ቀረበ ግዜ ክሳብ 150 ሚልዮን ክበጽሕ ዝኽእል ህዝቢ ዘለዋ ኢትዮጵያ ግዳይ ናይ ከም'ዚ ዝኣመሰለ ጂኦግራፍያዊ ድሩትነት ክትከውን

ከም ዘየፍቅድ ኣብ መደረኡ ገሊጹ። ብተወሳኺ፡ ኣብ መንግ'ተን ዝምልከተን ሃገራት፡ ኣብ ኣጠቓቕማ ጸጋታት ገማግም ባሕሪ ፍትሓውነት ከም ዘየሎ ብምምልካት መጠንቀቕታ ሂቡ። እዚ ዘይፍትሓዊ ኩነታት ድማ ኣብ መወዳእታ ናብ ግጭት ክሳገር ከም ዝኽእል ኣጕሊሑ። ብተወሳኺ፡ ናብ ባሕሪ ኣፍ ደገ ንምርካብ፡ ጎረባብቲ ሃገራት ኣብ ከም ግድብ ህዳሰ ኢትዮጵያ (GERD)፡ መገዲ ኣየር ኢትዮጵያ፡ ከምኡ እውን ኢትዮ-ቴሌኮም ዝኣመሰሉ ቁጠባውያን ትካላት፡ ብርኪታት (ከም ኣምሳያ ድሉውነቶም) ክረኽቡ ዝኽእሉሉ እማመታት ዘርዚሩ። ኣብይ፡ ናይ ሶማልያ፡ ጅቡቲ፡ ኤርትራን ኢትዮጵያን መራሕቲ፡ ኣብ'ቲ ኣብ ዘላቒ ሰላም ዘተኮረ ዘተ ክዋፈሩ ተላቢዩ።

ንሱ ነቲ ግርጭት ናብ መጻኢ ወለዶታት ምትሕልላፍ ግጉይ ኢዩ ካብ ዝብል ኣረኣእያ ብምብጋስ፡ "ናይ ሎሚ ግርጭት ናብ ዝመጽእ ወለዶ ከነሰጋግሮ ኣይንኽእልን ኢና" ብምባል ተግባራዊ ፍታሕ ከም ዘይኮነ ኣሚቱ (Addis Standard, 2023)።[c]

እቲ ቀዳማይ ሚኒስተር፡ እቲ ወደብ ንኢትዮጵያ ዘሀውኽ ከም ዘይኮነን፡ ዘተ ምስ ተጀመረ ድማ ኣብ ጭቡጥ ሓበሬታ ዝተመርኮሰ ውሳነ ክውሰድ ከም ዝኽእልን ኣስሚሩሉ። ኣብ እዋን ንግስነት ኢፋት ዝነበራ ታሪኻዊ ትርጉምን ቅርበትን ብምጥቃስ፡ ኣብ ሶማሊላንድ እትርከብ ወደብ ዘይላ እውን ከም ሓደ ካልእ ኣማራጺ ምዃኑ ጠቒሱ። ካልእ ተኽእሎ፡ እታ ኣብ'ዚ እዋን'ዚ ንናይ ኢትዮጵያ ድሌትን ቁጠባዊ ረብሓን ተገልግል ዘላ ጅቡቲ ኢዩ። ብተወሳኺ ኣብ ገማግም ባሕሪ ኤርትራ ንእትርከብ ኣዱሊስ እውን ከም ካልእ ኣማራጺት ምዃና ሓቢሩ። ባጽዕን ዓሰብን እውን ኣብ ግምት ዝኣትዋ ምዃነን፡ ግን ኣብ ክልቲኤን ድርቕ ዝብለ ውሳነ ወይ ባህጊ (preference) ከም ዘየሎ ኣመልኪቱ። እቲ ኣገዳሲ ጉዳይ፡ ኣፍደገ ባሕሪ ምህላው ኢዩ ድማ ኢሉ። እቲ ቀዳማይ ሚኒስተር፡ ናይ ኢትዮጵያ ዘይነዓቕ ብዝሒ ህዝብን ወተሃደራዊ ሓይልን ብዘየገድስ ንኣፈታትሓ ናይ'ዚ ጉዳይ'ዚ ብዝምልከት እቲ እንኮ ኣማራጺ ሰላማዊ መገዲ ምዃኑ ኣስሚሩሉ። ንካልኦት ሃገራት ክጎድኡ ዝኽእሉ ተግባራት ክተባብዑ ከም ዘይብሎም ብምግላጽ ድማ፡ ከም ፌደረሽን ወይ ኮንፌደረሽን ምስ ኤርትራ (ሰንደቕ ዓላማን ኣስማትን ናይ'ተን ሃገራት ብዘየገድስ) ዝኣመሰሉ ሞዴላት ንኣፈታትሓ'ዞም ታሪኻውያን ግርጭታት ከገልግሉ ከም ዝኽእሉ ከም ሓሳብ ኣቕሪቡ (Addis Standard, 2023)።[ci]

ከም'ቲ ኣብ ናይ ሜጀር ጀነራል ኣበበ ተኽለሃይማኖት "Ethiopia's Sovereign Right of Access to the Sea under International Law' Thesis" ዘርእስቱ ሓተታ ዝተጠቕሰ፡ ኣብ'ቲ መጨረስታ ናይ ኢትዮ-ኤርትራ ኲናት ሓለቓ ስታፍ ሓይልታት ምክልኻል ኢትዮጵያ ዝነበረ ሌተና ጀነራል ጻድቃን ጉዳይ ማዕጾ ንባሕሪ ኣልዒሉ ነይሩ። እዚ ኣብ ኣኼባ ማእከላይ እዝ (Central Command) ዝተልዕለ ኮይኑ ብናይ ሽው

ቀዳማይ ሚኒሲተር ኢትዮጵያ - ነፍስሄር መለስ ዘናዊ - ኢዩ ዝምራሕ ነይሩ። ብአገላልጻ ጀነራል ኣበበ ኣብ'ቲ ኣኼባ ኣብ ናይ ሓባር መረዳእታ'ኳ እንተተበጽሐ ነቲ ኩነታት ንምቕያሩ ግን ግዜ ኣብ ነድኖም ከም ዘየሎ ተጠቂሱ። ስዒቡ እውን ጀነራል ጻድቃን ኣብ ከባቢ 2017 ዓ.ም. ምስ ኤርትራ ዘይተዛዘም ዕማም ኣሎና ክብል ከም ዝተዛረበ ብሰፊሑ ተዘሪቡሉ ኢዩ።[cii]

እብ ካልእ ሓተታ ተዘራ ታዘበው ዝተባህለ ኢትዮጵያዊ ምሁር ንኩነታት ዓሰብ ኣመልኪቱ ከም'ዚ ዝስዕብ ይብል፥

> ምስ ምንጻል ኤርትራ (ድ ፋክቶ ካብ 1991፡ ደ ጁር ድማ ካብ 1993) (Clapham, 1993)፡ ኢትዮጵያ ኣብ ዓለም እታ ዝዕበየት ወደብ ኣልቦ (landlocked) ሃገር ኮይና (Clapham, 2006)። ከም'ዚ ይኹን''ምበር ዓሰብን ባጽዕን መብዛሕቴኡ ናይ ኢትዮጵያ ናይ ወጻኢ ንግዲ የመቻችእ ነበራ። ኢትዮጵያ ድማ ፍሉይ ኣተሓሕዛ (preferential treatment) ይግበረላ ነይሩ። ንኣብነት ኣብ 1994/95 ዓ.ም. ወደብ ዓሰብ 73% ናይ ኢትዮጵያ ኣታውታትን 51.7% ሰደድን ከተእንግድ እንከላ ጅቡቲ ግን 0.8% ናይ ኢትዮጵያ ኣታውታትን 3.2% ሰደድን ተእንግድ ነይራ። ኣገልግሎት ኢትዮጵያ ካብ ወደብ ዓሰብ ኣብ'ቲ ናይ ትራንሲትን ወደባትን ኣገልግሎት ኣብ መንጎ ክልቴኣን ሃገራት ብዝተገብረ ስምምዕ ዝተመስርተ ኢዩ ነይሩ። እዚ ድማ በቲ ኣብ መንጎ መሰጋገሪ መንግስቲ ኢትዮጵያን መንግስቲ ሃገረ ኤርትራን ብዕለት 27 መስከረም 1997 ዓ.ም. ተፈሪሙ። [ciii]

ተሰማ ዋይ.ኤን. ዝተባህለ ሓደ ካልእ ኢትዮጵያዊ ምሁር ንኢትጵያዊ ሰማያዊ ፓርቲ ኣምልኪቱ እዚ ፓርቲ'ዚ ንህወሓት/ኢህኣደግ ንናይ ኢትዮጵያ ሓድነትን መሬታዊ ልዑልነትን ብፍላጥ ኣብ ውዕል (compromise) ብምእታዎም ይኸሰስ። ከም መርትዖ፡ እቲ ሰልፊ ንናይ ኤርትራ ምንጻልን ንጉዳይ ዓሰብ ከም ኣፍ ደገ ባሕርን ንባድመን እናጠቐሰ ኢህኣደግ ካብ ዝኾነ ይኹን ኣብ ኢትዮጵያ ዝተተኸለ መንግስቲ ንላዕሊ ረብሓታት ኢትዮጵያ ብፍላጥ ብምጉሳዩ ኣጥቢቑ ይኸሶ። እዚ ሰልፊ'ዚ ነቲ ብኢህኣደግ ዝተተገብረ ተግባራት ንክዕሪ ሃቐነታት ክግብር ከም ዝኾነ እውን የጠቅስ።[civ]

ገብሩ ኣስራት ኣብ ልዕሊ ናጽነት ኤርትራ ዝነበሮ መርገጽ ዘጠዓሶን ዓሰብ ኣካል ኢትዮጵያ ክትከውን ኣለዋ ኢሉ ዝጥበቕን ሰብ ከም ዝኾነ እውን ጽሑፋቱ የመላኽቱ ኢዩም።[cv]

ብመንጽር'ዞም ኣብ ላዕሊ ዝተጠቕሱ ኩነታት፡ ካብ ደቡብ ማለት ካብ ኢትዮጵያ (ኣብ'ዚ እዋን'ዚ ድማ እንተላይ ካብ ሓደ ሓደ ልሂቃን ተጋሩን ኣባልት ካልኦት ብሄራትን)

ዝፍልፍል ኣብ ልዕሊ ምርግጋእ ኤርትራ ዝቐንዐ ዘልኣለማዊ ፖለቲካዊ ስግኣት ክህሉ ከም ዝኽእል ዘጠራጥር ኣይኮነን። ኣብ ውሽጢ ኢትዮጵያ ዘሎ ፖለቲካዊ ዘይምርግጋእ ኣብ ግምት ብምእታው፡ ሓደ መዓልቲ ኣኽረርቲ ልሂቃን ኣምሓራ ናብ ስልጣን ክድይቡ ከም ዝኽእሉ ኣብ ግምት ምእታው ኣገዳሲ ከይኮነ ኣይክተርፍን ኢዩ። ኣብ ከም'ዚ ዝኣመሰለ ሲናርዮ፡ ታሪኻዊ ዕቤትን ዝጠፍአ ክብርን ኢትዮጵያ ንምምላስ ብዝብል ምስምስ፡ ጥሙሖም ንምርዋይ ኣንጻር ኤርትራ ኲናት ክእውጁ ከም ዝኽእሉ ምግማት ይከኣል። ቀዳማይ ሚኒስተር ኣብይ፡ ብዛዕባ ቀይሕ ባሕሪ ዝሃቦ መግለጺ እምበኣር፡ ኣብ ውሽጢ'ዚ ንነዊሕ እዋን ክካየድ ዝጸንሐ ክትዓትን ኣበሃህላታትን ትረኻን ኣእቲኻ ክረአ ይግባእ።

ፕረሲደንት ኢሳይያስ ኣፍወርቂ፡ ነቲ ኣብ ቀርኒ ኣፍሪቃን ከባቢ ቀይሕ ባሕርን ተኸሲቱ ዘሎ ሓድሽ ፖለቲካዊ ዳይናሚክ ናብ ረብሓኡ ንከውዕሎ ክጽዕር ይኽእል ኢዩ። ብፍላይ ድማ ነቲ ኢትዮጵያ ኣብ ትሕቲ ቀዳማይ ሚኒስተር ኣብይ እትወስዶ ዘላ ስትራተጂያዊ ስጉምትታት (ከም ዓማጺ ኣካይዳ ንኣፍ ደገ ባሕሪ)፡ ከምኡውን ነቲ ኣብ ቀይሕ ባሕሪ ጽልዋታቱ ዘስፋሕፍሕ ዘሎ ቅልውላው እስራኤልን ፍልስጤምን፣ ስርዓት ኢሳይያስ፡ ስርዓቱ ንምድልዳልን ደገፍ ንምርካብን፡ ነዞም ኣብ ላዕሊ ዝተጠቕሱ ምዕባሌታት ኣብ ግምት ዘእተወ ናብ ውሽጢ ሃገር ይኹን ናብ ዲያስፖራ ዘለዉ ኤርትራውያን ዝቐንዑ ፖለቲካዊ ዘመተታት ከካይድ ጀሚሩ ምህላዉ ምፍላጥ ኣገዳሲ ኢዩ። እዚ ከም'ዚ ዀይኑ ግን ነቲ ኣብ ኤርትራ፡ ለውጢ ንምምጻእ ተበጊሶም ዘለዉ ጻዕርታት ብዝኾነ ይኹን ምኽንያት ክዕንቅፎ ኣይክእልን ኢዩ። እዝስ፡ ናይ ባዕሉ ውሽጣዊ ዳይናሚክ ኢዩ ዝኽተል።

6.3 ምዕራብ ብሓፈሻ፡ ሕቡራት መንግስታት ኣመሪካ ድማ ብፍላይ፡ ንምርግጋእ ኤርትራ ስግኣት ዲዮም?

ኣምር ስግኣትን ኣተረጓጉማ ኣህጉራዊ ፖለቲካን ብመሰረቱ ብናይ ሓደ ሰብ ርእይቶ ዓለም ኢዩ ዝቕረጽ። ኣብ'ዚ እዋን'ዚ፡ ግሎባዊ መልክዓ መሬት፡ ውልቃዊ ምርጫታት ብዘየገድስ፡ እዚ ሎሚ እንዕዘቦ ዘሎና ፖለቲካዊ መልክዓ መሬት፡ ክሳዕ'ዚ ቀረባ ግዜ ብምዕራብ (ኣብ ትሕቲ መሪሕነት ኣመሪካ) ዝዕብለል ኢዩ ነይሩ። እዚ ድማ ምስ'ቲ ቁጠባውን ፖለቲካውን ወተሃደራውን ልዕልናኦም ዝተኣሳሰር ኢዩ።

ኣብ'ዚ እንርእዮ ዘሎና ሓድሽ ስርዓተ ዓለም ግን፡ ሓያልን ጽልዋን ዘለዋ ተዋሳኢት ኣብ መድረኽ ኮይና ትቕልቀል ዘላ ቻይና ኢያ። እቲ ብተበግሶ በልት ኤንድ ሮድ (Belt and Road)፡ ቁጠባዊ ግሎባውነት (economic globalization)፡ ባህላዊ ብዙሕነትን ሰፊሕ ኣጠቓቕማ ቴክኖሎጂያዊ ሓበሬታን ዘጉልሕን ናብ ብዝሐ ዋልታዊት (Multi-polar) ዓለም ዘምርሕን ዝንባለ ዘጠቓልል ተበግሶ ኢዩ። እዚ ተበግሶ'ዚ ኣብ መንጎ ኣህጉራት እስያ፡ ኤውሮጳን ኣፍሪቃን፡ ብሸነኽ ባሕርታተን ኣቢሉ ምትእስሳር ንምዕባይን ንምድንፋዕን ዝዓለመ ኢዩ። ቻይና ኣብ'ዚ ተበግሶ'ዚ (በልት ኣንድ ሮድ) ምስ ዝርከባ ወይ እውን ብኣኡ ዝጽለዋ ሃገራት ሽርክነት ንምፍጣርን ንምድልዳልን፡ ኣብ ጽምዶ ንምእታውን ኩለ መዳያውን ብዙሕ ገጻት (phases) ዘለዎን፡ ውሁድን መርበባት ምትእስሳር ንምቛም ትነጥፍ ኣላ። እቲ ናይ መወዳእታ ዕላማ ድማ ኣብ ኩለን እዘን ሃገራት፡ ኣብ ርእሰ ምርኮሳ ዝተሰረተ፡ ፍትሓውን ዘላቕን ልምዓት ንምዕዋት ኢዩ (The State Council, thePeoples Republic of China, 2015)።[cvi] ማዕረ ማዕረ'ዚ፡ ቻይና ከም ዘይጸዓድ ወተሃደራዊ ሓይሊ ብምዃን መርገጺኣ ብምድልዳል፡ ካብ ማሕበረሰብ ዓለም ኣፍልጦ ንምርካብ ትጠልብ ኣላ።

ብዘይካ'ዚ፡ ንቁጠባዊ ብሕተት ምዕራባውያን ግብረ መልሲ ንምሃብን ነዚ ልዕልና ንምብዳህን ከም በዓል ብሪክስ (BRICS) ዝኣመሰሉ ዝተፈላለዩ ጥሙራት ሃገራት፡ ብንጥፈት ይሰርሑ ኣለዉ።[cvii] ካብ'ዚ ሓሊፉ፡ ኣብ ከባቢ ቀይሕ ባሕሪ፡ ከም ስዑዲ ዓረብን ሕቡራት ኢማራት ዝኣመሰላ ዞባውያን ሓይልታት እውን ይቕልቀላ ኣለዋ።

ናይ'ዚ ጂኦፖለቲካዊ ዳይናሚክ ምቅልቃልን ኣብ ዝቕጽሉ ዓሰርተታት ዓመታት ብኸመይ ክምዕብሉ ምዃኖምን ገና ዘይተጻሕፈ ዛንታ ኢዩ። ሓደ ሓቂ ግን ኣሎ፡ ዕጫ ግሎባዊ ስርዓት፡ ኣብ'ቲ ኣብ መንጎ'ዞም ፖለቲካውን ቁጠባውን ወተሃደራውን ሓይልታት ዝህሉ ዝምድናን ምቅይያርን፡ ንኣህጉራዊ ፖለቲካ ንምቕራጽ ዝኽተልዎ ኣገባብን ኢዩ ክምርኮስ።

ኤርትራ ኣብ'ቲ ዓሰርተ ሚእታዊት ዓለማዊ ንግዲ ዓለም ዝመሓላለፈሉ መገዲ ቀይሕ ባሕሪ፡ ብስትራተጂያዊ መዳይ ኣገዳሲ ዝኾነ ቦታ ሒዛ ኣላ። ቀይሕ ባሕሪ፡ ካብ ባብ ኤልማንዳብ፡ ኣብ ደቡባዊ ኣፍደገ፡ ክሳብ'ቲ ብሰሜን ግብጺ እትቆጻጸሮ ካናል ሱወዝ ዝዝርጋሕ ኮይኑ፡ ከም መስመር ባሕራዊ ንግዲ፡ ዓቢ ቁጠባዊ ኣገዳስነት ኣለዎ። እዚ ኣገዳስነት'ዚ፡ ንዝቕጽል ብዙሕ ዓመታት ክጸንሕ'ዩ።

ምዕራባዊ ዓለም፡ ብፍላይ ድማ ኣመሪካ፡ ኣብ'ዚ ዘባ ፍሉይ ረብሓ ኣለዋ። ኣብ'ዚ ዞባ'ዚ ዝምዕብል ዝኾነ ይኹን ምዝንባዕ ጸጥታ፡ ንምዕራባውያን ሓይልታት፡ ብሓፈሻ ድማ ንኣህጉራዊ ማሕበረሰብ፡ ዓቢ ስክፍታ ዝፈጥር ጉዳይ ኢዩ። ከም'ዚ ዝዓይነቱ ምዝንባዕ፡ ኣርሒቑ ዝኸይድ ሳዕቤን (እንተላይ ምዝንባዕ ኣብ ስቶክ ማርከት stock market) ከህሉዎ ትጽቢት ይግበረሉ።

ኤርትራ ቅድሚ ሕጂ ኣብ ዞባዊ ፖለቲካ ክትዋሳእ ፈተነ ገይራ ኢያ። ብፍላይ ኣብ 2003 ዓ.ም. ኣብ እዋን ኲናት ዒራቕ፡ ኤርትራ፡ ኣብ ዓለማዊ መድረኽ ኣስተዋጽኦ ንምግባር ዘለዋ ድሌት ብምርኣይ፡ ናብ'ቲ ብኣመሪካ ዝተመልመለ ብጉጅለ ልፍንቲ ፍቓደኛታት (Coalition of the Willing) ዝፍለጥ ሰራዊት ክትጽንበር ድሌታ ገሊጻ ነይራ። መንግስቲ ኤርትራ ኣብ'ዚ ጉዳይ'ዚ ዝሃቦ መግለጺ ከም'ዚ ዝስዕብ ኢዩ፣

> ኤርትራ፡ ምምሕዳር ቡሽ ነቲ ዘይተወድአ ስራሕ ንምዝዛም ዝወሰዶ ውሳነ ብልቢ ትቕበሎ። እቲ ዕማም ብሓቂ ንምርግጋእን ድሕነትን ማእከላይ ምብራቕ ዝምልከት ዘይተወድአ ስራሕ ምዝዛም ኢዩ፡ ከምኡ እውን ዕድል ከየጥፋእካ ነቲ ከቢድ ስግኣት ፈጺምካ ምእላይ ኢዩ። በዚ መንጽር'ዚ፡ ኤርትራ ብዘይ ውልውል ኣድላዪ ስጉምትታት ክውሰድ ከም ዘለዎ ቀጻሊ መርገጺ ሒዛ ኣላ።
>
> - መግለጺ መንግስቲ ኤርትራ፡ 12 መጋቢት 2003 (The White House, 2003)።[cviii]

ኤርትራ፡ ኣመሪካ ኣብ ደሴታት ዳህላክ ወተሃደራዊ መዓስከር ንክትሃንጽ እውን ፍቓደኛ እያ ነይራ። ኣብ 2002 ዓ.ም. *ዘ ዋሽንግተን ፖስት* እተባህለ ጋዜጣ፡ ነቲ ኣብ መንጎ ኣመሪካን ኤርትራን ብሎቢስት (ኣማለድቲ ወይ ደለልቲ) ዝድገፍ ዝነበረ ቀጻሊ ልዝብ ኣቃሊዓቶ ነይራ። "ንምንታይ ኤርትራ ዘይትኾውን?" ("Why Not Eritrea?") ኣብ ዝብል ሓተታ፡ ኣመሪካ ምስ ዒራቕ ክፍጠር ንዝኽእል ግጭት ንምድላው፡ ኤርትራ ኣብ ቀርኒ ኣፍሪቃ ዘለዋ ስትራተጂካዊ ኣቀማምጣ ከም ወተሃደራዊ መድረኽ ክትጥቀመሉ ንኣመሪካ ዘቕረበቶ ሓሳብ ኣስፊሩ ነይሩ። ብመሰረት'ቲ ጸብጻብ፡ ሰበ ስልጣን ኣመሪካ ነቲ ናይ ኤርትራ ዕድመ ይሓስቡሉ ነይሮም፡ ጀነራል ቶሚ ፍራንክስ እውን ናብ'ታ ሃገር በጺሑ ነይሩ።

ኤርትራ፡ ኣገልግሎት ናይ'ቲ ብግሪንበርግ ትራውሪግ ዝፍለጥ ብጃክ ኣብራሞፍ ዝምራሕ ናይ ሕጊ ትካል ትጥቀም ነይራ። ጃክ ኣብራሞፍ፡ ምስ'ቲ ናይ ባይቶ ኣመሪካ ወሃብ ቃል ዝነበረ ደለይ እተባህለ ወዲ ተከሳሲ ርክብ ነይሩዎ ኢዩ። ብመሰረት'ቲ ግሪንበርግ ትራውሪግ ምስ መንግስቲ ኤርትራ ዝገበሮ ውዕል፡ ኤርትራ ኣብ ዋሽንግተን፡ ዕላማታት ህዝባዊ ፖሊሲኣ ንምስጓም ንምኽኣል፡ ንግሪንበርግ ትራውሪግ ኣብ ወርሒ 50 ሽሕ ዶላር ትኸፍል ነይራ። እዚ ካብ ሚያዝያ 15, 2002 ዓ.ም. ክሳዕ ሚያዝያ 14, 2003 ዓ.ም. ንሓደ ዓመት ዝጸንሐ ውዕል ድማ፡ ናብ 600,000 ዶላር በጺሑ ነይሩ (The Washington Post, 2002)።[cix]

ኣብ ግሪንበርግ ትራውሪግ ዳይረክተር መንግስታዊ ጉዳያት ፓድጀት ዊልሰን፡ ኤርትራ ቀንዲ ዕላማኣ ምስ ኣመሪካ ዘለዋ ርክብ ንምምሕያሽ ምዃኑ ኣብሪሁ። ኣብ ኤርትራ ወተሃደራዊ መዓስከር ኣመሪካ ብምፍቃድን ብምምስራትን፡ ዕላማ ኤርትራ ነቲ ንሳ እትደልዮ ርእሰ ማል ንምስሓብን ኩባንያታት ኣመሪካ ኣብ ኤርትራ ኣብ ንግዲ ንክዋፈራ ንምትብባዕን ዝኣመተ ኢዩ ነይሩ። ኣብ መወዳእታ ድማ ኣብ'ታ ሃገር፡ ማእከላይ ደርቢ ኣብ ምህናጽን ንናይ ኣመሪካ ዋኒን ትካላት ቁጠባዊ ምርግጋእ ንምርግጋጽን ዝሕግዝ መሳርሒ ኮይኑ ተራእዩ። ይኹን'ምበር፡ ገለ ሰበ ስልጣን ኣመሪካ፡ መንግስቲ ኤርትራ ዝወሰዶ ዝነበረ ጎነጻዊ ስጉምትን ቅድሚ ሓደ ዓመት ኣብ ልዕሊ ናይ ብሕቲ ጋዜጣታት ዝወሰዶ ናይ ምዕጻው ስጉምትን ኣብ ግምት ብምእታው፡ ኤርትራ ናብ ደሞክራሲ ብኣዕጋቢ ዘለዎ ናህሪ ትስጉም ከም ዘየላ ስክፍታኦም ገሊጾም። ብኣንጻሩ፡ ዊልሰን፡ ኤርትራ ነዚ ስክፍታታት'ዚ ብንጥፈት ትሰርሓሎም ከም ዘላን፡ ምስ ኣመሪካ ዝያዳ ጥቡቕ ዝምድና ምህላው ድማ ንክልቴኦም ወገናት ጠቓሚ ምዃኑን ብምምልካት ሞጊቱ። እቲ ሰነድ፡ ኣብ ማሕበረሰብ ዓረብ ዘሎ ህሉው ስምዒታትን ስትራተጂያዊ ኣገዳስነት ናይ'ቲ ዞባን ኣብ ግምት ብምእታው፡ ምስ ኤርትራ ምሕዝነት ዘይምፍጣር ሞራላዊ ተቐባልነት ከም ዘይብሉ ኣስሚሩሉ (The Washington Post, 2002)።[cx]

እዘን ኣብ ላዕሊ እተጠቕሳ ክልተ ፍጻመታት ሓደ ነገር ኢየን ዘቃልዓ። ኣብ ሓደ እዋን፡ እቲ ኣብ ኣስመራ ዘሎ ስርዓት፡ ምስ ኣመሪካ ንምትሕብባር ዝዓለመ ልዝባት ብምብጋስ ኣብ'ቲ ዞባ ናይ ተዋሳእነት ቦታ ክረክብ ይጽዕር ከም ዝነበረ ኢዩ።

ኣብ'ዚ እዋን'ዚ፡ እቲ ኣብ ኣስመራ ዘሎ ስርዓት፡ ኣመሪካ ኣብ ልዕሊ ኤርትራ ንዘጋጥሙ ዘለዉ ሽግራት ተሓታቲት'ያ ክብል ይኸሰስ ኣሎ። ፕረሲደንት ኤርትራ ኣብ ዝኽሪ መዓልቲ ናጽነት ኤርትራ 23 ግንቦት 2023፡ ን"ጭፍራ ዋሽንግተን" ብትሪ ከም ዘይቅበሎ ገሊጹ። ኣመሪካ ንርግኣት ኤርትራ ቀንዲ ሓደጋ ምዃና ብምግላጽ ኣብ ዘስምዖ መደረ ድማ፡ "ጭፍራ ዋሽንግተን" መሻርኽቱን ብቐጻሊ ግጭት እናለዓዓሉ ኣብ መንጎ ኢትዮጵያን ኤርትራን ዘይምርድዳእ (rift) ንምፍጣር ዝጥቀሙሉ ዝነበሩ ሽጣራታት ኣጉሊሑ። ከምኡ እውን እቲ ብ "ጭፍራ ዋሽንግተን" ዝምራሕ ስጡም ኪዳን ኔቶ ንስምምዕ ዘይብሉ ፋይናንሳዊ ምሕዝነት ሕብረት ኤውሮጳን፡ ነቲ ግዜኡ ዝሓለፎ ዓለምለኻዊ ዕብለላ ናይ ምሕዳስ ኣጀንዳታቱ ንምትግባር ከንቱ ፈተነ ዝገብር ዘሎ ይመስል ብምባል ወቒሱ (ሚኒስትሪ ዜና፣ ኤርትራ፣ 2023)።[cxi]

እዞም ኣብ ላዕሊ ዝተጠቕሱ ሓቅታት ሓደ ርኡይ ክውንነት ዝገልጹ ኢዮም። እዚ ሕጂ ዘሎ ስርዓት ግጉይን ውጽኢታዊ ዘይኮነ ናይ ወጻኢ ፖሊሲ ይኽተል ምህላዉ ኢዩ።

ኣብ'ዚ መዳይ ሓደ ኣገዳሲ ጉዳይ ክስመረሉ ይግባእ። ፖሊሲ ወጻኢ ምዕራባውያን ንሃገራዊ ረብሓታት ኤርትራ ልዕሊ ናቱ ገይሩ ከም ዘይሰርዕ ምንጻር ኣገዳሲ ኢዩ። ኤርትራ ከም ካልእ ሃገር፡ ንሃገራዊ ረብሓታታ ቀዳምነት ትህብ። ይኹን'ምበር፡ ኣብ ዓውዲ ኣህጉራዊ ፖለቲካ፡ እቲ ዕላማ ንኹሎም ዝምልከቶም ወገናት ዘርብሕ ፍታሕ ንምርካብ ኢዩ። እዚ ከኣ ርእሱ ዝኽኣለ ጥበብ ይሓትት።

ናብ'ቲ ምዕራባውያንን ኣመሪካን፡ ንምርግጋጽ ኤርትራ ስግኣት ይፈጥሩ ዲዮም ዝብል ሕቶ ምስ እንምለስ፡ ኤርትራ ኣብ ግምት ክተእትዎም ዝግብኣ ነገራት ከም ዘለዉ ንዕዘብ። ኤርትራ ኣብ ዓውዲ ዲፕሎማሲ ብሉጽ ስራሕ ንክትሰርሕ፡ ኣብ ዕግርግር ዝመልኦ ፖለቲካዊ ሃዋህው ብውሕሉል መገዲ ክትጓዓዝን ምሉእ ብምሉእ ምንስሓብ ኣማራጺ ኣብ ዘይኮነሉ እዋን ድማ ጽንዓት ከተርእን ይግባእ። ኤርትራ ክልተ ፍሉያት ስትራተጂታት ብምኽታል ዓቕሚ ከተማዕብል ተኽእሎታት ኣለዋ፥ እቲ ቀዳማይ፡ ነቲ ሕጂ ዘለዋ ፖለቲካውን ዲፕሎማስያውን ኣገባባት ምእራም ዘጠቓልል ኢዩ። እቲ ካልእ ድማ ኣብ ህላወኣ ምርግጋጽ ጥራይ ዘይኰነስ፡ ኣብ ከም'ዚ ዝኣመሰለ በዳሂ ኩነታት ናይ ምስሳን ተኽእሎታት ምፍታሽን ምትግባርን ዘጠቓልል ኢዩ። መልሱ ኣብ ኢድ ኤርትራውያን'ኳ እንተ ኾነ፡ እዛ ንእሽቶን ድኻን ኤርትራ ናይ ነብሳን ናይ ካልኦትን ትጽቢታት ብጽቡቕ እንተ ደኣ ኣልያቶ፡ ናይ ዕብየት ተስፋ ከም ዘለዋ ክፍለጥ ይግባእ።

ኣብ'ዚ እዋን'ዚ ኣብ ከባቢና ሓደሽ ክስተት መጺኡ ኣሎ። እቲ ኣብ'ዚ ኣዋን'ዚ ኣብ መንጎ ፍልስጢኣምን እስራኤልን ዝረአ ዘሎ ፖለቲካዊ ቅልውላው፡ ኣብ መላእ ማእከላይ ምብራቕን ዞባ ቀይሕ ባሕርን ሳዕቤናት ክህሉዎ ከም ዝኽእል ናይ ኣደባባይ ምስጢር ኢዩ። እዚ ነቲ ኣብ 2003 ዓ.ም. ኣመሪካ ኣብ ዒራቕ ጣልቃ ምስ ኣተወት ዘጋጠመ ቅልውላው ዘዘኻኽር ጂኦፖለቲካዊ መልክዕ መሬት ኢዩ። ሰብ ይቀበሎ ኣይቀበሎ፡ ኤርትራ ንቅልውላው ሑቲ ኣብ ምፍታሕ ሓንቲ ካብተን ተዋሳእቲ ሃገራት ክትከውን ትጽቢት ከም ዝግበረላ ዘይሕሰብ ኣይኮነን። ካብ ናይ ምዕራባውያን (ወይ እውን ካልኦት ሰብ ብርኪ) ፕራግማቲካዊ ኣረኣእያ ብምብጋስ፡ ምዕራባውያን ሓይልታት ድሮ ተሳትፎኣ ንምኽሳብ ምስ ኤርትራ ዘተ ጀሚረን ክኾና ተኽእሎ ከም ዘሎ እውን ዘይሕሰብ ኣይኮነን። ሓደ ዘይከሓድ ክውንነት ግን ኣሎ፡ ንሱ ድማ፡ ኤርትራ ፖለቲካዊ መርገጺኣ ብዘየገድስ፡ እቲ ምስ ምዕራባውያን ዘለዋ ዝምድና ዓቢ ለውጢ ንከምጽእ ወይ እውን ንከርኢ ዘይሕሰብ ኢዩ። ፍንፍንቲ (pariah) ሃገር ዝብል ስያመ ጠቢቑዋ ስለ ዘሎ።

6.4 እስላማዊ ጥሩፍነት

ቀርኒ ኣፍሪቃ ነቲ ንልዕሊ ሰላሳ ዓመታት ንዓለም ብሸበራ ጸልዩዋ ዘሎ እስላማዊ ጥሩፍነት ኣገዳሲት ማእከል ኮይና ጸኒሓ ኢያ። ኣብ 1989 ዓ.ም. ኣብ ሱዳን ሃገራዊ እስላማዊ ግንባር ኣብ ስልጣን ምምጻኡ፡ ኣብ መላእ ዓለም ንዝርከቡ ጥሩፋት ውድባት ኣስላም ማግኔት ዝኾነት እስላማዊት ሃገር ንምህናጽ ዝመነነ (dedicated) ዘመን ኣበጊሱ። ኣብ 1990ታት፡ ሱዳን፡ ኣብ መላእ ሰፊሕ ዞባ ቀርኒ ኣፍሪቃ ንኣሸበርቲ ስርሒታት ንምውዳብ ውሑስ መዕቆቢ ብምሃብ ማዕጾኣ ብግልጺ ከፊታ ኢያ (USIP, 2004)።

ኣብ መጀመርያ ተስዓታት ዝፈረሰ መንግስቲ ሶማል እውን ካልእ ነጥበ መቐይሮ ፈጢሩ። ኣል ሸባብ ዝተባህለ ጥሩፍ ጉጅለ ምስልምና ከም ክስተት ማዕቢሉን እቲ ምዝባዕ ድማ ጽልዋኡ ክንዮ ሶማልያ ብምዝርጋሕ፡ ንሓፈሻዊ ምርግጋእ ቀርኒ ኣፍሪቃ ጸልዩዎ። ሕመረት ኣጀንዳ ኣል ሸባብ፡ ብሕጊ ሸሪዓ ዝምራሕ እስላማዊ መንግስቲ ምምስራት ኢዩ (Council on Foreign Relations, 2022)። ንሱ፡ ነቲ ናይ ቀርኒ ኣፍሪቃ ዘይርጉጽ ኩነታት (ኣብ ኲናት ዝርካባን ብኲናት ሓድሕድ ዝሳቐያን ሃገራት ወዘተ) ቀጻሊ ተቓላዕነት ይፈጥር። እዞም ጥሩፋት ጉጅለታት'ዚኣቶም ናብ ከም በዓል ኤርትራ፡ ኢትዮጵያን ጅቡቲን ዝኣመሰላ ጎረባብቲ ሃገራት ክዝርግሑ እውን ተኽእሎ ኣሎ። ነቲ ኣብ'ዚ ወሳኒ ዞባ ዘሎ ቀጻሊ ናይ ጥሩፍነት ናይ ምስፍሕፋሕ ስግኣት ንምምካት፡ ቀጻሊ ዞባውን ኣህጉራውን ጻዕርታት ይጠልብ።

6.5 መርገጺ ኢሳይያስ ኣፍወርቂ ኣብ ኮንፈደረሽን ምስ ኢትዮጵያ፡ ገለ ገለ ሓቅታት

ደራሲ መስፍን ሓጎስ ኣብ'ታ ኣብ ቀረባ እዋን ዝተሓትመት "The African Revolution Reclaimed) ዘርእስታ መጽሓፉ፡ ነቲ ቅድሚ ምሉእ ሓርነት ኤርትራ ዝተኻየደ ኣገዳሲ ኣኼባ ማእከላይ ሽማግለ ሰልፊ ብዕምቆት ይትንትን። ብመሰረት'ታ መጽሓፍ፡ ኢሳይያስ፡ መስፍን ዝተረኽበሉ፡ ናይ'ቲ ሕቡእ ሰልፊ ሸሞንተ ኣባላት ማእከላይ ሽማግለ ዝሓቖፈ ኣኼባ ጸዊዑ። ኣብ'ቲ ኣኼባ፡ ኢሳይያስ ምስ ህወሓት ዝገብርዎ ምትሕብባር ወሳኒ ምዃኑ መብርሂ ድሕሪ ምሃብ ነቲ ኣገዳስነት ናይ'ቲ ንውጽኢት ናጽነት ሕጋዊ ዝገብሮ፡ ብዓለም ደረጃ ተቐባልነት ዘለዎ ረፈረንደም ዘምርሕ ሓባራዊ ጻዕርታቶም ድማ ኣስሚሩሉ። ኣብ'ዚ ኣኼባ'ዚ፡ ኢሳይያስ፡ ኣብ ኢትዮጵያ፡ ንኤርትራ ዘጠቓለለ ሓባራዊ መንግስቲ ንምቛም ምስ ህውሓት ዘተ ከም ዝተኻየደ ኣፍሊጡ። ካብ'ዚ ሓሊፉ

ነዚ ተበግሶ ብዝምልከት ምስ ህወሓት ኣብ ስምምዕ ከም ዝተበጽሐ ኣቃሊዑ (Hagos, 2023)።

መስፍን ኣብ'ቲ መጽሓፉ ከም ዝገለጾ፡ ናይ'ቲ ኣኼባ ተሳተፍቲ ዕግበቶም'ኳ እንተ ኣርኣዩ፡ ንሱ ግን ነቲ ሓባራዊ መንግስቲ ምቛም ዝብል ሓሳብ ብጽኑዕ ከም ዝተቓወሞ ይሕብር። ምስ ኢትዮጵያ ዝግበር ከም'ዚ ዓይነት ስርርዕ (arrangement)፡ ምስ'ቲ ህዝቢ ኤርትራ ዝተቓለሰሉ መትከላት ዝጻረር ኣብ ልዕሊ ምኳኑ፡ ኣብ ናጽነት ኤርትራ፡ ምውጋይ ከህሉ ከም ዘይብሉ ከም ዝገለጸ ኣብሪሁ። መስፍን ከም'ዚ ዝስዕብ ብምባል ብተወሳኺ ኣስፊሑ ይገልጽ፥

> እቲ ዝተጠቕሰ ውጥን ብኣቀራርባኡ ዘይግቡእን ብቐንዱ ድማ ዘይቅቡልን ምኳኑ ብንጹር ገሊጸ። ብዛዕባ'ቲ ኣርእስቲ ዝምልከት ሰዒቡ ዝመጽእ ሕቶ ወይ ዘተ ኣይነበረን። ሽዑ ኢሳይያስ እቲ ጉዳይ ክግደፍ እውን ይኽእል ኢዩ ኢሉ። ኣብ ሰዒቡ ዝመጽእ ኣኼባ ማእከላይ ሽማግለ ህዝባዊ ግንባር ይኹን ኣብ ካልእ ኣነ ዝፈልጦ ኣኼባ ድማ ተላዒሉ ኣይፈልጥን (Hagos. M, 2023)።

እዚ ፍጻመ'ዚ ዕሽሽ ኢልካ ክሕለፍ ዘይግብእ ፍጻመ ኢዩ። መስፍን ሓጎስ ኣብ'ቲ ኣኼባ እንተዘይህሉ ነይሩ ኢልና እስከ ንሕሰብ። እቲ ውሳነ ብዘይ ሓደ ተቓውሞ ምሓለፈ ነይሩ ማለት ኢዩ። እዚ ሓደ መሰረታዊ ሕቶ የልዕል። እቶም ዝተኣከቡ ሽሞንተ ኣባላት ማእከላይ ሽማግለ ናይ'ቲ ሕቡእ ሰልፊ ንጉዳይ ናጽነት ኤርትራ ኣብ ዋጋ ዕዳጋ ከእትዉ ምተሰማምዑ ነይሮም ማለት ኢዩ። እዝስ ምስ ምንታይ ይጽብጸብ? እዝስ ከም ጥልመትን ምስ መኣዝንካ ምስሓትንዶ ኣይቁጸርን? ኣበይ ድኣ ኣሎ ናይ'ዞም ሰባት ሰውራውነት? ኣበይ ድኣ ኣሎ ናይ'ዞም ሰባት ጨለነት? መበገሲ ናይ'ቲ መሰረታዊ ዕላም ናይ'ቲ ቃልሲ ጉሲኻ ምስ ኢትዮጵያ ኣብ ኮንፈደረሽን ምእታው (እሞ ከኣ ህዝቢ ኤርትራ ከይተሓተ) እንታይ ኮን ክኸውን ይኽእል? ብዙሓት ዘይተመለሱ ሕቶታት ኣለዉና። ኣብ'ዚ ጉዳይ'ዚ ኣያና መስፍን ሓጎስ ክምጎስ ኣለዎ። በቲ ዝወሰዶ መርገጺ ድማ ሓበን ክስምዖ ኣለዎ። እንተ'ቶም ካልኦት ምእዙዛት ግን ካብ ተመበርከኽቲ ሓሊፍና እንታይ'ሞ ክንብሎም። ያኢ! እዚ'ኣቶም እንዶ ኣይኮኑን ንሰባት "ዝምቡላት" ዝብለ ቅጽል ስም እናውጽኡ ኣብ ሸላታት ሓለዋ ሰውራ ከም ዝሓቁ ዝገበሩ? ካብ'ዚ ዝዓቢ ዝንባለኸ ኣሎ ድዩ? ብዘይካ'ዚ፡ እዚ ፍጻም'ዚ ካልእ ነገር እውን የመላኽት፥ እቲ ውድብ ብሓደ ውልቀ ሰብ ዝዝወር ከም ዝነበረ። እቲ ሰልፊ ከኣ መሳርሒኡ ከም ዝነበረ። ካብ'ዚ ዝዓቢ መርትዖ ድኣ እንታይ ኣሎ? እዚ ጉዳይ'ዚ ኣብ'ዚ ጥራይ እውን ኣይሕጸርን። ኣብ'ቶም ብዘይካ ናጽነት ምርኣይ

ካልእ ሕልሚ ዘይነበሮ ተራ ተጋደልትን ህዝብን ወሪዱ ነይሩ እንተዝኸውንከ? ብዘይ ጥርጥር ኣብ'ቲ ውድብ ብዙሕ ምግምማዕ ምተፈጥረ'ሞ፡ ኣዕናዊ ሳዕቤን መኸተለ።

ኣብ ጉዳይ ኮንፈደረሽን ካብ ሃለና ነዚ ዝስዕብ ፍጻመ ምርኣይ እውን ኣገዳሲ መሲሉ ይርኣየኒ። ብ30 ግንቦት 1991 ዓ.ም. *ዘ ኒውዮርክ ታይምስ* "ጉጅለ ተቓላሳይ ኢትዮጵያ በይኑ ከመሓድር ኢዩ" ("Ethiopian Rebel Faction is to Govern Separately") ዝብል ኣርእስቲ ዘለዎ ጽሑፍ ኣውጺኡ። ኣብ'ዚ ጽሑፍ'ዚ፡ ክሬግ ኣር ዊትኒ፡ መራሒ ናይ'ቲ ሽዑ ንኢትዮጵያ ዝተቖጻጸረ ጉጅለ ተቓለስቲ፡ ፍሉይ ግዝያዊ መንግስቲ ንምቛም መደብ ከም ዘለዎ ኣፍሊጡ ብምባል ሓቢሩ። እዚ ግዝያዊ ምምሕዳር'ዚ፡ እቲ ብውድብ ሕቡራት ሃገራት ዝቆጻጸር ረፈረንደም ናጽነት ኤርትራ ክሳዕ ዝካየድ፡ ብናጻ መገዲ ክነጥፍ ኢዩ፡ ድማ ኢሉ።

ዊትኒ ቀጺሉ፡ ሰበ ስልጣን ኣመሪካ ኣብ መንጎ ተዓወትቲ ጉጅለታት ተቓለስቲ ዋዕላ ከም ዘመቻችኡ ገሊጹ። ውጽኢቱ ድማ፡ ብሰሉስ ዝተበጽሐ ስምምዕ ኮይኑ፡ ኣብ ኣዲስ ኣበባ፡ ኣብ ትሕቲ እቲ ዋና ቤት ጽሕፈቱ ኣብ ኣውራጃ ትግራይ ዝኾነ ሰውራዊ ደሞክራስያዊ ግንባር ኢትዮጵያ፡ ግዝያዊ ምምሕዳር ምቛም ኢዩ። ብተወሳኺ፡ ዝያዳ ንኹሉ ዝሓቁፍ ቅርጺ ዘለዎ ሃገራዊ ግዝያዊ መንግስቲ ንምቛም ዝዓለመ ዘተ፡ ካብ 1 ሓምለ ክጅምር መደብ ተታሒዙሉ ከም ዝነበረ ይገልጽ። እዚ ከም'ዚ ኢሉ እንከሎ፡ ኢሳይያስ መራሒ ኤርትራ፣ ኤርትራ ምስ ምምሕዳር ኣዲስ ኣበባ ክትተሓባበር ፍቓደኛ'ኳ እንተ ኾነት፡ ኣካል ናቱ ከም ዘይትኸውን ግን ገሊጹ።[cxii]

እቲ ጽሑፍ ነቲ ካብ ሓደ ኣመሪካዊ ዲፕሎማት ዝተዋህበ መግለጺ ብምጉላሕ፡ እቲ መንጎኛ ተሓጋጋዚ ጸሓፊ ጉዳያት ወጻኢ፡ ሄርማን ጀይ ኮሄን፡ በቲ ኤርትራ ዘሃበቶ ውሳነ ከም ዘይተገረመ ኣመልኪቱ። ኣብ ለንደን ዝተረፈ ኮሄን፡ ምስ ኩሎም እቶም ኣብ'ዚ ዝተሳተፉ ጉጅለታት ዝተፈላለየ ኣኼባታት ኣካይዱ፣ ኣብ'ዚ ጉዳይ ግን ተወሳኺ ርእይቶ ኣይሃበን። እቲ ጸብጻብ ነቲ ብሃገራዊ ድምጺ ዝተበጽሐ ስምምዕ ኣልዒሉዎ ነይሩ።[cxiii]

እቲ ኣቐዲሙ ዝተጠቕሰ ሓበሬታ፡ ብመራኸቢ ብዙሓን ናብ ህዝቢ ተዘርጊሑ ነይሩ። ነዚ ምዕባለ'ዚ ኣተሓሳሳቢ ዝገበሮ፡ እቲ ብድሕሪ ዕጹው ማዕጾ ዝካየድ ዝነበረ ምስጢራዊ ዘተ ኢዩ። እቲ መንጎኛ ተሓጋጋዚ ጸሓፊ ጉዳያት ወጻኢ መንግስቲ ኣመሪካ፡ ሄርማን ኮሄን፡ ምስ መራሕቲ ሰለስተ ወሰንቲ ውድባት፡ ማለት ምስ ኢሳይያስ ኣፍወርቂ፡ መለስ ዜናዊ፡ ከምኡ እውን ምስ መራሒ ግንባር ሓርነት ኦሮሞ ኣቶ ሌንጮ ለታ ኣብ ዝገበሮ ርክብ፡ ናይ ኮንፈደረሽን ሓሳብ ኣቕሪቡ ነይሩ።

ዶክተር ተስፋይ ግርማጽዮንን (ሚኒስተር ሕርሻ ነበር፡ ምክትል ሚኒስተር ጉዳያት ወጻኢ ነበር፡ ከምኡ እውን ኣምባሳደር ኤርትራ ኣብ ሕብረት ኤውሮጳ) ኣነን፡ ኣብ 2012

ዓ.ም. ኣብ ሉሳካ፡ ዛምብያ፡ ብስራሕ ገይሸ ኣብ ዝነበርኩሉ እዋን ተራኺብና ኔርና። ድራር እናበላዕና ንዝተፈላለዩ ሃገር ጠቀስ ጉዳይያት ኣልዒልና ከነዕልል ጀመርና። ኣብ ዕላልና፡ ዶክተር ተስፋይ ኣብ 1991 ዓ.ም. ኢሳይያስ ምስ ኢትዮጵያ ናይ ኮንፈደረሽን ሓሳባት ከም ዝደገፈ ዝሕብር ዘገርም ኣርእስቲ ኣምጺኡ። ብዛዕብኡ ዝኾነ ይኹን ኣፍልጦ ከም ዘይነበረኒ ገሊጻሉ። ዶክተር ተስፋይ ብዛዕባ'ዚ ፍጻመ ከም'ዚ ዝስዕብ ይብል፥

> ኣብ ገለ ካብ'ቲ ብሄርማን ኮሄን ዝሽምግሎምን ዘመቻችኦምን ዝነበረ ዘተ ተሳቲፈ እየ። ኣብ እዋን ምይይጥና፡ ኮሄን ኣብ መንጎ ኢትዮጵያን ኤርትራን ኮንፈደረሽን ክግበር ዝብል ኣርእስቲ ኣልዒሉ። ኢሳይያስ ንሓሳብ ኮሄን ደገፉ ገሊጹ። ኣነ ተገሪመ። ኢሳይያስ ንልኡኽ ኤርትራ መሪሑ ዝመጸ ስለ ዝነበረ ሓሳባተይ ክገልጽ ኣይደፍረኩን። ይኹን'ምበር፡ ድሕሪ'ቲ ኣኼባ ንኢሳይያስ ቀሪበ ብዛዕባ'ቲ ደገፍ ዝሃበሉ ምስ ኢትዮጵያ ዝግበር ኮንፈደረሽን ሓቲተዮ። ኢሰይያስ ነቲ ጉዳይ ጸኒሑ ምሳይ ክዝትየሉን መብርሂ ክህበንን ምኳኑ ጠቒሱ ሓሊፉዎ። እቲ ዘተ ግን ፈጺሙ ኣይተኻየደን። ኢሳይያስ ድማ ናብ ኤርትራ ተመሊሱ።

ዶክተር ተስፋይ ካብ ሽዑ ጀሚሩ ንፖለቲካዊ ቅንዕና ኢሳይያስ ኣብ ምልክት ሕቶ ከም ዘእተዎ ጠቒሱለይ። እዚ ፍጻሜ'ዚ፡ ምስ'ቲ መስፍን ሓጎስ ኣቐዲሙ ዝተዛበረሉ ፍጻመ ዝተኣሳሰር ክኸውን ይኽእል ኢዩ።

ኢሳይያስ ናብ ኤርትራ ምስ ተመልሰ፡ ላዕለዎት ሰበ ስልጣን ህዝባዊ ግንባር ሓርነት ኤርትራ ንክቕበሉዎ ብማኪና ናብ ተሰነይ (ወይ ምናልባት ኣቚርደት) ከይዶም ነይሮም። ብመሰረት ሓደ መሳርሕቱ (ስሙ ንውሕስነቱ ተባሂሉ ዘይተጠቕሰ)፡ ኢሳይያስ ኣብ ኣዝዩ ሕማቕ ኩነተ ኣእምሮ (mood) ስለ ዝነበረ፡ ኣስመራ ክሳብ ዝበጽሕ፡ ምስ ዝኾነ ሰብ ምዝራብ ኣብዩ።

እዚ ፍጻመ'ዚ ምናልባት ኢሳይያስ ገና ምስ ኢትዮጵያ ኮንፈደረሽን ናይ ምቛም ኣተሓሳስባ የሳስይ ከም ዝነበረ ዘመልክት ክኸውን ይኽእል ኢዩ፣ እዚ ድማ ምስ'ቲ መስፍን ኣብ ወርሒ ለካቲት 1991 ዓ.ም. ኣብ ኣፍዓበት ኣብ ዝተኻየደ ኣኼባ ዝወሰዶ መርገጺ ዝጸረር ኢዩ።

6.6 ትኹረት ከወሃቦም ዝግብኦም ጉዳያት

ምርግጋእ ኤርትራ፡ ኣብ'ቲ ኣብ ጸጥታኣ ወይ ድሕነታ (security) ክወርድ ዝኽእል ሓደጋ ናይ ምፍታሕን ምብርዓንን ዓቕማ ኢዩ ዝምርኮስ። ነዚ ስግኣት ንምፍታሕ ዝውሰድ

ናይ መጀመርታ ስጉምቲ፡ ነቲ ስግኣት ኣፍልጦ ምሃብ ኢዩ። ማዕረ ማዕሪኡ ድማ ነቲ ናይ ሕንፍሽፍሽ ጠንቂ ክከውን ዝኽእል ዘይቅኑዕ ዘቤታውን ግዳማውን ፖሊሲታት ኤርትራ ምልላይን ምእራምን ኢዩ። ኤርትራ፡ ነቲ ኣብ ግሎባዊ ፖለቲካዊ መልክዐ መሬት ዝህሉዋ መርገጺ ክሳዕ ክንደይ ተኣፋፊ ምዃኑ ምግዛብ እውን ከድልያ ኢዩ። ከመይሲ እቲ እትወስዶ ስጉምቲ ንረብሓ ዓለማዊ ማሕበረሰብ ዝጻረር ኮይኑ ምስ ዝርከብ፡ ንሃገራዊ ድሕነት ኤርትራ ከቢድ ሳዕቤን ክህሉዎ ስለ ዝኽእል። እዚ ድማ በቲ ሓያላት ሃገራት ኣብ ልዕሊ ኤርትራ ክወስድኦ ዝኽእላ ፖለቲካውን ዲፕሎማስያውን መጥቃዕቲ ክፍጸም ይኽእል። ብስሪ'ዚ ከመጽእ ንዝኽእል መጥቃዕቲ ንምምካት፡ ኤርትራ ሓያሎ ስትራተጂታት ክትጥቀም ትኽእል ኢያ።

መጀመርያ፡ ብዓይኒ ማሕበረሰብ ዓለም፡ ኤርትራ ከም ኣረጋጋኢትን ፈታዊት ሰላምን ተቖጺራ ዝናኣን ስማን (reputation) ንከተዕቢ ክትጽዕር ይግባእ። ኤርትራ ንሰላምን ዞባዊ ምርግጋእን ዘለዋ ተወፋይነት ንምርኣይን ኣብ'ዚ ዞባ እምንቲ መሻርኽቲ ጸጥታ ምዃና ንከተመስክርን፡ ነቲ ወትሩ ኣካል ኢትዮጵያ ኢያ ዝብል ትረኻ እናተቓወመት ሓያል ዲፕሎማስያዊ ተበግሶ ክትወስድ የድሊ።

ካልኣይ፣ ኤርትራ ምርግጋእ ኢትዮጵያ ንረብሓኣን ንረብሓ እቲ ዞባን ምዃኑን፡ ምስ ጎረባብቲ ኣብ ስኒት ዝተሞርኮሰ ዝምድና ምሕያል ድማ ኣብ ኣጀንዳኣ ልዑል ደረጃ ዝሓዘ ምዃኑን ከተስምረሉ ይግባእ። ካብ'ዚ ሓሊፉ፡ ንጸጥታዊ ስክፍታታት ኢትዮጵያ ኣብ ምፍታሕ፡ ሰናይ ድሌት ከተርእን፡ ምስ ኣህጉራዊ ስርዓታት ዝቃዶ ንክልቲኡ ወገን ዝጠቅም መፍትሒ ሓሳብ ከተቕርብን ይግባኣ። እቲ እንኮ ተግባራዊ ፍታሕ ብሰላማዊ ልዝብን ዲፕሎማስን ኢዩ ዝፍጸም።

ሳልሳይ፡ ኤርትራ ፖለቲካዊ ቅልውላዋት ከጻወር ዝኽእል ድልዱል ቁጠባ ብምህናጽ ንነብሳ ከተጠንክር ትኽእል ኢያ። እዚ ድማ ጽፉፍ ቁጠባዊ ፖሊሲታት ምሕንጻጽ፡ ንዓቕሚ ብሕታዊ ጽላት ምብርባር፡ ወፍሪ ወጻኢ ዝስሕብ ሃዋህው ምፍጣርን ዓቕሚ ሰባ ምዕባይን ምድንፋዕን ዘጠቓልል ኢዩ። ኤርትራ ቁጠባዊ ሓይላ ንምድራዕ፡ ምዕቡል ቴክኖሎጂ ክትጥቀም ይግባእ።

ራብዓይ፡ ዘመናውን ሞያውን ሰራዊት ምህናጽ ኣገዳሲ ክኸውን ኢዩ። እዚ፡ ብፍላይ ካብ ጎረቤት ሃገር ዝኾነት ኢትዮጵያ ከመጽእ ንዝኽእል ሓደጋታት ከም መከላኸሊ ወይ ናይ ድረታ መካኒዝም ኮይኑ ከገልግል ይኽእል ኢዩ። ምስ ዓበይቲ ግሎባውያን ሓይልታት ወተሃደራዊ ምሕዝነት ምምስራት እውን ሓደ ካብ'ቲ ኣብ ግምት ክኣቱ ዘለዎ ኣማራጺታት ኢዩ። ምኽንያቱ እዞም ምሕዝነታት'ዚኣቶም ንናይ ደገ ስግኣታት ዓገትቲ ክኾኑ ስለ ዝኽእሉ።

ሓምሻይ፡ ኤርትራ ብዝሒ ህዝባ ንምዕባይ እውን ብዕቱብነት ክትሓስበሉ ዘድልያ ጉዳይ ኢዩ። ሓደ ሓደ ግዜ፡ መጠን ህዝቢ ነቲ ካብ ጎረባብቲ ዝመጽእ ርኡይ ስግኣታት ኣብ ምክልኻል ኣበርክቶ ክህልዎ ይኽእል ኢዩ። ብመሰረት ጸብጻብ ቤት ጽሕፈት ሃገራዊ ስታቲስቲክስን ገምጋምን፡ ኣብ 2001 ዓ.ም፡ ሚኒስትሪ ዞባዊ ምምሕዳር ኤርትራ፡ ጠቕላላ ብዝሒ ህዝቢ ኤርትራ ከባቢ 3.2 ሚልዮን ከም ዝኾነ ገሚቱ[cxiv]። እቲ ዓመታዊ ዕብየት ብሰለስተ ሚእታዊት እንተ ድኣ ተገሚቱ፡ ኣብ 2023 ዓ.ም. ብዝሒ ህዝቢ ኤርትራ ብግምት 6.1 ሚልዮን ክኸውን ከም ዝኽእል ክግመት ይከኣል። እቲ ሓቂ ግን ንሱ ኣይኮነን። ብሰንኪ ጃምላዊ ስደት፡ ናይ ኤርትራ ብዝሒ ህዝቢ ከም'ቲ ዝድለ ኣይወሰኸን። ነቲ ብቕልጡፍ ዝዓቢ ዘሎ ናይ ጎረባብታ ብዝሒ ህዝቢ ኣብ ግምት ብምእታው፡ ኤርትራ ነዚ ጉዳይ'ዚ ብቐረባ ክትከታተሎ ይግባእ። ኣብዛ ዓለምና፥ ውሑድ ህዝቢ ተናዓቂ ዝኾነሉ እዋናት ከም ዘሎ ምግንዛብ ኣገዳሲ ኢዩ።

ሻድሻይ፡ ምቕልቃል ጥሩፍ ዝንባለታት ብሓፈሻ፡ ምስ'ቲ ኣብ ውሽጢ ሓንቲ ሃገር ዝፍጠር ፖለቲካዊ፡ ማሕበራውን ቁጠባውን ቅልውላዋት ዝተኣሳሰር ኢዩ። ስግኣት እስላማዊ ጥሩፍነት ንምቅላል ወይ ምግታእ ኣብ ዝግበር ስሙር ጻዕሪ እምበኣር፡ ቅዋማዊ መንግስቲ፣ ሃይማኖታዊ ናጽነት ምሕላው፡ መሰረታዊ ሰብኣውን ፖለቲካውን መሰላት ምርግጋጽ፡ ዘይሕጋዊ ማእሰርትን ስደትን ኣመንቲ ምውጋድ፡ ምዕቡል ህይወት ህዝቢ ንምርግጋጽ ድልዱል ቁጠባ ምምዕባል፡ ከምኡ እውን ምስ ጎረባብቲ ሃገራት ብምትሕብባር ነዚ ብድሆታት'ዚ ብሓባር ምምካት የድሊ።

ኣብ መወዳእታ ግን፡ ኤርትራ ስነ ጥበብ ዲፕሎማስያዊ ርክብ ክትመሃርን ክተጥርን ክትመልኮን ጻዕሪ ክትገብር ኣለዋ። ፖለቲካዊ ኩነታት ዞባ ቀይሕ ባሕሪ ዝተፈላለየ ንርሑቕ ዝጠመተን ተዓጻጻፍን ኣቀራርባ ይሓትት። ኣብ'ዚ ሃገራዊ፡ ዞባዊ፡ ኣህጉራዊ ረብሓታት ዝተቐራረበሉ ዓለም፡ ኤርትራ ንበይና ተነጺላ ክትነብር ኣይትኽእልን ኢያ። ኤርትራ "ኣነ ግዳይ እየ" ምባል ከተቋርጽ ይግባእ። ኣብ ዲፕሎማስያዊ ጻዕርታታ ንኹሉ ዘርብሕ ፍታሕ ምድንፋዕ ቀንዲ ባእታ ስትራተጂኣ ክኸውን ይግባእ።

ሓደ እዋን እቲ ናይ መንግስቲ ጀርመን ቻንስለር ዝነበረ ኦቶ ቮን ቢስማርክ፡ "ፖለቲካ፡ ናይ'ቲ ዝከኣል፡ ናይ'ቲ ክብጻሕ ዝከኣል - ናይ'ቲ ዝሓሸ ኣማራጺ ስነ ጥበብ ኢዩ" ኢሉ ነይሩ። ካብ'ዚ ብሂል'ዚ ክንቀስሞ እንኽእል ብዋጋ ዘይሽነን ትምህርቲ ኣሎ።

ኣብ መደምደምታ፡ ኣብ መጻኢ፡ ዝተፈላለዩ ረቛሒታት ክፈጠሩ ይኽእሉ'ኳ እንተ ኾኑ፡ ቀወምቲ ኮይኖም ክቕጽሉ ዝኽእሉን ኣብ ምርግጋእ ወይ ዘይምርግጋእ

ኤርትራ ጽልዋ ዘለዎምን ባእታታት እውን ከም ዘለዉ ምፍላጥ ኣገዳሲ ኢዩ። ንሳቶም ድማ፥

1. ቀይሕ ባሕሪ ንምዕራብን ንምብራቕን፡ ከምኡ እውን ንማሕበረሰብ ዓለም ዘለዎ ነባሪ ስትራተጂያዊ ትርጉም ክህልዎ ኢዩ።
2. ናይ ኢትዮጵያ ናይ ባሕሪ ኣፍደገ ናይ ምህላው ጥሙሕ። እዚ ጉዳይ'ዚ ብቐጻሊ ካብ ዝተፈላለየ ኩርናዓት ኢትዮጵያ ዝለዓል ጉዳይ ክኸውን ኢዩ።
3. ኣብ'ቲ ዞባ፡ እስላማዊ ጥሩፍነት ወይ ካልእ ጥሩፍ ዝንባለታትን ከስዕቦ ዝኽእል ቀጻሊ ስግኣትን ክህሉ ኢዩ።
4. ኣብ ቀርኒ ኣፍሪቃ ዝጸንሐ ቀጻሊ ፖለቲካዊ ዘይርጉእነት ካብ ታሪኻዊ መበገሲኡን፡ ዘይተፈትሑ ፖለቲካዊ ብድሆታትን ዝምንጩ ኮይኑ፡ ኣብ ኣሰላልፋ ሓይልታት ለውጢ ንክመጽእ በበእዋኑ ኣበርክቶ ክገብር ይኽእል ኢዩ።
5. እቲ በቶም ኣቐዲሞም ዝተጠቕሱ ረቛሒታት ዝድረኸ ንዘልኣለም ዝቕጽል ብውክልና ዝካየድ ኲናት እውን ከንጸላሉ ኢዩ።

ኣብ ከም'ዚ ዝኣመሰለ ኩነታት፡ ሓንቲ ሃገር፡ ናይ ህላወ ምርግጋጽ ጥበብ ምጥራይ ጥራይ ዘይኮነስ፡ ኣብ ተመሳሳሊ ኩነታት ናይ ምስሳን (thrive) ክእለት ዝመልኽ፡ ተጻዋርን ተስፋ ዘይቆርጽን ወኒ ካብ ምውናን ሓሊፉ ካልእ ምርጫ የብላን።

ምዕራፍ 7

ህግደፍን ሃገራውነትን

ሃገራውነት፡ ናይ ሓንቲ ሃገር ረብሓታት፡ ባህሊ፡ መንነት ወይ እውን ሓድነት ዘቐድም ፖለቲካውን ማሕበራውን ባህላውን ስነ ሓሳብ ወይ ኣምር ኢዩ። ህዝቢ ክንብል ከለና፡ ናይ ሓባር ውርሻ፡ ቋንቋ፡ ታሪኽ ወይ እውን እኩብ እምነታት ዝውንን ኣሃዱ ማለትና ኢዩ። ሃገራውነት ብዝተፈላለዩ መልክዓት ድማ ክግለጽ ይከኣል (Gellner, 1983)።

ሃገራውነት፡ ናይ ሓንቲ ሃገር ሓባራዊ መንነትን ሓድነትን ኣብ ውሽጢ ህዝቢ የማዕብል። ሃገራውነት ንኣገዳስነት ሃገራዊ ልዑላውነትን መሰል ርእሰ ውሳነን ርእሰ ምሕደራን የስምረሉ። ሃገራውነት መብዛሕትኡ ግዜ ምስ ሓርበኛነት (ሓያል ሃገራዊ ስምዒት) ይትኣሳሰር። ንዕቃበን ምዕባለን ሃገራዊ ባህሊ፡ ታሪኽን ልምድታትን እውን የቐድምን የጎሳጉስን። ብዘይካ'ዚ ሃገራውነት፡ ንፖለቲካዊ ምንቅስቓሳት ናብ'ቲ ዝብህግኦ ሃገር ናይ ምምስራትን ምህናጽን ሸቶ እውን ከም ደራኺ ረቋሒ ኮይኑ ከገልግል ይኽእል (Anderson, 1983)።

ሃገራውነት፡ ኣብ መበል ዕስራ ክፍለ ዘመን፡ ነቲ ኣንጻር መግዛእቲ ኤውሮጳውያን ሓይልታት ዝግበር ዝነበረ ናይ ናጽነትን መሰል ርእሰ ውሳነ ምርግጋጽን ምንቅስቓሳት ጸልዩዎ ኢዩ (Smith, 1991)። ኣብ ኤርትራ ኣብ ዝተገብረ ናይ ናጽነት ቃልሲ፡ ሃገራውነት ኣገዳሲ ግደ ነይሩዎ ኢዩ።

ሃገራውነት፡ ማሕበራዊ ጥምረት፡ ሃገራዊ ሓበን፡ ከምኡ እውን ኣባል ናይ ሓደ ህዝቢ ናይ ምኳን ስምዒት የደንፍዕ። በቲ ካልእ ወገን ድማ ሓደ ሓደ ኣሉታዊ መዳያት ክህልዉዎ ይኽእሉ ኢዮም። እዚ ድማ ኣህዛብ ወይ እውን ንዕኦም ዝመርሑ ፖለቲካዊ

ምንቅስቓሳት (ወይ እውን ሰልፍታት) ብጌጋ ክጥቀሙሎም ምስ ዝጅምሩ ዝኸስቱ ተርእዮታት ኢዮም። ሃገራውነት ናብ'ዚ መኣዝን'ዚ ገጹ ክዘዙ እንከሎ፡ ክቱር ጽልኢ፡ ምውጋን (exclusion)፡ ዓሌትነት፡ ዘይተጻዋርነት፡ ረጽሚ ካልኦት ዘይተደልዩ ሳዕቤናትን ከኸትል ይኽእል። እዚ ድማ ኣሉታዊ ኢዩ። ስለ'ዚ ድማ ክቱር ጥንቃቐ ክግበረሉ ዘለዎ ኣምር ኮይኑ ይስምዓኒ።

ነዚ ኣብ ላዕሊ ዝተጠቕሰ መርሓ ሓሳብ ኣብ ግምት ብምእታው፡ ኣብ ኤርትራ ሃገራውነት ንምድንፋዕ (ግንከ ብዋጋ ናይ ካልኦት ኣካላት ዘይኮነ) ብርክት ዝበሉ ኣገባባት ኣለዉ።

ቅድም ቀዳድም፡ ሃገራውነትና ኣብ'ቶም ቀንዲ ምዕቡላት መለለይታት ሕብረተሰብና ክምርኮሱ ይግባእ። እዚኣቶም ነዞም ዝስዕቡ ከጠቓልሉ ይኽእሉ፥

ህዝብ ኤርትራ ብጅግንነትን ሓርበኛነትን ዝግለጽ ሃብታም ታሪኽ ኣለዎ። እዚ ሓደ ርእሱ ዝኸኣለ ናይ መንሳሳሲ መሳርሒ ኢዩ። እዚ ግን ክሳብ ናብ ትምክሕቲ ገጹ ዝምጠጥ ክከውን የብሉን። ህዝብታት ዓለም ይንኣስ ይዕበ ኩሎም ዝሕበኑሎም ታሪኽ ከም ዘለዎምን ንዓታቶም ከኣ ኣገዳስነት ከም ዘለዎምን ምግንዛብ ጠቓሚ ኢዩ። ኣብ ታሪኽና፡ ታሪኽ ዝሰርሑ ብርክት ዝበሉ ጎብለላት ኣለዉ። ንታሪኾምን ኣስማቶምን ንሰማይ ከነዕርጎን እንተ ተኻኢሉ እውን ሓወልትታት ክንሰርሓሎምን ይግባእ።

ካልእ መለለዩ ህዝቢ ኤርትራ እቶም ጭውነት ዝመልኦምን ኣብ ፈሪሃ እግዚኣብሄር ዝተሰረቱ ስርዓት ክብርታቱ ኢዮም። ህዝቢ ኤርትራ ኣብ ነዊሕ ግዜ ዘማዕበሎም ማሕበራዊ ምርግጋእ ዝማእከሎም ልምድታት ጸኒሖምዎ ኢዮም። ኣብ ሕጊ ዘለዎ ምእዙዝነት ድማ ሓደ ካብ'ቶም ፍሩያት መለለዪ ባህርያቱ ኢዩ።

ህዝቢ ኤርትራ ተጸዋዊርካ ናይ ምንባርን ምክእኣልን ምምልላእን ልምዲ እውን ኣለዎ። ጉዳያት ኣብ ረጽሚ ቅድሚ ምእታዎም ንምግትኦም ዘኽእሉ ልምዳውያን ሕግታት (ሕግታት እንዳባ) ገይሩ ይነባበር። ግርጭታት ወይ ዘይምርድዳኣት ኣብ ዝኸሰቱሉ ድማ ኩሎም ዝረብሑሉ ፍታሓት የናዲ።

ህዝቢ ኤርትራ ንሸግራት ወይ ብድሆታት ብትዕግስቲ ምግጣም (resilience)፡ ዓቕምን ብልሕን ዘማዕበለ ህዝቢ ኢዩ። ኣብ እግዚኣብሄሩ ስለ ዝኣምን ድማ ትስፉውን ተጸማምን ዓቃልን ኢዩ። ህዝቢ ኤርትራ ናይ እሂን ምሂን ልምድን ተላዚብካ ኣብ ናይ ሓባር ስምምዕ (consensus) ናይ ምብጻሕ ባህልን እውን የዘውትር።

ቁጠባዊ ውህደት (economic integration) ሓደ ርእሱ ዝኸኣለ ካልእ ኣገዳሲ መሳርሒ ናይ ህንጸተ ሃገራውነት ኢዩ። ሃገራውነት ለፍሊፍካ ጥራይ ኣይመጽእን። ለይትን መዓልትን ክትስርሓሉ ድማ ይግባእ። ሃገራውነት ናብ ዝለዓለ ጥርዙ ዝብርኽ፡

ሃገር ብቁጠባ ኣዝያ ምስ እትምዕብል ኢዩ። እዚ ንምግባር፥ ምሁር ህዝቢ፡ ዝሰልጠነ ዓቕሚ ሰብ፡ ድልዱልን ዝተራቐቐን ትሓተ ቅርጺ (ናይ መጎዓዝያ መስመራት - ናይ መሬት ናይ ባሕሪ ናይ ኣየር - ምዕቡላት መራኸቢታት፡ ዝተራቐቑ ፋይናንስያውን ካልኦትን ኣገልግሎት ዝህቡ ትካላት፡ ወዘተ)፡ ምዉቕ ቁጠባውን ንግዳውን ዝምድናታት ምስ ከባቢኻ'ን ኣህጉራዊ ማሕበረሰብን፡ ወዘተ ክህልዉ ይግባእ። ከም'ዚ ዝመለለይኡ ቁጠባ፡ ዜጋታት ንክራኸቡ፣ ኣብ መንጎ ሓድሕዶም ንክዋሰኡ፡ ተመክሮታቶም ንክለዋወጡ፡ ብቁጠባ ተረባሕቲ ንክኾኑ ባይታ ይፈጥር። ከም'ዚ ዝኣመስለ ቁጠባ፡ ናይ ቁጠባ ጎብለላት፡ ሰብ ርእሰ ማል፡ ነጋዶ ፡ ሰብ ምህዞ ዜጋታት ይፈጥር። ርእሰ ማል ዶብ የብሉን ከም ዝበሃል፡ ንዜጋታት (መበቆሎም ብዘየገድስ) ብሓባር ንክሰርሑን ተጠቀምቲ ናይ ሞያኦምን ጻዕሮምን ንክኾኑን ድማ የኽእል።

ምዕቡል ስፖርታዊ ባህሊ ምትእትታውን ገንዘባዊ ይኹን ካልኦት መተባብዒታት (incentives) ምሃብን ናይ ስፖርት ጎብለላት ንክፍጠሩን ምስ ካልኦት ሃገራት ኣብ ዞባውን ዓለማውን መድረኻት ብምውሳእ ንሃገሮም ከስምዩን ይሕግዝ። እዚ ብግዴኡ ሃገራዊ ሓበን፡ መንነት፡ ናይ'ቲ ህዝቢ ኣካል ናይ ምኳን ስምዒት ኣብ ምዕባይን ኣበርኪቶ ይገብር።

ንስነ ጥበባውያን (ስኣልቲ፡ ቀረጽቲ፡ ደረስቲ፡ ገጠምቲ፡ ወዘተ) ዜጋታት ምውዳስን ኣኽብሮት ምሃብን ምሕብሓብን ብሉጻት ንዝኾኑ ድማ ኣስማቶምን ዝናኦምን ብሰፊሑ ኣፍልጦ ምሃብን፡ ሃገራውነት ንምብራኽ ጠቓሚ ኢዩ። እዚ እውን ክሕሰበሉ ኣለዎ።

ሃገራዊ ምኳን ምስ ሓጥያት ዝቖጸር ኣበሳ ኣይኮነን። ንሃገርካ ምፍታው፡ ንሃገርካ ምሕላይ፡ ንሃገርካ ምውፋይ፥ ንሃገርካ ምምናን (dedication)፡ ብሃገርካ ምዅራዕ፥ ብሃገርካ ምሕባን፥ ብሃገራካ ምስቁርቋር ነውሪ የብሉን። ብኣንጻሩ'ኳ ደኣ ዘኹርዕ ነገር ኢዩ። ሃገራውነት ረቂቕ ኣምር ኣይኮነን። ምስ'ዞም ኣብ ላዕሊ ዝተጠቕሱ ረቛሒታት ዝተኣሳሰረ ኢዩ።

ነዞም ኣቐዲሞም ዝተጠቕሱ ባህርያት ክሳዕ ዝሓዘን ብዋጋ ረብሓታት ካልኦት ሃገራትን ኣህዛብን ክሳብ ዘይተፈጸመን፡ ሃገራውነት ቅዱስ ኢዩ።

እቲ ብህግደፍ ዝሳሰ ሃገራውነት ምስ እንርኢ ግን ቁሩብ ፍልይን ሕልፍን ዝበለ ኢዩ። እቲ ብህግደፍ ዝጉስጎስ ሃገራውነት ሓደ ኣገዳሲ መለለዪ ባህርይ ኣለዎ። ካብ ሓደ መሰረታዊ ዝኾነ ሓደገኛ ምስምስ ድማ ይነቅል። ንምዝርዛሩ ዝኣክል፥

ኣብ ትሕቲ ስርዓት ህግደፍ፡ ኣብ መንጎ መንግስትን ህግደፍን ሃገርን ፍልልይ የሎን። ሕልፍ ኣብ ዝበሉ እዋናት ድማ ኣብ መንጎ መንግስትን ህግደፍን ሃገርን ኢሳይያስን ፍልልይ የለን። ህግደፍ ማለት መንግስቲ ማለት ኢዩ፡ መንግስቲ ማለት ሃገር ማለት

ኢዩ፡ ሃገር ማለት ህግደፍ ማለት ኢዩ። ህግደፍ ማለት ኢሳይያስ ማለት ኢዩ። ነዚ ስነ መጎትዝ እንተ ድኣ ተኸቲልና፡ ንህግደፍ ወይ ንመንግስቲ ኤርትራ ወይ እውን ንኢሳይያስ ዘይድግፍ ሰብ ሃገራዊ ኣይኮነን። ብተመሳሳሊ ስነ መጎት ድማ ኣብ መሳርዕ እቶም ጸላእቲ ሃገር ይስራዕ። ምስ ጸላእቲ ሃገር ክሳብ ዝተሰርዐ ድማ ወይጦ፡ ወያነ፡ ከዳዕ፡ ተምበርካኺ ወይ እውን ሲ.ኣይ.ኣይ. ተባሂሉ ይጥመቕ።

እቲ ካልኣይ መለለዪ ባህሪኡ ብቐንዱ ኣብ ውሽጣውን ግዳማውን ስግኣታት ሃገር ዘተኩር ምስምስ ኢዩ። ዝተጋነነ ስግኣት። ስግኣት ንህላወ ኤርትራ። ብኣበሃህላ ህግደፍ፡ ሃገር ኩሉ ግዜ (ፍጥር ካብ እትብል ጀሚሩ) ኣብ ትሕቲ ስግኣት ናይ ወራርን ወተሃደራዊ ምትእትታውን ኣራግጽን ኢያ እትርከብ። ናይታ ሃገር ጀግራፊያዊ ኣቀማምጣ፡ ተደላይትን ንወራር ዝተቓልዐትን ይገብራ። ብዙሓት ሓያላት ሃገራት ይብህጉዋ። ኣዝዩ ክቡር መስዋእቲ ዝተኸፍለላ ስለ ዝኾነት ድማ ከም ብሌን ዓይንና ክንሕልዋ ይግብኣና። ስለ'ዚ ኣብ ጽልኢ ዝተመርኮሰ ሃገራውንት ክህነጽ ኣለዎ። ጸላእቲ ምስ ዝውሕዱ እውን ካልኦት ክናደዩ ወይ ሃሰው ክበሃሉ ኣለዎም። እቲ ናይ ፕሮፓጋንዳ ዘመተ እምበኣር፡ ነዞም ዝስዕቡ ናይ ጽልኢ ኣጀንዳታት ኮነ ኢሉ ይተሓሓዞ፥

- ጽልኢ ኣብ ልዕሊ ጎረባብቲ ሃገራት - ኢትዮጵያ፡ ሱዳን፡ ጂቡቲ፡ የመን (ኣብ ሓደ እዋን እውን ቀጠር)
- ጽልኢ ኣብ ልዕሊ ወያነ
- ጽልኢ ኣብ ልዕሊ ኣመሪካ ወይ ሲ.ኣይ.ኣይ.
- ጽልኢ ኣብ ልዕሊ ሞሳድ
- ጽልኢ ኣብ ልዕሊ ምዕራባውያን ሃገራት
- ጽልኢ ኣብ ልዕሊ ተቓወምቲ ውድባትን ጉጅለታትን ውልቀ ሰባትን
- ጽልኢ ኣብ ልዕሊ ፍትሓውያን ፖለቲካዊ ጠለባት ሒዞም ንዝተላዕሉ ብጉጅለ 15ን ኣብ ናዕቢ ፎርቶ ዝተሳተፉ ኣባላት ህዝባዊ ግንባር ነበር
- ጽልኢ ኣብ ልዕሊ ኣብያተ እምነት
- ጽልኢ ኣብ ልዕሊ ኩሎም ካብ ናይ መንግስትን ግንባርን ፍልይ ዝበለ ኣረኣእያ ዘሎዎም ዜጋታት
- ጽልኢ ኣብ ልዕሊ ኩሎም ንመንግስቲ ዝጻረሩ ማሕበራዊ መራኸቢ ብዙሓን
- ጽልኢ ኣብ ልዕሊ ልምድታት ህዝቢ
- ጽልኢ ኣብ ልዕሊ ትካልን ትካላዊ ኣሰራርሓ ወይ ውዳበ

ዝርዝር ውሽጣውያን ጸላእቲ ናይ'ቲ ስርዓት ነዊሕ ኢዩ። ከም በዓል ተጋድሎ ሓርነት ኤርትራ፡ ጉጅለ 15፡ መራሕትን ሰዓብትን ናዕቢ ፎርቶ፡ ብርጌድ ንሓመዱ (ሰማያዊ ማዕበል)፡ ፈልሲ፡ ብሩህ መጻኢ፡ ምንቅስቓ ይኣክል፡ ኣሰና፣ ኤሪሳት፡ ኤሪፒም፡ ደሃይ ኤርትራ፡ ጉጅለ 13ን ካልኦት ተቓወምቲ ውልቀ ሰባትን (ብርሃነ ኣብርሀ፡ ቢትወደድ ኣብርሃ፡ ሓጅ ሙሳ፡ ኣቡ ዓረ፡ ዓብዱ ሀጂ፡ መሓመድ ዓሊ ዕመሩ፡ ወዘተ) ድማ ዘጠቓለለ ኢዩ። ብዛዕባ እዞም ተቓወምቲ ብዙሕ ተጻሒፉን ተዘሪቡን ኢዩ። ጉጅለ 15 ደሓር ከኣ እቲ ብስም ናይ ፎርቶ ናዕቢ ዝፍለጥ ምንቅስቓስ መጀመርታ ኣስማቶምን ዝናኦምን ጸሊም ቀለም ከም ዝቕባእ ምግባር፡ ደሓር ከኣ ኣብ ኣብያተ ማእሰርቲ ዒራ ዒሮን ካልኦት መዳጎኒ ማእከላትን ከምህምኑ ምግዳፎም፡ ቅዳሕ ናይ'ቲ ጨካን ሳሕላዊ ሜላታት ኢዩ።

ኣባላት ጉጅለ 15፡ "ከዳዓት"፡ "ተሓባበርቲ ወያነ"፡ "ተንበርከኽቲ" "መሳርሒታት ሲ.ኣይ.ኣይ" ወዘተ ተባሂሎም። ናይ ጥሪ 2103 ዓ.ም. ኣባላት ናዕቢ ፎርቶ "እስላማውያን" ዝብል ስያመ ተዋሂቡዎም።

ካልኦት ህግደፍ ሃገራውነት ንምህናጽ ዝጥቀመሎም ሜላታት እውን ኣለዉ። ገለ ገለ ካብኣቶም ንምጥቃስ፥

ህግደፍ; ሃገራውነት ንምስራጽ ካብ ዝጥቀመሉ ሜላታት ሓደ ምኽባር ዓመታዊ በዓላትን ምድላው ፈንጠዝያ ዝተሓወሶ ፈስቲቫላትን ኢዩ። ዓውደ ኣዋርሕ ኤርትራ ብዓመታዊ በዓላት፡ ብፍላይ ድማ ብመዓልቲ ናጽነት፡ ፈንቅል፡ መዓልቲ ደቀንስትዮ፡ መዓልቲ ሸቃሎ፡ መዓልቲ ሰማእታት፡ ከምኡ እውን ንፈላሚ ዕጥቃዊ ቃልሲ ዝዝክር ባሕቲ መስከረም፡ ወዘተ የጠቓልል። ካብ ሓምለ ክሳብ መስከረም ዘሎ ግዜ፡ ነቶም ኣብ ውሽጢ ሃገር ይኹን ኣብ ወጻኢ ብዘለዉ ኤርትራውያን፡ ኣብ መላእ ዓለም ዝኽበሩ ሃገራውያን ፈስቲቫላት ይውፈ። መወዳእታ ዘይብሉ ኩዳታትን ዳንኬራን ድማ ይግበር። ሓደ ዘተኣማምን ምንጪ ናይ ሓበሬታ ዘለዎ መሳርሕተይ ዝነበረ ሰብ (ስሙ ብጸጥታዊ ምኽንያት ክጠቕሶ ዘይደሊ) ነዚ ኣመልኪቱ ከም'ዚ ዝስዕብ ይብል፥

> ምድላዋት ናይ'ቶም ኣብ ቀጽሪ ኤክስፖ ዝካየዱ ዓመታዊ በዓላት ዳርጋ ዓመት መመላእታ ኢዩ ዝወስድ። እተን ምምሕዳራዊ ዞባታት ነቲ ዝካየድ ዘሎ በዓል ምስ ዛዘማ ብቕጽበት ንዝመጽእ ዓመት ምድላዋት ከጅምራ ኣለወን። እዚ ድማ ቀጻሊ ዑደት በዓላት ብምፍጣር ንኣቓልቦ ህዝቢ ካብ'ቲ ተኣፋፊ ጉዳያት ንምእላይ ዝዓለመ ኢዩ። እቶም ኣብ'ቲ በዓላት ዝሳተፉ ደቂ ሃገር (ተዋሳእትን ኣለይቶምን) ኣዝዩ ኢዩ ዝስልችዎም። ብዛዕባ'ቲ ኣብ ምድላው በዓላት ዝባኽን ግዜኦም ድማ ብዙሕ ኢዮም ዘዕዘምዝሙ።

ውሽጣዊ ካርታ ኤርትራ ዳግም ብምስኣልን ኣብ ዞባታት ብምምቓልን ሃገራውነት ንምስፋን ዝተገብረ ፈተነ ከም ዘሎ እውን ክንርስዕ ኣይግባእን።

ኣብ'ዚ ግዜ'ዚ፡ ህግደፍ ብእሙናት ሰዓብቱ ኣቢሉ ናይ ከባቢና ህዝብታት (ብፍላይ ድማ ኣብ ደቡብ ዝርከብ ህዝቢ) ዝንየተሉ ታሪኽ ከም ዘይብሉ ዘስምዕ ትረኻታት ከቃልሖ እንከለዉ ክትሰምዕ እንከሎኻ እቲ ብህግደፍ ዝፍኖ ዘመተታት ክሳዕ ክንደይ ኣዝዩ ጸቢብን ሓደገኛን እናኾነ ይመጽእ ከም ዘሎ ትዕዘብ።

ኣብ መጠረሽታ ከይተጠቕሰ ክሕለፍ ዘይግብኦ ድማ እቲ ብህግደፍ ዝሰበኽ ሃገራውነት፡ ኣብ ዙርያ ህግደፍ ዝዘውርን (revolve ዝገብር) ንህግደፍ ከም ማእከል ስሕበት ገይሩ ዝጉስጉስን ምዃኑ ኢዩ። ህግደፍ ንሃገራውንት ከም ናይ ብሕቱ ዋንነት ገይሩ ይርኢ። ሃገር ንምምጻእ ኣብ ዝተገብረ ቃልስን ዝተረኽቡ ዓወታትን ኩሎም ብህግደፍ ኢዮም ዝውንኑ ይብል። ዝኾነ ይኹን ካልእ ሓይሊ ይግብኣኒ ኢዩ ክብል ድማ መሰል የብሉን። ነዚ ስነ መጎት'ዚ ክንክተል እንተ ኼንና፡ ኣብ ኤርትራ ብዘይካ ህግደፍ ካልእ ንኤርትራ ከመሓድር ዝኽእል ፖለቲካዊ ውድብ የለን ማለት ኢዩ። እዚ ብዓንደ ርእሱ ምስ ግበታ ስልጣን ዝተኣሳሰር ኢዩ።

ብኣጻር'ዚ መጎተ'ዚ፡ ቀንዲ ጸገም ህዝብናን ሃገርናን ሃገራውነት ኢዩ ዝብሉ ዜጋታት እውን ኣይሰኣኑን ኢዮም። እዚኣቶም ብኣንጻርቲ ህግደፍ ዝጉስጉሶ ሃገራውነት፡ ንሃገራውንት ከም ንሓደ ሕብረተሰብ ንምምራዝ እትጥቀመሉ መርዚ ወይ ሓሸሽ ገይሮም ይርእዩዎ። እዚ ኣተሓሳስባ'ዚ፡ ንሃገራውንት ዘይትርጉሙ ካብ ምሃብ፣ ኣብ ኤርትራ ሃገራውነት ከመይ ጌሩ ከም ዝማዕበለ ካብ ዘይምርዳእን ዝነቕለ ኮይኑ ይስምዓኒ። ክልቴኦም ድማ ሓደገኛታት ዝንባሌታት ኢዮም።

ምዕራፍ 8

ኣብ ዝሓለፉ ሰማንያ ዓመታት ኣብ ውሽጢ ናይ ዓሰርተ ዓመታት ግዜ ገደብ እንታይ ርኢና?

ኣብ ናይ ኤርትራ ፖለቲካዊ ታሪኽ፡ ኣብ ነፍስ ወከፍ ዓሰርተ ዓመታት ሓድሽ ምዕባለ ይኽሰት'ሞ ቅርጽን ትሕዝቶን ናይ'ቶም ዝስዕቡ ዓሰርተ ዓመታት ድማ ብኣኡ ከምእዘን ጸኒሑ ኢዩ። ብናተይ ርእይቶ፡ ፖለቲካዊ ለውጢ (መብዛሕትኡ ግዜ) ብናይ ውሽጢ ናይ ለውጢ ሓይልትታ (internal dynamic) ዝዝወርን ዝምእዘንን ኮይኑ፡ ኣብቶም ዝኽሰቱ ለውጥታት ግን ግዳማውያን ረቛሒታት እውን ኣስተዋጽኦ ከህልዎም ይኽእል ኢዩ። ኣሰላልፉ ሓይልታት እውን ከምኡ። ፖለቲካ ወይ ኣሰላልፉ ሓይልታት ርጉእ መሲሉ ዝርአ ኣብ እዋን ፖለቲካዊ ሕጽኖት ጥራይ ኢዩ። ኣብ ሓደ እዋን ዝቕልቀል ኣሰላልፉ ሓይልታት፡ ምስ ኣብ ሓደ እዋን ዝኽሰቱ ሓባራዊ ረብሓታት ዝተኣሳሰር ኢዩ። ረብሓታት ግን ቀወምቲ ኣይኮኑን፣ ረብሓታት ምስ ዝቕየሩ፡ እቲ ኣሰላልፉ ሓይልታት እውን ዘገም እናበለ ይቕየር። እዚ ድማ ብግዴኡ ናይ ኣሰላልፉ ሓይልታት ዳግማይ ምስርራዕ (reconfiguration) የኸትል። እዚ፡ ሕጊ ማሕበራዊ ስነ ፍልጠት ኢዩ። ሓደ ሓደ ግዜ እዚ ማሕበራዊ ለውጢ'ዚ ካብ ዓቐናዊ ናብ ዓይነታዊ ለውጢ ምስግጋር ተባሂሉ እውን ይጥቀስ ኢዩ። እቶም ኣብ ዝሓለፉ ሰማንያ ዓመታት ኣብ ኤርትራ ዝተጋህዱ ፖለቲካዊ ፍጻመታት (milestones) ነዚ ኣብ ላዕሊ ዝተጠቕሰ ጽንስተ ሓሳብ ዘንጸባርቑ ኢዮም። በዞም ዝስዕቡ ምኽንያታት፥

ካብ ኣርብዓታት ጀሚሩ፡ ኣብ ፖለቲካዊ መድረኽ ኤርትራ ነፍስ ወከፍ ዓሰርተ ዓመታት ናይ ገዛእ ርእሱ ብርቂ ተርእዮ ከለንግድ ጸኒሑ ኢዩ። እዚ'ኣቶም እዞም ዝስዕቡ ኢዮም፥

ቀዳማይ፥ ብሪጣንያዊ ወትሃደራዊ ምምሕዳር ኣብ ውሽጢ ዓሰርተ ዓመት ኣኺቲሙ ንፈደራላዊ ስርርዕ ኤርትራ ምስ ኢትዮጵያ መገዲ ጸሪጉ። እዚ፡ በቲ ኣብ'ቲ እዋን'ቲ ዝተኸስተ ሓድሽ ፖለቲካዊ ሃዋህው ዝግለጽ ኮይኑ፡ ቀንዲ መለለዪ ባህሪኡ ድማ ህዝቢ ኤርትራ ቅድሚኡ ርእይዎ ዘይፈልጥ ንመሰል ናይ ሓሳብካ ምግላጽ ዕድላት ምቅላዑ ኢዩ። ኣብ'ዚ እዋን'ዚ ዝተፈላለዩ ረብሓታትን ዕላማን ዘቖድማን ዘጕሳጕሳን ፖለቲካውያን ሰልፍታት ተቐልቂለን፡ መራኸቢ ብዙሓን ናይ'ዘን ሰልፍታት ሓሳባተን ዝገልጻሉ መድረኻት ኮይነን። ናይ ግዳም ሓይልታት እንተላይ ስርዓት ሃይለስላሰ ንረብሓታቶም ብዝጥዕም መገዲ ዲፕሎማስያዊ ስርሓት ከካይዱ ጀሚሮም። እቲ ዕግርግር ዝመልአ እዋን ድማ፡ ኣብ ዝሓለፈ ምዕራፍ ብሰፊሑ ከም እተገልጸ፡ ሓድሽ ፖለቲካዊ ተርእዮ ፈጢሩ። እዚ ዓሰርተ ዓመታት ወሲዱ።

ካልኣይ፥ ብተመሳሳሊ መገዲ፡ ኣብቶም ዝሰዓቡ ዓሰርተ ዓመታት፡ ናብ ዕጥቃዊ ቃልሲ ዘሰጋገረ ፈኸም እናበለ ዝማዕበለ ፖለቲካዊ ክስተት ተራእዩ። በቲ ሓደ ወገን ስርዓት ኢትዮጵያ ዝገሃሶም ፈደራላዊ መትከላትን ቅጥዕታትን፡ በቲ ካልእ ድማ እዚ ኩነታት'ዚ ኣብ ልዕሊ ዓቢ ክፋል ህዝቢ ኤርትራ ዘበገሶ ስክፍታን ነድርን ተቓውሞን። እዚ፡ ካብ ብምስጢር ምውድዳብ ናብ ግሁድ፡ ካብ ሰላማዊ ተቓውሞ ናብ ዕጥቃዊ ቃልሲ ዝተሰጋገረ ተርእዮ ኮይኑ ክግለጽ ይኽእል። እዚ እውን ዓሰርተ ዓመታት ወሲዱ።

ሳልሳይ፥ ምውላድ ህዝባዊ ሓይልታት ሓርነት ኤርትራ፡ ዓሰርተ ዓመታት ድሕሪ ምምስራት ተጋድሎ ሓርነት ኤርትራ ዝተጋህደ ኮይኑ፡ ድሕሪ ሓደ ኣዝዩ ዝተሓላለኸ ፖለቲካዊ መስርሕ ዝመጸ ተርእዮ ኢዩ። እዞም እንጠቕሶም ዘለና ዓሰርተ ዓመታት፡ ብርኡይ መሪሕነታዊ ሃጓፋት፡ ዘይተነጸሩ ዕላማታትን ኣገባባት (strategy) ቃልስን፡ ብጉድለት ፖለቲካዊ ንቕሓት፡ ኣብ መንጎ ናይ ምእራም ምንቅስቓስን ናይ ስታተስ ኩዎ (ከም'ቲ ዘሎ ይቐጽል ዚብል) ተጣበቕትን ዝግለጽ ምስሕሓብ፡ ዝግለጹ ኮይኖም፡ ነጸብራቕ ናይ ሕብረተሰብ ኤርትራ ማሕበረ ቁጠባዊ ኣቀዋውማ ድማ ኢዮም። እዚ እውን ኣስታት ዓሰርተ ዓመታት ኢዩ ውሲዱ።

ራብዓይ፥ ድሕሪ ዝተናውሐ ፖለቲካዊ ወጥርን ኲናት ሓድሕድን፡ ተጋድሎ ሓርነት ኤርትራ፡ ብውሽጣዊ ፖለቲካዊ ዳይናሚክን ህዝባዊ ግንባር ኣብ ልዕሊኣ ብዝገበሮ ግዳማዊ ወተሃደራዊ ጸቕጥን፡ ካብ ኤርትራ ንክትወጽእ ዓሰርተ ዓመት ወሲዱላ። ኣብዘን ዝተጠቕሳ ዓሰርተ ዓመታት፥ ህዝባዊ ሓይልታት ሓርነት ኤርትራ (ደሓር ህዝባዊ ግንባር)

ኣብ ሜዳ ኤርትራ ከም ፖለቲካውን ወተሃደራውን ሓይሊ ጎብለል ኮይኑ ንክወጽእ ዘኽኣሎ ኩነታት ተፈጢሮም። እዚ ብግዴኡ፡ ኣብ ሜዳ ኤርትራ ሓደ ሓድሽ ፖለቲካዊ ምዕባለ ኣኸቲሉን ንዝስዕቡ ዓሰርተ ዓመታት ድማ ጽልዋኡን ስምብራቱን ገዲፉን።

ሓምሻይ፥ ድሕሪ ምፍራስ ተጋድሎ ሓርነት ኤርትራ (ከም ፖለቲካዊ ውድብ) ኣብ ሜዳ ኤርትራ፡ ኤርትራ ሓራ ንክትወጽእ ዓሰርተ ዓመት ወሲዱላ። ናይ'ዚ እዋን'ዚ ቀንዲ መለለዪ ባህርያት ነዞም ዝስዕቡ የጠቓልል፥

- ዘገምታዊ ምቅይያር ሚዛን ሓይሊ
- ምድኻም ስርዓት ደርግን ምሕያል ሰውራ ኤርትራን
- ምሕያል ናይ'ቶም ኣብ ውሽጢ ኢትዮጵያ ዝነጥፉ ዝነበሩ ተቓወምቲ ውድባት
- ኣብ ግሎባዊ መድረኽ ዝተኸሰተ ምልውዋጥ ሚዛን ሓይሊ (ምፍራስ ሕብረት ሶቭየት ዝመለለይኡ)፡ ወዘተ።

ሻድሻይ፥ ካልእ ኣገዳሲ ፖለቲካዊ ምዕራፍ፡ እቲ ድሕሪ ናጽነት ንዓሰርተ ዓመታት ዝቐጸለ ፖለቲካዊ ሕጽኖትን ፍስሓን ሰዒቡ ኣብ መወዳእታ ተሰዓታት ንምምጻእ ጉጅለ 15 ዘምረሐ ፖለቲካዊ ምንቅስቓስ ኢዩ። እዚ ናይ ላዕለዎት ፖለቲከኛታት ምንቅስቓስ'ዚ ነቲ ናይ'ቲ ስርዓት መሰረታት ኣናዊጹዎ። ስርዓት ህግደፍ፡ ነቲ ምንቅስቓስ ንምዕፋን ተሪር ስጉምትታት ወሲዱ። ናይ'ቶም ተቓወምቲ እንኮ ሓጢኣት፡ ነቲ ዝጸደቐ ቅዋም ከትግበር ምሕታቶም ጥራይ ኢዩ ነይሩ። እዚ ኣብ ከባቢ 2001 ዓ.ም. ዝተኸሰተ ተርእዮ ኢዩ ነይሩ። እንደገና፡ ነዚ ዝብሎ ዘሎኹ ጽንሰተ ሓሳብ ዝድርዕ እቲ ናይ ድሕረ ናጽነት ፖለቲዊ ሕጽኖት ዓሰርተ ዓመታ ምውሳዱ ኢዩ። ነዚ ለውጢ'ዚ ዝደረኹ ረቛሒታት እዞም ዝስዕቡ ኢዮም፥

- ህግደፍ፡ ሓድሽ ደም ብዝብል ምስምስ፡ ነቶም ኣብ'ቲ ሰውራ ሓያለይ ኣበርክቶ ዝገበሩ ውልቀ ሰባት ምግላል
- ምብሓት ህግደፍ ኣብ ናይታ ሃገር ፖለቲካውን ቁጠባውን ህይወት
- ምምእካል ስልጣን ኣብ ኢድ ሓደ ሰብን ምድልዳል ምልክን፡
- ረጽሚ ምስ ጎረባብቲ ሃገራት
- ምውጋን ቅዋም ወይ ከኣ ምድንጓይ ትግባረ ቅዋም፡ ወዘተ

ሻብዓይ፥ ኣብ 2013 ዓ.ም. ብናይ'ቲ መንግስቲ ላዕለዎት ሰበ ስልጣን (ካብ ሲቪላዊ ኣገልግሎት፡ ሰራዊትን ህግደፍን ዝተዋጽኡ) ብናዕቢ ፎርቶ ዝፍለጥ ነቲ መንግስቲ ንምውዳቕ ዝተገብረ ፈተነ እንደገና ዳርጋ ዓሰርተ ዓመት ድሕሪ'ቲ ናይ 2001 ዓ.ም. ፈተነ ኢዩ ተፈጺሙ። እቲ ጠለብ ምስ ናይ ጉጅለ 15 ዝመሳሰል ኢዩ ነይሩ። እዚ ድማ ቅዋማዊ መንግስቲ ንምምስራት ዝቐንዐ ኢዩ ነይሩ። እቲ ዘሕዝን ግን፡ እዞም ክልተ ግዙፋት ናይ ለውጢ ምንቅስቓሳት ኣብ ዝኾነ መዓልቦ ከይበጽሑ ምፍሻሎም ኢዩ።

ሻምናይ፥ ከም ብሓድሽ፡ ድሕሪ ዓሰርተ ዓመት፡ ኣብ ዝምድና ስርዓት ኢሳይያስን፡ ቀዳማይ ሚኒስተር ኢትዮጵያ ኣብይን (ድሕሪ ናይ ውሑዳት ዓመታት ፖለቲካዊ ሕጽኖት) ዓቢ ለውጢ ዘምጽአ ሓድሽ ምዕባለ ተቐልቂሉ። ቀዳማይ ሚኒስተር ኣብይ፡ ንቀይሕ ባሕሪ ኣመልኪቱ ዝሃቦ መግለጺ፡ ኣብ ልዕሊ ኤርትራ ናይ ኲናት መንፈስ ኣለዓዒሉ ኣሎ። እዚ ናይ'ዚ ሕጂ ምዕባለታት ኣብ'ዚ ጥራይ ዝሕጸር ኣይኮነን።

እቲ ብብርጌድ ንሓመዱ (ወይ እውን ሰማያዊ ማዕበል) ዝፍለጥ ዓለማዊ ዝርጋሐ ዘለዎ ናይ መንእሰያት ምንቅስቓስ፡ ኣብ ኤርትራ ለውጥን ምምስራት ቅዋማዊት ኤርትራን ይጠልብ ኣሎ። እዚ ምንቅስቓስ 'ዚ ካብ መዓልቲ ናብ መዓልቲ እናዓበየ ይመጽእ ኣሎ።

ኣብ ኣስመራ ዘሎ ስርዓት፡ ስልጣኑ ንምድልዳል፡ ምስ ሩስያን ቻይናን ብምውጋኑ ካብ ምዕራብ ዓለም እናተነጸለ ይመጽእ ኣሎ። ቅድሚ ሕጂ፡ ምዕራባውያን ነቲ ስርዓት በቲ ናይ ድረታ (containment) ፖሊሲ.ታቶም ተዓጊሶምዎ ኢዮም፣ ሕጂ ግን ከምኡ ኢሎም ዝቕጽሉ ኣይመስሉን።

ሰራዊት ኤርትራ ኣብ ውሽጣዊ ጉዳያት ኢትዮጵያ ድሕሪ ምእታዉ፡ ኤርትራውያን ወለዲ ብዛዕባ ድሃይ ደቆም ገና ሓበሬታ ኣይተዋህቦምን። መንግስቲ ኤርትራ፡ ሓድነት ኢትዮጵያ ንምዕቃብ ወይ ንኢትዮጵያ ካብ ምብትታን ንምድሓን ዝዓለመ ኢዩ ብምባል ንህዝቡ ከእምኖም'ኳ እንተ ፈተነ፡ ቅኑዕነቱ ኣብ ምልክት ሕቶ የእትዉዎ ኣለዉ። እቲ ፕረሲደንት ኣብ ሃዋሳ ኢትዮጵያ ኮይኑ ብዝሃቦ መግለጺ፡ ህዝቢ ኤርትራ ኣብ ልዕሊኡ ዘለዎ ስክፍታ ክገልጽ ጸኒሑ ኣሎ። ኣብ'ዚ ኣጋጣሚ'ዚ ንሱ ንቀዳማይ ሚኒስተር ኣብይ ኣብ ኩሉ መዳያት ክተሓጋገዝ ብማለት መሪሕነት ክወሃቦን ወኪል ክልቴኣን ሃገራት ክኸውንን ተማሕጺኑዎ ("ንስኻ ኢኻ ትመርሓና" "ንስኻ ኢኻ ወኪልና")፡ ከምኡ እውን እቲ ቀዳማይ ሚኒስተር ኣብይ፡ ንዓሰብ ከም ድላዩ ክጥቀመሉ ፍቓድ ከም እተቐበለ ገይሩ ክገልጽ እንከሎ ኢሳይያስ ስቕ ኢሉ ሰሚዑዎ። እዚ ድማ ኣብ'ቲ ሰራዊትን ሲቪላውን ኣመራርሓ ሕርቃን ከም ዘለዓዓለ ብግልጺ ተራእዩ ኢዩ።

ኣብ 2023 ዓ.ም. ቀዳማይ ሚኒስተር ኣብይ፡ ነቲ ብብርጋዴር ጀነራል ኣብርሃ ካሳ ዝምራሕ ጉጅለ ላዕለዎት ወተሃደራዊ መኮንናት ኣብ ቤት ጽሕፈቱ ከመይ ከም ዝተቐበሎም ንርአ። እዚ ኣኼባ'ዚ፡ ድሕሪ'ቲ ናይ'ቶም ላዕለዎት መኮንናት ኣብ ዝተፈላለየ ከባቢታት ኢትዮጵያ ንሰሙናት ዝቐጸለ ዑደትን ሒደት ኣዋርሕ ድሕሪ ሰላም ፕሪቶርያ ምፍራሙ ኢዩ ተኻዪዱ። ኣብ'ቲ ኣኼባ፡ እሙናት ምንጭታት ከም ዝገለጹዎ፡ ቀዳማይ ሚኒስተር ኣብይ ሰለስተ ወሰንቲ ነጥብታት ኣልዒሉ ነይሩ። ብመጀመርታ፡ መብዛሕትኦም ናይ'ቲ ልኡኽ ኣባላት ዕድሚኦም ኣብ መጀመርታ ወይ መፋርቕ ሰብዓታት ከም ዝነበረ ምስ ተዓዘበ፡ ብዛዕባ መደባት ጡረታኦም ብዋዛ ሓቲቱ። እዚ ክብል እንከሎ ነቲ ካብ ኩሎም ብዕድመ ዝደፍአ መጀር ጀነራል ሮማዳን ኣውልያይ ኣተኩሩ ይጥምቶ ነይሩ። ካልኣይ፡ መንግስቲ ፈደራል ንወደብ ዓሰብ ምጥቃም መዓስ ከም ዝጅምር ንምፍላጥ ሓበሬታ ሓቲቱ። ሳልሳይ፡ ብዛዕባ ዋሕዚ ኣሽሓት መንእሰያት ኤርትራውያን ናብ ኢትዮጵያ ደው ከም ዝብል ንምግባር እቲ ልኡኽ ዝሓዞ መደባት እንተሎ ንምፍላጥ ሕቶ ኣቕሪቡ። ቀዳማይ ሚኒስተር ኣብይ ካብ ሓላፊ እቲ ልኡኽ ይኹን ካብ ካልኦት ኣባላት ናይ'ቲ ልኡኽ ጭቡጥ መልሲ ይጽበ ከም ዘይነበረ ርዱእ ኢዩ ነይሩ።

ካልእ ዝረአ ምዕባለ፡ ኤርትራዊ ዲያስፖራ ንሰማያዊ ማዕበል ብምሕቛፍ ቅድሚ ሕጂ ተራእዩ ብዘይፈልጥ መገዲ ይጥርነፍ ምህላዉ ኢዩ። ብናተይ ኣረኣእያ፡ እቲ ንለውጢ ስርዓት ዝዓለመ ጻውዒት፡ ሎሚ ካብ ዝኾነ እዋን ንላዕሊ ብዓቢ ድምጽን ብዝለዓለ ብስለትን የድሂ ኣሎ።

ብሰንኪ ድሕነት ስሙ ክገልጽ ዘይከኣልኩ ምንጪ ከም ዝሕብሮ፡ እቲ ውሽጣዊ ዓንኬል ፕረሲደንት ካብ ዝኾነ እዋን ንላዕሊ ተነጺሉ ይርከብ። እዚ ድማ ድሕሪ'ቲ እናገደደ ዝኸይድ ዘሎ፡ ስልጣን ኣብ ሓደ ውልቀ ሰብ ናይ ምምእካል ምዕባለ ኢዩ። ኣብ'ዚ ቀረባ ግዜ ዝተራእየ ማእሰርቲ ናይ ገለ ላዕለዎት ሓለፍቲ ናይ'ቲ ሰራዊት (ምክትል ኣዛዚ ሓይሊ ባሕሪ - ኮሎነል መልኣከን - ወዲ ፊተውራሪ - መሳርሕቱን) ብቀሊሉ ዘይርአ ጉዳይ ምዃኑ ክዝከር የግባእ። ምዕባሌታቱ ቀስ ኢልካ ምክትታትል ከም ዘድሊ እውን ፍሉጥ ነገር ኢዩ።

ኣብ'ዚ ቀረባ እዋን፡ ኣብ ዝተፈላለዩ ዞባዊ መድረኻት (ከም ኣብ ቻይና፡ ሩስያ፡ ደቡብ ኣፍሪቃ፡ ኬንያን ስዑዲ ዓረብን ብፕረሲደንት ኢሳይያስ ዝቐረቡ መደረታት) ናይ'ቲ ፕረሲደንት ዘይርጉእ ኩነተ ኣእምሮ ብዘየወላውል መገዲ ይሕብሩ። ኣብ'ዚ ቀረባ ግዜ፡ እቲ ፕረሲደንት ናይ ምዝካር ክእለቱ ወይ ዓቕሙ እንማህመነ ይኸይድ ከም ዘሎ ሓደ ሓደ ዘተኣማምኑ ምንጭታት ናይ ሓበሬታ የመላኽቱ። ምናልባት ደኣ ረሲዕካዮ ከይትኸውን ንዝብልዎ ሰባት ድም ከም ዘንጸርጽረሎም ብተወሳኺ ይሕብሩ። ንዜጋታቱ

መባእታዊ ናይ መነባብሮ ኩነታት ከመቻችእ ዘይከኣለ መራሒ፡ ብዛዕባ ዓበይቲ ዓለማዊ ስትራተጂታት ክትንትን ክፍትን እንከሎ ክትዕዘብ ከልኻ ኣዝዩ ዘገርም ኢዩ።

ምንጭታተይ ከም ዝሕብሩ፡ ድሕሪ'ቲ እቲ ፕረሲደንት ኣብ ቻይና ወግዓዊ ምብጻሕ ፈጺሙ ምምጽኡን ንመንግስቲ ቻይና ዝገበሮ መብጽዓታትን፡ ነዊሕ ከይጸንሐ ሓደ ግዙፍ ናይ ቻይና ልኡኽ ናብ ኣስመራ ከም ዝተራእየ ኢዩ ዝፍለጥ። እቲ ዘገርም፡ እቲ ቻይናዊ ልኡኽ ምስ ዝተፈላለዩ ሚኒስትሪታት ድሕሪ ምርኻብ እቶም ሚኒስትሪታት ብዛዕባ እቲ ኣብ ቻይና ኣብ መንጎ ክልቴኦም መንግስታት ዝተገብረ ውዕል ዝኾነ ይኹን ኣፍልጦ ከም ዘይብሎም ኢዮም ነቶም ናይ ቻይና መሳቱኦም ዝገለጹሎም። ኣብ መጨረሽታ ድማ እቲ ልኡኽ ባዶ ኢዱ ኢዩ ንቻይና ዝተመልሰ። እዚ፡ ልሙድ ኣሰራርሓ ናይ'ቲ ስርዓት ኢዩ።

እቲ ካልእ ዘገርም ነገር፡ ፕረሲደንት ኢሳይያስ ኣፍወርቂ ኣብ ልዕሊ ቻይናውያንን ጃፓናውያንን ዘለዎ ንዕቀት እዩ፡፡ "ጽንብላሊዕ ነፍሳ ከይከደንት ምድሪ ከደነት" ከም ዝበሃል ፕረዚደንት ኢሳያስ ነዛ ውሑድ ህዝቢ ዘለዋ ሃገር ገና ጽሩይ ማይ ከም እትሰቲ ዘይገበረ ክነሱ፡ ነዞም ኣብ ጸጽባሕ ዝለዓለ ምህዞ እናመሃዙ ንዓለም ዝመርሑ ዘለዉ ሓይልታት ከነኣእስ እዩ ዝስማዕ፡፡ "ሓንጎል ዘለዎም ድዩ ዝመስለኩም" ክብል ዝሰምዕዎ ሰባት ተገሪሞም እዮም። እዚ ኣብ ሓደ ኣጋጣሚ (በዓል ሃገራዊ ማህበር ደቂ ኣንስትዮ ኤርትራውያን) ባዕሉ ፕረሲደንት ኢሳይያስ ክብሎ እዩ ተሰሚዑ። ካብ ካልእ ክፍለ ዓለም ዝመጹ ኣጋይሽ ክረክብ'ዩ ዝጽበ ዝነበረ፡፡ ምስ መሳርሕቱ ኮፍ ኢሉ እናዕለለ ድማ፡ የማነ ገብረመስቀል (ቻርሊ) ናብ'ቲ ፕረሲደንት ቀሪቡ፡ ቻይናውያን ልኡኻት ይጽበይዎ ከም ዘለዉ ሓበሮ። ኩሉም ኣብኡ ዝነበሩ ሰበ ስልጣን እናሰምዕዎ ድማ፡ ፕረዚደንት ኢሳይያስ "ዘይትገድፈና ኢኻ፡ ቻይና ጃፓን ትብለና። ኣየኖት ሰብ ቁምነገር ኮይኖም ኢዮም። ሓንጎል የብሎምን።" ምስ በሎ ኣብ ገጽ የማነ ዝተራእየ ናይ ሕፍረት መንፈስ ብማዕዶ እዩ ዝንበብ ነይሩ፡፡ እቲ ነዚ ዕላል ዘዕለለኒ በዓል ስልጣን ኣብ ዕላሉ፡ "ከይተረደኣኒ ክልተ ኣእዳወይ ኣብ ርእሰይ እየ ሰቒለየን፡" ክብል ነቲ ሕንከት ይገልጾ፡፡ ብዝኾነ 'ኪድ ኣይትበሎ ከም ዝኸይድ ግበሮ' ዝዓይነቱ፡ እቶም ብስራሕ ዝጽበይዎ ዝነበሩ ቻይናውያን በቲ ርክብ ከይዓገቡን ገለ ከየስለጡን እዮም ተመሊሶም፡፡

እዚ ኣብ ላዕሊ ዝተጠቕሰ ሓቅታትን ዝንባለታትን (trends) ነቲ ኣብ ልዕሊ ኤርትራ ዘንጸላሉ ዘሎ ለውጢ ይእምት። እቲ ምርጫ ኣብ'ቲ ህዝቢ ኢዩ ተነቢሩ ዘሎ - ምስ ታሪኽ ክሰለፍ ወይ ኣንጻር ማዕበል ደው ክብል። ብሓቂ፡ በዳሂ ምርጫ ኢዩ።

ምዕራፍ 9

ገለ ገለ ሓሳባት ንመጻኢ

9.1 ገለ ገለ ክልሰ ሓሳባዊ ግምታትን ሓቅታትን

ህዝቢ ኤርትራ በቲ ኣብ ሃገሩ ተፈጢሩ ዘሎ ኣሻቃሊ ኩነታት፡ ስክፍታኡ እናዓበየ ብምኻዱ፡ ንለውጢ ሃረር ይብል ኣሎ። ብፍላይ ኣብ'ዚ እዋን'ዚ፡ ነቲ ስርዓት ዝድግፉ ውልቀ ሰባት እውን ከይተረፉ፡ ቅዋማዊ መንግስቲ ንምምስራት፡ ፖለቲካዊ እሱራት ንክፍትሑ ወዘተ ዝብሉ ሓሳባት ከሳስዩ ትሰምዕ። ዝሓለፈ ገዲፍካ (ረሲዕና) ብሓድሽ መንፈስ ምጅማር ኣድላዪ ኢዩ ይብሉ። ዕርቂ፡ ሕድገት፡ ሃናጺ ምይይጥ ወይ ስልጡን (ኣብ ጭውነት ዝተሞርኮሰ) ዝርርብ ክቕድም ኣለዎ ክብሉ ትዕዘብ።[cxv] ("ዘተ ኣብ መንነ ኤልያስ ኣማረን ዳንኤል ተኽላይን" ዝብል ኣርእስቲ ዝተዳለወ መደብ ዩትዩብ ቪድዮ (ተኽላይ፡ 2023) ።

እቲ ቀንዲ ጉዳይ፡ እዚ ህዝቢ ኤርትራ ዝጽበዮ ዘሎ ለውጢ ብኸመይ ከም ዝግለጽ ወይ እውን ብኸመይ ክመጽእ ይኽእል ዝብል ኢዩ። ነዚ ብዝምልከት፡ ኣብ ዲያስፖራ ይኹን ኣብ ውሽጢ ሃገር፡ ኣባላት ተቓወምቲ ውድባት ይኹኑ ተደናገጽቲ ስርዓት ህግደፍ ሓዊስካ፡ ኣብ በበይኖም ኣጋጣምታትን ብዝተፈላለዩ መልክዓትን ክትዓት ከካይዱ ይርአዩ ኢዮም።

ብዙሓት፡ ለውጢ ዘይተርፍ ምኳኑ ዳርጋ ርግጸኛታት ኮይኖም ይቐርቡ። ናይ ግዜ ጉዳይ ጥራይ ኢዩ ድማ ይብሉ። ብኣንጻሩ ድማ ካልኦት፡ እቲ መንግስቲ ኣብ ኣእምሮ ህዝቢ ፍርሕን ተመሳሲልካ ናይ ምንባርን ስምዒት ስለ ዘስረጸ፡ ህዝቢ ንለውጢ ጌና ኣይተዳለወን ኢሎም ይምጉቱ። ገሊኦም፡ ኤርትራውያን ዋላኳ ንለውጢ ሃረር ዝብሉ እንተ ኾኑ፡

ብሰንኪ እቲ ንሃገር ዝመርሕ ዘሎ ጨፍላቒ ስርዓት፡ ተበግሶታት ወሲዶም ለውጢ ኣብ ምምጻእ ክሰርሑ ይሕርብቶም ኢዩ ዝብሉ እውን ኣሎዉ። ገሊኦም ድማ ህዝቢ ኣብ ትሕቲ ስርዓት ኢሳይያስ ምንባር'ዩ ዝመርጽ፡ ምኽንያቱ ድማ፡ ንሱ እንተ ወሓደ 'ድሕነት ሃገር ናይ ምሕላው' ክእለት ከም ዘለዎን፡ ካብ ደቡብ ብፍላይ ድማ ካብ ኢትዮጵያ ክመጽእ ንዝኽእል ዝኾነ ስግኣት ክዓግት ከም ዝኽእልን ስለ ዝኣመነ ኢዩ ይብሉ።

ካልእ ኣረኣእያ ድማ ኤርትራ ኣብ'ቲ ዕግርግር ዝመልኦ ቀርኒ ኣፍሪቃ ከም ደሴት ሰላምን ምርግጋእን ኮይና ስለ ዘላ ዘሻቕል የብልናን ዝብሉ እውን ኣለዉ። ውሑዳት ድማ ኣብ ኤርትራ ዝኾነ ለውጢ ንክመጽእ ግዜኡ ሓሊፉ ኢዩ ብምባል ይከራኸሩ። እቲ ኣዝዩ ዘገርምን ዘተሓሳስብን ግን፡ ስርዓት ኢሳይያስ ኣብ ውሽጢ'ቲ ህዝቢ ናይ "ወያነ ስግኣት" ብዝብል ምስምስ ክቱር ፍርሒ ኣተኣታትዩ ምህላዉ ኢዩ። እቲ ጸላእቲ ከናዲ ዝውዕል ስርዓት ኢሳይያስ፡ ኣብ'ዚ ቀረባ ግዜ ኣስተብሂልናሉ እንተ ኼንና፡ ነቲ ብኣመሪካ ዝምራሕ ምዕራባዊ ዓለም ከም ቀንዲ ዒላማ (target) ወሲዱ የጐሳጉስ ከም ዘሎ ክንግንዘብ ንኽእል (መደረ ፕረሲደንት ኢሳይያስ ኣፍወርቂ ብኣጋጣሚታት በዓላት ናጽነት ግንቦት 24 2023ን ግንቦት 24 2024)። እዚኣቶም እቶም ብተደጋጋሚ "በሃራት ዓብልል ገብት" ዝብሎም ሓይልታት ኢዮም።

ድሕሪ ለውጢ፡ ዕድል ኤርትራ እንታይ ክኸውን ይኽእል ኣብ ዝብል ሕቶ እውን ስክፍታታት ኣሎ። ገሊኦም፡ ሕቶ ምትኽኻእ ስልጣን ንዓሰርተታት ዓመታት ኮነ ኢልካ ዕሽሽ ስለ ዝተባህለ፡ ኢሳይያስ ብዝተፈላለየ ምኽንያታት ካብ'ቲ ፖለቲካዊ መድረኽ ምስ ተኣልየ፡ እቲ እንኮ ተርእዮ፡ እቲ ኣብ መንጎ ላዕለዋት መኮንናት ሰራዊት፡ "ስልጣን መን ሓዘ" ብዝብል ሰበብ ብዝፍጠር ኩናት ሓድሓድን ዝስዕብ ህውከትን ኣዚዮም ከም ዝሰግኡ ይሕብሩ። ካልኦት እውን በቲ ኣብ ግዳም ኣብ መንጎ ተቓወምቲ ዘሎ ዘይምርድዳእ ከም ዝሻቐሉን ከም ሳዕቤኑ ድማ ጥጡሕ ምስግጋር ስልጣን ንምርግጋጽ ኣሸጋሪ ክኸውን ከም ዝኽእል ይእምቱ። እዚ ንሓደ ሓቂ ይእምት፥ ጽልግልግ ዝበሉ ተርእዮታት ክኽሰቱ ከም ዝኽእሉ።

መዓስን ብኸመይን ብዘየገድስ፡ ኩሉ መዳያት ህይወት መጀመርታን መወዳእታን ኣለዎ። እዚ መሰረታዊ ሓቂ'ዚ ብተፈጥሮኣዊ ይኹን ብማሕበራዊ ስነ ፍልጠት ዝተረጋገጸ ኢዩ። ብዙሓት ምምሕዳራት ተንሲኦም፡ ኣብ መወዳእታ ድማ ቅሂሞም ተሪፎም። ከም'ዚ ኮይኑ ከብቅዕ ግን፡ እቲ ህዝቢ ኩሉ ግዜ ኣብ መሬቱ ኣሎ። ፖለቲካዊ ውድባት እውን እንተ ኾኑ ዕጫኦም ተመሳሳሊ ኢዩ። ብናይ ዕሽልነት ኣንፈት ኣቢሎም ናብ በጽሕነት፡ ብድሕር'ዚ ድማ ንፈተና እርጋን ሓሊፎም፡ ናብ ግብኣተ መሬቶም ወይ እውን ናብ መፈጸምታኦም የምርሑ።

ናይ'ዚ ሕጂ ኣብ ኤርትራ ዘሎ ስርዓት ህላወ፡ ኣብ ዕራርቦ በጺሑ ኣሎ። መዓልታቱ ኣኺለን እየን ዝብሉ ቃላት በብኩርናዑ ይቃልሑ ኢዮም። ኣነ እውን ተመሳሳሊ እምነት ኢዩ ዘሎኒ። እቲ ሓደ እዋን ቀጥ ኣቢሉ ሒዝዎን ዘታትዮን ዝነበረ ውሽጣዊ መጋበርያታቱ ነቓነቕ ካብ ዝብሉ ሓያለይ ኮይኑ ኣሎ። ኣብ ስልጣን ንክጸንሕ ኣብ ዝረባረበሉ ህሞት ርእይ ምንቁልቛል የርኢ ከም ዘሎ ዘመልክቱ ክስተታት ድማ ብርክት ዝበሉ ኢዮም።

እዚ እናረአዩ፡ ሰባት ኣእዳዎም ኣጣሚሮም ስቕ ክብሉ ኣይግባእን። ኣብ ክንድኡስ ብሓደ ኮይኖም ነቲ ናይ'ቲ ስርዓት ውድቀት ንምቅልጣፍ ክሰርሑ ይግባእ። ነዚ ንምዕዋት፡ ንኩለንትናዊ ባህሪ ናይ'ቲ ስርዓት፡ ከምኡውን ኣገባባት ኣሰራርሓኡን፡ ስልጣኑ ንምዕቃብ ዝኽተሎም ሜላታትን ካልእን ብግቡእ ክርድኡ ግድን ኢዩ።

ኣብ ዩኒቨርሲቲ ኤሰክስ እትነጥፍ ምህርቲ (ዶክተር ናታሻ ኤዝሮው) ብዛዕባ ምልክን ምልካዊ ስርዓታትን ሰፊሕ መጽናዕቲ ብምክያድ፡ ኣብ ምሁራዊ ጽሑፋታን መጻሕፍታን ኣዝዩ ኣገዳሲ ክልሰ ሓሳባዊ ኣበርክቶ ገይራ ኣላ።

ዶክተር ኤዝሮው "ምውዳቕ ምልካውያን ስርዓታት - ውልቀ መለኽቲ ብኸመይ ስልጣኖም የጥፍኡ" (The Decline of Authoritarian Regimes—How Autocrats Lose Power) ኣብ ዝብል ኣርእስቲ ኣብ መድረኽ ቴድ (TED) ኣብ ዝሃበቶ ኣስተምህሮ፡ ንምልኪ (dictatorship) ብከምዚ ዝስዕብ ትገልጾ፥ "ምልኪ፡ ምዝውዋር ወይ ምቅይያር ፈጻሚ ኣካል (መሪሕነት) ዘይብሉ ዓይነት መንግስቲ ኢዩ።"[cxvi] ንሳ ሓሙሽተ ልሉያት (distinctive) ዓይነታት ምልካውያን ስርዓታ ከም ዘለዉ ትሕብር። እዚኣቶም ድማ፥ ከም ናይ ቻይና ዝመስል ሓደ ሰልፋዊ ስርዓት፡ ወተሃደራዊ ጁንታ (ኣርጀንቲና፡ ምያንማር፡ ጊኒ፡ ቻድ፡ ቡርኪና ፋሶ፡ ከም ኣብነታት ክጥቀሱ ይኽእሉ)፣ ንግስነታት (ከም ንግስነት ስዑዲ ዓረብ)፣ ውልቀ መላኽነታት (ፍጹም ቁጽጽር ዘዘውትሩ ከም በዓል ሙዓመር ጋዳፊን ሳዳም ሑሴንን)፣ ኣብ መጠረሽታ ድማ እተፈላለዩ ኣገባባት ዝጥቀሙ ሓንፈጻዊ (hybrid) ስርዓታት (Ezrow, 2014)።

ዶክተር ኤዝሮው፡ ንውልቀ መለኽቲ እቲ ኣዝዩ ርእይ ሓደጋታት ካብ'ቶም ደቂ ውሻጠ ዝኾኑ ባእታታት ከም ዝመጽም፡ እዚኣቶም ከኣ እቶም ዕልዋ መንግስቲ ከካይዱ ዝያዳ ተኽእሎ ዘለዎም ምዃኖም ተብርህ። ሓደ ውልቀ መላኺ ኣብ ስልጣን ናይ ምጽናሕ ዓቕሙ ኣብ'ቲ ፖለቲካዊ ዳይናሚክ ናይ'ቲ ኣብ ስልጣን ዘሎ ጉጅለ ልሂቃን (ruling elite) ኢዩ ዝምርኮስ ብምባል ብተወሳኺ ትገልጽ (Ezrow, 2014)። ኣብ መንጎ 2020 ዓ.ም. - 23 ዓ.ም. ኣብ ምዕራብ ኣፍሪቃ (ጋቦን፡ ማሊ፡ ጊኒ፡ ቻድ፡ ቡርኪና ፋሶ፡ ከምኡ እውን ኒጀር) ዝተራእዩ ማዕበላት ዕልዋ መንግስቲ፡ ነዚ ኣብ ላዕሊ ዝተጠቕሰ ክልሰ ሓሳብ ዘረጋግጹ ኢዮም።

ሚላን ዳብሊው ስቮሊክ ዝተባህለ ደራሲ ኣብ'ታ The Politics of Authoritarian Rule ዘርእስታ መጽሓፉ፡ ንናይ ምልኪ ፖለቲካ ዝቐርጹ ክልተ መሰረትውያን ጎንጽታት ከም ዘለዉ የመላኽት። ብኣገላልጽኡ፡ እቲ ቀዳማይ እቲ ኣብ መንጎ ገዛእትን እቲ ግዙእ ህዝብን ዘሎ ዝምድና ኢዩ። እዚ ተጻራሪ ግርጭት'ዚ ብምልካዊ ቁጽጽር ይፍታሕ። ብካልእ ኣዘራርባ ጎነጽ ኢዩ መፍትሒኡ። በቲ ካልእ ሸነኽ ድማ፡ እቶም መለኽቲ ምእንቲ ክገዝኡ ግድነት ምስ ገለ ገለ ሰብ ኪዳን (ላዕለዎት ሓለፍቲ ሰራዊት፡ ላዕለዎት ናይ ፓርቲ ተጸዋዕቲ ወይ እውን ልምዳውያን ልሂቃን (elites) ይሻረኹ። እናሻዕ ድማ ካብ'ዞም ኣብ ላዕሊ ዝተጠቕሱ ሰብ ኪዳን ብድሆታትን ከጋጥሞም ይኽእል ኢዩ። እቲ መላኺ'ምበኣር፡ ሚዛን ናይ'ዞም ክልተ ጎንጽታት እናሓሃለወ ኢዩ ግዝኣቱ ክቕጽል ዝፍትን። ስቮሊክ ይቕጽል፡ "እዚ ፈተነ'ዚ ብዘየገድስ ግን መብዛሕቴኡ ግዜ ጎነጽ መፍትሒ ናይ ኩሉ ግራጭታት ኮይኑ የገልግል።" ነዚ ኣመልኪቱ፡ "ቅድም ቀዳድም፡ ኣብ መንጎ'ቲ መላኽን ሰብ ኪዳኑን ኣብ ትሕቲ ዝኾነ ይኹን ኩነታት ከም መወከሲ ከገልግል ዝኽእል ውዕል ከቶ ክህሉ ኣይክእልን ኢዩ። እዚ መለለዪ ባህሪ ናይ ዝኾነ ይኹን ምልካዊ ስርዓት ኢዩ።" እቲ ደራሲ፡ ኣብ መጨረሽታ፡ ናይ ምልኪ ፖለቲካ ኣብ ትሕቲ ጽላሎት ጥለመትን ጉነጽን ኢዩ ዝፍጸም ይብል (Svolik, M., 2012)።

ስቮሊክ ነቶም ኣብ መንጎ 1946 ዓ.ም. ክሳብ 2008 ዓ.ም. ዝተራእዩ 303 መለኽትን ኣወዳድቕኦምን ይድህስስ'ሞ እዞም ዝስዕቡ ኣገደስቲ ሓበሬታታት ይህብ። ካብ'ዚኣቶ ሰላሳን ክልተን ብህዝባዊ ናዕቢ ካብ ስልጣን ተባሪሮም፡ ሰላሳ ብገዛእ ፍቓዶም (ድሕሪ'ቲ ካብ ህዝቢ ዘጋጠሞም ጸቕጢ) ካብ ስልጣን ተሰናቢቶም፡ ዕስራ መለኽቲ ተቀቲሎም፡ ዓሰርተ ሽድሽተ ድማ ብናይ ግዳም ሓይልታት ምትእትታው ካብ ስልጣን ተኣልዮም። እቶም ዝተረፉ 205 መለኽቲ (ዳርጋ ክልተ ሲሶ) ብደቂ ውሻጠ ካብ ስልጣን ከም ዝእለዩ ተጌሩ። እዚኣቶም ካብ ውሽጣዊ ክሊ ናይ'ቲ መላኺ ወይ መንግስቲ ወይ እውን ካብ'ቶም ዓመጽቲ መጋበርያታት ዝመንጨዉ ኢዮም። መብዛሕቴኡ ግዜ ድማ ዕልዋ መንግስቲ ተባሂሎም ይግለጹ። "ኣብ መደምደምታ'ምበኣር" ይብል ስቮሊክ፡ "ኣብ ከም'ዚኣቶም ዝኣመስሉ ስርዓታት፡ እቲ ዓብላሊ ፖለቲካዊ ምስሕሓብ ኣብ መንጎ መለኽትን ህዝብን ኣይኮነን፡ እንታይ ደኣ፡ ኣብ መንጎ'ቶም ዝተፈላለዩ ደቂ ውሻጠ ኢዩ። ኣብ መጨረሽታ ድማ ብጎነጽ ኢዩ ዝፍታሕ" (Svolik, M., 2012)።

ዶክተር ኤዝሮው ብወገና፡ ኣገዳስነት ናይ'ቶም ሓደ ወይ እውን ካብ ሓደ ንላዕሊ ዝኾኑ ንውልቀ መለኽቲ ናብ ስልጣን ንምድያብ ዘመቻችእ/ኡ ኣካል/ኣካላት ትገልጽ። እዚ ኣካል'ዚ ዝተፈላለየ መልክዕ ክሕዝ ይኽእል ኢዩ፥ ከም ወተሃደራዊ ሁንታ (ኣብ ኣርጀንቲናን ካልኦት ኣብ ላዕሊ ዝተጠቕሳ ሃገራት ምዕራብ ኣፍሪቃ ዝተራእየ)፡ ወይ

ድማ ከም ናይ ቻይና እንኮ ሰልፋዊ ስርዓት። ብተወሳኺ ነቲ ንውልቀ መላኺ ናብ ስልጣን ከም ዝድይብ ንምግባር ዘገልግል ፖለቲካዊ ውድብ (ወይ እውን ካልኦት ደሞክራሲያዊ ባህሪ ዘለዎም ትካላት) ድኹም ክኸውን ከም ዝኽእል ትሕብር። ከም ሳዕቤኑ ድማ ውልቀ መለኽቲ ዝያዳ ስልጣን ክግብቱ ይፍትኑን ይረአዩን፣ እዚ ድማ ናብ ብሕታዊ ምልኪ የምርሕ። ነይ'ዚ ዝተጠቕሰ ተርእዮ ፍሉጣት ኣብነታት፥ ሞቡቱ ሰ ሴ ሴኮ ኣብ ዛየር፡ ኢዲ ኣሚን ኣብ ኡጋንዳ፡ ፍራንስዋ ዱቫሊየ ኣብ ሀይቲ፡ ሳዳም ሑሴን ኣብ ዒራቕ፡ ከምኡ እውን ሙዓመር ጋዳፊ ኣብ ሊብያን ካልኦትን ይርከቡዎም (Ezrow, 2014)።

ብመሰረት ኣስተምህሮኣ፡ ሓደ ብሕታዊ ውልቀ መላኺ ስልጣን ምስ ሓዘ፡ ንዕኡ ንምዕቃብ ዘለዎ ደረቱ ዝሓለፈ ስምዒት ወይ ጥሙሕ ስለ ዘማዕብል፡ ኣብ ክቱር ራዕዲ (paranoia) ይሸመም። ናይ ምትኽኻእ ውጥን ስለ ዘየሎ ድማ ነቲ ስምዒቱ ዝያዳ የጋድዶ። ኣብ ከም'ዚ ዝኣመሰለ ኩነታት፥ እቲ እንኮ ኣማራጺ ነቶም ንስልጣኑ ሓደጋ ከምጽኡ ይኽእሉ ኢዮም ኢሉ ዝጥርጥሮም ተቐናቐንቲ ወይ ተመዓደውቲ ሓይልታት ንምውጋድ ዝዓለመ ስጉምትታት ምውሳድ ኢዩ። ነዚ ንምትግባር ድማ፡ ፈተነታት ዕልዋ መንግስቲ ንከየጋጥም ብኣግኡ ነቲ ወተሃደራዊ ሓይሊ ምድኻምን ("ጸረ ዕልዋ መንግስቲ" ተባሂሉ ዝፍለጥ ስትራተጂ) ናይ ገዛእ ርእሱ ፖለቲካዊ ሰልፊ ዘዳኽምን ስጉምትታት ይወስድ። ምድኻም'ቲ ሰራዊት ወይ ወተሃደራዊ ሓይሊ በዞም ዝስዕቡ ኣገባብት ክትግበር ይከኣል፥ እኹል ስልጠና ዘይምሃብ፡ ኣዝዩ ድሩት ቀረብ ኣጽዋር፡ ወይ ድማ ነቲ ናይ'ቲ ምዱብ ሰራዊት ጽልዋ ንምዕጋት ዝዓለመ ካልእ ኣማራጺ ወተሃደራዊ ትካል (ንኣብነት ሚሊሻ፡ ዕቑር ሰራዊት፡ ወዘተ) ምቛም (Ezrow, 2014)።

ዶክተር ኤዝሮው፡ እቲ ውልቀ መላኺ፡ ነቶም ፍሉይ ክእለት ዘለዎም ወይ ክብድሁዎ ዝኽእሉ ሰባት ብምእላይ፡ ነቲ ናይ ገዛእ ርእሱ ፖለቲካዊ ሰልፊ፡ ኮነ ኢሉ ከም ዘዳኽሞ ትሕብር። ካብ'ዚ ሓሊፉ፡ ከም'ዚ ዓይነት ውልቀ መላኺ ንሕጋውን ፍርዳውን ጨናፍር መንግስቲ እውን ከም ዘልምሶም ትገልጽ። ነቲ ቢሮክራሲ ንምድኻም እውን፡ ብተደጋጋሚ ናይ ሲቪላዊ ኣገልግሎት ሰራሕተኛታት ምቅይያር ልሙድ ኢዩ፣ እዚ ድማ ዘይውሑስን ህውከት ዝዓሰሎ ሃዋህውን ክፈጥር ይኽእል። ኣብ መጨረሽታ፡ ናይ'ቲ ውልቀ መላኺ ዕላማ፡ ዝኾነ ጉጅለ ኣብ ሓደ ሞያ በቃ ዘበለ ክእለት ከየማዕብል ወይ ንግዝኣቱ ንምፍትታን ዘኽእሎ ተመክሮን ምትእስሳራትን ከየኻዕብት ምጽዓር ምዃኑ ትእምት። እቲ ውልቀ መላኺ፡ ዘይተወደበ ህውከት ዝመልአ ኩነታት ከም ዝመርጽ ትገልጽ፣ እዚ ድማ ማእከልነት ዘይብሉ፡ ዝሩግን ትካላውነት ኣልቦን ስርዓት ብምፍጣር'ዩ ዘተግብሮ (Ezrow, 2014)።

ንምስግጋር ስልጣን ብዝምልከት፡ እዚ ኣብ ላዕሊ ዝተጠቕሰ ኩነታት'ዚ ናብ ርኡይ ዓመጽ ከምርሕ ከም ዝኽእል ትሕብር። ዶክተር ኤዝሮው፡ ውልቀ መለኽቲ፡

መብዛሕትኡ ግዜ በቶም ብሓሶት ዝውድሱዎምን ንድሌታቶም ዘማልኡሎምን ኲራኲር ከም ዝኸበቡ ተረጋግጽ። እዚ ዳይናሚክ'ዚ ነቲ ናይ'ቲ ውልቀ መላኺ ኣነነት ሰማይ የዕርጎ፡ ነቲ ኣብ ክውንነት ዘለዎ ኣረኣእያ ብምጥምዛዝ ድማ ኣብ ናይ ባዕሉ ሕልምታት ከም ዝነብር ይገብሮ። ኣብ ገለ ኣጋጣሚታት እዞም ኣማኸርቲ'ዚኣቶም፡ ነቶም ውልቀ መለኽቲ ከም ንዘልኣለም ክቕጽሉ ዝግብኦም ፍሉያት ሰባት ገይሮም ይውድሱዎም።[cxvii] ንዝኾነ ይኹን ዝጻረሮም ወይ ዝደፍሮም ሰብ ድማ ንክውገድ ይጣበቑ። እዞም ኣማኸርቲ፡ ንተቓወምቲ'ቲ ስርዓት ከም ድኹማት ገይሮም የቕርብዎም። ከም'ዚኦም ዝኣመሰሉ ውልቀ መለኽቲ ንነዊሕ እዋን ኣብ ስልጣን ብዝጸንሑሉ መጠን፡ ብኣኡ መጠን ንነብሶም ከም መተካእታ መንግስቲ ኣብ ዝቖጽሩሉ ደረጃ ይበጽሑ (Frantz, 2011)። ካብ'ቲ ምስ መንግስቲ ዘለዎም ዝምድና ወጻኢ፡ ዝኾነ ይኹን ካልእ ህይወት ዘሎ ኮይኑ ድማ ኣይስምዖምን።

ዶክተር ኤዝሮው፡ ምልካውያን መራሕቲ ካብ ስልጣን ርሒቖም ክነብሩ ከም ዘይክእሉ ስለ ዝፈልጡ፡ ስልጣን ምልቃቕ ኣዝዩ በዳሂ ኮይኑ ይረኽብዎ ትብል። ስለ'ዚ ድማ ክሳዕ ዕለተ ሞቶም ስልጣን ክሕዙ ይፍትኑ። በዓል ጋዳፊን ሳዳም ሑሴንን ዝኣመሰሉ ውልቀ መለኽቲ ከም ኣብነት ክጥቀሱ ይኽእሉ። ብመሰረት'ቲ ዝገበረቶ መጽናዕቲ፡ ኣማራጺታት ውልቀ መለኽቲ ነዞም ዝስዕቡ የጠቓልል፥ (ሀ) ብንጥፈት ጽገናታት ምጅማር፡ (ለ) ብወለንታኦም ካብ ስልጣኖም ምውራድ፣ (ሐ) ክሳዕ ዕለተ ሞቶም ኣብ ስልጣኖም ምጽናሕ፡ ወይ ድማ፡ (መ) ከም ብዕልዋ መንግስቲ፡ ብጸቕጢ ልሂቃን፡ ቅትለትን፡ ዕግርግር ዝኣመሰሉ ኲነታት ብሓይሊ ካብ ስልጣን ምእላይ። ብተወሳኺ፡ ጎነጻዊ ሰውራታት ምስ ዝካየድ፡ ኣህጉራዊ ምትእትታው ከስዕብ ዘይክኣል ኣይኮነን። ወይ እውን ዘይጎነጻዊ ተቓውሞታት (ከም ኣራብ ስፕሪንግ - Arab Spring - ዝመሳሰል) ክለዓል ይኽእል። ኣብ ምልካውያን ስርዓታት፡ ንውልቀ መለኽቲ ብሓይሊ ካብ ስልጣን ናይ ምእላይ ዘሎ ተኽእሎ ኣዝዩ ልዑል ምዃኑን ክሳብ ኣርብዓ ሚእታዊት ዕድል ከም ዘሎን ትገልጽ። ካብ'ቶም ዝተረፉ፡ ዕስራ ሚእታዊት ባዕላቶም ጽገናታት ክገብሩ ይመርጹ፡ ትሕቲ ዓሰርተ ሚእታዊት ብዘይ ጎነጻዊ ተቓውሞታት ይጽለዉ፡ ዕስራ ሚእታዊት ድማ ክሳዕ ውድቀቶም ኣብ ስልጣን ይጸንሑ (Ezrow, 2014)።[cxviii]

9.2 እዚ ኣብ ላዕሊ ዝተጠቕሰ ክልሰ ሓሳብ ንኤርትራ ብከመይ ይምልከታ?

ብመሰረት'ቲ ኣብ ላዕሊ ዝተጠቕሰ ትንታነ፡ እዚ ኣብ ኤርትራ ዘሎ ስርዓት ምስ ባህርያት ውልቀ መላኽነት (personalist dictatorship) ይሰማማዕ ኢዩ። እቲ ስርዓት፡ ስልጣኑ

ንምሕያል፡ ነቲ ናይ መብዛሕትኦን መንግስታውያን ትካላት ድኽመት ብምምዝማዝ፡ ንህግደፍ ብስትራተጂያዊ ኣገባብ ከም መንጠሪ ባይታ ተጠቒሙሉ። እቲ ስርዓት፡ እቲ ቀንዲ ስግኣት ካብ ውሽጢ (ብፍላይ ድማ ካብ'ቶም ኣብ እዋን ኲናት ናጽነት ዓቢ ተራ እተጻወቱን ጽልዋ ዘለዎምን ውልቀ ሰባት) ከም ዝመጽእ ይፈልጥ ኢዩ።

እቲ ስርዓት፡ ነዚ ገቢቱ ሒዙዎ ዘሎ ስልጣን ንምዕቃብ፥ ነቶም የስግኡኒ ኢዮም ዝብሎም ተቐናቐንቲ ኣወጊዱዎምን የወግዶምን ኣሎ። እዚ ድማ ምስጋጋር ስልጣን ንምምችቻእ ዝኾነ ዓይነት ፈተነ ወይ ጻዕሪ ኣብ ዘይግበረሉ ዘሎ ህሞት ዝፍጸም ዘሎ ክስተት ኢዩ። ምሕቃቅ ኣባላት ናይ'ቲ ብጉጅለ 15 ዝፍለጥ ምንቅስቓስን፡ ምሕቃቕ ኣባላት ናይ'ቲ ብናዕቢ ፎርቶ ዝፍለጥ ምንቅስቓስን ከም ኣብነታት ክጥቀሱ ይኽእሉ ኢዮም። ናይ 1993 ዓ.ም. ናይ ተራ ተጋደልቲ ምንቅስቓስ ይኹን ናይ 1994 ዓ.ም. ናይ ስንኩላን ውግእ ምልዕዓል ብዘይ ንሕስያ ጨፍሊቕዎ። ካልኦት ተመሳሳሊ ባህርያት ዘለዎም ምንቅስቓሳት (ናይ ተመሃሮ ቤት ትምህርቲ ሰውራ ነበር ምንቅስቓስ) እውን ከምኡ።

ኲነታት ጀነራል ስብሓት ኤፍረም ከም ካልእ ልቢ ዝትንክፍ ኣብነት ኮይኑ የገልግል - ኣብ ገዝኡ እንከሎ ንህይወቱ ኣብ ሓደጋ ዘእቱ መጥቃዕቲ ወዲቑዎስ ንስክላ ድሒኑ፡ ግን ስንኩል ኮይኑ ተሪፉ።

ከም በዓል ብርሃነ ኣብርሀ ዝኣመሰሉ ሚኒስተራት ነበር ቅሉዕ ተቓውሞ ስለ ዘርኣዩ ኣብ ቤት ማሰርቲ ከምህምኑ ተደርቢዮም። ኣምባሳደራት መሓመድ ዓሊ ዑማሩ፡ ዓብዱ ሄጂን፡ ቢትወደድ ኣብራሃ፡ ሰናይ ክፍለየሱስ፡ ኣልኣዛር መስፍን፡ ተስፋይ ገብረኣብ፡ ኪሮስ ሃብተሚካኤል፡ እድሪስ ኣቡ ዓረ፡ ሚርያም ሓጎስ፡ ሲራጅ ኢብራሂም፡ ወዘተ እውን፡ ኣብ ቤት ማእሰርቲ ይርከቡ።[cxix] ኣቦና ሓጅ ሙሳ ኣብ ቀይዲ እንከሎ ህይወቱ ሓሊፉ።

ኢሳይያስ ነቲ ሰራዊት ካብ መጀመርታ ኣዳኺምዎ ኢዩ። ሞያዊ ሰራዊት ንምቛም ኣትሪፉ ተቓዊሙ'ዩ። ዋላ እውን ቁጽሮም ዘይነዓቕ ተጋደልቲ ምስ ተጣየሱ፡ ነቲ ሰራዊት ንምድልዳል ይኹን ዳግም ንምውዳብ፡ ወይ እውን ናብ ሓደ ሞያዊ ሰራዊት (professional army) ንምልዋጥ ዝተሓንጸጸን ዝተተግበረን ውጥን ኣይነበረን። ምስ ጎረቤት ሃገር ኢትዮጵያ ዝተፈጥረ ግርጭት 1998 ዓ.ም. ናይ'ቲ ስርዓት ተቓላዕነት (vulnerability) ኣመስኪሩ። ስርዓት ህግደፍ ከይተዳለወ ጸኒሑ። እቲ ኮነ ኢልካ ንወተሃደራዊ ሓይሊ ንምድኻም ዝተገብረ ፈተነ ኣሉታዊ ሳዕቤናት ኣኸቲሉ። ንምኳኑ'ኸ እቲ ውግእ ንምንታይ ኣድለየ? ግርጭት ኢትዮ-ኤርትራ ብልዝብ ክፍታሕ ዝኽእል ከም ዝነበረ ክልቴኦም ወገናት ዝኣምኑሉ ሓቂ ኢዩ። ክልቴኦም ወገናት "ትርጉም ኣልቦ ኲናት" (senseless war) ዝበሉዎ ብዘይ ምኽንያት ኣይነበረን።

ከም'ቲ ኣቐዲሙ ዝተገልጸ፡ ሞያዊ ሰራዊት ንምቛም ዝዓለመ ወተሃደራዊ ኣካደሚ ንምምስራት ዓቢ ዕድል ነይሩ። ይኹን'ምበር፡ እቲ ውልቀ መላኺ፡ ኣብ ክንድኡ፡ ነቲ "ሃገራዊ ኣገልግሎት" ዝብል መደብ ተግባራዊ ብምግባር፡ ነቲ ምዱብ ሰራዊት ከም ዝዳኸም ገይሩዎ። እዚ ድማ ነቲ ሰራዊት ከም ሓደ ትካል ኮይኑ ንከይሰርሕ ኮነ ተባሂሉ ዝተኣልመ ውዲት ኢዩ ነይሩ። እቲ ሰራዊት ከመይ ገይሩ ናብ ናይ ሓደ ውልቀ መላኺ ብሕታዊ ንብረት ከም ዝተቐየረ ካብ መስፍን ሓጎስ ንላዕሊ ክገልጾ ዝኽእል ሰብ የለን። መስፍን፡ ከም ሓለቓ ወትሃደራዊ ስታፍን ከም ሚኒስተር ምክልኻልን ኮይኑ ኣብ ስርዓት ኢሳይያስ ዘገልገለ ኮይኑ፡ ኣብ'ታ The African Revolution Reclaimed እተባህለት ኣብ ቀረባ እዋን ዝተዘርግሐት መጽሓፉ፡ ኢሳይያስ ከመይ ገይሩ ነቲ ሰራዊት ኣዳኺሙ ናብ ናይ ገዛእ ርእሱ ጉልቲ ከም ዝቐየሮ ብዝምልከት ከም'ዚ ዝስዕብ ይብል፣

> ነቲ ሰራዊት ከም ናይ ብሕቲ ንብረቱ ኢዩ ዝቖጽሮ ነይሩ። ባጀት ሰሊዑ ነቲ ሚኒስተር ወይ ንሓለቃ ስታፍ ገለ ናይ ትግበራ ናጽነት ኣብ ክንዲ ዝህቦ፡ ንነገራት ባዕሉ የካይዶም ነይሩ፡ ወይ ድማ ምሳና ከይተማኸረ እንታይ ክንገብር ከም ዘለና ይነግረና ነይሩ። ከም'ዚ ዝበለ ውድቀት - ድኹም ትካላውነትን ሞያውነትን፡ ከምኡ እውን ካብ መጠን ንላዕሊ ዝኸደ ፕረሲደንታዊ ጣልቃ ምትእትታው - ተደሚሩ ነቲ ወተሃደራዊ ሓይሊ ከም ትካል ከዳኽሞ ከኢሉ፡ ንሃገር ድማ ጎዲኡ (Hagos M., 2023)።

ናይ መስፍን ብስጭት ኣብ ልዕል ኢሉ ዝተጠቕሰ መጽሓፍ ይቕጽል፥

> ከም ሳዕቤኑ ድማ ናይ ሚኒስተርነት ቦታይን እቲ ሚኒስትሪ ድማ ከም ትካልን ማህሚኑ። ናይ'ቲ ሚኒስትሪ ኣገደስቲ ጨናፍር በብሓደ ተዳኺሞም፡ እዚ ድማ ኣብ መንነና ምትፍናን ፈጢሩን ንዝምድናና ብውልቃውን ሞያውን ደረጃ ሃሰዩዎ። እቲ መከራ ኣብ ሓሙሽተ ትካላት፡ ማለት ኣብ ሓይሊ ኣየር፡ ሓይሊ ባሕሪ፡ ሃገራዊ ኣገልግሎት፡ ሓይሊ ምድሪ፥ ከምኡ እውን ኣብ ቤት ጽሕፈት ወይ እውን ኣብ'ቲ ናይ'ቲ ሚኒስተር ስራሕን ተራን ኣንጸባሪቑ (Hagos, M., 2023)።

ካብ'ዚ ሓሊፉ፡ እቲ ስርዓት፡ ንውድባዊ ጉባኤታትን ኣኼባታት ማእከላይ ሽማግለን ብምውጋድ፡ ኮነ ኢሉ መሰረታት ናይ ገዛእ ርእሱ ፖለቲካዊ ሰልፊ (ህግደፍ) ኣዕኒዩ። ጉባኤ (ሳልሳይ ጉባኤ ህዝባዊ ግንባር) ካብ ዘይካየድ ሰላሳ ዓመታት ኮይኑ ኣሎ።

እዚ ትካላት ናይ ምብሕጓግን ምልማስን መስርሕ፡ ናብ'ቲ ሓጋግን ፍርዳውን ጨናፍራት መንግስቲ እውን ልሒሙ ኢዩ። ናይ መወዳእታ ኣኼባ ሓጋጊ ኣካል (ሃገራዊ ባይቶ) ካብ ዝጽዋዕ ዕስራን ክልተን ዓመት ሓሊፉ። ላዕለዋይ ዳኛ ኣቶ ጠዓመ በየነ፡ ነቲ ናይ ፕረሲደንት ኣብ ውሽጣዊ ጉዳያት ሚኒስትሪ ፍትሒ ቀጻሊ ኢድ ኣእታውነት ብምቅዋሙ ካ‹‹ ስልጣኑ ተባሪሩ። ብተወሳኺ፡ ምስ ላዕለዋይ ቤት ፍርዲ ጎኒ ንጎኒ፡ ፍሉይ ቤት ፍርዲ ምቛም ንናጽነት ስርዓተ ፍርዲ ዝያዳ ከዳኽሞ ክኢሉ።

ሚኒስትሪታት ብተደጋጋሚ ብገዛኢ ሰልፊ (ህግደፍ) ይግለላ ነይረንን ኣለዋን። ናይ ቤት ጽሕፈት ፕረሲደንት ርኡይ ምኽዕባትን ምግባትን ስልጣን፡ ናብ ዘይትካላዊ ኣሰራርሓ ኣምሪሑ። ከምኡ እውን ኣብ'ዚ እዋን'ዚ ጉዳይ ምትኽኻእ ስልጣን (succession) እንታይ መልክዕ ከም ዝሕዝ ንምርዳእ ኣዝዩ ኣጸጋሚ ኮይኑ ኣሎ።

ኣብ ውሽጢ'ዚ ስርዓት'ዚ፡ ተኣማኒ ምኽንያት ልዑል ኣገዳስነት ወይ ብልጫ ኣለዎ። ውልቀ መላኺ ኢሳይያስ ምስ'ቶም ኣብ ልዕሌኡ ዕዉር እምነት ዘለዎም ውልቀ ሰባት ጥራይ ኢዩ ብቐረባ ዝራኸብን ዝዋሳእን። ንሱ፡ ነቲ ምስ ናይ ገዛእ ርእሱ ክብርታትን ድሌታትን ረብሓን ዝሰማምዑ ኣረኣእያታት ጥራይ ኢዩ ዘሳሲ። ምንጭታተይ ከም ዝሕብሩዎ፡ ኣባላት ውሽጣዊ ዓንኬሉ ንዘልዕሉዎም ስክፍታታት ብንዕቀት ኢዩ ዝቕበሎ። ከም ኣብነት፡ ኣቶ የማነ ገብረኣብ ክጥቀስ ይከኣል። እሙናት ምንጭታት ከም ዝሕብሩዎ፡ ዝምድና ኢሳይያስን የማነን ከም ቀደሙ ከም ዘየሎ ይንገር። ቦታ የማነ ውሑስ ከም ዘይኮነ ዝሕብሩ ምንጭታት እውን ኣለዉ። ኣብ'ቲ ፕረሲደንት ኢሳይያስ ክገብሮ ዝኽረመን ዝሓገየን ዲፕሎማስያዊ ተልእኾታትን ዑደታትን፡ ብኩራት ኣቶ የማነ ገብረኣብ ከይተስተብሃለሉ ዝሕለፍ ጉዳይ ኣይኮነን። ኣብ ርሑቕ ከይከድና፡ ኣብ ደቡብ ኮሪያ ኣብ ወርሒ ሰነ 2024 ዓ.ም. ዝተገበረ ወግዓዊ ምብጻሕ ምጥቃስ ኣኻሊ ኢዩ።

ሓደ ብጻይ፡ ኣብ ባጽዕ፡ ኣብ'ቲ ሳሕቲ ዝካየድ ኣኼባ ካቢነ ሚኒስተራት ዘጋጠመ ፍጻመ ክገልጽ እንከሎ ከም'ዚ ዝስዕብ የብል፥

> ኣብ'ዚ ኣኼባ'ዚ ሓደ ኣባል ካቢነ ሚኒስተራት፡ ብወገን ህዝቢ ዝመጽእ ዝነብረ ስክፍታታት ኣልዒሉ ንክዝተየሎም ርእይቶ ኣቕሪቡ። ፕረሲደንት ኢሳይያስ፡ ኣብ ናይ'ቲ ሓሳብ ቁምነገር ክንዲ ዝተኩር፡ ብዛዕባ ምንጪ ናይ'ቲ ሓበሬታን ነቲ ሓበሬታ ንምእካብ ሓላፍነት ዝወሰደ ሰብን ንክፈልጥ ብኣንብኡ ሓቲቱ። እዚ ድማ ነቶም ሚኒስተራት ኣስደሚሙዎም። ብተወሳኺ፡ ስዒቡ ዝገንፈለ ቁጥዐ ፕረሲደንት ኣዝዩ ብርቱዕ ብምንባሩ፡ ሃንደበት ካብ'ቲ ኣኼባ ወጺኡ ናብ ኣስመራ ተመሊሱ።

ንእግረ መገድና፡ ናይ'ቶም ኣባላት ካቢነ ሚኒስተራት ማእከላይ ዕድመ ካብ 76-77 ምዃኑ ምዝካር ኣገዳሲ ኢዩ።

ኣብ ከባቢ 1994 ዓ.ም. ኣብ "ግቢ" ወይ ቤተ መንግስቲ ዘጋጠመ ፍጻመ እውን እዝክር። እቲ ፕረሲደንት፡ ኣብያተ ጽሕፈት ሚኒስትሪታት ካብ'ታ ርእሰ ከተማ (ኣስመራ) ናብ ካልኦት ምምሕዳራዊ ዞባታት ንምግዓዝ ንምዝታይ ዝዕላምኡ ኣኼባ ጸዊዑ። እቲ ዝቐረበ ሓሳብ ንገለ ሚኒስትሪታት ናብ ዝተፈላለያ ናይ'ተን ዞባዊ ምምሕዳራት ርእሰ ከተማታት ክበታተና (ክዝርገሓ) ከም ማለት ኢዩ ነይሩ። ነዚ እማመ እተዋህበ ምኽንያት ድማ ንነበርቲ ምምሕዳራዊ ዞባታት ናይ ስራሕ ዕድል ንምፍጣርን ፍትሓዊ ወይ ምዕሩይ ምክፍፋል ጸጋታት ንምርግጋጽን ዝብል ኢዩ ነይሩ። ኣብ'ቲ ሚኒስተራትን ዋና ዳይሬክተራትን ዘጠቓለለ ኣኼባ፡ ሰበ ስልጣን መንግስትን ከምኡ እውን ወከልቲ ህግደፍን ተረኺቦም ነይሮም።

እቲ ናይ መጀመርታ ግብረ መልሲ ብዶክተር ንርኣዮ ተኽለሚካኤል ዝቐረበ ኮይኑ፡ ንክብደት ናይ'ቲ ጉዳይ ኣብ ግምት ብምእታው፡ ቅድሚ ዝኾነ ውሳነ ምውሳድ ብጥንቃቐ ምሕሳብን ዕሙቕ ዝበለ መጽናዕቲ ምክያድን ከም ዘድሊ ኣስሚሩሉ። ንርእይቶ ዶክተር ንርኣዮ ስዒቡ፡ ኣነ ብወገነይ፡ ተራ መንግስታዊ ጽላት ኣብ ምፍጣር ዕድላት ስራሕ ድሩት ምዃኑን፡ መብዛሕትኡ ዕድላት ካብ ብሕታዊ ጽላት ወይ ብካልእ መደባት ልምዓት ዝፍጠር ምዃኑን ከእምን ፈቲነ። ብተወሳኺ፡ ሚኒስትሪታት ኣብ መላእ ሃገር እንተ ተበታቲነን ክለዓሉ ዝኽእሉ ሎጂስቲካዊ ብድሆታትን ሕጽረት ምውህሃድን ብዝምልከት ስክፍታታት ከም ዘለኒ ኣልዒለ።

ከም ኣማራጺ ኣገባብ፡ ንገለ ከተማታት ፍሉይ ተልእኾ (mandate) ክወሃበን ሓሳብ ኣቕሪበ። ንኣብነት፡ ኣስመራ፡ ፖለቲካዊ ርእሰ ከተማ፣ ባጽዕ፡ ፋይናንሳዊ ማእከል፣ ደቀምሓረ፡ ባህላዊ ማእከል፣ ምናልባት እውን ከረን ነቲ ግሩም ኩነታት ኣየራ ኣብ ግምት ብምእታው ማእከል ቱሪዝም ክትከውን ከም እትኽእል ሓሳብ ኣቕሪበ።

ሳልሳይ ተዛራባይ፡ ኤደን ፋሲል፡ ነቲ ጉዳይ ድሕሪ ምምዛን፡ ብዘይካ ሚኒስትሪ ሃብቲ ባሕሪ፡ ካልኦት ሚኒስትሪታት ኣብ ኩሉ ፋሕ ከም ዝብላ ምግባር ውጽኢታዊ ክኸውን ከም ዘይክእል ገሊጹ። ኤደን ፋሲል፡ በቲ ዋዛ ዘተሓወሶ ኣዘራርባኡ፡ ሚኒስትሪ ሃብቲ ባሕሪ "ብውሑዱ ኣብ ባጽዕ ኮይኖም ርእሱ ዘቐልቀለ ዓሳ ክሕዙ ይኽእሉ" ብምባል ሓሳቡ ኣፍሲሱ።

እቲ ኣኼባ ድሕሪ ቀትሪ ክቕጽል መደብ ተታሒዙሉኳ እንተ ነበረ፡ እቲ ፕረሲደንት ግን ሸው ምስ ከደ ኣይተመልሰን።

መብዛሕትኡ ግዜ፡ ንመንግስቲ ምንቃፍ ከም ነቲ ውልቀ መላኺ ምንቃፍ ኢዩ ዝቑጸር። ኣብ መንጎ ክልቲኡ ዘሎ ፍልልይ ብሩህ ኣይኮነን። ከም'ዚ ብምዃኑ፡ ኣብ ኤርትራ ንመንግስቲ ይዅን ንውልቀ መላኺ ዝነቕፍ ሰብ ከዳዕ ኢልካ ምጽዋዕ ልሙድ ኢዩ፡ መብዛሕትኡ ግዜ ድማ ከቢድ ዋጋ ዘኽፍል ኢዩ።

ኢሳይያስ፡ ስልጣን ብፍቓዱ ናይ ምግዳፍ ዝንባለ ወይ ድሌት ኣለዎ ኢሎም ዝኣምኑ ብጣዕሚ ውሑዳት ኢዮም (እንተላይ ኣነ)። ፕረሲደንት ኢሳይያስ ጽገና ክገብር ወይ ድማ ብወለንታኡ ስልጣን ክለቅቕ ዘይሕሰብ ኢዩ። ክሳብ ካብዛ ዓለም ብሞት ዚፍለ፡ ኣብ ስልጣን ዘለዎ ቀጠውታ ንምንዋሕ ክጽዕር ተኽእሎ ኣሎ። ኣብ ኤርትራ ዓመጽ ዝተሓወሶ ብድሆ ጥራይ ኢዩ ለውጢ ከምጽእ ዝኽእል ዝብል እምነት ኣለኒ። ስለ'ዚ ድማ እቲ ዝያዳ ውሑስ ኣማራጺ፡ ነቲ ፕረሲደንት ብሓይሊ ምእላይ ኢዩ። ኣብ'ዚ ድማ ዝያዳ ተኽእሎ ዘሎ ይመስል።

እቲ ኣቐዲሙ ዝተጠቕሰ ስነ ሞጎት ብዘይ ምኽንያት ኣይኮነን። ኣቐዲሙ ኣብ ተመኩሮ እቲ ሃገር (ንስርዓት ኢሳይያስ ንምእላይ) ሓንሳእ ጥራይ ዘይኮነ ብውሑዱ ክልተ ግዜ ስለ ዝተፈተነ። ፕረሲደንት ኢሳይያስ፡ ካብ ተቓወምቲ (ካብ ህግደፍ ወጻኢ ዝኾኑ ተቓወምቲ) ጥራይ ዘይኮነስ ካብ ደቂ ውሻጠ እውን ብድሆታት ኣጋጢሙዎ ኢዩ። ንኣብነት እቲ ኣብ 2001 ዓ.ም. ብስም ጉጅለ 15 ዝፍለጥ ምንቅስቓስ ንህላወኡ ዓቢ ሓደጋ ፈጢሩሉ። ከም'ዚ ዝኣመሰለ ዓቢ ስግኣት ቅድሚኡ ኣይተራእየን። ካልእ ኣገዳሲ ተቓውሞ፡ እቲ ብዓመጽ ፎርቶ ዝፍለጥ ኣብ 2013 ዓ.ም. ዝተቓልቀለ ኮይኑ፡ ብምውህሃድ ላዕለዎት ሰበ ስልጣን ሰልፊ፡ ሰራዊት፡ ሚኒስተራትን ኣመሓደርትን ዝምራሕ ኢዩ ነይሩ። ብዘይካ'ዚ፡ ዝርዝራቱ ድኣ ብሰፊሑ ኣይገለጽ እምበር፡ ተመሃሮ ቤት ትምህርቲ ሰውራ ነበር እውን፡ ኣንጻር መንግስቲ ዝጀመሩዎ ምውድዳብ ኣብ መፈጸምታ ከይበጽሐ ምትራፉ ምንጭታተይ ይሕብሩ። ከም ሳዕቤን ናይ'ዚ ፍጻመ'ዚ፡ ካብ'ቲ እዋን'ቲ ንደሓር እቲ መንግስቲ ኣብ ልዕሊ ተመሃሮ ቤት ትምህርቲ ሰውራ ነበር ኣብ ጽልኢ ዝተመስረተ ኣረኣእያ ከም ዘለዎም ምንጭታት ይገልጹ።

ብዛዕባ ተምሃሮ ቤት ትምህርቲ ሰውራ ብዙሕ ክጽሓፍ ይከኣል'ኳ እንተኾነ፡ ንሎሚ ብዛዕባ ክልተ ኣብነታት ክንዛረብ። ተምሃሮ ቤት ትምህርቲ ሰውራ ከም ካልኦት ኣባላት ህግሓኤ ነበር፡ ናይ 'ነበር ማሕበር' ክቖሙ ክልኩላት እዮም:: ኣብ'ቲ ኣብ 2001 ዓ.ም. ዝገበርዎ ናይ መበል 25 ዓመት ምምስራት ቤት ትምህርቲ ሰውራ፡ ፕረዚደንት ኢሳይያስ "ካልኣይ ጊዜ ከም'ዚኦም ከነፍሪ ኣይንኽእልን ኢና" ኢሉ ከም ዘይተዛረበ፡ ከም ህዝቦም ናይ ነበር ማሕበር ክቑሙ ምስ ሓተቱ ግን ብመገዲ ሓላፊ ሃገራዊ ድሕነት ብሪጋዴር ጀነራል ኣብራሃ ካሳ "ድሕሪ ሕጂ ብዛዕባ ማሕበር ከይትሓስቡ" ብዝብል ሓጺር መግለጺ

ተኸልኪሎም እዮም፡፡ ዓቕሎም ዝጸበቦም ተምሃሮ ቤት ትምህርቲ ሰውራ ግና፡ በብዘባ በብቑንጣር እናተኣኻኸቡ ክራኸቡ ጀሚሮም፡ ነዛ ምስ መማህራንን ኣለይትን ነበር እናተኣኻኸቡ ኣብ ዓመት ሓንሳእ ዝገብርዋ ምትእኽካብ እውን ኣብ ዝሓለፈ ዓመት፡ እኽለ ማዮም ምስ ኣዳልዉን ወጻኢታቶም ምስ ኣውጽኡን ኣብ ናይ መወዳእታ ሰዓት ከይእከቡ ተሓቢርዎም፡፡ ዝጽበይዎ ብምኳኑ ነቲ ተለይሱ ዝነበረ ብሑቕ ብሳንኬሎታት መቓቒሎም በቲኖሞዎ፡ ነተን ከብቲ ብሕሱር ዋጋ ከም ዝሸየጣ ጌይሮም፡፡ ስለምንታይ ይኸውን ኢልካ ምስ ተሓተተ፡ ነቶም ኣብ ዝሓለፈ 2022 ዓ.ም. ኣንጻር መንግስቲ ተቓውሞ ዘርኣዩ ተምሃሮ ቤት ትምህርቲ ሰውራ ብልብኹም ትድግፍዎም ኢኹም ዝዓይነቱ መልሲ እዩ ተጋዊሑ፡፡ እቶም ቅድሚ ቀረባ ኣዋርሕ ኣበይ ከም ዘለዉ ዘይተፈልጡ ተምሃሮ ቤት ትምህርቲ ሰውራ ነበርን ካልኦት ኣሰርም ዝሰዓቡ መንእሰያትን፡ ኣንጻር እቲ መንግስቲ ዝቖነዐ ተቓውሞ ኣበጊሶም ሓያል ምንቕስቓስ እናኣካየዱ ከለዉ እዮም ብምክትታል ስለያ ተታሒዞም ኣብ ፈቐዶ ኣብያተ ማእሰርቲ ተዳጒኖም ዘለዉ፡፡

ውልቀ መላኺ ኢሳይያስ ምስ ኣብ ከባቢኡ ዝርከቡ ናይ ስልጣኑ ልሂቃን (power elite) ዘለዎ ዝምድና በብእዋኑ ክቀያየር ጸኒሑ ኢዩ። እዚ፡ ምስ’ቲ ነፍስ ወከፍ ኣብ ፖለቲካዊ ረብሓታት ዝምርኮስ ኪዳን፡ እዋን ሕጽኖት (honeymoon period) ኣለዎ ዝብል ብሂል ዝሳነ ኢዩ። ንምብርሁ ዝኣክል፥ ኣሰላልፋ ሓይልታት፡ ሙብዛሕትኡ ግዜ፡ ኣብ’ቲ ውልቀ ሰባት ኣብ ዝተፈላለየ እዋናት ዝወስዱዎ ፖለቲካዊ መርገጽታት ዝተመርኮሰ ኮይኑ፡ እዚ ክስተት’ዚ፡ ፈለማ ኣብ ውሽጢ ህሓሓኤ፡ ድሒሩ ድማ ኣብ ህግደፍ ተራእዩ ኢዩ። ኣብ መንጎ’ዞም ውልቀ ሰባት ምትሕብባር ዝህሉ፡ ፖለቲካዊ ረብሓታቶም ክወራረስ እንከሎ ጥራይ ኢዩ። ይኹን’ምበር ፖለቲካዊ ምዕባለታት ተቐያየሪ ብምኳኑ፡ ቅርጹ ብቕልጡፍ ይለዋወጥን ይቕየርን። ኣብ ከም’ዚ ዝበለ ኩነታት፡ ውልቀ ሰባት ኣብ ዝተፈላለዩ ጉዳያት ተመሳሳሊ መርገጺ ክሕዙ ግድን ኣይኮነን። እዚ ድማ (ከም’ቲ ኣብ ኤርትራ ዘሎ) ንፍልልያት ብልዝብ ናይ ምፍታሕ ፖለቲካዊ ባህሊ ወይ መካኒዝም ስለ ዘየሎ፡ ጎነጽ ወይ ዓመጽ፡ እቲ እንኮ መፍትሒ ኮይኑ ክቕልቀል ግድነት ኢዩ።

ከም’ቲ ገለ ናይ’ቲ ስርዓት ደገፍቲ ወይ ተደናገጽቲ ዝብሉዎ፡ እዚ ሕጂ ዘሎ ስርዓት ንዘይተወሰነ ግዜ ወይ ንዘልኣለም ኣብ ስልጣን ክጸንሕ ኣይክእልን ኢዩ። ይኹን’ምበር፡ ተኽእሎ ናይ’ቲ ብናይ ደገ ሓይልታት ወይ ብግዳማዊ ምትእትታው ዝመጽእ ለውጢ ውሑድ ኢዩ ዝብል ርእይቶ ኣለኒ። እዚ ማለት ግን ኣይከጋጥምን ኢዩ ማለት ኣይኮነን። ካብ ደቡብ ዝምንጩ ምውጥዋጣት ኩናት እንታይ ውጽኢት ክህሉዎ ከም ዝኽእል ኣብ’ዚ ሰዓት’ዚ ኄንካ ምግማት ኣሸጋሪ ኢዩ። ካብ ሕጂ ጀሚርካ ነቲ ክምዕብል ዝኽእል ኣሰላልፋ ሓይልታት ተርእዮታት/ሲናርዮታት ስኢልካ ብቐጻሊ ምክትታሉ ከድሊ ኢዩ።

ካብ'ቶም ኣብ ላዕሊ ዝተዘርዘሩ ተኽእሎታት፡ ምናልባት፡ ኣብ ትሕቲ'ቲ ስርዓት ዘገልግሉ ኣባላት ሰራዊትን ሲቪላዊ ኣገልግሎትን ከምኡ እውን ካልኦት ዘይዕጉባትን ዘይሕጉሳትን ወገናት፡ ናይ ስርዓት ኢሳይያስ ናይ ነብሰ ምክልኻል ጻዕሪ ብዘየገድስ፡ ነቲ ሰፊኑ ዘሎ ኩነታት ንምቕያር ስጉምቲ ክወስዱ ከም ዝኽእሉ ዘይሕሰብ ኣይኮነን። ኣብ ውሽጢ ኤርትራ ከም'ዚ ዓይነት ምንቅስቓስ ከም ዘሎ ካብ ምንጭታተይ ዝረኸብክዎ ሓበሬታ ይገልጽ። ዝርዝራት ኣወዳድብኦምን፡ ብኸመይ ለውጢ ከምጽኡ ከም ዝኾኑን ንመጻኢ ታሪኻዊ ጸብጻባት ዝግደፍ ኣርእስቲ ኢዩ። ሓደ ነገር ግን ርግጸኛ እየ፥ ለውጢ ኣብ ደረት ትርኢት (horizon) ኢዩ ዘሎ።

ከምዚ ካብ ኮነ፡ ናይ ዝተፈላለዩ ወገናት ግደ እንታይ ክኸውን ኣለዎ?

9.3 ተራ ደለይቲ ፍትሒ ኣብ ዲያስፖራ

ግደ ናይ'ቶም ኣብ ዲያስፖራ ዘለዉ ደለይቲ ፍትሒ ኣዝዩ ኣገዳሲ'ኳ እንተ ኾነ፡ ንተልእኾኡን፡ ስትራታጅኡ ኣቀራርባኡን ብዝምልከት ግና ሓደ ናይ ሓባር መረዳእታ ክህሉ መሰረታዊ ኢዩ። እዚ ማለት ድማ፡ ኣብ ውሽጢ ኤርትራ ንዝካየድ ናይ ለውጢ ምንቅስቓስ ብኣድማዒ መገዲ ንምድጋፍ፡ ዲያስፖራ ኣብ ዙርያ ሓያሎ ቀንዲ መትከላትን ተግባራትን ክጥርነፍ ኣለዎ ማለት ኢዩ።

ቀዳማይ፥ ቅድሚ ኹሉን ልዕሊ ኩሉን፡ ሓድነት ቀንዲ ረቛሒ ኢዩ። ዲያስፖራ ካብ ህሉው ኩነታት ሃገርና ዝፍጠሩ ርኡያት ብድሆታት ስለ ዝጸልዎም፡ ንምብድሆም ኣድማዕቲ ምእንቲ ክኾኑ፡ ብሓባር ክሰርሑም ዝኽእል ባይታ ክፈጥሩን ክመቻችኡን ግድን ኢዩ። ውሽጣዊ ፍልልያትን ግርጭታትን ዘይርትዓዊ ኣተኣላልያኦምን፡ ንለውጢ ኣብ ዝግበር ጻዕሪ ጽቡቕ ምልክት ኣይኮነን።

ሓድነት ማለት ንኹሎም ተመሳሳሊ ኣተሓሳስባ ዘለዎም ውልቀ ሰባት ኣብ ትሕቲ ሓደ ውድብ ምጥርናፍ ማለት ግን ኣይኮነን። ምኽንያቱ ከም'ቲ ታሪኽ ዘመልክቶ፡ ነዚ ንክትበጽሖ ምናልባት ኣጸጋሚ ክኸውን ስለ ዝኽእል። እቲ ኣገዳሲ ነገር፡ ናይ ሓሳባትን ሓባራዊ እምነታትን ምቅርራብ ኢዩ። ኣወንታዊ ለውጢ ንምድራኽ ከም መበገሲ ከገልግል ዝኽእል፡ ናይ ሓባር ፖለቲካዊ መድረኽ ወይ ባይታ ምምስራት ኢዩ። እዚ ብመልክዕ ስሙር ግንባር እውን ክግለጽ ይኽእል ኢዩ። ተቓወምቲ ነቲ ናይ ሓባር እምነትን ሓሳባትን ብጽሬት ክገልጹዎ ግዴታ ኣለዎም።

ንኣድላይነት ለውጢ ብዝምልከት፡ ኣብ ህዝቢ ኤርትራ ናይ ሓባር መረዳእታን ግንዛበን ዝረአ ዘሎ ይመስል። ብተወሳኺ፡ ድሕሪ'ቲ ለውጢ፡ ብቕጽበት ብመገዲ መሰጋገሪ መንግስቲ ኣቢልካ ቅዋማዊ መንግስቲ ንምምስራት ሰፊሕ ደገፍ ኣሎ ክንብል ንደፍር። ከምኡ እውን ብተሓታትነት፡ ግሉጽነትን ልዑላውነት ሕግን ዝልለ መንግስቲ። ብዛዕባ ናይ መሰጋገሪ መንግስቲ መለለዩ ባህርያት እውን ኣብ ውሽጢ ዝተፈላለዩ ናይ ተቓወምቲ ጉጅለታት ክዝረበሉ ካብ ዝጅምር እዋናት ኮይኑ ኣሎ። ደምበ ተቓውሞ ኣብ'ዚ ጉዳይ'ዚ መርገጺኡ ብንጹር ክሕብር ግድን ኢዩ።

ካልኣይ፥ ኣብ ውሽጢ ዲያስፖራ ዝርአ ውሽጣዊ ፍልልያት ከም ካልኣዊ ተወሲዱ፡ እቲ ትኹረት ኣብቶም ናይ ሓባር ዕላማታት ክቕንዕ ይግባእ። ከም'ቲ ኣብ ቀዳሞት ምዕራፋት ዝተገልጸ፡ እዚ ናይ ዲያስፖራ ማሕበረሰብ ኣዝዩ ዝተበታተነን ዘይስጡምን ኢዩ። ተቓወምቲ ሙብዛሕትኡ ግዜ ኣብ ኣስመራ ንዘሎ ስርዓት ዒላማ ካብ ምግባር ንላዕሊ፡ ኣብ ናይ ሓድሕድ ምጽልላም ዘሕልፉዎ ግዜ ይበዝሕ እንተ በልና ምግናን ኣይከውንን። መጥቃዕትን ጸረ መጥቃዕትን ኣብ ውሽጢ ዲያስፖራ ልሙድ ኮይኑ ኣሎ፡ ሓደ ሓደ ግዜ ድማ፡ ኣዝዩ ውልቃዊ ይኸውን። ካብ'ዚ ሓሊፉ ደምበ ተቓውሞ መሰረታዊ ጉዳያት ኣብ ክንዲ ምፍታሕ፡ ንኈድናዊ ጉዳያት ዝበዝሐ ግዜ ከህቦ ብተደጋጋሚ ዝረኣየሉ ዘሎ እዋን ኢዩ።

ሳልሳይ፥ ዲያስፖራ ነዞም ዕንቅፋታት ንምፍታሕ ናይ ሓባር ባይታ ክፈጥርን ክዝትዩሉን ይግባእ፡ ከምኡውን ነቲ መንእሰይ ወለዶ ስልጡን ፖለቲካዊ ባህሊ፡ ምጽውዋር ፍልልያት፡ ኣብ ዝኣምኑሉ ዕላማ ከርእይዎ ዘለዎም ናይ ተወፋይነት ባህሊ ንከማዕብሉ ክሕግዞም ይግባእ። ዓለማዊ ምንቅስቓስ ይኣክል፡ ፈልሲ፡ ብሩህ መጻኢ፡ ብርጌድ ንሓመዱን ካልኦት ፖለቲካዊ መድረኻትን ኣብ መላእ ዓለም ኣብ ውሽጢ ማሕበረሰብ ኤርትራ ሃናጺ ዘተ ንምክያድ ርኡይ ስጉምትታት ክወስዱ ምርኣይ ዘሐጉስ ኢዩ። እዚ ድማ ዘተባብዕ ምዕባለ ኢዩ።

ራብዓይ፥ ጭውነት ዝመሰረቱ ምይይጥን ክትዓትን፡ ንፍልልያት ብሃናጺ መገዲ ናይ ምፍታሕ መድረኽን፡ ናይ ዲያስፖራ እምነ ኩርናዕ ፖለቲካዊ ባህሊ ንክኸውን ክስርሓሉ ይግባእ። ተጻራሪ ርእይቶታት ክጽወር ጥራይ ዘይኮነስ ክምስገንን ክውደስን እውን ይግባእ። ከመይሲ ፍልልያትና ምንጪ ሓድነትናን ሓይልናን ስለ ዝኾኑ። ኣብ መንጎ ሰልፍታት ዝካየድ ርክባትን ምትሕብባርን፡ ንምድንፋዕ ሓድነት ወሳኒ ኢዩ። ዝተፈላለየ

ኣረኣእያን ኣቀራርባን ጂኦግራፍያዊ ምርሕሓቕን ዲያስፖራ ኣብ ግምት ብምእታው፡ ኩለን ተቓወምቲ ውድባት ኣብ ትሕቲ ሓደ ጽላል ክጥርነፋ ምጽባይ ግን ክውንነታዊ ኣይኮነን። እቲ ዘገድስ፡ ኣብ ጭውነትን ውሕልነትን ዝተመስረተ ፖለቲካዊ ዝርርብ ምክያድ ኢዩ። ውልቀ ሰባት ሕጂ እውን ምስ ፍሉያት ጉጅለታት ክሰርሑ ወይ እውን ኣብ በበይኖም ስነ ሓሳባት ክዓስሉ ነውሪ ኣይኮነን። ከም'ቲ ልዕል ኢሉ ዝተገለጸ፥ እቲ ቁምነገር ንሓባራዊ ጻዕርታት መበገሲ ዝኸውን ናይ ሓባር ባይታ ምልላይ ኢዩ። እዚ፡ በዳሂ ጻዕሪ'ኳ እንተኾነ፡ ክብጻሕ ግን ዘይከኣል ኣይኮነን። ኣብ'ቲ ጻዕሪ ድማ ኣእዳዎም ብምዝርጋሕ ክተሓባበሩ ፍቓደኛታት ዝኾኑ ብዙሓት ወጻእተኛታት ደገፍቲ ህዝቢ ኤርትራ ከም ዘለዉ ክንርስዕ ኣይግባእን።

ሓምሻይ፥ ንዲያስፖራ ዝውክላ ማዕከናት ዜና ብፍላይ ድማ ናይ ዩትዩብ ቻነላት ሓበሬታ ኣብ ዝዝርግሓሉ እዋን፡ ጥንቃቐን ሓላፍነታዊ ብዝኾነ ኣገባብ ክፍጽምኦ ግዴታ ኣለወን። ናይ ሓሶት ወይ ጭብጢ ዘይብሉ ዜና ካብ ምዝርጋሕን ተሪርን ስነ ስርዓት ዝጎደሎ ቋንቋ ካብ ምጥቃምን ምቑጣብ ኣገዳሲ ኢዩ። ብኣኡ ክቕጽላ እንተ መሪጸን ግን ተኣማንነተን ኣብ ሓደጋ ክወድቕ ይኽእል ኢዩ። ኣብ ኣቀራርባ ማዕከናት ዜና ዲያስፖራ መብዛሕትኡ ግዜ ሓላፍነት ዝጎደሎ ነገራት ንዕዘብ። እዚ ግን ንኹላቶም ዝለኪ ድኽመት ከም ዘይኮነ ምፍላጥ የድሊ። ሓላፍነት ብዝመልኦ መገዲ ንህዝቢ ኣብ ምንቅቓሕን ምብርባርን ዝነጥፋ ብርኩት ዝበላ ማዕከናት ከም ዘለዋ ምዝካር ከድሊ ኢዩ።

ኣብ ውሽጢ ዲያስፖራ፡ ብተደጋጋሚ መርትዖ ዘይብሉ ዜና ዝዝርግሑ ዜጋታት ኣለዉ። ብተወሳኺ፡ ምፍልላይ ዝኣጀንዳኦን፡ ፖለቲካዊ ጽልኢ ዝዘርኣን ዝነዝሓን፡ ኣብ ክንዲ ኣብ ወሳኒ ጉዳያት ዘተኩራ፡ ሰባት ንምጥቃዕ ቀዳምነት ዝህባን ማሕበራዊ መራኸቢታት ኣለዋ። ምናልባት እቲ ኣዝዩ ዘተሓሳስብ ጉዳይ፡ ማሕበረሰብ ዲያስፖራ ንሓድሕዱ ኣብ ምጽልላም ዘባኽና ግዜን ጻዕርን ክኸውን ይኽእል ኢዩ።

ህዝቢ ኣስመራን ብሓፈሻ ድማ ሃገርናን፡ ነዚ ኩነታት ብኸመይ ከም ዝርድኦ ካብ እሙናት ምንጭታት ብተደጋጋሚ እሰምዕ እየ። መብዛሕትኡ ግዜ ንዲያስፖራ፡ ኣድማዕነት ዘይብሉ፡ ተኣማንነት ዝጎደሎ፡ ከምኡ እውን ኣወንታዊ ለውጢ ንምምጻእ ዘይሕግዝ ኣካል ኢዩ ይብሉ። እዚ ዘይጥዑይ ሃዋህው'ዚ መወዳእታ ክግበረሉ ብማለት ኩልና ክንጽዕረሉ ዝግባእ ኮይኑ ይስምዓኒ።

ሻድሻይ፥ ኣብ ሃገራዊ ቃልሲ ንናጽነት ግቡኣም ዝፈጸሙ ተጋደልቲ ነበር፡ ብዘይ ፍትሓዊ መገዲ ሽፋቱ ተባሂሎም ክጽውዑ ምስ ጭውነት ዝቓጸር ባህሊ ኣይኮነን። ብኣንጻሩ'ኳ

ድኣ ጉጉይን ሓላፍነት ዝጎደሎን ተግባር ኢዩ። እቶም ንናጽነት ኤርትራ ዝተቓለሱ ዘርኣዩዎ መስዋእትን ጽኑዕ ተወፋይነትን ከኽበርን ክምስገንን ክምጎስን ይግባእ። ብዙሓት ውልቀ ሰባት፡ ንዓይ ሓዊስካ፡ ዝተወሰኑ ማዕከናት ዜና ንኣባላት ህዝባዊ ግንባር ነበር ከናሽውዎም ከለዉ ክሰምዑ ከለዉ ልቢ ዝሰብርን ተስፋ ዘቑርጽን ኮይኑ ይረኽቡዎ።

እቶም ብዓሰርተታት ኣሽሓት ዝቑጸሩ ናጽነት ኤርትራ ንምርኣይ ዘይበቕዑ ብጾት፡ ሽፋቱ ኣይነበሩን፡ ኣይኮኑን እውን። ሞያኦም፡ ንእስነቶም፡ ዋላ እውን ህይወቶም ንክቡር ዕላማ ብምውፋዮም ካባይን ካባኻትኩምን ዝፍለዩ ኣይኮኑን። ነቲ ካብኣታቶም እተነብረ ትጽቢት ብተዋፋይነት ፈጺሞምዎ ኢዮም። ተጠሊሞም ድዮም? እቲ መልሲ ዓው ዝበለ "እወ" ኢዩ። ኣብ መንጎ እቶም ብምሉእ ልቦም ነቲ ዕላማ ዝወፈዩን፡ እቶም ዝጠለሙዎምን፡ ኣብ መወዳእታ ድማ ሱር ጠንቂ መከራና ዝኾኑ መንዛዕቲ ስልጣንን ዘሎ ፍልልይ ምርኣይ ኣገዳሲ ኢዩ።

ንመስዋእቲ ሰማእታትናን ገዳይም ተጋደልትናን ግጉይ ስእሊ ብምቕራብ፡ ንለውጥን ንምምስራት ቅዋማዊት ኤርትራን ብዘይፍላጥ ነዳኽሞ ኣሎና።

ሻብዓይ፥ ዲያስፖራ ብሚልዮናት ዝቑጸሩ ኤርትራውያን ኣብ ትሕቲ ናይ ሓባር ሰንደቕ ዕላማ ብምእካብ፡ ንለውጢ ስርዓትን ምምስራት ቅዋማዊ መንግስትን ከም ዝጣበቑ ንክገብሩ ጻውዒት ክግበረሎም ይግባእ። ነቲ ንለውጢ ዝዓለመ ሓባራዊ ጻዕሪ ንምሕያል፡ ነቲ ኣብ ውሽጢ ኤርትራ ዘሎ ለውጢ ዝዕላማኡ ምንቅሳቓስን ፍሕሒታን ልባዊ ደገፍ ክግበረሉ ይግባእ።

ሻምናይ፥ እቲ ብመልክዕ ክልተ ሚእታዊት ግብሪ ይኹን ብካልእ ምንጪ እቶት፡ ንዲክታቶርያዊ ስርዓት ኣስመራ ዝግበር ገንዘባዊ ደገፍ፡ ብዲያስፖራ ብንጥፈት ክውገዝ ኣለዎ። ኣብ ቀዳሞት ምዕራፋት ናይዛ መጽሓፍ ብዝርዝር ከም ዝተገልጸ፡ ሓደ ካብ'ቲ ቀንዲ ምንጪ እቶት ስርዓት ኣስመራ፡ እቲ ቅድሚ ዓሰርተታት ዓመታት ህግደፍ ዘተኣታተዎ ናይ ክልተ ሚእታዊት ግብሪ ኢዩ። እዚ ተግባር'ዚ ብልምዲ "ንዲያስፖራ ምሕላብ" ተባሂሉ ይጽዋዕ። ደለይቲ ፍትሒ ዘበሉ ኩሎም፡ ነዚ ናብ'ቲ ስርዓት ዝውሕዝ ገንዘብ ንምዕጋት ብምሉእ ልቦም ክነጥፉ ይግባእ።

ምንቅስቓስ መንእሰይ ኤርትራዊ ዲያስፖራ፡ ጽልዋ ስርዓት ህግደፍ ንምምካት ስትራተጂታቱ ከነጽርን ከሐይልን ይግባእ፡ ነዚ ድማ ብኣድማዒ መገዲ ብምውዳብ ነቲ ክልተ ሚእታዊት ግብሪ ምኽፋል ምእባይ፡ ኣብ'ቲ በቲ ስርዓት ዝውደብ በዓላት ዘይምስታፍን ንካልኦት ኣብ'ቲ ዕላማ ንክይጽንበሩ ምጉስጓስን ዝኣመሰሉ ተግባራት

የጠቓልል። ይኹን'ምበር እቲ ተግባራቶም ጸረ ስጉምትታት ኣብ ምውሳድ ጥራይ ክሕጸር የብሉን። ንፖለቲካዊ ሜላታት ስርዓት ህግደፍ ንምብዳህ ዝተፈላለየ ውሕሉል ስትራተጂታት ክድህስሱ ግድን ኢዩ።

ታሽዓይ፥ ነቲ ኣብ ኣስመራ ዘሎ ስርዓት ብዲፕሎማስያዊ ኣገባብ ምንጻልን ኣብ ልዕሊ ገዛእ ህዝቡ ንዝፍጽሞ ግፍዒ ምቕላዕን፡ ብዲያስፖራ ክውሰድ ዘለዎ ወሳኒ ስጉምቲ ኢዩ። ሕሰም ህዝብና ብማሕበረሰብ ዓለም ከም ዝስማዕ ንምግባር ልዑል ኣስተዋጽኦ ክግበር ይከኣል ኢዩ። ቅሬታቶምን ስክፍታቶምን ናብ ናይ ወጻኢ መንግስታት፡ ኣህጉራውያን ትካላትን መራኸቢ ብዙሓንን ብኣድማዒ መገዲ ከም ዝበጽሕ ንምግባር ክበላሓቱ ይግባእ። ብተወሳኺ፡ በዚ ጻዕሪ'ዚ፡ ስርዓት ህግደፍ ንዜጋታቱ ምግፋዕ ደው ክብል፡ ልዕልና ሕጊ ክረጋገጽ፡ ሰብኣዊ መሰላት ክሕሉ፡ ናይ ሕልና እሱራት ክፈትሕ፡ እንተ ተኻኢሉ ድማ ኣብ ኣካይዳኡ ለውጢ ንክገብር (ወዮ ድኣ ኣይውዕሎን ኢዩ'ምበር) ጸቕጢ ምግባር ይከኣል ኢዩ።

ኣብ ኩነታት ኤርትራ ክትግበር ዘለዎ ተኽእሎ ኣዝዩ ጸቢብ'ኳ እንተ ኾነ፡ ዲፕሎማሲ፡ ነቲ ኣብ መንጎ ሓደ መንግስትን ተቓወምትን ዝካየድ ናይ ሽምግልና ጻዕርታት ከመቻችእ ይኽእል'ዩ። ብዲያስፖራ ዝምራሕ ናይ ጎስጓስ ተበግሶታት፡ ኣንጻር ግህሰት ሰብኣዎ መሰላት ንዝገበር ገበናት ንቕሓት ኣብ ምዕባይ፡ ምስ ምግሃስ ሰብኣዊ መሰላት ዝተኣሳሰሩ ምርመራታት ክካየድ ኣብ ምምዃት፡ ከምኡ እውን ገበነኛታት ተሓተትቲ ንምግባር ዝውሰዱ ተበግሶታት ኣብ ምድጋፍ ዓቢ ተራ ክጻወት ይኽእል ኢዩ። ካብ'ዚ ሓሊፉ፡ ዲፕሎማሲ፡ ምስ ህዝቢ ኤርትራ ኣህጉራዊ ምትሕግጋዝ ከዕቢ ይኽእል ኢዩ፣ እዚ ድማ ምስ ግዱሳት ወገናት (እንተላይ ናይ ወጻኢ) ብሓባር ኴንካ ነቲ ህዝቢ ኤርትራ ዘጋጥሞ ዘሎ ብድሆታት ንምፍታሕ ሽርክነት ክፍጠር ይከኣል ኢዩ።

ኤርትራዊ ዲያስፖራ ዘካይዶ ዲፕሎማስያዊ ተበግሶታት፡ ነቶም ኣብ መላእ ዓለም ፋሕ ኢሎም ዝርከቡ ኤርትራውያን ስደተኛታት ወሳኒ ደገፍ ክህብን መሰላቶም ዝሕሉ ኣህጉራዊ ሕጋዊ ቅርጻታት ንምድልዳል ክሕግዝን ይኽእል። እዚ ጻዕርታት'ዚ ዲፕሎማስያዊ መግለጺታት፡ መደረታት፡ ብመራኸቢ ብዙሓን ዝሸፈኑ ሓበሬታትን የጠቓልል። እዚ ብግዴኡ፡ ብዛዕባ ህዝቢ ኤርትራ ዘጋጥሞ ዘሎ መከራ ንንቕሓት ማሕበረሰብ ዓለም ኣብ ምዕባይ ግደ ይህሉዎ። ንቕሓት ዓለማዊ ማሕበረሰብ ምስ ዝዓቢ፡ ኣብ ልዕሊ'ቲ ምልካዊ ስርዓት ተወሳኺ ጸቕጢ ንክግበር ኣስተዋጽኦ ይህሉዎ።

እዞም ጻዕርታት'ዚኣቶም ኣድማዕነቶም ናብ ዝለዓለ ደረጃ ንምብጻሕ ብጥንቃቐ ክውጠኑን ክፍጸሙን ግድን ኢዩ።

ዓሰራይ፥ ንማሕበረሰባት ዲያስፖራ መብዛሕትኡ ግዜ ምስ መንነት፡ ውህደት (integration)፡ ኣብ'ቲ ኣኣንጋዲ ሕብረተሰብ ዘለዎም ማሕበራዊ ቦታ (status)፡ ምዕቃብ ባህሊ ወዘተ ዝተኣሳሰሩ ፍሉያት ብድሆታት የጋጥሞም ኢዩ። ማሕበረኮማት ኤርትራውያን ነዞም ጉዳያት ኣብ ምፍታሕ ወሳኒ ተራ ክጻወቱ ይኽእሉ ኢዮም። ናይ ዲያስፖራ ሕብረተሰብ ቋንቋ ኣደ ናብ መጻኢ ወለዶታት ንከመሓላለፍ ኣገልግሎት ክህቡ ይኽእሉ። ከም መጻሕፍቲ፡ ዌብሳይታትን ኣፕሊከሽናትን ዝኣመሰሉ መሳለጥያታት ብምፍጣር ናይታ ኣኣንጋዲት ሃገር ቋንቋ ንምምሃር ከመቻችኡ ይኽእሉ። ከምኡ እውን ባህላዊ ፍጻመታት፡ በዓላትን ዓውደ መጽናዕትታትን ብምድላው ባህላዊ ልምድታቶም ክዕቅቡን ናብ መንእሰያት ወለዶታት ከመሓላልፉን፥ ታሪኽ፡ ስነ ጥበብን ልምድታትን ዘርእዩ ባህላዊ ማእከላት ንምቛም ክሕግዙን ይኽእሉ።

ኣብ'ዚ ጥራይ ከይተሓጽሩ፡ ንሓደስቲ ስደተኛታት ናይ ደገፍ ኣገልግሎት ናይ ምሃብ ዓቕሚ እውን ኣለዎም። እዚ ድማ መንበሪ ገዛን ስራሕን ምርካብ ረድኤት ኣብ ምውፋይ፣ ከምኡ እውን ናይ'ታ ኣኣንጋዲት ሃገር ንሕግን ንኢሚግሬሽንን ዝምልከቱ ጉዳያት ልዑል ርድኢት ከም ዝህሉዎም ኣብ ምግባር ክዋስኡ ይኽእሉ ኢዮም። ኣባላት ዲያስፖራ ምስ'ቲ ናይታ ኣኣንጋዲት ሃገር ሕብረተሰብ ንክወሃሃዱ ዝሕግዙ መደባት ወይ ዓውደ መጽናዕትታት ንምድላው እውን ተኽእሎ ኣለዎም።

ጸቕጢ፡ ተነጽሎ ወይ ኣድልዎ ንዘጋጠሞም ኣባላት ዲያስፖራ ምኽሪ ወይ ደገፍ ክህቡ፣ ከምኡ እውን ብማሕበራዊ ምትእኽኻባትን ካልኦት ኣጋጣምታትን ገይሮም ናይ መንነት ስምዒት ንክሓድሮም ክተባብዑ፡ ብዘይካ'ዚ፡ ኣብ ውሽጢ እታ ኣኣንጋዲት ሃገር ንመሰላትን ረብሓታትን ዲያስፖራ ክጣበቑ ይኽእሉ፣ ንዲያስፖራ ኣብ ፖለቲካ ኣእንጋዲት ሃገር ክሳተፉን ምስ መንግስታዊ ትካላት ብምትሕብባር ድሌታቶም ክገልጹን ከተባብዑ ይኽእሉ።

ማእከላት ኤርትራውያን ማሕበረኮማት፡ ኤርትራውያን ኣብ ንግድን ካልእ ዋኒንን ንክነጥፉን ካብ'ቶም ኣብ ከባቢኦም ዘለዉ ጸጋታት ተጠቀምቲ ንክኾኑን ብማለት ናይ ኔትወርክን ካልኦት ደገፉትን ክህባ ይኽእላ። ከምኡውን ቁጠባዊ ዕብየት (economic gains) ንክረኽቡ ኣብ ዝግበር ጻዕሪ ንምድጋፍን ንኣባላት ዲያስፖራ ንምትብባዕን መደባት ፋይናንሳዊ ትምህርቲ ክህባ ይኽእላ። ነቶም ዘእንግድዎም ማሕበረሰባት ንምኽሓስ ብማለት ድማ ኣብ ወለንታዊ ንጥፈታትን ንክዋፈሩ ከተባብዓ ይኽእላ።

ኣብ ዲያስፖራ ዘተኮረ ማዕከናት ዜና ከም ጋዜጣታት፡ መደበራት ሬድዮ ወይ ናይ ኦንላይን መድረኻት ብምጅማር ምስ'ቲ ሕብረተሰብ ዝዛመድ ዜናታት፡ ዛንታታትን ሓበሬታታትን ከካፍላን ማሕበራዊ መራኸቢ.ታትን ካልእ ዲጂታላዊ መሳርሒ.ታትን

ተጠቒመን ኣብ መላእ ዓለም ምስ ዝርከቡ ኣባላት ዲያስፖራ ከራኽባ ይኽእላ። ንኢሚግሬሽን ንዜግነትን ካልእ ሕጋዊ ጉዳያትን ዝምልከት ሕጋዊ ሓገዝን ሓበሬታን ክህባ፣ ንፍትሓዊ ፖሊሲታት ኢሚግሬሽን ክጣበቓን ሕጋዊ ብድሆታት ንዘጋጥሞም ክድግፉን ይኽእላ። ነዚ ብዝምልከት፡ ንሓው ካልድ ዓብዱን (ሽወደን) ካልኦት ተመሳሳሊ ጸሰሪ ዝገብሩ ኤርትራውያንን በዚ ኣጋጣሚ ከየመስገንክዎም ክሓልፍ ኣይደልን። ንዲያስፖራ ዝድግፉ ማሕበረኮማት ዕድላት ምወላ ከናድያ፡ ከምኡ እውን ነቲ እናተቐያየረ ዝመጽእ ድሌታት ሕብረተሰብ ብቐጻሊ ብምግምጋም ውጽኢታውን ዘላቕን ደገፍ ክህባ ይኽእላ። ኣብ መንጎ ዲያስፖራን መበቆላዊት ሃገርን ድልድል ብምህናጽ ድማ ንኹሎም ዝምልከቶም ወገናት ኣወንታዊ ውጽኢት ከምጽኣ ይኽእላ።

መበል ዓሰርተ ሓደ፥ ከም'ቲ ብዝተፈላለዩ ተቓወምቲ ጉጅለታት [Eritrea Govt In Exile Group፡ ሕሩይን ብጾቱን፡ ፕሮፌሶር ኣርኣያ ደበሳይ፣ ገበረ ባህዱራይን ብጾቱን (National representative Council of Eritrea (NRCE-GiE) ሓዊሱ)] ከም ሓሳብ ዝቐረበ፡ ኣብ ስደት፡ መንግስቲ ንምቛም ምድህሳስ ኣገዳሲ ክኸውን ኢዩ። እዚ፡ ነቲ ድምጺ ዘይብሉ ህዝቢ ኤርትራ ድምጺ ከም ዝህሉዎ ንምግባር ዝዓለመ ተበግሶ ኮይኑ ክርአ ይኽእል (Eritrea-Gov exile, n.d.)።[cxx] Eritrea- GiE ኣብ ኤርትራ ደሞክራስያዊ መንግስቲ ንምቛም ዝጭበጥን ብዓይነትን ብዓቕንን ዝዕቀን ገስጋስ ይእምም። ኣብ ነፍስ ወከፍ ኩርናዕ ኤርትራ፡ ውልቃዊ ድሕነትን ውሕስነት ንብረትን ዘማእከለ ደሞክራስያዊ ትካላትን ሰላምን ድሕነትን ንክሰፍን ይጣበቕ። እዚ፡ ንህሉው ቃልስን ባህግን ፈተውቲ ሰላም ኤርትራውያን ድርኺት ንምሃብ ዝዓለመ ኢዩ። ብቤት ጽሕፈት ሰክረታርያት፡ ሓፈሻዊ ባይቶ፡ ከምኡ እውን ፈጻሚ ቦርድ ኣቢሉ ድማ ዕላማኡ ንምዕዋት ይብገስ (Eritrea-Gov in exile, n.d.)።[cxxi]

ብሓጺሩ፡ እቲ ዲያስፖራ ዝህልዎ ግደ ዓቢ ስለ ዝኾነ፡ ሓድነት ሓሳባት፡ ኣብ ሓባራዊ ዕላማታት ንጹር ትኹረት ምህላው፡ ሃናጺ ኣተሓሳስባ ምብግጋስ፡ ሓላፍነታዊ ውክልና መራኸቢ ብዙሓን ምርግጋጽ፡ ከምኡ እውን ኣብ ኤርትራ ደሞክራስያዊ መንግስቲ ንምቛም ነቕ ዘይብል መትከላዊ ድሌት ዝጠልብ ኢዩ። ከም'ዚ ስለ ዝኾነ ድማ፡ ዲያስፖራ ሓደ ርኡይ ሓቂ ኣብ ግምት ከእቱ ኣለዎ። ዲያስፖራ ንለውጢ ዝገብሮ ጻዕሪ ብዝሑን ድኻሙን ብዘየገድስ፡ እቲ ለውጢ ኣብ መወዳእታ ኣብ ውሽጢ ሃገርን ብደቂ ውሻጠን ኢዩ ዝምንጩ ዝብል እምነት ኣለኒ። ዲያስፖራ፡ እቶም ኣብ ውሽጢ ኤርትራ (ኣብ ውሽጢ'ቲ ሰራዊት ይኹን ካብኡ ወጻኢ) ንፍትሒ ዝቃለሱ ዘለዉ ኤርትራውያን ኣብ ጉዳይ ለውጢ ብርቱዓትን ዘተኣማምኑን (reliable) መሓዙትን ሰብ ኪዳንን ክኾኑ ከም

ዝኸእሉ ብቐጻሊ ክግንዘቡ ይግባእ። ስለ'ዚ፡ እቲ ስትራተጂ ዲያስፖራ፡ ኣብ መንጎኦምን ኣብ ውሽጢ ኤርትራ ዝርከቡ ሓይልታት ለውጥን፡ ብኸመይ ድልድል ከም ዝሃንጹ ኣብ ዝብል ዕላማ ከተኩሩን፡ በዚ ድማ ናይ ዘይተርፍ ኣወንታዊ ለውጢ ናይ ሓባር ሓይሊ ክፈጥሩ ይግባእ። "ብዕራይ ኣብ ዘበለ እንተበለ ዕርፊ ኣጽንዕ' ከም ዝብሃል ምቅይያር ኲነታት ብዘየገድስ ንራኢኻ ፈጺሙ ክድብዝዝ ከተፍቅደሉ ኣይግባእን።

9.4 ተራ ምንቅስቓስ ንለውጢ ኣብ ውሽጢ ኤርትራ

ኣብ ውሽጢ ኤርትራ፡ ንለውጢ ዝዓለመ ኣገዳሲ ተበግሶ (ሽሕ'ኳ ብዛዕባ ውሽጣዊ ኣሰራርሓኡ ብዙሕ ዝፍለጥ እንተ ዘየሎ) ዝጥጃእ ዘሎ ይመስል። እዚ ድማ ተመሳሳሊ ኣተሓሳስባ ዘለዎም ኤርትራውያን (ካብ ኩሉ ኩርናዓት እቲ ሕብረተሰብ - ሰራዊት፡ ጸጥታ፡ ሰራሕተኛታት መንግስቲ፡ መንእሰያትን ካልኦትን) ዘጠቓልል ኮይኑ፡ እዚኣቶም ብህሉው ኲነታት ሃገሮም ኣዝዮም ዝተበሳጨዉን ዘስቆርቁሩን ንፍታሕ ድማ ኣዝዮም ዝጽዕቱን ወገናት ኢዮም። እዚኣቶም ንኤርትራ ካብ ኣፍ ደገ ምብትታን ንምድሓን ኣድላዪ መስዋእቲ ክኸፍሉ ፍቓደኛታት ኮይኖም፡ እቲ እንኮ ኣጀንዳኦም ድሕነት ሃገሮምን ሓልዮት ህዝቦምን ኢዩ።

እዚ ተበግሶ'ዚ ወሳኒ ዕላማታት ብምሕንጻጽ ንመጻኢ ኤርትራ ዝምልከት ኩለ መዳያዊ ራእይ ክህሉዎ ኣድላዪ ኢዩ።

ኣብ ቅልውላው ዘላ ሃገር - ዘየቋርጽ ውግእ፡ ቁጠባዊ ምንቁልቛል፡ ጃምላዊ ስደት መንእሰያት፡ ብወተሃደራውነት ዝልለ ባህሊ፡ ዘየቋርጽ ሃገራዊ ኣገልግሎት፡ ከምኡ እውን ከም ማይን ኤሌክትሪክን ዘጠቓለለ ርኡይ ሕጽረት ኣገደስቲ ጸጋታት - እቲ ኣብ ቅድሚት ክስራዕ ዘለዎ ጉዳይ፡ ንነገራት ናብ ንቡርነት ምምላስ ክኸውን ይግባእ። እዚ ድማ ምርግጋጽ ቅሱንን ውሑስን ንጡፍን ሕብረተሰብ ዘጠቓልል ኮይኑ፡ መለለይኡ ድማ፥ ልዕልና ሕጊ፡ መሰረታውያን ኣገልግሎታት ምሃብ፡ ዜጋታት ብራዕድን ብፖለቲካዊ መጽቀጥትን ከይተሻቐሉ መዓልታዊ ህይወቶም ክመርሑ ዝክእሉሉ ሃዋህው ምፍጣር ማለት ኢዩ። እዚ፡ ንቡርነት ምርገጋጽ፡ ቁጠባዊ ምርግጋእ፡ ሰላምን፡ ምብራባር ዓቕሚ ህዝብን ይሓትት፣ ዜጋታት መሰረታዊ ድሌታት ከም ዝረኽቡ ምግባር ድማ ይጠልብ።

ብተወሳኺ፡ እዚ፡ ህጻናት ብፖለቲካዊ ትረኻታት ከይተበከሉ፡ ንእስነቶም ዘስተማቕሩሉ፡ መንእሰያት ተስፋ ዘለዎ መጻኢ ዝምነዩሉን ትምህርቶም ዝዛዝሙሉን ስራሕ ዝረኽቡሉን፡ ስድራ መስሪቶም ኣባይቶም ዝውንኑሉን፡ ንደቆም ብውሕስነት ዘዕብዩሉን ሃዋህው ምፍጣር ማለት ኢዩ። ኣብ ከም'ዚ ዝበለ ሃዋህው፡ ሓረስቶት ብዘይ

ሓደ ዕንቅፋት መሬቶም ከሓርሱ፣ ሰራሕተኛታት ስድራቤቶም ንምድጋፍ ውሑስ መነባብሮ ክረኽቡ፣ ወለድን ኣቦታትን ሰላም ዝሰፈኖ ናይ ጥሮታ ግዜኦም ከስተማቕሩ ከኽእሉ ማለት ኢዩ። እዚ፡ ንኣብያተ ክርስትያን ኣኽብሮት ምርኣይን ንማሕበረሰብ ብዘይ ዕንቅፋት መንፈሳዊ ኣገልግሎት ከህባ ምፍቃድን እውን የጠቓልል ኢዩ። እዚ ድማ ናይ ከባቢ ልምድታት ምኽባር ማለት ኢዩ። እዚ ለውጢ'ዚ፡ ኣብ'ቲ ሕብረተሰብ ሰላም፡ ምርግጋእን ብልጽግናን ዘተኣታቱ ሓሳብ ጥራይ ዘይኮነስ፡ ብተግባር ዝግለጽ ክኸውን ይግባእ።

ስለ'ዚ ናይ ፖለቲካዊ ምስግጋር መርሓ ጎደና ምሕንጻጽ፡ ንዕብየት ምርግጋእ፡ ስዒቡ ድማ ናብ ንቡርነት ንምምላስ ዝወስድ ቀዳማይ ስጉምቲ ኢዩ።

እዚ ድማ ኣብ መሰረታዊ ደሞክራስያዊ መትከላት ዝምርኮስ ቅዋማዊት ኤርትራ ንምህናጽ ንጹር መገዲ ዝኽተል ሰነድ ኢዩ። እቲ ትልሚ፡ ናይ'ቲ ምስግጋር ራእይን ዕላማን ዘነጽር ኢዩ። ስፍሓትን መስርሕን ናይ'ቲ ፖለቲካዊ ምስግጋር ይሕንጽጽ፡ ክህልዉ ዝኽእሉ ሓደጋታት የለሊ፡ ከምኡ እውን ኣቓልቦ ዘድልዮም መዳያት የጉልሕ። እቲ መርሓ ጎደና ብዛዕባ ግዜ ገደብ ናይ ፖለቲካዊ ምስግጋር (ወይ መሰጋገሪ መንግስቲ)፣ ተራን ሓላፍነትን ዝተፈላለዩ ተረባሕቲ ኣካላትን ካልኦት ኣገደስቲ ጉዳያትን እውን ይዝርዝር። ብተወሳኺ፡ ለውጢ ብኣድማዒ መገዲ ብምምሕዳርን፡ ምዝንባላት ብምንካይን፡ ኣብ መስርሕ ምስግጋር እቲ ዝድለ ውጽኢት ከም ዝተበጽሐ ብምርግጋጽን ወሳኒ ተራ ይጻወት።

ግስጋሰ ናይ'ቲ መስርሕ ንምርግጋጽ፡ እቲ ንለውጢ ዝእምት ናይ ውሽጢ ምንቅስቓስ፡ ንኤርትራ ናብ'ቲ ንሰናይ ምሕደራ ዘማእከለ ስርዓት ንምስግጋር፡ ቀንዲ ከብጽሑን ክስገሩን ዘለዎም ምዕራፋትን ናይ ግዜ ገደብን ይዝርዝር። እዚ ድማ፡ እቲ ምስግጋር ኣብ ውሽጢ ርትዓዊ ግዜ ከም ዝዛዘም የረጋግጽ።

እቲ ምንቅስቓስ፡ ኣቃውማ ናይ ሓደ መሰጋገሪ መንግስቲ ብግልጺ ንህዝቢ ከሕብርን፡ ደረትነቱ ክገልጽን፡ ንረብሓ ህዝቢ ዝሰርሕ ምዃኑ ድማ ከረጋግጽን ይግባእ። እቲ መሰጋገሪ መንግስቲ፡ እቲ መስርሕ ለውጢ ኣብ ግብሪ ካብ ዝወዓለሉ ዕለት ጀሚሩ ክሳዕ ቅዋማዊ መንግስቲ ዝጣየስ ነቲ ናይ ምስግጋር መስርሕ ከመቻችእ ትጽቢት ይግበረሉ።

ሃገራዊ ዋዕላ ምጽዋዕ፡ ክፉትን ግሉጽን ንኹሉ ዝሓቁፍን ምምኽኻር ዘመቻችእን ቅዱስ ዕላማ ዘለዎን ተግባር ኢዩ። እዚ፡ ካብ ኩሉ ማሕበራዊ ጽፍሕታት ዝመጹ ኤርትራውያን፡ እንተላይ ፖለቲካዊ ውድባት፡ ሲቪካዊ ውዳበታት፡ ሃይማኖታውን ልምዳውያን ምምሕዳራዊ ትካላት፡ ፍሉጣት ውልቀ ሰባት፡ ከምኡ እውን ወከልቲ ዲያስፖራ፡ ብሃገራዊ ዋዕላ ኣቢሎም ኣብ ምጽዳቕ ንድፊ ፖለቲካዊ ምስግጋር መርሓ ጎደና

ንክሳተፉ ክጽውዕ ይግባእ። ማዕረ ውክልና ደቂ ኣንስትዮ፡ ምርጫ ዘይኮነስ ቀዳምነት ዝወሃቦ ጉዳይ ኢዩ።

ንኹሉ ዘሳትፍ ቅዋም ምንዳፍ፡ ዓቢ ዕማም መሰጋገሪ መንግስቲ ኢዩ። እቲ ምንቅስቓስ ነቲ ዝጸንሐ ቅዋም ብምርኣይ፡ ኣረኣእያን ባህግን ህዝቢ ኤርትራ ዘንጸባርቕ፡ በቲ ንኹሉ ዝሓቑፍን ኣሳታፍን መስርሕ ኣቢሉ ሓድሽ ቅዋም ንምንዳፍ ይዕልም።

ናብ ቅዋማዊ መንግስቲ መስርሕ ንምስግጋር ንሲቪላዊ ዘተ ዘመቻችእ ሃዋህው ምፍጣርን ንኹሉ ዝሓቑፍን ግሉጽን ተወፋይነት ምርኣይ እውን ኣገዳሲ ኢዩ። እቲ ምንቅስቓስ ንፍልልያት ብዘተ ናይ ምፍታሕ ባህሊ የተኣታቱ። ንሓድነትን ምርድዳእን ዝድግፍ ባህሊ ንምስፋን ድማ ይጣበቕ።

ኣብ ምሉእ'ቲ ምስግጋር፡ እቲ ናይ ለውጢ ምንቅስቓስ፡ ስርዓትን ፍትሕን ንምውሓስ ንልዕልነት ሕጊ ቀዳምነት ክህብ ይግባእ። ንምርግጋእን ንድሕነትን ህዝቢ ድማ ኣብ ቅድሚት ክሰርዖ ይግባእ።

መሰጋገሪ መንግስቲ ኣብ ውሽጢ ሃገር ዘሎ ምፍልላይ ንምፍዋስ መስርሕ ሕውየትን ሰላምን ዕርቅን ከበጋግስን ከተግብርን ይግባእ። እዚ ድማ ናይ'ቲ ጉዳይ ፍሉይ ስትራተጂን ዓሚቕ ርድኢትን ይጠልብ። ዓወት ናይ ከም'ዚኦም ዝኣመሰሉ ጻዕርታት፡ መብዛሕትኡ ግዜ ኣብ ናይ ኩሎም ሰብ ብርኪ ተወፋይነትን ሰናይ ድሌትን ከምኡ እውን ኣብ ደገፍ ሰፊሕ ማሕበረሰብ ዓለምን ይምርኮስ።

መሰጋገሪ መንግስቲ፡ ምስ ጎረባብቲ ሃገራትን ምስ ማሕበረሰብ ዓለምን ብመሰረት ኣህጉራዊ ቅጥዕታትን መትከላትን፡ ሰናይ ዝምድና ንምርግጋጽ ክጽዕር ይግባእ።

ኣብ ምኽባር ሰብኣዊ መሰላት ዘለዎ ዘይንቕነቕ እምነት ብግብሪ ንምግላጽ ድማ ኩሎም ናይ ሕልና እሱራት ንክፍትሑ የመቻችእ። ኣብ መወዳእታ፡ እቲ መሰጋገሪ መንግስቲ፡ ድሌታት ህዝቢ ኤርትራ ንምምላእ፡ ኣገደስቲ ማሕበራዊ ኣገልግሎታት ኣብ ምሃብ ትኹረት ይገብር።

ንምጥቕላል፡ እቲ ናይ ለውጢ ምንቅስቓስ፡ ኣብ መትከላት ማሕበራዊ ፍትሒ፡ ማዕርነትን፡ ናጽነትን ዝተመርኮሰት ብልጽግቲ ኤርትራ ኣብ ምምስራት ኩሉ መዳያዊ ጻዕሪ ክገብር ይመባጻዕን የተግብርን።

9.5. ራእይ ንሓዳስ ኤርትራ

ኤርትራ፡ ካብ ጎረባብታን ማሕበረሰብ ዓለምን ክብሪ ዝረኸበት ሃገር ክትከውን ኢያ። እዚ ኣኽብሮት'ዚ ካብ'ቲ ከቢድ መስዋእቲ እተኸፍሎ ቃልሲ ናጽነት ጥራይ ዘይኮነስ፡

ካብ'ቲ ብዙሕ ሸንኻት ዘለዎ ስትራተጂን ዕላማን ህንጸት ሃገር ዝምንጩ ኢዩ። ንሱ ድማ፡ ከም ኣብነታዊ ምሕደራ፡ ድልዱልን ዘመናውን ቁጠባ፡ ልዑልን ጠቓምን ትምህርትን ስልጠናን ዝሰነቐ ዓቕሚ ሰብ፡ ኣብ ፖሊሲታት ወጻኢ ውሕሉል ዲፕሎማሲ፡ ከምኡ እውን ንዝሓሸ መነባብሮ ህይወት ህዝቢ ኤርትራ ሓቀኛ ሓልዮት ምርኣይ ዝኣመሰሉ ባህርያት ዘጠቓልል ኢዩ።

ማእከል ናይ'ዚ ራእይ'ዚ፡ ግዝኣተ ሕጊ ዝሰፍነሉ ኩነታት ምፍጣር ኢዩ። እዚ ድማ እምነ ኩርናዕ ናይ'ቲ ፍትሓውን ህይወቱ ብስነ ስርዓት ዝመርሕን ህዝቢ መለለዩ ባህሪ ኢዩ። ኣብ መትከላት ማዕርነትን ማሕበራዊ ፍትሕን ዝተመርኮሰን፡ ኣብ ናይ ዝተፈላለዩ ከባቢታት ድሌትን ባህግን ኣብ ምምላእ ዝተሰረተን ቁጠባዊ ልምዓት ምትኳር ኣገዳሲ ኢዩ። እቲ ምሕደራ ናይ ሓባር ስምምዕ (consensus) ኣብ ምፍጣር የተኩር፡ ንማዕረ ውክልና (representation) ድማ የቐድም።

ኣብ ሓደ እዋን ስርዓትን ምርግጋእን ዘውሕሱ ዝነበሩ ልምዳውያ ሕግታት (ሕግታት እንዳባ) ብናይ ሓባር ስምምዕ ምምሕያሽ ይግበረሎም። ኣብ ልዕሊ ደቂ ኣንስትዮን ካልኦትን ዝረኣዩ ዝነበሩ ኣድልዎታትን ካልኦት ድሑራት ልምድታትን ዳግመ ግምት ይግበረሎም። እቲ ናብ ለውጢ ዘምርሕ መገዲ፥ ዘገምታዊ ክኸውን ይኽእል'ዩ፡ እቲ ለውጢ ግን ውሑስ ኢዩ። ኣብ ክንዲ ሃንደበታዊ ምዝንባላት፡ ህድእ ዝበለ ለውጢ ከመቻችእ ተመራጺ ይኸውን። ለውጢ ከም ኣወንታዊ ኮይኑ ዝረአ፡ ዘላቒ ወይ ውሑስ ምስ ዝኸውን ጥራይ ኢዩ። ዘገምታዊ ናይ ለውጢ መስርሕ፡ ኣብ ዕድመ ወዲሰብ ነዊሕ ኮይኑ ክርአ ይኽእል ኢዩ፡ ኣብ ዕድመ ሓደ ህዝቢ ግን ነዊሕ ኣይኮነን።

ምዕቃብን ምምዃስን ክብርታትን ልምድታትን ታሪኽን እምነታትን ኤርትራ ናይ'ዚ ራእይ'ዚ ኣገደስቲ ባእታታት ኢዮም። ኣብ ቅድሚ ጸገም እውን እንተ ኾነ፡ ታሪኽ ካብ'ቲ ዝጸልመተ ምዕራፋቱ ከይተረፈ ክቡር ትምህርቲ ዝህብ ዝተሓላለኸ መምህር ምዃኑ ብምእማን፡ ብመንነትካ ምሕባን ልዕሊ ኩሉ ኢዩ። ኣክሱማዊ ስልጣነን ዝተፈላለዩ ታሪኻዊ ቦታታትን ሓዊስካ፡ ሃብታም ታሪኽ ኤርትራ ምድህሳስ ልዕሊ ኹሉ ኣገዳስነት ኣለዎ። ብተመሳሳሊ፡ ከም በዓል በለው ከለው ዝኣመሰለ ያታ ሃገር ምዕቃብ፡ ነቲ ባህላዊ ትረኻ ዕምቆት ይውስኽሉ። እዚ ራእይ'ዚ፡ ንታሪኽን ልምድታትን ክብሪ ይህብ፡ ኣብ'ቶም ኣብ ብልጽግና ሃገር ኣበርኪቶ ዝገብሩ ሰባት ድማ ድርኺት ይፈጥር።

ኤርትራ ምስ ጎረባብታ ብሰላም ክትነብር፡ ምሳኣታተን ምክብባር ብዝመልአ መገዲ ክትዋሳእ፡ ንናይ ሓባር ዕላማታት ዘቐድሙ ዞባዊ ምትሕብባር ከተዕቢ፡ ሰላማዊ ኣገባብ ኣፈታትሓ ግርጭታት ከተስጉም ክንዕዘብ ንብህግ።

ሃይማኖታዊ ናጽነት ካልእ ዓንዲ ሕብረተሰብ ኢዩ። እምነት ኣብ ሕብረተሰብና ከም ናይ ምርግጋእ መሳርሒ ኮይኑ ኣገልጊሉ ኢዩ። ነቶም ብዕድመ ዝደፍኡ ምኽባር፡ ምህናጽ ሓባራዊ ምርድዳእ፡ ጽቡቕን ኣነዋሪ ጠባይን ምልላይ፡ ወዘተ ካብ እምነት ተነጺሎም ዘይርኣዩ ማሕበራዊ ክብርታትና ኢዮም። ለውጢ ከም ተፈጥሮኣዊ ናይ ምዕባለ መስርሕ ክረአ ኣለዎ። ሓሓሊፉ ኣንፈት ወይ ድራኸ ዝሓትት'ኳ እንተ ኾነ፡ ከም ዕንወት ግን ፈጺሙ ክረአ የብሉን። ንእዋናዊ ኣሰራርሓታት ንምድልዳል፡ ካብ ዝሓለፉ ትካላት፡ መግዛእታዊ ይኹን ካብ ካልእ፡ ዝወረስናዮም ምህሮታት ምውካስ ኣገዳሲ ይኸውን። እቲ ዕላማ ኣብ'ቲ "ንቡርነት" ዝሰፈነሉ ሃዋህው፡ ሰባት ሰሪሖም ዝኣትዉሉ፡ እምነቶም ብዘይ ፍርሒ ዘዘውትሩሉ፡ ሓሳባቶም ብናጽነት ዝገልጹሉ፡ ከም ዜጋታት/ደቂ ሰባት መሰሎም ዘስተማቕሩሉ ሕብረተሰብ ምፍጣር ኢዩ።

ኣብ'ዚ ራእይ'ዚ፡ ወለዲ ንደቆም ምስ ክብርታቶምን ባህግታቶምን ብምቅዳው፡ ፍቕርን ሓልዮትን ብምርኣይ፡ ናጽነት ዘለዎም ህጻናት ይኹስኵሱ። ስርዓተ ፍትሒ ብግሉጽነት ይሰርሕ፣ ልዕልና ሕጊ ንኹሉ ብማዕረ ዝዳኒ ምኳኑ የረጋግጽ። ኣብ'ቲ ብሕግታትን ፖሊሲታትን ስርዓታትን ዝምራሕ ሃገር፡ ውጽኢታቱ ብኣግኡ ክግመት ይከኣል። ንዝተፈላለዩ ኣረኣእያታትን ርእይቶታትን ንምጽውዋር ከም ልምዲ ይውሰድ፡ ማሕበራዊ ፍትሒ ብርትዓዊ ምክፍፋል ጸጋታት ሃገር፡ ኣብ ከም ምዕሩይ ዝርጋሐ ዘለዎም ናይ ትምህርትን ክንክን ጥዕናን ዝኣመሰሉ ኣገደስቲ ኣገልግሎታት ብዝግበር ወፍሪ ይድገፍ።

ምዕባለ ኤርትራ ብቐንዱ ኣብ ምውህሃድን ምንስጓስን ኣጠቓቕማን ከባብያዊ ጸጋታትን፡ ማሕበረሰብ ዝመሰረቱ መደባት ልምዓትን፡ ከምኡ እውን ኣብ ምድንፋዕ መሰረታዊ ውልቃዊ ተበግሶታት'ዩ ዝምርኮስ። ንኹሉ ዝሓቝፍን ንጠለባት ህዝቢ ትኹረት ዝህብን ተበግሶ ልዕሊ ኩሉ ኢዩ። ትካላት ትምህርትን ማእከላት ምርምርን ማእከላት ብሉጽነትን፡ ንመሃዝነትን ፈጠራን ዘደንፍዓ ትካላት ንምኳን ክተባብዓ ይግብኣን።

እዚ ራእይ'ዚ፡ ብልጽግናን ምርግጋእን ባህላዊ ብዙሕነትን ዝወሃሃደላ መጻኢት ኤርትራ ዝምነ ኮይኑ፡ ንታሪኻ ጥራይ ዘይኮነስ ንክብሪ ናይታ ተስፋ እተነብረላ ሃገር ዘረጋግጽ ኢዩ።

እቲ ራእይ፡ ኣብ መንጎ ህዝቢ ፍትሓውን ምዕሩይን ምክፍፋል ሃገራዊ ጸጋታት ዘተባብዕ ኮይኑ ኣብ መንጎ ሃብታማትን ድኻታትን ሰፊሕ ጋግ ንከይፍጠር ጥንቃቐ ክዝውተር ይግባእ።

እቲ ራእይ'ዚ ናይ'ተን ፍርቂ ኣካል ናይ'ቲ ሕብረተሰብ ዝኾና ደቂ ኣንስትዮ ማዕርነታዊ ትሳትፎ ዝጠልብን፡ ድሌተንን ባህገንን ዘማልእን ኢዩ። ንኹለን ብሄራት ኤርትራ ድማ ብማዕረ ይርኢ፡ ንሰናይ መጻኢኦም ድማ ኣበርቲዑ ይጽዕት።

ሳልሳይ ክፋል

ጥማዕ ዝኽርታት ህይወተይ

ምዕራፍ 1

ጉዕዞ ህይወተይ፣ ጉዕዞ ከበድቲ ምርጫታትን ፍሉያት ተመክሮታትን

ኣብ ኣስመራ ኤርትራ ተወሊደ፡ እቲ ህዝቢ መንነቱ ክገልጽ ይዳሎ ኣብ ዝነበረሉ እዋን ኣብ ዝምዕብል ዝነበረ ቅልጡፍ ፖለቲካዊ መስርሕ ከኣ ዓብየ። ንላዕለዋይ ትምህርተይ (ኣብ ውሽጥን ወጻእን ሃገር) ብፍቓደይ ገዲፈ፡ ንነብሰይ ንነዊሕ ዓመታት ንዕላማ'ዛ ሃገር፡ ኤርትራ፡ ወፍየያ።

ኣብ ምዉቕ ሕቑፊ ፈቃራት ስድራ ቤት፡ ብደረት ዘይብሉ ፍቕሪ ተሓብሒበን ተኾስኩሰን ዓብየ። ወላዲተይ፡ ዓሚቝ ሃይማኖታዊ እምነት ዘለዋ ፈቃርን ሓላዪትን ወላዲት ጥራይ ዘይኮነትስ፡ ዓርኪ ኢያ ነይራ። ምስ ደቃ ዝነበራ ርክብ ነቲ ምስ ሓደ እሙን ዓርኪ ዝግበር ዕላል ዘንጸባርቕ'ዩ ነይሩ። ምዉቕ ዕላላታ ድማ ብናጻ መገዲ ንደቃ ተካፍሎም ነበረት። ዕርክነታ ናብ ኩሎም ደቃ ብምስፋሕ፡ ምርድዳእን ቅንዕናን ቅሉዕነትን ዘለዎ ሃዋህው ክትፈጥር ክኢላ።

ወላዲተይ ብእንዳ ኣዴኣ ናይ ብሌንን ጣልያንን መበቆል ኣለዋ። ኣምና ኢላ ብዛዕባ ዓባያ ከተዘንትወልና ድማ ኣዝክር። ንሕና ግን ኣየርከብናላን። ሓብታ ንዓባያ (ዓባየይ ዓደላ ኢልና ኢና ንጽውዓ ዝነበርና) ግን ኩልና ኣርኪብናላ። ኣብ ገዛና ኣብ እትቕንየሉ ዝነበረት እዋን ሰጥ ከተብለና እንከላ ድማ እዝክር። ሓያል ሰበይቲ ኢያ ነይራ። ኣባሓጉኣ (ብወገን ወላዲታ) ካብ'ቶም ምስ መግዛእቲ ኢጥልያ ንኤርትራ ዝመጹ ላዕለዎት መኮንናት ናይ ኢጣልያ ሰራዊት'ዩ ነይሩ። ለውትናንት ጀነራል ጆቫኒ ባቲስታ ዶ ተባሂሉ ድማ ይጽዋዕ ነበረ። ቅድሚ ብ1941 ዓ.ም. ካብ'ዛ ዓለም ብሞት ምፍላዩ ንውሑዳት ዓመታት ኣብ መንግስቲ ኢጣልያ ከም ሰነተር (senator) ኮይኑ እውን ኣገልጊሉ።[cxxii]

ለውትናንት ጀነራል ጆቫኒ ባቲስታ ዶ ብ1870 ኢዩ ተወሊዱ።[cxxiii] እንዳ ኣቦኣ ንወላዲተይ ዓዲ ተስፋይ ይበሃሉ። መረበቶም ከኣ ከረን ላዕላይ ኢዩ።

ወላድየይ ዕቱብን ኣዝዩ ሓያል ሰብን ኢዩ ነይሩ። ዝኾነ ጌጋ ስጉምቲ ወይ ዕሽነት ዝመልኦ ስሕተት ቅድሚ ምፍጻምካ ሳዕቤን ተግባራትካ ብጥንቃቐ ክትሓስበሉ ኣሎካ። ኣካላዊ ማህረምቲ ከዘውትር ፈጺሙ ርእየዮ'ኳ እንተ ዘይፈልጥ፡ ትኩር ኣጠማምታኡን ኩራ ዝዓሰሎ ወይ ዝመልኦ ገጹን ግን ናይ'ቲ በደል ክብደት ንምትሕልላፍ እኹል ኢዩ ነይሩ። ወላድየይ ኣብ ገዛ ኣብ ዝህልወሉ እዋን፡ እቲ ገዛ ፍጹም ስቕታ ዝመልኦ ኢዩ ነይሩ። ይኹን'ምበር፡ ማኪና ካብ'ቲ ማዕጾ ናይ ገዛና ወጺኣ ማዕጾ ኣብ ዝተዓጽወሉ ህሞት ኣብ መንጎ ንኣሽቱ ኣሕዋት ዋዕዋዕታን ባእስን ይፍጠር ነይሩ።

ኣብ ኮምቦኒ ኮለጅ ክመሃር እንከሎኹ ናይ ቤት ትምህርተይ ሪፖርት ካርድ ኣብ ነፍስ ወከፍ ሽዱሽተ ሰሙን ባዕሉ ክፍርሞ ነይሩዎ። ነጥብታት እናረአየ ይፍርም'ሞ ካብ'ቲ መመገቢ ክፍሊ እናወጻእኩ እንከሎኹ፡ "ዝሓሸ ነጥቢ ከተምጽእ ትኽእል ኢኻ ዝብል ግምት ኣሎኒ" ዝብል ርእይቶ ይህበኒ'ሞ ስቕ ይብል። በቃ።

ኣቦይ መበቆላውነት (originality) ኢዩ ዝፈቱ ዝነበረ። ሓደ መዓልቲ ነቲ ሓድሽ ቅዲ ጸጉረይ ተዓዚቡ ስለምንታይ ከምኡ ከም ዝመረጽኩ ሓተተኒ። ኣብ'ቲ ከባቢ ዝነበሩ ሓያሎ ኣወዳት ተመሳሳሊ ፋሽን ከም ዝኽተሉ ነጊረዮ። ንሱ ድማ ካብ'ቲ ህዝቢ ፍሉይ ክኸውንን ብርቅን ሓድሽን ነገራት ክመርጽን ሓቢሩኒ። "ወላ ቅርጺ ኮኾብ ዝመስል ናይ ጸጉሪ ኣቀማቕማ ዲዛይን ዘይትገብር" ኢሉኒ። ድሕሪ እቲ ዕላል፡ እቲ ቃላቱ ንነዊሕ እዋን ምሳይ ጸኒሑ። ኣብ ኣከዳድና እውን ከምኡ። ንክትቀድሕ ኣየተባብዓካን።

ኣቦይ ኣባል ኣል ራቢጣ ኣል እስላምያ ኢዩ ነይሩ - ኣብ 1940ታት ንናጽነት ኤርትራ ከግህድ ዝጽዕር ዝነበረ ፖለቲካዊ ምንቅስቓስ።

እቲ ብወለደይ ዝሰረጸን ናይ ህይወት ትምህርትን ኣብ ከባቢ ቤተ ክርስትያን ኪዳነ ምሕረት ዝቀሰምኩዎ መንፈሳዊ ምህሮታትን፡ ማለት እቲ ክትገብሮ ዘሎካን ዘይብልካን ነገራት፡ ከም መሪሕ መትከል ህይወተይ ኮይኑ የገልግለኒ ኣሎ።

ሰንበት ሰንበት ብዘይካ ኣቦይ ኩሉ ሰብ ኣብ ቤተ ክርስትያን ከይዱ ናይ ንግሆ ቅዳሴ ከሰምዕ ግዴታ ነይሩዎ። ወላዲተይ ከኣ ኢያ ኮብኪባትና ትኸይድ። ኣቦይ ኣብ ካቴድራለ ድሒሩ ዝካየድ ኣብ ዝነበረ ቅዳሴ ይኸይድ ነይሩ፡ ድሕሪ ቅዳሴ ብማኪና ናብ ዓርበ ሮቡዕ ወይ ናብ በለዛ ሒዙና ይኸይድ። ንዘናጋዕ ድማ።

ኣቦይ ፍርያት ናይ'ተን ብካቶሊካውያን ሚስዮናት ዝተከፍታን ዝመሓደራን ዝነበራ ኣብያተ ትምህርቲ'ዩ ነይሩ። መማህርቱ በዓል ፊተውራሪ ሰለሞን ተኽለን (ወላዲኡ ንጴጥሮስ ሰሎሞን) ደጃዝማች ተስፋሃንስ በርሀን ከም ዝነበሩ ከዘንቱ እንከሎ የዝከረኒ።

ኣብ ግዜ መግዛእቲ ኢጣልያ፡ ከም ካልኦት ኤርትራውያን ዜጋታት ከም ኣስተርጓሚ ኮይኒ ኣገልጊሉ። ጸኒሑ ግን ኣብ ንግዲ ተዋፊሩ።

ንእስነተይ ዋላ'ኳ ካብ'ቲ ናይ ካልኦት መሰቶይ ዝፍለ እንተ ዘይነበረ፡ ብንሕንሕ ኣሕዋትን፡ ኣብ ሓላፉ ሕብረተሰብን ዝተደኮነ ሓጎስ ዝመልኦ ስሉም ዓለባ ኢዩ ነይሩ። ኣብ መጀመርታ፡ ምንጪ ባእሲ ኣሕዋት ዝነበረ ሳጓታት፡ ኣብ መወዳእታ ግን ናይ ፍቕሪ መጸውዒ ኮይኑ። ሓሓሊፉ ባእስን ምጭቕጫቕን'ኳ እንተ ነበረ፡ ኣብ መንጎ ኣሕዋት ዝነበረ ምትእስሳር ምስ ግዜ እናተጠናኸረ መጸ። ጸወታን ንሰብ ዘሕርቑ ተግባራትን (mischieves)) ምግባርን ኣብተን ቀዳሞት ዓመታት ዕድመይ እውን ዘይነጸጸል ኢዩ ነይሩ፣ ግን ካብ ደረቱ ዝሓልፍሲ ኣይነበረን።

ኣብ ግዜ ንእስነተይ፡ ክልተ ፍሉያት ሰባት ከም ኣርኣያ ኮይኖም ይቕልቀሉ። ቀዳማይ፡ ነፍስሄር ኣኮይ መድሃኔ ዮሴፍ፡ ካብ ኣመሪካዊ ዩኒቨርሲቲ በይሩት (American University of Beirut) ብቀዳማይ ዲግሪ፣ ካብ ቤት ትምህርቲ ስነ ቁጠባ ለንደን (London School of Economics) ድማ ብካልኣይ ዲግሪ ዝተመረቐ፣ ብንኡስ ዕድሜኡ ኣብ ሲቪላዊ ኣገልግሎት ኣብ ዝለዓለ ጽፍሒ ዝበጽሐ፡ ከምኡ እውን ከም መምህር ዩኒቨርሲቲን፡ ዋና ጸሓፊ ቤት ምኽሪ ንግድን፡ ኣካያዲ ስራሕ ናቕፋ ኮርፖረሽንን ኮይኑ ዝሰርሐ። ካልኣይ፡ ኣብ ኣዲሲ ኣበባ ቀዳማይ ዲግሪ፡ ካብ ካናዳ ድማ ካልኣይ ዲግሪ ዝረኸበ ኣቦ ጥምቀተይ ነፍስሄር በየነ ደበሳይ ነይሩ። ንሱ ኣብ'ቲ ብሕታዊ ጽላት (ኣብ ገላትሊ ሃንኪ ደሓር ድማ ኣብ ፋብሪካ ባራቶሎ) ከም ብሉጽን በሊሕን ኣካያዲ ስራሕ ኮይኑ ኣገልጊሉ። በየነ ኣብ ኣስመራ እንከሎ ካብ'ቶም ንጡፋት ኣባላት ናይ ህዝባዊ ግንባር ሓርነት ኤርትራ ኢዩ ዝነበረ። ብተዋፍይነቱን ብዝገበሮ ዓቢ ኣበርክቶን ድማ ኣድናቆተይ ወሰን የብሉን። ሕብረተሰብ ኣብ ልዕሊ ክልቴኦም ውልቀ ሰባት ልዑል ኣኽብሮት ከም ዝነበሮ እዝክር። ከም ናተይ ኣብነት (role models) ገይረ ድማ እወስዶም ነበርኩ።

መድሃኔ በሊሕ፡ መስተውዓሊ፡ ለባም፡ ሕዉስ፡ ትርጉም ዕርክነት ዝርዳእን ዝፈልጥን (ብንኡስ ዕድሜኡ ዝተዓራረኾም መትዓብይቱ ዕድመ ልክዕ ብዕርክነት ከም ዝወድኦ ኢየ ዝፈልጥ)። ንዓና ንብዕድመ ንኣሽቱ ደቂ ሓፍቱ ድማ ናይ ቀረባ ኰስኳሲናን ኣርኣያን ኢዩ ነይሩ። ከም መሰታኡ የዕልለካን ይሰምዓካን። ንጽቡቕ ጠባያትካ ካብ ምንኣድ ድሕር ዘይብል፡ ክትጋገ እንከለኻ ድማ ዝገንሕ ዓቢ ሓው ኢዩ ነይሩ። ንወላዲተይ ኣዝዩ ይፈትዋ ነይሩ። ማድሉ ሓፍተይ ይብላ፡ ክሳብ ብሞት ካብ'ዛ ዓለም ዝፋኖ ድማ ስእላ ኣብ ጠረጴዛኡ ነያራ። ንገዛ ቅድሚ ምምጽኡ እንተ ድኣ ደዊሉ፡ ኣደይ እንታይ ዓይነት ምግቢ ቀሪባ ከም እትጸንሕ ይፈልጥ ኢዩ። ቅልዋ። ንኣቦይ፡ ኣያ ሰሎሞን ኢዩ ዝጽወዖ ዝነበረ። ኣብ ልዕሊ ኣቦይ ድማ ልዑል ኣኽብሮት ነይርዎ። ኮፍ ኢሎም ከካትዑ ከለዉ ነዊሕ ግዜ

ኢዮም ዝወስዱ። መድሃኔ ቅድሚ ሓዳሩ ምውጽኡ ሓሙስ ሓሙስ ምስ ኣበይ ኣብ ገዛና ኢዩ ዝምሳሕ ነይሩ።

ካብ ዘይርስዖ ናይ መድሃኔ ዘረባታት፥ ክትካታዖ እንከሎኻ እንተ ዘይተረድኣ "ኣረድእ" ይብለካ። መርትዖ ወይ ጭብጢ ኣቕርብ ክንዲ ማለት ኢዩ። ክትዓትካ ብመርትዖ ክሳብ ዘየሰንኻዮ ድማ ኣብ ምርድዳኣ ክትበጽሕ ኣይከኣልን። ኣነ እውን ብተመሳሳሊ መገዲ ምስኡ ኣብ ዕላል ኣብ ዝጽመደሉ እዋን እሞ ከኣ ህውኽ ኢሉ ብዛዕባ ሓደ ሓደ ብዕምቆት ኣፍልጦ ዘየማዕበለሎም ጉዳያት (ንኣብነት ህዝባዊ ግንባርን ኣሰራርሓኡን) ርእይቶ ዝህብ ዘሎ ኮይኑ እንተድኣ ተሰሚዑኒ፡ "ዘይተዋህልል" ክብሎ ይዝከረኒ እሞ "ሓቕኺ እኮ ኢኺ ሳሚር ይበለኒ።" "ሳሚር ኣዋህልል ኢዩ ዝብለካ" ኢሉ ድማ ምስ ኣዕሩኽቱ ከም መመሰሊ ጌሩ ንዘረባይ ይጥቀመሉ ነበረ። ነዛ "ኣረድእ" እትብል ናይ መድሃኔ ቃል ኣዘውቲረ ይጥቀመላ ኢየ። ከመይሲ ክትዓትና ብመርትዖታት ክስነ ኣለዎ ዝብለ እምነት ስለ ዘሳሲ። ካብ'ዚ ሓሊፈ እውን ዝኾነ ውልቀ ሰብ ሓበሬታ ክህበኒ እንከሎ ተቐዳዲመ ምንጪ ይሓትት። "ዩትዩብ" እንተ ኢሎምኒ ስቕ ኢለ ኣይቅበሎን ኢየ። ብዙሓት ከካብ ጂባኦም ኣውጺኦም ስለ ዝዝረቡ። መድሃኔ ክዛረብ እንከሎ ናይ ሰዋስው ጌጋ ኣይፍጽምን ኢዩ። እቶም ቃላትን ሓረጋትን ካብ ኣፉ ብጥንቃቐ ኢዮም ዝወጹ። ሃንድራእ ኢሉ ድማ ኣይዛረብን። ቀልዲ መን ከርክቦ። ከም መብዛሕቴኦም ናይ ቀደም ደቂ ኣስመራ (ወይ ከኣ ኣዝማሪኒ)።

ዋይ.ኤም.ሲ.ኤይ. (YMCA) ንእስነተይ ኣብ ምቕራጽ ዓቢ ተራ ተጻዊቱ፣ ስፖርትን ምዝንጋዕን ጥራይ ዘይኮነስ ብመገዲ'ተን ዝጥርንፋና ዝነበራ ክለባት ብዋጋ ዘይሽነን ናይ ኣመራርሓ ትምህርቲ እውን ተለጊሱለይ። ካብ ኩዕሶ ስኪዔት ክሳብ ቸስ፡ ዋይ.ኤም.ሲ.ኤይ. ዝተፈላለየ ንጥፈታት ዝሰላሰለሉ ባይታ ኢዩ ነይሩ። ኣነ፡ ነፍስሄር ጌታቸው ሃይለ፡ ነፍስሄር ግርማይ ዮውሃንስ (ቮቸ)፡ ተኽለ ኣብራሃ፡ ቴድሮስ ገረዝጊሄር (ትሪባ)፡ ለማ ሃይለማርያም፡ ነፍስሄር ጴጥሮስ ወልደ፥ ኣርኣያ ይሕደጎ፡ ኣብራሃም ነጋሲ፡ ነፍስሄር ዓወተ ወልዱ፡ ነፍስሄር መስፍን ሃይለ ኣባላት ናይታ እትጥርንፈና ዝነበረት ጆሊ ጋይስ (Jolly Guys) ዝሰመናያ ክለብ ኢና ነይርና። ምስ'ተን ከም በዓል ኤቨርላስቲንግ (Everlasting)፡ ያንግ ፍላወርስ (Young Flowers) ዝኣመሰላ ክለባት ድማ ምዉቕ ዝምድና ነይሩና። ካባና ብቁሩብ ብዕድመ ድፍእ ዘበሉ ስለ ዝነበሩ እውን ይመኽሩና ነይሮም። ግርማይ ዮውሃንስን (ቮቸ) ተኽለ ኣብርሃን ድማ ኣብ'ቲ ናይ ክለባት ባይቶ ይውክሉና ነበሩ።

ዋይ.ኤም.ሲ.ኤይ. እቶም ካብ ዩኒቨርሲቲ ሃይለስላሴ ዝተመረቑን ካልኦት ገዳይም ተምሃሮን፡ ነቶም ንፈተና መእተዊ ዩኒቨርሲቲ ዝቀራረቡ ዝነበሩ ተመሃሮ ካልኣይ ደረጃ ብትምህርቲ ዝሕግዙሉ ዝነበሩ ማእከል ኮይኑ እውን ኣገልጊሉ ኢዩ።

ካብ ዘይርስዖም ፍጻመታት ኣቲ ብግዜ ክረምቲ ሓለፍቲ ዋይ.ኤም.ሲ.ኤይ. ምስ ሓይሊ ባሕሪ ኢትዮጵያ ብምትሕብባር ኣብ ዶንጎሎ ዝውድብዎ ዝነበሩ ምብጻሕ ወይ ካምፒንግ (camping) ኢዩ። እዚ ንኣስታት ክልተ ሰሙን ዝወስድ ጉዕዞ ኣብ ዝተፈላለዩ ንጥፈታት ከም እትሳተፍ ይገብረካ። በብዓየነቶም ምስ ገመድ ምእሳር ዝተኣሳሰሩ ክእለታት ተጥሪ፡ ስነ ምግባር ትመሃር፡ ትሕምብስ፡ ምሸተ ምሸት ድማ ኣብ ክሊ ዝኣጎድካዮ ሓዊ ኄንካ ትዝምርን ትዘናጋዕን። ከም ጋንታ ትንቀሳቐስ፡ ከም ጋንታ ትተሓጋገዝ፡ ከም ጋንታ ድማ ትዋሳእ። እዚ ኣብ ናይ ሓባር ህይወት ከመይ ኢልካ ክትዋሳእ ከም ዘሎካ ንክትመሃር ይሕግዘካ።

መድሃኔ ዮሴፍ ንናይ ኲዕሶ ሰኪዔት ጋንታና ካብ ጁብኡ ብምምዋል (ስፖንሰር ብምግባር)፡ ካብ ቃኘው ስተሽን ምስ ዝመጸ ክኢላ ኣሜሪካዊ ኣሰልጣኒ ምትእስሳር ከም ዝህሉዋ ገይሩ ኢዩ። ብቐዓትና ኣብ ምብራኽ ድማ ወሳኒ ግደ ነይሩዎ። ስልጠናና መብዛሕቴኡ ግዜ ኣብ ቦችዮፌላ ኢዩ ዝካየድ ዝነበረ። ኣናሻዕ ድማ ኣብ ቃኘው ስተሽን ዝበሃል ዝነበረ መዓስከር ኣመሪካዉያን ወተሃደራት።

ፊልምታትን ምሕዝነት እሙናት ኣዕሩኽን (ጌታቸው ሃይለን ግርማይ ዮውሃንስን ብፍላይ)፡ ንምዝንጋዕን ንገዛእ ርእስኻ ንምግላጽን ምቹእ ተወሳኺ ሃዋህው ይፈጥረልና ነበረ። ጌታቸው ሃይለ - ጌጋ ደኣ ይኸልኣለይ እምበር - ብ1978 ኣብ ቤት ማእሰርቲ ተቐቲሉ። ሓዉ - ነጋ ሃይለ - እውን ከምኡ። ክልቴኦም ብኢድ እቲ ጨካን ስርዓት ደርግ። ጌታቸውን ነጋን ክልቴኦም ውፉያት ኣባላት ህዝባዊ ግንባር'ዮም ነይሮም። ሓብቶም የሺ ሃይለ ድሕሪ'ት ከም ናይ ከተማ ውድብቲ ኮይና ምግልጋላ ኣብ 1978 ዓ.ም. ኣብ መሳርዕ ህዝባዊ ግንባር ተጸንቢራ። ቅድምን ድሕርን ናጽነት ሃገርን ድማ ብዝለዓለ ተወፋይነት ኣገልጊላ።

ካብ ንእስነተይ ጀሚረ (ምስ ኣሕዋተይ) ብሽክለታ ናይ ምውናን ፍሉይ ዕድል ረኺበ። ወዲ 15 ዓመት እንክለኹ ድማ ወግዓዊ ትምህርቲ ምዝዋር ማኪና ጀሚረ። ኣቦይ ነዚ ጉዳይ ብዘይተጸበኹዎ መገዲ ኢዩ ፈጺሙዎ።

ሓደ ቀዳም ንግሆ፡ እንበጽሖ ቦታ ከይገለጸ ከሰንዮ ሓተተኒ። ማኪና ምስ ተሰቐልና፡ ናበይ ንኸይድ ከም ዝነበርና ፍጹም ኣንፈት ወይ ግምት ኣይነበረንን። ኣብ መወዳእታ ኣብ ጥቓ መርካቶ ኮፐርቶ ኣብ ዝርከብ ቤት ትምህርቲ ምዝዋር ማኪና (ኣውቶስኩዎላ ኣፍሪቃ) በጻሕና። ካብ ማኪና ቅድሚ ምውራደይ፡ ኣቦይ ነቲ ዝጽበየና ዝነበረ ሰብ እንዳኣመልከተ እንታይ ክገብር ከም ዘለኒ ባዕሉ ክነግረኒ ምኻኑ ሓቢሩ ተሰናበተኒ። ስም ናይ'ቲ ምዝዋር ማኪና ንክምህረኒ ዝተመደበ መምህር ፍጹም ይበሃል። ምስ ፍጹም ክሳዕ'ቲ ትምህርቲ ዝጠናቐቕ ኣዝዩ ምዉቕ ዝኾነ ዝምድና መስሪትና። ይዝከረኒ፡ ፍጹም ወዲ ኣባ ሻውል ኢዩ ነይሩ።

ሓደ ካልእ ዘይርስዖ ናይ ኣቦይ ጠባይ ከም'ቲ ልዕል ኢሉ ተጠቒሱ ዘሎ ሃንደበትነቱ ኢዩ። ሓደ መዓልቲ ደገ ውዒለ ኣማስያይ ገዛ እምለስ'ሞ እንተ ርኤኹ ብሸግለታይ ኣብ ገዛ ዘየላ። ንኣደይ እንተ ሓተትኩዋ ንኣቦኻ ተወከሶ ትብለኒ። ተደሪረ ናብ ምድቃስይ እኸይድ። ንጽባሒቱ ንግሆ ኣቦይ ይጽውዓኒ እሞ ኣብ ማኪና ተሰቐል ይብለኒ። ሒዙኒ ብቐጥታ ናብ እንዳ ቶርፓዶ ዝበሃላ ክቡራት ብሸግለታት ዝሸየጣሉ ናይ ሓደ ኢጣልያዊ ዜጋ ዱኳን ይወስደኒ፡ ደሓር ሓንቲ ካብተን ተዳልየን ዝነበራ ሓደስቲ ብሸግለታት ክወስድ ድማ ይሕብረኒ። ብሸግለታይ ሒዘ ንገዛይ እምለስ። ለካ ድሒረ ከም ዝፈለጥኩስ ኣቦይ ነታ ብሸግለታይ ንሓደ ካብ ገጠር ዝመጸ ዘመድ ኢዩ ሂቡዎ።

ኩሎም ኣባላት ስድራ ቤት ካብ'ታ ዓባይ ሓፍተይ ኢለን ሰሎሞን ጀሚርካ ኣብ ዝተፈላለየ እዋናት ኣብ'ቲ ብኢየሱሳውያን (ጀዝዊትስ) ዝመሓደር ዝነበረ ጽቡቕ ስም ዘትረፈ ቤት ትምህርቲ ኮምቦኒ ኮለጅ ኣስመራ ተማሂሮም። ዓባይ ሓብተይ (ኢለን ሰሎሞን) ንኮምቦኒ ብብሸግለታ ገይራ ትመላለስ ከም ዝነበረት ስድራይ የዘንትዉ። እዚ፡ ኣብ'ቲ እዋን'ቲ ኣዝዩ ብርቂ ነገር ኢዩ ነይሩ።

ትምህርተይ ክሳብ ካልኣይ ደረጃ ኣብ ኣስመራ ድሕሪ ምውዳእ፡ ኣብ ቀዳማዊ ሃይለስላሴ ዩኒቨርሲቲ ትምህርተይ ጀሚረ፡ ብድሕሪኡ ድማ ኣብ ኡፕሳላ ዩኒቨርሲቲ (ሃገረ ሽወደን) ቀጺለ። ኣብ ቀዳማዊ ሃይለስላሴ ዩኒቨርሲቲ ፍረሽማን ፕሮግራም እዞም ዝስዕቡ መማህርተይ እዝክር፥ ኪዳነ ገብረሚካኤል (ካርሎ)፡ ብርሃነ ኣስገዶም፡ ኪዳነ ሰሎሞን (ምዕባይ ሓወይ)፡ ኢስይያስ ተስፋጽዮን፡ ዑቕበ ኣብራሃ፡ ተወልደ ዓንዱ፡ ቴድሮስ ኣማኑኤል፡ ነፍስሄር ተኸስተ (ዲኦ)፡ ነፍስሄር ኣስካለ፡ ነፍስሄር ወዲ ጴጥሮስ፡ ነፍስሄር ኣስመሮም ገብረየሱስ፡ ነፍስሄር ኣማኑኣል ፍስሃየ፡ ነፍስሄር ኣብርሃ ተስፋይ፡ ሰመረ ፍስሃየ፡ ተወልደ እስቲፋኖስ፡ ዘርኣይ ፍስሃየ ወዘተ። በዓል ጴጥሮስ ሰሎሞን፡ ስብሓት ኤፍሬም፡ የማነ በየነ (ጠሊፋ)፡ ቴድሮስ ገረዝጊሄር (ትሪባ)፡ ኣብርሃ ካሕሳይ (ኣቲላ)፡ ክብሮም ደበሳይ (ቅሱን)፡ ወዘተ ናትና ሲንየርስ ኢዮም ነይሮም።

ኣብ ስቶክሆልም (ሽወደን) ናይ ቋንቋ ሽወደን መማህረተይ ዝነበሩ ዩሱፍ ሓሰን፡ ኪዳነ ገብረሚላኤልን (ካርሎ) ብርሃነ ኣስገዶምን ይርከቡዎም። ድሕሪ ናይ ቋንቋ ትምህርቲ ምጥንቓቕና፡ ሰለስቴኦም ኣብ ስቶክሆልም ፋካልቲ ናይ ኢንጂነሪንግ ንምጽንባር ክተርፉ እንንከለው፡ ኣነ ግን ናብ ናይ ፋርማሲ ፋካልቲ ንምጽንባር ንኡፕሳላ ግዒዘ። ትምህርተይ ድማ ጀሚረ። ቴድሮስ ኣማኑኤል - ሓደ ካብ'ቶም ኣብ ቀዳማዊ ሃይለስላሴ ዩኒቨርሲቲ መማህርተይ ዝነበረ ዓርከይ - ጽንሕ ኢሉ ኣብ ኡፕሳላ ተጸንቢሩኒ።

ኣብ ሽወደን እንከለኹ ኣብ'ቲ ውዳብ ናይ ህዝባዊ ሓይልታት ብንጥፈት ይሳተፍ ነበርኩ። ኣብ ፓቭያ (ኢጣልያ) ኣብ ዝተገብረ ጉባኤ እውን ምስ ኪዳነ ገብረሚካኤል

(ካርሎ) ተሳተፍኩ። ናይ "ፓቬያ ብይን" ዝብል ህቡብ መግለጺ ሒዝና ክንውጽእ ድማ ኣዝከርኒ። ንዓመት ዝኣክል እውን ከም ዋና ጸሓፊ ናይ ጨንፈር ሽወደን ኮይነ ኣገልጊለ። ኣዝከረኒ፡ ኣነን ቴድሮስን ሓንቲ "ገድሊ ኤርትራ" እትበሃል ብቋንቋ እንግሊዝኛ እትጽሓፍ መጽሔት ከነዳሉ ጀሚርና ኔርና። ኣብ'ቲ ጉባኤ ናይ ፓቪያ በዓል ሳሙኤል ባይረ (ሽዑ ጎንጨ)፡ ተስፋልደት ማሪያኖ፡ ወልዱ ዮውሃንስ፡ ምጽላል ልጃም፡ ሙሴ (ሕጂ ኣብ ጀረመን ዝነብር)፡ ብንጥፈት ክዋስኡሉ ድማ እዝከር። ብድሕሪ'ዚ ኣብ በርሊን (ጀርመን) ውሑዳት ሰባት ተኣኪብና ንብይን ፓቪያ ብደቂቕ ርኢና ሓድሽ መግለጺ ከነውጽእ እውን ይዝከረኒ። ኢያሱ ሃብቱ - ኣብ ቀዳማዊ ሃይለስላሰ ዩኒቨርስቲ ልዕሌና ተመሃራይ ዝነበረ - ንጨንፈር ኢጣልያ ወኪሉ መጺኡ ከም ዝነበረ እውን እዝክር።

ተመሃሮ እንከለና፡ ኣበየ ኲርናዓት ዓለም ዝተከስቱ ገስገስቲ ኣህጉራውያን ምንቅስቓሳት ብሓፈሻ፡ ሃገራውያን ሓርነታውያን ምንቅስቓሳት ድማ ብፍላይ ኣብ ልዕሊ ኣተሓሳስባና ዓቢ ጽልዋ ነይርዎም። ከም በዓል ክዋመ ኑክሪማ (ጋና)፡ ኣሚልካር ካብራል (ጊኒ ቢሳው)፡ ፍራንዝ ፋኖን (መበቆሉ ማርቲኒክ ኮይኑ ግንከ ኣብ ኣልጀርያ ኣንጻር መግዛእቲ ፈረንሳ ዝቃለስ ዝነበረ)፡ ሆ ቺ ሚን (ቬትናም)፡ ቼ ጉቫራ (ቦሊቭያ)፡ ጀሚላ ቡሂረድ (ኣልጀሪያ) ዝኣመሰሉ መራሕቲ ናይ'ዞም ምንቅስቓሳት ኣብ መንጎና ኣዝዮም ህቡባት ነበሩ። ኣሰር እግሮ ክንክተል ድማ ንህንጠ ነበርና።

ኣካዳሚያዊ ትግሃት መለለዪ ናይ'ቲ እዋን ትምህርተይ ኮይኑ፡ ኣብ ቀዳማዊ ሃይለ ስላሰ ካልኣይ ደረጃ ቤት ትምህርቲ ኣብ 12 ክፍሊ ኣብ "ፍሉይ ክፍሊ"፡ ክፍሊ ቋንቋ ፈረንሳ (French section) ቀዳማይ ብልጫ ብምውሳድ እየ ዛዚመዮ።

ብኣጋኡ ንንባብ ብምቅላዐይ፡ ነቲ ናይ ፍልጠተይ ሽውሃት ኣበሪኽዎ። ኣብ 14-15 ዕድመይ ኣብ 9ይን 10ይን ክፍሊ እንዳ ተመሃርኩ እንከለኹ ዳርጋ ንኹለን ብኣፍሪቃውያን እተደርሳ ተኸታተልቲ መጻሕፍቲ (African Writers Series) ካብ ቤተ መጻሕፍቲ ናይ'ቲ ቤት ትምህርቲ እናተለቃሕኩ ወዲአየን።

ኣብ ዓውዲ ስነ ጽሑፍ፡ ካብ ሃብታማት ቤተ መጻሕፍቲ ነፍስሄር ኣኮይ መድሃኔ ዮሴፍን፡ ካብ ኣቦ ጥምቀተይ በየነ ደበሳይን፡ ከምኡ እውን ካብ ንእሽቶ ሓዉ ነፍስሄር ዮናስ ደበሳይን መጻሕፍቲ ይልቃሕ ነይረ።

መደበር ቃኘው (ኣብ ኣስመራ ዝርከብ ዝነበረ ወተሃደራዊ መዓስከር ኣመሪካ) ንዓይን ንኣሕዋተይን ምስ ናይ ኮሚክ መጻሕፍቲ (comic books) ኣላልዩና፣ እዚ ድማ ኣብ ከባቢ ኣልበርጎ ኢጣልያ፡ ኣስመራ፡ ኣብ ዝርከብ ንእሽቶ ኪዮስክ ብምልውዋጥ ይካየድ ነበረ። ንሓደ መጽሔት ብዓሰርተ ሳናቲም ንገዝኦ እሞ ነቲ ዘንበብናዮ ንሓደ ብሓምሽተ ሰናቲም ሸጥና ነቲ ዘየንበብናዮ ንገዝእ። ኣደይ ግን ፈጺማ ኣይፈትዎምን ኢያ ነይራ። ኩሉ ግዜ

ድማ "ካብ'ዞም "ፊጉሪኒ" (ስእልታት) ርሓቑ፡ ኣብ ናይ ቤት ትምህርትኹም መጻሕፍቲ ኣተኩሩ" ትብል ነበረት። ኣነን ኣሕዋተይን ግን ኣደይ ንከይትረኽቦም'ሞ ከይትድርብዮም ብማለት ነቲ ኮሚክ መጻሕፍትና እንሓብኣሉ ዝተፈላለየ ምስጢራዊ መሕብኢ ቦታታት ነይሮሙና።

ኣብ ውሽጢ ስድራይ ናይ ምንባብ ባህሊ ሰሲኑ ነበረ። ኣቦይ ክሳዕ ኣዝዩ ዝመሲ ኣብ መጽሔታት ጥልያን ይጥሕል ነበረ። እታ ዝፈትዋ ሰሙናዊት መጽሔት "ዶመኒካ ደል ኮሪየረ" (ኣብ ሚላኖ ኢጣልያ እትሕተም ሰሙናዊት መጽሔት) ኮይና ኣብ ግዜ ምሳሕን ድራርን ድማ እተመሳቐለ ቃላት ("ክሩቺ ቨርባ") ይጻወት ነይሩ። ነፍስሄር ዓባይ ሓፍተይ ኣስመረት ሰሎሞን ድማ ናይ መጻሕፍቲ ምንባብ ፍቕሪ ስለ ዝነበራ ንመዓልታት ኣብኡ ትእለኽ ነበረት። ሓንሳብ ሓንሳብ ንክልተ-ሰለስተ መዓልታት ኣይንረኣን። ኣብ ምሉእ ህይወተይ ከም ኣስመረት ገይሩ መጻሕፍቲ ዘንብብ ወይ እውን ፍቕሪ መጻሕፍቲ ዝነበሮ ሰብ ኣጋጢሙኒ ኣይፈልጥን። ዓበይቲ ኣሕዋተይ ኣልጋነሽን ነፍስሄር ኣሰፋሽን ኣብ ክልቲኡ መጽሔታት ጥልያንኛን እንግሊዝኛን ከም "ሮማንሶ"፡ "ሓቀኛ ፍቕሪ"፡ "ሓቀኛ ዛንታ" እናተገላበጣ የንብባ ነበራ። ጸኒሐን ድማ ናብ ልብ ወለድ ተሰጋጊረን።

ቋንቋታት ንምምሃር ልዑል ፍቕሪ ነይሩኒ። ኣብ ምሸታዊ ቤት ትምህርቲ ፕሪንቺፕ (ዳንተ ኣሊጊየሪ ተባሂሉ እውን ይፍለጥ) ቋንቋ ጥልያን ንሓሙሽተ ዓመት ብተኸታታሊ ተማሂረ፣ ኣብ ካልኣይ ደረጃ ቤት ትምህርትን ኣሊያንስ ፍራንሰዝን ቋንቋ ፈረንሳ ተማሂረ፣ ድሕሪ ትምህርቲ ወይ ኣብ እዋን ክረምታዊ ዕርፍቲ ድማ ኣብ ቤት ትምህርቲ ጃልያ (ቤት ትምህርቲ ማሕበረሰብ ዓረብ) ትምህርቲ ቋንቋ ዓረብ እወስድ ነይረ። ቋንቋ ዓረብ ምናልባት ናብ ጅብሃ እንተ ተጸምበርና ኢልና ዝጀመርናዮ ትምህርቲ ኢዩ ነይሩ። ብርክት ዝበልና ተመሃሮ ካልኣይ ደረጃ ኢና ነይርና። ብድሕሪ'ዚ ምስ ኣማኑኤል ዘርኣማርያም ቀጺልናዮ። መምህርና ኡስታዝ ዑስማን ዝተባህለ መንስዐታይ ነበረ።

ናይ ወላዲተይ ናይ ጸሎት መጻሕፍቲ፡ ብኽብረት ዝተታሕዘ ማዕከናት መንፈሳውነት፡ ኩሎም ብቛንቋ ጥልያን ኢዮም ነይሮም። ኣደይ ኣብ ንኡስ ዕድሜኣ ኣብ ቤት ትምህርቲ ጣልያን ኢያ ተማሂራ።

ዕስራን ኣርባዕተን ዓመታት ህይወተይ ኣብ ናይ'ታ ኣብ ቃልሲ ዝነበረት ሃገር ልደትን ምዕባለን ምሕብሓብን እየ ኣሕሊፈዮ። ኣብ'ዚ እዋን'ዚ ዝነበረኒ ሓላፍነታት ምስ ምምስራት ናይታ ብድልዱል ማሕበረ ቁጠባዊ መዋቕር ዝተሰነየ ማሕበራዊ ፍትሒ ዝሰፈና ሓራ ኤርትራ ብቐረባ ዝተኣሳሰረ ኢዩ ነይሩ።

ብዙሕ መብርሂ ብዘየድልዮ ምኽንያታት፡ መብዛሕትኡ ስርሐይ ወይ ኣበርክቶይ ኣብ ውሽጢ ህዝባዊ ህዝባዊ ግንባር ይኹን፡ ድሒሩ ድማ ኣብ ውሽጢ መንግስቲ

ኤርትራ፡ ብዘይ ዝኾነ ገንዘባዊ ካሕሳ ኢዩ ተፈጺሙ። ኣብ መፋርቕ 1990ታት ጥራይ ኢዩ እቲ መንግስቲ ተምሳላዊ ደሞዝ ክህብ ዝኸኣለ። ኣብ ምውላድ ኤርትራ ዘጥረኹዎ ተመክሮታትን ኣብ'ተን ናይ ድሕረ ናጽነት ዓመታት ዝነበረኒ ተሳትፎን ንባዕሉ ከም ዓስቢ ኢየ ዝቖጽሮ።

ንሜዳ ካብ ሃገረ ሽወደን ኢየ ተሰሊፈ። ንሜዳ ንክከይድ ምስ ወሰንኩ፡ ንሰለስቴኦም መሳድድተይ ዝነበሩ ናይ ቀረባ ኣዕሩኽተይ (ዩሱፍ ሓሰን፡ ኪዳነ ገብረሚካኤል (ካርሎ)ን ብርሃነ ኣስገዶምን ምስ ገለጽኩሎም ድማ ሰንቢዶም። ውሑዳት መዓልታት ምስኣቶም ኣብ ስቶክሆልም ድሕሪ ምቕናይ ድማ፡ ንወልደንኪኤል ኣብርሃ፡ ተኽላይ ሓረካን ገበረሚካኤል (ቀሺ) ኣብ ጀርመን ተጸንቢረዮም። ብሓባር ብምጉዓዝ መጀመርያ ናብ ኢጣልያ (ሚላኖ)፡ ደሓር ሊባኖስ (በይሩት)፡ ካብኡ ድማ ንየመን (ዓደን) ተጎዓዝና። ብኢጣልያ ክሓልፍ እንከለኹ ምዕባይ ሓፍተይ - ነፍስሄር ኣሰፉሽ ሰሎሞን - ኣብ ፓርማ ዝተባህለ ከተማ ኣብ ዩኒቨርሲቲ ናይ ፋርማሲ ተመሃሪት ነይራ። ከይትሻቐል ብምፍራሕ ግን ከይነገርክዋ ኢየ ንሜዳ ኤርትራ ጉዕዞይ ቀጺለ። ደሓር ኢዩ ሓደ ካብ'ቶም መሳድድተይ (ኪዳነ ገብረሚካኤል) ኣብ ቦሎኛ ምስ ረኸባ ዝነገራ። ከም ዝበኸየት ድማ ድሕሪ ክንደይ ዓመታት ምስ ተራኸብና ገሊጹለይ።

ኣብ ዓደን ምስ'ቶም ሽው ናይ'ቲ ቤት ጽሕፈት ሓለፍቲ ዝነበሩ ብጾት ወልደንኪኤል ገብረማርያምን ኣሕመድ ጣህር ባዱሪን ተራኺብና። ምስኣቶምን ምስ ብርክት ዝበሉ ክልኦት ውጉኣት ተጋደልትን ድማ ኣብ ዓደን ንውሑዳት ሰሙናት ጸናሓና። ኣዝከረኒ ሽው ተጋዳላይ ኢሳይያስ ኣፈወርቂ ካብ ሜዳ ንዓደን መጺኡ ነይሩ። ምሳና ድማ ኣብኡ ቀንዩ። ክሊማ ዓደን ምውቕ ኢዩ። ጸሓይ ዓራርቦ ድማ ካብ ቤት ጽሕፈት ወጺእና ክንናፈስ ንኸይድ። ኢሳይያስ ኩሉ ግዜ ምሳና ይመጽእ፡ ነዕልል ድማ። ከም ዝዝከረኒ ናብ በይሩት ገጹ ኢዩ ዝጉዓዝ ነዩሩ።

መራኸብ ምስ መጸ፡ ምስ'ቶም ንሜዳ ዝኣትዉ ዝነበሩ ሕክምና ዝግበረሎም ዝነበሩ ተጋደልትን ኣጽዋርን ጠያይትን ናብ ሜዳ ኤርትራ ጉዕዞና ኣምራሕና። ሽው ኢየ ንመጀመርያ ግዜ ምስ ብርሃነ ገረዝጊሄር ዝተራኸብኩ። ብርሃነ ኣባል'ታ ብባሕርያ እትጽዋዕ ዝነበረት ኣሃዱ ኢዩ ነይሩ። ህድእ ኢሉ ዘዕልልን ለባምን ሰብ ኮይኑ ድማ ረኺብክዎ። ጽቡቕ ዝምድና ድማ ፈጠርና።

ድሕሪ ናይ ውሑዳት መዓልታት ጉዕዞ፡ ኣብ ኣብ ገማግም ባሕሪ ኤርትራ በጻሕና። ንመጀመርያ ግዜ ዝርኤኹዎም ተጋደልቲ ናይ'ታ ብክፍሊ እምዳድ (ኣጽዋር) እትጽዋዕ ዝነበረት ኣሃዱ ኣባላት እዮም ነይሮም። ካብ'ዚኣቶም ፍስሃየ ወልደገብሪኤል፡ ዓሊ ሰይድ ዓብደላን ፍሊጶስ ወልደሃንስን እዝክር።

ኣብ ህዝባዊ ሓይልታት ደሓር ህዝባዊ ግንባር፡ ኣብ ዝተፈላለየ ጽፍሕታት፡ ኣብ ተዋጋኢ ሰራዊት ይኹን ኣብ ካልእ ንጥፈታት ኣገልጊሉ። ድሕሪ ናይ ሓሙሽተ ዓመት ትርጉም ኣልቦ ኲናት ሓድሕድ፡ ንክልቲኡ ውድባት ንምዕትራቕ ኣብ ዝግበር ዝነበረ ጻዕሪ ንህሓሓኤ ንምውካል ብተጋደልቲ ኣብ ዝተመረጽኩሉ እዋን፡ ጌና መንእሰይ እየ ነይረ።

ድሕሪ ወተሃደራዊ ታዕሊምን ፖለቲካዊ ትምህርትን፡ ናብ ሓይሊ ዓወተ (ጋንታ ማሕሙድ ዛበጣ) እየ ተመዲበ። ሽዑ ህዝባዊ ሓይልታት (ብምልእታ) ብኣስታት ሸሞንተ ሓይልታት (ነፍስ ወከፈን ሰሳ ተጋደልቲ ዝጠርነፋ) ዝቖመት ውድብ ነበረት። ብዘይካ'ዚኦን፡ ነተን ሓይልታት ድጋፍ ዝህባ ውሱናት ክፍልታት (ሕክምና፡ ስንቂ፡ ዕጥቂ ወዘተ) እውን ነይረን። ተመክሮ ጉዕዞ ንከበሳ ቀሊል ኣይነበረን። ብዛዕባ ጥሜት፡ ጽምኢ፡ ነዊሕ መገዲ ምጓዓዝ ወዘተ ኣይኮንኩን ዝዛረብ ዘሎኹ። መዓስከራት ጸላኢ ሕቖና ሂብና ነንሓድሕድና እንተሃናኾተሉ ዝነበርና ተመክሮ እየ ዝዝክር ዘሎኹ። ነቲ ኣብ ሽዕብን ሰሎሞናን ተደኲናም ዝነበሩ መዓስከራት ኮማንድስ ሕቖና ሂብና ምስ ኣሃዱታት ተጋድሎ ሓርነት ኤርትራ ንዋጋእ ነበርና። ኣብ ከበሳ ምስ ወጻእና እውን ከምኡ። በዓል በራኺ ወዲ ፈንቅል፡ ገረዝጊሄር ቀሺ፡ ግርማይ ዓይነታ፡ ተኽሉ ሽሪፍ፡ ሳልሕ ጠጠው፡ ኣሚራይ፡ ወዘተ ዝተሰውኡለን መዓልታት ከም ትማሊ እዝክረን። ካልኦት ደቂ ኣሃዱይ እውን።

እዚ ኣሰቃቒ ዝኾነ ውግእ ሓድሕድ ኣብ ምንት ምንታይ ኢዩ ዝካየድ ዘሎ ኢልካ ትሓስብ። ምስ የማነ ኪዳነ (ጃማይካ) ወላ'ኳ ኣብ ክልተ ዝተፈላልያ ኣሃዱታት እንተ ነበርና፡ ክንራኸብ እንከለና ግን ብዛዕባኡ ንዝትን ኣብ ሓጺር ግዜ ከብቅዕ ድማ ንትስፎን ኔርና። ምስ ጃማይካ ድሕሪ ውግእ ደፈሬ (ካርነሽም) ብዛዕባ'ቲ ኩነታት ኣልዒልና ነዊሕ ከነዕልል እዝክር። ምስ ጃማይካ - ወላ'ኳ ብዕድመ ዝዓብየኒ እንተ ኾነ፡ ፍልጠትና ካብ ንእስነትና ኢዩ ዝጅምር። ጎረባብቲ ኢና ነይርና (ገዝኦምን ገዛናን ነጸላ መንደቅ ይፈልዮ ነይሩ። እቲ ጉርብትና ጸኒሑ ናይ ክልቴኡ ስድራ ቤታት ሕውነት ኣማዕቢሉ። ኣብ ሓጎሶምን ጓሂኦምን ድማ ተፈላልዮም ኣይፈልጡን።

ኣብ ሓይሊ ዓወት እንከሎኹ ዘይርስዖ ተጋዳላይ ኣጋጢሙኒ። መንግስትኣብ ልኣከ ይብሃል። ወዲ ልኣከ ኢልና ንጽውዖ ኔርና። ኣብ ገጠር ዝዓበየ ኮይኑ ናይ ካልኣይ ደረጃ ትምህርቲ ዕድል ዝረኸበ ይመስለኒ። ምውድኡን ዘይምውድኡን ግን ኣረጋጊጸ ክዛረብ ኣይክእልን። ኣብ ኣካላዊ ሃይጅን ኣዝዩ ኢዩ ዘተኩር፡ እዚ ማለት ድማ ዕረፍቲ ኣብ ዝረኸብናሉ ግዜ ነብሱ ይሕጸብ፡ ክዳውንቱ ይሓጽብ፡ ጸጉሩ ድማ ብደምቢ ይስንትር። ናቶ ዝበሃል ብረት ኢዩ ዝስከም ነይሩ። ናቶ ካብ ካላሽን ቁሩብ ዕብይ ትብል። ብብረቱ

ጸወታ የልቦን። ኩሉ ግዜ ኢዩ ዘጽርያን ዝከናኸናን። ኣብ ጉዕዞ ንከበሳ ተዓራሪኽና። ብዙሕ ድማ ከነዕልል ጀሚርና። ንሱ ብተመክሮኡ፡ ኣነ ድማ ብተመክሮይ። ኩሉ ግዜ ኣብ ሕማቕካ ኣብ ጎድንኻ ኣሎ። ካብ ሰብ ድማ ብዙሕ ክፈልጥን ክመሃርን ይደሊ። ኣብ ኤውሮጳ ዘሕለፍክዎ ተመክሮ ከዕልሎ እንከለኹ ኣዝዩ ይምስጥ ከም ዝነበረ ይዝከረኒ።

መንግስትኣብ፡ ሰብ ንክድንግጸልካ ከተፍቅድ የብልካን ዝብል እምነት ነይሩዎ። "ሰባት ንክድንግጹልካ ምስ እተፍቕድ፡ ይንዕቑኻ፡ ሓንሳብ ምስ ነዓቑኻ ድማ ብዕቱብ ኣይወስዱኻን" ይብል ነበረ። "ሓድሽ ኳንካ ኣእጋርካ ጨፈቕፈቕ ኣናበለ ተጕዓዝ፡ ማይ ከም ዝጸማእካን ከም ዝጠመኻን ሰብ ክፈልጥ የብሉን" ይብል ነበረ። እዚ፡ ኣብ ተመክሮ ገድሊ ዓቢ ምህሮ ኢዩ ነይሩ። ቃላቱ ድማ ኩሉ ግዜ ምስ ዘከርክወን እየ። መንግስትኣብ ተሰዊኡ ኢዩ። ኣበይን መዓስን ግን ኣይዝክሮን። እዛ "ሰብ ንክድንግጸልካ ከተፍቅድ የብልካን" እትብለ ምኽሪ ናይ ወዲ ልኣከ ብዙሕ ግዜ እየ ዝጥቀመላ። ንሓደ ውልቀ ሰብ (ወዲ ተባዕታይ ይኹን ጓል ኣንስተይቲ) ዓቕሙ ዘፍቅዶ ጌሩ ህይወቱ ኣናመርሐ እንከሎ "መስኪናይ" ኢሎም ንዝጽውዑ ኣዕሩኽተይ፡ መስኪናይ ኣይትበልዎ/ዋ፡ እናበልኩ ምግሳጽ ድማ ኣመል ኮይኑኒ። ሓደ ካልእ ናይ ስራሕ ሓላፍየይ ዝነበረ ኣዝየ ዘኽብሮ ዝነበርኩን ክሳብ ሕጂ ዘኽብሮን ሰብ ንነፍሶም ከም ግዳያት ጌሮም ንዘቕርቡ ሰባት ይወቕስ። እዞም ውልቀ ሰባት ንክዕወቱ ዘለዎን ተኽእሎ ድማ ጸቢብ ኢዩ ይብል። ኣነ ነዚ ኣበሃህላ'ዚ ሓቅነት ኣለዎ ኢለ ይኣምን።

ምስ ሓይሊ በርሀ ጻዕዳ (ኣብ ጋንታ ኣቡበከር) እንከለኹ፡ ኣብ ከባቢ ኣስመራ ኣንጻር ሰራዊት ኢትዮጵያ ዉዕዉዕ ኲናት ተኸፊቱን ተኻይዱን። ይዝከረኒ ሓደ ባጊ (ወይ እውን ባቂ) ናሮ እንብሎ ዝነበርና መድፋዕጂ ብሬን ኣብ ቅድመይ ብጥይት ናይ ጸላኢ ርእሱ ከህረምን ክወድቕን። ኣብኡ ድማ ቀቢርናዮ። ሓደ ካልእ ዘይርስዖ ሽው ብጥይት ዝተሃርመ ገዲም ተጋዳላይ ተስፉ ኪዳነ ነበረ። ተስፉ ተጸይሩ ንሕክማና እናኸደ እንከሎ ዓሪፉ። ተስፉ ኪዳነ ሓደ ካብ'ቶም ልዑል ደረጃ ትምህርቲ ዝቐሰሙ ተጋደልቲ ኮይኑ ኣብ'ታ ጋንታና ህይወት ኢዩ ነይሩ። ብክልስ ሓሳብ ኣዝዩ ዝተራቐቐ፡ ምቕሉል፡ በሊሕ፡ ሕያዋይ፡ ልዕሊ ኩሉ ድማ መምህራና ኢዩ ነይሩ። ከፉፍ ምስፋይ ስርሒይ ኢሉ ስለ ዝተተሓሓዞ ንኩላ'ታ ጋንታ ንሱ ኢዩ ዝሰፍየላ ዝንበረ። ብእውነት ኢደ ሰሎሞን! ተስፉ ሓደ ካብ'ቶም ብሰንኪ'ቲ ምስ ምንቅስቓስ ናይ 1973 ዓ.ም. ዝነበሮ ምድንጋጽ ብመሪሕነት ህዝባዊ ግንባር ኣብ ዒላማ (target) ኣትዩ ዝነበረ ሰብ ኢዩ። ከም ዝዝከረኒ፥ ተስፉ ምስ በዓል ጴጥሮስ ሰሎሞን ካብ ሶማልያ ኢዩ ንህዝባዊ ሓይልታት ተሰሊፉ። ብናተይ ግምት፥ ተስፉ እንተ ዘይስዋእ ነይሩ ዕጭኡ ኣብ ሓለዋ ሰውራ ምጥስጣስ ምኾነ። ወይ እውን ከም'ቶም ዝተቐንጸሉ ምተቐንጸለ።

ከም በርህ ጻዕዳ ጥይት ዘይፈርሕ ሰብ ኣየጋጠመንን። ንጥንቃቐ ኢሉ ድንን ኢልካ ምካድ ኣይፈልጠን ኢዩ። ሬድዮኡ ብጸጋምይ ኢዱ ሒዙ ደው ኢሉ ኢዩ ዝዋጋእን ዘዋግእን። ንተጋደልቱ ሞራል ምሃብ ከም ስርሑ ይሕዞ። ተጋዳላይ ክጠምን ክጸምእን ኣየፍቕድን። ኣብ ስራሕ (ኲናት፡ ጉዕዞ እግሪ፡ ሸከም፡ ወዘተ) ግን ጸወታ ኣይፈልጥን ኢዩ። ምስ በርሀ፡ ኣብ ዓደን (ሸዑ ደቡብ የመን) ኢና እንፋለጥ። ንሱ ተወጊኡ ክሕከም፡ ኣነ ድማ ካብ ሽወደን መጺአ ንሜዳ ክኣቱ። ኣብ ዓደን ጽቡቕ ሌላ ጌርና። ብዙሕ ዘረባ'ኳ ዝፈቱ እንተ ዘይነበረ፡ ፍሽኽትኡ ግን ይዝከረኒ። ዕላለይ ደስ ይብሎ ከም ዝነበረ እዝክር። እፈትዎ ድማ ነበርኩ።

ኣብ ሓይሊ በርህ ጻዕዳ እንከለኹ እየ ምብርኳትን ሕልኮን ዝተመሃርኩ። መሊኸዮ ከኣ። ንሃብታይ ዝተባህለ ብጉልበት ፍርዝን ዝበለ ወዲ እምባ ደርሆ ኩሉ ግዜ የውድቐ ነይሩ። ደቂ ከባቢኡ ድማ ይስሕቅዎ ነበሩ። እዚ ግብረ መልሲ ናይ ደቂ ዓዱ የሕርቐ ስለ ዝነበረ መመሊሱ ይገጥመኒ። እንተ ተዓወተልይ ኢሉ። ኣበደን። ንካልኦት እውን ከምኡ። ምስ ወዲ ጸገዳይ ግን ተሃላለኽቲ ኢና ነርና። ወዲ ጸገዳይ እውን ወዲ እምባ ደርሆ'ዩ ነይሩ። ካብ ወዲ ጸገዳይ ኢየ ብዝያዳ ምብርኳት ተማሂረ። ኣዚና ድማ ኢና ንፋቶ ዝነበረና።

እታ ብሓይሊ በርህ ጻዕዳ እትፍለጥ ዝነበረት ኣሃዱና ምስ ተጋድሎ ሓርነት ኤርትራ ብዛዕባ ጉዳይ ሓድነት ንምዝታይ ንዝግበር ኣኼባ ወኪል ንምምራጽ ኣብ ፍሽ ምራራ ተኣኪብና። በርህ ዘረባ ስለ ዘይፈቱ ነቲ ኣኼባ ክመርሖ መዚዙኒ። ካብ ኣባላት'ታ ሓይሊ ካብ 145 ድምጺ 144 ረኺበ። ሸዑ መራሒ መስርዕ ኮይነ እየ ዘገልግል ነይረ።

ብድሕሪኡ ምስ'ቶም ካብ ዝተፈላለየ ሓይልታት ዝመጹ ብጾተይ ኣብ ሰለሙና ዝተባህለ ቦታ ተኣኪብና። እታ ኣብ ሰለሙና ዝተኣከበት ጉጅለ፡ ኣብ ሓድነት ዘሎና ኣቀራርባን ርእይቶን እንታይ ክኸውን ከም ዘለዎ ድሕሪ ምምይያጥ፡ ሓሙሽተ ኣባላት ዝሓቖፈት ኮሚተ መሪጻ። ኣነ ሓደ ካብ'ቶም ኣባላት እታ ሽማግለ ኮይነ ተመሪጸ።

ምስ ተራ ተጋደልትን ላዕለዎት ኣባላትን ተጋድሎ ሓርነት ኤርትራ ኣብ'ቲ ንሓባራዊ ዕላማን (ናጽነት) ሓድነትን ዝምልከት ጉዳያት ንምትሕብባር ኣብ ዘተን ሓሳብ ምልውዋጥን ምስታፍ፡ ንምእማኑ ዘጸግም ግሩም ተመክሮ ኢዩ ነይሩ። ካብ ህዝባዊ ሓይልታት ሓርነት ኤርትራ ዝተዋጽኣት ሽማግለ፡ ኣብ ከበሳታት ኤርትራ፡ ላዕላይ ባርካን፡ ዘባታት ሳሕልን ኣብ ዝርከባ ሓይልታት ተጋድሎ ሓርነት ኤርትራ ዑደት ኣካይዳ።

ኣብ'ዚ ናይ ዕርቂ ወፍሪ፡ እታ ሽማግለ፡ ንዑስማን ሳልሕ ሳበ (ሓላፊ ወጻኢ ልኡኽ ህዝባዊ ሓይልታት) ኣብ ዘባ ሳሕል መደበር ህዝባዊ ሓይልታት ኮይና እትገልግል ዝነበረት ቦታ (ብሌቓት) ኣብ ዝበጽሓሉ እዋን ረኺባቶ። ንሱ ብልኡኻቱ ተዓጂቡ ኢዩ መጺኡ።

እታ ሽማግለ ንስራሓታ ኣመልኪታ ድማ ኣዕጋቢ ሓበሬታ ሂባቶ። ዑስማን እውን ምኽሩ ነታ ሽማግለ ለጊሱላ።

ብዘይካ'ዚ፡ እታ ሓሙሽተ ኣባላት ዝሓቘፈት ሽማግለ፡ ምስ ጳውሎስ ተስፋጊዮርጊስን መንግስተኣብ ኢሳቕን - ክልቲኦም ንኤርትራውያን ንናጽነት ኣብ ሰሜን ኣመሪካ (ኤናሰኣ) ወኪሎም ዝመጹ እውን ተራኺባ። ንሳቶም ምስ መሪሕነት ህዝባዊ ሓይልታት ንምምይያጥ ካብ ኣሜሪካ ተጓዒዞም መጺኦም ነይሮም። ምስኦም ዝተራኸብናሉ ዕላማ ድማ፡ ክልቲኡ ውድባት (ህሓሓኤን ተሓኤን) ንምቅርራብ ዝካየድ ንዝነበረ ጻዕርታት ንምሕባር ኢዩ ነይሩ። መንግስትኣብ ናብ ኣመሪካ ድሕሪ ምምላሱ፡ ጽልግልግ ብዝበለ መገዲ ኢዩ ካብዛ ዓለም ብሞት ዝተፈልየ። ንሱ፡ ሓደ ካብ'ቶም ህዝባዊ ግንባር ንሕብረት ሶቭየት ብዘይ ምኹናኑ ኣንጻር ህዝባዊ ግንባር ተሪር መርገጺ ዝሰወደ ሰብ ኢዩ።

እታ ብሓሙሽተ ኣባላት ህሓሓኤ ዝቖመት ሽማግለ፡ ካብ ኣባላት ተጋድሎ ሓርነት ኤርትራ ዝረኸበቶ ኣቀባብላ ምዉቕ ኮይኑ፡ ዘተና ኣብ ምሕዝነታውን ምዉቕን ሃዋህው ኢዩ ተኻይዱ። እቲ ኒሕን ወንን ደረተ ኣልቦ ስለ ዝነበረ፡ ክልቴኦም ወገናት ኣብ ትሕቲ ስሙር መድረኽ ብሓባር ክሰርሑ ዝኽእሉላ መዓልቲ ንነዊሕ ክጽበዩ ኣይክኣሉን።

ብተወሳኺ፡ ኣባላት'ታ ሽማግለ ምስ'ተን ኣብ መላእ ኤርትራ ዝነጥፋ ዝነበራ ኣሃዱታት ህዝባዊ ሓይልታት እውን ተራኺቦም። ኣብ ሳሕል ምስ ካድረታት ህዝባዊ ሓይልታት ዝገበርናዮ ምይይጥ እውን እዝክር። ኣዝዩ ውዕዉዕ ክትዕ ዝነበሮን መሃርን ኢዩ ነይሩ። በዓል ተክላይ ዓደን ዝተረኽቡሉ ናይ ካድረታ ጉጅለ ብዛዕባ ትሕዝቶ ስሙር ግንባር ብዕምቆት ክንዝቲ ይዝከረኒ።

ነፍስ ወከፍ ግንባር ዝዓቀበ ገለ ፍልልያት'ኳ እንተ ነበረ፡ ኣብ ሕቶ ናጽነትን ሓድነትን ግን ኣብ መንጎ ክልቴኦም ግንባራት መሰረታዊ ፍልልይ ከም ዘይነበረ ርዱእ ኢዩ ነይሩ።

ቅድሚ ምፍራስ'ታ ሽማግለ፡ መጀመርያ ምስ ነፍስሄር ኣማኑኤል ኣይናለም (ኣማኑኤል ቀሺ) ኮይነ ካብ'ቶም ሽው ዝተመልመሉ ሓደስቲ ኣባላት ህዝባዊ ሓይልታት ሓርነት ኤርትራ ተዋጺኣ ዝተመስረተት ሓዳስ ሓይሊ ብሓባር ከመሓድር (ከም ኮሚሳር ሓይሊ) ተመዲበ ነይረ። እዛ ሓይሊ ዝተመስረተትሉ ምኽንያት፡ ናይ ኢትዮጵያ ኣየርወለድ ኣብ ደጀንና ክወርድ ይኽእል ኢዩ ካብ ዝብል ሓደጋ ንምክልኻል ነበረ። ኣነን ኣማኑኤል ቀሽን፡ ኣሃዱታትና ሒዝና ኣብ ሓለዋን ምክትታልን ተጸሚድና ነበርና።

እዚ ድማ ቅድሚ (ብመሪሕነት ህዝባዊ ሓይልታት ሓርነት ኤርትራ) ምስ ኣሕመድ ቀይሲ ብሓባር ከም ሓላፊ ዜናን፡ ባህልን ትምህርትን ምምዛዘይ ነበረ። ኣነን ኣሕመድ ኣል ቐይሲን ናብ ዜሮ ዝተባህለ ቦታ ብምኻድ ኣሃዱታትና ንጥፈታተን ዝጅምራሉ ኩነታት ፈጢርና። ንኣባላት ጨናፍራት ዜናን ባህልን ትምህርትን ሓዊስካ እቲ ቁጽሪ ኣባላት

ብርክት ዝበለ ኢዩ ነይሩ። ኣብ'ዚ ኣሃዱ'ዚ እናተዋሳእኩ እንከለኹ ኢዩ እታ ሽማግለ ነቲ ዝመረጸ ኣካል ጸብጸባ ክትህብ ናብ ሰሜናዊ ባሕሪ ዝተጸውዐት።

ኣኼባ ተወዲኡ ናብ ቦታይ እናተመልሰኩ እንከሎኹ፡ ካብ ንጡፍ ስራሕ ደስኪለ ብመምርሒ መሪሕነት ከም እሱር ኣብ ሓለዋ ሰውራ ከም ዝጸንሕ ተገይሩ። ብዛዕባ'ቲ ኣብ ሓለዋ ሰውራ ዝጸናሕኩሉ እዋን ኣብ ዝቕጽል ምዕራፍ (ምዕራፍ 2) ብሰፊሑ ክድህስሶ ኢየ።

ጸኒሐ ድማ ንፍሉይ ተልእኾ ኣብ ወሰናስን ከተማ ኣስመራ ናብ ክፍሊ ህዝባዊ ምምሕዳር፡ ኣስመራ (ኣሃዱ ባዶ ሽድሽተ) ተመዲበ። እቲ ተልእኾ ድማ ንህዝቢ ከተማ ብዝተፈላለዩ ሓፋሽ ውዳበታት መልክዕ ምንቃሕን ምጉስዳስን ምውዳብን ኢዩ ነይሩ።

ነታ ኣሃዱ ክኣሊ ዝተመዘዘ ተጋዳላይ፡ ኤርሚያስ ደበሳይ ኢዩ ነይሩ። ፓፓዮ ብዝብል ሳጓ እውን ይፍለጥ ነይሩ። ናይ'ቲ ኣሃዱ ወሰንቲ ኣባላት፡ ወልደሚካኤል ኣብርሃ (ሄር ሽሚድት)፡ ፍስሃየ ሃይለ (ኣፍሮ)፡ ነፍስሄር ረዘነ እምባየ (ብሞያ ፋርማሲስት)፡ ኣብ ኢትዮጵያ ሓላፊ ስርሒታት ዝነበረ ነፍስሄር ተኽለ ባህልቢ (ወዲ ልቢ)፡ ነፍስሄር ወይኒ መንገሻን ኣነን (ሰመረ ሰሎሞን) ይርከቡዎም። ኩላቶም ብዘይ ዝኾነ ክትትል፡ ብናጻ ክሰርሑ ዝኽእሉ ሚዛን ዘለዎም ካድረታት ኢዮም ነይሮም።

ካብ ውሽጢ ኣስመራ ሲቪል ተመሲሉ ዝንቀሳቐስ ንጡፍን ውፉይን ናይ መሪሕነት ጉጅለ እንተ ዘይህሉ ነይሩ ጋንታና ምልእቲ ኢያ ነይራ ኢልካ ክትጽውዓ ኣይምተኻእለን። ካብ'ዚኦም እዞም ዝስዕቡ ድማ ክጥቀሱ ይኽእሉ። ኪዳነ ሰሎሞን (ዓቢ ሓወይ፡ ምስጢራዊ ስሙ፡ ከበደ)፡ ነፍስሄር ኣፈወርቂ ተወልደመድህን (ምስጢራዊ ስሙ፡ ቢሮክራሲ)፡ ነፍስሄር ርእሶም ተኽለማርያም (ምስጢራዊ ስሙ፡ ታርዛን)፡ ነፍስሄር በየነ ደበሳይ፣ ነፍስሄር ክብሮም ገብረመድህን (ወዲ ቡላ)፡ ካሌብ ሰሎሞን (ንእሽቶ ሓወይ)፡ ኢዮብ (ኣእዳወይ ይሰበራ ብዝብል ሳጓ ዝፍለጥ)፡ ነፍስሄር ገብሩ ተስፉጋብር፡ ነፍስሄር ኣለም (መኸበብ)፡ ክብረኣብ ኪዳነ (ጠበቕ) ከምኡ እውን ነፍስሄር ትኳቦ (ጸሎት)።

መብዛሕትኦም ኣብ ላዕሊ ዝተጠቕሱ ውፉያት ኣባላት፡ ከም መራሕቲ ጨናፍር ኮይኖም ኣገልጊሎም፣ በብጨንፈሮምን ዓውድታቶምን ድማ ኣብ ከተማ ኣስመራ ዓበይቲ ስርሒታት የወሃህዱ ነይሮም። እዞም ብጾት ብዘይ ፍርሒ ምስ ጸላእን መዓልታዊ ብድሆታትን ይገጥሙ ነይሮም። ነፍስ ወከፍ መዓልቲ፡ ነፍስ ወከፍ ሰዓትን ደቒቕን ካልኢትን ድማ ብቐጻሊ ብጥቓ ሞት ዝነዓዙ ዝነበሩ ብጾት ኢዮም ነይሮም። ሓደ ካብ'ዞም ኣብ ላዕሊ ዝተጠቕሱ ውፉያት (ኪዳነ ሰሎሞን) ብ1977 ዓ.ም. ኣብ ቀዳማይ ጉባኤ ህዝባዊ ግንባር ሓርነት ኤርትራ ንከተማ ኣስመራ ወኪሉ ኣብ ሓራ መሬት ኤርትራ ተሳቲፉ እንደገና ስርሑ ክቕጽል ናብ ኣስመራ ተመሊሱ። እንታይ ዓይነት ድፍረት ኢዩ

ክርድኣካ ኣይክእልን። ሕሰቡዎ'ሞ፡ ሓደ ካብ'ቶም ጉባኤኛታት ንጻላኢ ኢዱ እንተ ዝህብ፡ ህይወት ኪዳነ ሰሎሞን ንኸመይ ዝበለ ሓደጋ ክቃልዕ ምኽኣለ ነይሩ።

ብምስጢር ዝተጠርነፉ ኣባላት ህሓሓኤ (ናይ ከተማ ኣስመራን ከባቢኣን) ኣብ ትሕቲ ማሕበራት ሰራሕተኛታትን ተማሃሮን ኣብ "ዋህዮታትን" "ጨናፍርን" ተወዲቦም ይሰርሑ ነይሮም።

ናይ'ቶም ካብ ኣስመራ ኣብ ውሽጢ 3-7 ኪሎ ሜተር ረድየስ እንንቀሳቐስ ዝነበርና ቀንዲ መደበር፡ ድርፎ ኢዩ ነይሩ። ስርሒታትና ካብ ወረዳታት ካርነሽም፡ ሚናበ ዘርኣይ፡ ሰሓርትን ኢና እነወሃህዶ ዝነበርና። ቀንዲ ሓላፍነትና ድማ ነቶም ኣብ ኣስመራን ከባቢኣን ዝርከቡ ነበርቲ ከተማን ዓድታትን ብምጥርናፍ ነቲ ብህሓሓኤ ዝምራሕ ዝነበረ ሓርነታዊ ምንቅስቓስ ከም ዝድግፉን ተወፍዮም ከም ዝሰርሑ ንምግባርን ዘጠቓለለ ኢዩ ነይሩ።

ኣብ ኣስመራ ወተሃደራውን ስለያውን ካልእ ስርሒታትን ንክንመርሕን ከነወሃህድን እውን ሓላፍነት ነይሩና። ተዋሂቡና ዝነበረ ሓላፍነት ነዚ ዝስዕብ ይመስል ነይሩ፥ ሓደስቲ ምስጢራውያን ኣባላት ህሓሓኤ ምምልማል፡ ካብ ጸላኢ ስለያዊ ሓበሬታ ምእካብ፡ ኣብ መሳርዕ ጸላኢ ብምእታው ኣብ ጎድኒ ሓርነታዊ ምንቅስቓስ ንኸገልግሉ ምምልማል፡ ስርሒታት ጸላኢ ምፍሻልን ምብርዓንን፡ ንብረት ጸላኢ ምዝማትን ናብ ሓራ ዝወጹ ከባቢታት ምግዓዝን፡ ከምኡ እውን ወኪላት ጸላኢ ምምካትን ካብ ስራሕ ወጻኢ ምግባርን። ኣድላይነት ኣብ ዝፍጠረሉ እዋን፡ ከም ናይ ለይቲ ኣጋይሽ ኴንና ናብ ኣስመራ ምእታው ስራሕና ነበረ። ንህላወን ቀጻልነትን ሓርነታዊ ምንቅስቓስ ኣዝዩ ኣገዳሲ ዝኾነ ካብ ጸላኢ ኣቑሑት (መድሃኒት፡ ናይ ፕላስቲክ ጫማታት፡ ዓለባ፡ ሽኮር፡ ዘይቲ፡ እኽሊ፡ መለዋወጢ ኣቕሑትን ካልእን) ብምዝማት ናብ ሜዳ ንክወርድ ዝህሉ ናይ ምውህሃድ ሓላፍነት ቀሊል ኣይነበረን። ኣብ'ዚ ጥራይ ዝተሓጽረ ግን ኣይነበረን። ሓደ ሓደ ግዜ ንቦጦሎኒታት ናብ ኣስመራ ብምምራሕ ብለይቲ ዝተወሰኑ ስርሒታት ንፍጽም ኔርና ኢና።

ፖለቲካዊ ንቕሓት ህዝቢ ንምዕባይ ዝዓለመት "ድምጺ ህዝቢ" እትብሃል ወርሓዊት መጽሔት ነሕትም ኔርና። ናይ'ታ መጽሔት ኣዳለውቲ ኣነን ፍስሃየ ሃይለን (ኣፍሮ) ክንከውን እንከሎና፡ ኪዳነ ሰሎሞን (ከበደ) ኣብ'ታ መጽሔት ልዑል ኣበርክቶ ይገብር ነይሩ። ኪዳነ ሰሎሞን በሊሕ ኣይዲዮሎግን (ideolgue) ናይ ፖለቲካ ተንታንን ብሉጽ ናይ'ታ ኣሃዱ ኣባልን ኢዩ ነይሩ። "ድምጺ ህዝቢ" ኣብ ኣስመራን ኣብ ቀረባ ዓድታትን ብሰፊሑ ትዝርጋሕ ነበረት። ህዝቢ ኣብ ምንቃሕን ምጥርናፍን ድማ ዓቢ ተራ ተጻዊታ ኢያ።

ተኽለ ባህልቢ (ወዲ ልቢ)፡ ኣብ ኢትዮጵያ ሓላፊ ስርሒታት ብምኳን ብተደጋጋሚ ናብ መቐለ፡ ደሴ፡ ኣዲስ ኣበባ ከከም ኣድላይነቱ ድማ ናብ ካልኦት ከተማታት ይንዓዝ ነይሩ። ሓደ ሓደ ግዜ ድማ ኪዳነ ሰሎሞን (ከበደ) የሰንዮ ነይሩ።

ጋንታና ምስታ ብነፍስሄር ብርጋዴር ጀነራል መብራህቱ ተኽለኣብ (ቫይናክ) እትምራሕ ዝነበረት ጋንታ መስዋእቲ (ፈዳዩን) ኣድማዒ ምውህሃድ ብምግባር ትሰርሕ ነይራ። ኣባላት ናይታ ጉጅለ ሰመረ፡ ወዲ ኪዳነ፡ ደሱ ተስፋጽዮን ከም ዝነበሩ እዝከሮም።

ቁሩብ ጸኒሑ ናይ'ታ ካብ ዓዲ ሓውሻ (ካብ ኣስመራ ብወገን ደቡብ እትርከብ ዓዲ) ስርሒታት እትፍጽም ዝነበረት ኣሃዱ ባዶ ሸድሽተ ሓላፊ ኮይነ ተመዲበን ኣገልጊለን።

ተመክሮ ባዶ ሸድሽተ ኣብ ደቡብ ብከም'ዚ ዝስዕብ ክጠቓለል ይኽእል፥ ኣብ 1977 ኣብ ከባቢ ዓዲ ሓውሻ ኲናት ጻዕጺዑ ነይሩ። ምስ'ተን ኣብ'ቲ ሸው እዋን ኣብ'ቲ ግንባር ዓሪደን ዝነበራ ኣሃዱታት (ብርጌድ 51ን ብርጌድ 23ን ከምኡ እውን ኣሃዱታት ከቢድ ብረት - ብርጌድ 76) ድማ ምዉቕ ናይ ስራሕ ዝምድና ኣማዕቢልና። ብዛዕባ ምንቅስቓስ ጸላእን መደባቱን ብቐጻሊ ሓበሬታት ንረክብን ንዝምልከቶ ኣካል ነመሓላልፍን ኔርና። ለይቲ ንገለ ገለ ቦጦሎንታት ኣሰኒና ኣብ ከተማ ኣስመራ ስርሒታት ነካይድ ኔርና። እዚ ድማ መብዛሕትኡ ግዜ ንብረት ጸላኢ ብጃምላ ናብ ሓራ መሬት ከም ዝመጽእ ኣብ ምግባር ዘተኮረ ኢዩ ነይሩ።

ኣነን ተኸለ ባህልቢን (ወዲ ልቢ) ጽቡቕ ዝምድና ፈጢርና። ንሱ ብቐጻሊ ናብ ቦታና ይመላለስ ስለ ዝነበረ ግዜና ብሓባር ከነሕልፎ ዕድል ረኺብና። ወዲ ልቢ በሊሕን ትሑትን ብዛዕባ ነብሱ ብዙሕ ዘይዛረብ ግንከ ንጡፍን ደፋርን ሰብ ኢዩ ነይሩ። ምስ ወዲ ልቢ ኳንና ሓደ ሓደ ትምህርታውያን ዕላላት ንውድብ ኔርና። ይዝከረኒ፡ ምስ መሓሪ ሽቃ (ሸው መራሒ ብርጌድ 51ን ኣባል ማእከላይ ሽማግለን ዝነበረ) መሓመድ ዓሊ ክለይን (ሸው መራሒ ብርጌድ 51ን ኣባል ማእከላይ ሽማግለን ዝነበረ) ከም በዓል ዓሊ ኢብራሂምን ወዲ ሊቀን ዕንዱክርን ዝተሳተፍዎ ብኪዳነ ሰሎሞን ዝተዳለወት "ሕቶ ኤርትራ ሕቶ መግዛእቲ ኢዩ" ዘርእስታ ትንተናዊት ጽሕፍቲ ሓደ ምሸት ከነቕርበሎም ተረዳዲእና። ወዲ ልቢ ኣነ ከቕርበሎም ደፋፊኡኒ። ምሉእ ለይቲ ድማ ክንካታዕ ሓዲርና። ብተማሳስሊ መገዲ ምስ ሓለፍቲ'ዘን ኣሃዱታት ዘይወግዓዊ ግንከ ተመሳሳሊ ቁም ነገር ዘለዎም ዕላላት ነካይድ ኔርና። ሸው እየ ንተጋዳላይ ዓሊ ኢብርሂምን ተጋዳላይ መሓሪ ሽቃን ብቐረባ ዝፈለጥክዎም። ኣዝዮም በላሕቲ ሰባት ምኳኖም ድማ ተገንዚበ። መሓሪ ሽቃ ምቕሉል መበቆል (humble origin) ኢዩ ነይርዎ። ብልሑን ዝያዳ ናይ ምፍላጥ ሸውሃቱን ግን መዘና ኣይነበሮ።

ምስ ወዲ ጸገዳይ (ኣብ ሓይሊ በርሀ ጻዕዳ ወዲ ሓይለይን ጋንታይን ዝነበረ) ሽው ማእከልነት ቦጦሎኒ ኣብ ብርጌድ 51፡ ብቀጻሊ ንራኸበን ነዕልልን ነበርና። ምሳይ ኣብ ዓዲ ሓውሻ ዝሓድረሉ እዋናት እውን ነይሩ። ብዛዕባ ብርጌድ 51 ብጥልቀት ክፈልጥ ዝጀመርኩ እውን ካብ'ቶም ምስ ወዲ ጸገዳይ እንገብሮም ዝነበርና ዕላላት ኢዩ።

ድሕሪ ክልተ ዓመት፡ ብጠለብ ሓላፊ ክፍሊ ትምህርቲ (ተጋዳላይ በራኺ ገብረስላሴ) ናብ ክፍሊ ትምህርቲ ተሳሓብኩ'ሞ፡ ከም ሓላፊ ዞባ ምብራቕን ሰሜንን ጨንፈር ትምህርቲ ኮይነ ተመደብኩ። ኣብ'ቲ ኣብ ዜሮ (መደበር ጨንፈር ትምህርቲ) ዝካየድ ዝነበረ ምድላው ካሊክሉም ቋንቋ እንግሊዝኛ እውን ተሳተፍኩ።

ኣብ 1978 ዓ.ም. ድሕሪ'ቲ ብስትራተጂካዊ ምዝላቕ ዝፍለጥ ምንስሓብ ህዝባዊ ግንባር ሓርነት ኤርትራ፡ ኣብ ተዋጋኢ ኣሃዱታት ክጽንበር ተመዲበ ኣብ ዞባ ሰሜናዊ ምብራቕ ሳሕል፡ ዳርጋ ንሸዱሽተ ዓመት ከም ኮሚሳር ቦጦሎኒ ኮይነ ኣገልጊለ። ኣብ ሓያሎ ዓበይቲ ወተሃደራዊ መጥቃዕትታት (ወራራት) ናይ ምስታፍ ፍሉይ ዕድል ድማ ረኺበ። እዚኣቶም ነዞም ዝስዕቡ የጠቓልሉ። ብሰራዊት ጎበጣ ኢትዮጵያ ዝተኻየደ መጥቃዕትን፡ 2ይ፡ 3ይ፡ 4ይ፡ 5ይ፡ 6ይ፡ ወራራትን፡ ብ"ተበግሶ" ዝፍለጥ ብ1979 ዓ.ም. ብህዝባዊ ግንባር ዝተጀመረ መጠነ ሰፊሕ ወተሃደራዊ መጥቃዕትታትን። ኣብ ውግእ ቆሲለ ክሳዕ ሕጂ ኣብ ታሕተዋይ ክፋል ኣካላተይ ናይ ቦምባ ቁርጽራጽ (ስኬጅ) ኣሎ።

ኣብ ዞባታት ሳሕልን ጋሽ ባርካን ኣንጻር ተጋድሎ ሓርነት ኤርትራ ክሳብ'ቲ ውድብ ንኤርትራ ለቒቑ ዝወጽእ ኣብ ዝተናውሐ ወተሃደራዊ ረጽምታት ብዓቕሚ ኮሚሳር ቦጦሎኒ ተዋፊረ ሰሪሐ እየ። በዚ ድማ እቲ ውድብ (ተሓኤ) ኣብ ኤርትራ ዝነበሮ ስርሒታት ኣብ'ዚ ኣብቂዑ። እዚ፡ ኣብ ታሪኽ ብረታዊ ቃልሲ ህዝቢ ኤርትራ ከም ሓደ ኣዝዩ ዘሕዝን ፍጻመ ኢዩ ዝርአዩ። ተጋዳላይ ወልዴ ዓማር ኣብ ግንቦት 2024 ምስ ደሃይ ኤርትራ ቃለ መሕትት ኣብ ዝሃበሉ ግዜ፡ ኣብ'ቲ ሽዑ እዋን ዓቕሚ ተጋድሎ ሓርነት ኤርትራ ክሳዕ 40,000 ይግመት ከም ዝነበረ ይጠቕስ። ክንድ'ዚ ዓቕሚ ሒዙ ኢዩ እምበኣር ተሓኤ ዝተበታተነ።[cxxiv]

ኣብ መወዳእታ 1983 ዓ.ም. ናብ ክፍሊ ህዝባዊ ምምሕዳር ተሳሒበ። ኣብ መንጎ 1983ን 1987ን ዓ.ም.፡ ብተደጋጋሚ ግዜ ካብ ደጀን ንግንባራት፡ ካብ ግንባራት ንደጀን ብምንቅስቓስ ናብ ግንባራት ናቕፋ፡ ባርካን ሰሜናዊ ምብራቕ ሳሕልን እናተዋፈርኩ፡ ኣድላዪ ኣብ ዝኾነሉ እዋን ንኣሃዱታት ውግእ ደገፍ እናገበርኩ፡ ወትሩ ከም ኣዛዚ ቦጦሎኒ ኮይነ ኣገልጊለ። ሓደ ካብ'ቶም ሓያሎ ምድባተይ፡ ኣብ ብርጌድ 4 ኣብ ትሕቲ መሪሕነት ነፍስሄር ሜጀር ጀነራል ገረዝጊሄር ዓንደማርያም (ውጬ) ከም ኮሚሳር ቦጦሎኒ ኮይነ

ምግልጋለይ ኢዩ። ኣብ ብርጌድ 4 ምስ ተጋዳላይ ወዲ ኤልያስ ንሓጺር እውን ብሓባር ሰሪሕና።

ብድሕሪኡ ኣብ 1985 ዓ.ም. ኣነን ስምኦን ገብረድንግልን (ሽው ሓላፊ ኣሃዱ ምልክት ዝነበረ) ኣብ መደበር ሰሜናዊ ምብራቕ ሳሕል ንዝነበረ ዕቑር/ሓጋዚ ሓይልታት ንምጥርናፍን ንምምራሕን ብሓላፍነት ተመዚዝና። እቲ ነዞም ሓይልታት ኣብ ምውዳብን ምምልማልን ዝነበረኒ ቀንዲ ተራ፡ ነቲ ኣሃዱ ናብ'ቲ ብብርጌድ ዝተወደበ ምሉእ ኣሃዱ ውግእ ንክቕየር ምኽንያት ኮይኑ፡ ድሒሩ ድማ ናብ ክፍለ ሰራዊት 85 ከም ዝወሃሃድ ተገይሩ። እዚ ንብዙሓት ዕማማት የጠቓልል ነይሩ። ምዝናቕ ዓይነት ተጋደልቲ ኣብ'ተን ዝተፈላለያ ኣሃዱታት፡ ወተሃደራዊ ታዕሊም ምሃብ፡ ሓለፍቲ (ኣብ ዝተፈላለዩ ጽፍሕታት) ምምዳብ፡ እቲ ዝድለ ዕጥቂ ምስ ክፍሊ ኣጽዋር እናተረዳዳእካ ጠለባት'ቲ ኣሃዱ ምምላእ፡ ነቲ ኣሃዱ ዘድሊ ካልእ ሎጂስቲክስ ምምላእ፡ ልዕሊ ኩሉ ድማ ንዝተወሰኑ ተጋደልቲ ናብ ክፍሊ ታዕሊም ሰዲድካ ከም ናይ ሓውሲ ኮማንዶ ዝመሳሰል ስልጠና ከም ዝረኽቡ ምግባር። እዞም ስልጠና ዝተዋህቦም ተጋደልቲ ድሕሪ ስልጠናኦም ናብ'ተን ዝተፈላለያ ኣሃዱታት ናይ'ቲ ብርጌድ ብማዕረ ከም ዝዝርግሑ ተገይሩ። በዚ ደረጃ'ዚ ድማ ምስ ኣሕመድ ዳሊን (መራሒ ብርጌድ) ከምኡ እውን ምስ ምክትል ኣዛዚ ብርጌድ ዝነበረ ብርሃነ ጸሃየን (ወዲ ጸሃየ) ከም ኮሚሳር ብርጌድ ተመዚዘ። እቲ ኣሃዱ ናብ ስራሕ ንክበጋገስ ኣብ ዝዳለወሉ ዝነበረ እዋን ድማ መምርሒ መጺኡኒ፣ ሓላፍነተይ ንኢዮብ ፍስሃየ (ሓሊባይ) ከረክብ። ኣረኪበዮ ድማ።

ስምኦን ገብረድንግል ኣብ መጀመርያ 2000ታት ኣብ መንጎ ላዕለዎት ሓለፍቲ ሰራዊት ብዝነበረ ኣብ ጸበብቲ ረብሓታት ዝተመስረተ ምስሕሓባት ዝጠንቁ ናይ መቕተልቲ ፈተነ ኣጋጢምዎ ነይሩ። በዓል መን ከም ዝፈጸምዎን ስለ ምንታይ ከም ዝተፈጸመን ምስጢር ኮይኑ ተረፉ። እቲ ምርመራ ተኻይዱ ኢዩ። ገበነኛታት በዓል መን ምዃኖም እውን ተፈሊጡ ኢዩ። ግንከ ክእወጅ ኣይተደልየን። ብዙሓት ሓለፍቲ ክልከሙ ስለ ዝኽእሉ። ስምኦን ገብረድንግል ኣምሳያ ናይ ማህረመቱ ናይ ብሪጋዴር ጀነራል መዓርግ ተዋሂብዎ ኣፉ ከም ዝሕዝ ተጌሩ። ስምኦን ነዚ ጸይሩ ዝኸይድ ሰብ ኢዩ። ስለ ምንታይ እዚ ጉዳይ'ዚ ክግለጽ ከም ዘይተደልየ ብዛዕባ እዚ ጉዳይ ኣፍልጦ ዘለዎም ሰባት ክዛረቡ እንከለዉ “ብሃገራዊ ድሕነት ምኽንያት ኢዩ ክግለጽ ዘይተደልየ” ይብሉ። እዚ ግን ንማንም ስዉር ኣይኮነን። ሃገራዊ ድሕነት ዘይኮነስ ጉጅላዊ ድሕነት ብዝበለጸ ስለ ዘገድሶም ኢዩ።

1987-91 ዓ.ም. ኣብ ህይወተይ ኣገደስቲ እዋናት ኢየን ነይረን። ኣብ'ዚ ግዜ'ዚ፡ ኣብ ኣዳላዊ ቦርድ ናይ ሓንቲ “ሓርበኛ” እትብሃል ውሽጣዊት መጽሔት ናይ ምስራሕ

ፍሉይ ዕድል ረኺበ። እዛ ብሽድሽተ ሰባት ዝቖመት ኣሃዱ፡ ከም'ቲ ኣብ ቀዳማይ ክፋል ናይ'ዛ መጽሓፍ ምዕራፍ 5 ብዝርዝር ተገሊጹ ዘሎ፡ ንኣሕመድ ኣል ቐይሲ፡ ኣለምሰግድ ተስፋይ፡ ዘምህረት ዮሃንስ፡ ኪዳነ ሰሎሞን፡ ማሕሙድ ጭሩምን ሰመረ ሰሎሞንን (ኣነን) ዝሓቖፈት ኢያ ነይራ።

"ሓርበኛ"፡ ከም ውሽጣዊት መጽሔት፡ ዘተንከትዓትን ብምጉህሃር ፖለቲካዊ ንቕሓት ኣባላት ህዝባዊ ግንባር ንምዕባይ ዝዓለመት ኮይና፡ ሓደስቲ ሓሳባት ንምትእትታው እውን ከም ቤተ ፈተነ ወይ ላቦራቶሪ ከተገልግል ትኽእል ኢያ ዝብል ትጽቢት ነይሩ። ኣባላት ኣዳለውቲ ቦርድ፡ ስፍሓትን ዕምቆትን ስርሖም ኣብ ምዝርዛር፡ ኣገደስቲ ኣርእስታትን ጉዳያትን ኣብ ምልላይን ምምራጽን፡ ንዕኦም ንምዝርጋሕ ድማ ኣድማዕቲ ኣገባባት ናይ ምሕንጻጽ ሓላፍነት ነይሩዎም። እታ ጨንፈር ክኔው ምድላው መጽሔት፡ ታሪኽ ኤርትራ ናይ ምስናድ ኣገዳሲ ዕማም እውን ተዋሂቡዋ። ኣነ እውን ብወገነይ ንኣባላት ግንባር ከም ማንዋል ፖለቲካዊ ትምህርቲ ኮይና ዘገልገለት ንቅድመ መግዛእታዊ ታሪኽ ኤርትራ እትገልጽ መጽሓፍ ኣቕሪበ ነይረ። ዘምህረት ዮውሃንስ ብዛዕባ ቅድመ-መግዛእታዊ ታሪኽ ክጽሕፍ ከጅምር እውን ይዝከረኒ።

እታ መጽሔት ዘልዓለቶም ኣገደስቲ ጉዳያት፡ እቲ መሪሕነት ክጻወሮ ዘይከኣለ ክትዓት ፈጢሩ። ከም ሳዕቤኑ ድማ እቲ መሪሕነት ነታ መጽሔት ንሓዋሩ ክትዕጾ ወሲኑ። እታ መጽሔት ንትሕቲ ክልተ ዓመት ጥራይ ኢያ ኣገልጊላ። እቲ ንውሽጣዊ መጽሔት "ሓርበኛ" ናይ ምክትታል ሓላፍነት ዝነበሮ ኣሃዱ ተበቲኑ፡ ኣባላታ ድማ ኣብ ውሽጢ እቲ ውድብ ናብ ዝተፈላለያ ኣሃዱታት ተመዲቦም። ኣሕመድ ኣል ቐይሲ ተኣሲሩ፡ እዚ ድማ ሳዕቤን ናይ'ቲ ኣብ መጽሔት ዝለዓል ዝነበረ ኣዘራራቢ ክትዓት ብዝነበሮ ምትእስሳር ከይኮነ ኣይተርፍን ኢዩ ዝብለ እምነት ኣሎኒ። ጠንቂ መእሰሪኡ ግን ንሱ ጥራይ ኣይነበረን። እዚ ከም'ዚ ኢሉ እንከሎ፡ ኣነ ድሕሪ ዓሰርተ ሓደ ዓመት ካብ'ቲ ክፍሊ ብምልጋስ፡ ኣብ ጨንፈር ትምህርቲ ሓላፊ ምድላው ካሪኩለም ኮይነ ክሰርሕ ዳግማይ ተመደብኩ። ኣብ ምድላው ካሪኩሉም ኣብ ዝነበርኩሉ እውን ነፍሰይ ንምምሃር በቒዐ። ነቲ ሞያ ብዝምልከት ዘየንበብክዎ መጽሓፍን ዘይተዋሳእኩሉ ኣኼባን ኣይነበረን። ካብ'ቶም ሰብ ተመክሮን ሰብ ሞያን ድማ ብዙሕ ተማሂረ። ኣብ'ዚ ኣሃዱ'ዚ ምምዳበይ፡ ወላ'ኳ በቲ መሪሕነት ግንባር ከም መቕጻዕቲ ዝውሰድ እንተ ነብረ፡ ኣነ ግን ከም ምርቓ (a blessing in disguise) ኢየ ዝቖጽሮ። ነዞም ዝስዕቡ ምኽንያታት፥ ብዛዕባ'ቲ ጽላት (sector) ኣፍልጦይ ዓብዩ። ኣገዳስነቱ ኣብ ህንጸት ሃገር ክሳብ ክንደይ ኣገዳሲ ምዃኑ ንዝነበረኒ ግንዛበ ኣበሪኹዎ። ኣብ ትምህርታዊ ውጠና ዓቢ ፍልጠት ቀሲመ። እዚ ተዋህሊሉ ነቲ ድሕሪ ናጽነት ኤርትራ ኣብ'ዚ ጽላት'ዚ ዝገበረክዎ ኣስተዋጽኦ ድሕረ ባይታ ኮይኑ ኣገልጊሉ።

ሰመረ ሰሎሞን

ናይ'ቲ ብኤርትራዊ ህዝባዊ ሰውራዊ ሰልፊ ዝፍለጥ፡ ድሒሩ ማሕበርነታዊ ፓርቲ ተባሂሉ ዳግማይ ዝተሰየመ ሕቡእ ሰልፊ ኣባል ኣይነበርኩን። ይኹን'ምበር ገና ኣብተን ቀዳሞት ዓመታቱ፡ ኣብ 1979 ህልውናኡ ከረጋግጽ ክኢለ። ሰነዳት ሰልፊ ከም ዝረኸብኩን ዘንበብኩን፡ ብዛዕባ ህላወ ሰልፊ ኣብ ውሽጢ ግንባር ከም ዝፈለጥኩን ምስ ተረጋገጸ፡ ሓደ ላዕለዋይ ሓላፊ ሰልፊ (ተኽላይ ሃብተሰላሰ፡ ኣዛዚ ብርጌድ) ጸዊዑኒ። ህላወ ሓደ ሕቡእ ሰልፊ ድሕሪ ምእማን፡ ብዛዕብኡ ዝኾነ ነገር እንተ ተዛሪበ፡ እንተ ኣመልኪተ ወይ እውን እንተ ኣሚተ ብሞት ዘሕታት ገበን ምዃኑ ገሊጹለይ። መብዛሕትኦም ኣባላት ሰልፊ ብዛዕባ ናይ'ዛ ምስጢራዊት ውድብ ህላወ ኣፍልጦ ከም ዘለኒ ከም ዝፈልጡ ተገይሩ። ኣብ ሓደ ውድብ ኣብ ውሽጡ ካልእ ሕቡእ ውድብ ከም ዘሎ እናፈለጥካ፡ ኣብ'ቲ ውድብ ከም ዓና ምዃን ዝስምዓካ ስምዒት፡ ኣብ ፍሉይ ምዕራፍ (ምዕራፍ 2) ብዕምቆት ክገልጾ እየ።

ሓሙሽተ ኣሕዋት ካብ ሓንቲ ስድራ ቤት ናብ ህዝባዊ ግንባር ተጸንቢርና፣ ክልተ (ሩፋኤል ሰሎሞንን ቢሆን ሰሎሞንን) ኣብ ውግእ ባጽዕን ባረንቱን ተሰዊኦም። እቲ ሕሳስልደ ገዛ (መሓሪ ሰሎሞን) ተጋዳላይ ህዝባዊ ግንባር ሓርነት ኤርትራ ነበር፡ ሓደ ንግሆ ብነሓሰ 2014 ዓ.ም. ብኣባላት ጸጥታ ካብ እንዳ ቡን ተወሲዱ። ኣብ ቤት ማእሰርቲ ናይ'ቲ ስርዓት ክሳብ ለይተ ሎሚ ተዳጕኑ ይርከብ። ዓባይ ሓፍተይ (ኣልጋነሽ ሰሎሞን) ኣብ ማእከል ሰብዓታት ኣብ ኤውሮጳ ከም ኣደ ወንበር ሃገራዊ ማሕበር ደቀ ኣንስትዮ ኮይና ኣገልጊላ። ብድሕሪ'ቲ ምስ ላዕለዎት ካድረታት ህዝባዊ ግንባር ዘጋጠመ ዘይምርድዳእ ካብ'ቲ ዝነበራ ሓላፍነት ተኣልያ ህይወታ ኣብ ስዊዘርላድ ትመርሕ ነይራ።

መሓሪ፡ ኣብ ሚኒስትሪ ዘባዊ ምምሕዳር ከም ናይ ፋይናንስ ዳይሬክተር ኮይኑ ዘገልግል ዝነበረ ሓላፊ ኢዩ። ኣስመራ፡ ማእከል ኩሉ ንጥፈታት ደርጊ ኣብ ዝነበረትሉ እዋን ኣብ ኣስመራ ስዉር ስርሒታት ዘካይድ ውፉይ ኣባል ህዝባዊ ግንባር ሓርነት ኤርትራ ብምንባሩ፡ ኣብ 1981 ዓ.ም. ናብ ሜዳ ተሰጊጉ። ድሕሪ ወተሃደራዊ ታዕሊም ድማ ኣብ ክፍሊ ህዝባዊ ምምሕዳር ኣብ ዝተፈላለየ ጽፍሕታት ሓላፍነት ኣገልጊሉ።

ካብ ኣስመራ ምውጽኡ ግድን ዝኾነሉ ምኽንያት፡ ሰለይቲ ደርጊ ኣብ መንበሪ ስድራ ቤትና ኣብ ገጀረት፡ ኣስመራ፡ ዝተቐብረት AN/PRC 77 ራድዮ ምስ ረኸቡ ኢዩ። እታ ሬድዮ፡ መሓሪን ብጾቱን ካብ ማእከል ኣስመራ ንተጋደልቲ ህዝባዊ ግንባር ምስጢራዊ መልእኽቲ ንምትሕልላፍ ዝጥቀሙላ ዝነበረት ሬድዮ ኢያ። እቲ ዘሕዝን፡ ሓደ ተታሒዙ ስቅያት ዝበጽሖ መሳርሕቱ ድሒሩ ንሰለይቲ ደርጊ ሓበሬታ ድሕሪ ምሃቡ፡ መሓሪ ብዘይካ ንበረኻ ምኻድ ካልእ ኣማራጺ ኣይነበሮን። ናይ ደርጊ ናይ ስለያ ኣባላት፡ ኣደይ ነቲ ኩነታት ብዓቢ ስምባደ ክትዕዘቦ ምስ ረኣዩ (ኣብ መንበሪ ስድራ ቤትና ፍተሻ ኣብ

ዝተገብረሉ እዋን)፡ ሓደ ካብኣቶም "እዘን እመቤትና ቅድስቲ ይመስላ" በለ። ብዘይ ገለ ጉድኣት ድማ ገዲፎምዋ ከይዶም።

ኣነ ከሳዕ ካብ ስራሕ ደው ዝብል ወይ ዝድስክል ካብ 1991 ክሳዕ 1998 ዓ.ም. ከም ዋና ዳይረክተር ክፍሊ ውጥንን ልምዓትን ሚኒስትሪ ትምህርቲ ኮይነ ብምግልጋለይ ሓበን ይስምዓኒ። ስርዓት ኣስመራ ነዚ ናይ ምድስካል ወይ ካብ ስራሕ ደው ምባል ተግባር'ዚ ብዘይ ግሉጽ ምኽንያት ኣብ ልዕሊ ብርክት ዝበሉ ሰራሕተኛታት መንግስቲ (መብዛሕተኦም ኣብ ዝለዓለ ጽፍሒ ሓላፍነት ዝነጥፉ ዝነበሩ) ኣዘውቲሩ የተግብሮ። እንተ ኾነ እቲ ምኽንያት መብዛሕትኡ እዋን ምስ ፖለቲካ ዝተኣሳሰር ኢዩ። እቲ ዝገርም፡ ኣነ እውን ሓደ ካብኣቶም ምዃነይ'ዩ። እቶም ናይ'ዚ ተግባር'ዚ ግዳያት፡ ብተለምዶ ሓላፍነቶም ናብ ካልእ በዓል ስልጣን ከሰጋግሩ መምርሒ ይወሃቦም'ሞ ብድሕሪኡ ድማ ኣብ ናይ ዘይርጉጽነት ኩነታት የንሳፍፉ። ናይ'ቲ ምድስካል ንውሓት ዝፍለጥ ኣይኮነን። እቶም ውልቀ ሰባት ብዛዕባ ናብ ቦታኦም ክምለሱ ዝኽእሉሉ ኩነታት እውን ኣፍልጦ የብሎምን። እቲ ውሳኔ ካብ ቁጽጽሮም ወጻኢ ብዝኾነ ኣጋጣሚታት ጥራይ ኢዩ ዝውሰን።

ምስ ደስከልኩ ብኡ ንቡኡ ናይ ስንብታ ደብዳበ ኣቕሪበ፡ ነቲ ከም ልሙድ ዝውሰድ ኣገባብ ብምጥሓስ ድማ ካብ መንግስቲ ደሞዝ ምውሳድ ኣቋሪጸ።

እቲ ናይ ስንብታ ደብዳቤ ከም'ዚ ዝስዕብ ትብል ነይሩ፥

> ድሕሪ ናይ ሸውዓተ ዓመት ውፉይ ኣገልግሎት ኣብ ሚኒስትሪ ትምህርቲ፡ ካብ ሲቪላዊ ኣገልግሎት ክሰናበት እሓትት። ደሞዘይ ካብ ከፈልቲ ግብሪ ምውሳድ ስነ ምግባራዊ ስክፍታታት የልዕለለይ ምዃኑ ክገልጽ እደሊ፣ ከምኡ ስለ ዝኾነ ድማ ደሞዝ ምቕባል ከቋርጽ ወሲነ ኣለኹ።

እታ ደብዳበ ናብ ሚስተር ዑስማን ሳልሕ፡ ሚኒስተር ትምህርቲ ዝተላእከት ኮይና፡ ቅዳሕ ድማ ናብ ሚኒስተር ዞባዊ ምምሕዳር (ማሕሙድ ሸሪፎ)፡ ከምኡ እውን ናብ ቤት ጽሕፈት ፕረሲደንት ተላኢኹ።

ነዚ ኣርእስቲ ኣብ ምዕራፍ 4 ናይ'ዚ ክፍሊ'ዚ ብሰፊሑ ክድህስሶ እየ።

ብድሕሪኡ ምስ ዩኔስኮን (UNESCO) ኣብ ዒራቕ ዝርከብ ቤት ጽሕፈት ኣተሓባባሪ ሰብኣዊ ሓገዛት ሕቡራት ሃገራትን (UNOHCI) ኣብ ኣህጉራዊ ልምዓት ስራሕ ጀሚረ፡ ኣብኡ ድማ ከም ላዕለዋይ ሓላፊ ውጥንን ፕሮግራምን ኮይነ ንሓሙሽተ ዓመታት ኣገልጊለ።

ኣብ ኣህጉራዊ ልምዓት እናነጠፍኩ ከለኹ ብዘላቒ ልምዓትን ኣህጉራዊ ዲፕሎማስን (Sustainable Development and International Diplomacy) ናይ ማስተርስ ዲግሪ ረኺበ። ብድሕሪ'ዚ፡ ብዩ.ኤስ.ኤይ.ኣይ.ዲ. (USAID) ኣብ ዝምወሉ ፕሮግራማት ብዝተፈላለየ ጽፍሕታት ብምስራሕ ዘይነዓቕ ተመክሮ ቀሲመ። ኣብ ውሽጢ ዕስራን ሓሙሽተን ዓመታት፡ ኣብ ኣህጉራዊ ኩነታት ጥሒለ፡ ኣብ መላእ ዓለም፡ ኣፍሪቃ፡ ማእከላይ ምብራቕ፡ ደቡባዊ ምብራቕን ማእከላይ እስያን ካልኦት ዞባታትን ሓዊስካ እናተንቀሳቐስኩ ኣብ ኣህጉራዊ ልምዓት ልዑል ኣበርክቶ ክገብር በቒዐ። እዚ ተመኩሮታት'ዚ ንኣህጉራዊ ኣረኣእያይ ብዓሚቑ ኣሃብቲሙዎ፡ ነቲ ብዛዕባ ኣህጉራዊ ፖለቲካን ልምዓታዊ ብድሆታትን ዝነበረኒ ርድኢት ድማ ኣስፊሑዎን ኣዕሚቑዎን።

ትግርኛ ናይ ኣደ ቋንቋይ ኢዩ። ኣፋውን ጽሑፋውን እንግሊዝኛ ይመልኽ። ኣብ ቋንቋታት ፈረንሳይኛ፡ ጣልያንኛ፡ ናይ ስራሕ ፍልጠት ኣለኒ። መሰረታዊ ዝኾነ ክእለት ቋንቋ ዓረብ ኣለኒ፡ ብዙሕ ዝጀሃረሉ ግን ኣይኮነን። ኣብ ሽወደን ኣብ ዝነበርኩሉ እዋን ምልከት ናይ'ቲ ቋንቋ ኣጥርየ ነይረ። ሕጂ ግን ናብ ምርሳዕ ገጹ ከይዱ። እዚ ተመክሮ'ዚ ብምውናነይ ንነብሰይ ከም ዕድለኛ ኢየ ዝቖጽራ።

ካብ ሲቪላዊ ኣገልግሎት ምልቃቐይን ካብ ኤርትራ ንምውጻእ ምውሳነይን፡ ኣብ መሳርሕተይ ዝተሓዋወሰ ስምዒታት ኣለዓዒሉ። እዚ፡ ቅድሚ ሕጂ ዘይተሰምዐ ፍጻመ ኢዩ ነይሩ። ንብዙሓት ድማ ኣሰንቢዱዎም። ገሊኦም ምስ'ቲ ዝወሰድኩዎ ውሳነ ኣይተሰማምዑን፣ ዝያዳ ትዕግስቲ ክገብር ከም ዝነበረኒ ድማ ገሊጾም፣ ገለ ገለ ሰባት እውን ከም ብታህዋኽ ዝተወሰደ ምርጫን ከም ምስ መንግስቲ ዝጻረር ተግባርን ገይሮም ርእዮምዎ። ገሊኦም በቲ ዘጋጠመኒ ጸገም ምሳይ ይደናገጹ'ኳ እንተ ነበሩ "ድሕነቱን ድሕነት ስድራ ቤቱን ኣብ ሓደጋ ከእትዎ ኣይነበሮን" ብምባል ንተግባራተይ ብግልጺ ክድግፉ ፍቓደኛታት ኣይነበሩን። ገለ ውሑዳት ግና ቅኑዕ ውሳነ ከም ዝወሰድኩ ይኣምኑ ነበሩ።

ካብ'ታ ዝደስከልኩላ መዓልቲ'ቲኣ ንደሓር ብቐረባ ምክትታል ከም ዝህልወኒ ስለ ዝፈለጥኩ እቲ ናይ ምስንባት ውሳነ ንዓይ ሓደገኛ ኢዩ ነይሩ። ካብ'ዚ ብምብጋስ ሃገር ለቒቐ ዝወጸሉ መገዲ ሃሰው ክብል ነይሩኒ፣ ረኺበ ድማ።

እቲ ዘገርም ነገር ግን፡ ሓደ ሰብ፡ ንሱ ድማ ሜ/ጀነራል ፊሊጶስ ወልደዮሃንስ፡ ንውሳነይ ምድጋፉ ኢዩ። ድሕሪ ምኻደይ፡ ብርጋዴር ጀነራል ተኽለሃይማኖት ልብሱ፡ ምስ ካልኦት ወተሃደራዊ ኣዘዝቲ እናስተየ ኣብ ዘካየዶ ዕላል፡ ኤርትራ ምስ ህዝባዊ ወያነ ሓርነት ትግራይ (ህወሓት) ኣብ ኲናት እናሃለወት ካብ ሃገር ክወጽእ ኣይነበሮን ብምባል፡ ንተግባራተይ ጌጋ እዩ ክብል ነቒፉ። ጀነራል ፊሊጶስ ግና ኣብ'ቲ ዘረባ ብምእታው

ነቲ ውሳነይ ደጊፉዎ። ኣብ ቦታኡ እንተ ዝነብር ነይረ ከምኡ ምገበርኩ ብምባል ድማ ብተወሳኺ ገሊጹ። ነቲ ብዙሕ ከበርከት ዝኽእል እናሃለኹ ካብ ሲቪላዊ ኣገልግሎት ንክግለል ዝተወሰደ ውሳነ ኢዩ ዝጠቕስ ነይሩ። እዚ ዕላል'ዚ፡ ንሽዱሽተ ኣዋርሕ ዝወሰደ ወተሃደራዊ ስልጠና ድሕሪ ምዝዛሞም፡ ሓያሎ ወተሃደራዊ መኮንናት ካብ ቻይና ድሕሪ ምምላሶም ንምጽንባል ኣብ ዝተኻየደ ድራር እዩ ተኻይዱ። ናይ'ዚ ፍጻመ ኣዘንታዊ፡ ኣጋጣሚ ኮይኑ ሓደ ካብ'ቶም ኣብ ቻይና ስልጠና ዝወሰዱ ወተሃደራዊ መኮንናት ኢዩ ነይሩ።

ሓደ ስሙ ክጠቕሶ ዘይደሊ ላዕለዋይ ሓላፊ እውን ተመሳሳሊ መርገጺ ከም ዝወሰደ ፈሊጠ። ብውሽጠም ኣገናዕ ዝበሉ ሰባት እውን ከም ዝነበሩ ዳሕራይ ተጋሂዱለይ።

ምስ በራኺ ገብረስላሴ (ሚኒስተር ዜና ነበር) ናይ ስንብታ ደብዳቤ ምስ ኣቕረብኩ ኢና ተራኺብና። ምስ ነገርክዎ፡ በራኺ ግብረ መልሲ ኣይሃበን። ተዓንዚዙ ስቕ በለ። በራኺ ሓደ ካብ'ቶም ብቐረባ ዘዕልሎም ሰባት ኢዩ ነይሩ። ኣብ ፈለማ ተስዓታት ኣብ ሚኒስትሪ ትምህርቲ ኢድን ጓንትን ኴንና ጽቡቕ ስራሕ ሰሪሕና ኢና። ዝምድናና ካብ'ቲ ኣባላት ኣቀራራቢት ሽማግለ ኴና ኣንሰርሓሉ ዝነበርና እዋን ኢዩ ዝጀምር።

ዓብደላ ጃብር (ኣባል ፈጻሚት ሽማግለ ነበር፡ ህግደፍ፡ ሓላፊ ውድባዊ ጉዳያት) ብዛዕባ ውሳነይ ንምሕታትን ንውሳነይ ዳግማይ ግምት ንምግባር ዝህሉ ተኽእሎታት ንምድህሳስን ናብ ቦታይ መጺኡ። ሓሳበይ ክቕይር ከም ዘይኮንኩ ቀልዓለም ብዘይብሉ መገዲ ምስ ነገርኩዎ ድማ ካባይ ተሰናበተ። ምስ ዓብደላ ጃብር ብዙሕ ቅርበት ነይሩኒ። ኣብ ብዙሓት ተኣፈፈቲ ጉዳያት እውን ነዕልል ኔርና ኢና። ናይ ፖለቲካ "ኣዕሩኽ" ኣናብዝሐ ምስ ከደ ግን እንዳ ተረሓሓቕና ኬድና።

እቲ ውሳነ ሓያልን ብሓላፍነት ዘሕትትን ከም ዝነበረ ካባይ ስዉር ኣይነበረን። ምስ መንግስቲ ኣብ ረጽሚ ምእታው ስለ ዝኾነ። ከምኡ ክንዲ ዝኾነ ድማ ፖለቲካዊ መልክዕ ክሕዝ'ዩ። እዚ ብዘየገድስ ግን ክውሰድ ዝነበሮ ስጉምቲ ኢዩ ነይሩ። ሓደጋ (risk) ከይወሰድካ ዝመጽእ ለውጢ ስለ ዘይህሉ። ጌጋ ደኣ ይኽልኣለይ እምበር፡ እዚ ስጉምቲ'ዚ ኣብ'ቲ ውድብ/መንግስቲ ንመጀመርያ ግዜ ከይኮነ እውን ኣይተርፍን ኢዩ። ሓደ መልእኽቲ ግን ከመሓላፍ ደልየ፥ "ካብ ሽዑ ንድሓር ንድሕሪት ከም ዘይጥምት። "ካብ ሽዑ ንደሓር ወናኒ መጻኢ ዕድለይ ባዕለይ ምዃነይ" መልእኽቲ ንምትሕልላፍ።

ምዕራፍ 2

ኣብ'ቲ ንክትቃለስ ዝተጸምበርካዮ ውድብ ጓና ምኳን

2.1 ሓጺር ድሕረ ባይታ

ፖለቲካውን ማሕበራውን ተነጽሎን ስም ምድዋንን ጸሎሎ ምቕባእን ንሓደ ወዲ ሰብ ንምእማኑ ዘጸግም ከቢድ ስነ ኣእምሮኣዊ ጭንቀትን ወጥርን ይፈጥረሉ ኢዩ። እዚ ብድሆ'ዚ ኣብ ውሽጢ ሓደ ብዓለማዊ ጸጋማዊ ፍልስፍና ዝተጸልወ ውድብ ክፍጸም እንከሎ ድማ ዝያዳ ኣሰካፊ ይገብሮ። ከመይሲ እዞም ዝተጠቕሱ ውድባት፡ ማሕበራዊ ፍትሒ ንምርግጋጽ ኢና ንቃለስ ዘሎና እናበሉ ከይተፈለጦም ዘማዕብሉዎምን ዝኹስኩሱዎምን ናይ ምልኪ ባእታታት ስለ ዘሳስዩ።

እቲ ብከም'ዚኦም ዝኣመሰሉ ምንቅስቓሳት ዝሳሰ ባዕዳዊ ስነ ሓሳብ፡ ኣብ ልዕሊ'ቲ ክጸልዎ ዝህቅን ሕብረተሰብ ከምኡ እውን ማሕበረ ቁጠባውን ፖለቲካውን መዋቕር፡ መሰረት የብሉን። ምስ'ቲ ዘይዓቕንካ ሳእኒ ምውዳይ ወይ ዝገዝፈካ ክዳን ምልባስ ዝመሳሰል እውን ኢዩ። ምስ'ዚ ባዕዳዊ ስነ ሓሳብ ንምምዕርራይ ተባሂሉ ዝውሰድ ተበግሶታት ድማ ግጉያት ሳዕቤናት ከከትል ይኽእል።

ብመሰረት'ዚ ጸጋማዊ ስነ ሓሳብ'ዚ፡ ሓደ ሕብረተሰብ ኣብ ዝተፈላለዩ ደርብታት ማለት ቡርጅዋ፡ ንኡስ ቡርጅዋ፡ ሰራሕተኛ፡ ሃብታም ሓረስታይ፡ ማእከላይ ሓረስታይን ድኻ ሓረስታይን እናተባህለ ይከፋፈል። ይኹን'ምበር፡ ሓደ ሓደ ግዜ ኣብ መንጎ'ዞም ናይ'ቲ ሕብረተሰብ ቐጸላታት ንጹር ፍልልያት ምግባር ኣዝዩ በዳሂ ክኸውን ይኽእል ኢዩ። ብተወሳኺ፡ ተማሃሮን ምሁር ክፋል ናይ'ቲ ሕብረተሰብን መብዛሕትኡ ግዜ ከም ንኡስ ቡርጅዋ ኢዮም ዝቑጸሩ፡ ብባህሪኦም ድማ ተወላወልቲ ተባሂሎም ስለ ዝፍለጡ (percieved) ከም ሓደገኛ ክፋል ናይ'ቲ ሰውራ ይቑጸሩ። እቲ ስነ ሓሳብ ነዚ ክፋል

ናይ'ዚ ሕብረተሰብ ብጥንቃቐ ክትሓዙ ከም ዘለዎም ይሰብኽን የነሳኑስን። እቲ ዝገርም፥ ኣባላት'ዚ ጉጅለ "ከም ደርቢ ነብስ ቅትለት ክሳዕ ዘይፈጸሙ" ክእመኑ ከም ዘይከኣል ይግለጽ። ብኻልእ ወገን፡ ሃብታማት ሓረስቶት ከም ጸላእቲ ህዝብን ጸላእቲ ቃልስን ኢዮም ዝቑጸሩ።

ብኣጠማምታ'ዚ ጸጋማዊ ኣረኣእያ፡ ሃይማኖት ከም ናይ ሓደ ሕብረተሰብ ዕጸ ፋርስ ኢዩ ዝረአ። ኣብ እግዚኣብሔር ምእማን ከም ኣድሓርሓሪ ዝቑጸር ኮይኑ፡ ቤተ ክርስትያን ድማ ንውጹዓት ብመንፈሳዊ መገዲ ንምእሳር ገዛእቲ ደርብታት ዝጥቀሙሉ መሳርሒ'ዩ ተባሂሉ ይእመነሉ። እቲ ናይ'ቲ ቃልሲ ሓፈሻዊ ዕላማ፡ ደርቢ ኣልቦ ሕብረተሰብ ምምስራት ኢዩ። እዞም ሓርነታውያን ምንቅስቓሳት'ዚኣቶም፡ ከም ኣካል ናይ'ቲ ሰፊሕ ዓለማዊ ማሕበርነታዊ ምንቅስቓስ ይቑጸሩ። ዕላምኦም ድማ ደርባዊ ቃልሲ ምክያድን ብቁጠባ ማዕርነት ዝተረጋገጸላ ዓለም ምህናጽን ኢዩ።

እዚ ስነ ሓሳብ'ዚ ፍጹም ምእዙዝነት (comformity) ናይ ኣተሓሳስባ ይጠልብን የገድድን። ኣብ ልዕሌኡ፡ ዝኾነ ናይ ምጥርጣር ምልክት ምርኣይ ድማ ልዑል ዋጋ ከኽፍል ይኽእል። ሓደስቲ ሓሳባት ወይ ኣማራጺ ፖለቲካዊ ኣረኣእያታት ምስሳይ፡ ከም ዝንቡልነት (deviation) ይጽብጸብ፡ ምጽውዋር ድማ ኣዝዩ ሳሕቲ ኢዩ። ተቓወምቲ ድማ ግዳያት ናይ ኣረኣእያኦም ክኾኑ ይኽእሉ።

እቲ ንኹሉ ነገር ብመነጽር ደርባዊ ቃልሲ ዝቐርጽ ህዝባዊ ግንባር፡ ንኹሉ ተቓውሞ (ንኡስ ድዩ ዓቢ ብዘየገድስ) ብዘይ ምሕረት ይጭፍልቕ። እቶም ካብ'ቲ ቅቡል ወይ ልሙድ ኣረኣእያ ወጻኢ ዝኾነ ውልቃዊ ኣረኣእያታት ዘሳስዩ ሰባት፡ ሓደ ሓደ ግዜ ክሳዕ ብደዎም ዝቕበሩ ነቐፌታ የጋጥሞም። ውልቃዊ ግርጭታትን ዘይምርድዳእን ከይተረፈ ፖለቲካዊ መልክዕ ይውሃቦ ነይሩ። ሓደ ሓደ ግዜ ድማ ነቲ ኣብ መንጎ'ቶም ኣብ ደርባዊ ቃልሲ ዝተመርኮሱን ዘይተመርኮሱን ግርጭታት ንምልላይ ኣዝዩ ከቢድ ይገብሮ። ንኣብነት፡ ሓደ ሰብ ምስ ሓላፊኡ ዘለዎ ዘይምርድዳእ ምስ ደርባዊ ቃልሲ ምትእስሳር ከም ዝህሉዎ ምግባር ዘይዝውቱር (uncommon) ኣይነበረን። ብሕልፊ ከኣ እቲ ተጋዳላይ፡ ተመሃራይ ወይ ምሁር ምስ ዝኸውን። ናይ ስልጣን ህርፋን ኣለዎ ተባሂሉ ድማ ይንቀፍ።

እቲ ብስም ናይ 1973 ዓ.ም. ምንቅስቓስ ዝፍለጥ ተቓውሞ፡ "ኣድሓርሓሪ"፡ "ዝምቡል"፡ "ኣዕናዊ"፡ "ከፋፋሊ" ካልእን ዝብሉ ቅጽላት ተዋሂብዎ ነይሩ። መፍትሒኡ ድማ ምጽናቱ (liquidate) ኢዩ ነይሩ። ተገይሩ ድማ።

ኣብ መንጎ ናይ'ቲ ምንቅስቓስ ደገፍትን ተቓወምትን ርሱን ክትዕ እናተኻየደ እንከሎ፡ ከም ኢሳይያስ ኣፍወርቅን፡ ሮመዳን መሓመድ ኑርን፡ መስፍን ሓጎስን ዝኣመሰሉ

ሰዓብቱን ነቲ ዝነበረ ስርዓት (status quo) ንምዕቃብ ይጽዕሩ ኣብ ዝነበሩሉ ግዜ ኣብ ህዝባዊ ሓይልታት ተጸንቢረ።

ዋላ'ኳ ንጡፍ ኣባል ናይ'ቲ ምንቅስቓስ እንተ ዘይነበርኩ፡ ኣብ ካልኣይ ደረጃ ትምህርትን ከምኡውን ኣብ ቀዳማዊ ሃይለ ስላሴ ዩኒቨርሲቲ ኣብ ናይ ፍረሽማን ፕሮግራም እንከለኹ ዝፈልጦም መማህርተይን መተዓብይተይን ደገፍቲ ናይ'ቲ ምንቅቓስ ኮይኖም ጸኒሖሙኒ። እዚኣቶም ካብ ዝተፈላለዩ ኣውራጃታት ዝመጹ ዜጋታት ኢዮም ነይሮም። ምሳኣታቶም ምርኻብን ምዕላልን እምበኣር ባህርያዊ ኢዩ ነይሩ። ተዓላማይ ኣብ ዝነበርኩሉ እዋን እምበኣር ምስ ብዙሓት ካብኣቶም ኣዕሊለን ተመያይጠን። ብርከት ዝበሉ ካብኣቶም ድማ ሕጉሳት ኮይኖም ኣይረኸብኩዎምን። ንኣተሓሕዛ መሪሕነት ኣብ ልዕሊ ተጋደልቲ ይጽይንዎ ነበሩ። ገለ ካብኣቶምሲ መሳፍንቲ ኢዮም ዝብሉ እውን ኣየተሳእኑን። ንዓይ ከም ዝመስለኒ፡ ዝኾነ ኣብ'ቲ ሸው እዋን ናብ ህዝባዊ ሓይልታት ክጽንበር ዕድለ ዝረኸበ ምሁር፡ ናይ'ዚ ምንቅስቓስ'ዚ ኣባል ክኸውን ግድነት'ዩ ነይሩ። ብናተይ ገምጋም፡ እቲ ምንቅስቓስ ኣብ 1973 ዓ.ም. ምኽሳቱ፡ ነቲ መሪሕነት ጽቡቕ ኣጋጣሚ ወይ ዕድል'ዩ ነይሩ። ኣብ 1975 ዓ.ም. (ብኣሽሓት ዝቑጸሩ ምሁራት መንእሰያትነቲ ውድብ ኣብ ዝተጸንበሩሉ እውን) ኣጋጢሙ ነይሩ እንተ ዝኸውን ኢልና እስከ ንሕሰብ። እቲ መሪሕነት ንኽንደይ ተጋደልቲ ኢሉ ምኣሰረ። እቲ ሸው ዝነበረ መሪሕነት ነቲ ምንቅስቓስ ኣብ ሳሕል ቀቢርዎ ንከበሳታት ኤርትራ ምምጽኡ ነብሱ ኣድሒኑ፡ ተሰቲሩ ከኣ።

ወተሃደራዊ ስልጠናን ፖለቲካዊ ትምህርትን ኣጠናቐቐ ናብ'ቲ ተዋጋኢ ሰራዊት ምስ ተመደብኩ፡ ንደገፍቲ ናይ'ቲ ምንቅስቓስ፡ ናይ ምፍርራሕን ምግዳድን ተግባራትን፡ ብዘይጠቕሙ ጉድለታት ናይ ምንቃፍ ኩነታትን የጋጥሞም ከም ዝነበረ ብዓይነይ ተዓዚበ እየ።

መከራይ ዝጀመረ፡ ክልቲኣን ግንባራት ንምቅርራብ ዕማም ዝተዋህባ ሽማግለ (ብኣቀራራብ ሽማግለ እትፍለጥ) ድሕሪ ምፍራሳ ነዊሕ ከይጸንሐ ኢዩ። ካብ ናይ ሸው ኣቦ ወንበር ህዝባዊ ግንባር፡ ኢሳይያስ ኣፍወርቂ፡ ጻውዒት መጺኡኒ። ኣብ'ቲ እዋን'ቲ ወግዓዊ ሓላፍነተይ ሓላፊ ክፍሊ ዜናን ባህልን ትምህርትን ነበረ። እዚ ፍጻሜ ዘጋጥም ዘሎ ድማ ሸው ንሸው ድሕሪ እታ ብተጋደልቲ ዝተመዘዘት ኣቀራራቢት ሽማግለ ጸብጻባ ነቲ ዝመረጸ ኣካል ሂባ ሓላፍነታ ምስ ኣውረደት ኢዩ። ኣነ ኣባል ናይታ ሓሙሽተ ዝኣባላታ ሽማግለ እየ ነይረ።

ኢሳይያስ ኣፍወርቂ፡ ኣነ ክምልሶም ዘሎኒ ሓደ ሓደ ሕቶታት ከም ዘለዉን፡ ክሳዕ ተወሳኺ ሓበሬታ ወይ መምርሒ ዝረክብ ድማ ምስ ናይ ጸጥታ ጉጅለ (ሓለዋ ሰውራ)

ክጸንሕ ከም ዝኾንኩን ሓበረኒ። ብሰሎሞን ወልደማርያም ዝምራሕ ጉጅለ ጸጥታ፡ ካብ መጀመርታ ብምንታይ ምኽንያት ናብ'ታ ንሱ ዝመርሓ ጉጅለ ከም ዝተላኣኽኩ ርግጸኛ ስለ ዘይነበረ፡ ካብ ኢሳይያስ ሓበሬታ ክሓትት ሰብ ልኢኹ። ንሱ ድማ ክሳዕ ካልእ መምርሒ ዝረክብ ኣብኡ ኣብ ትሕቲ ቀይዲ ክጸንሕ ከም ዘሎኒ ደጊሙ ኣረጋጊጹ።

ብናተይ ግምት፡ ኢሳይያስ ካብ'ቶም ኣብ'ታ ሽማግለ ዝዋስኡ ዝነበሩ ኣባላት ብዛዕባይ ጸበጻብ ተመሓላሊፉሉ ክኸውን ይኽእል ኢዩ። ካብ መን ምኻኑ ግን ኣብ ምጽንጻን (speculation) ክኣቱ ኣይደልን። ግምት ግን ኣሎኒ። በዚ ኾይኑ በቲ፡ ሓደ ሓቂ ግን ኣሎ። ንዓይ በዞም ጉዳያት እዚኣቶም ተኸሲስካ ኣሎኻ ኢሉ ዝቐረበኒ ሰብ ወይ ኣካል ኣይነበረን። የሎን እውን። ብድሕረይ ዝብሃል ግን እሰምዖ ነይረ።

ሓያሎ ሰሙናት ብዘይ ዝኾነ ሓድሽ ምዕባለ ሓለፈ። ብድሕሪኡ፡ ነፍስሄር ዳዊት ሃብቱ (ኣባል ጋንታ ጸጥታ ነበር)፡ ንዓይ ጸዊሩ ካብ ኢሳይያስ ኣፍወርቂ ብኢዱ ዝተጻሕፈ ጽሑፍ ኣረከበኒ። እቲ ጽሑፍ፡ መብርሂ ክህበሎም ትጽቢት ዝግበረሎም ተኸታተልቲ ሕቶታት ዝሓዘ ነበረ። ከም ዝዝክሮ፡ እቶም ሕቶታት ከም መቐድም ናይ'ቲ ቀንዲ ጉዳይ፡ ድሕረ ባይታይ ብምድህሳስ ጀሚሮም፡ ቀጺሎም ብቐጥታ ናብ'ቲ ቀንዲ ኣርእስቲ (ናብ'ቲ ብመንካዕ ዝፍለጥ ምንቅስቓስ 1973 ዓ.ም.) ኣትዮም።

ብዛዕባ ምንቅስቓስ 1973 ዓ.ም. ኣመልኪቱ ዘሎኒ ኣረኣእያን ኣብ ዝተፈላለዩ መዳያት ናይ'ቲ ምንቅስቓስ መርገጺየይ እንታይ ከም ዝነበረን ተሓቲተ። ነዚ ዕድል'ዚ ተጠቒመ፡ ኣረኣእያይ ገሊጸ፡ ነዚ ዝስዕብ ድማ ብጽሑፍ ደጋጊመ ኣመሓላሊፈዮ፥

> መምርሒ ፖለቲካዊ ትምህርቲ ህዝባዊ ግንባር ሓርነት ኤርትራ፡ ክልተ ዝተፈላለዩ ግርጭታት ከም ዘለዉ ይጠቕስ ወይ ይዝርዝር፥ ቀዳማውን ካልኣውን ግርጭታት። እቲ ቀዳማዊ ግርጭት ኣብ መንጎ ግንባርን ተጻባኢኡ ስርዓት ኢትዮጵያን ዘሎ ኢዩ፡ ዘይዕረቕ ግርጭት ስለ ዝኾነ ከኣ ብጎነጻዊ ኣገባብ ይፍታሕ፣ ብኻልእ ወገን ድማ፡ ኣብ መንጎ ኣባላት ህዝባዊ ግንባር ዝረአ ውሽጣዊ ፍልልያት ከም ካልኣዊ ግርጭት ይውሰድ እሞ ብደሞክራስያዊ ዘተ ወይ ልዝብ ድማ ክፍታሕ ይምረጽ ይብል።
>
> ምንቅስቓስ 1973 ዓ.ም. ኣብ መንጎ ዝተፈላለዩ ኣባላት ግንባር ወይ ጉጅለታት ንዝተፈጥረ ወይ ዝተኸሰተ ውሽጣዊ ግርጭት ዝውክል ኮይኑ፡ ኣብ ውሽጢ እቲ ትካል ዘሎ ናይ ርእይቶታት ብዙሕነት ዘንጸባርቕ ኢዩ። እዞም ኣረኣእያታት ኣዝዮም ክፈላለዩ ይኽእሉ'ኳ እንተ ኾኑ፡ ነዚ ፍልልያት ንምፍታሕ ግን ሰላማውን ደሞክራስያውን ዘተ ተመራጺ መገዲ

ከም ዝኾነ ምጉላሕ ኣገዳሲ ኢዩ። ናይ'ቲ ምንቅስቓስ ዕላማ ንህዝባዊ ግንባር ካብ ውሽጡ ንምድኻም ዘይኮነስ፡ ኣወንታዊ ለውጢ ንምጉስጓስ ስለ ዝኾነ።

ኣነ እምበኣር፡ ኣብ'ቲ ምንቅስቓስ ንዝነጥፉ ኣባላት ህዝባዊ ግንባር ምእሳር ወይ ምቕያድ ኣይድግፍን እየ።

ድሕሪ'ቲ ኣፈናዊ ናይ ሓሳባት ምልውዋጥ፡ ኣብ መንጎ ኢሳይያስን ኣነን ቀጻሊ ናይ መልእኽቲ ምልውዋጥ መስርሕ ቀጺሉ። ነፍስሄር ዳዊት ሃብቱ ድማ ብቐጻሊ ከም መንጎኛ ወይ ተለኣኣኺ ኮይኑ የሳልጥ ነይሩ። ኣብ'ዚ ኹሉ ምልውዋጥ'ዚ፡ ኢሳይያስ ንገምጋመይ ዘይቅኑዕ ከም ዝኾነ ዝእምት'ኳ እንተ ነበረ፡ ኣነ ግን ነቶም ንዓይ ዓቢ ትርጉም ዘለዎም ኮይኖም ዝተሰምዑኒ ዝተወሰኑ መሰረታውያን መትከላት ብጽኑዕ ግን ትሕትና ብዝመልኦ ኣገባብ እናተኸላኸልኩ፡ ነተን ኣረኣእያታተይ ብቐጻሊ እየ ዝገልጸን ነይረ። እዚ መከራ'ዚ ኣብ'ቲ መዳጎኒ ማእከል ንኣዋርሕ ቀጺሉ። ክሳዕ ካብ ኢሳይያስ መልሲ ዝሰማዕ።

ጉዕዞይ ዘይተጸበኽዎ ነጥበ መቐይሮ ኣጋጢሙዎ። ሓደ ንግሆ፡ ኢሳይያስ ናብ'ቲ መቐየዲ ቦታ ድሕሪ ምምጻኣ፡ ብነፍስሄር ዳዊት ሃብቱ ተዓጂቡ ጸዊዑኒ። ነቲ ዘተ ንምኪያድ ኣብ ሓንቲ ንእሽቶ በዓቲ ኢና ተኣኪብና። ኢሳይያስ ካብ ሽዑ ንደሓር ናጻ ምዃነይ ሓበረኒ፣ ግን ከኣ ኣብ ካልእ ምድብ። ኣብ ክንዲ ሓላፊ ክፍሊ ዜናን ባህልን ትምህርትን ኮይነ ናብ'ቲ ናይ ቀደም ኣሃዱየይ ዝምለስ፣ ኣብ'ቲ ኣብ ከባቢ ኣስመራ ዝርከብ ኣብ ምውዳብን ምንቕቓሕን ህዝቢ ዝነጥፍ ዝነበር ኣሃዱ ክጽንበር መምርሒ ተዋሂቡኒ። ኤርሚያስ ደበሳይ ሓላፊ ናይታ ኣሃዱ ኢዩ ነይሩ።

ቅድሚ ምብጋሰይ፡ ብዛዕባ እቲ ኣቐዲመ ዝተኣሰርኩሉ ምኽንያት ንምሕታት ሓይልን ትብዓት ኣኻኺበ፡ ብዛዕባ እቲ ዘይተረድኣኒ በደል ወይ ክሲ መብርሂ ክህበኒ ንኢሳይያስ ብትሕትና ሓቲተዮ። ብፍላይ ካብ ማእሰርተይ ክመሃርሉ ዝኽእል ምህሮን (lesson) ከም'ዚ ዓይነት መቕጻዕቲ ንክወርደኒ ዝገበርኩዎ ፍሉይ ጌጋታትን ንክፈልጥ እውን ተወከስክዎ። ንኢሳይያስ ከም'ዚ ዓይነት ሕቶታት ምቕራብ ከም ድፍረት ክቑጸር ዝኽእል'ኳ እንተ ነበረ፡ ንእስነተይን ውሑድ ተሞክሮይን ከም መመኽነይታ እናጠቐስኩ ሳዕቤኑ ብዘየገድስ ኣቕሪበዮ።

ኢሳይያስ ዋላ'ኳ ዝኾነ ቁም ነገር ዘለዎ ሓበሬታ መልሲ ከይሃበኒ ብሰፊሑ እንተ ተዛረበ፡ ኣብ መወዳእታ ግን፡ "ግዳይ ናይ ኩነታት" (victim of circumstances) ክኸውን ይኽእል ከም ዝነበርኩ ዝብል ዘይንጹር መልእኽቲ ኣመሓላሊፉለይ። ብናቱ

ኣበሃህላ ኣብ'ቲ ሽዑ እዋን ንህላወ'ቲ ግንባር ዝፈታተኑ ዝተፈላለዩ ምንቅስቓሳት (ናይ 1973 ዓ.ም. ምንቅስቓስ፡ ናይ ዑስማን ሳልሕ ሳበ፥ ወዘተ) ከም ዝነበሩ ከኣ ብተወሳኺ ጠቒሱለይ። ነቲ ከጋጥም ዝኽእል ሳዕቤን ኣጸቢቐ ስለ ዝፈልጥ ተወሳኺ ሕቶታት ካብ ምሕታት ተቖጢበ። ናብ'ቲ ዝተመዘዝኩሉ ኣሃዱ ድማ ጉዕዞይ ጀሚረ። ናብ ከበሳ ምስ ደየብኩ ዝረከብክዎ ሰብ ኣስመሮ ገረዝጊሄር ኢዩ ነይሩ። ሽዑ ኣስመሮም ናይ ዞባ ሰሜን ሓላፊ ከም ዝነበረ እዝክር። ድሕሪ ናብ ክፍሊ ህዝባዊ ምምሕዳር ከተማታት (ባዶ ሸድሽተ) ምምዳበይ ምሕባሩ (ከም'ቲ ኢሳይያስ ዝሓበረኒ)፡ ተስፉይ ተመነዎ (ሓደ ካብ'ቶም ኣባላት ኣቀራራቢት ሽማግለ) ኣውራጃዊ ምኽኑ ተፈልጥዶ ኔርካዶ ኢሉ ሓቲቱኒ። ዝፈልጦ ነገረ ከም ዘየሎ ኢለ መሊሰሉ። እቲ ዘረባ ክቕጽሎ ኣይደለየን። ብኡ ንብኡ ድማ ኣቋሪጽዎ። ኣነ እውን ነቲ ዘረባ ክቕጽሎ ኣይመረጽኩን።

ክሳዕ ሎሚ ድማ ብዛዕባ ምኽንያት ማእሰርተይ ዝኾነ መብርሂ ክህብ ዝደፈረ ሰብ የሎን። ምስ ኣሕመድ ኣል ቐይሲ ብ 2016 ዓ.ም. ብተሌፎን ኣብ ዝገበርኩዎ ዝርርብ፡ ንሱ ኣብ ማእሰርቲ እንከለኹ ብዛዕባይ (ኣብ ምንቅስቓስ 1973 ዓ.ም. ዝነበረኒ ተሳትፎ) ገለ ሕቶታት ከምልሽ ብሃይለ ጀብሃ (ምክትል ሓላፊ ጋንታ ጸጥታ) ተሓቲቱ ከም ዝነበረ ገሊጹለይ። ሃይለ ጀብሃ ድሕሪ ምእሳረይ መማሳመሲ ክረክብ ፈተነታት ገይሩ ኢዩ ማለት ኢዩ። ምናልባት ብትእዛዝ ኢሳይያስ ኣፈወርቂ ክኸውን እውን ይኽእል ኢዩ። ሽዑ ዝኾነ ይኹን ምስ ምንቅስቓስ 1973 ዓ.ም. ምድንጋጽ የርኢ ነይሩ ዝበሃል ኣባል ህዝባዊ ሓይልታት ኣብ ፈቐዶኡ ዝልቀሙሉ ዝነበረሉ ግዜ ኢዩ ነይሩ። ስምኦን ኢማም (ወዲ ኢማም) መቕጻዕቱ ኣብ ሓለዋ ሰውራ ወዲኡ ንከበሳ ክብገስ እንከሎ ከም ዝተራኸብና እውን እዝክር። ወዲ ኢማም ጸኒሑ ኣብ 1978 ዓ.ም. ኣብ ደቡብ ተሰዊኡ።

ኣብ ቀይዲ ኣብ ዝነበርኩሉ እዋን ብኣጋጣሚ ምስ ብጾት ገበረኣምላኽ ኢሳቕን ደበሳይ ገብረስላሰን (ትኪ) ተራኺበ ንከዕልል እውን ዕድል ረኺበ። ገብረኣምላኽ ካብ ግዜ ንእስነተይ እየ ዝፈልጦ። ኣዝዩ ብሉጽ ተመሃራይ ኮይኑ ንዓባይ ሓፍተይ ምሸት ምሸት ገዛ እንመጸ ቁጽሪ ክምህራ እንከሎ ይዝከረኒ። ካብ ምስልጣን መማህራን ከም ብሉጽ ተመሃራይ ተሸላሚ ኮይኑ ኢዩ ተመሪቑ። ብድሕሪኡ ብዝረኸቦ ናይ ማህደር ትምህርቲ ዕድል ተጠቒሙ ንሕብረት ሶቭየት ብምኻድ ብማስተርስ ዲግሪ ተመሪቑ። ካብ ሕብረት ሶቭየት ከኣ ኢዩ ንሜዳ ዝተሰለፈ። ገብረኣምላኽ ኣብ ሓለዋ ሰውራ ምስ ርእየኒ ብዙሕ ጉህዩ። ንሱ ንባዕሉ ድሕሪ መውጋእቱ ካብ ደቡብ የመን ድሕሪ ምምጽኡ ኢና ንራኸብ ዘሎና ። ብዛዕባ መሪሕነት ህዝባዊ ግንባር ዝነበሮ ቅሬታ ድማ ብዘየወላውል መገዲ ገሊጹለይ። ኣይጽንሕን ኣብ ቤት ማእሰርቲ ተዳጒኑ ኣብኡ ድማ ሓቒቑ። ምስ ደበሳይ እውን ንሓጺር ግዜ ከም ዘዕለልና ይዝከረኒ። ደበሳይ እውን ከም ገብረኣምላኽ

ሕክምንኡ (ድሕሪ መውጋእቱ) ወዲኡ ካብ ዓደን ምስ ተመልሰ ኢየ ረኺበዮ። ደበሳይ እውን ብተመሳሳሊ መገዲ ስክፍታኡ ገሊጹለይ። ደበሳይ እውን ዕጫ ገብረኣምላኽ'ዩ ኣጋጢምዎ። ደበሳይ ሓደ ካብ'ቶም ምስ ኢትዮጵያውያን ገስገስቲ ብጾቱ ነፋሪት ጨውዩ ካብ ኢትዮዕያ ዝወጸ መንእሰይ ኤርትራዊ'ዩ።

ከም ናይ'ዚ ተመኩሮ'ዚ ሳዕቤን፡ ኣብ'ቲ ምስ ህዝባዊ ግንባር ሓርነት ኤርትራ ዘሕለፍኩዎ እዋናት፡ "ዝምቡል" ዝብል ቅጽል ስም ተለጢፉኒ ካብ ኩሉ ተገሊለ። ብድሕረይ ድማ ናይ ምጽላም ዘመተ ተጀሚሩ። "መንካዕ ኢዩ"፡ "ንሱን ተሰፋይ ተምነዎን ኣባላት ኣቀራራቢት ሽማግለ ኣብ ዝነበሩሉ ግዜ እውን ምስ ኣባላት ተጋድሎ ሓርነት ኤርትራ ፍሉይ ርክባት ይገብሩ ነይሮም ኢዮም"፡ "ሰመረ ሰሎሞን ኣብ'ቲ ምስ ተሓኤ ዝግበር ዝነበረ ምቅርራብ መሪሕነት ህዝባዊ ሓይልታት ዕንቅፋት ኮይናትና ነይራ ኢሉ ተዛሪቡ" ዝብሉ ውሑዳት ካብ'ቶም ጸለመታት ኢዮም። ኩሎም ድማ ውጹኣት ሓሶታት ኢዮም። ከም ሳዕቤን፥ ብጾተይ ካብ ፍርሒ ዝተላዕለ ካባይ ክርሕቁ ጀሚሮም። ሓደ ሰብ ኣብ ሓለዋ ሰውራ (መዳጎኒ ማእከል ህዝባዊ ግንባር) ተኣሲሩ ነይሩ ምስ ዝብሃል፡ ከይወዓለ ከይሓደረ ስሙ ይበላሾ፡ ሰብ ድማ ይርሕቆ። ኣነ ድማ ካብ'ዚ ናጻ ኣይነበርኩን። ሃገራውነተይ ከመስክር ድማ ነዊሕ ግዜ ወሲዱለይ። እቲ ካብ ኩሉ ዘገርም፡ መተዓብይትኻን ማህርትኻን ዝነበሩ ሰባት ወይ ካብ ፍርሒ ዝተላዕለ ወይ እውን ንውልቃዊ ፖለቲካዊ ረብሓታቶም ክብሉ ክርሕቁኻ ክትርኢ እንከለኻ ኢዩ። ኣስማት ክጠቕስ ኣይደልን ግንከ ከም'ዚኦም ዝኣመሰሉ ሰባት ብርክት ዝበሉ ኢዮም። ደሓር ደኣ ኢዶም ረኺባቶም እምበር።

ኣብ'ቲ መዳጎኒ ማእከል ዘሕለፍኩሉ ግዜ፡ ምክትል ሓላፊ ጉጅለ ጸጥታ፡ ሃይለ ጅብሃ፡ ሓደ መዓልቲ ብሃንደበት ናብ ቤት ጽሕፈቱ ጸዊዑኒ። ሃይለ ጅብሃ ድምጹ ክብ ኣቢሉ፡ ሰዓብቲ ምንቅስቓስ 1973 ዓ.ም. ካብ ሰለይቲ ኢትዮጵያ ንላዕሊ ጎዳእቲ ኢኹም ወይ እውን ትኸፍኡ ኢሉ ጨዲፉለይ። እዚ መግለጺ'ዚ ብዙሕ ኣተሓሳሲቡኒ። ክሳዕ ለይቲ ሎሚ የሰደምመንን የሰንብደንን። ሓዚነ ድማ። ከም'ቲ ልዕል ኢሉ ዝተጠቕሰ ብወለንታይ ጉዳይ ሃገር ደሪኹኒ ማሙቕን መብጽዓ ዝመልኦን ናይ ትምህርቲ (ኣብ ሃገረ ሽወደን ካብ ኡፕሳላ ዝተባህለ ከተማ ናይ ፋርማሲ ተመሃራይ እየ ነይረ) ዕድለይ ገዲፈ እየ ንሜዳ ኣብ ፈለማ 1974 ዓ.ም. ዝተሰለፍኩ።

ቅድሚ'ዚ ኣብ ላዕሊ ዝተጠቕሰ ፍጻመ፡ ኣብ'ቲ ንመጀመርታ ግዜ ናብ ህዝባዊ ሓይልታት ምስ ተጸምበርኩ ዘጋጠመ ካልእ ፍጻመ ነይሩ። ምስ'ቶም መተዓልምተይ ወተሃደራዊ ስልጠናን ፖለቲካዊ ትምህርትን ኣብ እንወስደሉ ዝነበርናሉ እዋን ኢዩ ነይሩ። እቲ ፍጻመ ንነፍስሄር ሮመዳን መሓመድ ኑር፡ (ሽዑ ምክትል ኣቦ ወንበር ህዝባዊ

ሓይልታት) እትምልከት ኢያ ነይሩ። ናብ'ቲ ዝነበርናዮ መዓስከር ክበጽሕ መጺኡ፡ ንሓጺር እዋን ጸኒሑ ድማ ከይዱ። ቃላቱ ግን ክሳብ ሎሚ ኣብ ዝኽረይ ተቐሪጹ ኣሎ። እናኸደ እንከሎ "እዛ ወዲ መንካዕ'ያ" ወይ ናይ'ቲ ምንቅስቓስ ሰዓቢት'ያ ኢሉኒ። ከም'ዚ ዝበለ ዘረባ ካብ ሓደ ኣብ ላዕለዋይ ጽፍሒ ሓላፍነት ዘሎ ኣባል መሪሕነት ህዝባዊ ሓይልታት፡ እሞ ከኣ ኣዝዩ ፍሉጥ ሰብ ኣይተጸበኽዎን። ከምኡ ክብል ምስ ሰማዕኩ ግን ኣዚየ ጉህየ። ደንጽዩኒ እውን። ሕሰብዎ'ሞ፥ ንሓደ ምቾት ላዕለዋይ ትምህርቱ ገዲፉ፡ ዝረኸበት ትርከበኒ ኢሉ ንሜዳ ዝወጸ ህንጡይ መንእሰይ (እሞ ከኣ ምስ ተጋዳላይ ሮመዳን ዝኾነ ይኹን ዓይነት ሌላ ዘይነበሮ ሰብ) ከም'ዚ ኢልካ ምድሃል ምስ ምንታይ ይቐጸር? እዚኣቶም እምበኣር'ዮም መራሕቲ ህዝባዊ ሓይልታት ነበር። እዚ ፍጻመ'ዚ ነባሪ ጦብላሕታ ገዲፉለይ፡ ነቲ ኣብ ልዕሊ ሮመዳን መሓመድ ኑር ዝነበረኒ ኣኽብሮት ድማ ሽዑ ንሽዑ ከም ዝበንን ገይሩዎ።

ሓደ ዘይርስዖ ካልእ ፍጻመ እውን ክጠቅስ እደሊ። ኣብ ባርካ ላዕላይ'ዩ፡ ኣታ ኣቀራራቢት ሽማግለ ስራሕ ንምፍጻም ትንቀሳቐስ ኣብ ዝነበረትሉ እዋን ኢዩ ነይሩ። ድሕሪ ነዊሕ መገዲ፡ ከነዕርፍ ኢልና ኮፍ በልና'ሞ ሻሂ ኣፍሊሕና ከነዕልል ጀመርና። በራኺ፡ ነፍስሄር ሓሰን ሓመድ ኣሚር፡ ነፍስሄር ኣማኑኤል ቀሺ፥ ተስፋይ ተምነዎን ኣነን ዘጠቓለለት ሽማግለ። እቲ ዕላል ብምንታይ ከም ዝተጀመረ ኣይዝክሮን ግን ነፍስሄር ኣማኑኤል ቀሺ ብድድ ኢሉ ብሃንደበት "ኣንታ ተበላጺ" ክብለኒ ይዝከረኒ። እሂ እንተ በልክዎ፡ "ንስኻ ፍቕሪ ሃገር እንተ ዝነብረካ ስለምንታይ ካብ ሽወደን ተሰሊፍካ፡ ካብ ኣስመራ ምስላፍዶ ኣይምቐለለካን" ኢሉ ነዲሩ ተዛረበ። ጉዳዩ ገሪሙኒ። ደንጽዩኒ እውን። ኣነ ኣብ ንኡስ ዕድመይ ሜዳ ዝተሰለፍኩ ሰብ እየ ነይረ። ኣብ ክንዲ እንቋዕ ብደሓን መጻእካስ እዚ ኹሉ ጸርፊ? "ስማዕንዶ ኣማኑኣል፡ ኣነን ንስኻን ብዕድመ ብዙሕ ፍልልይ ኣሎና፡ ንተመክሮኻ ኣብ ገድሊ እውን ኣይዳረጎን እየ። ኣብ ክንዲ ትሕብሕበንስ ተበላጺ ክትብለኒ?" መለስኩሉ። እቶም ብጾተይ ኩሎም ገሪሙዎም ግን ብትሪ ዝተቓወሞ ወላ ሓደ ሰብ ኣይነበረን። "ደሓን፡ ደሓን፡ እዚ ዘረባ'ዚ ኣየድልን እዩ" ተባሂሉ ጥራይ ተሓሊፉ።

ኣብ መዓስከር ወተሃደራዊ ታዕሊም ገረገር ኣስመራ መተዓልምተይ ዝነበሩ ብጾት፡ ወልደሚካኤል ኣብርሃ፡ ነፍስሄር ተኽላይ ሓረካ፡ ነፍስሄር ዓንደሚካኤል ካሕሳይ፡ ነፍስሄር የማነ ኪዳነ (ጃማይካ)፡ ነፍስሄር ገብረሚካኤል (ቀሺ)፡ ሓደ ተወልደ (ማኛ) እንብሎ ዝነበረና ካብ ጀርመን ዝተሰለፈ ተጋዳላይን ኣነን ዝሓቑፈ ነበረ። ገብረሚካኤል (ቀሺ) ኣብ 1980 ዓ.ም. ኣብ ከርከበት (ባርካ) ንመምህር ምሕረተኣብ ብጥይት ድሕሪ ምቕታሉ ብዘሕዝን መገዲ ህይወቱ ኣሕሊፉ። ኣነን ምሕረተኣብን ክልቴና ኣብ ቦጦሎኒ 27 ኣዘዝቲ ቦጦሎኒ ኳና ኣብ እንገልግለሉ ዝነበርና እዋን፡ ገብረሚካኤል (ቀሺ) ኣብ

ትሕቴና ከም ናይ ሓይሊ ኮሚሳር ኮይኑ የገልግል ነይሩ። እቲ ኣሰቃቒ ፍጻመ ድሕሪ ናይ ሕቡእ ሰልፊ ኣኼባ ዝተፈጸመ ኮይኑ፡ ኣብ'ቲ እዋን'ቲ ምሕረተኣብን ጉጅልኡን ንገብረሚካኤል ብጃጃውነት ነቒፎምዎ። ብድሕር'ዚ ምሕረተኣብ ከዕርፍ ኢሉ ኣብ ትሕቲ ጽላል ገረብ ሰለም ምስ ኣበለ፡ ገብረሚካኤል መጺኡ ብጥይት ቀቲሉዎ፡ ንነብሱ ድማ ህይወቱ ኣሕሊፉ። ኣብ'ቲ እቲ ተግባር ዝተፈጸመሉ እዋን፡ ኣብ ትሕቲ ጽላል ገረብ ኣብ ዝነበረ ናይ ድሕሪ ቀትሪ ድቃስ ኣናወሰድኩ ካብ'ቲ እቲ ፋጻመ ዝተፈጸመሉ ቦታ ሒደት ሜትሮታት ጥራይ ርሒቐ ነይረ። ኣብ'ታ መዓልቲ እቲኣ ዘጋጠመ ዘሕዝን ፍጻመ ኣብ ተዘክሮታተይ ዘይሃስስ ኣሰር ገዲፉለይ። ተወልደ ማኛ ሃሱስ ናይ ሲ.ኣይ.ኣይ. ተባሂሉ ተቐቲሉ።

ዘይከም ናይ ሮመዳን መሓመድ ኑር ተሰፋ ዘቑርጽ ዘረባ፡ እቶም ከቡራት ገዳይም ተጋደልቲ ህዝባዊ ሓይልታት (ተወልደ ኢዮብን ወልደንኪኤል ሃይለን) ኣብ ገርገር ኣስመራ (ሳሕል)፡ ኣብ ወተሃደራዊ ስልጠና ወይ ታዕሊም ከም ዝነበርኩ ምስ ፈለጡ፡ ክበጽሑኒ መጺኦም። ምስ ክልቴኦም ኣብ ዝተፈላለየ ኣጋጣሚታት ዝገበርኩዎ ዕላል ባህ ዘብል ተመክሮ ኢዩ ነይሩ። ናይ ምትብባዕ ቃላቶምን ከቡር ምኽሮምን ዓሚቝ ስምዒት ኣሕዲሩለይ። ኣብ ዙርያ ቤተ ክርስትያን ኪዳነ ምሕረት ዘሕለፍኩዎ ናይ ንእስነት ዓመታት፡ ተወልደ ኢዮብን ወልደሚካኤል ሃይለን (ወዲ ሃይለ) ከም ናይ'ቲ ከባቢ ጀጋኑ ዝፍለጡ መንእሰያት ኢዮም ነይሮም። ጎረባብቲ እንዳ ዓባየይ ስለ ዝነበሩ ኣጸቢቐ እየ ዝዝክሮም። ብድሕሪኡ ግን ንተወልደ ኢዮብ ኣይረኣኹዎን። መሳቶኡ ንናይ ተወልደ ኢዮብ ጅግንነት የድንቑ ከም ዝነበሩ ግን እዝክር። ምስ ወልደንኪኤል ሃይለ ንካልኣይ ግዜ ኣብ ዓዲ ሓውሻ ተራኺብና። እዚ ኣብ 1977 ዓ.ም. ኢዩ ነይሩ። ሓጺር ግንከ ምዉቕ ዕላል ነይሩ።

ካልእ ከይዘከርክዎ ክሓልፍ ዘይደሊ፡ ኣብ ታዕሊም ከም ኣባል ናይታ ኣሃዱ (ኣሰልጣኒ) ኮይኑ ዝኣልየና ዝነበር ተጋዳላይ ፍቕረ መስፍን ነይሩ። ፍቕረ ናይ ሃረር ኣካዳሚ ምሩቕ እዩ ነይሩ። ታዕሊም ተወዲኡ ክሳብ ነናብ ቦታና ክሳብ እንምደብ ካብይ ተፈልዩ ኣይፈልጥን። ብፍላይ ድማ መስዩ ድፋዕ ኣብ እንወጻሉ ዝነበራና እዋን። ክሳብ ዋርድያ ንጅምር ብዙሕ ነዕልል። ኣንጺፍና ድማ ጎድኒ ጎድኒ ንድቅስ። ምስ ፍቕረ ዕላልና ብዙሕ ኢዩ ነይሩ። ፖለቲካ፡ ዕላል ከተማ፡ ዕላል ኤውሮጳ፡ እንታይ እሞ ክትብሎ። ልዕሊ ኩሉ ግን ምስ ህዝባዊ ሓይልታት ብዕምቆት ዘላለየኒ ፍቕረ ኢዩ። ይመኽረኒ ከኣ። ምኽሩ መብዛሕትኡ ግዜ ብዛዕባ ኣብ ሓይልታት ምስ ከድኩ ብዛዕባ ከጋጥመኒ ዝኽእል ኩነታት ኢዩ። ኣዝዩ ጠቓሚ ድማ ነበረ። ድሕሪ ቁሩብ እውን ኣብ ክንዲ ዓላምየይ፡ ዓርከይ ኮይኑ። ምክብባር ዘለዎ ዕርክነት። ፍቕረ ኣዝዩ ህዱእ፡ ረዚን፡ ብሱል፡ ከምኡ እውን ሓላዪ ኢዩ ዝነበረ። ኣነ ካብ ሓይልታት ንሳሕል ተመሊሰ ናብ ክፍሊ ዜናን ትምህርትን ባህልን

ምስ ተመደብኩ፡ ንሱ ከም መራሕ ሓይሊ ኮይኑ ኣብ'ተን ኣብ ሳሕል ተመስሪተን ዝነበራ በጠሎንታት ከም መራሕ ሓይሊ ኮይኑ የገልግል ነይሩ። ምርኻብና ቀጺሉ፡ እቲ ጥዑም ዕላልና እውን ከምኡ። ጌጋ ድኣ ይኽልኣለይ እምበር ብዙሕ ከይጸንሐ ኣብ ውግን ናቕፋ ተሰዊኡ። ንፍቕረ ኩሉ ግዜ ብናፍቖት ይዝክሮ።

ቅድሚ ናጽነት፡ ምስ ኢሳይያስ ዝገበርኩዎ ናይ መወዳእታ ትርጉም ዘለዎ ርክብ ኣብ 1988 ዓ.ም. ኣባል ኣሰናዳኢ ቦርድ ውሽጣዊት መጽሔት ሓርበኛ ኮይነ የገልግል ኣብ ዝነበርኩሉ እዋን ኢዩ ነይሩ። ኣብ'ቲ ግዜ'ቲ፡ ብዛዕባ ጉዳይ ሓድነት ኤርትራውያን ውድባት ብዝምልከት ንዋና ጸሓፊ ህዝባዊ ግንባር ሓርነት ኤርትራ ቃለ መሕትት ከግብር ዕማም ተዋሂቡኒ። ድሮ'ቲ ቃለ መሕትት ዝካየደሉ መዓልቲ፡ ምስ ሓደ ኣብ ቀረባ እዋን ተመርዕዩ ኣብ ሕጽኖት ዝነበረ ተስፋሚካኤል ገብረመድህን (ሽሪፎ) ዝበሃል ዓርከይ ድራር ተዓዲመ። ኣነን ተስፋሚካኤልን በዓልቲ ቤቱን (እኽበረት ጓል ባድረ) ድራር ምስ በላዕና፡ ኢሳይያስ ምስ መሰየ መጺኡ ኣብ'ቲ መስተ ተጸንቢሩና። ኢሳይያስ ከድረር ሓቲቱ ድዩ ኣይሓተተን ኣይዝክሮን እየ። ኢሳይያስ ብነፍስሄር ናይዝገ ክፍሉ ተሰንዩ እዩ መጺኡ። የማነ ገብርኣብ እውን ጸኒሑ ተጸምቢሩና። ኣብ'ዚ እዋን'ዚ፡ ተስፋሚካኤል ኣብ ናይ ህግደፍ ቤት ማእሰርቲ ተዳጒኑ ይርከብ። ኣብ ነሓሰ 2014 ዓ.ም. ኢዩ ብወከልቲ ጸጥታ ዝተወሰደ።

ኣብ'ቲ ድራር፡ ነፍስሄር ናይዝገ ክፍሉ ንየማነ ገብረኣብ፡ ንሱን ዓንደብርሃን ወልደጊዮርጊስን ኣብ ኣመሪካ እንከሎዉ ማርክሳዊ ሰልፊ ንምቛም ዝነበሮም ዕላማ ብምጥቃስ ኣሽካዕሊሉሉ። የማነ ህድእ ብዝበለ መገዲ ነቲ ጉዳይ ሽለል ክብሎ መሪጹ። ናይዝገ ንዓይ እውን በቲ ኣብ ሽወደን ዝነበረኒ ናይ መንእሰይ ህይወተይ እናልዓለ ከላገጸለይ ጀሚሩ። ኢሳይያስ ግን ብቐጻሊ ናይዝገ ንዓይ ኣብ ዝትኹትኾኒ ዝነበረ እዋን ዘረባ ከቋርጽ ይምሕጸኖ ነይሩ።

ይኹን'ምበር፡ እቲ ዕላል ዘይተጸበናዮ ኣንፈት ክሕዝ ጀሚሩ። ኢሳይያስ ሰኺሩ ከም ዘይነበረ'ኳ ኣረጋግጽ፡ እንተ ኾነ ግን ነቶም ኣብ ምንቅስቓስ 1973 ዓ.ም. ዝተሳተፉ ብጾቱ ክቐትል ከም ዝደፋፋኡዎ ብምሕባር ነቲ ዘረባ ክደጋግሞ ጀመሩ። "ንብጾተይ ክቐትል ኣገዲዶሙኒ" እናበለ ድማ ከዛረብ ጀሚሩ። እዚ ኑዛዜ'ዚ ኣዝዩ ኣሰንቢዱኒ፣ ኢሳይያስ ስለምንታይ'ዩ ኣብ ቅድሚ ሓደ ኣብ 1976 ዓ.ም. ዝገለሎን ናብ ሓለዋ ሰውራ ዝለኣኾን ሰብ (ኣነ) ከም'ዚ ዝኣመስለ መግለጺ ክህብ ከም ዝመረጸ ክርድኣኒ ኣይከኣለን። እዚ ንዓይ ክሳዕ ሎሚ ምስጢር ወይ እውን ሕንቅሊተይ ኮይኑኒ ኣሎ።

እዞም ጠባያት (ናይ ጣዕሳ ጠባያት) እዚኣቶም ወላ እውን ኣብ'ቲ ድሕሪ'ቲ ናይ 2001 ዓ.ም. ዘጋጠመ ብጉጅለ 15 ዝፍለጥ ምንቅስቓስ እውን ኣንጸባሪቑ ኢዩ። ካብ'ቶም

ኣብ'ቲ ፍጻመ'ቲ ዝወዓሉ ሓደ ሰብ ከም ዘዕለለኒ፡ ሓደ መዓልቲ፡ ዓሊ ስይድ ዓብደላ ኣብ እንዳ ዓርኩ (ዓብደላ ቀላቲ) ከፍጥር ኢሉ መጺኡ (እዋን ጾመ ራማዳን)። መስዩ ኢዩ ነይሩ፡ ዓሊ እውን ቁሩብ ጥዒሙ ኢዩ መጺኡ። እቲ ዕላል እናመቀረ ምስ ከደ ሃንድበት፡ "ምስ ክንደይ ጀጋኑ ንሰርሕ ኔርና፡ ሕጂ ምስ ወኻሩ ተሪፍና" እናበለ ከዛረብ ጀሚሩ።

2.2 ኣብ ፖለቲካዊ ተነጽሎ፡ ማሕበራዊ ምግላል፡ ስም ምጽላም ዘለዎ ህይወት ምንባር ከመይ ይመስል?

ብኢሳይያስ ካብ ዝግለል ጀሚረ ብቐጻሊ ብካድረታት ህዝባዊ ሓይልታት፡ ጸኒሑ ድማ ብህዝባዊ ግንባር ብናይ ጥርጣረ ዓይኒ ክርአ ጀሚረ። ዝተመደብኩሉ ናይ ስራሕ ቦታ ብዘየገድስ፡ ሰባት ሓደ ካብ'ቶም ተረፍ መረፍ ምንቅስቓስ 1973 ዓ.ም. ምዃነይ፡ ስለ'ዚ ድማ ኣብ ትሕቲ ምክትታል ክህሉ ከም ዘሎኒ ብምስጢር ብኣባላት'ታ ሕብእቲ ሰልፊ ይሕበሮም ነበረ። ክብደት ናይ'ዚ ኣብ ልዕሊ ሓደ ንሃገሩ ብተወፋይነት ኣድላዪ መስዋእቲ ክኸፍል ፍቓደኛ ዝነበረ ውልቀ ሰብ ዝቐንዐ ጥርጣረን ምክትታልን፡ ካብ ልክዕ ዝሓለፈ ኢዩ ነይሩ። ናይ ስም ምጽላም ጎስጓሳት እውን ልሙድ ኮይኑ ነበረ። ኣብ 1978 ዓ.ም. ሓደ ኣባል ማእከላይ ሽማግለ (ሃብተማርያም ተኽለ፡ ብ 'ደብተራ፡ እውን ይፍለጥ'ዩ) ንሓደ ናይ ቀረባ ዓርከይን መትዓብይተይን ካባይ ክርሕቕ ከም ዘለዎ ብተደጋጋሚ ይሕብሮ ነይሩ። እቲ ዓርከይ ብሰንኪ'ቲ ምሳይ ዝነበሮ ምቅርራብ ብዙሕ ሽግር ረኺቡ። ያኢ! ናብ ተዋጋኢ ሰራዊት ምኻድ ከም መቕጻዕቲ ተቐጺሩ ብርክት ዝበሉ እዋናት ምፍርራሕ በጺሑዎ። እቲ ዓርከይ፡ ብዛዕብ'ዚ ፍጻመ፡ ድሕሪ ናጽነት ኢዩ ነጊሩኒ።

ብዛዕባ ህላወ'ቲ ኣብ ውሽጢ ህዝባዊ ግንባር ዝሰርሕ ዝነበረ ሕቡእ ወይ ድማ ምስጢራዊ ሰልፊ ብመገደይ ምስ ፈለጥኩ፡ ኣባላት ሰልፊ፡ ንምንቅስቓሰይ ብቐረባ ክዕዘቡ መምርሒ ተዋሂቡዎም። ኣባላት ሰልፊ ዝገብሩዎ ንጥፈታትን ምንቅስቓሳትን ብጥንቃቐ ዝተሓዝ'ኳ እንተ ነበረ፡ ኣብ ብርጌድ 31 ኮሚሳር ቦጦሎኒ ኮይነ የገልግል ኣብ ዝነበርኩሉ እዋን፡ እቶም ኣባላት፡ ምስጢራዊ ኣኼባታት ክገብሩ ሓሓሊፈ ይዕዘብ ነይረ። ሓደ መዓልቲ፡ ተኽላይ ሃብተስላሰ ዝኣልዮ ብምሉኦም ኣባላት ሰልፊ ዝተረኸቡሉ ኣኼባ ኣጓኒፉኒ። ተረኣኢና ስቕ ስቕ ኮይኑ።

ብተማሳሰሊ መገዲ፡ ኣብ ብርጌድ 44 ኮምሽነር ቦጦሎኒ ኮይነ እሰርሕ ኣብ ዝነበርኩሉ እዋን፡ መሳርሕተይ ዓሊ ማንጁስ (ኣዛዚ ቦጦሎኒ) ብሸለልትነት ኣብ ጣውላ ዝገድፎም ዝነበረ ናይ'ቲ ሰልፊ ደብዳቤታት ይርኢ'ሞ ከም ዘይርኤኹ ይሓልፎ። ስቕ ምባል ድማ መሪጸ። ኣኼባ ኣባላት ሰልፊ ብኣጋጣሚ ምርካብ እውን ዘይተለምደ

ኣይነበረን። መብዛሕትኡ ግዜ ኣብ ዘይተሓስበ ሰዓታት ኢዩም ዝእከቡ። ንኣኼባታት ሰልፊ ብለይቲ ካብ ድፋዕ ክወርዱ ከሉዉ ዝረኸቦም ተጋደልቲ ነይሮም። ተረኣኢኻ ስቕ ኢዩ እቲ ነገሩ።

ሓደስቲ ዝተመልመሉ ኣባላት ሰልፊ፡ ንውድብ ዘለዎም ተኣማንነት ንምርኣይ መሳርሒ ብምኳን ኣንጻረይ ክሰርሑ ይተባብዑ። ከም'ቲ ነቶም ፍሉይ ሓለፋ ዘለዎም ኣባላት ሰልፊ ዝወሃቦም ናይ ሓበሬታ ምርካብ ዕድል ኣይትረክብን። ዝኾነ እተቕርቦ ሕቶ ከም ምህንጣይ፡ ሓበሬታ ክትረክብ ከም ምድላይ ኮይኑ ይርአ። ንመርገጺ ሰልፊ ከም ምብዳህ ኮይኑ ድማ ይውሰድ። ሓደ ሓደ ግዜ ርእይቶ ኣብ ኣትህበሉ ግዜ እውን ከም ኮነ ኢልካ ንሰልፊ ምጽራር ኮይኑ ይጽብጸብ። እዚ ድማ ርእሱ ዝኸኣለ ሳዕቤን ይህሉዎ። ምስ ብጾትካ እትገብሮም ዝምድናታት ኩሉ ግዜ ኣብ ትሕቲ ክትትል ኢዮም። ይከታተሉኻ ከም ዘለዉን ጸብጻብ ክህቡ ምኺኖምን እውን ከም ርዱእ ጌርካ ክትወስዶ ኣሎካ።

ምስ መን ከም እተዕልል፡ ምስ መን ከም ዝተራኸብካ፡ እንታይ ከም ዝበልካ ኩሉ ከም ጸብጻብ ይቐርብ። ለይትን መዓልትን ድማ ብዛዕባኻ ክዝትዩ የሕልፉዎ። ሕሉፍ ሓሊፎም እውን ኣብ ማሕበራዊ ዝምድናታትካ ጣልቃ ይኣትዉ። እዚ ተግባራት'ዚ ብዘየገድስ፡ ኣብ ዝተፈላለየ ጉዳያት ዘሎኒ ኣረኣእያ ካብ ምግላጽ ተቖጢበ ኣይፈልጥን። ኣቲ ዘገርም፥ ሓደ ሓደ ግዜ ምስ ዝተፈላለዩ ሰባት ብግርህና ዘዕለልካዮ ሓሊፉ ይጸንሓካ። ሓደ ግዜ ገለ ገለ ኣባላት ክፍሊ ትምህርቲ (እቲ ፍጻመ ኣብ ዜሮ ዝተባህለ መዓስከር ኢዩ ነይሩ) ብዛዕባ ኣመሰራርታ ሰልፊ ሓቲቶምኒ። ዓቕመይ ብዘፍቅዶ ድማ ናይ ቬትናም፡ ሩስያን፡ ቻይናን፡ ካምቦድያን ዝኣመሳሰሉ ተመክሮታት ከም ኣብነት ኣናጠቐስኩ ሰፊሕ መብርሂ ሂበዮም። ንኣቀዋውማኦምን ውድባዊ ቅርጾምን ብዝምልከት እውን ኣብሪሀ። ዝገረመኒ ነገር እንተሎ፡ ድሕሪ ውሑዳት መዓልታት፡ በራኺ ገብረስላሰ (ሽው ሓላፊ ጨንፈር ትምህርትን ኣባል ማእከላይ ሽማግለን) ኣኼብ ጸዊዑ ንኹሎም እቶም ኣብ'ቲ ዕላል ዝነበርና ሰባት ብዛዕባ እንታይ ከም ዝተዛረብና ብዝርዝር ክንገልጸሉ ሓቲቱና። ብቐንዱ ድማ ንዓይ። ኣነ ኸኣ ከም ዘለዎ ኣቕሪበሉ። በራኺ እቲ ዝደልዮ ረኺቡ ኣፋንዩና። ንዓይ ግን እዛ ፍጻመ እዚኣ ኩሉ ግዜ ኢያ ትገርመኒ ነይራ። በራኺ ከም ኣባል ሰልፊ መጠን ጸብጻቡ ኣተሓላሊፉ ማለት ኢዩ።

ኣብ ዝተወሰኑ ኣጋጣሚታት፡ ኣብ ውሽጢ ቦጦሎኒ ንዝርከቡ ኩሎም ኣባላት ሰልፊ ዝሓቁፍ ሕቡእ ኣኼባታት ሰልፊ ይካየድ ነይሩ። እዚ ፍጻመታት'ዚ ኣብ ዝካየደሉ እዋን፡ ንእሽቶ ኣሃዱ ይወሃብ እሞ፡ ኣብ መስመር ጸላኢ ወይ ብድሕሪ መስመር ጸላኢ፡ ናይ ዳህሳስ ተልእኾታት ክመርሕ ዕማም ይወሃበኒ። እቲ ዕላማ ብሩህ ኢዩ። ካብ'ቶም ኣኼባታት ከም ዝርሕቕ ንምግባር ዝዓለመ ኢዩ ነይሩ። ሓደ ከም'ዚ ዝኣመሰለ ፍጻመ፡

ኣብ ዞባ ባርካ ምስ ተጋድሎ ሓርነት ኤርትራ ብንጥፈት ኣብ ወተሃደራዊ ግጭት ተዋፊርና እንከለና ኢዩ ኣጋጢሙ። ሽው ይዝከረኒ ፍሊጶስ ወልደሃንስ (ኣዛዚ ብርጌድ 44) ካብ ሳሕል ናብ'ቲ ዝነበርናዮ ቦታ መጺኡ። መጀመርያ ንኣባላት ሰልፊ ክረክብ ስለ ዘለዎ ድማ ኣነ ንስለያዎ ተልእኾ ተባህሉ ካብ'ቲ ዓስኪርናሉ ዝነበርናሉ ቦታ ከም ዝእለ ተገይሩ። ካልእ ድማ ኣብ ብርጌድ 44 የገልግል ኣብ ዝነበርኩሉ እዋን ኣብ ሰሜናዊ ምብራቕ ሳሕል ዘጋጠመ ኢዩ። እዚ እውን ንተመሳሳሊ ምኽንያት።

ሓደ መዓልቲ (እዚ ድሕሪ 1991 ዓ.ም. ኢዩ ነይሩ)፡ ኣነን ተስፋማርያም ተኽስተን (ወዲ ባሻይ) ኣብ ባር ሮያል ኣስመራ ቡን እናሰተና ኣብ ዕላል ተጸሚድና ኔርና። ኣብ ሓደ እዋን ሓያል ምቅርራብ ነይሩና። ሽው ተስፋማርያም ብሃንደበት፡ ስምካ ናብ ሓንቲ ካብ'ተን ሕቡኣት ዋህዮታት ናይ'ቲ ውድብ ሰልፊ ምስ ቀረበ፡ ስለምንታይ ኣባል ሰልፊ ክትከውን ከም ዘይተደለኻ ትፈልጥ'ዶ ብምባል ሓተተኒ። ምንም ኣፍልጦ ከም ዘይብለይ ገሊጸሉ። ብድሕር'ዚ ከም'ዚ ክብል መለሸ፥ "ሓደ ዓኺይ፡ ስመረ ሰሎሞን ኣብ ማርክስነት ስለ ዘይኣምን ኣባል ሰልፊ ክኸውን ኣይበቅዕን'ዩ ብምባል ተቓዊሙካ ስሙ ከኣ እከለ እዩ" ኢሉኒ።

ካልእ ፍጻመ ኣብ 1980 ዓ.ም. ኣብ ባርካ ኣብ መንጎ ህዝባዊ ግንባር ሓርነት ኤርትራን ተጋድሎ ሓርነት ኤርትራን ኣብ ዝካየድ ዝነበረ ጽዕጹዕ ሓድሕዳዊ ኲናት ዘጋጠመ ኢዩ። እዚ፡ ኣብ ማእከል'ዚ ሕማቕ ኣጋጣሚ፡ ማለት ኣሕዋት በቲ ንናይ መራሕትና ጥሙሕን ኣነነትን ጉጅላዊ ረብሓን ክንብል ኣብ ኲናት ተጸሚድናሉ ዝነበርና ዝሕዝን እዋን ኢዩ ነይሩ። ኣብ'ቲ ኣዋርሕ ዝወሰደ ወተሃደራዊ ረጽምታት፡ ምስ ሓደ ካብ ኣዘዝቲ ቦጦሎኒ ከምኡ እውን ኣባል ኣሃዱ ከቢድ ብረትን ምስጢራዊ ሰልፍን ዝነበረ ብጻይ (ወዲ ተካ) ናይ ቀረባ ምሕዝነት መስረትና። በቲ ኣብ'ቲ ውግእ ኣብ ትሕቲ ምምሕዳረይ ዝነበረት ቦጦሎኒ ዘርኣየቶ ፍጥነትን ቅልጣፈን ትብዓትን ኣዝዩ ተመሲጡ ነበረ። ምሕዝነትና እናዓበየ ከደ፡ ይኹን'ምበር፡ ኣብ መንጎ ዕላልና፡ ኣባል ናይ'ቲ ሕቡእ ውድብ ምኧነይ ንምፍላጥ ሓተተኒ። ከም ዘይሰማዕኩ መሲለ ንሕቶኡ ጎስየዮ ሓለፍኩ። ድሕሪ ሒደት መዓልታት ክርሕቐኒ ጀመረ፣ ቅርበትና ድማ ነከየ። ኣባል ሰልፊ ከም ዘይኮንኩ ፈሊጡ ክኸውን ነይሩዎ ዝብል ጥርጣረ ኣሕዲሩለይ። ነቲ ዝገበርናዮ ዕላል ንመሳርሕቱ ምስ ዘካፍል፡ ህይወቱ ኣብ ሓደጋ ክኣቱ ይኽእል ነይሩ፡ ብኡ ምኽንያት ድማ ይኸውን ካባይ ክርሕቕ ዝመረጸ። ወዲ ተካ ምስ ህወሓት ተሓባቢርካ ብዝብል ክሲ ካብ ዝስወር ሓያለይ ኮይኑ። ብህይወቱ ዘሎ እውን ኣይመስለንን።

ሕጂ ክሓስቦ ኣንከለኹ ሓደ ዘስሕቕ ዝመስል ግንከ ዘገርም ፍጻመ እውን ኣጋጢሙኒ። ኣብ'ቲ ኣብ መንጎ ህዝባዊ ግንባርን ተጋድሎ ሓርነት ኤርትራን ዝቐጸለ

ናይ 1980 ዓ.ም. ኩናት፡ ተጋድሎ ሓርነት ለቒቑምዎ ዝኸዱ መዓስከሮም፡ ናይ'ቲ ሕቡእ ሰልፎም ወግዓዊ መጽሔት ረኺበ። ጌጋ ድኣ ይኸልኣለይ እምበር "ነጸብራቕ" ኢያ ስማ። ከንብባ ከለኹ ዝተዓዘቡ ኣባላት ሕቡእ ሰልፊ ሕሹኽሹኽ ክብሉ ተዓዚበ። ኣነ ግን ከም ዘየተውዓልኩሉም ኮይነ ምንባበይ ቀጺልኩ። ኣንቢበ ድማ ኣብ ሻንጣይ ኣእተኽዋ። ካብ'ቲ ዓሪፈሉ ዝነበርኩ ቦታ ሻንጣይ ገዲፈ ንሓጺር እዋን ተኣለኹ'ሞ ጽንሕ ኢለ ምስ ተመለስኩ እታ መጽሔት ተሰሪቓ ጸኒሓትኒ። ኣይተኸታተልክዋን ድማ። ንፍሉጥ ምኽንያታት።

ሓደ ምሸት፡ ናጽነት ምስ ተረኽበ ነዊሕ ከይጸንሐ፡ ኣሕመድ ኣል ቐይሲ ንዓይን ንካልኦት ክልተ ብቐረባ ዝፈልጠና ብጾትን (ኣስማቶም ብፍላጥ ዝተሳሕበ) ናብ ገዝኡ ንድራር ዓደመና። እቲ ዕላል ኣብ'ቲ እዋን ኣብ ዝነበረ ፖለቲካዊ ሃዋህው ዘተኮረ ነበረ። ዕላል ምስ ቐይሲ ጥዑም ኢዩ። ብኣተሓሳስባ ናጻ ስለ ዝኾነ ይፈኹስካ። ነቲ ዕቱብ ዕላል ዋዛ ስለ ዝሕውሰሉ ድማ መቐረት ይህሉዎ። እናሻዕ ድማ ያ ጀምዓት ኣል ኼር እንዳ በለ ዘይተጸበኻዮም ሓበሬታት ወይ ምስጢራት የካፍለካ። እናመሰየ ምስ ከደ፡ ሓደ ካብ'ቶም ክልተ ኣብ'ቲ ድራር ዝተዓደሙ ብጾት (ኣስማቶም ብፍላጥ ዝተሳሕበ) ኣብ'ቲ ግዜ ገድሊ ኣብ ልዕለይ ክቱር ጽልኢ ከም ዘነበሮ ብግልጺ ገለጸለይ። እቲ ዘገርም ወዲ ኣሃዱየይ እውን ኣይነበረን። ቁሩብ መስተ ኣሰኒፍዎ ክኸውን ይኽእል ኢዩ ዝብል ግምት ኣሎኒ። ስለምንታይ ኢለ ምስ ተወከስኩዎ ድማ ንክጸልኣኒ ካብ'ቲ ውድብ ንጹርን ቀጥታውን መምርሒ ከም ዝተዋህቦ ኣግሃደለይ። ልክዕ ቃላቱ እዞም ዝስዕቡ ነበሩ፥ "ውድብይ ከምኡ ስለ ዝበለትኒ"። "እሞ እቲ ውድብ ከምኡ ክትገብር ስለ ዝኣዘዘካ ጥራይ ኢኻ ጸሊእካኒ?" ብምባል ስምባደይ ገለጽኩሉ። እቲ ዘይንቕነቕ መርገጺኡ ተስፋ ዘቑርጽ ኣብ ልዕሊ ምንባሩ፡ ብተግባራቱ ጣዕሳ ከም ዘይብሉ ብንጹር ገሊጹለይ። ተስፋ ቆሪጸ። ከምኡ ዝኣመሰሉ ንዓሰርተ ትሽዓተ ዓመታት ናይ ትምህርቲ ዕድል ዝረኸቡ ውልቀ ሰባት (12+5+2) ክነሶም ንዓይ ብምውጋን ዓይኖም ሸፊኖም ነቲ ናይ'ቲ ሰልፊ ምኽርታት ዝሰምዑ ሰባት ከም ዘለዉ ሓቢረዮ። ከም ግብረ መልሲ ናይ'ቲ ንዕቀቱ ድማ ከም'ዚ ዝስዕብ ኢለዮ፥ "ሓደ መዓልቲ ውድብካ ሕርሕራይ ጌሩ ክገብረልካ ኢዩ።" በቲ ዘረብኡ ኣዚየ ስለ ዝተቐጣዕኩ ድማ ብሃንደበት ተንሲአ ንግዳም ወጺአ። ኣይተመልሰኩን ድማ። ብኡ ኣቢለ ንገዛይ ከድኩ። ልክዕ ከም'ቲ ዝተተንበኹዎ፡ እቲ ውድብ ብሓቂ ጠሊሙዎ ኢዩ። ጸኒሕና ግን፡ ኣነን ንሱን ኣዕሩኽ ኴንና። እዚ ፍጻመ'ዚ ሓደ መሰረታዊ ነገር የቃልዕ። ይትረፍዶ ሓረስቶትን ካልኦት መንቛሕቛሕታ ዘይብሎምን ብጾት፡ እቶም ምሁራት ኢና ዝብሉ እውን ከም'ዚ ዝኣመሰለ ጠባይ የርእዩ (ምስ እዒንቶም እንከሎዉ ዝዓወሩን ኣሜን በሃልትን፡ ኮነ ኢሎም ዝጋገዩን) ከም ዝነበሩ ኢዩ ዘርኢ። ኣረ እንሓንሳብሲ ሰውራውያን

ምእንቲ ክብሃሉ ብማለት ነቶም ንዕኦም ዝመስሉ ምሁራን ክቐጥቕጡ ዝውዕሉ ነይሮም ኢዮም።

ሓደ ካብኦም እስጢፋኖስ ስዩም ኢዩ። ኣነ ኣብ ክፍሊ ህዝባዊ ምምሕዳር ኣብ ዝነበርኩሉ እዋን ምክትታትል ክገበረልይ ከም ዘለዎ ንገለ ሰባት መምርሒ ከም ዝሃበ ይፈልጥ። ካብ'ቶም ክከታተሉኒ መምርሒ ዝተዋህቦም ሰባት ኢዩ ድሒሩ ገሊጹለይ። ሓደ ግዜ ኣብ ቅድሚ ኩሎም ኣባላት ናይ'ቲ ኣሃዱ ብድኹም ናይ ምምሕዳር ዓቕሙ ነቒፈዮ። ኣባላት ሰልፊ እውን ኣይተኸላኸሉሉን። ብድሕሬኡ ምስ እስጢፋኖስ ስዩም ሰላም ናይ እግዚሄር እውን ኣይነበረናን። እስጢፋኖስ ስዩም ሓደ ካብ'ቶም ምስ'ቲ ብጉጅለ 15 ዝፍለጥ ምንቅስቓስ ተጸንቢሩ ኣብ ቤት ማእሰርቲ ዒራ ዒሮ ተዳጒኑ ዝረከብ ተጋዳላይ ህዝባዊ ግንባር ነበር ኢዩ።

ሓደ ካልእ ኣጋጣሚ እውን ክጠቕስ እደሊ። ኣብ ሕሽክብ ዝብሃል ቦታ (ሰሜናዊ ምብራቕ ሳሕል) ክፍሊ ህዝባዊ ምምሕዳርን ክፍሊ ሓለዋ ሰውራን ጎረባብቲ ኢና ኔርና። በዚ ድማ፥ ኣባላት እቶም ክልተ ክፍልታት ኣብ ከም ስፖርትን ካልኦት ናይ ምዝንጋዕ ንጥፈታትን እናሻዕ ንራኸብን ነዕልልን ነበርና። ኣብ'ዚ ክይጠቕስኩዎ ክሓልፍ ዘይደሊ ኣማኑኣል ልጃም ኢዩ። ከምኡ እውን ተስፋልደት ሚካኤል። ነዞም ርክባት'ዚኣቶም ዝተዓዘበን ዝከታተል ዝነበረን ናይ'ቲ ሽው ሓላፊኦም (ተወልደ ዓንዱ) ጸዊዑ ንኣማኑኤል (እንተ ዘይተጋግየ እውን ንወዲ ሚኪኤል) ምሳይ ንዝነበሮ ርክብ ከም ዝሓተቶን ካባይ ንክርሕቕ ከም ዝሓበሮን ኣማኑኤል ኣዕሊሉኒ። እዚ ተግባር'ዚ ንተወልደ ዓንዱ ናይ መጀመርያ ግዜኡ ኣይነበረን። ምዕባይ ሓወይ (ኪዳነ ሰሎሞን) ኣብ ቀዳማይ ውድባዊ ጉባኤ ህዝባዊ ግንባር ክሳተፍ ንሳሕል ምስ ወረደ፡ ሓውኻ ናይ 1973 ዓ.ም. (መንካዕ) ምንቅስቓስ ተደናጋጺይ ኢዩ፡ ክትጥንቀቐሉ ኣሎካ ድማ ኢሉዎ።

ንኣባላት ሰልፊ ምንቃፍ ናይ ገዛእ ርእሱ ሳዕቤን ነይሩዎ። ክይትነቕፎም ዝድርቱ ነገራት እውን ነይሮም። እዚ ኸኣ ኣብ ሰሜናዊ ምብራቕ ሳሕል ኣብ ልዕሊ ሰራዊት ኢትዮጵያ ኣብ ዝተፈነወ መጥቃዕቲ፡ ብርጌድ 4 ግዴታኡ ክፍጽም ብዘይ ምኽኣሉ ዘጋጠመ ኢዩ። ምሳና ጎድኒ ጎድኒ ከጥቕዕ ዝነበሮ፡ ኲናት ድሕሪ ምጅማሩ ደንጒዩ ኣርኪቡና። ነዚ ጉዳይ ኣብ ዝሰፍሐ ኣኼባ ከልዕሎ ብምሕሳብ ብዛዕባ'ቲ ፍጻመ ምስ ኣዛዚ ብርጌድ 31 (ብረራይ) ተማኺረ። እንተ ኾነ ግን እቲ ጉዳይ ድሮ ፍታሕ ከም ዝረኸበ ተሓቢረ። እዚ ተግባር'ዚ ንገለ ኣብ ብርጌድ 4 ዝነበሩ ኣባላት ሰልፊ ንምክልኻል ዝዓለመ ይመስል።

ምስ ቦጦሎኒ 27 ኣብ ዝነበርኩሉ እዋን፡ ብደረጃ ቦጦሎኒ ዝተወደባ ኮሚቴታት (ናይ ምምሃርን ምጽሓፍን ምንባብን/ናይ ትምህርቲ፡ ባህላዊ ንጥፈታት፡ ከምኡ እውን

ኮሚተ ድፋዕ) ብምትእትታው፡ ጸጋታት በጦሎኒ ኣብ ዝበለጸ ደረጃ ንምብጻሕን ብቕዓት ንምዕባይን ኣበርቲዐ ሰሪሑ። እዚ ኣገባብ ኣሰራርሓ'ዚ ክሳብ ግንባር ሰሜናዊ ምብራቕ ሳሕል፡ ድሒሩ ድማ ኣብ ካልኦት ግንባራት ከም ግንባር ናቕፋ ተሰጋጊሩ። ቅድሚ ናብ ብርጌድ 44 ምስግጋረይ፡ ኣዛዚ ብርጌድ 31 ተኽላይ ሃብተሰላሰ፡ ብዝነበረኒ ልዑልናይ ምውዳብ ክእለተይን ጅግንነተይን ንኢዱኒ። ይኹን'ምበር፡ በይነይ ምኽኣን ደስ ይብለኒ ከም ዝነበረ ጠቒሱ። ንጹል ኢኻ ኔርካ ንምባል'ዩ ያኢ! እዚ ብዘይ ምኽንያት ኣይነበረን (ንሱን መሳርሕቱን ዝኾኑ ናይ'ቲ ሕቡእ ሰልፊ ኣባላት እዮም ዝርሕቑኒ ነይሮም)። ንሱ ድማ ይፈልጦ ነይሩ ኢዩ። ምስ ተኽላይ ዝነበረኒ ፍልጠት ካብ 1975 ዓ.ም. ኣብ ሓይሊ በርሀ ጻዕዳ ተራ ኣባላት ኣብ ዝነበርናሉ እዋን ኢዩ ጀሚሩ። ቅድሚ ናብ ብርጌድ 44 ምጽንባረይ፡ ንተኽላይ ብዛዕባ እቲ ዝጽንበሮ ዝነበረኩ ኣሃዱ ክሕብረኒ ሓቲተዮ። ተኽላይ፡ ብዛዕባ ፍሊጶስ ወልደሃንስ ዝኮነ ይኹን ኣፍልጦ ከም ዘይብሉ ግን ሓቢሩኒ።

ኣብ'ዚ ኦርዌላዊ ክውንነት'ዚ፡ ሓደ ሰብ፡ ኣብ ቀጻሊ ናይ ምክትታል ኩነታት ኢዩ ዝነብር። ነፍስ ወከፍ ምንቅስቓሱ እውን ይስለ። ኣባላት'ቲ ሕቡእ ሰልፊ ተወዲቦም ኢዮም ናብ እኼባ ዝመጹ፡ ዘልዕሉዎም ኣርእስታት ኣቐዲሞ ይንገሮም፡ ኣብ ኣኼባታት ዘይሰዓር ሓይሊ ይፈጥሩ፡ ንዝኾነ ዝተዘርበ ቃል ንምውቃዕ ድሉዋት ኢዮም። ነቲ ተዛራባይ ብዘይ ዕረፍቲ ነቐፌታ የዝንቡሉ። እቶም ንጹሃት ኣባላት ግንባር ከይተረፉ፡ ምሳኻ ከየዕልሉን ከይራኸቡን የጠንቅቅዎም ነበሩ።

ናይ'ቲ ሕቡእ ሰልፊ ኣባላት፡ ምስ ዝኾነ ኣባል ግንባር ንዝነበረኒ ርክባት ኣብ ምልክት ሕቶ ኢዮም ዘእትዉዎ። ሓደ መዓልቲ፡ ተኽላይ ሃብተሰላሰ፡ ኣዛዚ ብርጌድና፡ ንዓይ ናብ ቤት ጽሕፈቱ ጸዊዑ ምስ ነፍስሄር ኣድሓኖም ገብረማርያም ዘሎኒ ዝምድና ሓቲቱኒ። ነፍስሄር ኣድሓኖም ኣብ ብርጌድ 23 ናይ ብርጌድ ኮሚሳር ኮይኑ ኢዩ ዘገልግል ነይሩ። ኣብ ናይ ክልተ ሰሙን ናይ ካርቶግራፊ ኮርስ ብሓባር ንሳተፍ ስለ ዝነበርና ድማ ጽቡቕ ነዕልል ኔርና። ንተኽላይ፡ ምስ ኣድሓኖም ምኽኣን ከም ዘሕጉሰኒ፡ ምስ ከምኡ ዝኣመስሉ ሰባት ምዕላል ደስ ከም ዝብለኒ፡ እቲ ዕላል ድማ ኣእምሮ ዘብልሕ ከም ዝኾነን ገሊጸሉ። ንሱ ግን፡ ኣድሓኖም ኣብ'ቲ ውድብን መሪሕነቱን ጽቡቕ ተቐባልነት ስለ ዘይነበሮ፡ ካብኡ ክርሕቕ መኺሩኒ። ምስ ኣድሓኖም ነዕልል ከም ዝነበርና ንተኽላይ ሓበሬታ ዝሃቡዎ በዓል መን ከም ዝኾኑ ጥርጣሬታት ኣሎኒ። ኣብ ምጽንጻን ክኣቱ ግን ኣይደልን። እንተ ኾነ ተኽላይ ምኽሪ ይሃበኒ እምበር፡ ምስ ኣድሓኖም ዝነበረኒ ዝምድና ኣየቋረጽኩዎን፡ ምስኡ ካብ ምዕላል እውን ፈጺመ ኣይተቖጠብኩን። ድሕሪ ናጽነት ኣብ ኣስመራ፡ ኣድሓኖም ኣብ ሚኒስትሪ ፍትሒ ዋና ዓቃቢ ሕጊ ኮይኑ ኣብ ዘገልግለሉ ዝነበረ እዋን፡ ብዛዕባ'ዚ ፍጻመ'ዚ ኣካፊለዮ። ሽዑ ድሮ ኣባል ሰልፊ ኮይኑ ነይሩ ኢዩ። እቲ ኩነታት ከም ዘሕዝኖ

ግን ገሊጹለይ። ብዛዕባ ካልኦት ክዛረቡኻ ዘይሓፈሩ፡ ብዛዕባኻ ብድሕሬኻ እንታይ ከም ዝበሃል ንምእማት ኣየሸግርን ኢዩ።

ብኣንጻር'ቲ ተኸላይ ሃብተሰላሴ ኣብ ልዕለይ ዝነበሮ ኣረኣእያ፡ ነፍስሄር ገረዝጊሄር ዓንደማርያም (ውጩ) ኣባይ ልዑል እኽብሮት ከም ዝነበሮ ነፍስሄር ኣድሓኖም ኩሉ ግዜ ይነግረኒ ነይሩ። ኣብ እዋን ኣኼባታት ኣ//ዝቲ ብርጌድ፡ ተኸላይ ሃብተሰላሰ ብዛዕባይ ብኣሉታዊ መገዲ ክዛረብ እንከሎ፡ ገረዝጊሄር ዓንደማርያም ብቐጻሊ ይከላኸለለይ ከም ዝነበረ ኣዘንትዩለይ። "ሰመረ ሰሎሞን ጅግና ኢዩ፡ ብዛዕባኡ ሕማቕ ምዝራብ ተብዝሖ ኣሎኻ" ይብሎ ከም'ዝነበረ ኣድሓኖም የዘንቱ።[cxxv] ምናልባት ኣብ 1979 ዓ.ም. ኣብ ልዕሊ ሰራዊት ኢትዮጵያ ኣብ ዝተኻየደ ሓባራዊ መጥቃዕቲ፡ ምስ ብርጌዱ ካብ ዝገበርክዎ ምትሕብባር ዝነቐለ ክኸውን ይኽእል ኢዩ ዝብለ እምነት ኣለኒ። ኣብ'ቲ እዋን'ቲ፡ ተኽለ ማንጁስ፡ ሕጂ ብርጋዴር ጀነራል ዘሎ፡ ልክዕ ከማይ ናይ ቦጦሎኒ ኮሚሳር ኣብ ብርጌድ 4 ኣብ ትሕቲ ምምሕዳር ነፍስሄር ገረዝጊሄር ዓንደማርያም ትእዛዝ ውጩ ይሰርሕ ነይሩ። ተኽለ ማንጁስ ቦጦሎኒየይ ኣብ ምሉእ'ቲ መጥቃዕቲ ብዘርኣየቶ ዝነኣድ ኣፈጻጽማ ቀጻሊ ናእዳን ኣድናቖትን ይገልጽ ነይሩ። ካብ'ዚ ሓሊፉ፡ ነፍስሄር ሜጀር ጀነራል ገረዝጊሄር ኣብ ዝተፈላለየ ኣጋጣሚታት ምስ ንእሽቶ ሓወይ ኣብ ዝራኸበሉ ዝነበረ እዋን "ሓውኻ ጅግና ኢዩ። እንታይ'ሞ ገዲፉና እንዶ ከይዱ" ይብሎ ነበረ። እዚ ድማ ናብ ሕቡራት ሃገራት (United Nations) ክጽንበር ከም ዝኸድኩ ምስ ሰምዐ ኢዩ።

ምዕራፍ 5 ናይ ቀዳማይ ክፍሊ ናይዛ መጽሓፍ፡ ነቲ ኣብ እዋን ምንዳፍ ሓድሽ መምርሒ ፖለቲካዊ ትምህርቲ ብዝምልከት ኣንጻር ሓያሎ ኣባላት ሰልፊ ዝነበረኒ መርገጺ ብሰፊሑ ገሊጹዎ ኣሎ። እቲ ሕቶ፡ ሕቶ ምንጻር ፍልስፍናዊ መሰረታት ናይ'ቲ ግንባር ኢዩ ነይሩ። እቲ ሕቶ፡ ኣየናይ እዩ ዝያዳ ዘስርሓና ኣብ ዝብል ክትዕ ዝተመስረተ ኢዩ ነይሩ። ጽኑዕ ፖለቲካዊ ኣረኣእያየይን መትከላተይን ክሳዕ'ቲ ባዕሉ ዋና ጸሓፊ ናይ'ቲ ውድብ ኣብ'ቲ ጉዳይ ምትእትታው (intervention) ዝገብር፡ መብዛሕትኦም ኣባላት ሰልፊ ይቃወሙኒ ነይሮም ኢዮም። እቲ ዝገርም፥ ኣብ 1989 ዓ.ም. ብመምርሒ ናይ'ቲ ሕቡእ ሰልፊ፡ ብዙሓት ኣባላት ሰልፊ ዘይነበሩ ገዳይም ተጋደልቲ ብጃምላ ንኣባልነት ሰልፊ ክሕጸዩ ከለዉ፡ ሰመረ ሰሎምን ኣብ ማርክስነት ኣይኣምንን ኢዩ እናተባህለ ስመይ እውን ክለዓል ኣይፍቀድን ነይሩ።

ሓደ መዓልቲ፡ ውልቀ መላኺ ሮማንያ፡ ኒኮላ ቻውቸስኮ ካብ ስልጣን ከም ዝወረደ ምስ ሰማዕኩ ተሓጒሰ ከም ዝነበርኩ እዝክር። ብሓቂ ድማ ተሓጒሰ ነይረ እየ። ድሕሪ ቁሩብ መዓልታት፡ ሓደ ሰብ፡ ነዚ ሓበሬታ'ዚ ናብ ቤት ጽሕፈት ዋና ጸሓፊ ናብ ዓምበርበብ ኣብጺሑዎ።

እዞም ፍጻመታት ንኣሸቱ ክመስሉ ይኽእሉ ኢዮም፡ እቲ መሰረታዊ መልእኽቲ ግን ርእይቶይ ኣብ ትሕቲ ጥቡቕ ምክትታል ከም ዝነበረ ኢዩ ዘርኢ። ንካልኣዊ ግርጭታት ብደሞክራስያዊ ዘተ ንምፍታሕ ብምእማነይ ከምኡ እውን ምስ ሰዓብቲ ምንቅስቓስ 1973 ዓ.ም. ምርድዳእ ክግበር ርእይቶ ብምሃበይ ህይወተይ ንዘልኣለማዊ ንሓደጋ ትቃላዕ ነይራ።

እዚ ዲስቶፕያዊ (መከራ ዝሰፈኖ ኩነታት) ንነፍስ ወከፍ መዳይ ናይ ህይወትካ ብጥብቂ ይከታተሎ - ካብ ዕርክነት ክሳዕ ምምራጽ ዓርኪ። እዚ ምግናን ኣይኮነን። ኩሉ'ቲ ንሓደ ዕላማ ኢልካ እተርእዮ ዘይሕለል ተወፋይነት ኣብ ቀጻሊ ምልክት ሕቶን ጥርጣረን ይኣቱ። መወዳእታ ዘይብሉ ንእምነትካን ተግባራትካን ኣብ ጥርጣረ ዘእቱ ብድሆ የጋጥመካ። ኣብ ከም'ዚ ዝኣመሰለ ዓለም፡ ናይ ተመሳሲልካ ምኻድ ባህሊ ይጥለብ፡ ተቓውሞ የቕጽዕ፡ ውልቃውነት ድማ ኣብ'ቲ ንስነ ሓሳባዊ ዕብለላ ዝግበር ዘይሕለል ቃልሲ ከም ሓደገኛ ረቛሒ ይቑጸር።

ብርጋዴር ጀነራል ተኸስተ ሃይለ ምስ ኣንቶንዮ ተስፋይ ኣብ ቴሌቪዥን ሰነድ ኤርትራ ዝገበሮ ቃለ መሕትት ብቐረባ ተኸታቲልኩምዎ እንተ ኼንኩም፡ ኣዝዩ ዘገርም ነገር ትዕዘቡ። ገብረሂወት ወዲ ሓምቢርን ተኸስተ ሃይለን ከመይ ጌሮም ኣብ'ቲ ሕቡእ ሰልፊ ከም እተመልመሉ ምግረመኩም። ነፍስሄር ሜጀር ጀነራል ገረዝጊሄር ዓንደማርያም ብብውልቆም ጸዊዑ፣ ንክልቴኦም፡ ውድባዊ እምነቶም ስለ ዝተረጋገጸ ኣባላት ሰልፊ ክኾኑ ከም እተሓጽዩ ሓቢርዎም። ኣብ'ቲ ዝተመልመሉሉ እዋን፡ ነፍስ ወከፎም ንልዕሊ ዓሰርተ ሸውዓተ ዓመት ኣገልግሎቶም ነቲ ውድብ ዝወፈዩ ነበሩ - ወዲ ሓምቢርን ተኸስተ ሃይለን ብ1972ን 1973ን ዓ.ም. ኢዮም ናብ ህዝባዊ ሓይልታት ዝተጸምበሩ።

ብምኽንያት'ቲ ንነዊሕ እዋን ብተወፋይነት ዘገበሩዎ ኣገልግሎት፡ ብስሬኦም ኣብ ውሽጢ'ቲ ወተሃደራዊ ስርዓተ ኣርከን እውን (heirarchy) ናብ ኣገዳሲ ጽፍሕታት ሓላፍነታት (ኣዘዝቲ ብርጌድ) ደይቦም ነይሮም። ክልቴኦም ኣብ'ቲ ውድብ ዝነበሮም ተኣማንነት ከም ዝተረጋገጸ ግን ድሕሪ 17ን 18ን ዓመታት ኢዩ ዝንገሮም ዘሎ። ከም'ዚ ዝበለ ውርደት ቀሊል ኣይኮነን። ንክትቅበሎ እውን ኣሸጋሪ ኢዩ። ኩሉ'ቲ ቅድሚ ናብ'ቲ ሕቡእ ሰልፊ ምጽንባርካ ዝተኸፍለ መስዋእቲ ከንቱ ከም ዝነበረ ኢዩ ዝሕብረካ ዘሎ። ምኽንያቱ ድማ ኣባል ሰልፊ ኣይነበርካን። ከም'ዚ ዝኣመሰለ ፍጻመ ንሓደ ሰብ ነብሰ ቅትለት ክሓስብ ኣይደፋፍኣንዶ? እዚ ብውሕዱ፡ ኣብ ልዕሊ ቁስሊ፡ ከም ጨው ምንስናስዶ ኣይቁጸርን?

ነፍስሄር ወርቁ ዘርኣይን መሰልታን (ሓው ንሙሴ ተስፋንኪኤል ኣልኣዛር ክጥቀስ ይከኣል)፡ ኣብ ዝሓለፉ ዓመታት ክጸወርዎ ዝነበሮም በዳሂ ህይወት እስከ ንርአ። ካብ ቤት

ማእሰርቲ ምስ ወጹ፡ ኣብ ቤት ትምህርቲ ካድር ህዝባዊ ግንባር ብቐጻሊ ግዳይ ፖለቲካዊ ትምህርቲ ኮይኖም ጸኒሖም። ንኹሉ ኣባል ውድብ፡ ብዛዕባ "ክሕደቶም" ንህግሓኤ ካብ ውሽጡ ንምድኻም ዝገብሩዎ ዝነበሩ ዘይሕለል ጻዕርን ክፈልጥ የገድዱዎ። እቲ በዚ ዝተሰብከ ኣባል ውድብ፣ ካብ ሽዑ ጀሚሩ ነዞም ሰባት እዚኣቶም ከመይ ጌሩ ከም ዝርእዮም ንምግማት እሸጋሪ ኣይከውንን።

ኣብ ወርሒ ጥሪ 2024 ናይታ ክብርቲ ወርቁ ዘርኣይ ዜና ዕረፍቲ ብሓቂ ዘጉሂ ኢዩ ነይሩ። ዘልኣለማዊ ሰላም ይቀበላ! ወርቁ ብብዙሕ መዳይ ምስ ናተይ ዝመሳሰል ተመክሮ ኣሕሊፋ። እቲ ዝዓቀበቶ ስምዒታትን ዝተጻወረቶ ምረትን ምስኣ ተቐቢሩ ክኸውን ይኽእል'ዩ፡ ግን ንጽንዓታ፡ ንሃገራ ዝነበራ ተወፋይነት፡ ልዕሊ ኹሉ ድማ ነቲ ኣንጻር ስርዓት ህግደፍ ዝነበራ በዳህነት ክኽሕዶ ዝደፍር ሰብ ክህሉ ኣይክእልን።

2.3. እቶም ምርጫታት

ኣብ ህይወተይ ንዘጋጠሙኒ ብድሆታት ንምግጣም፡ እዞም ዝስዕቡ ሽድሽተ ጽኑዓት ምርጫታት ነይሮምኒ፥

መጀመርያ፥ በቲ ንብርክት ዝበሉ ብጾት ዘጋጠሞም ናይ ልዕሊ ዓቕምን ተስፋ ምቑራጽን መከራን ኩነታት ተዋሒጠ፡ ከም'ቶም ካልኦት ቅድመይ ዝሓልፉ ነቲ ዘሕዝን መገዲ ነብሰ ቅትለት ክመርጽ ምኸኣልኩ ነይረ።

ካልኣይ፥ እቲ ዘይሕለል ጸቕጢ ኩነታተይ ናብ ኣፍ ደገ ጽላለ ክደፍኣኒ ይኽእል ነይሩ።

ሳልሳይ፥ በቲ ኣብ ልዕለይ ዝገብሩዎ ዝነበሩ ጸቕጥታትን ኢደይ ንጸላኢ ምሃብ መሪጸ ክኸውን እኽእል ነይረ።

እቲ ራብዓይ ኣማራጺ፥ ዶብ ሰጊረ ናብ ሱዳን፡ ካብኡ ድማ ናብ ኤውሮጳ ወይ ሰሜን ኣመሪካ ብምኻድ፡ ዓደይ ምግዳፍን ካብ'ቲ ቃልሲ ምግላልን ኢዩ ነይሩ።

እቲ ሓምሻይ ኣማራጺ፥ ምናልባት እቲ ኣዝዩ መሪር ክኸውን ዝኽእል፡ ንሃገረይ እንዳ ኣገልገልኩ ኣብ ዓውደ ውግእ ዕጫይ ምግጣም ኢዩ ነይሩ። ነዚ ሓደጋ'ዚ ብቀጻሊ'ኳ እንተ ተቓላዕኩ፡ ህሩግ ኢለ ክኣትዎ ግን ኣይመረጽኩን።

እቲ ሻድሻይ ኣማራጺ፥ ምንቅስቓስ መንካዕ ብምውቃስ ጣዕሳ ምርኣይ ዘጠቓልል ነበረ። እዚ ድማ ሓላፊ ክፍሊ ዜናን ባህልን ትምህርትን ኮይነ ንክምለስ መገዲ ምኸፈተለይን ናብ'ቲ ምስጢራዊ ውድብ ክኣቱ ምተፈቐደለይን፡ ኣብ መወዳእታ ድማ ኣባል ማእከላይ ሽማግለ ንምኻን ንጹር መገዲ መትሓዘኒ። ይኹን'ምበር፡ ነዚ ኣማራጺ'ዚ ንኪይስዕብ ብንቕሓት ወሲነ።

ነቲ ናይ ብጾተይ ማእሰርቲ (ድሒሩ ድማ ነቲ ከቢድ ናይ ሞት ፍርዲ) ምቕባል፡ ናይ ሕልና ወቐሳ ከስዕበለይ ስለ ዝኽእል፡ ኣቕሊለ ክወስዶ ዘይክእል ሞራላዊ ምውጋይ ኢዩ ነይሩ። ከምዚ ዓይነት ምርጫ ኣብ ልዕሊ ዝተረፈ ህይወተይ ነዊሕ ናይ ጣዕሳ በሰላ ምገደፈለይ ነይሩ።

ይኹን'ምበር፡ ነዚ ኩሉ ምርጫታት ዝጸረር ውሳነ እየ ወሲደ፡ ማለት፡ ካብኣቶም ዋላ ሓደ ከይወስድ መሪጸ። ኣብ ክንድኡስ፡ እቲ ቃልሲ ዝጠልቦ ዓቢ መስዋእቲ ብዘየገድስ፡ ክጸንዕን ክቕጽልን ወሰንኩ። ንእምነተይ ኣጽኒዐ ብምሓዝ፡ ብዘይ ምንዋጽ ኣብ ተወፋይነተይ ጸኒሐ። ኣብ እምነተይ ክጸንሕ መሪጸ፡ ንኹሉ ብምስጋር ዕድለኛ ኮይነ ድማ ነዚ ተዘክሮኣዊ ጽሑፍ ክጽሕፍ ዕድል ወይ ኣጋጣሚ ረኺበ።

ድሕሪ ናጽነት ኤርትራ፡ ገለ ገለ ብጾት ኣብ እዋን ገድሊ ኣብ ልዕለይ ንዘርኣዩዎ ባህርያት ብጣዕሳ ገሊጾምዎ። ገሊኦም ከምኡ ክገብሩ በቲ ሕቡእ ሰልፊ መምርሒ ስለ ዝተዋህቦም'ሞ ነቲ ተግባር ከም ዝፈጸሙ ገሊጾም። “ከምኡ እንድዮም ኢሎምና፡ እንታይ ደኣ ክንገብር” ዝብሉ ይርከብዎም። ገሊኦም ድማ ንድሕነቶም ብምፍራህ ካባይ ይርሕቁ ከም ዝነበሩ ሓቢሮም። ካልኦት ድማ፡ ሰብ ኣብ ልዕለይ ጌጋ ርድኢት ከም ዝነበሮን፡ ፍሉይ ብድሆታት ከም ዘጋጠመንን ኣሚኖም። ገሊኦም ድማ በቲ ኣብ ማእለያ ዘይብሉ ስነ ኣእምሮኣዊ ኩናት ዝነበረኒ ምጽዋርን ጽንዓትን ተገሪሞምን ኣድናቖቶም ገሊጾምን። ሓደ ብጻየይ "ብሲኦል ሓሊፍካ ግን ኢድካ ሂብካ ኣይትፈልጥን። ዘይተጸዓድነትካን ቆራጽነትካን የድንቐ፤ ኣነ ኣብ'ቲ ቦታኻ እንተ ዝነብር (ወይ እውን ከም'ቲ ንስኻ ዘሕለፍካዮ ተመክሮ እንተ ዘጋጥመኒ) እንተ ወሓደ ነብሰ ቅትለት ወይ ካብ ሃገር ምህዳም ከም ኣማራጺ ምወሰድኩዎ ነይረ ኢሉ። ሓደ ካልእ ተጋዳላይ ነበር “ንሕና ሓንሳብ ኢና ተጋዲልና ንስካ ግን ሰለስተ ግዜ ኢኻ ተጋዲልካ” ክብለኒ እዝክር። ኣባል ማእከላይ ሽማግለ ህዝባዊ ግንባር ነበር ኢዩ።

ሓደ ውፉይ ኣባል ናይ'ቲ ሕቡእ ውድብ ከይተረፈ "ዕጫ ህዝባዊ ግንባር ኣቕዲምካ ርኢኻዮ ኔርካ። ኣሰርካ እንተ ንስዕብ ወይ እንተ ወሓደ ምኽርኻ እንተ ንሰምዕ ኔርና ከመይ ጽቡቕ ነይሩ" ክብል ጣዕሳኡ ገሊጹ። እዚ ናይ ጣዕሳን ኣድናቖትን መግለጺታት ንቅንዕናይን ትዕግስተይን ቆራጽነተይን ከምኡ እውን ነቲ ጸገማት ንምብዳህ ክኽተሎ ዝመረጽኩዎ ውሕሉል ግንከ ዝተሓላለኸ መገዲ ዘጉልሕ ነበረ።

ሰባት ነዚ ኣሰቃቒ ተመክሮ ከመይ ገይረ ከም ዝተጻወርኩዎ ክፈልጡ ይደልዩ ይኾኑ። ሓደ ንዓመታት፡ ተነጽሎን ጸለመ ባህርያትን ማሕበራዊ ምግላልን ዝጻወር ሰብ፡ ኣብ ተስፋ ምቑራጽ ክወድቕ፡ ስነ ኣእምሮኣዊ ጭንቀት ከጋጥሞ ወይ ንዘጋጥምዎ ብድሆታት ኢዱ ክህብ ይኽእል ኢዩ። ሓደ መሳርሕተይ ካብ ከምዚ ዝበለ ብህረራ ከይተጸለልካ

ምውጻእ፡ ዘደንቕ ክስተት ምዃኑን፡ ከም ኣገዳሲ መጽናዕታዊ ኣርእስቲ ድማ ንክኢላታት ዓውደ ስነ ልቦና ክውሃብ ከም ዘድልን ገሊጹለይ።

ንኣእምሮኣዊ ጥዕናይ ኣበርክቶ ዝገበሩ ሓያሎ ረቛሒታት ክህልዉ ይኽእሉ ኢዮም።

ንኸምዚ ዓይነት ኲነታት ብህድኣት ዝጻወር ሰብ ምዃነይ ሓደ ካብ'ቲ ምኽንያታት ክኸውን ይኽእል ነይሩ። ንድሕሪት ተመሊሰ ኩሉ ሰቦ እንክለኹ፡ እዚ ብኸመይ ከም ዝኽኣልኩዎ ንዓይ እውን ክሳዕ ሕጂ ይገርመኒ። እዚ ውህበት ወይ በረኸት (providence) ኣምላኽ ክኸውን ይኽእል'ዶ?

ነቲ ጸቕጢ ናይ ምጽዋር ክእለተይ፡ ውጽኢት ናይ'ቲ ኣብ ዝሓለፈ ዓመታት ዘማዕበልኩዎ ንብድሆታት ናይ ምግጣም ዓቕሚ ወይ ናይ ነብሰ ምምዕርራይ ክእለት (coping mechanism) ክኸውን ይኽእል ኢዩ። ሰባት ንደጋዊ ቅስቀሳ (stimulus) ብዝተፈላለየ መገዲ ምላሽ ይህቡ ኢዮም፣ ምናልባት እዚ ናተይ ባህርያዊ ግብረ መልሲ ክኸውን ይኽእል ኢዩ።

እቲ ሳልሳይ ምኽንያት ድማ ካብ'ቲ ናይ ዓቕሊ ወይ ትዕግስቲ ልምዲ ንምጥራይ ዝገበርኩዎ ጻዕሪ ዝነቐለ ክኸውን ይኽእል ኢዩ። ምስ ግዜ፡ እቲ ሓቂ ናብ ብርሃን ምውጽኡ ዘይተርፍ ምዃኑ፡ ኲነታት ክቀያየሩ ምዃኖም፡ ዋላ እውን እቲ ኣዝዩ ነባሪ ዝመስል ፖለቲካዊ ሕጽኖት ክይተረፈ ክሃስስ ምዃኑ ኣጽኒዐ እኣምን ነይረ። ነዚ ስፍሕ ዝበለ ራእይ ካብ ዓይነይ ኣርሒቐዮ ኣይፈልጥን። ኣብ ቅድሚ መሪሕነት ሞገስ ንምርካብ ኢለ ናይ ሓሶት ጸጋማዊ ሜላታት ክይተጠቐምኩ ከም ውፉይ ሃገራዊ መጠን ኣብ'ቲ ዕላማ ኣበርክቶ ክገብር ከም ዝኽእል ኣብ ምእማነይ ጸኒዐ እየ። እዚ ጽኑዕ ኣገባብ'ዚ ኣብ መወዳእታ ልቦና ዝመልአ ምርጫ ምዃኑ ተረጋጊጹ፣ ረብሓታት ከም ዝነበሮ ድማ ይኣምን። ይዝከረኒ ኣብ'ቲ ፖለቲካዊ ትምህርቲ ዳግም ምስንዳእ ዝግበረ ዝነበረ ክትዓት ንነብሰይ ከም ሃገራዊ ገይረ ኢየ ዘቕርባ ዝነበርኩ። እቲ ውድብ ሃገራዊ መንነት ስለ ዝነበሮን ካብኡ ተበጊስካ ርእይቶ ክትህብ መሰል ስለ ዘለካን። እዚ ንባዕሉ ሓደ ሜላ'ዩ።

እቲ ራብዓይ ምኽንያት፡ ካብ'ቲ መጻሕፍቲ ምንባብ ዝነበረንን (ክሳዕ ሕጂ ዘዘውትሮን) ዘሎንን ዓሚቝ ፍቕርን ባህግን ዝነቐለ ኢዩ። ከም ሓደ ንፉዕ ኣንባቢ መጠን፡ ኣብ እዋን ጭንቀትን ተስፋ ምቑራጽን ኣብ ውሽጢ ገጻት መጻሕፍቲ ምጽንናዕ ይደሊ ነይረ። ስነ ጽሑፋዊ ጉዕዞይ ንብምሉኡ ክላሲካዊ ጽሑፋት ሩስያ ዘጠቓለለ ኮይኑ፡ ስርሓት ቶልስቶይ፡ ዶስቶይቭስኪ፡ ሾሎኮቭ፡ ቸኮቭ፡ ጎርኪ፡ ጎጎል፡ ፑሽኪን፡ ፓስተርናክን ሶልዠኒትሲንን ዝሓቖፈ ኢዩ። ኣብ ጽሑፋት ማርክስ፡ ኤንገልስ፡ ለኒን፡ ስታሊን፡ ማኦ ሰ ቱንግ፡ ጀነራል ጂያፕ፡ ኣፉናሲየቭን ኤንቨር ሆሻን እናጣሓልኩ፡ ኣብ ማርክሳዊ ስነ ጽሑፍ እውን ጠሊቐ እየ። ናይ ምፍላጥ ድሌተይ ናብ ከም በዓል ባሲል ዳቪድሰን፡

ኤርሊክ ሃጋይ፡ ጆርጅ ኦርዌል፡ ሮበርት ላምብ፡ ሮበርት ካፐላን፡ ኮንቲ ሮሲኒ፡ ኣልበርቶ ፖለራ፡ ተኸስተ ነጋሽ፡ ናዋል ኤል ሳዕዳዊ፡ ተስፋጽዮን መድሃኔ፡ ከምኡ እውን ናይ በዓሉ ግርማ "ኦሮማይ"፡ ሪቻርድ ፓንክረስት፡ ጆን ስፐንሰር ዝኣመሰሉ ጸሓፍቲ ኣስፋሕፊሑ ነይሩ። ጂዮቫኒ በካቺዮ ዝጸሓፋ ደካሜሮን፡ ናይ ማርዮ ፑዞ ዘ ጎድ ፋዘር፡ ናይ ካፍካ ዘ ትሪያል፡ ናጊብ ማህፉዝ ዝጸሓፋ ቺልድረን ኦፍ ጋባላዊ፡ ናይ ታሪንት ዘ ሬድ ኦርኬስትራ፡ ንጉጊ ዝጸሓፋ ፔታልስ ኦፍ ብላድ እውን ኣብ ዝርዝር ናይ'ተን ዝተነበባ መጻሕፍትን ካልኦት ብዙሓት መጻሕፍትን ቦታአን ረኺበን ኢየን። ኣብ መንጎ ውግእን ኣብ ድፋዕ እናተዛናጋዕኩን እውን ናይ ኣምሓርኛ መጻሕፍቲ (ካብ ጸላኢ ዝተማረኹ) እንብብ ነይረ።

ንዓይ ምንባብ፡ ሃይማኖት'ዩ ነይሩ። ክንዲ ዝኾነ ድማ መጽሓፍቲ እንተ ዘይህልዉ ነይሮም እንታይ ምኾንኩ ነይረ ብምባል ብዙሕ ግዜ እሓስብ።

ብቀረባ ክዕልሎም ዝኽእል ዝነበርኩ ናይ ቀረባ ኣዕሩኽ ስለ ዝነበሩኒ እውን ክኸውን ይኽእል ኢዩ። እዚኦም ከኣምኖም ዝኽእል ኣዕሩኽ፡ ንዕላላትና ዘየጋልጹ ወይ ንፖለቲካዊ ረብሓኦም ዘይጥቀሙሉ ውልቀ ሰባት ኢዮም ነይሮም።

ኣብ መወዳእታ ግን ጽንዓተይን ተጻዋርነትይን ርእሰ ተኣማንነተይን፡ ንክነብር ጥራይ ዘይኮነስ ኣብ ህይወት ንክስስን እውን ከም ዘኽኣለኒ ኣጸቢቐ ይኣምን። እዚ ግን፡ ብኹሉ መዳይ ፍጹም ሰብ ከም ዝነበርኩ ፈጺሙ ዘመላኽት ኣይኮነን። ኣይምካሕን ከኣ። ጌጋታት ክፍጽም ንቡር ኢዩ ነይሩ።

ብህይወት ምህላወይን፡ ነዚ ከኣ ብስመይን ብስም ካልኦት ከማይ ዝኣመሰሉ ብኣማኢት (እንተ ዘይኮይኑ ብኣሽሓት) ዝቑጸሩ ብጾተይ ምዝንታወይን፡ ኣዝዩ ዓቢ ባህታ ይህበኒ።

መፉነዊይ በዓል ኣብ ቀጽሪ ኤክስፖ፡ ንኣዲስ ኣበባ ዩኒቨርሲቲ ቅድሚ ምኻደይ
ደው ኢሎም ዘለዉ ካብ ጸጋም ንየማን፥ ጴጥሮስ፡ ኪዳነ፡ ግራማይ (ቮቸ)፡ ለማ፡ ኣርኣያ፡ ዓወተ፡ ተኸለ፡ ኣብራሃም
ኮፍ ኢሎም ዘለዉ ካብ ጸጋም ንየማን፥ ጌታቸው፡ ሰመረ (ኣነ)፡ ጳውሎስ፡ መስፍን

ምስ ኣመሪካዊ ሚሽን ዲረክተርን (ሚስተር ማይክል ሃርቪ) ሓለፍቲ ሚኒስትሪ ትምህርትን ኣብ ሰሜናዊ ናይጀርያ

ረዚን ዋጋ ዝተኸፍሎ ናጽነት ኤርትራን ዝተጠልመ መብጽዓን

ኪዳነ ገብረሚካኤል፡ ብርሃነ ኣስገዶም፡ ኣነን ዩሱፍ ሓሰንን ኣብ ፓዶቫ - ኢጣልያ

ምስ መሳርሕተይን ልምዳውያን መራሕትን ኣብ ሰሜናዊ ናይጀሪያ

ነፍስሄር መድሃኔ ዮሴፍ ምስ ዓርኩ ኣርኣያ ኤታ ኣብ መጀመርያ ስሰታት

መጽሓፈይ ኣብ ምጽሓፍ ተጸሚደ ኣንከለኹ

ነፍስሄር የማነ ኪዳነ (ጃማይካ)

ነፍስሄር ወላድየይ ብላታ ሰሎሞን ኣባይ

ነፍስሄር ወላዲተይ ማዳሌና ዮሴፍ

ነፍስሄር ኣቶ ሃብቱ ብሩን ወላድየይ ብላታ ሰሎሞን ኣባይን

ነፍስሄር ጀነራል ደሓር ሰነየተር (Generale di Corpo d'Armata ed Senatore del Regno) ጆቫኒ ባቲስታ ዶ - ኣባሓጎኣ ንወላዲተይ ማዳሌና ዮሴፍ

ናይ ባስኬት ቦል ጋንታና

ደው ኢሎም ካብ ዘለው ካብ ጸጋም ንየማን፥ ግርማይ ዮውሃንስ (ቮቾ)፡ ኣነ፡ ጌታቸው ሃይለ፡ ሓጎስ ኣድሓኖም

ኣብሪኾም ካብ ዘለዉ ካብ ጸጋም ንየማን፥ ኣብርሃም ነጋሲ፡ ለማ ሃይለማርያም፡፡ ዓወተ ወልዱ፡ ኣርኣያ ይሕደጎ፡ ገሬ

ምስ ኣለምሰገድ ተስፋይ ኣብ ካሊፎርንያ - ሕቡራት መንግስታት ኣመሪካ

ናይ ሕልና እሱር ጴጥሮስ ሰሎሞን

ነፍስሄር ኣድሓኖም ገብረማርያም

ናይ ሕልና እሱር መሓመደ ዓሊ ዑመሩ

ናይ ሕልና እሱር ሜጀር ጀነራል ዑመር ጠዊል

ናይ ሕልና እሱር ኢብራሂም ቶቲል

ናይ ሕልና እሱር ኣሕመድ ሓጅ ዓሊ

ፍራንስ ፋኖን (አልጀርያ መበቆሉ ማርቲኒክ)

ኣሚልካር ካብራል (ጊኒ ቢሳው)

ክዋመ ኑክሩማ (ጋና)

ቾ ጉቫራ (ቦሊቪያ)

ጀሚላ ቡሂረድ (ኣልጀርያ)

ሆ ቺ ሚን (ቬትናም)

ነፍስሄር ስዒድ ዓሊ ሕጃይ (ወዲ ዓሊ)

ነፍስሄር ነጋ ሃይለ (ሓዉ ንዝፈትዎ ዓርከይ ጌታቸው ሃይለ)

ነፍስሄር በየነ ደበሳይ

ናይ ሕልና እሱር ኢድሪስ ኣቡ ዓረ

ነፍስሄር ርእሶም ተኽለማርያም (ታርዛን)

ነፍስሄር መድሃኔ እስጢፋኖስ

ኮንግረሽናል ምስክርነት ኣብ ባይቶ ኣመሪካ

ምስ ኣወሃሃዲ ሰብኣዊ ጉዳያ ሕቡራት ሃገራት - ሚስተር ቱን ምያት - ዒራቕ

ምዕራፍ 3

ዘቤታዊ ጸጋታትካ ምጥቃምን ኣህጉራዊ ምትሕብባር ምድልዳልን፥ ተመክሮ ሚኒስትሪ ትምህርቲ

3.1 1991-1998 ዓ.ም.

ክሳዕ'ቲ ከም'ቶም ካልኦት ኣብ ላዕለዋይ ጽፍሒ ሲቪላዊ ኣገልግሎት ዘገልግሉ ዝነበሩ ሰራሕተኛታት መንግስቲ ዝድስክል፡ ወይ እውን ካብ ስራሕ ደው ዝብል፡ ካብ 1991 ክሳዕ 1998 ዓ.ም.፡ ብደረጃ ዳይረክተር ጀነራል ኣብ ክፍሊ ውጥንን ልምዓትን ኮይነ ኣብ ሚኒስትሪ ትምህርቲ ኣገልጊለ። በዚ ድማ ሃገረይ ደልዲላ ደው ንክትብል ብዝገበርኩዎ ዘይሕለል ኣበርክቶ ንነብሰይ ከም ሓደ ዕደለኛ ዜጋ እየ ዝቖጽራ። እዚኣተን፡ ኣብ ድሕረ ናጽነት ኤርትራ ከም ወርቃውያን ዓመታት ስለ ዝቖጽረን ድማ ብዛዕባአን ሓደ ምዕራፍ ምውፋይ ግቡእ ኢዩ ዝብል እምነት ኣሎኒ።

ኣብ 1991 ዓ.ም.፡ ጽላት ትምህርቲ ኤርትራ፡ ብውሑድ መጠን ተሳትፎ ሕጻናትን መንእሰያትን ኣብ ገበታ ትምህርቲ (enrolment)፡ ብትሑት ደረጃ ጽሬት ወይ ዓይነት ትምህርቲ፡ ብቑዕ ወይ ባህልን ማሕበረ ቁጠባዊ ኣቀዋውማን ሕብረተሰብ ዘየንጸባርቕ ካሪኩለም፡ ከምኡ እውን ብዝዓነወ ትሕተ ቅርጺ ዝልለ ኢዩ ነይሩ። ብመሰረት ኣህጉራዊ ማዕከን ገንዘብ (International Monetary Fund - IMF)፡ ጃምላዊ መጠን ተስታፎ (Gross Enrolment Ratio - GER) ሕጻናትን መንእሰያትን ኣብ ቀዳማይ ደረጃ 36 ሚእታዊት፡ ኣብ ማእከላይ ደረጃ ኣስታት 20 ሚእታዊት፡ ኣብ ካልኣይ ደረጃ ድማ ኣስታት 12 ሚእታዊት ጥራይ ኢዩ ነይሩ (Zuzana Brixiova, 2001)። ብመሰረት'ቲ ጸብጻብ፡ ኣብ እዋን'ቲ ኩናት፡ ዕንወት ትሕተ ቅርጽን ምብትታን ማሕበራዊ ኣገልግሎታትን ኣብ ጽሬት ትምህርቲ ምንቍልቋል ብምስዓቡ፣ ኣብ ምውዳእ ኩናት፡

መጠን መሃይምነት ደቂ ኣንስትዮን ደቂ ተባዕትዮን ኣስታት 80-90% ከም ዝነበረ ይሕበር (Zuzana Brixiova, 2001)። ጽሩይ መጠን ተሳትፎ (Net Enrolment Ratio - NER) ኣብ መባእታን ማእከላይን ካልኣይን ደረጃታት ትምህርቲ፡ ብቀደም ተኸተል 22.4፡ 7.0ን፡ 8.4ን ኢዩ ነይሩ (Minsitry of Education, Eritrea, 2003)።[cxxvi] እዚ ድማ ብዝኾነ ይኹን መለከዒ ኣዝዩ ትሑት ኢዩ።

ዋላ'ኳ ጸብጻብ እንተ ዘይተረኸበ፡ ኣብ 1991 ኣብ መባእታዊ ደረጃ ትምህርቲ፡ ብሚእታዊ ክረአ እንከሎ፡ መጠን ሞያዊ ብቕዓት ዘለዎም መምህራን ትሑት እዩ ነይሩ። ናይ መጽሓፍትን ካልኦት መሳርሕታት ትምህርትን ሕጽረት እውን ነይሩ። ትሕዝቶ ካሪኩለም ነቲ ናይ ኢትዮጵያ ማሕበረ ቁጠባዊ ኣቀዋውማ ኢዩ ዘንጸባርቕ ነይሩ። ባህላዊ ብቕዓት ወይ ኣገዳስነት (relevance) ይጎድሎ ጥራይ ዘይኮነስ፡ ምስ'ቲ ግዝያዊ መንግስቲ ኤርትራ ኣብ መባእታ ደረጃ ትምህርቲ ከባብያዊ ቋንቋ (local langauge) ምጥቃም ዘተባብዕ ሓድሽ ፖሊሲ ዝሰማማዕ እውን ኣይነበረን። ስለ'ዚ ድማ፡ እቲ ሚኒስትሪ ከቢድ ዕማምን ክፈትሖም ዝነበሮ ብዙሓት ብድሆታትን ገጢሞሞ ነይሮምዎ። ኣብ ልዕሊ'ዚ ድማ ካዝና መንግስቲ ባዶ ብምንባሩ ሕጽረት ጸጋታት ኣጋጢሙ።

ብዛዕባ ህሉው ኩነታት ትምህርቲ ኤርትራ ጭቡጥ ርድኢት ንምህላው ኣብ ዙርያ መጠን ተሳትፎን ጽሬት ትምህርትን (ሓደ ሓደ ግዜ እውን ዝርጋሐን ዓይነትን ኢልና ንዛረብ ኢና) ዝዝንብዩ ዝተፈላለዩ ጉዳያት ብዝምልከት ጽላታዊ ትንታነ (sector analysis) ክካየድ ነይርዎ። ብድሕሪኡ፡ ብግዝያዊ ሃገራዊ ባይቶ ክሳዕ ዝጸድቕ፡ ፖሊሲ ትምህርቲ ክረቅቕ ነይሩዎ። እቲ ሚኒስትሪ ነቲ ሃገራዊ ፖሊሲ ትምህርቲ ምስ'ቲ ሓፈሻዊ መንግስታዊ ፖሊሲ ሃገራዊ ዳግመ ህንጸት ከም ዝናበብን ኣበርክቶኡ ኣብ ዳግመ ህንጸት ብንጹር ናይ ምቕማጥን ዕማም እውን ነይሩዎ። ብተወሳኺ፡ ምስ'ቲ ሓድሽ ሃገራዊ ፖሊሲ ትምህርቲ ዘለዎ ምትእስሳር ንምርግጋጽ፡ ኩለ መዳያዊ ምምሕያሽ ካሪኩለም ክገብር ኣድላዪ ነይሩ። ኣወዳድባ መዋቕር ቤት ትምህርቲ ካብ 5-2-4 ናብ 6-2-4 ናይ ምስግጋር ተኽእሎ ምህላዉን ዘይምህላዉን ንምፍላጥ እውን መጽናዕቲ ዝሓትት ጉዳይ ኢዩ ነይሩ። ማዕረ ማዕረ'ዚ ድማ ባጀት ምድላውን ንገለ እዋን (ሓጺርን ማአከላይን) ዝኸይድ ስትራተጂያዊ ውጥን ምስኣልን ኣገዳስነት ነይርዎ።

ከም'ቲ ኣቐዲሙ ዝተገልጸ፡ ትምህርታዊ ስራሓት ንምክያድ ዝነበረ ናይ ጸጋታት ዓቕሚ ውሑድ ኢዩ ነይሩ። ስለ'ዚ ምስ ዘቤታውን ዓለምለኻውን መሻርኽቲ ኣካላት ምሕዝነት ንምፍጣር ስትራተጂ ክቕየስ ነይሩዎ። ነቲ ኣብ ሚኒስትሪ ትምህርቲ ዝተዋህበኒ ዕድል ተጠቒመ ኣንፈትን ምዕባለን ኣገልግሎት'ቲ ጽላት ኣብ ምቕራጽ ምስ መሳርሕተይ ብምትሕብባር ልዑል እጃም ኣበርኪተ።

እቶም ዓበይቲ ዓወታት፡ ነቲ ኣብ ምንዳፍ ጽላታዊ ትንተናን (ምድላው "ተስፋታት ትምህርቲ ኣብ ኤርትራ" ዝብል ኣብ 1991 ዓ.ም. ዝተዳለወ ጽሑፍ)፡ ጽላታዊ ፖሊሲ ምምዕባልን ምትግባርን፡ ውድባዊ ኣቃውማ ወይ ቅርጺ (ናይ ኩለን ክፍልታትን ጨናፍራትን፡ዞባውያን ኣብያተ ጽሕፈት ትምህርትን) ምንጻር፡ ዕማማት ናይ'ዘን ዝተጠቕሳ ኣሃዱታት ምዝርዛርን፡ ከምኡ እውን ምንዳፍ ሓጺርን ማእከላይን ስትራተጅያዊ ውጥን ዘጠቓለሉ ነይሮም። ነዞም ዕማማት'ዚኣቶም ኣብ መፈጸምታ ንምብጻሕ ድማ ወሳኒ ተራ ነይሩኒ። ኣነን መሳርሕተይን፡ ናይ'ቲ ጽላት ኣርባዕተ ወሳኒ ዕማማት (mandates) ከም ዝንጽሩ ጌርና። እዚኣቶም ድማ (1) ምርቃቕ ሃገራዊ ፖሊሲ ትምህርቲ፡ (2) ምሕንጻጽ ስትራተጂያዊ ውጥን፡ (3) ጽፈትን ደረጃታትን (standards) ንምርግጋጽ ዝሕግዝ መቆጻጸሪ ቅጥዒ (እዚ ድማ፡ ንኹሎም እቲ ሚኒስትሪ ዘቕርቦም መደባት ትምህርቲ ብከመይ ከም ዝግምገሙ ዘነጽር ኣገባብን ምስክር ወረቐት ናይ ምሃብ ቅጥዕን ዘጠቓለለን፡ ንዝብሉን ይጥርንፍ)፡ ከምኡ እውን (4) ስልጠና ሰብ ሞያ ትምህርትን (መምህራንን ካልኦት ናይ ትምህርቲ ሰብ ሞያን) ምርምርን።

ብተወሳኺ፡ እቲ ብሓላፍነት ዝሰርሓሉ ዝነበርኩ ክፍሊ፡ ንኹሉ ናብ'ቲ ሚኒስትሪ ዝውሕዝ ግዳማዊ ደገፍ (ዘቤታውን ግዳማውን) ናይ ምውህሃድ ኣገዳሲ ዕማም እውን ተዋሂቡዎ ነይሩ። እዚ ድማ ምስ ዝተፈላለዩ መሻርኽቲ ኣህጉራውያን ውድባትን ናይ ምወላ ትካላትን ብቐረባ ምስራሕን ምውህሃድን ዘጠቓለለ ኢዩ ነይሩ። እዚኣቶም ነዞም ዝስዕቡ የጠቓልሉ፥ ናይ ዓለም ባንክ፡ ኣህጉራዊ ትካል ልምዓት ዴንማርክ (DANIDA)፡ ኤጀንሲ ኣህጉራዊ ልምዓት ሕቡራት መንግስታት ኣመሪካ (USAID)፡ ኣህጉራዊ ትካል ልምዓት ፊንላንድ (FINNIDA)፡ ኤጀንሲ ምትሕግጋዝ ኣህጉራዊ ልምዓት ሽወደን (SIDA)፡ ክፍሊ ኣህጉራዊ ልምዓት ዩናይትድ ኪንግዶም (DFID)፡ ትካል ኣህጉራዊ ምትሕብባር ጃፓን (JICA)፡ ሓገዝ ቤተ ክርስትያን ኖርወይ (NCA)፡ ኣጃንስ ፍራንሰዝ ደ ደቨሎፕማ (AFD)፡ ኮኦፐራስዮነ ኢታሊያና፡ ከምኡ እውን ካልኦት ክልተኣዊ (bilateral) ናይ ምወላ ትካላት። እዚ ዕማም'ዚ ንከም በዓል ዩኒሴፍ (UNICEF) ዩ.ኤን.ዲ.ፒ (UNDP)፡ ዩ.ኤን.ኤፍ.ፒ.ኣይ (UNFPA)፡ ዳብሊው.ኤፍ.ፒ. (WFP)፡ ወለንተኛታት ፒስ ኮር (Peace Corps Volunteers)፡ ቪ.ኤስ.ኦ. (VSO - ዓባይ ብሪጣንያ)፡ ኣብ ሞያዊ ስልጠና ዝነጥፉ ወለንተኛታት ሆላንድን፡ መንግስቲ ሆላንድን ካልኦት ብዙሓት ትካላትን ሽርክነታዊ ዝምድና ንምድንፋዕ ዝሓቖፉ እውን ነይሮም።

ብተወሳኺ፡ ኣብ 1991-92 ዓ.ም. ብሚኒስትሪ ትምህርቲ ዝተዳለወ ናይ መጀመርታ ናይ ትምህርቲ ስታቲስቲካዊ ማኑዋል ዘርጊሕና። እዚ ድማ ንኩሉ እቲ ሚኒስትሪ ዝገብሮ

ዝነበረ ናይ ውጥን ውዕላት መሰረት ኮይኑ ኣገልጊሉ። እቲ ሚኒስትሪ ካብ ሽዑ ጀሚሩ ነዚ ስታቲስቲካዊ ቡለቲን ካብ ምሕታም ኣቋሪጹ ኣይፈልጥን።

ኣብ'ቲ ኣብ ፓሪስ ፈረንሳ ዝመደበሩ ትካል ዩኔስኮ (UNESCO)፡ ኣብ ዓለምለኻዊ ትካል ትምህርታዊ ውጥን (International Institute for Educational Planning - IIEP) ኣብ ናይ ሓደ ዓመት ናይ ትምህርታዊ ውጥንን ምምሕዳርን ናይ ድሕረ ምረቓ ትምህርታዊ ፕሮግራም ክሳተፍ ዕድል ረኺበ። ኣዝዩ ረብሓ ዝመልአ ተመክሮ ኢዩ ነይሩ። ሓደ ካብ'ቶም ላዕለዎት ዓሰርተ ሚእታዊት ናይ'ቲ ጉጅለ ብምኽኣን በቲ ትካል ኣፍልጦ (recognition) ምርካበይ ድማ ሕቡን እየ። ኣብ'ቲ እዋን'ቲ ዳይረክተር IIEP ዝነበረ ዶክተር ጃክ ሃላክ፡ ኣብ'ቲ ኣብ ፓሪስ ዝርከብ ኣብ ቀጽሪ IIEP ኣብ ዝተኻየደ ስነ ስርዓት ምረቓ፡ ካብ መማህርተይ ብሉጽ ብምኽኣነይ ኣመስጊኑኒ። እቲ ትምህርታዊ መደብ፡ ቀዳማይን ካልኣይን ዲግሪ ዝነበሮም ካብ ኣርብዓ ክሳዕ ሓምሳ ሃገራት ዝመጹ ተመሃሮ ዝተሳተፍዎ ኢዩ ነይሩ።

ኣብ ሞያይ፡ ኣብ ዞባውን ኣህጉራውን ዋዕላታት ብንጥፈት ተሳቲፈ እየ፡ እዚ ድማ ኣብ'ቲ ዓውዲ ዘሎኒ ኣፍልጦ ኣብ ምድራዕን ኣብ ዓውዲ ትምህርትን ልምዓትን ዘሎኒ ተወፋይነትን ከም ዝዓብን ከም ዝዓሙቕን ገይሩ። እዚ ተመኩሮታት'ዚ ንፍልጠተይ ኣሀብቲሙ ጥራይ ዘይኮነስ፡ ኣብ ምምዕባል ፖሊሲታትን ተበግሶታትን ትምህርቲ፡ ብሃገር ይኹን ብኣህጉራዊ ደረጃ፡ ልዑል ኣበርክቶ ንክገብር ኣኽኢሉኒ ኢዩ።

ንፖሊሲታት ትምህርቲ፡ ስርዓተ ትምህርቲ (ካሪኩለም)፡ ኣወዳድባ ስርዓተ ትምህርትን፡ ከምኡ እውን ምስክር ወረቓቕቲ ትምህርቲ (certification and accreditation) ንናይ ክልቲኦን ልዑላውያን ሃገራት፡ (ማለት ንናይ ኢትዮጵያን ኤርትራን) ንምውህሃድ ዝተመዘዘ ናይ ሓባር ተከኒካዊ ኮሚቴ፡ ብኣቦ መንበርነት ኣገልጊለ። ኣብ ትሕቲ ኣላይነተይ፡ እታ ናይ ሓባር ተከኒካዊት ኮሚቴ፡ ናይ ማህደረ ትምህርቲ ምልውዋጥ መደባት ኣበጋጊሳን ኣብ መንጎ ናይ ክልቲኦን ሃገራት ላዕለዎት ትካላት ትምህርቲ ምትሕብባር ከም ዝዓቢ ገይራን። ኤርትራውያን ተማሃሮ ኣብ ኢትዮጵያ ኣብ ከም ሕክምና፡ ፋርማሲ፡ ምህንድስና ዝኣመሰሉ ዓውድታት ትምህርቲ ክከታተሉ ዕድል ክረኽቡ እንከሎዉ፡ ኢትዮጵያውያን ተማሃሮ ድማ ኣብ ናይ ኤርትራ ኮለጅ ሃብቲ ባሕርን፡ ካልኦት ፋካልቲታትን ማህደረ ትምህርቲ ክረኽቡ ዕድላት ረኺቦም። እታ ኮሚቴ ኣብ'ዚ ከይተሓጽረት፡ ኣብ ምውህሃድ ስርዓተ ትምህርትን ፖሊሲታትን ዝጀመረቶ ጻዕሪ ሓያለይ ሰጕማ ኢያ። ኣብ መንጎ ክልቲኦን ሚኒስትሪታት ዝጀመረ ዝምድና ኣብ ዝለዓለ ደረጃ በጺሑ ነይሩ እንተ ተባህለ ከም ምግናን ኣይቖጸርን። እቲ

ዘሕዝን ግን፡ እዚ ናይ ሓባር ጻዕሪ'ዚ ኣብ 1998 ዓ.ም. ኣብ መንጎ ክልቲኦን ሃገራት ብዝተጀመረ ኲናት ምስንኻሉ ኢዩ።

ብተወሳኺ፡ ምስ ኬንያውያን መዛኑና ኣብ ጽላት ትምህርቲ ንዝህልወና ምትሕግጋዝ ዝምልከት ናይ ምርድዳእ ስምምዕ (MOU) ኣብ ምውሓስ መሪሕ ተራ ተጻዊትና። እዚ ጻዕሪ'ዚ፡ ኣብ መንጎ ክልቲኦን ሃገራት፡ ኣብ ዓውዲ ትምህርቲ ዝምድና ንምምስራትን ንምጥንኻርን ዝዓለመ እዩ ነይሩ።

ብዘይካ'ዚ፡ ኣብ መንጎ ኤርትራን ካልኦት ሃገራትን ኣብ ክልተኣዊ ዝምድናታት ዘተኮረ ልዝባት ተሓባቢረ። እዚ፡ ነቲ ምስ ሚኒስትሪ ትምህርቲ መንግስቲ ሱዳን ዝነበረና ዝምድና እውን ይምልከት ኢዩ። ምስ ሓሙሽተ ብጾተይ ንሰሙናት ዝወሰደ ዑደት ኣብ ሱዳን ክንገብር ድማ ኣዝከረኒ። ብዙሕ ተመክሮ ድማ ኣዋህሊልና መጺእና።

3.2 ኣብ ትሕቲ ኣላይነተይ ዝተተግበሩ ኣገደስቲ ፕሮጀክትታት/ፕሮግራማት

ዝተፈላለዩ ኣህጉራውያን ውድባትን ኣካላትን ንዝርጋሐን ጽሬትን ትምህርቲ ክብ ንምባል ኣብ ኤርትራ ኣብ እንገብሮ ዝነበርና ጻዕሪ ንምድጋፍ ልዑል ተራ ተጻዊቶም ኢዮም። ንኣብነት ዳኒዳ (DANIDA)፡ ንተበግሶታት ጽገናን ህንጸትን ኣብያተ ትምህርቲ ብምድጋፍ፡ ንመደባት ስልጠና መምህራን ብምምዋል፡ ኣብ ምምዕባልን ምምሕያሽን ስርዓተ ትምህርቲ ብምትሕግጋዝን፡ ንተማሃሮ ብሚልዮናት ዝቑጸሩ መጻሕፍቲ ብምሕታምን ኣብ ትሕቲ ጽላል ሓሙሽተ ዓመት ዝወሰደ ፕሮጀክት ኣበርኪቶ ገይሩ ኢዩ።

ካልእ ኣብ ትምህርታዊ መዳይ ቀንዲ ተዋሳኢ ዝነበረ ብሪጣንያዊ ናይ ልምዓት ትካል (DFID) ኮይኑ፡ ኣብ ምምዕባል ስርዓተ ትምህርቲ ቋንቋ እንግሊዝ ቴክኒካዊ ሓገዝ ገይሩ ኢዩ። እዚ ትካል'ዚ ብተወሳኺ (DFID) ንናይ ትምህርቲ ሰብ ሞያ ሚኒስትሪ ትምህርቲ፡ ማህደረ ትምህርቲ ብምሃብ፡ ኣብ ዓባይ ብሪጣንያ ኣብ ዝርከባ ፍሉጣት ዩኒቨርሲቲታት ኣብ በበይኖም ዓውድታት ናይ ትሕተ ምረቓን ድሕረ ምረቓን መደባት ከም ዝከታተሉ ገይሩ ኢዩ።

ብካቶሊካዊት ቤተ ክርስቲያን ኣቢሎም ዝንቀሳቐሱ ናይ ዶን ቦስኮ ሳሌሳውያን ኣብ ደቀምሓረ ቤት ትምህርቲ ቴክኒክ መስሪቶም። እዚ ትካል'ዚ ንመንእሰያት ደቂ ኣንስትዮን ደቂ ተባዕትዮን ኣብ ዝተፈላለዩ ሞያታት ስልጠና ሂቡ። እዚ፣ ስራሓት መካይን፡ ስርሓት ሓጺን፡ ጽርበትን ካልእን የጠቓልል። ተማሃሮ ብኢንፎርሜሽን ቴክኖሎጂን ኣካደምን እውን ትምህርቲ ይቐስሙ ነይሮም። ነፍስ ወከፍ መደብ ሞያ፡ ክልተ ዓመት ዝወሰድ

ኮይኑ፡ ናብ ሃገራዊ ፈተና ድማ የብጽሕ። እቲ ዘሕዝን ግን፡ መንግስቲ ነዛ ቤት ትምህርቲ ቴክኒክ፡ ድሕሪ ዕስራን ሰለስተን ዓመት ኣገልግሎታ ኣብ ነሓሰ 2022 ዓ.ም. ኣብ ትሕቲ ቁጽጽሩ ኣእቲዩዋ ወይ እውን ሃጊሩዋ ኢዩ።

ኖርወጅያዊት ሬድ ባርና፡ ህንጻ ኤክስቴንሽን ትካል ስልጠና መምህራን ኣብ ኣስመራ፡ ኣብ ኣስማጥ ድማ ኣሕዳሪ ቤት ትምህርቲ ብምምዋል ኣብ ጽላት ትምህርቲ ኤርትራ ኣበርኪቶ ገይራ። ብተወሳኺ ብመገዲ ኖርወጃዊ ክረምታዊ ስፖርት ተሸላሚ ወርቂ ሜዳልያ ዮሃን ኦላቭኮስ ኣቢላ ንኤርትራውያን ህጻናት ስፖርታዊ ናውቲ ኣብ ምዝርጋሕ ምስ ሚኒስትሪ ትምህርቲ ብመትከላት ሽርክነት ተሓጋጊዛ።

ዓለማዊ ፈደረሽን ሉተራን (LWF)፡ ኣብ ምምዕባለ ትምሃርቲ ኤርትራ ብርክት ዝበሉ ሓደስቲ ኣብያተ ትምህርቲ ብምህናጽን ንዝተበላሸዉ ድማ ብምጽጋንን ተዋፊራ ነይራ።

ምስ ሉተራን ዎርልድ ፈደረሽን (LWF) ብምትሕብባር ኣብ ኤርትራ ንዝትግበር ናይ ምህናጽ ኣብያተ ትምህርቲ ፕሮጀክት ብክኢላታትና ሓደ ዓቢ ፕሮግራም ነዲፍና። ዓለማዊ ፈደረሽን ሉተራን ነቲ እማመ ብስም ሚኒስትሪ ትምህርቲ ድሕሪ ምቕራቡ፡ መንግስቲ ሽወደን ብሉጽ እማመ ኮይኑ ስለ ዝረኸቦ ንክምውሎ ወሲኑ። እቲ ብመንግስቲ ሽወደን ዝተወፈየ ብዓሰርተታት ሚልዮናት ክሮነር ዝግመት ገንዘብ፡ ኣብ ምዕራባዊ ቆላታት ኤርትራ ዝርከባ ብርክት ዝበላ ኣብያተ ትምህርቲ ንምስራሕን ምጽጋንን ውዒሉ። ላዕለዋይ ኣባል ቴክኒካዊ ስታፍ ክፍሊ ውጥንን ልማዓትን ዝኾነት ኣስቴር ሰሎሞን፡ ነቲ መስርሕ ዲዛይን ኣብ ምምራሕን፡ ናብ ዕዉት መደምደምታ ኣብ ምብጻሕን ዓቢ ተራ ተጻዊታ።

ዓለማዊ ፈደረሽን ሉተራን ምስ መንግስቲ ኤርትራን፡ ወንጌላዊት ቤተ ክርስቲያን ኤርትራን (Evangelical Chruch of Eritrea - ECE) ስምምዕ ብምፍራም ኣብ 1992 ዓ.ም. ኢዩ ንጥፈታቱ ኣብ ኤርትራ ዝጀመረ። ኣብ መጀመርታ፡ ክሳዕ መፋርቕ 2000ታት ኣብ ስራሕ ክጸንሕ ዝመደበ ኮይኑ፡ ናይ'ቲ ናይ መጀመርታ ምዕራፍ ቀንዲ ትኹረት ድማ ንክፍሊ ልምዓት ECE ዳግማይ ንምሕያልን፡ ንሰራሕተኛታቱ ስልጠና ምሃብን ኢዩ ነይሩ። ኣብ መፋርቕ 1995 ዓ.ም. መንግስቲ ኤርትራ ንዘይመንግስታውያን ማሕበራት ዝምልከት ኣዋጅ ምስ ኣውጽአ ግን እዚ ውጥን'ዚ ኣይቀጸለን። እዚ ኣዋጅ'ዚ፡ ኣብያተ ክርስትያንን ምስአን ምትእስሳር ዘለወን ኣካላትን፡ መደባት ረድኤትን ዳግመ ህንጸትን ወይ ልምዓታዊ መደባት ከየካይዳ ዝኸልክል ኢዩ ነይሩ። በዚ ድማ፡ ነቲ ካብ ኣህጉራዊ ትካል ናብ ሃገራዊ መሻርኸቲ ቤተ ክርስትያን ንምስግጋር ዝሓለኖ መደብ ብእዋኑ ኣቋረጾ።[cxxvii]

ካብ'ዚ ሓሊፉ፡ ውድብ ሕቡራት ሃገራት ብመገዲ ዩኒሰፍ (UNICEF) ኣቢሉ ምስ ሚኒስትሪ ትምህርቲ ብምሽራኽ ኣብ ጽገናን ምህናጽ ሓደስቲ ኣብያተ ትምህርቲ፡ ስልጠና መምህራን፡ ናይ ደቂ ኣንስትዮ ተሳትፎ ኣብ ትምህርቲ ንምዕባይን፡ ኣብ ምምሕያሽ ስርዓተ ትምህርትን ዝኣመሰሉ ፕሮጀክታት ይነጥፍ ነይሩ።

UNDP፡ ኣብ መደባት ምምዕባል ዓቕሚ ሰብ ተራ ነይሩዎ ኢዩ። እዚ ንምወላ ናይ'ቲ ኣነ ዝረኸብኩዎ ናይ ትምሃርቲ ዕድል (ንፈረንሳ) እውን የጠቓልል።

ዓለማዊ ናይ መግቢ ፕሮግራም (WFP)፡ ንመደባት ምምጋብ ኣብያተ ትምህርቲ (school feeding program) ደገፍ ሂቡን፡ ተማሃሮ መኣዛዊ መግቢ ከም ዝረኽቡ ገይሩን።

ነቲ ኣሃዱና ኣብ መንጎ ባንክ ዓለምን መንግስቲ ኤርትራን ንልዕሊ ክልተ ዓመት ዝሰርሓሉ ዓቢ ናይ ምትሕብባር መደብ ምዝካር ኣገዳሲ ይመስለኒ። እዚ ተበግሶ'ዚ፡ ኣብ ውሽጢ ሓሙሽተ ዓመት ክትግበር መደብ ዝተታሕዘሉ ፕሮግራም ቴክኒካዊ ትምህርትን ሞያዊ ስልጠናን (TVET) ንምድንፋዕ ዝዓለመ ኢዩ ነይሩ። ይኹን'ምበር፡ መንግስቲ ነቲ መደብ ኣብ ዋሽንግተን ዲሲ ክፍረም መደብ ተታሒዙሉ እናሃለወ፡ ክልተ መዓልቲ ኣቐዲሙ፡ ብዘይተጸበኹዎ መገዲ ሰሪዙዎ። እቲ ውሳነን፡ እቲ ሃንደበት ምቁራጹን ኣስደሚሙኒ።

ሓደ ካብ'ቶም ናይ'ቲ ኣሃዱ ዝነኣዱ ተበግሶታት እቲ ብምወላ ዳኒዳ (DANIDA) ዝትግበር ዝነበረ ምስ ዩኒቨርሲቲ ብሪስቶል (ዓባይ ብሪጣንያ) ዝነበረ ናይ ትካላዊ ምትእስሳር ፕሮግራም (institutional linkage program) ኢዩ። ኣብ ዩኒቨርሲቲ ብሪስቶል መዘናይ ዝኾነ ዶ/ር ጠዓመ መብራህቱ፡ ነዚ መደብ'ዚ ኣብ'ቲ ኣብ ዩኒቨርሲቲ ብሪስቶል ብዕለት 8 ነሓሰ 2017 ዓ.ም. ብማእከል ንጽጽራውን ኣህጉራውን ንትምህርቲ ዝምልከት ምርምር (CIRE) ዝተኻየደ ቃለ መሕትት ብግቡእ ገሊጹዎ። ዶ/ር ጠዓመ ከም'ዚ ዝስዕብ ይብል፥

> እቲ ንዩኒቨርሲቲ ከገልግል ከለኹ ዓቢ ዕግበት ዝሃበኒ ሳልሳይ ዓውዲ፡ እቲ ኣብ መንጎ ኣብ ካልኣይ ዓደይ ዝኾነት ዓባይ ብሪጣንያ ዝርከብ ናይ ቀደም ቤት ትምህርተይን፡ ኣብ ናይ'ታ ዝተወለድኩላ ሃገር ኤርትራ ሚኒስትሪ ትምህርትን፡ ድልድል ንምህናጽ ዝገበርኩዎ ዘይተኣደነ ጻዕርን መስዋእትን ኢዩ። እቲ ብናይ ደንማርካዊ ናይ ኣህጉራዊ ልምዓት ትካል (DANIDA) ዝምወል ፕሮግራም ምትእስሳር ብሪስቶልን ኤርትራን፡ ብርክት ዝበሉ ኤርትራውያን ናይ ትምህርቲ ሰብ ሞያ ብፒኤችዲን (1) ኤምኢድን ዲግሪ (48) ኣፍርዩ። ብዘይካ'ዚ ድማ 250 ርእሰ መማህራን፡ ተቖጻጸርትን፡ ሓለፍቲ ኣብያተ ጽሕፈት ትምህርቲ

> ዞባታትን፡ ኣብቶም ንሰለስተ ከራማት ዝቐጸሉ ሞያዊ ዕብየት ዝረኸቡሉ መደባት ተዋፊሮምን ትምህርቶም ኣጠናቒቖምን። ነዞም ንጠለባት ናይ ትምህርቲ ሰብ ሞያ ዘማልኡ ናይ ኣገልግሎት ሞዴላት ምንዳፍን ምምዕባልን፡ ኣብ ኣስመራ ኬንካ ምምሃሮምን ምክያዶምን ብፍጹም ቀሊል ዕማም ኣይነበረን። ናይ'ቲ ንኣስታት ዓሰርተ ዓመት ዝቐጸለ ትካላዊ ምትእስሳር ፕሮግራም ንዩኒቨርሲቲ ብሪስቶል ዓቢ ሞያውን ፋይናንሰያውን ትርጉም ነይሩዎ። ካልእ ብዙሓት ሃገራውያንን ኣህጉራውያንን ናይ ትምህርቲ ሰብ ሞያ ኣፍልጦ ዝሃቡሉ ንጥፈት፡ እቶም ኣብ ዝተፈላለዩ እዋናውያን ሞያዊ ጉዳያት ዘዳለኹዎም ኣርባዕተ ኣህጉራዊ ዋዕላታት ኢዮም (Mebrahtu 2017)።[cxxviii]

ላዕለዋይ ናይ ትምህርቲ በዓል ሞያ ዝኾነ ግርማይ ሃይለ፡ ኣብ ምምችቻእ ናይ'ዚ ትካላዊ ምትእስሳር፡ ዘይነዓቕ ተራ ከም ዝተጻወተ ከይጠቐስኩዎ ክሓልፍ ኣይደልን።

ካልእ ተመሳሳሊ ባህሪ ዘለዎ መደብ፡ ኣብ መንጎ ሚኒስትሪ ትምህርትን ዓለምለኻዊ ትካል ውጥንን ምምሕዳርን ትምህርትን (IIEP, UNESCO) ኣብ መንፈስ ሽርክነት ዝተመስረተ ናይ ስራሕ ዝምድና ኢዩ። እዚ ተበግሶ'ዚ፡ ንሓያሎ ናይ ትምህርቲ ሰብ ሞያ ሚኒስትሪ ትምህርቲ፡ ኣብ ፈረንሳ ንሓደ ዓመት ዝጸንሕ ናይ ምረቓ መደብ፡ ብትምህርታዊ ውጠናን ምሕደራን ክሰልጥኑ ዕድል ፈጢሩ። እዚ ድማ ምምሕዳራዊ ዓቕሞም ንምዕባይ ዝዓለመ ኢዩ። ሕጂ'ውን፡ ናይ'ዚ ፕሮግራም'ዚ መዋሊት ዳኒዳ ኢያ ነይራ።

ብተወሳኺ፡ IIEP፡ UNESCOን ሚኒስትሪ ትምህርትን ብምትሕብባር፡ ብሓልዮት ኣህጉራዊ ትካል ልምዓት ጃፓን (JICA)፡ ንምሩቓት ቴክኒካዊ ትምህርትን ሞያዊ ስልጠናን ዝምልከት ናይ ግምገማ መጽናዕቲ ኣብ ምክያድ ተሓባቢሮም። እቲ መደብ፥ ተመሃሮ ድሕሪ ምምራቖም ኣብ ከመይ ዝኣመሰሉ ናይ ሞያ ዓውድታት ከም ዝነጥፉ ንምግምጋምን ንምፍላጥን ዝዓለመ ኢዩ ነይሩ።

ካብ'ዚ ሓሊፉ፡ ኣብ ኒው ደልሂ፡ ህንዲ፡ ኣብ ዝርከብ ሃገራዊ ትካል ውጥንን ምምሕዳርን ትምህርትን (National Institute for Educational Planning and Administration - NIEPA)፡ ብርክት ዘበሉ ናይ ትምህርቲ ሰብ ሞያ ብትምህርታዊ ውጠናን ምሕደራን ኣብ'ቲ ንሰለስተ ኣዋርሕ ዝካይድ መደባት ትምህርቲ ሰልጢኖም። ኣብ ማእከል ርእሰ ከተማ ህንዲ ዝርከብ NIEPA፡ በቲ ኣብ ምርምርን ውጠናን ዘተኮረ ንትምህርቲ ዝምልከት ኣገባቡ ፍሉጥ ኢዩ።

ብተወሳኺ፡ እቲ ሚኒስትሪ ምስ IIEP ብምትሕብባር ነቲ ኣብ ትሕቲ ኮንሶርትየም ምክትታል ጽፈት ትምህርቲ ደቡብ ኣፍሪቃ (South African Consortium for meonitoring Education Quality - SACMEQ) ዝተዋህለለ ተመክሮ መሰረት

ብምግባር፡ ንሓደ ሰሙን ዝጸንሕ፡ ኣብ ምክትታል ጽሬት ትምህርቲ ዘተኮረ ዞባዊ ዓውደ መጽናዕቲ (workshop) ኣዳሊዩ። ኣብ'ቲ ዓውደ መጽናዕቲ፡ ተወከልቲ ሓያሎ ጎረባብቲ ሃገራት ተሳቲፎም።

ሃሲን ፋውንዴሽን ዝተባህለ ስዊዘርላንዳዊ ዘይመንግስታዊ ትካል (NGO) ኣብ ቤት ትምህርቲ ካልኣይ ደረጃ ባርካ፡ ንምስረታ ቤተ ፈተነ ኮምፒተር (computer lab) መዊሉ፡ ኣብ ቤት ትምህርቲ ካልኣይ ደረጃ ጻዕዳ ክርስትያን ድማ ዒላ ንምኹዓት ንዝዓለመ ፕሮጀክት መዊሉ። እቲ ንምምስራት ቤተ ፈተነ ኮምፒተር ዝኸውን ዝርዝር ሓበሬታን ንድፍን በቲ ኣብ ኢንፎርመሽን ተክኖሎጂ (IT) ልዑል ክእለት ዘለዎ ኤርትራዊ ክኢላ ተኽለ ኣብርሃ ዝተዳለወ ኮይኑ፡ ውጽኢታዊ ምኺኑ ምስ ተረጋገጸ ድማ ክዓቢ ወይ ኣብ ካልኦት ኣብያተ ትምህርቲ ክስፋሕፍሕ ትጽቢት ተገይሩሉ ነይሩ። ሃገር ለቒቑ ድሕሪ ምኻደይ፡ እቲ መደብ ከመይ ኢሉ ከም ዝቐጸለ ሓበሬታ የብለይን። ተኽለ ኣብራሃ እውን ነቲ ዝፈትዎ ስራሕ ክከታተሎ ዕድል ኣይተዋህቦን። ብዘይ ክፍሊት ክገብሮ ኢዩ ምድላዋቱ ወዲኡ ዝነበረ።

ኣብቶም ቀዳሞት ሽውዓተ ዓመታት ድሕሪ ናጽነት፡ ዝተፈላለዩ ናይ ወለንተኛታት መደባት ተግባራዊ ኮይኖም እዮም። እዚኣቶም፡ ነቶም ከም ወለንትኛታት ፒስ ኮር (Peace Corps Volunteers) ቪ፡ኤስ፡ኦ (Voluntary Services Overseas - VSO) ከምኡ እውን ኣብ ተመሳሳሊ ንጥፈት ዝነጥፋ ኣብ ሆላንድ ዝመደበሮም ትካላት የጠቓልል። ፒስ ኮር ኣብ ሰነ 1998 ዓ.ም. ካብ ስራሕ ተኣጊዱ፡ ኩሎም'ቶም ኣርብዓን ትሽዓተን ወለንተኛታት ድማ ናብ ሃገሮም ተመሊሶም (Corps, 1998)።[cxxix] እዞም ውፉያት ወለንተኛታት፡ ኣብ ብዙሓት ኣብያተ ትምህርቲ፡ እንግሊዝኛ፡ ሳይንስን ካልእ ቴክኒካውን ሞያውን ዓውድታት ኣብ ምምሃር ወሳኒ ተራ ተጻዊቶም ኢዮም። ክንዮ'ቲ ንተመሃሮ ቋንቋ እንግሊዝኛ ምምሃር፡ ንኤርትራውያን መምህራን ብዛዕባ ጽሩይ ኣዘራርባን ኣገባብ ኣመሃህራን እንግሊዝኛ እውን ስልጠና ይህቡ ነይሮም'ዮም።

ጽገና መባእታ ኣብያተ ትምህርቲ ካብ ሓገዝ ቤተ ክርስትያን ኖርወይ (Norwegian Church Aid - NCA) ኣገዳሲ ደገፍ ረኺቡ።

ካልእ ትርጉም ዘለዎ ኣበርክቶ ወይ ዓወት ድማ፡ ምምስራት ናይ መጀመርታ ሃገራዊ ኮሚሽን ዩኔስኮ ኤርትራ ኢዩ። ሃገራዊ ኮሚሽን ዩኔስኮ ኤርትራ ነቲ ሚኒስትሪ ትምህርቲ ምስ'ቲ ዝዓበየ ኣህጉራዊ ትምህርታውን ባህላውን ሳይንሳውን ትካል (UNESCO) ዝገበሮ ዝምድናታት መንጸፍ ዘንበረ ባይታ ኢዩ ነይሩ። ሚኒስትሪ ትምህርቲ ብግቡእ እንተ ድኣ ሰሪሑሉ፡ ብዙሕ ረብሓታት ክረኽበሉ ዝኽእል ናይ ሽርክነት ባይታ ኢዩ ነይሩ።

ኣብ'ቲ ሚኒስትሪ ኣብ ዝነበርኩሉ እዋን፡ ምስ ካቶሊካዊት ሃገረ ስብከት ኤርትራ ኣብ ዝተገብረ ልዝብ ተሳቲፈ ነይረ። ብኣቡነ ዘካርያስ ዮሃንስ ዝምራሕ ጉጅለ፡ ቅድሚ ሕጂ ብደርጊ ቅድሚ ምምንዛዖም ብቤተ ክርስትያን ዝውንና ዝነበራ ኣብያተ ትምህርቲ ክምለሳ ሓቲቱ። ከም ኣምሳያ ድማ መንግስቲ ኤርትራ ምቹእ መሬት እንተ ሂቡዎ፡ ሓደስቲ ኣብያተ ትምህርቲ ብምህናጽ ክኽሕሶ ምዃኑ ሓቢሩ። እዚ ድማ ብፍላይ ከም ኮምቦኒ ኮሌጅ ኣስመራን፡ ላሳለን ዝኣመሰሉን ካልኦትን ዘጠቓለለ ኢዩ። ይኹን'ምበር፡ እቲ ልዝብ እንተ ተኻየደ'ኳ፡ ንሕቶ ካቶሊካዊት ቤተ ክርስቲያን ግን ወግዓዊ መልሲ ኣይተዋህቦን።

መደብ ምጽማድ ኣብያተ ትምህርቲ (school twinning progam) ንምጅማር፡ ኣሃዱና ምስ ጠረጴዛ ኤውሮጳ ሚኒስትሪ ጉዳያት ወጻኢ - ብኣላይነት ጠዓመ ተወልደብርሃን - ምትሕብባር ጀሚርና። ብኣብያተ ጽሕፈት ትምህርቲ ዞባታት ክምላእ ትጽቢት ዝግበረሉ ጸብጻባት ኣብያተ ትምህርቲ ንተጠቃሚ ምቹእ ብዝኾነ መገዲ ኣዳሊና። ግርማይ ሃይለ፡ ናይ'ቲ ክፍሊ ላዕለዋይ ቴክኒካዊ ክኢላ፡ ነዚ ጸብጻብ ኣብያተ ትምህርቲ ናብ እንግሊዝኛ ኣብ ምትርጓም ወሳኒ ተራ ተጻዊቱ። ብድሕሪ'ዚ፡ ኣብ መደብ ምጽማድ ቤት ትምህርቲ ዝግደሳ ኣብያተ ትምህርቲ ንምስታፍ ድሌት ዘለወን ኣብያተ ትምህርቲ ንምልላይ ኣብ ኤውሮጳ ኣብ ዝርከባ ኤምባሲታት ኤርትራ ብሰፊሑ ዘርጊሕናዮ።

ምስረታ ማሕበር ስካውት ኤርትራ ሓደ ካልእ ኣገዳሲ ዕማም ኢዩ ነይሩ። ኣቶ በራኺ ገብረሰላሰ፡ ሽው ሚኒስተር ትምህርቲ ዝነበረ፡ ነዚ ዕማም'ዚ እውን ንዓይ ኣሰከመኒ። እቲ ናይ መጀመርያ ዕምም፡ ምልላይ (identification) ኣባላት ማሕበር ስካውት ነበር (ሲቪልን ተጋደልትን) ኮይኑ፡ ምስኣቶም ናይ ምምኽኻር ባይታ ምኽፋት ኢዩ ነይሩ። እዚ መስርሕ'ዚ ንምስረታ ሃገራዊ ማሕበር ስካውት ንምጥጣሕ ዝነበሩ ዕድላትን ብድሆታትን ንምፍታሽን ንምጅማሩ ዘድልዩ ጠለባት ንምልላይን ሓጊዙ። ምስ ዶክተር ሚካኤል ገብረሂወት ነባራይ ዝተባህለ ገዲም ሓኪም ኣባል ህዝባዊ ግንባር፡ ኣባል ማሕበር ስካውት ነበር፡ ኣብ'ዚ ጉዳይ ርድኢቱ ንከካፍለኒ ኣብ ቤት ጽሕፈቱ ከረኽቦ ይዝከረኒ። ምኽሩ ኣብ ዝኽረይ ተቐሪጹ ይቕጽል ኣሎ፤ ንሱ ነተን ኣብ ቅዋም ስካውት ብትብዓት ዝተቐመጣ ሰለስተ መትከላት ምንቅስቓስ ስካውት ኣስሚሩለን፡ "ግዴታ ኣብ ቅድሚ ኣምላኽ፡ ግዴታ ንካልኦት፡ ግዴታ ንርእስኻ"። እዘን መትከላት'ዚኣን ኣብ ዋጋ ዕዳጋ ከይኣትዋ ኣጠንቂቑ፣ ካብ'ቶም ኣብ ኣምላኽ ዝተፈላለየ ርእይቶ ዘለዎም ተጋደልቲ ነበር ክመጽእ ዝኽእል ብድሆታት እውን ኣመልኪቱ። በቲ ዝሃበኒ ናይ ልቦና ቃላት ተመሲጠ፡ ነዚ መምርሒ'ዚ ሒዘ መሰረት ምስ ኣንጸፍኩ፡

ኣባላት ማሕበር ስካውት ነበር ዝሓቖፈት ኮሚተ መስሪተ፡ ኩሉ መዳያዊ ስፍሓት ስራሕ ብምድላው ከአ ነቲ ዕማም ኣበጋጊሰዮ። ድሕሪ ጽፉፍ ምድላዋት፡ ኤርትራ ማሕበር ስካውታ ብቕልጡፍ መሪቓ።

ድሕሪ ናጽነት፡ ኣነን መሳርሕተይን ንተማሃሮ ካልኣይ ደረጃ ምስ ሕብረተሰቦም ክላለዩን ኣብ ህይወቱ ኣበርክቶ ክገብሩን ኣገዳሲ ምኽኑ ተገንዚብና። ንናይ ክረምቲ ተማሃሮ መደብ ዝኸውን ናይ መጀመርታ ዝርዝር ዕማም ሓንጺጽናዮ፣ ምስ ኣባላት ሚኒስትሪን ኣብያተ ጽሕፈት ዞባታትን ዕሙቕ ዝበለ ምይይጥ ድሕሪ ምክያድ ድማ፡ ካብ ሚኒስትሪ ትምህርቲ ወግዓዊ ድጋፍ ረኺቡ። ኪዳነ ሰሎሞን፡ ዓቢ ሓወይ፡ ነቲ ዝርዝር ጽሑፍ ኣብ ምጽፋፍ ሓገዙ ኣበርኪቱ። እቲ መደብ ካብ ዝጸድቕ ኣትሒዙ፡ ክሳዕ ሎሚ ብቐጻሊ ኣብ መዓላ ይውዕል ኣሎ።

ኣብ ኤርትራ ንንባብ ዘገልግሉ ጽሑፋት ብዝምልከት ዝነበረ ዋሕዲ ርኡይ ብምንባሩ፡ ኣነን መሳርሕተይን ኣብ ህጻናት ናይ ንባብ ልምዲ ንምዕባይ፡ መጽሔት ህጻናት ክንጅምር ተደሪኽና። መሪሕነት ብምውሳድ ድማ ሓደ ዝርዝራዊ እማመ ነዲፈ ንምድላውን ሕትመትን ዝኸውን ምወላ ብምድላይ ናብ ዩኒሴፍ ኣቕሪብኩዎ። ንኣርባዕተ ፍሉጣት ክኢላታት ቋንቋ ትግርኛ፡ ማለት፡ ነፍስሄር ኣብርሃም ሳህለ፡ ኣማኑኤል ሳህለ፡ ተኪኤ ተስፉይን ነፍስሄር ግርማይ ገብረመስቀል፡ ነቲ ፕሮጀክት ከመሓድሩ ዓዲመዮም። ብናታቶም ስምምዕ ድማ ኩሉ መዳያዊ መምርሒ ስራሕ ተዳሊዩ።

እቲ ስዒቡ ዝመጸ ስጉምቲ፡ ቦርድ ኣዳለውቲ ምምስራት ዘጠቓለለ ኮይኑ፡ ነፍስሄር ኣብርሃም ሳህለ ኣቦመንበር ኮይኑ ከገልግል ተመዚዙ። "ቆላሕታ" መጽሔት ህጻናት ኣብ ህጻናት ተፈታውነት ረኺባ። እታ መጽሔት ብናይ'ዞም ኣርባዕተ ዓበይቲ ናይ ስነ ጽሑፍ ክኢላታት ጻዕሪ ህይወት ረኺባ።

ድሕሪ ናጽነት፡ ነቲ ብግዜ ስርዓት ደርጊ ዝተመስረተ ናይ ርሕቀት ትምህርቲ መደብ ንምምራሕ ብድሆ ኣጋጢሙና። እዚ መደብ ሬድዮ'ዚ፡ ንበጽሒታት ኤርትራውያን ዝተዳለወ እዩ ነይሩ። ይኹን'ምበር፡ ህዝባዊ ግንባር ንኤርትራ ምስ ተቖጻጸረ፡ ነቲ መሳለጥያ ይኹን ነቶም ዘመሓድሩዎ ሰራሕተኛታት ከመይ ጌርና ብኣድማዒ መገዲ ክም እንጥቀመሉ ቁሩብ ሓርቢቱና። ገምጋም ንምክያድን፡ ንዝመጽእ ኣጠቓቕማኡ ብዝምልከት ለበዋታት ንምቕራብን ሓላፍነት ተዋሂቡኒ። እቲ ምስ ክኢላታት ናይ'ቲ መደብ ዝነበረ መስርሕ ምምኽኻር፡ ግዜ ዝወስድ ኮይኑ ረኺበዮ። ይኹን'ምበር ብሓገዞም፡ ብዛዕባ ዕላማታት ናይ'ቲ መደብን ከመይ ጌርና ብዝበለጸ መገዲ ክንጥቀመሉ ክም እንኽእልን ሰፊሕ ርድኢት ረኺበ። ድሕሪ ሰፊሕ ምይይጥ፡ ኣብ ትሕዝቶን ኣገባብ ኣመሃህራን ዘለዎም ምልከት ንምዕባይ፡ ናብ መምህራን ከነተኩር ወሲንና። ብድሕሪኡ፡

ጸብጻባተይ ምስናይ ለበዋታተይ ብወግዒ ናብ ሚኒስትሪ ቀሪቡ፡ ድጋፍ ረኺቡ፡ ነቲ መደብ ንክቕጽል ከኣ ባጀት ተሰሊዑሉ። እዚ ለበዋ'ዚ ኣብ'ቲ እዋን'ቲ ንዝነበረ ኩነታት ኣብ ግምት ኣእቲኻ፡ እቲ ዝበለጸ ኣማራጺ'ዩ ነይሩ። እቲ መስርሕ ምምኽኻር ነቲ ጉዳይ ኣሳልጦ ወሲኹሉ።

ብመሰረት'ቲ ብኣህጉራዊ ትካል ገንዘብ (IMF) ዝተኻየደ መጽናዕቲ፡ ኣብ መኣዲ ትማህርቲ ጃምላዊ መጠን ተሳትፎ[cxxx] ሕጻናትን መንእሰያትን ካብ 1991/92 ክሳዕ 1997/98 ዓ.ም. ርኡይ ዕብየት ኣርእዩ። ኣብ መባእታ ካብ 36% ናብ 51%፡ ኣብ ማእከላይ ደረጃ ካብ 20% ናብ 36%፡ ኣብ ካልኣይ ደረጃ ትምህርቲ ድማ ካብ 12% ናብ 16% ደዩቡ። (Zuzana Brixiova, 2001)። እዚ ኣዎንታዊ ምዕባለ ድማ ብሳላ'ቲ ኣብ ሚኒስትሪ ንነጥፍ ዝነበርና ናይ ትምህርቲ ሰብ ሞያ ጻዕሪ ኢዩ።

ኣብ ውሽጣዊ ጉዳያት'ቲ ሚኒስትሪ ብናይ ደገ ጉጅለታት ብፍላይ ድማ ብህግደፍ ዝካየድ ምትእትታው ዘይተለምደ ኣይነበረን። ሓደ ፍሉይ ፍጻመ እዝክር። ሓደ ብህግደፍ ዝተላእከ ነጋዳይ ናብ ቤት ጽሕፈትና ቀሪቡ፡ ንኹለን ኣብያተ ትምህርቲ ኩርሽ ናይ ምፍራይን ምክፍፋልን ፍሉይ ሓለፋ ክወሃቦ ወይ ክብሕቶ ሓቲቱ። ካልእ ጉጅለ እውን ኣብ ምክፍፋል ናውቲ ትምህርቲ ፍሉይ ብሕተት ንክህልዎ ናብ'ቲ ሚኒስትሪ ሕቶ ቀሪቡ። ኣነ ድማ ከም መልሲ፡ ኩሉ መስርሕ ዕድጊ ብግልጽን ፍትሓውን (fair) ተወዳዳርነት ብዘለዎ ኣገባብን ከም ዝካየድ ኣረጋጊጸሎም። እዞም መልስታት ብህግደፍ ብጽቡቕ መንፈስ ኣይተራእዩን።

ካልእ ኣጋጣሚ ድማ ብንጹር እዝክር፥ ሓደ ኣማኻሪ ትካል (consulting firm)፡ ኣብ ሓልሓለ፡ ዞባ ደቡብ፡ ትካል ትምህርቲ ንክህነጽ ብናይ ርሑቕ ፍተሻ መሳርሒ (remote sensing) ክምርምሮ ሓላፍነት ተዋሂቡዎ። ዋላኳ ዕቃበታት እንተ ነበረና፡ እቲ ኣማኻሪ ትካል ብዘይ ውድድር ወይ መስርሕ ጨረታ ኢዩ ውዕል ተዋሂቡዎ። ነዚ ተበግሶ ዘጽደቐ ባዕሉ ሚኒስተር ትምህርቲ - ዑስማን ሳልሕ - ኢዩ ነይሩ። ነዚ ብዝምልከት ምስ ዑስማን ኣብ ምስሕሓብ ክንበጽሕ ክኢልና።

ማዕረ ማዕሪኡ ዝኸይድ ኣገዳሲ ፍጻመ ድማ፡ ኣብ ኩለን ኣብያተ ትምህርቲ፡ ሃይማኖታዊ ትምህርቲ ንምትእትታው ዝነቐለ ተበግሶ ነይሩ። እዚ ውሳነ'ዚ ኣብ ሓደ ካብ ኣኼባታት ግዝያዊ ሃገራዊ ባይቶ ዝተወሰደ፡ ኣቐዲሙ ምስ ሚኒስትሪ ትምህርቲ ምምኽኻር ከይተገብረን፡ ብዘይ ዝኾነ ደጋፊ መጽናዕትን ዝተገብረን ኢዩ ነይሩ። ናይ'ዚ ፖሊሲ'ዚ ቅኑዕነት ንምግምጋም ኩሉ መዳያዊ መጽናዕቲ ክካየድ ሓሳብ ኣቕሪብና። እቲ ዘካየድናዮ መጽናዕቲ፡ ሃይማኖታዊ ትምህርቲ ኣብ ስርዓተ ትምህርትና ንምትእትታው ብመርትዖ ከም ዘይድገፍ ኣረጋጊጽና። እዚ ከም'ዚ ኢሉ እንከሎ፡ እቲ ፖሊሲ ተግባራዊ ኮይኑ።

እቲ ሚኒስትሪ ምስ ባንክ ዓለም ዝነበሮ ምትሕብባር ምቁራጹ፡ ከም'ቲ ኣቐዲሙ ዝተዘተየሉ፡ ካልእ ርኡይ ምዕባለ'ዩ ነይሩ።

ካብ'ዚ ሓሊፉ፡ ሲቪላውያን ኣባላት ሚኒስትሪ ትምህርቲ፡ ከም'ቶም ተጋደልቲ ተመሳሳሊ ኣተሓሕዛ ዘይምህላዉ ዘመልከት ተርእዮ ነይሩ ኢዩ። ሓደ ሓደ ግዜ፡ እቲ ሚኒስተር ዋላ እውን ምስጢራት ኢዮም ዝብሎም ጉዳያት ኣብ ዘይዝተየሉ እዋን፡ ሲቪላውያን ኣባላት ዘይዕደሙሉ ኣኼባታት ይጽውዕ ነይሩ። እንታይ ምስጢርከ ነይሩና'ዩ? ነዚ ስክፍታ'ዚ ነቲ ሚኒስተር ኣልዒለሉ፡ ብድሕሪኡ ድማ ኣይተደግመን። ናይ'ቲ ሚኒስትሪ ሲቪላውያን ኣባላት ናብ ቤት ጽሕፈተይ ብምምጻእ፡ ኣባል ህዝባዊ ግንባር ነበር ምዃነይ ወይ ዘይምዃነይ ንምፍላጥ ዝሓተቱሉ ህሞታት ነይሩ። ክልተ ሰራሕተኛታት፡ ኣብ ዝተፈላለየ ኣጋጣሚታት፥ "ካብ'ቶም ካልኦት መሳርሕትኻ ዝተፈለኻ ኢኻ" ክብሉ ርእይቶኦም ሂቦምኒ።

ከም ሓላፊ ውጠናን ልምዓትን መጠን፡ ንሚኒስተር ዑስማን ሳልሕ ኣሰንየ ናብ ብርክት ዝበሉ ኣኼባታት ካቢነ ሚኒስተራት ይኸይድ ነይረ። እዚ ድማ ብፍላይ፡ መንግስቲ፡ ጽላታዊ ስትራተጂታት ይሕንጽጸሉ ኣብ ዝነበረ እዋን ልሙድ ኢዩ ነይሩ። እቲ ብባዕሉ ብፐረሲደንት ዝምራሕ ዝነበረ ተኸታታሊ ናይ ሓሳብ ምልውዋጥ መድረኻት፡ ንጽላታዊ ፖሊሲታት፡ ናይ ተልእኾ መግለጺ (mission statement)፡ ናይ ሚኒስትሪታት ዕማማት፡ ጽላታዊ ስትራተጂታትን፡ ንዕኡ ንምዕዋት ዘድልዩ ተዛመድቲ መደባትን ንምሕንጻጽ ዝዓለመ ኢዩ ነይሩ። እቲ ዕላማ ቅዱስ ኢዩ ነይሩ።

እዚ ልምምዳት'ዚ (exercise) ጠቓሚ ምንባሩ ተረጋጊጹ። ብዛዕባ ጽላታዊ ፖሊሲታት፡ ናይ ካልኦት ሚኒስትሪታት ስትራተጂታትን ቀዳምነታትን ኣብ ዝግበር ዘተ ምስታፍ፡ እታ ሃገር ናበይ ገጻ ትኸይድ ከም ዘላ ርድኢት ንምህላው ሓጊዙ። ብተወሳኺ፡ ኣብ መንን ዝተፈላለዩ ጽላታት ምውህሃድ ንምርግጋጽ ዝዓለመ ኮይኑ፡ ነቲ ናይ መወዳእታ ዕላማ ሃገራዊ ዳግመ ህንጸት ንምዕዋት ወሳኒ ኢዩ ነይሩ።

ኣብቶም ምስ ሚኒስተር ዑስማን ሳልሕ ዝሳተፎም ዝነበርኩ ኣኼባታት፡ ንኩሉ ኣድላዪ ሰነዳት፡ ከምኡ እውን ናይ መርገጺ ወረቓቕቲ (position papers)፡ መብርሂ ጽሑፋትን ንዘተ ዝኸውን መዛረቢ ነጥብታትን ናይ ምድላው ሓላፍነት ይስከም ነይረ። ፍቓድ ኣብ ዝተዋህበኒ ግዜ፡ ርእይቶይ ክገልጽ ይኽእል ነይረ። ከም ናይ'ቲ ሰፊኑ ዝነበረ ዳይናሚክ ንቑሕ ተዓዛቢ መጠን፡ ንስዒቡ ዝመጽእ ኣኼባታት ሚኒስተራት ብዝምልከት ኣብ ኣቀራርባናን መደባትናን ኣድላዪ ምትዕርራይ ክገብር ናተይ ሓላፍነት'ዩ ነይሩ።

ኣብ'ዚ ኣኼባታት ብንጥፈት ቅድሚ ምክፋለይ ኣብ መጀመርታ ገለ ብድሆታት ኣጋጢሙኒ። ሚኒስተር ዑስማን ሳልሕ ካብ ቤት ጽሕፈት ፕረሲደንት ንዝወሃብዑ ዝነበሩ

መምርሒ.ታት ኣብ'ቲ መጀመርታ ብግቡእ ይርድኦም ኣይነበረን ወይ እውን ንዕኡ ንጹራት ኣይነበሩን። ሓደ ሓደ ግዜ በቲ ዝወሃበና ዝነበረ ንጹር ዘይኮነ ሓበሬታ ንሰርሕ እሞ ኣብ መጠረሽታ እቶም ዘዳለናዮም ጽሑፋት ወይ ሰነዳት ነቶም ዝተሓቱ ጠለባት ዘየማልኡ ኮይኖም ንረኽቦም። ነዚ ናይ መጀመርታ ተመክሮ እናኣስተንተንኩ፡ ብዛዕባ እቲ ትጽቢት (expectation) ዝያዳ ንጹር ርድኢት ንምርካብ፡ ካብ'ቶም ኣብ ካልኦት ሚኒስትሪታት ዘለዉ መሳርሕተይ ንጹር ሓበሬታ ክደሊ ጀሚረ። እዚ ድማ ብቐጥታ ካብ'ቲ ሚኒስተር ንምርካብ ኣጸጋሚ ኮይኑ ስለ ዝረኸብኩዎ ኢዩ።

ምስ ምሉእ ኣኽብሮተይ፡ እቲ ሚኒስተር፡ ነቲ ጠለባት ብትኽክል ናይ ምሓዝ ወይ ምርዳእ ጸገማት ዝነበሮ ይመስል። ብተወሳኺ፡ ምድላዋትና እኹል ኣብ ዝነበረሉ እዋን እውን፡ እቲ ሚኒስተር መብዛሕትኡ ግዜ ኣብ ኣኼባታት ናይ ምርባሽ ምልክታት የርኢ ከምኡ እውን ነቲ ቀንዲ ነጥብታት ብሕጽር ዝበለ መገዲ ኣብ ክንዲ ዝገልጾ፡ ናብ ዘየድሊ ዝርዝራት ክኣቱ ይፍትን ነበረ። ሓደ ሓደ ግዜ፡ ነታ ማይክሮፎን ኣግዲፍካ ኣብ ክንድኡ ተዛረብ ይመጸካ።

ኣብ ሓደ ፍሉይ ኣኼባ፡ ነቲ ንስትራተጂናን ተዛመድቲ መደባትናን ዝውሃብ ምኽንያት ንምብራህ ድሕሪ ባይታዊ ሓበሬታ ከቕርብ ሓላፍነት ተዋሂቡኒ። ኣብ ትምህርቲ ንዝግበር ምዕባለ ወይ ገስጋስ ንምዕቃን ኣገደስቲ ዝኾኑ ቀንዲ መለከዒታት (indicators) ብምቕራብ እየ ጀሚረ። እዞም መለከዒታት'ዚኦም ብጾታ ዝተመቓቐለ ጃምላውን ጽሩይን ናይ ትምህርቲ ተሳትፎ ምጣኔታት፡ ኣብ መንጎ ዝተፈላለዩ ደረጃታት ትምህርቲ ዝነበረ መጠን ምስግጋር (transition rate)፣ ኣብ ዝተፈላለዩ ደረጃታት ትምህርቲ ዘሎ ምጣኔ ተማሃራይን መምህርን፡ ብጽሒት (share) ባጀት ትምህርቲ ምስ ሓፈሻዊ ባጀት መንግስቲ ከመዛዘን ከሎ ወዘተ ዘርእዩ ነበሩ።

ከምኡ እውን ምስ ሃገራት ትሕተ ሰሃራ ኣፍሪቃ ንጽጽራዊ ትንታነ ኣቕሪበ፣ ከም ኣብነት፡ ምምቕራሕ ባጀት ትምህርቲ ከም ሚእታዊት ናይ'ቲ ሓፈሻዊ ዝደጋገም ባጀት (recurrent budget) ኣርባዕተ ሚእታዊት (4%) ከም ዝነበረ፡ እዚ ድማ ካብ'ቲ ማእከላይ ደረጃ ትሕተ ሰሃራ ብዓሰርተ ሓደ ሚእታዊት (11%) ዝተሓተ ከም ዝነበረ ዘጉልሕ ነበረ። ናይ ሽዑ ሚኒስተር ፋይናንስ ዝነበረ ገብረሰላሴ ዮሴፍ፡ እቲ ሚኒስትሪ እንተ ድኣ ሓቲቱ ዝዓበየ ባጀት ክውሃቦ ከም ዝኽእል ብምሕባር፡ ንዘቕረብክዎ መንነተ ተቓዊሙዎ። እቲ ፕረሲደንት፡ ብዛዕባ'ቲ መንግስቲ ብዘይ ባጀት ዘካይዶ ዝነበረ ስራሓት ብምጥቃስ "እንታይ ኢኻ ትዛረብ ዘሎኻ፡ ኣበይ ዘሎ ባጀት ኢዩ" ብምባል ንርእየቶኡ ነጺጉዎ።

ካልእ ንኣቀራርባና ዝምልከት ነቐፌታ፡ ካብ የማነ ገብረመስቀል (ቻርሊ) ዝመጸ ኮይኑ፡ ንሱ መለከዒታት ተጠቒምካ ምዕባለ ትምህርቲ ምግምጋም ብኣህጉራውያን

ዘይመንግስታውያን ትካላት (NGO) ዝዝውተር ፋሽን ከም ዝኾነ ሓቢሩ። እዚ ኣበሃህላ'ዚ ንጉድለት ርድኢቱ ወይ ድንቁርናኡ ዘቃልዕ ይመስል፣ ምኽንያቱ ናይ ትምህርቲ ዕብየት ወይ ገስጋስ ኣብ ምግምጋምን ምዕቃንን ወሳኒ ተራ ዘለዎም እዞም መለክዒታት ኢዮም።

ኣብ ሓደ እዋን፡ ተራ ብሕታዊ ጽላት ኣብ ምስፍሕፋሕ ትምህርቲ ኣልዒልና ተዛቲና። ብፍላይ ድማ ቅድመ ደርጊ ዝነበረ ዘመንን ብሕታውያን ኣብያተ ትምህርቲ ኣብ ምስፍሕፋሕ ትምህርትን፡ ጽሬት ዘለዎ ትምህርቲ ኣብ ምቕራብን ዝገበርኦ ኣበርክቶን ዘቲናሉ። እንተ ኾነ፡ ፕረሲደንት ነቲ እማመ ኣይደገፎን፣ ናብ'ቲ ቅድሚ ደርጊ ዝነበረ ዘመን ከም ዘይንምለስ ብምጉላሕ ድማ ነጺጉዎ። እቲ መልእኽቲ ንጹር ኢዩ ነይሩ፥ ናይ ብሕቲ ኣብያተ ትምህርቲ ብፍላይ ድማ ምስ ሃይማኖታት ዝዛመዳ ኣብያተ ትምህርቲ ክተባብዓ የብለንን ዝብል ኢዩ ነይሩ።

ኣብ መንን'ዚ ምይይጣት'ዚ፡ ገለ ሚኒስተራት ዘስሕቕ ስነ ሞጎት የቕርቡ ከም ዝነበሩ እዝክር። ሚኒስተር መጓዓዝያ ነበር ገርግስ ተኽለሚካኤል፡ ኩለን ናይ ብሕቲ ኣብያተ ትምህርቲ ምዝዋር መኪና (ኣውቶስኮላ) ተዓጽየን፡ ብመንግስቲ ብዝመሓደራ ትካላት ክትክኣ ዝብል ሓሳብ ከም ዘቕረበ ይዝከረኒ። ዘቕረቦ ምኽንያት ድማ ኣብ ከተማታት ዝራአዩ ዝነበሩ ብዝሒ ሓደጋታት ማኪና ንምንካይ ብዝብል ምስምስ ኢዩ ነይሩ። ገርጊስ "ከተማታትን ገጠራትን ክሳዕ ዝመዓራረዩ ፈጺምና ኣይንድቅስን ኢና" ዝብል ንጥቕሲ ፕረሲደንት ኢሳይያስ ዝገልጽ ፖስተር ኣብ ቤት ጽሕፈቱ ዘለዎ ውልቀ ሰብ ኢዩ። ንበጻሕቲ ቤት ጽሕፈቱ ምስ'ዚ ፖስተር'ዚ ብኩርዓት ኢዩ ዘላልዮም።

3.3 እዞም ዕድላት እዚኣቶም ኣብ ዳግመ ህንጸት እታ ውልዶ ሃገር (ኤርትራ) ዝነበሮም ትርጉም

እዚ ኣብ ላዕሊ ዝተገልጸ ኣብ ሽርክነት ዝተመስረተ ምትሕግጋዝ ንኤርትራ ዘይተኣደነ ዓቕሚ ንክትድልብ ዝሕግዝ ክስተት ወይ ምዕባሌ ኢዩ ነይሩ። እዚ ብግዴኡ ክንዮ'ቲ ያታዊ ናይ ስልጣን ዳይናሚክ ብምኻድ፡ ኤርትራ ምስ ካልኦት መሻርኽቲ ኣብ ማዕርነትን፡ ምክብባራን ዝተመስርተ ተወዳዳሪ ዝኾነ ዓይነት ዝምድናታት ከብጽሓ ዝኽእል ከም ዝነበረ ዘጠራጥር ኣይነበረን። ኣብ'ዚ ናይ ሓባር ጻዕርታት፡ ኩሎም ወገናት ብሓባር ዝማዕበለ ናይ ሓባር ዕላማ ሒዞም፡ ሓድሕዳዊ ኣረኣእያቶምን ክእለቶምን ኣበርክቶኦምን ክብርታቶምን እናተሓባበሩ ኣብ ሓደ ዝዓስሉሉ ኩነታት ይፍጠር ነበረ።

ኣብ ውሽጢ'ዚ ሃዋህው'ዚ፡ ሓሳባት ብናጻ እንኳን ሃባን ዝበሃለሉ ኩነታት ተፈጢሩ። ውሳነታት ድማ ብሓባር ይውሰዱ ነይሮም። እዚ ድማ ብግዴኡ ንናይ ምትእምማንን

ክፉትነትን መሃዝነትን ተወፋይነትን መንፈስ ይኹስኩስ ነበረ። እዚ ናይ ምትሕብባር መንፈስ'ዚ፡ ሓባራዊ ሓላፍነት ንምርግጋጽን ዘላቒ ፍታሕ ንምዳይን ዘተባብዕ ነበረ። እዚ ብግዴኡ ናብ ኣሳታፍን ዘላቕን ልምዓት ዝወስድ፡ ቀየራዊ (transformative) ለውጢ ዘምጽእን፡ ትርጉም ዘለዎ ምዕባለ ዘረጋግጽን ተኽእሎታት ፈጢሩ። ካብ'ዚ ሓሊፉ፡ ኤርትራ ድሌታታን ቀዳምነታታን ብኣድማዒ መገዲ ብምግላጽ፡ ውሽጣዊ ዓቕማ ክትሃንጽ ዕድል ረኺባ ነይራ ኢያ።

እቲ ምትሕብባር ካብ መጀመርታ ንጹር ሕግታት ተሳትፎነት ብምርቃቕ፡ ንዘቤታውን ግዳማውን ጸጋታት ናይ ምብርባር ዓቕሚ ነይሩዎ ኢዩ። ምስ መሻርኽቲ ልምዓት ኣብ ዝሰርሓሉ እዋን፡ ግሉጽነት ከህሉ ብምጉስጓስን፡ ንህንጸት ወይ ምምዕባል ዓቕሚ ሰብ ግቡእ ኣቓልቦ ብምሃብን (ከም ስልጠና ናይ ትምህርቲ ሰብ ሞያ ሚኒስትሪ ትምህርቲ)፡ ኤርትራ ናብ ርእሰ ምርኮሳን ርእሰ ምኽኣልን ዝመርሑ ርኡያት ስጉምትታት ክትወስድ ጀሚራ።

ይኹን'ምበር፡ እዞም ዕድላት ኣብ ዳሕራይ እዋን ባኺኖም ኢዮም። ኣብ ዳሕረዋይ መድረኽ፡ ሚኒስትሪ ትምህርቲ ኤርትራ ምስ ዞባውን ኣህጉራውን ትካላት ንምትሕብባር ዝቐረበ ዕድላት ምሉእ ብምሉእ ክጥቀመሉ ብዘይ ምኽኣሉ ዘሕዝን'ዩ ነይሩ። እቲ ሚኒስትሪ፡ ጽሬት ትምህርትን ካልኦት ብሉጻት ልምድታት ንምትእትታው ካብ ኣህጉራዊ ልምዓት እንታይ ክኸስብ ከም ዝኽእል ብዘይ ምፍላጡ ናይ ኣተሓሳስባ ድኽነት ፈጢሩሉ። ከም ዝድኽድኽ እውን ገይሩዎ ኢዩ። ሓደ ፍሉጥ በዓል ስልጣን መንግስቲ፡ ኣብ'ዚ ቀረባ እዋን፡ እቲ ሚኒስትሪ ኣብ ኩነታት ሕዱር ለምሲ (chronic paralysis) ከም ዘሎ ብምግላጽ ምስጢሩ ገሊጹለይ።

ንሓለፍቲ ሚኒስትሪን ካልኦት ሰብ ሞያ ትምህርትን፡ ኣብ ዝተፈላለዩ ዞባውን ኣህጉራውን ዓውደ ትምህርቲ ከም ዝሳተፉ ብምግባር ኣድማዕቲ ምህሮታት (lessons) ከም ዝረኽቡን ምስ ዘመናውያን ኣሰራርሓታት ከም ዝላለዩን ንምግባር ይከኣል ነይሩ ኢዩ። ከም ማሕበር ንጽጽራውን ኣህጉራውን ትምህርቲ (Comparatiave International Education Society - CIES) ዝኣመሰሉ ዓመታዊ ኣህጉራውያን ዋዕላታት፡ ካብ መላእ ዓለም ዝተኣኻከቡ ሰብ ሞያ ትምህርትን፡ ሰራሕተኛታት ልምዓታውያንን ፋይናንሲያውያን ትካላትን ኣብ ሓደ ቦታ ከም ዝእከቡ ብምግባር፡ ምስ ምምሕያሽ ትምህርቲ ዝተኣሳሰሩ ኣገደስቲ ጉዳያት ይዘተዩ ኢዮም። እዚ ፍጻመታት ካብ መላእ ዓለም ተሳተፍቲ ክስሕብ እንከሎ፡ ተሳትፎ ሚኒስትሪ ትምህርቲ ኤርትራ ግን ትሑት ኢዩ ነይሩ።

እዞም ዘቕርቦም ዘሎኹ ትዕዝብታት፡ ኣብ ናይ ወጻኢ ሓገዝ ኣመና ንምጽጋዕ ወይ ድማ ጽግዕተኛ ንምዃን ዝዓለሙ ከም ዘይኮኑ ከስምረሉ እፈቱ። የግዳስ፡ ንክውንነት ናይ'ታ ብቕልጡፍ እትቀያየር ዘላ ዓለም ምርዳእ ኣገዳሲ ምዃኑ ንምጉላሕን ብኣኡ መጠን ድማ ዓለም ንከነርክባ ንምጉያይ ዝሕግዙ ኮይኖም ይስምዑኒ። ብዘይካ'ዚ ኣብ'ዛ ብግሎባውነት እትልለን ዝተወሳሰበትን ዓለም ንክትምዕብልን ንክትብልጽግን፡ ምስ ጎረባብትኻን ምስ ናይ ዓለም ሕብረተሰብን ምስራሕ ከም ኣማራጺ ዝርአ ዘይኮነስ፡ ግድነት ክትግበር ዘለዎ ዕማም ኢዩ።

ቴክኖሎጂ ብቕልጡፍ ይግስግስ ኣሎ። ሓደስቲ መጽናዕትታት ድማ ብቐጻሊ ትምህርታዊ ጽሬትን ተሳትፎን ንምዕባይ ፈጠራዊ ኣገባባት ከም ዘድልዩን ይእምቱ ኢዮም። ምትሕብባርን ምልውዋጥ ተመክሮን፡ ኤርትራ ክትጥቀመሉ እትኽእል ብዋጋ ዘይሽነን ዕድላት ብምቕራብ ነቲ ንቕድሚት ዝወስድ መገዲ ይእምት። እቲ ዘሕዝን ግን፡ ኤርትራ በቲ ባዕላ ኣብ ገዛእ ርእሳ ዝኣወጀቶ ተነጽሎ፡ ካብ'ዚ ንክትረብሕ ዘይተዓደለት ሃገር ምዃና ኢዩ።

ፍሉይ ክእለቶምን ፍልጠቶምን ብምውፋይ ኣወንታዊ ለውጢ ንምምጻእ ዓቢ ኣበርክቶ ዝገበሩ ከም በዓል ነፍስሄር ኣይናለም ማርቆስ (ጆ)፡ ብርሃነ ደሞዝ፡ የሺ ሃይለ፡ ነፍስሄር ምሕረት ኢዮብ፡ ግርማይ ሃይለ፡ ኣስቴር ሰሎሞን፡ ፖል ሃይፊልድ፡ ተመስገን ተኪኤ፡ ዝኣመስሉ መሳርሕተይ ከይዘከርኩዎም ክሓልፍ ኣይደልን። ይኹን'ምበር እቲ ስርዓት ኩሉ ዓቕሞም ብዝግባእ ተጠቒሙሉ ኢዩ ዝብል ርእይቶ የብለይን።

ብዛዕባ ነፍስሄር ኣይንኣለም ማርቆስ (ጆ) ቁሩባት ቃላት ክዛረብ። ኣይንኣለም ኣብ ኢትዮጵያ ዝዓበየ ብጆግራፍ ኣብ ሕቡራት መንግስታት ኣመሪካ ብማስተርስ ዲግሪ ዝተመረቐ ምሁር ኢዩ። ኣብ መፋርቕ ሰብዓታት ድማ ኣብ ኣስመራ ዩኒቨርሲቲ ከም መምህር ኮይኑ የገልግል ነበረ። ብድሕሬኡ ኢዩ ናብ ህዝባዊ ግንባር ዝተሰለፈ። ኣብ ሜዳ ኣብ ክፍሊ ፖለቲካዊ ምንቕቓሕን ጨንፈር ትምህርትን ኣገልጊሉ። ንኣይንኣለም ብቀረባ ዝፈለጥክዎ ድሕሪ ናጽነት ኣብ ተመሳሳሊ ጽፍሒ ኳና ኣብ ሚኒስትሪ ትምህርቲ ኣብ እንሰርሓሉ ዝነበርና እውን ኢዩ። ኣይናለም ኣብ ሜዳ ብዙሕ ሽግር ከም ዝረከበ ኣፍልጦ ነይሩኒ።

ኣይንኣለም ከም ሓላፊ ክፍሊ ትምህርቲ ንዓበይትን ሞያዊ ስልጠናን ኣነ ድማ ኣብ ክፍሊ ውጠናን ልምዓትን ኣብ ንሰርሓሉ ዝነበርና እዋን ኣዝዩ ምዉቕ ዝኾነ ናይ ስራሕ ዝምድና ፈጢርናን ኣማዕቢልናን። ናይ ኣይንኣለም ኣዝዮም ዝድነቑ ባህርያት ድማ ሽዑኡ ኢየ ከስተህለሎም ዝጀመርኩ። ኣብ ልዕሊ'ቲ ምቕሉልን ሕዉስን ጠባዩ፡ ኣይናለም ምጽጪ ናይ ሓደስቲ ሓሳብት ኢዩ ነይሩ። ኣይንኣለም ብዘይ ዕረፍቲ የሰርሕ። ክንራኸብ

እንከለና ኩሉ ግዜ ዝገርመኒ ዝነበረ ድማ እቶም ንሱ ዘመንጭዎምን ዘሳስዮም ዝነበረ ሓደስቲ ሓሳባት ኢዮም። ሞያዊ ስልጠና ኣብ ኤርትራ ንምምዕባል ዘይፍንቅሎ እምኒ፡ ዘይራኸቦም ሰባት፡ ዘይድስህሶ ጎድና (venue) የለን። ዘየተግበሮ መደብ እውን የለን። ሓሳባቱ ኣብ ቁርጽራጽ ወረቐት ሒዝዎም መብዛሕቴኡ ግዜ ናብ ቤት ጽሕፈተይ ይመጽእ እሞ ንካትዓሎም። ብዛዕባ ኣመዋውልኣም ድማ ንዝቲ። ሓንሳብ ምስ ተሰማማዕና ንቤት ጽሕፈቱ ተመሊሱ ናብ ከመይ ዝበሉ ተተግበርቲ እማመታት (proposals) ይቕይሮም። እዚ ንድሕረ ባይታ (ኩነታታዊ ትንታነ ወይ situational analysis) ዕላማታት ናይ'ቶም መደባት፡ ኣገዳስነቶም፡ ተረባሕቲ፡ ናይ ግዜ ደረት (timeframe)፡ ወጻኢታቶን፡ ናይ'ቲ ወፍሪ ምልሶትን (return of invኣstment (ROI) የጠቓልል። ከምኡ ድማ ብከመይ ከም እነከታተሎምን ዝግምገሙን።

ኣይናለም ራእይ ነይርዎ። ካብ ኣብ ቤት ጽሕፈቱ ኮፍ ዝብሎ ግዜ ኣብ'ተን ሞያዊ ናይ ስልጠና ትካላት ተደኵነናሉ ዝነበራ ቦታትት ዝገሸሉ ግዜ የበዝሕ። ብዘይ ምቁራጽ ድማ ንኩለን'ተን ዝመስረተን ሞያዊ ናይ ስልጠና ትካላት ስርሐይ ኢሉ ይበጽሐን። ምስ'ቶም ናይ ቀረባ ሓለፍቲ ናይ'ተን ትካላት የመያየጥ። ጽን ኢሉ ድማ ይሰምዓም። ብድሕሪኡ ክልግሰሎም ንዝኽእል ምኽርታት ብትሕትና ይገስሎም። ይሰሞዕዎ ድማ። ኣነን ኣይንኣለም ብሓባር ኣብ እንጉዓዘሉ ዝነበርናሉ እውን ካብኡ ብዙሕ ይመሃር ነይረ። ብዙሕ ግዜ እየ ዝጨርቀሉ። እናስሓቐ "አቲ ወዲ ዘይትገድፍኒ ኢኺ" ካብ ምባል ሓሊፉ ግን ዝብሎ የብሉን። ተነፋፊኞና ጸኒሕና ክንራኸብ እንከለና ሓድሽ ዕላል፡ ሓድሽ ዘተ ንጅምር። ሓደስቲ ሓሳባት ሒዝና ድማ ሰስራሕና ንጅምር። ኣነን ኣይንኣለምን ኣብ'ታ ናይ ሓባር ኢትዮ-ኤርትራ ቴክኒካዊት ሽማግለ ሰሪሕና ኢና። ኣብ ኣዲስ ኣበባ ምስ ዝነብሩ ዝነበሩ ቤተ ሰቡ ክፋለጥ ድማ ዕድል ረኺበ ኢየ።

ምስ ኣይንኣለም ምስ ስራሕ ኣብ ዝተኣሳሰሩ ጉዳያት ጥራይ ዘይኮነ፡ ኣብ ፖለቲካን ኩነታት ሃገርናን ኣብ ዝምልከቱ ጉዳያት ግሉጽነት ብዝመልአ ኣገባብ ነዕልልን ንካታዕን ኔርና። ኣብ መብዛሕቴኦም ጉዳያት ንሰማማዕ ኔርና። ጥርዙ ዝሓለፎ ሕድሕዳዊ ምክብባር ድማ ነይሩና።

ከም ሰብ ኣይንኣልም ኩሉ ኢዩ ነይሩ፥ ልዕሊ ኩሉ ለዋህ። ትሕትና መሰረተ ባህርያቱ ኢያ ነይራ። ብዓቕሊ ዘርክቦ የለን። ግንከ መስተውዓሊ። ከም ለባም ሰብ ሸለል ኢልዎም ዝሓልፍ ብዙሓት ኢዮም። እቲ ዓቢ ስእሊ ስለ ዝርኢ ዝነበረ። ምስ ብርሃነ ደሞዝ ኩሉ ሰብ ዝቐንኣሉ ዕርክነት ነይርዎ። ንኣይንኣለም ሕማም ምስ ኣርከበቶ፥ ብርሃነ ደሞዝ ከም ዘይሓልፍ ምስ ናይ ቀረባ ብጾቱ (ከም በዓል ተኽሊኖ ዘኬዎስ) ኮይኑ ለይትን መዓልትን ክሳብ'ታ ዕለተ ዕረፍቱ ኣልዒልዎ። በዚ ኣጋጣሚ ንመዋቲ መንግስተ ሰማይ የዋርሶ ንቤተ

ሰቡ ድማ ጽንዓት ይሃብኩም ክብል ይፈቕደለይ። ዕርክነት ኣይንኣለምን ብርሃነ ደሞዝን ክስነድ ኣለዎ። ክምኑስ ኣለዎ። ከም ኣብነት ኩሉ ግዜ ክለዓል ኣለዎ። ከመይስ ጸጽቡቑ፡ ሰሰናዩ፡ ደድሙቑ ስለ ዘንጸባርቕ። ንኩሉ ኤርትራዊ ዜጋ እውን ኣብነት ክኸወን ስለ ዘለዎ። ንኣይንኣልም ኩሉ ግዜ ብናፍቖት ይዝከሮ። ዘልኣለማዊ ዕረፍቲ ይሃብካ ክቡር ሓወይ! ድማ እብሎ።

እዞም ኣቐዲሞም እተጠቕሱ ምትሕብባራት፡ ዝያዳ ብልጽግትን ገስጋሲትን ኤርትራ ንምምዕባል ዝዓለሙ ኢዮም ነይሮም። እዚ ግን ኣብ ሓቀኛ ሽርክነትን ሓባራዊ ረብሓን ምምልላእን ዝተመርኮሰ ምስ ዝኸውን ኢዩ። ስለ'ዚ ድማ ተመክሮይ ኣብ ሚኒስትሪ ትምህርቲ ክግምግሞ እንከሎኹ ብኩሉ ሸነኻቱ ዕዉት ነይሩ ኢለ እየ ዝኣምን።

እቲ ምስ ኣህጉራውያን (ክልተኣውን ብዙሕነታውን) ትካላት ዝገበርናዮ ምትሕብባር ብዙሕ ዝመሃረና'ኳ እንተ ኾነ፡ ንዘጋጠሙና ብድሆታት ኣፍልጦ ምሃብ እውን ኣገዳሲ ኢዩ። ምስ ፖሊሲናን ሃገራዊ ቀዳምነታትናን ዘይተኣሳሰሩ ናይ ምትሕግጋዝ ፓከጃት ብፍጹም ዝነጸግናሉ ኣጋጣሚታት ከም ዝነበረ ከይጠቐስኩዎ ክሓልፍ ኣይደልን። ብርክት ዝበሉ ንኤርትራ ከም መፈተኒ (guinea pig) ክጥቀሙላ ዝፈተኑ መወልቲ ድማ ኣጋጢሞምና ኢዮም።

ኣብ ገለ እዋናት፡ በቶም ብዛዕባ ፖለቲካዊ ቁጠባ ሃገርናን ዘጋጠመና ብድሆታትን ዓሚቝ ርድኢት ዘይብሎም "ላዕለዎት ዓለምለኻውያን ክኢላታት" ዝወሃቡ ኣስተምህሮታት ክንጸወሮ ኣጸጋሚ ኢዩ ነይሩ። ጨንፈር ዩኒሴፍ ኤርትራ፡ ንሓደ ክኢላ ሰብ "እንታይ ክንገብር ከም ዘሎና" ብዝብል ኣርእስቲ መምርሒ ንክህበና (ምሳና ከይተማኸረ) ከም ዝዓደሞ ብንጹር ይዝከረኒ። እቲ ክኢላ ብዛዕባ ፖሊሲና፡ ስትራተጂዊ ውጥናትናን፡ ቀዳምነታትና፡ ወይ ንሰርሓሉ ዝነበርና ኩነታትን ንምሕታት'ኳ ኣኽብሮት ኣይነበሮን። ብቐጥታ ናብ'ቲ ኣስተምህሮኡ ኢዩ ተሸሚሙ። ነቲ ዕድል ተጠቒምና ምሉእ ህይወቱ ዘይርስዖ ምህሮ ሂብናዮ።

ምዕራፍ 4

ምድስካል፥ ንብሉጽ ስራሕ ዝወሃብ ሽልማት

ከምቲ ኣብ ዝሓለፉ ምዕራፋት ብዝርዝር ቀሪቡ ዘሎ፡ ፕሮፌሰር ስተፈን ኮትኪን ኣብ'ቲ ሰፊሕን መሃርን ትንታነኡ፡ ሓደ ኣገዳሲ ባህሪ ናይ ምልካውያን ስርዓታት፡ ዕድላት ህይወት ንምቁጽጻር ዝውፍይዎ ግዜን ጻዕርን ምወላን ኢዩ። ዝያዳ ንምብራህ፡ ፕሮፌሰር ኮትኪን ብማሕበረሰብኣዊ መነጽር ነዚ ክስተት ክገልጾ እንከሎ፡ እዞም ስርዓታት'ዚኣቶም፡ ኣብ'ቲ ሃገር ንዝህልዉ ናይ ስራሕ፡ ትምህርቲ፡ ኣህጉራዊ ጉዕዞን ዋንነት ንብረትን ዝኣመሰሉ ዕድላት ኣብ ትሕቲ ፍጹም ቁጽጽሮም ኢዮም ዘእትዉዎም። ኣብ ውሽጢ ከምዚ ዝበለ ስርዓት፡ ናይ ሓደ ውልቀ ሰብ ናይ ምዕባይ ወይ ምዕዋት ተኽእሎ ኣብ ሰናይ ድሌት ናይ'ቲ መላኺ ስርዓት ኢዩ ዝምርኮስ። ብሓደ ውልቀ ሰብ ዝግለጽ ተቓውሞ፡ ናይ'ዞም ዝተጠቕሱ ሓለፋታት ወይ ዕድላት ናይ ምስራዝ ሓደጋ ከስዕብ ይኽእል። እዚ ከኣ ንመላእ ስድራ ቤቱ ዘይነዓቕ ሳዕቤን ከምጽኣሉ ይኽእል።[cxxxi]

ውልቃዊ ድሕረ ባይታይን ኣነ ዘሳስዮ ርእዮተ ዓለምን ብዝምልከት፡ በቲ ኣብ ኤርትራ ዘሎ ስርዓት ዝጥቀመሉ መዐቀኒታት፡ እሙን (loyal) ተባሂለ ከም ዘይግለጽ ወይ እውን ከም ዘይውሰድ ይርድኣኒ ኢዩ። ከመይሲ እቲ ስርዓት ኣብ ፍልልያት ናይ ኣረኣእያ ዘለዎ መርገጺ ፍሉጥ ስለ ዝኾነ። ከም ሳዕቤኑ ድማ ኣብ ውሽጢ መንግስታዊ መዋቅር ኣብ ዝለዓለ ጽፍሒ ናይ ሓላፍነት ተመዚዘ ንምስራሕ ካብ'ቲ ስርዓት ሞገስ ክረክብ ትጽቢት ኣይተገብረለይን፡ ኣነ እውን ኣይነበረንን። ሞንስ እንተ ኣርኣየኒ ድማ ካብ ክእለተይ ክጥቀም ስለ ዝደለየ ወይ እውን ብተጽዕኖ ናይ ሓደ ሓደ ብቕዓተይ ዝምስክሩ ውልቀ ሰባት ጥራይ ኢዩ ነይሩ። እንተ ዘይኮይኑ እቲ ስርዓት ኣብ ዝኾነ እዋን ከባርረኒ ተኽእሎ ነይሩዎ ኢዩ።

ኣብ ውሽጢ ናይ ሓደ ኣብ ልዕሊ ኣተሓሳሳባ ሰባት ምሉእ ቁጽጽር ንምግባር ዝህቅን መላኺ ስርዓት፣ ኣንጻር ባህርያት መንግስቲ ወይ መራሕቱ ምዝራብ ወይ ዕቃበታት ምርኣይ ሓደገኛ ኢዩ። ከንዲ ዝኾነ ድማ፡ እንትርፎ ተመሳሲልካ ምኻድ ካልእ ኣማራጺ የለን። ሓደ ውልቀ ሰብ ምስ'ቲ ናይ'ቲ ስርዓት ትረኻ ክሰማማዕ፡ ካብ ምሕታት ክቑጠብን፡ ኮታ ኣሜን ኢልካ ምኻድ ግዴታ ኢዩ። እዚ ምስ ዘይከውንከ? ምግላል ወይ ምውሳን (marginalization) ከም መቕጻዕቲ ይዝውተር።

እቲ ብድሕሪ'ዚ ፖለቲካዊ ምግላል ዘሎ ፍልስፍና ወይ ዕላማ በበይኑ ክኸውን ይኽእል ኢዩ፣ መብዛሕትኡ ግዜ ድማ እቲ ኣብ ስልጣን ዘሎ ፖለቲካዊ ውድብ፡ ሰባት ንምቁጽጻርን ቦትኦም ከም ዝፈልጡ ንምግባርን ንፍሉያት ጉጅለታት ወይ ውልቀ ሰባት ብምዕፋንን ጽልዋኦም ብዘይ ተቓውሞ ክቕጽልዎን የኽእሎም። ናይ ውልቀ ሰባት ፖለቲካዊ እምነት (ፍልይ ዝበለ ፖለቲካዊ ኣጠማምታ ምስ ዝህሉዎም) ወይ ኣብ መንግስቲ ዘለዎም እምነት ከም'ቲ ዝድለ ምስ ዘይከውን፡ ናይ'ዚ ኣገባብ ኣሰራርሓ'ዚ ግዳያት ንክኾኑ ሕጹያት ዘግብር ኢዩ። "ምድስካል" እምበእር ሓደ ካብ'ቲ ሜላታት ኢዩ።

ጽልዋ ምድስካል፥ ኣብ ውልቀ ሰባትን ኣተሓሳስባኦምን ዓሚቝ ሳዕቤን ክህሉዎ ይኽእል ኢዩ። ኩነተ ኣእምሮ ናይ'ቶም ናይ ምድስካል ግዳያት ዝኾኑ ውልቀ ሰባት፡ ኣብ ጽንዓት ናይ'ቲ ውልቀ ሰብን ካልኦት ዝተፈላለዩ ረቛሒታትን ዝምርኮስ ይኸውን። ውልቀ ሰባት ንምድስካል ዝተፈላለዩ ግብረ መልሲ ይህቡ። ጽንዓቶምን ዘይጽንዓቶምን ድማ ንኣእምሮኣውን ስምዒታውን ህይወቶም ኣብ ምቕራጽ ልዑል ኣበርክቶ ይገብር። ብተወሳኺ፡ ናይ ከባቢኻ ኣረኣእያ፡ ኣብ ልዕሌኻ ወይ ኣብ ኩነተ ኣእምሮኻ (ብፍላይ ድማ ከም ዝተደርበኻን ዋጋ ከም ዘይብልካን ኮይኑ ምስ ዝስምዓካ) ዝህሉዎ ኣሉታዊ ጽልዋ ቀሊል ኣይከውንን።

ምድስካል፡ ኣብ መንን መሳርሕቲ፡ ብሓፈሻ ድማ ነቲ ኣብ ውሽጢ ሕብረተሰብ ዝህሉ ምትእምማን ብኣሉታ ይጸልዎ ኢዩ። እዚ ተግባር'ዚ፡ ናይ ምግላልን ተነጽሎን ናይ ሕልና ዕርበትን ስምዒታት ከስዕብ ይኽእል ኢዩ። እዚ ድማ ንስነ ኣእምሮኣዊ ህይወት ዝጸሉ ናይ ምንጻልን ብስጭትን ስምዒት ክፈጥር ይኽእል። እዚ ቀጺሉ ከም ኣብ ረግረግ ወይ ድንግርግር ዝበለ ኩነታት ከም ዝጠሓልካ ንክስመዓካ ኣበርክቶ ክገብር ይኽእል፣ ውጽኢቱ ድማ ርእሰ ምትእምማን ምጕዳል፡ ነብስኻ ምድርባይ፡ ካብ ኩሉ ነገራት ምርሓቕ፡ ኣብ ፖለቲካ ዘሎካ ተገዳስነት እውን ምብናን የስዕብ። ኣባላት ማሕበረሰብካ፡ መንግስቲ ዝኅሓፈካ ወይ ከኣ ኣብ ከምኡ ዓይነት ኩነታት ዝደርበየካ ወይ ንክትወድቕ ዝገበረካ ምኽንያት ነይሩዎ ክኸውን ይኽእል ኢዩ ኢሎም ምስ ዝኣምኑ ድማ ስቓይካ እናገደደ ይኸይድ።

ምድስካል፡ ውልቀ ሰባት ምስ'ቲ ሰፊሕ ሕብረተሰብ ዝነበሮም ዝምድና ናይ ምብታኽ ኩነታት ክፈጥር ይኽእል ኢዩ፡ እዚ ድማ ንማሕበራዊ ምግላል የዕብዮ። ብክሊኒካዊ ኣዘራርባ፡ ዋላ'ኳ ኣብ'ዚ ጉዳይ'ዚ ክኢላ'የ ክብል እንተ ዘይደፈርኩ፡ እቶም ነዚ መከራ ዘስተማቕሩ ሰባት ግን ብምኽንያት ጸቕጥን ናይ ምግላል ስምዒትን፡ ንጭንቀትን ምቕዛንን ዝያዳ ዝተቓልዑ ይኾኑ። እዚ ብድሆታት'ዚ የጋጥም እምበር፡ ገለ ውልቀ ሰባት ኣብ ቅድሚ ፖለቲካዊ ምግላል ዘደንቕ ጽንዓት'ን ሃምጻማምን ሓይልን የርእዩ ኢዮም።

ምድስካል፡ ኣብ ኩነታት ኤርትራ፡ ብዝተፈላለየ ምኽንያታት ክፍጸም ይኽእል ኢዩ። ኣብ ጉዳየይ፡ እቲ ምኽንያት ፖለቲካዊ ኢዩ ነይሩ ዝብል እምነት ኣሎኒ። ንዓመታት ንሃገረይ ብኣብነታዊ መገዲ ኣገልጊለ እየ ኢለ እየ ዝኣምን። ከም'ዚ ኮይኑ ከብቅዕ ግን ከም ዘይእሙን ተቖጺረ። እዚ ንዓይ ንመጀመርያ ግዜ ዘጋጠመኒ ክስተት እውን ኣይኮነን። ኣብ እዋን ዕጥቃዊ ቃልሲ እውን እንተ ኾነ፡ ውሽጣዊ ግርጭታት ብዘተ ክፍታሕ ኣሎዎ ዝብል ርእይቶ ስለ ዝነበረኒ፡ ተነጽሎን ስዒቡ ድማ ማእሰርቲ ኣጋጢሙኒ ኢዩ። እዚ፡ ነቲ ናይ 1973 ዓ.ም. ምንቅስቓስ ዝምልከት ኢዩ። እዚ ርእይቶ ወይ እምነት'ዚ፡ ነዚ ናይ ጽገና ምንቅስቓስ ንምድቋስ ምስ ሓረስቶትን ብኣጻብዕ ዝቑጸሩ ተበለጽትን ተጸጊዑ ዝነበረ መሪሕነት ኣይተዋሕጠሉን።

ኣብ ካልእ ኣጋጣሚ እውን፡ ኣብ ሕቡእ ንጥፈታት ሰልፊ ብዝነበረኒ ኣፍልጦ፡ በዚ ድማ ንናይ'ቲ ሕቡእ ሰልፊ ንጥፈታት ከም ዕንቅፋት ኮይነ ስለ ዝተረኣኹ፡ ካብ'ቲ ተዋጋኢ ሰራዊት ናብ ክፍሊ ህዝባዊ ምምሕዳር ከም ዝምደብ ተገይሩ። ኣብ ክፍሊ ምምሕዳር ተመዲበ'ኳ እንተ ነበርኩ፡ ኣብ ኣገደስቲ ዕማማት ንከየተኩር ብማለት ብቐጻሊ ዕንቅፋት ይገጥመኒ ነይሩ፡ በዚ ድማ ኣርባዕተ ሓሙሽተ ግዜ ብተደጋጋሚ ናብ ግንባራት ከም ዝዋፈርን ከም ዝመላለስን ተገይሩ። ናብ ግንባራት ምኻታት ንቡር ወይ ልሙድ ተርእዮ'ኳ እንተ ነበረ፡ ብዝገበርኩዎ ኣበርክቶ እውን ሕቡን'ኳ እንተ ኾንኩ፡ ከም'ዚ ዝበለ ውልቃዊ ምክልባት ግን ንቡር ኣይነበረን። ኣብ ዓመት ሰለስተ ግዜ ዝኸተትኩሉ እዋን እውን ነይሩ ኢዩ።

ናይ መወዳእታ ተራይ ከም ናይ ብርጌድ ኮሚሳር፡ ንልዕሊ ኣርባዕተ ክሳብ ሓሙሽተ ኣዋርሕ ጸኒሑ፡ ብድሕሪኡ ድማ ናብ ክፍሊ ህዝባዊ ምምሕዳር ከም ዝምለስ ተገይሩ። ዋላ'ኳ ውሱናት ኣገደስቲ ዕማማት እንተ ነበሩኒ፡ እቲ ኣገዳሲ ኢለ ዝቖጽሮ ግን ንሓንቲ "ደቀባት ህዝብታት ኤርትራ" ዘርእስታ፡ ብሓደ ኢጣልያዊ ናይ ታሪኽ ጸሓፊ (ኣልበርቶ ፖለራ) ዝተጻሕፈትን ብነፍስሄር ኣባ ይስሃቅ ገብረየሱስ ዝተተርጎመትን መጽሓፍ ብምውካስ፡ ብዛዕባ ሕብረተሰብ ኤርትራ ዘሎኒ ኣፍልጦ ከካፍል ምኽኣለይ ኢዩ። ኣብ'ቲ

ንክልተ ሰሙን ዝቐጸለ መደብ ትምህርቲ፡ ልዕሊ ሚእቲ ተጋደልቲ ተሳቲፎም ነይሮም። ብተመሳሳሊ፡ ነቶም ብስራሕ ደንጉዮም ዝመጹ ኣባላት ክፍሊ ህዝባዊ ምምሕዳር እውን ንክልተ ሰሙናት ዝወሰደ መደብ ትምህርቲ ሂበዮም።

ብዘይ ሓድሽ መደብ ዕዮ፡ ብ1998 ካብ ሚኒስትሪ ትምህርቲ ምስ ተኣለኹ፡ ሓደ ነገር እንደገና ከም ዝተደግመ ተረጋጊጹለይ። እዚ ኹሉ፡ ንዓይ ንምውራድን ሞራለይን መንፈሰይን ንምስባርን ዝዓለመ ናይ ምግላል ሜላ ኢዩ ነይሩ።

ኣብ'ዚ ከም'ዚ ዝዓይነቱ ስርዓት፡ ውልቀ ሰባት ሓንሳእ ምስ ተገለሉ ከምህምኑን ኣብ ጎደናታት ቀንፈዘው ክብሉን ኢዩ ትጽቢት ዝግበረሎም። ካብ'ዚ ሓሊፉ፡ ውልቀ ሰባት ነቲ ገዛኢ ሰልፊ ብምቅብጣር ናብ ኣገልግሎት ክምለሱ ክልምኑ፡ ወይ እውን "ናብ ልቦም ብምምልላስ" ዳግማይ ሞጎስ ክረኽቡ ትጽቢት ይግበር።

ካብ ስራሕ ክሰናበት ብቅዳሕ መልክዕ ናብ ሚኒስተር ዞባዊ ምምሕዳር፡ ማሕሙድ ሸሪፎ፡ ደብዳቤ ምስ ኣቕረብኩ፡ ብዋዛ ኣብ ጫማይ ካልእ ሶላ ክውስኽ መኺሩኒ። ነቲ ኩነታት ዋላ'ኳ ብዋዛ እንተ ተዛረቦ፡ ፈጺመ ኣይፈተኹዎን። ኣይተቐበልክዎን እውን።

ዋላኳ እቲ ንቡር ግብረ መልሲ፡ ንክውንነት ተቐቢልካ ተረፊዕካ ምንባር እንተ ነበረ፣ኣነ ግን ካብ ዕግበት፡ ንዓመጽ መሪጸ። ነቲ ስርዓት ክብድሆ መሪጸ፡ ካብ ሲቪላዊ ኣገልግሎት ንምስንባት ሕቶ ኣቕረብ፡ ደሞዘይ ምቕባል ድማ ኣቛሪጸ። ንምዝኽኻር ዝኣክል እታ ደብዳቤ ናይ ሸውዓተ ዓመት ውፉይ ኣገልግሎተይ ኣብ ሚኒስትሪ ትምህርቲ ድሕሪ ምጥቃስ ካብ ሲቪላዊ ኣገልግሎት ክሰናበት ትሓትትን ደሞዘይ ካብ ከፈልቲ ግብሪ ምውሳድ ድማ ስነ ምግባራዊ ስክፍታታት የልዕለለይ ምኺኑ ብምግላጽ ደሞዝ ምቕባል ከቋርጽ ምኺነይን ትሕብር።

እዚ ውሳነ'ዚ ንብዙሓት ኣሰንቢዱ፣ ጽቡቐይ ዝምነዩ ሰባት ንድሕነት ገዛእ ርእሰይን ቤተ ሰበይን ክጥንቀቕ ተማሕጺኖምኒ። ገለ መሳርሕተይን ብጾተይን ብዛዕባ ኩነታተይ ዋላ ሓንቲ ከይብል ወይ ብዛዕባ መንግስቲ ሕማቕ ከይዛረብ ምሕዝነታዊ ምኽሪ ሂቦምኒ። ዋላ'ኳ ሚኒስተር ትምህርቲ ከም ኣማኻሪ ኮይነ ከገልግል እንተ ተወከሰኒ፡ ተስፋ ምቑራጸይን፡ ኣብ መንግስቲ ዝነበረኒ እምነት ከም ዝበነነን ብምግላጽ ነቲ ሓሳብ ኣይተቐበልኩዎን። ኣብ ኤርትራ ናጻ ህይወት ናይ ምምራሕ መሰለይ ከረጋግጽ ቆሪጸ ብምውሳን፡ ካብ'ቲ ገዛኢ ሰልፊ (ህግደፍ) ኣባልነተይ ክስሕብ እውን መደብ ነይሩኒ ኢዩ።

ከም ኤርትራዊ ዜጋ መጠን፡ ካብ መንግስቲ ዝጽበዮ እንተሎ፡ ብውሕዱ በቲ ዝመረጽኩዎ መገዲ ናይ ገዛእ ርእሰይ ህይወት ክመርሕ ዕድል ክወሃበኒ ኢዩ። ካብ ፖለቲካ ተገሊለ ምንባር ምርጫይ ምስ ዝኸውን ድማ ዝኾነ ይኹን ሰብ ከኽልክለኒ መሰል የብሉን ዝብል ቀሊል መልእኽቲ ናብ ገዛኢ ሰልፊ ከመሓላልፍ መሪጸ።

ካብ ሲቪላዊ ኣገልግሎት ንክእለ ወይ ክሰናበት ዝሓተትኩዎ ሕቶ ብዝምልከት ካብ መንግስቲ መልሲ እናተጸበኹ እንከሎኹ፡ ጀነራል ፊሊጶስ ቡን ንምስታይ ክንራኸብ ዓደመኒ። ብሓደ ኳንና ብማኪና ናብ ኣጓዱ (ኣብ ጥቓ መዓርፎ ነፈርቲ ዝርከብ ቤትመግቢ) ኣምራሕና። ቡንና እናሰተና፡ ብዛዕባ ካብ ሲቪላዊ ኣገልግሎት ንምስንባት ዝወሰድኩዎ ውሳነ ኣመልኪትና ኣዕለልና። እቲ ብጉርሑ ዝፍለጥ ፊሊጶስ፡ "እቲ ዝወሰድካዮ ተባዕ ስጉምቲ ኣይጸላእክዎን። መንግስቲ፡ ነቲ ክትህቦ እትኽእል ልዑል ኣበርክቶ ኣብ ግምት ብምእታው፡ ኣብ ካልእ ቦታታት ብቕልጡፍ ክምድበካ ጸቕጢ ክኾኖ ይኽእል'ዩ፡ ይኹን'ምበር፡ ጥንቃቐ ግበር ክሳዕ መወዳእታ ድማ ኣይትድፍኣሉ፡ ከይትዕወት ትኽእል ኢኻ።" ኢሉኒ። ኣብ'ቲ እዋን'ቲ፡ ብልክዕ ኣዕሩኽ ኔርና ክብል ኣይደፍርን። ነቲ ዕላልና ግን ይፈትዎ ነይሩ። ብዛዕባ ኣብ ዝተፈላለዩ ጉዳያት ዘሎኒ ኣረኣእያ ክሰምዕ ህንጡይነት ዝነበሮ ኮይኑ ይስምዓኒ ነይሩ።

ኣብ ካልእ ኣጋጣሚ፡ ኣነን ፊሊጶስን ኣብ ገዛ ባንዳ ጥልያን ኣብ ዝርከብ ባር፡ ኣብ መኪናኡ ኮፍ ኢልና ንሰቲ ኔርና። ኣብ ዕላልና፡ ኣብ ኤርትራ ዕልዋ መንግስቲ ከካይድ ዝኽእል ዓይነት ሰብ እንተልዩ ፍሊጶስ ክኸውን ከም ዝኽእል ኣፍሂመሉ። ተገሪሙ። ሰውራታት፡ ከም'ቲ ኣብ ኤርትራ ዘሎ፡ ብተለምዶ ብዕልዋ መንግስቲ ከም ዘይዛዘም ብምግላጽ ብዋዛ መልሲ ሂቡኒ። ነጥበይ ዝያዳ ንምግላጽ፡ ኣብነት ካምቦድያን ድሕሪ ሰውራ ዘጋጠመ ውጽኢቱን ጠቒሰሉ። እናሰሓቐ፡ ነቲ ዕላል ከነቋርጾ ጠሊቡ። “እቲ ወዲ ይኣኽለኪ” ኢሉኒ፡ ብናይ ሓረስታይ ድምጸ ልሳን ዝተጸልወ ትግርኛ ገይሩ።

ካብ ሲቪላዊ ኣገልግሎት ንክወጽእ ኣብ ዝገበርኩዎ ናይ መወዳእታ ፈተነ፡ ኣብ ቤት ጽሕፈት ፕረሲደንት ቆጸራ ሓቲተ። ናብ ዘውዲ (ጸሓፊት ፕረሲደንት ሃገረ ኤርትራ) ኣትየ፡ ንሳ ድማ ጽቡቕ ገይራ ተቐቢላትኒ። ኣብ'ቲ መዓልቲ ቆጸራ፡ ብግዚኡ ስለ ዘመጻእኩ፡ ምስ ፕረሲደንት ተማኺራ ክሳዕ እትመጽእ ክጽበ ሓቲታትኒ። ድሕሪ ቁሩብ ግዜ፡ ፕረሲደንት መልሲ ከም ዘይሃበ ዝሕብር ዜና ሒዛ ተመልሰት። "ኣብ'ዚ ሰዓትዚ ምስ ዝኮነ ይኹን ሰብ ክራኸብ ፍቓደኛ ኣይኮንኩን፡ ግደፍኒ" ከም ዝበላ ነጊራትኒ።

ገለ መዓልታት ቅድሚ'ዚ ርክብ'ዚ፡ ምስ ፕረሲደንት ቆጸራ ክረክብ ተስፋ ብምግባር ኣብ ቤት ጽሕፈት ዘውዲ ኮፍ ኢለ ከለኹ፡ የማነ ገብረመስቀል፡ ቻርሊ (ሓላፊ ቤት ጽሕፈት ፕረሲደንት) ህላወይ ኣስተብሂሉ ናብ ቤት ጽሕፈቱ ክመጽእ ዓደመኒ። ድሮ እቲ ናይ ስንብታ ደብዳበ ብካርቦን ቅዳሕ ረኺቡዎ ስለ ዝነበረ፡ ምኽንያት ምብጻሐይ ንሱ እንተ ኾይኑ ንኽፈልጥ ሓተተ። ጥርጣረኡ ምስ ኣረጋገጸ፡ ከም'ዚ ዓይነት ተግባር ፍጹም ቅቡል ከም ዘይኮነ ብምሕባር፡ ዘይምቕባሉ ገሊጹለይ። ነታ ደብዳበ ክስሕባ ድማ ሓሳብ

ኣቐሪቡለይ። ነቲ ዘይሓተትኩዎ ምኽሪ ብምንጻግ፡ ኣብ ክንድኡስ መልእኽተይ ናብ'ቲ ዝምልከቶ ሰብ - ፕረሲደንት - ጥራይ ክሕልፈለይ ብትሕትና ሓቲተዮ፡ ብቐልጡፍ ድማ ካብ ቤት ጽሕፈቱ ወጺእኩ። እቲ ዘገርም፥ ሓደ ምስ'ቲ ናተይ ዝመሳሰል ጉዳይ ዝነበሮ ሰብ (ስሙ ንድሕነቱ ኢለ ካብ ምጥቃስ ክቐጥብ እየ) ምስ የማነ ገበረመስቀል የዕልል ኣብ ዝነበረሉ እዋን፡ ሰንብታ ንክወሃበኒ ከም ዝተፈቐደለይ ገይሩ'ዩ ገሊጹሉ።

ስቕታ መንግስቲ ግዜ ወሲዱ። ካብ'ዚ ንላዕሊ ክጽበ ኣይደለኹን። ዕድለይ ባዕለይ ክውስን ወሰንኩ። ግሩም መደብ ኣውጺአ ናብ ስደት ኣምራሕኩ። በቲ ዝወሰድኩዎ ህይወት ዝቕይር ውሳነ ድማ ፈጺመ ኣይተጣዓስኩን።

ካብ'ታ ሃገር ብምውጻእ ኣብ ዒራቕ ኣብ ሕቡራት ሃገራት (UN) ምስ ተጸንበርኩ፡ ኣብ መንጎ ክልተ ሰባት ዝተኻየደ ዕላል ከካፍለኩም፥

ካብ ኤርትራ ምስ ወጻእኩ፡ ኣድሓኖም ገብረማርያም ናብ'ታ ኣነን ስድራ ቤተይን ንነብረላ ዝነበርና ካብ መንግስቲ ዝተኻረናያ ገዛ (ገዲፍናያ ዝኸድና) ገዓዘ። ሜጀር ጀነራል ተኽላይ ሃብተሰላሰ ጎረቤተይ ስለ ዝነበረ፡ ኣድሓኖም ድማ ግድን ጎረቤቱ ኮይኑ ማለት ኢዩ።

ከም ኣገላልጻ ኣድሓኖም፡ ተኽላይ ነቲ ናተይ ምኻድ ከም ዘይገረሞ ገሊጹ። "ደሓር ከኣ ሰመረ'ኮ ምስ ሲ.ኣይ.ኤ. ይሰርሕ ነይሩ'ዩ። ምስ ኣህጉራውያን ትካላት ብተደጋጋሚ ክራኸብ እርእዮ ነይረ፡ እርይ ቁጽር ኣቢሉ ኢዩ ምስጢራትና ዝህቦም ነይሩ" ብምባል ኣንጸርጽሮቱ ገሊጹሉ።[cxxxii] ተኽላይ ሃብተስላስ፡ ምስ ዝተፈላለዩ ኣህጉራውያን መሻርኽቲ ልምዓት ዝገብሮ ዝነበርኩ ምትሕብባር ይርኢ ነይሩ ክኸውን ከም ዝኽእል ጥርጣረ የብለይን። እዚ ድማ ኣብ ሚኒስትሪ ትምህርቲ ከም ኣካያዲ ውጠናን ልምዓትን ኮይነ ከገልግል እንከሎኹ ዝረኽቦም ዝነበርኩ ወጻእተኛታት ርእዩ ክኸውን ስለ ዝኽእል ኢዩ። በቲ ምስ ኣህጉራውያን መሻርኽቲ ልምዓት ዝገበሮ ዝነበረኩ ርክባት ሲ.ኣይ.ኤ. ዝብል ስያመ ክወሃበኒ እንተ ኾይኑ፡ ሜጀር ጀነራል ተኽላይ፡ ንሚኒስተር ጉዳያት ወጻኢን መሳርሕቱን ምስ ዝተፈላለዩ ናይ ወጻኢ ልኡኻን ብቐጻሊ ክራኸቡ እንከሎ፡ ብኸመይ ይርእዮ ማለት'ዩ? እዚ ንኣንባቢ እገድፎ።

ሓደ ኣንባቢ እንተፈለጠ ጠቓሚ ኢዩ ዝብሎ ነገር እውን ኣሎ። ካብ ስራሕ ተኣልየ ኣብ ዝነበርኩሉ እዋን ግዜይ ከመይ ገይረ የሕልፎ ከም ዝነበርኩ ንኣንበብቲ ይገርሞም ይኸውን። ከም'ቲ መንግስቲ ዝሃቀኖ ኣብ ጎደናታትን ባራትን ቀንፈዘው ክብል ኣይተረኤኹን። መስተ ከይለክፍ ብመደብ ምሒለ። ወጋሕታ ተበራቢረ ንበዓልቲ ቤተይ ናብ ስራሕ የብጽሓ። ከም ልምዲ ምስይ ክብል እንከሎ ካብ ገዛ ወጺአ ብእግረይ እንቀኣቕስ። ዝበዝሐ ግዜየይ ድማ ኣብ ንባብ የሕልፎ። ከም ሕሱም ድማ ኣንቢበን

ትምህርታውያን ቪድዮታት ድማ ተኸታቲለን። ምስ ፈተውተይን ኣዕሩኽተይን ሓሓሊፈ ምዕላል ድማ ከም መዘናግዒ ይጥቀመሉ ነይረ።

ግዳያት ምድስካል፡ መስፍን ሓጎስ፡ ገብረሚካኤል (ሊሎ)፡ ነፍስሄር ጸዕዱ ባህታ፡ ብርሃነ ኣብርሀ፡ ብርሃነ ጸሃየ (ብርጋዴር ጀነራል)፡ ነፍስሄር ግርማይ ገብረመስቀል፡ ረዘነ ስዩም፡ ጠዓመ በየነ፡ ዓንደብርሃን ወልደጊዮርጊስ፡ ፍስሃየ ሃይለ (ኣፍሮ)፡ ሳልሕ እያይ ካልኦት ብዙሓት ይርከቡዎም።

ምዕራፍ 5

ካብ በረኻታት ኤርትራ ናብ ኣህጉራዊ ልምዓት፥ ሓጺር ትረኻ ተመኩሮይ

5.1 ኣብ ዓለምለኻዊ ልምዓት ምስራሕን ብቕዓት ምድላብን

ሃገር ድሕሪ ምልቃቐይ፡ ኣብ ፖሊሲ ትምህርትን ምሕያል ስርዓታትን (system strengthening) ርኡይ ትኹረት ዝሃበ፡ ኣብ ዓውዲ ትምህርትን መደባት ሲቪካዊ ማሕበረሰብን (civic society)፡ ኣብ ላዕለዋይ ጽፍሕታት ሓላፍነት ኮይነ ንልዕሊ ዕስራን ሓሙሽተን ዓመታት ዝቐጸለ ፕሮጀክትታት ናይ ምንዳፍን ምትግባርን ተመኩሮ ደሊበ። ናይ ምሕደራን ክትትልን ዓቕመይ ኣብ ዓውድታት ስትራተጂያዊ ውጥን፡ ኣወሃህባ ኣገልግሎት፡ ምሕደራ ፕሮጀክትን ምርምርን ዝዝርጋሕ ኢዩ። እዚ ልዑል ሞያ'ዚ ኣብ ውሽጢ ከም ዩ.ኤስ.ኣይ.ኣይ.ዲ.ን (USAID) ሕቡራት ሃገራትን (United Nations) ዝኣመሰላ ህቡባት ኣህጉራውያን ናይ ልምዓት ትካላት ኣብ ዝተፈላለያ ሃገራት ብዝሃብኩዎ ኣገልግሎት ዝተጠርየን ዝተኾስኮሰን ኢዩ። ብዙሓት ሽነካት ድማ ኣሎውዎ። እዚ ተመኩሮ'ዚ ነተን ድሕሪ ናጽነት ኣብ ኤርትራ ዘገልገልኩለን ሽውዓተ ዓመታት ኣየጠቓልልን።

ብተወሳኺ፡ ኣብ ዝተፈላለዩ ተመላላእቲ መዳያት - ምትሕብባር፡ እማመታት ልምዓታዊ ስራሓት ምርቃቕ፡ ምሕያል ስርዓት፡ ምጉስጓስ ጸጋታት፡ ምክትታል ፕሮጀክትታት፡ ምርቃቕ ፖሊሲታት፡ ምጅማር (start-up) ናይ ብኣማእታት ሚልዮናት ዶላራት ዝትመኑ ፕሮጀክትታትን - ብቕዓት ንክድልብ እውን ሓጊዙኒ።

ካብ ኤርትራ ምስ ወጻእኩ፡ ኣብ ዩነስኮን (UNESCO) ዩኖህሲን (UNOHCI) ዝተባህሉ ኣብ ዒራቕ ናይ ውድብ ሕቡራት ሃገራት ጨናፍራት ከም ላዕለዋይ ክኢላ

ኮይነ ኣገልጊለ። በዚ ሞያ'ዚ፡ ኣብ ትምህርታዊ ገምጋማት፡ ምእካብን ምጥርናፍን መረዳእታታት፡ ከምኡ እውን ነቶም ኣብ ሓደጋ ዘለዉ ስድራ ቤታት ንምድጋፍ ዘተኮረ ጽላታውን ብዝሓ ጽላታውን ፖሊሲታት ናይ ምምዕባል ተበግሶታት መሪሐ። እዚ ስራሕ'ዚ፡ ካብ 1998 ክሳዕ 2003 ዓ.ም. ንሓሙሽተ ሞያዊ ዕግበት ዝፈጠሩለይ ዓመታት ዘጠቓለለ ኢዩ።

ዒራቕ ኣብ'ቲ ሽዑ እዋን ኣብ ትሕቲ ፍጹም ዓለማዊ እገዳ ዝነበረትሉ ሰዓት ኢዩ ነይሩ። እቲ ፕሮግራማት ድማ ብባህሪኡ ሰብኣዊ ረድኤት ኣብ ምሃብ ዘተኮረ ኢዩ ነይሩ። ኣብ ዒራቕ ኣብ ዝነበርኩሉ ኣዋን ኣብ ኩለን እተን 18 ምምሕዳራት (governorates) ናይ ምብጻሕን ምስራሕን ዕድል ኣጋጢሙኒ። ምስ ብርክት ዝበላ ናይ ውድብ ሕቡራት ሃገራት ጨናፍራት ጥራይ ዘይኮነስ ምስ ዝተፈላለዩ መንግስታውያን ትካላት መንግስቲ ዒራቕ እውን ተሓባቢረን ሰሪሐን። እቲ እገዳ፡ ኣብ ልዕሊ ህይወት ዒራቓውያንን ቁጠባኦምን ዘስዓቦ ምንቁልቛል ድማ ብዓይነይ ርእየዮ። ዘሕዝን ከኣ ኢዩ ነይሩ።

ንዝሓለፉ ዕስራ ዓኣመታት፡ ኣብ ክሪኤቲቭ ኣሶሴይትስ ኢንተርናሽናል (Creative Associates International) ዝተባህለ ኣብ ኣህጉራዊ ልምዓት ዝነጥፍ ውድብ ንዝተፈላለዩ ብUSAID ዝምወሉ መደባት፡ ኣብ ክብ ዝበለ ጽፍሒ ሓላፍነት ኮይነ መሪሐ። እዘን ዓመታት'ዚኣተን፡ ከም ኣህጉራዊ ልምዓታዊ በዓል ሞያ፡ ጥርዚ ሞያይ ዝውክላ ዓመታት ኢየን ነይረን። እዚ ኣዝዩ ጠቓሚ ተመክሮ'ዚ ምስ ብዙሓት ናይ ውሽጢ ዓድን ዓለምለኻውያንን ናይ ልምዓት ሞያውያንን ኣራኺቡኒ፣ ካብኦም ድማ ብዙሕ ፍልጠትን ተመክሮን ቀሲመ። ኣብ'ዘን ብርክት ዝበላ ናይ ስራሕ ዓመታት፡ ነቲ ምስ'ዞም ምኩራት ሰብ ሞያ ዝማዕበልኩዎ ዕርክነትን ዝምድናን ኣዝየ ኢየ ዘስተማቕሮን ዘኽብሮን ዝዝክሮን። ዝተመዘዝኩዎም ዕማማትን ናይ ስራሕ ቦታታትን ድማ ነዞም ዝስዕቡ የጠቓልሉ፥

ኣብ ፕሮጀክት ምሕዋይ ምርግጋእን ኣብያተ ትምህርቲ ዒራቕ (RISE) ኣብ ዒራቕ፡ ከምኡ እውን ኣብ ፕሮጀክት USAID ኣብ (COMPASS) ናይጀርያ። ኣብ ትሕቲ RISE ከም ዞባዊ ወኪል፡ ናይ ትምህርታዊ ውጠና ከኢላን ኣካያዲ ስራሕን ንኩሉ ንጥፈታት ሰሜናዊ ዞባ ዒራቕ ብኣድማዒ መገዲ ኣወሃሂደ። እዚ ድማ ከም ምሕደራዊ ድጋፍ፡ ምክፍፋል ትምህርታዊ ንዋት፡ ስልጠና መማህራን ከምኡ እውን ናብቶም ኣብ ናይ ትምህርቲ መኣዲ ዘይተዋፈሩ መንእሰያት ዝቐንዐ ናይ ቅልጡፍ ትምህርቲ ዕድላት ምውዳብን ምትግባርን ዘጠቓለለ ነበረ።

ኣብ ኣቡጃ (ናይጀሪያ) ዝመደበሩ ብCOMPASS ዝፍለጥ ፕሮጀክት ዩ.ኤስ. ኣይ.ኣይ.ዲ. (USAID) ከም ላዕለዋይ ኣማኻሪ ትምህርቲ ኣገልግል ኣብ ዝነበርኩሉ

እዋን፡ ኣብ'ዞም ዝስዕቡ መዳያት ትምህርቲ ደገፍ ብምሃብ ሰሪሑ፥ መባእታ ትምህርቲ፡ ኣብ ውሽጢ ኣገልግሎትን ኣብ ድሕሪ ኣገልግሎትን ስልጠና መምህራን፡ ምንስጓስ ማሕበረሰብ፡ ናይ ቤት ትምህርቲ ጥዕናን ኣመጋግባን (School Health and Nutrition - SHN) ከምኡ እውን ምዝርጋሕን ምክትታልን ንጥፈታት ንኡሳን ድጋፋት (sub-grants) ኣብያተ ትምህርቲ ዘጠቓለለ ኢዩ ነይሩ። ኣበርክቶይ፡ ንኩሉ ናይ ዩ.ኤስ.ኣይ.ኣይ.ዲ. (USAID) ጠለባት ከማልእ ኣኽኢሉዎ። ኣብ ውሽጢ'ዚ ፕሮጀክት'ዚ ብደረጃ ሃገርን ካብኡ ዝተሓቱ ምምሕዳራዊ ጽፍሕታትን ናይ ዋንነት ስምዒት ኣብ ምስራጽን ድልዱል መርበብ መሻርኽቲ ኣካላትን ተረባሕትን ብውሕሉል ኣገባብ ምምልማልን ከኢለ። እዚ ብግዴኡ ምስ ኣእንገድቲ መንግስታት ከም ሓቀኛ መሻርኽቲ ኳና ንክንሰርሕ ኣኽኢሉኒ። እዚ ድማ ሳላ'ቲ ዝገበርክዎ ጻዕሪ ኢዩ።

ኣብ'ዚ ቀረባ እዋን፡ ከም ላዕለዋይ ዳይረክተር ስትራተጂ ዕብየት (Growth Strategy) መጠን ኣብ ዝተሰከምኩዎ ሓላፍነት፡ ናይ'ቲ ኣህጉራዊ ልምዓታዊ ውድብ ኩሉ መዳያዊ ስትራተጂ ዕብየት ንምሕንጻጽ መሰረት ኣብ ምንጻፍ ኣገዳሲ ተራ ተጻዊተ እየ። እዚኣቶም ድማ ምርምር ዕዳጋን፡ ትንተና መረዳእታታትን (data analysis)፡ ስትራተጂያዊ ሽርክነት ምስ ዞባውያን ውድባት፡ ምልላይ ናይ ረብሓ ሃገራት (countries of interest) ኣተሓሕዝኣንን፡ ናይ ኣንፈታት ትንተና (trend analysis) ወዘተ የጠቓልል። ኣብ'ዚ ሓላፍነት'ዚ ቅድሚ ምምዛዘይ፡ ኣብ ብርክት ዝበሉ ኣገደስቲ ዕማማት ተዋፊረ ነይረ። ሓደ ካብ'ቶም ፍሉያት መዝነታት፡ ከም ላዕለዋይ ዳይረክተር ናይ'ቲ ማእከል ኣፍሪቃ (Africa Center) ተባሂሉ ዝተሰምየ ኣሃዱ ኮይኑ፡ ኣብኡ ዞባዊ (ኣፍሪቃ ዝምልከት) ስትራተጂ ሓንጺጸን ንዕዉት ትግባሬኡ ሰሪሐን።

ኣብ ማእከል ኣፍሪቃ ከም ላዕለዋይ ዳይረክተር ኣብ ዝሰራሕኩሉ እዋን፡ ኣብ ልዕሌኡ ናይ ብዙሓት ኣገደስቲ ዕማማት ሓላፍነት እውን ተሰኪመ ነይረ እየ። ንኣተገባብራ ናይ'ቲ ዞባዊ ስትራተጂ መሪሐ፡ ናይ ሓጺርን ማእከላይን ግዜ ትልሚ ንምሕባር ዓሚቑ ናይ ዕዳጋ መጽናዕቲ ኣካይደ፡ ናይ ረብሓ ሃገራት ንምምስራት ዘኽእሉ መጽናዕታት ኣካይደን ለበዋታት ኣቕሪበን፡ ንዞባና (ኣፍሪቓ) ዘማእከለ ቀዳምነት ዝወሃቦን ውጥናት ብጥንቃቐ ቀዪሰን።

ብተወሳኺ፡ ነቲ ኣብ ሰሜናዊ ናይጀሪያ ዝትግበር ዝነበረ ብUSAID ዝምወል ብስም ተበግሶ ሰሜናዊ ናይጀሪያ (Northern Education Initiative) ዝጽዋዕ ፕሮጀክት ከም ላዕለዋይ ዳይረክተር ፕሮጀክት ኮይነ ኣገልጊለ። ካብ 2007 ክሳዕ 2015 ዓ.ም. ኣብ ሓያሎ ሃገራት ንዝተተግበሩ ዝተፈላለዩ ፕሮጀክትታት ብመሪሕነት ኣልየ። እዚ'ቶም ነዞም ዝስዕቡ ሃገራት የጠቓልሉ፥ ናይጀርያ፡ ዛምቢያ፡ ፓኪስታን፡ ኢትዮጵያ፡ ሞዛምቢክ፡ ኪርጊስታን፡ ታጂኪስታንን ቱርክመኒስታንን።

ጎኒንጎኒ'ዚ፡ ኣብ ውሽጢ'ቲ ኣህጉራዊ ልምዓታዊ ውድብ፡ ከም ላዕለዋይ ዳይረክተር ጽላት ትምህርቲ ዞባ ኣፍሪቃ ዝፍለጥ ቦታ ሓላፍነት እውን ተሰኪመ። ብኣጠቓላሊ፡ ኣተኩሮ ናይ'ቶም ዕምማት ነዞም ዝስዕቡ ይመስሉ ነበሩ፥ ፕሮጀክትታት ንኹሉ ውዕላዊ ሽቶታትን ውጽኢታትን ከም ዘማልኡ ምርግጋጽ፡ ጽሬት ፕሮጀክትታ ምርግጋጽ፡ ነቶም ኣብ ውሽጢ ሃገር ዝርከቡ ናይ ፕሮጀክት ሰብ ሞያ ምእላይን ሞያኦም ከም ዝዓቢ ምግባርን፡ ምስ ዝተፈላለዩ ናይ USAID ዞባውያን ኣብያተ ጽሕፈታት (ሚሽናት) ጥቡቕ ዝምድናን ምድግጋፍን ምምስራትን፡ ኣብ መላእ ዓለም ብኣማእታት ሚልዮናት ዶላራት ዝትመኑ ፕሮጀክትታት ምትግባርን።

መዝነትይ ንፕሮጀክትታት ቴክኒካዊውን ስርሒታውን ፋይናንሳውን ምክትታል ደገፉን ኣብ ምሃብ ዝተሓጽረ ጥራይ ኣይነበረን። ዓመታዊ ዓውደ መጽናዕትታት ውጥን ስራሕ ምምችቻውን ምስላጥን (facilitation)፡ ምዕባለ ፕሮጀክት ብቐረባ ምክትታል፡ ምስ ኣኣንገድቲ መንግስታት (host countries) ኣድላዪ ምትዕርራይ ንምግባር ብውሕልነት ምልዛብ ዘጠቓለሉ ዕማማት እውን ይነጥፍ ነይረ።

እዚ ናይ ኣህጉራዊ ልምዓት ሞያ ናብ ብርክት ዝበለ ሃገራት ክበጽሕን ምሳታተን ኣብ ሽርክነት ዝተመስርተ ናይ ስራሕ ዝምድናታት ከማዕብልን ኣኽኢሉኒ። ካብተን ዝበጻሕኩወን ሃገራት ከም ናይጀርያ፡ ዛምብያ፡ ናሚብያ፡ ደቡብ ሱዳን፡ ኢትዮጵያ፡ ፓኪስታን፡ ከንያ፡ ዒራቕ፡ ኣፍጋኒስታን፡ ዮርዳኖስ፡ ታጂኪስታን፡ ኪርጊስታን፡ ቱርክመኒስታን፡ ዓባይ ብሪጣንያ፡ ሜክሲኮን ካናዳን ክጥቀሳ ይኽእላ።

ብዛዕባ ዝበለጹ ልምድታት (best practices) ብዝምልከት፡ ብሓተታታትን ብሎግን (blog) ገይረ፡ ኣብ ኣህጉራዊ ልምዓት ዘሎኒ ርድኢታት ንኸካፍል በቒዐ። ኣብ ብርክት ዝበሉ ኣህጉራውያን ዋዕላታት እውን ተካፊለን፡ ኣገደስቲ ጽሑፋትን ወረቓቕትን ኣበርኪተን።

ኣብ ኣህጉራዊ ልሞዓት ዝገበርክዎ ልውል ኣበርክቶ፡ ንዝተፈላለዩ ሽልማታት በቒዐ እየ። እዚ ድማ ነቲ ብሉጽ ናይ'ዚ ዓመት ሲንየር በዓል ሞያ ዝብል ሽልማት ዘካተተ ኮይኑ፡ እቶም ዘመሓደርክዎም ፕሮጀክትታት ርኡይ ናእዳታት ረኺቦምን ሰለስተ ካብኣቶም ድማ ናይ'ቶም በብዓመቱ ፍሉይ ሽልማት ዝወሃቡ ዝነበሩ ፕሮጀክትታት ተረባሕቲ ኮይኖም ኢዮም።

ኣብ መጨረሽታ ክብሎ ዝድለ ነገር ግን ኣሎ። ከም ኩሉ ንጉዳይ ናጽነትን ማሕበራዊ ፍትሕን ንእስነቱ ዝኸፈለ ዜጋ፡ ምርጫይ ኣብ ዳግመ ህንጸት ሃገር ኣበርክቶ ብምግባር ሓንቲ ብግዝኣተ ሕጊ እትመሓደር ብልጽግቲ ኤርትራ ምምስራት ኢዩ ነይሩ። ሞያ ኣህጉራዊ ልምዓት ምርጫይ ኣይነበረን። ምርጫ እንተዝህልወኒ ነቲ ዝጀመርክዎ ዕላማ ኣብ

መፈጸምታ ምብጻሕ ኢዩ ነይሩ። ኣብ ሃገረይ ዕድል ስለ ዘይተዋህበኒ ጥራይ ከኣ ኢዩ ኣብ ኣህጉራዊ ልምዓት ክነጥፍ ዝመረጽኩን ንዕስራን ሓሙሽተን ዓመታት ዘገለገልኩን። እዚ ናይ ዕስራን ሓሙሽተን ዓመታት ተምክሮ ኣብ ዓደይ እንተ ዝኸውን ነይሩ ከመይ ምጸበቐ!

5.2 ከም ናይ ልምዓት በዓል ሞያ ኣህጉራዊ ልምዓት እንታይ ትርጉም ኣለዎ?

ከም በዓል ሞያ፡ ኣብ ኣህጉራዊ ልምዓት ናይ ዕስራን ሓሙሽተን ዓመት ምንጣፍ፡ ብዝኾነ መለክዒ ኣገዳሲ ጉዕዞ ኢዩ። እዚ ድኽነት፡ ዘይማዕርነት፡ ዘይምዕሩይ ዝርጋሐ ኣገልግሎት ጥዕናን ትምህርትን፡ ከባብያዊ ብድሆታትን ዘጠቓለለ ግሎባዊ ኩነታት፡ ዓለማዊ ኣረኣእያኻ ብዕምቆት ዘሀብትምን፡ ኣእምሮ ዝኸፍትን ተመክሮ ይፈጥረልካ። እዚ ሞያ'ዚ፡ ኩሉ መዳያዊ ኣረኣእያ ዓለም ከማዕብል፡ ኣብ መንጎ ዓለማዊ ጉዳያት ዘሎ ዝተሓላለኸ ሓድሕዳዊ ጽግዕተኛነትን ተመራኺስነትን ድማ ከለሊ ኣኽኢሉኒ። ዓለም ከመይ ኢላ ከም እትሰርሕ፡ ኣብ ውሽጣ ዘለዉ ዝተወሳሰቡ መዳያትን ሽግራትን (ቁጠባዊ፡ ፖለቲካዊ፡ ወይ ማሕበራዊ) ብኣንክሮ ንክዕዘብ እውን ኣኽኢሉኒ።

እቲ ዘዋህለልኩዎ ተመክሮ፡ ኣብ ዝተፈላለየ ዓውድታት፡ ማለት ኣብ ጽላት ትምህርቲ፡ ቁጠባዊ ዕብየት፡ ምሕደራ፡ ህዝባዊ ጥዕናን ካልእ ማሕበራዊ ኣገልግሎታትን ንዝህሉ ምትሕብባር ዝጠልብ ኮይኑ፡ ንስግረ ዲሲፕሊናዊ ክእለተይ ኣዕቢዩዎ፡ በዚ ድማ ሰፊሕ ፍልጠትን ክእለትን ከጥሪ ኣኽኢሉኒ።

ንጥፈታት ኣህጉራዊ ልምዓት መብዛሕትኡ ግዜ፡ ሓደ ሰብ ኣብ በዳህን ተለዋወጢ ኩነታትን ንክነጥፍ ይጽውዕ። ኣብ ዘይፍሉጥ ባህላዊ ኩነታትን ናይ ስራሕ ሃዋህውን ንምስራሕ ዘኽእል ተዓጻጻፍነትን ከኣ ይጠልብ። ብተወሳኺ፡ ዝተሓላለኹን በዳህትን ኩነታት ኣብ ዘጋጥመሉ እዋን፡ እዋናውን ከውንነታውን ቅኑዕን ናይ ሽግራት ምፍታሕ ክእለትን ብቕዓትን ንምኽዕባት እውን ይሕግዘካ።

ኣህጉራዊ ልምዓት፡ ህጹጽ ብድሆታት ንምምካት፡ ፈጠራዊ መፍትሒታት ክድህሰስን ክረክብን ይሓትት። ኣብ ዝተፈላለያ ሃገራትን ዝተፈላለዩ ማሕበረሰባትን ዝህሉ ምትሕብባር፡ ባህላዊ ስምዒታትን ንቕሓትን ናይ ምርዳእን ምስትብሃልን ክእለት የደንፍዕ። ንዝተፈላለዩ ልምድታትን፡ ወግዕታትን ርእዮተ ዓለምን ኣገባባት ምዕባለን፡ ዓሚቕ ኣኽብሮት ንክትህብ ከኣ ይሕግዝ።

ናይ ህዝባዊ ርክባት (public relations) ስራሓት ውጽኢት፡ ኣብ ኣህጉራዊ ልምዓት ዓቢ ተራ ኣለዎ፣ እዚ ተመክሮ'ዚ ድማ ሓሳባትካ ንካልኦት ብንጹር ናይ ምትሕልላፍን ብኣኡ ኣቢሉ ድማ ናይ ምትሕብባርን ክእለት ንክተዕቢ ይሕግዘካ።

ፕሮጀክትታት ኣህጉራዊ ልምዓት፡ መብዛሕትኡ ግዜ ምስ ዝተፈላለዩ መሻርኽቲ ኣካላት ምትሕብባር ይጠልብ። ኣብ ውሽጢ ድሩት ባጀትን ጽኑዕ ናይ ግዜ መስመራትን ምትግባር ድማ ይሓትት። ከም'ዚኦም ዝኣመሰሉ ዝተሓላለኹ ነገራት ንምፍታሕ ኣብ እትጽዕረሉ ግዜ ድማ ብኣኡ መጠን ፕሮጀክትታት ናይ ምእላይ ዓቕምኻ (ምውጣን፡ ትግበራ፡ ምክትታል ወይ ምግምጋም፡ ውጽኢት) ይዓቢ። ካብ'ዚ ሓሊፉ፡ ኣህጉራዊ ልምዓት፡ ኣብ ምርቓቕን ምትዕርራይን ፖሊሲ ዝዓለመ ኣብ ናይ ምጉስጓስ ጻጋታት እውን ከም ዝነጥፍ ገይሩኒ ኢዩ። ብተወሳኺ፡ ውጽኢት ተበግሶታተይ ኣብ ምክትታልን ምግምጋምን መደባት ፕሮጀክትታትን ኣዝዩ ጠቓሚ ክእለት ከም ዘዋህልል ገይሩኒ። እዚ ድማ ንኣድማዕነትን ዘላቕነትን ጻዕርታት ልምዓት ኣዝዩ ኣገዳሲ ኢዩ።

ኣህጉራዊ ልምዓት፡ ንኣወንታዊ ግሎባዊ ለውጢ ኣበርክቶ ዝገብር ጥራይ ዘይኮነስ፡ ንውልቃውን ሞያውን ዕብየት ዘዕቢ ኣዝዩ ለውጢ ዘምጽእ ተመክሮ ክኸውን እውን ይኽእል ኢዩ። ብተወሳኺ፡ ንዝተፈላለዩ ብድሆታትን ዕድላት ትምህርትን ስልጠናን ምትሕብባርን ከቃልዕካ ይኽእል ኢዩ። ብግቡእ ክሳዕ ዝተታሕዘን፡ ኣብ መትከላት ሽርክነት ክሳዕ ዝተሞርኮሰን።

4.3 ኣህጉራዊ ልምዓትን ንኤርትራን ንካልኦት ኣብ ምምዕባል ዝርከባ ሃገራትን እንታይ ማለት ምዃኑ ተመሊስካ ምሕሳብን

ተመክሮይ ኣብ ኣህጉራዊ ልምዓት፡ ነዞም ዝስዕቡ ክስተታት ከስተብህል ኣኽኢሉኒ፥

እቲ ኣምር፥ ልምዓት ማለት፡ መሰረታዊ ድሌታት ኣማሊኡ ውሑስ ህይወት ንምምራሕ ዕድል ዘቕርብ ወይ ዝህብ ዳይናሚካዊ መስርሕ ኢዩ። ናይ ምፍጣርን ምህዛን ዓቕሚ የዕቢ፡ ዝሓሸ መጻኢ ንምህናጽ ድማ ማዕጾ ይኸፍት። ብቐንዱ፡ ልምዓት ንናይ ከባቢ ባህግን ጠለባትን ዘማእከለ፡ ብከባቢያዊ ተበግሶ ዝድረኸ ተበግሶ ክኸውን ይግባእ፣ ብህዝብን፡ ብዝተመርጹ መራሕቱን ዝተሓቐፈ ክኸውን እውን ይግባእ። ሸሕ'ኳ ዓለምለኻውያን መሻርኽቲ፡ ቴክኖሎጂ፡ ቴክኒካዊ ክእለትን ፋይናንስያዊ ሓገዛትን ብምሃብ፡ ንልምዓት ኣብ ምድጋፍ ኣበርክቶ ክገብሩ ዝኽእሉ እንተ ኾኑ፡ እዚ ደገፍ'ዚ ግን ኣብ ትሕቲ ዝኾነ ይኹን ኩነታት ነቲ ናይ ከባቢ ማሕበረሰብ መሪሕነትን ጻዕርታትን ተወፋይነትን ክትክእ ከም ዘይክእልን ከም ዘይብሉን ምግንዛብ ግድን ኢዩ።

ኣህጉራዊ ልምዓት ውጽኢታዊ ዝኸውን፡ ድልዱላትን ስሉጣትን ትካላት ኣብ ቦታኦም ምስ ዝህልዉን፡ ሰናይ ምሕደራ ድማ ምስ ዝረጋገጽን ኢዩ። እዚ ድማ

ናይ'ተን ኣብ ምምዕባል ዝርከባን ናይ'ተን ምዕቡላት ሃገራትን ትጽቢታት፡ ብኣድማዒ መገዲ ንከመሓድራን ብዘላቒ መገዲ ኣብ ሽርክነት ዝተመስረተ ዝምድና ንከዕብያን የኽእለን።[cxxxiii]

ሓንቲ ሃገር እትስስን እትብልጽግን፡ ናይ'ቲ ህዝቢ ተውህቦን ጻዕርን መሃዝነትን ክበራበርን ክዕንብብን ምስ ዝፍቀደሉ ወይ እውን ምቹእ ባይታ ምስ ዝፍጠረሉ ኢዩ። ስናይ ምሕደራ ድማ ኣፍራይነት (productivity) ኣብ ዝለዓለ ደረጃ ንክብጽሕ ውሕስነት ይህብ።

ወፍሪ ልምዓት፡ ናይ ውልቀ ሰባት ፈጠራነት ከም ቀንዲ ረቛሒ ይጠልብ። እዚ ድማ ብግዴኡ ውልቀ ሰባት ጥዑይን ነዊሕ ዕድመን ዘለዎ ህይወት ንክመርሑ ደፋኢ ረቛሒ ይኸውን። ንውጽኢቱ ኣብ ምቕራጽን ካብኡ ንተረባሕቲ ንምኳንን ድማ ካብ ሰባት ንጡፍ ተሳትፎ ይጠልብ። ሰባት፡ ከም ውልቀ ሰባት ይኹን ከም ጉጅለ፡ መጻኢኦም ንምውሳን ተበግሶ ክወስዱ ይግባእ። ምዕርዩነትን ዘላቕነትን ድማ ከም መሰረታዊ መትከላት ልምዓት ኮይኖም ከገልግሉ የድሊ።[cxxxiv]

እቲ ብዩ.ኤን.ዲ.ፒ. (UNDP) ዝቐረበ ጸብጻብ ሰብኣዊ ልምዓት 2011 ዓ.ም.፡ ኣብ ዝኾነ ይኹን ልምዓታዊ መስርሕ፡ ንምዕሩይነትን ዘላቕነትን ኣብ ቅድሚት የቕምጦ። እዚ፡ ነቲ ኣብ መንጎ ዘላቕነትን መሰረታዊ ጉዳያት ምዕሩይነትን ዘሎ ዝተሓላለኸ ምትእስሳር የጉልሕ። እዚ መትከል'ዚ፡ ዝማዕበለ ዓይነት ህይወት ምስትምቓርን ማሕበራዊ ፍትሒ ምርግጋጽን ዘማእከለ ኢዩ። ዘላቕነት ክብሃል እንከሎ ብኣፍልጦ፡ ህይወትና ከመይ ጌርና ክንመርሖ ከም እንመርጽን፡ ከምኡ ድማ ኩሉ'ቲ እንገብሮ ኣብ'ቶም ከማና ዝኣመስሉ ሸውዓተ ቢልዮን ሰባትን ኣብ'ቶም ዝስዕቡ ካልኦት ብቢልዮናትን ዝቑጸሩ ተካእቲ ወለዶታትን፡ ሳዕቤን ከም ዘለዎ ምግንዛብ ከም ዝጠልብ እቲ ጸብጻብ ይካትዓሉ።[cxxxv]

ልምዓታዊ ስራሕ ብኸመይ መገዲ ከም እተካይድ ዝምልከቱ መሰረታውያን መትከላት፡-

ሕብረተሰባት ብባህሪኦም ኣብ ህይወቶም ኣወንታዊ ለውጥን ምምሕያሽን ንኽምጽኡ ይጽዕሩ፣ ነዚ ንምዕዋት ድማ ራእይታቶም ንምቕራጽ ኣብ ዝካየድ ናይ ምምኽኻር መስርሕ ብንጡፍ ይሳተፉ። ነፍስ ወከፍ ሕብረተሰብ ናይ ባዕሉ ፍሉያት ባህርያት ዘለዎ ኮይኑ፡ ነቲ ዝድለ ለውጢ ንምግሃድ ናይ ገዛእ ርእሱ ፍሉይ መገዲ ወይ ስትራተጂ ይመርጽ። እዞም መገድታት'ዚኣቶም፡ ብናይ ገዛእ ርእሶም ናህሪ ዝውሰኑን ምስ ፍሉያት ኣብ'ቲ ሃገር ዝተኾስኰሱ ዕላማታት ዝቃደዉን ዝናበቡን'ዮም።

ማሕበራዊ ለውጢ፡ ዝተሓላለኸ መስርሕ ብምኳኑ፡ ብዓለምለኻዊ ደረጃ ኣብ ግብሪ ክውዕል ዝኽእል እንኮ ፍታሕ የለን። እቶም መፍትሒታት፡ መምስ'ቲ ኩነታት ዝዛመዱን ምስ ፍሉያት ድሌታትን ኩነታትን ነፍስ ወከፍ ሕብረተሰብ ዝሰማማዑን ክኾኑ ይግባእ።

ሕብረተሰባት፡ ንመስርሕ ልምዓት ንምምራሕ፡ ልምዳውያንን ዘመናውያንን መዋቕራቶምን እምነታቶምን ስርዓተ ክብርታቶምን ክጥቀሙ ይቕሎም። ብካልእ ኣዘራርባ፡ እቲ ውሽጣዊ ዳይናሚክ ኣገዳሲ ኢዩ።

ንጠለባትን ቀዳምነታትን ሕብረተሰብ ብዝበለጸ ምርዳእን ምድጋፍን፡ ኣገዳስን ጽልዋ ዘለዎን ውጽኢት ንምርካብ ዝቕለለ ይኸውን። ከምኡ ብምግባር፡ መሻርኽቲ ልምዓት፡ ኣብ ዘላቕነት ዘለዎ ተበግሶታት ክነጥፉን ከም መሻርኽቲ ዘለዎም ግቡኣት ክፍጽሙን ይኽእሉ። ብመሰረቱ፡ ዕላማ ልምዓታዊ ተበግሶታት፡ ነቶም ነበርቲ ሃገር ኣብ ውሽጢ ፍሉይ ኩነታቶም፡ ናብ'ቲ ባዕሎም ኣብ ኣእምሮኦም ዝሰኣሉዎ መጻኢ ንክበጽሑን ኣብ ፍረ ንኸብጽሑዎን ምሕያል ኢዩ (Runde, 2023)።

ኣህጉራዊ ልምዓት፡ ንባህሊ ከም ኣገዳሲ ባእታ ብምውሳድ፡ ኣብ ምቕራጽ ሓባራዊ ትረኻታት፡ ኣብ ምዕባይ ማሕበራዊ ሓበን፡ ከምኡ እውን ብዙሕነት ከም መፍትሕ ዘላቕነት ገይሩ ብምውሳድ ኣፍልጦ ክህቦ ይግባእ። ናይ ባህሊ ግደ ኣብ ለውጥን ዘላቒ ፍታሓት ኣብ ምልላይን ምርዳእ እውን ኣዝዩ ኣገዳሲ'ዩ። ነዚ ንምዕዋት ድማ፡ ኣቀራርባ ኣህጉራዊ ልምዓት፡ ንባህሊ ዘማእከለ፡ ንናይ ነፍስ ወከፍ ሕብረተሰብ ፍሉይ ልምድታትን ወግዕታትን ኣኽብሮት ዝህብን ክኸውን ይግባእ።

ኣብ ወፍሪ ልምዓት፡ ማሕበረ ቁጠባዊ ኩነታት ሕብረተሰብ ኣብ ግምት ምእታው ኣዝዩ ኣገዳሲ ኢዩ፣ ምኽንያቱ ድማ፡ ምስ'ቲ ኣህጉራዊ ልምዓት ክደጋገፎ ዝውጥኖ ናይ'ቲ ህዝቢ ፍሉይ ድሌታትን ባህግታትን ዝሰማማዕ ተበግሶታት ልምዓት ንምምዕርራይ ስለ ዘኽእል። ባህላዊ ግምታት ኣብ ስትራተጂታቱ ብምውህሃድ፡ ኣብ ተረባሕቲ ማሕበረሰባት ተቐባልነት ከረጋግጽ እውን ይኽእል። ኣብ መወዳእታ፡ ንባህሊ ኣብ ግምት ምእታው፡ ተሳታፍነት ዘዕቢ ጥራይ ዘይኮነስ፡ ማሕበረሰባት ንጉዕዞ ናይ ገዛእ ርእሶም ልምዓት ወነንቲ ንክኾኑ ድርኺት ይፈጥር ኢዩ፡ እዚ ድማ ንዝያዳ ዘላቕን ብልጹግን መገዲ ይጸርግ።

ትካላዊ ኣሰራርርሓ፡ ናይ ዝኾነ ይኹን ልምዓታዊ ወፍሪ መሰረታዊ ቅድመ ኩነት ኢዩ። ነዚ ንምዕዋት፡ ኣኣንገድቲ መንግስታት፡ ንመንግስታዊ ትካላቶም ብውሕልነት ዘዕብዩሉን ዘደልድሉሉን መገድታት ብንጥፈት ክደልዩ ኣለዎም። እዚ ድማ ነቶም ኣዝዮም ተቓላዕቲ ዝኾኑ ኣባላት ሕብረተሰብ ዘለዎም ተሓታትነት ብምዕባይ ይፍጸም። ነዚ ንምግባር ድማ፡ ብድልዱል ናይ ተሓታትነት መሓውር ዝድገፍ ውጽኢታውን ዘይምእኩልን ምሕደራ ምምስራትን ጸጋታትን ፖለቲካዊ ስልጣንን ብምዕሩይ መገዲ ምዝርጋሕን የድሊ።

ኣተገባብራ፥ ብመትከል ክረአ እንከሎ፡ ተበግሶታት ኣህጉራዊ ልምዓት፡ ንቁጠባዊ፡ ማሕበራውን ፖለቲካውን ኩነታት ኣብ ምምዕባል ዝርከባ ሃገራት ንምብራኽ ዝዓለመ ጻዕርታት፡ ስትራተጂታትን መደባትን ዘጠቓልል ኢዩ። ኣብ መንጎ መሻርኽቲ ንጡፍ ምትሕብባር ክግበርን ብመንፈስ ሽርክነት ክካየድን ድማ ይጥለብ። ኣብ ሓደ ካብ ጽሑፋተይ፡ ንሓቀኛ ሽርክነት ኣመልኪተ ከም'ዚ ዝስዕብ ኢለ ነይረ፥

> ሽርክነት ማለት ኣብቶም ንጸጋታት ዝቆጻጸሩ ኣካላት ዝተመርኮሰ ውዕላት ምድጋፍ ወይ ምእዛዝ ወይ ምግዳድ ወይ ምጽዓን ወይ ምድራት ወይ ምዕብላል ወይ ምብሓት ዘጠቓልል ኣይኮነን። ኣብ ክንድኡስ፡ ኣብ ምትሕብባር ዝተመስረተ፡ ኲሎም ወገናት ብሓባርን፡ ማዕርነትን ሓድሕዳዊ ምክብባርን ምትሕግጋዝን ዘንጸባርቑሉ፡ ብሓባር ብዝማዕበለ ናይ ሓባር ዕላማ ተወሃሂዶም ዝሰርሑሉ ኩነታት እዩ (Solomon, 2023)።

ኣብ ከም'ዚ ዝበለ ዳይናሚካዊ ሽርክነት፡ ናይ ነፍስ ወከፍ በዓል ብርኪ (ወይ እውን ተጠቃሚ) ኣረኣእያን ክእለትን ኣበርክቶን፡ ዋጋ ዝውሃቦን ዝኽብረሉን ጥራይ ዘይኮነስ ዝምስገነሉ (celebrate) እውን ኢዩ። እዚ ድማ ነቲ ሓሳባት ብዘይ ገለ ተጽዕኖ ብናጻ ዝውሕዙሉን፡ ውሳኔታት ብሓባር ዝውሰዱሉን ሃዋህው የዕቢ። ካብ'ዚ ሓሊፉ፡ እዚ ሓቀኛ መንፈስ ምሕዝነት ብስነ ስርዓት ምስ ዝትግበር፡ ናይ ምትእምማንን ክፉትነትን ሃዋህው ከም ዘማዕብልን፡ እዚ ድማ ብግዴኡ ንመሃዝነትን ሓባራዊ ሓላፍነትን፡ ንዘላቒ ፍታሕን ከም ዘስፋሕፍሕን የረጋግጽ። እቶም መሻርኽቲ፡ ንባህላዊ ዳይናሚካዊ ሓይሊ ብምርዓምን ሓቀኛ ሽርክነት ብምቕባል መሰረታዊ ለውጢ የምጽኡን፡ ናብ ኣሳታፍን ነባሪን ልምዓት ዝመርሕ ትርጉም ዘለዎ ስጉምትታት ድማ ይወስዱን (Solomon, 2023)።

ተበግሶታት ኣህጉራዊ ልምዓት፡ ብመገዲ ትምህርቲ፡ ክንክን ጥዕና፡ ዝርጋሐ ጽሩይ ማይ ከምኡ እውን ቁጠባዊ ዕድላት ብምዝርጋሕ፡ ኣብ ምቕላል ወይ ምፍኳስ ድኽነት ኣበርክቶ ክገብሩ ይኽእሉ ኢዮም። እዞም ስትራተጂያውያን ምትእትታዋት'ዚኦም ኣብ ዝምዕብላ ሃገራት ንዝርከቡ ኣህዛብ፡ ደረጃ መነባብሮኦም ንምዕባይን መጠን ድኽነት ንምቕላልን ዓቕሚ (potential) ኣለዎም። እዚኣቶም መብዛሕትኡ ግዜ፡ ምህናጽ ኣገደስቲ ትሕተ ቅርጺ (ከም ጽርግያታት፡ ድልድላት፡ ኣብያተ ትምህርቲ፡ ሆስፒታላትን ኣገልግሎታትን) ዘጠቓልሉ ክኾኑ ይኽእሉ ኢዮም። እዚ ዝማዕበለ ትሕተ ቅርጺ'ዚ፡ ቁጠባዊ ዕብየት ከበጋግስ፡ ዕድላት ስራሕ ክፈጥርን ሓፈሻዊ ደረጃን ዓይነትን ህይወት

ክልውጥን ይኽእል። ብተወሳኺ፡ ተበግሶታት ኣህጉራዊ ልምዓት፡ ስርዓታት ክንክን ጥዕና ከደልድሉ፡ ምክፍፋል ኣገደስቲ መድሃኒታት ከመቻችኡን ንሰብ ሞያ ክንክን ጥዕና ስልጠና ክህቡን ይኽእሉ። እዚ ድማ ዝርጋሐ ምዕሩይ ክንክን ጥዕና፡ ምንካይ ዝርጋሐ ሕማማትን ምዕባይ ህዝባዊ ጥዕናን ከስዕብ ይኽእል።

ኣብ ምምዕባል ዝርከባ ሃገራት፡ ካብ'ቶም ዝርጋሐን ጽሬትን ትምህርቲ፡ ምሕያል ስርዓታት ትምህርትን፡ ምሕያል ሰብ ሞያ ትምህርትን ቀዳምነት ዝህቡ ተበግሶታት ኣህጉራዊ ልምዓት ርኡይ ረብሓታት ክሓፍሳ ይኽእላ። እዚ ከኣ፡ ምሁር ሕብረተሰብ ኣብ ቁጠባዊ ዕብየትን ማሕበራዊ ምዕባለን ዓቢ ኣበርክቶ ስለ ዘለዎ ኢዩ።

ተበግሶታት ኣህጉራዊ ልምዓት፡ ኣገዳስን ህይወት ዘድሕንን ሓገዛት ብምቕራብ ሰብኣዊ ቅልውላዋት ኣብ ምቕላል ወሳኒ ተራ ክህልዎም ይኽእል ኢዩ። ብርክት ዝበላ ኣብ ምምዕባል ዝርከባ ሃገራት፡ ካብ'ዚ ኣገዳሲ ደገፍ'ዚ ርኡይ ረብሓታት ረኺበን ኢየን። ይኹን'ምበር፡ ኣብ ግጭትን ድሕረ ግጭትን (post conflict) ኩነታት፡ እቲ ኣህጉራዊ ደገፍ፡ በቶም ኣብ'ቲ ከባቢ ዝመደበሮም ንኩነታት ናይ'ቲ ሕብረተሰብ ኣፍልጦ ዘለዎም ከባብያውያን (local) ኣካላት ክትግበር ይግባእ። እዞም ከባብያውያን ኣካላት፡ ንማሕበረሰባት፡ ንናይ ከባቢ ሲቪላዊ ማሕበራት፡ ንሃይማኖታውን ባህላውን ጉጅለታትን ካልኦትን ዘጠቓልሉ ኢዮም። ብዛዕባ'ቲ ኩነታት ብቐረባ ኣፍልጦ ምህላዎምን ትግሃቶምን፡ ቅልጡፍ ግብረ መልሶምን፡ ኣብ እዋን ቅልውላው ኣዚዮም ኣገደስቲ ተዋሳእቲ ይገብሮም ኢዩ። ብዛዕባ ናይ'ቲ ዝተንድአ ህዝቢ ዳይናሚክን ፍሉይ ድሌታትን ዓሚቝ ርድኢት ዘርእዩ ብምዃኖም፡ መብዛሕትኡ ግዜ፡ ቀዳሞት ምላሽ ዝህቡ ናይ'ቲ ከባቢ ተዋሳእቲ ይኾኑ። ከምኡ ብምዃኑ ድማ ደገፍ ኣብ ምቕራብ፡ ካብ ዝኾነ ግዳማዊ ኣካል ይበልጹ። ብተወሳኺ፡ እቲ ዘርእዩዎ ብልሕን ተዓጻጻፍነትን ምስ'ቲ ወትሩ ዝቀያየር ኩነታት ብቕልጡፍ ክተዓጻጸፉ የኽእሎም። እዚኣቶም ንቅልውላዋት መልሲ ኣብ ምሃብ ዘለዎም ኣድማዕነት ኣቃሊልካ ዝረአ ኣይኮነን።

ንኤርትራ ዝቐረበ እማመ፥ ኤርትራ ብኸቢድ መስዋእቲ ዝረኸበቶ ናጽነት ስዒቡ ዝነበረ ሓያሎ ዓመታት (ኣብ ሚኒስትሪ ትምህርቲ ኣብ ዝሰርሓሉ ዝነበርኩሉ እዋን) ረብሓታት ኣህጉራዊ ምዕባለ ኣስተማቒራ ኢያ።።።

ወፍሪ ኣህጉራዊ ልምዓት፡ ንኤርትራ ርኡይ ረብሓታት ከምጽኣላ ዝኽእል'ኳ እንተ ኾነ፡ ጥንቁቕ ምውጣንን፡ ምውህሃድን ነዊሕ ግዜ ዝወስድ ተወፋይነት ከም ዝሓትት ምፍላጥ ግን ኣዝዩ ኣገዳሲ ኢዩ። ዓወት ወይ መኽሰብ፡ መብዛሕትኡ ግዜ፡ ኣብ ከባብያዊ ዋንነት፡ ዘላቕነትን፡ ኣብ ፍሉይ ድሌታትን ቀዳምነታትን ኤርትራ ትኹረት ኣብ ምግባርን

ይምርኮስ። ብተወሳኺ፡ ትካላዊ ለውጢ ወይ ኣሰራራሓ፡ ኣብ ኤርትራ ልምዓታዊ ጸዕርታት ንክዕወቱ መሰረታዊ ጠለብ ኢዩ። ነዚ ንምዕዋት፡ ኤርትራ ኣብ'ቶም ኣዝዮም ተቓላዕቲ ዝኾኑ ኣባላት ሕብረተሰብ ዘለዋ ተሓታትነት ብምዕባይ፡ ትካላታ እትቕይረሉ መገድታት ብንጥፈት ክትደሊ ኣለዋ። እዚ ድማ ብድልዱል ሕጋዊ ባይታ ዝድገፍ ሰናይ ምሕደራን ክእለትን ውዳበን ዜጋታታን ካልኦት ጸጋታትን ይሓትት።

ኤርትራ፡ ወይ ካልእ ኣብ ምምዕባል እትርከብ ሃገር፡ ምስ ቀዳምነታተን ወይ ድሌታተን ዘይሰማማዕ ኣገባብ ሓገዝ፡ ብመልክዕ ልቓሕ ይኹን፡ ብመልክዕ ሓገዝ፡ ወይ ካልእ፡ ኣብ ናይ ወጻኢ ረድኤት ጽግዕተኛ ክኾና ኣይጣበቕን እየ። ካብ'ዚ ሓሊፉ፡ ኤርትራ ትኹን ካልእ ኣኣንጋዲት ሃገር፡ ዋንነት ናይ'ቲ ብናይ ወጻኢ ሓገዝ ዝምወሉ መደባት ክትወስድ ኣገዳሲ ኢዩ ዝብለ እምነት ኣለኒ። ዘላቒ ሓገዝ ኩሉ ግዜ ንድሌትን ባህግን ከባብያዊ ማሕበረሰባት ዘማእከለ ክኸውን ይግባእ።

ናይ ሓደ ህዝቢ ምዕባለ፡ ኣብ'ቲ ናይ ብሕታዊ ጽላት (private sector) ሓይልን ዓቕምን (potential) ጽንዓትን ተበግሶን እውን ኢዩ ዝምርኮስ። ኣብ ምምዕባል ዝርከባ ሃገራት፡ ንክልቴአን (ንመወልትን ተመወልትን) ብዝጠቅም ንግዳዊ ሽርክነት ኣቢለን ካብ ተቐበልቲ ሓገዝ ምዃን ሰጊረን ናብ ዘባውያንን ዓውለማውያን ተዋሳእቲ ክሰጋገራ ይኽእላ ኢየን። ከም ኣመሪካ ዝኣመሰላ ሓያል ቁጠባ ዘለወን ሃገራት፡ ኣብ ዝምዕበላ ዘለዋ ሃገራት ዘርብሕ ናይ ወፍሪ ዋኒናት ክተኽላ ይኽእላ ኢየን፣ ከም ኤርትራ ዝኣመሰላ ኣኣንገድቲ መንግስታት ድማ ነቲ ኣብ ሽርክነት ዝተመስረተ ወፍሪ ምቹእ ሃዋህው ክፈጥራ ይኽእላ ኢየን (Solomon, 2022)። እዚ፡ ኩሎም ዝዕወቱሉ ኩነታት ይፈጥር።

ኣብ ምምዕባል ዝርከባ ሃገራት፡ ናብ ምዕቡል ቁጠባ ከብጽሐን ዝኽእል ዘይተጠቕማሉ ዓቕሚ ኣለወን። ነዚ ዓቕሚ'ዚ ንምምዝማዝ ድማ፡ ምውህሃድ ዘቤታዊ ፖሊሲታትን፡ ናይ ወጻኢ ወፍርን ቴክኖሎጅን ንምስሓብ ዝሕግዝ ስትራተጂን የድሊ። እዚ ድማ ብሕታዊ ጽላት ብምሉእ ሓይሉ ንክነጥፍ ክሕግዝ ይኽእል። እዚ፡ ብክልተኣዊ ንግዳዊ ውዕላት ምኽታም ክፍጸም ኣለዎ፣ እዚ ድማ ብግዲኡ፡ ንዝተፈላለዩ መሻርኽቲ ኣካላት ዘሳትፍ፡ ንክልቴኡ ወገናት ዝጠቅም ንግዳዊ/ዋኒናዊ ሽርክነት የማዕብል።

ናይ ብሕታዊ ጽላትን ናይ መንግስትን ሽርክነት ምሕብሓብ፡ ኣብ ስትራተጂያዊ ጽላታት ንዝግበር ወፍሪ ድማ ምድጋፍ፡ ኣብ ዝምዕበላ ሃገራት ዘላቒ ቁጠባዊ ዕቤት የመቻችእ፡ ብልጽግናን ዝሓሸ መነባብሮን ድማ የደንፉዕ። እዚ ዓይነት ናይ ምትሕብባር ኣገባብ ንረብሓታት ዝተፈላለዩ መሻርኽቲ ኣካላት ዘሰማምዕ ኮይኑ፡ ነቲ ሰፊሕ ለውጢ ዘምጽእ ዓቕሚ ይፍኑዎ።

ኤርትራ፡ ንረብሓታት ኣህጉራዊ ምትሕብባር ክትጥቀም ዘይከኣለትሉ ታሪኻዊ ውድቀት፡ ብዓቢኡ ምስ'ቲ ኣብ ልዕሊ ገዛእ ርእሳ ዝፈረደቶ ተነጽሎ ክዛመድ ይኽእል። ሽድሽተ ክሳብ ሸውዓተ ዓመታት ዝወሰደ ናይ ድሕረ ናጽነት እዋን ምስ ኣህጉራውያን ትካላት ብምትሕብባር ሃገራዊ ቀዳምነታት ንምዕዋት ዝተገብረ ጻዕሪ ዓቢ ኣበርክቶ ከም ዝነበሮ ዓቢ ምስክር ኢዩ።

ኤርትራ ይኹን ካልእ ኣብ ምምዕባል እትርከብ ሃገር፡ ኣብዛ ንሓድሕዳ ዝተጠናነገት ዓለም፡ ሓንቲ ሃገር ተነጺላ ክትነብር ከም ዘይትኽእል ክትርዳእ የድሊ። ሓንቲ ሃገር ምስ ካልኦት ክትዋሳእን ኲሎም ዝረብሑሉ ፍታሕ ሃሰው ክትብልን የድሊ። እዚ ኣገባብ'ዚ፡ ብኣንጻር ናይ ዜሮ ድምር ጸወታ (zero sum game)፡ ብምትሕብባርን ልዝብን ክተባባዕ ከም ዘለዎን ሓባራዊ ፍታሕ ንምርካብ ብሓባር ምስራሕ ከም ዘድልን ኢዩ ዘጉልሕ። መብዛሕትኡ ግዜ ድማ ነዚ ዝተሓላለኸ ግሎባዊ ብድሆታት ንምብዳህ ብዘይካ'ዚ ሜላ'ዚ ካልእ ኣማራጺ የሎን።

ኣብ ኣሰራርሓ ኣህጉራዊ ልምዓት ዝያዳ ኣስተንትኖ ዝሓትት ጉድለታት፡- ኣብ ዝሓለፈ ዕስራን ሓሙሽተን ዓመታት፡ ኣብ ኣህጉራዊ ልምዓት ኣብ ዝተሳተፍኩዎም ሰፊሕቲ ስራሓት፡ ኣብ ቅየሳ ፕሮግራማትን ትግባረን ዝተገንዘብኩዎም ጉድለታት ምብራህ ኣገዳሲ ኮይኑ ይስምዓኒ።

ብዙሓት ኣኣንገድቲ መንግስታት (host governments) ሓሓሊፎም ምስ ኣህጉራውያን ናይ ምወላ ትካላት ንምትሕብባር ድሌት ከም ዘይብሎም ምርኣይ ዘገርም ኣይኮነን። እዚ ድማ ብወገን እተን ዝምውላ ትካላት ኣስተንትኖን (reflection) ምሕሳብን ዘድልዮ ጉዳይ ኢዩ። ከመይሲ፡ ሓያሎ ዘሰክፉ ሓቅታት ስለ ዘለዉ። ካብ ብዙሓት ገለ ክጠቕስ እየ፥

ብክልተኣውያን ብዙሕነታውን ናይ ምወላ ትካላት ዝተመወሉ ተበግሶታት፡ ምስታ ኣኣንጋዲት ሃገር ትርጉም ዘለዎ ምምኽኻር ከይተገብረሎም ዝተነድፉን፡ ዳርጋ ብሓይሊ ኣብ ልዕሊኦም ዝተጻዕኑን ፕሮጀክትታት ርእየ እየ። ኣብ ከም'ዚ ዝኣመሰለ ኣጋጣሚታት፡ ኣኣንጋድቲ መንግስታት መብዛሕትኡ ግዜ ብዛዕባ ናይ'ቲ ፕሮጀክትታት ሓቀኛ እንታይነትን ዕላማን ብዝምልከት ሓበሬታ ስለ ዘይብለን፡ ዘይተደልየ ውጽኢት ይስዕብ። ምስሕሓብ፡ ንግስጋስ ፕሮጀክታት የደናጉዮም። ንጽሬት ትግባረኦም ድማ ሃሳዪ ይኸውን።

ምስ ናይ'ቲ ኣኣንጋዲ መንግስቲ ቀዳምነታት ዘይሰማምዑ ፕሮጀክትታት ምትግባር ዘይተለምዱ ኣይኮኑን። እዚ፡ ብናተይ ኣረኣእያ፡ ብሰንኪ ሕጽረት ምምኽኻርን፡

ቀዳምነታት ናይታ ኣእንጋዲት መንግስቲ ብዘይ ምፍላጥን (ወይ እውን ብምጉሳይን)፡ ሓደ ሓደ ግዜ ድማ ነቲ ማሕበረ ቁጠባዊ ኣቀዋውማ ናይ'ቲ ሕብረተሰብ ካብ ዘይምርዳእን ዝነቐለ ኮይኑ ይስምዓኒ። ሓሓሊፉ ምስ ናይ ግትርነት ኣተሓሳስባ (arrogance) ዝተኣሳሰር ኮይኑ፡ ካብ'ቲ "ንዓኻ ዝጠቅም ንሕና ኢና ንፈልጦ" ዝብል እምነት ዝምንጩ ኢዩ። እዚ ጠባይ'ዚ መበገሲኡ ምስ'ቲ ጎይታቲ (patronzing) መግዛእታዊ ኣተሓሳስባ ዝመሳሰል ናይ ዝተወሰኑ ለገስቲ ባእታታት ባህሪ ኢዩ።

እቲ ኣብ ፕሮጀክት ዝተመስረተ ኣገባብ ትግባረ ልምዓታዊ ተበግሶታት ሓደ ሓደ ረብሓታት'ኳ እንተ ሃለዎ፡ ባህርያዊ ድኽመታት እውን ኣለዎ። ገለ ተበግሶታት ዝጭበጥ ውጽኢት ንምሃብ ልዕሊ ሰለስተ ወይ ሓሙሽተ ዓመት ይሓቱ። ሓደ ፕሮጀክት ኣብ ሓደ ሕብረተሰብ ነባሪ ወይ ዘላቒ ጽልዋ ንክህልዎ፡ ናይ ጽግዕተኛነት ባህርያት ኣብ ክንዲ ምኹስኳስ ወይ ምድንፋዕ፡ ንዘላቒ ዕብየት ዘምርሕን ዘገልግልን ንርእሱ ምርኮሳ መሰረት ዝገብርን ክኸውን ኣለዎ። ካብ'ዚ ሓሊፉ፡ ኣብ'ቲ ከባቢ ዝርከብ ጸጋታት ንምጥቃም ትኹረት ክወሃቦን፡ ንከባብያዊ ጸገማት ከባብያዊ መፍትሒታት ንምርካብ መገዲ ዝኸፍት ክኸውንን ይግባእ። እዚ ድማ፡ ንመሃዝነት ዘተባብዕ ኩነት ብምፍጣር ኢዩ ክትግበር ዝከኣል።

ፕሮጀክትታት፡ ንኣእንገድቲ መንግስታትን ማሕበረሰባትን ካብ ሓገዝ ንክላቀቑን ከም ልምዲ ንክይወስዱዎን ክሕግዙዎም ይግባእ። ዕላማ ናይ'ቲ ብማርሻል ፕላን ዝፍለጥ ድሕሪ ካልኣይ ኩናት ዓለም ዝተገብረ ልምዓታዊ ምወላ፡ ንኤውሮጳውያን ሃገራት ካብ ጽግዕተኛነት ንምግልጋል ኢዩ ነይሩ። ሰሪሑ ድማ። ኣብ ትሕቲ ፍጹም ዝተፈላለየ ኩነታት ከም ዝተፈጸመ ምዝካር ግን ኣገዳሲ እዩ። ዘዐወቶ ቀንዲ ምኽንያት ኣብተን ተረባሕቲ ሃገራት ትካላትን ትካላዊ ኣሰራርሓ ድሮ ሱር ሰዲዶ ስለ ዝነበሩ ኢዩ። እዚ ኣርእስቲ'ዚ ኣብ'ዚ ምዕራፍ ብዕምቆት ክዛረበሉ ኣይኮንኩን።

እቲ ፕሮጀክትታት ንምትግባር ብኣእንገድቲ መንግስታትን ማሕበረሰባትን ክማልኡ ዘለዎም ኣገባባት ቅጥዕታትን ኣዚዮም ዝተሓላለኹን ጽንኩራትን ስለ ዝኾኑ፡ ናይ ምትሕብባር ባይታ ንክፍጠር ኣየተባብዑን። ብተወሳኺ፡ እቲ ናይ ጸብጻብ ረቛሒታትን ጠለባትን ዝተራቐቐን ኣዝዩ ኣድካምን ኢዩ። ኣእንገድቲ ሃገራት ነዚ ኣሰራርሓ'ዚ ንምእንጋድን ንምጽዋርን ጸገማት ከም ዘጓንፈን ደጋጊመን'ኳ እንተ ተማሕጸና፡ ነዚ ጉዳይ'ዚ መልሲ ንምሃብ ዝውሰድ ተበግሶ ግን ክሳብ ሕጂ ኣዕጋቢ ኣይኮነን ዝብል ርእይቶ ኣሎኒ።

ካልእ ዘሕዝን ግን ጌና ዘይተዓረየ ጉዳይ እውን ኣሎ። ኣእንገድቲ ሃገራት ከም ንኣሽቱ መሻርኽቲ ኢየን ዝቑጸራ፡ ነቲ ምወላ ንክይስእንኦ ስግኣት ስለ ዘሕድራ ድማ

መምርሒታት መወልቲ ኣካላት ከኽተላ ይግደዳ። እቲ ትኹረት፡ ህይወት ማሕበረሰባት ወይ ናይ ተጠቀምቲ ህይወት ኣብ ምምሕያሽ ዘተኮረ ኣብ ክንዲ ዝኸውን፡ ነቲ ኣብ ወረቐት ዝሰፈረ ውዕልን ዓንቀጻቱን ተተግቢሩዶ ኣይተተግበረን ኣብ ዝብል ሕቶ ዘድሃበ ይኸውን። እዚ ድማ ጸረ'ቲ መንፈስ ወፍሪ ኣህጉራዊ ልምዓት ኢዩ።

ሓሳባት ወይ ርእይቶታት ናይ ኣእንገድቲ መንግስታትን ማሕበረሰባትን መዛኑን ብምጉሳይ፡ እቲ ፕሮጀክትታት ምሉእ ብምሉእ ኣብ ናይ ኤውሮጳን ሕ.መ.ኣ.ን ርእሲ ከተማታት ዝመሓደሩሉ ኣጋጣሚታት እውን ርእየ። ብዘይ ናይ'ተን ኣእንገድቲ መንግስታት ወሳኒ ተሳትፎ፡ ናይ ስራሕ ውጥንን ንጥፈታትን ብድሕሪ ዕጹው ማዕጾ ዝካየዱሉ ኣጋጣምታት ተገንዚበ። ስለ'ዚ ድማ፡ ኣእንገድቲ መንግስታት፡ ነቶም ኣብ ሃገራቶም ዝትግበሩ ፕሮጀክትታት ክከታተሉን፡ እንታይ ይካየድ ከም ዘሎ ክፈልጡን፡ ገስጋስ ስራሕ ብኸመይ ክዕቀን ከም ዘለዎን ክርድኡን ይሕርብቶም። ኣንፈቶም ክጠፍኦም እንከሎ ምርኣይ ድማ ዘይልሙድ ኣይኮነን።

ብዕድመ ንኡሳን ዝኾኑ ወጻእተኛታት ክኢላታት፡ ሓደ ሓደ ግዜ ድማ ሓደስቲ ምሩቓት (graduates)፡ ከም መምህራን ኮይኖም ኣብ ልዕሊ ምኩራት ክኢላታት ደቂ'ታ ኣእንጋዲት ሃገር ክይሓፈሩ ምህሮ (lecture) ዝህቡሉ ኩነታት ምህላዉ ዘተሓሳስብ ጉዳይ ኢዩ። መንእሰያት ኣተግበርቲ ልምዓት፡ ቅድሚ መምርሒታት ክህቡ ምፍታኖም፡ ክስምዑን ብዛዕባ'ቲ ከባብያዊ ፖለቲካዊ ቁጠባ ክፈልጡን ክርድኡን ጻዕርታት ክካይዱ ይግብኦም።

ልዕሊ ዓቐን ዝኾነ ባጀት ፕሮጀክትታት ብልዕለ ዋጋን (overhead) ክፍሊትን (fees) ዝተጻዕነ ኢዩ። ብዘይካ'ዚ፡ ክኢላታት ደቂ ሃገር ክገብርዎ ንዝኽእሉ፡ ካብ መጠን ንላዕሊ ኣብ ወጻእተኛታት ክኢላታት ምምርኳስ ሓደ ዓቢ ጸገም ኢዩ።

ካብ'ዚ ሓሊፉ፡ ናይ መወልቲ ትካላት ወከለቲ ኣብ ምቾት መዝሓሊ ኣየር ዘለዎ ኣብያተ ጽሕፈት ኮይኖም ፕሮጀክትታት ክካይዱ፡ ኣእጋሮም ፈጺመን ኣብ ሜዳ ዘይረግጻ ምርኣይ ዘይልሙድ ኣይኮነን።

ሓደ ሓደ ግዜ እቲ ኣሰራርሓ፡ ካብ ቁም ነገር ንላዕሊ ንረኣዩለይ ዝያዳ ቀዳምነት ይህብ፣ ኣብ ምምዳብ ተራ ክኢላታት ወይ ሓለፍቲ ድማ ወጻእተኛታት ዝያዳ ይምረጹ። ካብ ኣብ ምምዕባል ዝርከባ ሃገራት ዝመጹ ወጻእተኛታት ምስ ምዕራባውያን መዛኑኦም ክነጻጸሩ ከለዉ፡ ብመንጽር ደሞዝን ጥቕምታትን ዝተፈላለየ ኣተሓሕዛ ከም ዝግበረሎም ምርኣይ እውን ተስፋ ዘቑርጽ ኢዩ።

ብናተይ ርእይቶ፡ ፕሮጀክትታት ንምትግባር ዝህሉ ሓላፍነት ናብ'ተን ኣእንገድቲ መንግስታት ክግደፍ ኣለዎ በሃላይ እየ። ኣብ መትከላት ሽርክነትን ከባብያዊ ዋንነትን

ዝተመስረተ ምትሕብባር ክቐንዕ ድማ ይግባእ። ብዘይካ'ዚ፡ ኣብ ክልተኣዊ ዝምድናታትን ውዕላትን ዝግበሩ ምወላታት ኣብ ንጹር ዋኒናዊ መትከላት (purely business terms) ክምርኮሱን ኣብ እንኮኣዊ ረብሓ ዘይኮነ ኣብ ሓባራዊ ረብሓታት ከተኩሩን ኣማራጺ ዘይብሉ መገዲ ኢዩ። ነዞም መትከላት'ዚኦም ኣብ ግምት ኣእትዮም ዝሰርሑ ናይ መወልቲ ትካላት ቁጽሪ ይውስኽ ኣሎ።

እዞም ክውንነታት'ዚኣቶም፡ ኣብ ውሽጢ ዓውዲ ኣህጉራዊ ልምዓታዊ ኣሰራርሓታት፡ ህጹጽ ፍተሻን ጽገናን ከም ዘድሊ ዘጉልሑ ኢዮም።

ምዕራፍ 6

ዘይነብ ዓሊ መን'ያ?

ኣብ መንጎ 2000ን 2021ን ዓ.ም.፡ ዘይነብ ዓሊ ብዝብል ናይ ብርዒ ስም ተጠቒመ ብርክት ዝበሉ ሃገር ጠቀስ ጽሑፋት ኣበርኪተ ነይረ። እዞም ኣብ ማሕበራዊ ብዙሓን ዝዝርግሑ ዝነበሩ ጽሑፋት፡ ኣብ በበይኖም ኣርእስታት ዘተኮሩ'ኳ እንተ ኾኑ መንቀሊኦም ግን ሓደ ኣገዳሲ ጉዳይ ኢዩ ነይሩ።

ኣብ'ቲ ኣብ መጀመርታ 2000ታት ዝተኸሰተ ፖለቲካዊ ምዕባለ፡ ዘይነብ ነቶም ሽዑ ዝኽሰቱ ዝነበሩ ፍጻሜታት ብዘይ ቀልዓለም ብቑርኖም ብምሓዝ ዘትያትሎም። ንብዙሓት በቲ ናይ'ቲ መንግስቲ ፕሮፓጋንዳ ከታለሉ መፈንጠራ ተዘርጊሑሎም ዝነበረ ኣብ ወጻኢ ዝነብሩ ዝነበሩ ዜጋትት ድማ ከም ዝሓሰቡ ገይራቶም። እቲ ጽልዋ ድማ ብቐሊሉ ዝረአ ኣይነበረን። ገለ ሰባት፡ ሓቀኛ መንነትካ ምሕባእ ናይ ፍርሂ ተግባር ኢዩ ክብሉ ይኽእሉ'ኳ እንተ ኾኑ፡ ዘይነብ ግን ክንዮኡ ዝኸይድ ዕላማ ኢዩ ነይሩዋ። ኣብ'ቲ እዋን'ቲ ነቶም እዋናውያንን ጠቕምትን ሓበሬታታት ብትብዓት ዝህቡዋ ዝነበሩ ውልቀ ሰባት መንነቶም ከይተቃልዕ መሪጻ። ከመይሲ፡ ንዘይነብ፡ ድሕነቶምን ውሕስነት ህይወቶምን ቀዳምነት ዝወሃቦ ጉዳይ ስለ ዝነበረ።

እዚ ብሕንፍሽፍሽ ዝልለ ዝነበረ ፖለቲካዊ ተርእዮ'ዚ፡ ድሕሪ'ቲ ኣብ 1998-2000 ዓ.ም. ምስ ኢትዮጵያ ዝተኸፍተ ጎነጻዊ ግጭት ወይ ኲናት ዝተጋህደ ኮይኑ፡ ንሃገርና ዝበድህ ርኡይን ተነቃፍን ቅልውላው'ዩ ነይሩ። ካብ 2000 ክሳብ 2001 ዓ.ም.፡ ኤርትራ ኣብ ማእከል'ቲ ዕግርግር ዝመልኦ ፖለቲካዊ ህቦብላን ብቐልጡፍ ዝቀያየር ፖለቲካዊ መልክዕ መሬትን ኢያ ነይራ እንተ ተባህለ ከም ምግናን ኣይቁጸርን።

ኣብ'ቲ እዋን'ቲ፡ ኣብ ውሽጢ መንግስቲ፡ ሓያሎ ጸለውቲ እሞ ኸኣ ኣብ ላዕለዋይ ጽፍሒ ሓላፍነት ዝነበሩ ዜጋታት (ኩሎም ኣባላት ህዝባዊ ግንባር ነበር)፡ ነቲ ንልዕልና ሕጊ ዕሸሽ ብምባል ቀይዲ ዝበተኸ ፕረሲደንት ሃገረ ኤርትራ ብሰፊሑ ዝነቅፍ መርገጺ ወሲዶም።

ተቓወምቲ ድፍረት ብዝመልአ ኣገባብ፡ ንፖለቲካዊ፡ ቁጠባዊ፡ ማሕበራውን ጸጥታውን ጉዳያት ብምልዓል ስክፍታታቶም ብቕሉዕ ኣብ ኣደባባይ ክዛረቡሉ ጀሚሮም። እቲ ተባዕ ተግባራቶም ኣብ ሞንን ዝተፈላለዩ ክፋላት ሕብረተሰብ ኤርትራ ተራእዩ ዘይፈልጥ ህዝባዊ ዘተን ክትዕን ኣበጊሱ፡ ንናይ'ቲ ህዝቢ ፖለቲካዊ ተሳትፎን ዘተን ድማ ናብ ሓድሽ ብራኸ ኣደዪቡዎ።

እቲ በቲ ጉጅለ 15 ዝፍለጥ ናይ ተቓውሞ መድረኽ ዝተፈረመ ክፉት ደብዳቤ፡ ልዕልና ሕጊ ንምርግጋጽን፡ ከምኡ እውን ቅዋም ብዘይ ውዓልሕደር ንክትግበርን ዝጣበቕ ነበረ። እቲ ክፉት ደበዳቤ፡ ዝተፈላለዩ ጉዳያት ዝሓቑፍ ኮይኑ፡ ናይ'ተን ብህግደፍ ዝመሓደራ ንግዳዊ ትካላት ግጉይ ኣተሓሕዛ ቁጠባ ሃገር፡ ጉድለት ግሉጽነትን ተሓታትነትን፡ ንጹር ፖሊሲታት ዘይምህላው፡ ምዝውታር ሞያ ዝጎደሎ ምሕደራን ኣሰራርሓታትን፡ ቦርድ ኣማኸርቲ ዘይምህላው፡ ሕጽረት ኣሰራርሓ ኦዲትን ዝኣመሰሉ ተነቀፍቲ ጉዳያት ኣልዒሉ ብሰፊሕ ዘትዩሉ። እቲ ክፉት ደብዳበ፡ እቲ ግንባር ኣብ መንግስታውያን ጉዳያት ኢድ ኣእታውነት ደው ከብል ብምጥላብ፣ ነቲ ምልካዊ ስርዓት ንምምስራት ዝዓለመ ናይ ሓጋግን ፈጻምን ፈራድን ኣካላት ስልጣንን ሓላፍነትን ናይ ምልማስን ምንካይን ተግባራት ድማ ተቓዊሙዎ። ካብ'ዚ ሓሊፉ፡ እቲ ክፉት ደብዳበ፡ ምስ ጎረባብቲ ሃገራት ዝፍጠር ግርጭታት ወይ ዘምርድዳኣት ንምፍታሕ፡ ዞባዊ ስኒትን፡ ብሰላም ማዕረ ማዕረ ምንባርን፡ ዘተን (ከም ኣገዳሲ መሳርሒ ናይ ኣፈታትሓ ግርጭታት) ከም መትከላት ክእመነሎምን ክትግበሩን ኣስሚሩሉ። ተራ ኤርትራን ቦታኣን ኣብ ዞባናን ኣብ ማሕበረሰብ ዓለምን እንታይ ክኸውን ከም ዘለዎ ድማ ኣብሪሁ።

እቲ ክፉት ደብዳበ፡ ኣብ ፖለቲካዊ ባህሊ ህዝባዊ ግንባር ብርቂ ነገር ኢዩ ነይሩ። ስለ ዝኾነ ድማ ንጉጅለ ኢሳያስን ሰዓብቶምን በዳሂ፡ ንስልጣኖም ድማ ኣብ ሓደጋ ዘእቱን ኢዩ ነይሩ። እዚ ጭውነት ዝመልአ ፖለቲካዊ ምልዕዓል'ዚ ንመሰረት ናይ'ቲ "ከም ዘለዎ ይቐጽል" (status quo) ዝብል ኣምር ክዕቅብ ዝደሊ ዝነበረ ጉጅለ ኣነቓኒቑዎ።

ነቲ ክፉት ደብዳበ ዝፈረሙሉ፥ ማሕሙድ ኣሕመድ ሸሪፎ፡ ሃይለ ወልደትንሳኤ፡ መስፍን ሓጎስ፡ ዑቕበ ኣብርሃ፡ ሓሚድ ሕምድ፡ ሳልሕ ከኪያ፡ እስጢፋኖስ ስዩም፡ ብርሃነ ገብረእግዚኣብሄር፡ ኣስቴር ፍስሓጽዮን፡ መሓመድ ብርሃን ብላታ፡ ጴጥሮስ ሰሎሞን፡

ጀርማኖ ናቲ፡ በራኺ ገብረስላሴ፡ ኣድሓኖም ገብረማርያም፡ ከምኡ እውን ሃይለ መንቀርዮስ ይረከቡዎም።[cxxxvi]

ክልተ ተመዓደውቲ ሓይልታት፡ በቲ ሓደ ወገን ጉጅለ 15፡ በቲ ካልእ ወገን ድማ ደገፍቲ ፕረሲደንት፡ ኣብ ዉዕዉዕ ፖለቲካዊ ክትዕ ተሸሚሞም ነበሩ። እዚ ተርእዮ'ዚ ንፍልልያት ርእይቶ ዓለምን ፖሊሲን ዘንጸባርቕ ኮይኑ፡ ግዜ ከይወሰደ ግን ናብ ቀጥታዊ ረጽሚ ተሰጋገሩ። ህግደፍ፡ ንጉጅለ 15 ንምስንባድን ንምፍርራህን፡ መንግስታዊ ትካላትን ወግዓዊ መስመራት መራኸቢ ብዙሓንን ተጠቒሙ ብዘይ ምቁራጽ ናይ ምጽላምን ስም ናይ ምድዋንን ዘመተ ጀሚሩ። ኣብ'ዚ ጥራይ ከይተወሰነ፡ ዘይወግዓዊ መድረኻት ብምኽፋት ነቲ ስም ሰባት ንምድዋን ዝሰርሓሉ ዝነበረ መካኒዝም ኣጠናኺሩዎ።

ጉጅለ 15 ስክፍታታቶም ንምግላጽ ውሱን መገድታት ጥራይ ኢዩ ነይሩዎም፣ እንኮ ኣማራጺ ድማ በተን ኣብ'ቲ እዋን'ቲ ዝነጥፋ ዝነበራ ናይ ውሽጢ ዓዲ ጋዜጣታት ድምጾም ንምስማዕ ነበረ። እዚኣተን ነቲ ዝነበረ ኩነታት ንምብዳህ ፍቓደኛታት ዝኾኑ ተባዓት ፖለቲከኛታት ዝተሳተፉዎ ናይ ቃለ መሕትትን ሓተታታትን መድረኽ ኮይነን ከገልግላ ጀመራ። ብፍላይ እተ እዋን'ቲ፡ ናይ ውሽጢ ዓዲ ጋዜጣታት ናይ ተቓወምቲ ድምጽታት ከቃልሓ ዝጀመራሉ ኢዩ ነይሩ። ከም ስዩም ጸሃየ (ናጻ በዓል ሞያ)፡ ኣማኑኤል ኣስራት (*ዘመን*)፡ ዩሱፍ መሓመድ (*ጽገናይ*)፡ ዳዊት ይስሃቅ (*ሰቲት*)፡ ስዒድ ዓብደልቃድር (*ኣድማስ*) ከምኡ እውን ፍስሃየ "ጆሹዋ" ዮሃንስ (*ሰቲት*)፡ ዓቢ ትብዓት ኣርእዮም ኢዮም፤ በዚ ድማ ብዕለት 18 መስከረም 2021 ተኣሲሮም።[cxxxvii]

ዘይነብ ብትብዓት ንድምጺ ፈረምቲ ክፉት ደብዳቤን ነጻ መራኸቢ ብዙሓንን ወኪላ ኣብ ኣፍልጦን መርትዖን ዝተመርኮሱ ሓያለይ ሓተታታት ክትጽሕፍን ክትዘርግሕን ጀሚራ። ዝተፈላለዩ ፖለቲካዊ እምነታትን ርእይቶታትን ዘለዎም ሓሳባት ብናጻ ክገልጹን ክስምዑን መሰል ከም ዘለዎም ተጣቢቓ። ኣብ ቅድሚ'ቲ ዝቕልቀል ዝነበረ መንፈስ ራዕድን ጸለመን ስቕ ምባል ሞራላዊ ተቐባልነት ከም ዘይብሉ ብዘየወላውል መገዲ ተኻቲዓ። ዘይነብ ነቲ ህዝቢ ብዛዕባ እቲ ዝቐረበ ስግኣት ከተጠንቅቕ ቆሪጻ ተላዒላ ስለ ዝነበረት፡ ብርዓ ተጠቒማ ሓሳባታ ብቕንዕናን ብንጹርን መገዲ ዝገለጸትሉ እዋን ኢዩ ነይሩ። ኣብ ታሪኽ ኤርትራ ኣብ'ቲ ኣዝዩ ዝጸልመተሉ ሰዓት፡ ብዛዕብ'ቶም ጀጋኑ እዚ ዝስዕብ መግለጺ ኣውጺኣ፥

> ምእሳር ጀጋኑና፤ ጀጋኑ ክብሎም እየ ምኽንያቱ ድማ፡ ከም'ቲ ኣብ ግዜ ኲናት ጅግንነትን ተወፋይነት ዘርኣዩ፡ ከምኡ ድማ ኣብ እዋን ቃልሲ ንደሞክራሲ፡ ጅግንነታዊ ተግባራት

ከርእዩ ከለዉ ስለ እተዓዘብና። ንዕላማ ደሞክራሲ ዝግበር ቃልሲ ዝያዳ ንምሕያል ዝዓግተና የልቦን። ምእሳር ፖለቲካውያን ተቓወምቲ ኣብ ዓለምና ሓድሽ ነገር ኣይኮነን። ብዙሓት ዓፈንቲ ስርዓታት ንመንፈስ ደሞክራሲ ንምቕታል ከም ልሙድ መሳርሒ ይጥቀሙሉ ኢዮም። ማንዴላ ኣብ ቤት ማእሰርቲ ተዳጒኑ፣ ኪም፡ ፕረሲደንት ደቡብ ኮርያ ነበር እውን ኣብ ቤት ማእሰርቲ ነይሩ ኢዩ። ከምኡ እውን ናይ ፊሊፒንስ ነፍስሄር ኮራዞን ኣኪኖ፣ ሌክ ቫሌሳ ካብ ፖላንድ፣ ቫክላቭ ሃቨል ካብ ሃንጋሪ፣ ማሃትማ ጋንዲን ካልኦት ብዙሓት ፖለቲካውያን መራሕትን፡ ኩሉ ዓይነት ጸቕጥታት ሰጊሮም ኢዮም ተዓዊቶም። ጀጋኑና ፍትሓዊ ዕላማ ስለ ዘለዎም ከዕወቱ ኢዮም። ብርግጽ "ገበን" ኣብ ልዕሊ ህዝብን ሃገርን ስለ ዘይፈጸሙ። ኣብ ፖለቲካዊ መድረኽ ኤርትራ ድማ ብዓጀባን ክብርን ክትንስኡ እዮም። ምኽንያቱ ድምጾም ንምስማዕ ኩሉ ሕጋውን ሰላማውን መገዲ ጥራይ እዮም ተኸቲሎም።

ጉዳያት ብቕጽበት እንተ ዘይተኣረሞም፡ ህዝቢ ኤርትራ ብዛዕባ እቲ ዝመጽእ 'ውድቀት' ንከፈልጥ ብማለት፡ እቲ ዝኸበረ መስመር ኣተሓሳስባ ተኸቲሎም ኢዮም። እዚ ጽሑፍ ንዓኻትኩምን ንክቡር ሓሳባትኩምን እተወፈየ ኢዩ። ተስፋ ኣይትቖረጹ። ጀጋኑ ፈጺሞም ተስፋ ኣይቆርጹን ኢዮም (Ali Z., 2001)።

ንዝኸሪ ናጻ ፕረስ ኣመልኪታ ድማ ከም'ዚ ዝስዕብ ኢላ፥

ናይ ናጻ ኣተሓሳስባ ፈለምቲ ወይ ጀጋኑ ክብሎም እየ። ኣይሞቱን። ዳግማይ ልደቶም ኣብ ቀረባ እዋን ከመስክሩ እዮም። ድሮ ኣብ ኤርትራዊ ፖለቲካዊ ህይወት፡ ሓደ ባህሊ ኣተኣታቲዮም ኣለዉ። ባህሊ ጭውነት፡ ነጻ ዋሕዚ ሓበሬታ፡ ምልውዋጥ ሓሳባት፡ ንቕሓት ህዝቢ፡ ከምኡ እውን ትብዓት። መሰረታት ናይ'ቲ ፈራሕን ሕጊ ኣልቦን ስርዓት ንምንቕናቕ ዝደፍር ባህሊ።

ምዕጻዎም እውን ነቲ ናይ ኤርትራውያን ድምጺ ንምምካት ዘለዎም ድሌት ኣይከዓግቶን ኢዩ። እቲ ኢንተርነታዊ መድረኽ ከም መተካእታ ኣብኡ ኣሎ። ኣብኡ ከኣ ኢዮም ሰንደቕ ዕላማኦም ዘምበልብሉዎ። ኣምላኽ ይመስገን፡ ኣካል ማሕበረሰብ ዓለም ኢና። ኣምላኽ ይመስገን፡ በቲ ከማና ሰባት ዝመሃዙዎ ተክኖሎጂ ጌርና ድምጽና ከነስምዕ ኢና (Ali Z., 2001)።

ዘይነብ፡ ኣብ ተኸታተልቲ ጽሑፋታ፡ ስልጣኖም ንምዕቃብ ዝዓለሙ ተንኮላትን ክፍኣትን ህግደፍ ኣቃሊዓ። ኣብ ሰፊሕ ኣርእስታት ብዕምቆት ብምእታው፡ ንስነ ሓሳብ ህግደፍ፡ ናይ'ቲ ውድብ ባህሪ ኣብ ሕገ ኣልቦነትን ህውከትን ከመይ ኢሉ ከም ዝሰሰነ፡ ከምኡ እውን ኣገባብ ኣሰራርሓኡ ኣቓሊዓ።

ዘይነብ ነቲ ዝመጽእ ዝነበረ ቅልውላው ንምዕጋት ስጉምቲ ክወሰዱ ብሃገለት ንህዝቢ ኣጠንቂቓ። ብዛዕባ ለውጢ ንምምጻእ ዝህሉ ኣማራጺ መገድታት ዘትያ፡ ንኩሉ ናይ ፈርሓትን ዓመጽትን ተግባራት ድማ ብትሪ ኮኒናቶ።

ዘይነብ፡ ኣብ ጽሑፋዊ ኣበርክቶኣ ኣብ ዝተፈላለየ ዛዕባታት ብዕምቆት ኣትያ፣ ብድምር ዓሰርተ ሽዱሽተ ዓንቀጻት ኣቕሪባ። ዳህሳሳታ ነዞም ዝስዕቡ ጉዳያት ዝሸፍኑ ኢዮም ነይሮም፥ ናይ'ቲ ስርዓት ባህሪ፡ ኣብ ፖለቲካኡ ዝረአ ምትሕልላኻትን ምስጢርን ውዲትን፡ ናይ'ቲ ውድብ ኣፈጣጥራ፡ ኣብ ውሽጢ'ቲ ስርዓት ዘሎ ናይ ስልጣን ዳይናሚክ፡ እቲ ገዛኢ ኣካል ዝጥቀመሉ ናይ "ብድሕረይ ሳዕሪ ኣይትብቆላ" (brinkmanship) ፖለቲካ፡ ናይ'ቲ ሽዑ ምስ ኢትዮጵያ ዝካየድ ዝነበረ ኩናት ትርጉምን እንታይነትን፡ ከምኡ እውን ጽልዋ'ዚ ግጭት ኣብ ልዕሊ ናይ'ቲ ፕረሲደንት ዝጠፈሸ መሪሕነት፡ ወዘተ።

ዘይነብ ንኣንበብታ ብዛዕባ'ቲ ብቕልጡፍ ዝምዕብልን ዝለዋወጥን ዝነበረን ኣብ መወዳእታ ድማ ንፍሉጣት ፖለቲካውያን መራሕትን ሰብ ሚድያን ኣብ ማእሰርቲ ንክቕየዱ ዘሳበበ ፖለቲካዊ ሃዋህው ኣቕዲማ ሓበሬታ ሂባ ኢያ። ተነብያ ኢያ። በቲ ስርሓ ገይራ ድማ ነቲ ዝቕጽል ናይ ለውጢ ቃልሲ ንምምራሕ ዘኽእሉ ጠቓምቲ እትብሎም ሓሳባትን ርድኢትን ኣቕሪባ ኢያ።

ካልእ ክይጠቐስክዎ ክሓልፍ ዘይደሊ፥ ቴድሮስ ተስፋይ (ናተይ ብርዒ ስም) ኣብ ጥሪ 21, 2001 ዓ.ም. ኣብ'ቲ When and Where Did Things Go Wrong for the 'Party of the People'? ዝብል ጽሑፍ፡ ብዙሕ ጉዳያት ኣልዒሉ ዘትዩ። እዚ ኣብ ሰሚናራት ህግደፍ ኣተዘተየሉ ወረቐት'ዚ ክሳዕ ክንደይ ንላዕለዎት ሓለፍቲ ህግደፍ ጻዕ ጻዕ ከም ዘበሎም ኢዩ ዝእምት። ኣብ'ቲ ጽሑፍ፡ ንድሕረ ናጽነታዊ ጉዕዞ ኣመልኪቱ፡ ዝተፈጸሙን ክእለዩ ዝግብኦም ዝነበሩን ጌጋታት ኣብ ምንታይ ዘተኮሩ ምንባሮምን ብሰፊሑ ተዘሪቡሉ። እቲ ጽሑፍ ብቐንዱ ንመሰረተ እምነታት (ብናተይ መረዳእታ ድማ ምስምሳት) ናይ ህግደፍ ብዝበለጸ ኣቃሊዑ። እቲ "ክውዕየካ ብማንካ ክዝሕለካ ድማ ብኢድካ" ዝእምነቱ ህግደፍ፡ ንኹሉ'ቲ ተግባራቱ ኣብ ትሕቲ "ፍሉይነት" (uniqueness) ዝብል ምስምስ ኢዩ ዘተግብሮ። ኣብ ኤርትራ ኩሉ ነገር ዕጹብ ድንቂ (unique) ኢዩ ብምባል ነቲ ጸረ ደሞክራሲያዊ ዝኾነ ባህርያቱ ክሽፍን ዘይፍንቅሎ እምኒ የሎን ብምባል ኣጋሊጹ።

ናይ ህግደፍ ዕላማ ጥፍኣትን ዕንወትን ምዃኑ፡ ህግደፍ ብዘይካ መጠኑ ዝሓለፎ ሓይሊ (excessive power) ምጥቃም ካልእ ቋንቋ ከም ዘይፈልጥ፣ ህግደፍ፡ ንሱ እንተ ዘይኮይኑ ኣብ ዓለም ካልእ ብዛዕባ ዓለም ኣፍልጦ ዘለዎ ኣካል ከም ዘየሎ፣ መሰረት ህላወ ህግደፍ ኣብ ኲናት ወይ ቅልውላው ኣበጊስካ ኣብ ምሕደራ ቅልውላው ዝተመስርተ ምዃኑ፣ ህግደፍ፡ መፍትሒ ሽግራት ዓለም ኣብ ጁባኡ ጥራይ ከም ዘሎ ዝኣምን ውድብ ምዃኑ፣ ህግደፍ፡ ኤርትራ ህግደፍ እያ፡ ህግደፍ ድማ ኤርትራ እዩ ዝብል መሰረታዊ እምነት ከም ዘለዎን ብንጹር ኣቐሚጥዎ ከም ዝርከብን ድማ ኣቃሊዑ።

ጥብቆ

ናይ ወላዲተይ ደብዳቤ - ብ1989 ዓ.ም. ቅድሚ ብሞት ካብዛ ዓለም ምፍላያ

Mio caro semere solomun.

come sta, noi tutti stiamo bene oltre che il vostro gran desiderio.

Ricevuto la vostra cara letera sono molto contento, non vedo l'ora di vedervi, perche quando arivato. Schianbel Michiele, ero gia arivata, mi a racontato tutto sono molto contenta, e spero, Anche a voi vi vedro, con la auito del Signore! caro figlio mio, questa guerra la finisce solo Dio, viviamo con la speranza, non so bene quando finisce?

Spero che sara al piu presto, perche voi siete. I miei fratelli e sorelle e miei hadarei come solomun, semere mio basta che state bene, e la Madonna vi dia, e bra salute e vita lunga, non vi precupate di noi. Stiamo stiamo tutti bene, anche ghana sta bene con i suoi figli e tutti i nostri fratelli e sorelle.

figlio mio adesso se trovo visa vado Italia a vedere. Abatie e Abagnere, anche girmen a trovare Abagodigne, sono contenta di trovare abganese elsefase ceglieb, mille tutti stiamo bene, mi sento un sogno.

mio caro figlio non so cosa racontare dall contentezsa seme scicor semere maar ghe bravo pratiolo gigna zegadulotat vi benidico vi dia forza e pace. semere mio perdu non ti spori? mi dispiace tanto, perche non fate i figli per piacere ti rgcomande. Bramelmio, anche chidane non era figlio.

Baci e abraci e salub,

Buon Natale.

Buon Anno
Anno di Pace.   Tua cara Mamina Josif
                        el addalena,

ናይ ወላዲተይ ደብዳቤ - ብ1989 ዓ.ም. ቅድሚ ብሞት ካብ'ዛ ዓለም ምፍላያ

ትርጉም ናይ'ቲ ወላዲተይ ብቋንቋ ጣልያን ዝጸሓፈትለይ ደብዳበ

ዝኸበርካ ሰመረ ሰሎሞን፡
እዛ ደብዳበ ኣብ ጽቡቕ ኩነታት ጥዕና ከም እትረኽበካ እኣምን። ኣብ'ዚ ኩላትና ደሓን'ኳ እንተሎና በቲ ናፍቖትካ ዝገደፎ ባዶነት ግን ልብና ኣይቀሰነን።

ልበይ ዝተንከፈ ደብዳቤኻ ምቕባለይ ዘይተኣደነ ሓጎስ ኣምጺኡለይ። ብፍላይ ብዛዕባኻ ብዙሕ ዘካፈለኒ ሻምበል ሚካኤል ድሕሪ ምርካበይ፡ ዳግማይ ክንርእየካ ዘሎና ትጽቢት እናዓበየ መጺኡ። ልበይ ብሓጎስ መሊኡ ኣሎ፡ ብሓገዝ ጎይታ ድማ ኣብ ቀረባ እዋን ክንተኣኻኸብ እጽሊ።

ዝኸበርካ ወደይ፡ እዚ መወዳእታ ዘይብሉ ዝመስል ውግእ ክውዳእ ብተስፋ ንጽበ። ኣብ'ዚ ቀረባ ግዜ ክውዳእ ድማ ተስፋ ኣሎኒ፡ ምኽንያቱ ንስኻትኩም ኣሕዋተይን ኣሓተይን ከምኡ እውን ሓዳረይ ከም ሰሎሞን ኢኹም።

ሰመረ ወደይ፡ ጽቡቕ ከም ዘሎኻ ብምስማዐይ ደስ ኢሉኒ። ኣዴና ቅድስት ድንግል ማርያም ቀጻሊ ጥዕናን ነዊሕ ዕድመን ትሃብካ። በጃኻ ብዛዕባና ኣይትጨነቕ፤ ኩላትና ጽቡቕ ኣለና። ኢለንን ደቃን ከምኡ እውን ኣሕዋትናን ኣሓትናን ጽቡቕ ኣሎዉ።

ቪዛ እንተ ረኺብ ንኣባቴን ኣኘዘን ንምርኣይ ናብ ኢጣልያ ክበጽሕ መደብ ኣሎኒ፡ ምናልባት እውን ናብ ጀርመን ንኣንጀሊና።

ምስ ኣልጋነሽ፡ ኣሰፉሽ፡ ካሌብ፡ ምልእተ፡ ዳግማይ ምርካበይ ሓጎሰይ ወሰን የብሉን። ከም ሕልሚ ኮይኑ ይስምዓኒ።

ዝተፈቶኻ ውላደይ፡ ካብ ክቱር ሓጎስ ዝተላዕለ ብዛዕባ እንታይ ከም ዘዕልለካ ሓርቢቱኒ ኣሎ።

ሰመረ ሸኮር፡ ሰመረ መዓር፡ ጅግና ሃገራውን፡ ጅግና ተጋዳላይ ሓርነትን ኢኻ። እግዚኣብሄር ሓይልን ሰላምን ይሃብካ።

ወደይ መዓረይ፡ ብዛዕባ ውልቃዊ ህይወትካ ብዝምልከት፡ ሓዳር ሓሲብካሉዶ ትፈልጥ? ውላድ ከም ዘይብልካ ምስ ሰማዕኩ ጉህየ። በጃኻ፡ ስድራ ቤት ንክትምስርት ዝህበካ ምኽሪ ኣብ ግምት ኣእቱዎ። ካብ ኣምጻእናዮስ፡ ኪዳነ እውን ውላድ የብሉን።

እስዕመካን እሓቝፈካን ኣሎኹ። ጽቡቕ ጥዕና እምነየልካ።

ርሑስ በዓል ልደትን ርሑስ ሓድሽ ዓመትን ይግበረልና!

ዓመተ ሰላም!

እትፈትወካ ኣዴኻ ማዳሌና ዮሴፍ

ENDNOTES

ቀዳማይ ክፋል

ምዕራፍ 2

i አለምሰገድ ተስፋይ፥ ፈደረሽን ኤርትራ ምስ ኢትዮጵ ያካብ ማትየንዞ ክሳብ ተድላ 1951 -1955፡ ኣሕተምቲ ሕድሪ፡ ሰነ 2005

ምዕራፍ 3

ii “ንኣርብዓ ዓመታት ዝተቐብረ ጉድ” (A case that has been buried for forty Years-1972-2013, ተስፋይ ተምነዎ, 2013, Leck, ጀርመን

iii Dehay Eritrea ኣብ መጽሓፍ ተጋዳላይ መስፍን ሓጎስ ዝተሞርኮሰ ሰፊሕ ዝርርብ! ደሃይ ኤርትራ, August 11, 2023 https://www.youtube.com/watch?v=vHu2FNf1phY Accessed on October 11, 2023

ምዕራፍ 4

iv ድምጺ ኣመሪካ፡ ጸንሑት ምስ ኣቶ መስፍን ሓጎስ -- መጽሓፍ፡ ታሪኽ፡ መጻኢ ፖለቲካዊ መደባት 29 ሓምለ 2024 https://www.youtube.com/watch?v=iKtPOf0FKqM

v ኣብ ውሽጢ ተጋድሎ ሓርነት ኤርትራ እቲ መሪሕነት ኣብ ሓድነት ዝነበሮ ኣካይዳ ዝቃወም ምንቅስቓስ ድሒሩ ናብ ህዝባዊ ግንባር ዝተጸንበረ ጉጅለ።

ምዕራፍ 5

vi www.ehrea.org Accessed on October 11, 2023

vii ኣሕመድ ኣል ቀይሲ ብቀጥታዊ ትእዛዝ ዋና ጸሓፊ ግንባር ከም ዝተእሰረ ይገልጽ። እዚ ድማ ድሕሪ'ቲ ኣብ ድሮ ምእሳሩ ዘጋጠመ ምንህሃር ምስ ናይ ሽዑ ዋና ጸሓፊ ኢዩ ኣጋጢሙ። ኣብ'ቲ ምንህሃር ዝነበሮ ክትዕ፡ኣሕመድ ኣል ቐይሲ ንዋና ጸሓፊ ፒኖሽ (Pinochet) ኢሉ ጸዊዑዎ። ዝተኸሰሰሉ ገበን፡ ምስ ሓደ ኣብ ሱዳን ዝርከብ ኤርትራዊ እስላማዊ ጉጅለ ምትእስሳር ነይሩዎ

ተባሂሉ ስለ እተጠርጠረ ኢዩ። ገበኑ ንምርግጋጽ ኣብ እተገብረ ጻዕሪ፡ ኣሃዱ ስለያ ወጻኢ ናይ'ቲ ግንባር (72 ተባሂሉ ዝጽዋዕ) ንሓደ ኣባል ናይ'ቲ ዝተባህለ እስላማዊ ጉጅለ ኣብ ሱዳን ኣብ ትሕቲ ቀይዲ ኣእትዩዎ። እቲ ዘሕዝን ግን እዚ ውልቀ ሰብ ኣብ'ታ ማኪና ናብ ኤርትራ እናተጓዕዘ እንከሎ ብሰንኪ ኣየር ምስኣን ሞይቱ።

ምዕራፍ 6

viii ናይ ስልኪ ዕላል ምስ ኣሕመድ ኣል ቐይሲ።

ix ብዓብዳላ እድሪስ እተመርሐ ዕልዋ ኣብ ውሽጢ ተጋድሎ ሓርነት ኤርትራን ሞት መልኣከ ተኸለን፡https://zantana.net/coup_within_elf_and_the_death_of_melake_tekle/#:~:text=They%20amዛታና፡bushed%20the%20participants%2of,with%EPLF%20undermining%20the%20front. ጥሪ 29, 2024 እተረኸበ

ምዕራፍ 7

x Interview with Pres. Isaias Afwerki on regional issues & domestic development programs - ERi-TV, January 8, 2022 https:// www.youtube.com/watch?v=0qaGpf0HsoQ

xi France's Hollande: Eritrea 'Becoming Empty' as ResidentsLeave, VOA, November 11, 2015 https://www.voanews.com/a/eu-offers-african-nations-1-8-billion-but-some-question-response/3052919.html Accessed on October 11, 2023

xiii ዕላል ምስ ኣድሓኖም ገበረማርያም፥ ሕቡራት መንግስታት ኣመሪካ

ካልኣይ ክፋል

ምዕራፍ 1

xiv https://www.unhcr.org/publications/unhcr-global- appeal-1999-eritrea Accessed on September 19, 2023

xv Tedros Tesfai's, Where did things go wrong for the party of thepeople? Awate.com January 21, 2001

xvi The Complicated Nature of Red Sea Geopolitics Oct 27,2021 Charles W. Dunne, https://arabcenterdc.org/resource/the-complicated-nature-of-red-sea-geopolitics/ Accessed on September 19, 2023

xvii The Danger of African Liberation Movements https:// issafrica.org/iss-today/the-danger-of-african-libera- tion-movements Accessed on September 19, 2023

xviii The Danger of African Liberation Movements https:// issafrica.org/iss-today/the-danger-of-african-libera- tion-movements Accessed on September 19, 2023

ምዕራፍ 2

xix ማዕከን ገንዘብ ንሰላም (Fund for Peace)፡ ጎነጻዊ ግጭት ንምክልኻልን ዘላቒ ወይ ውሑስ ጸጥታ ንምድንፋዕ ዝሰርሕ ናጻ፡ ዘይሻራዊ፡ ንመኸሰብ ዘይሰርሕ ናይ ምርምርን ትምህርትን ትካል ኢዩ። ብመጽናዕትን ስልጠናን ትምህርትን ኣቢሉ፡ ተሳትፎ ሲቪላዊ ማሕበረሰብ፡ ኣብ ዝተፈላለዩ ጽላታት ድልድላት ምህናጽ፡ ከምኡ እውን ንሓንጸጽቲ ፖሊሲታት ሓድሽ ቴክኖሎጂን መሳርሒታትን ብምምዕባል ዘላቒ ድሕነት ወይ ጸጥታ የሰፋሕፍሕ። እዚ ትካል'ዚ፡ ኣብ ጸገማት ድኹማትን ዝፈሸላ ሃገራት ዘተኮረ ኣብ ዓውዲ ግምገማን ኣቓዲምካ መጠንቀቕታ ምሃብን መሪሕ ተራ ይጻወት። ዕላማኡ ድማ ግጭት ንምህዳእን ውሳነ ንክህቡ ዝተመዘዙ ኣካላት ድማ ጠቓሚ ዝኾኑ ግብራዊ መሳርሒታትን ኣገባባትን ምፍጣርን ኢዩ። መዐቀኒ ተነቀፍቲ ሃገራት (Fragile States Index - FSI) ናይ 178 ሃገራትን ደረጃ ተነቓፍነተን ዝጸሉ ዝተፈላለየ ጸቕጢ መሰረት ብምግባር ይልከዕ። እቲ መዐቀኒ ኣብ'ቲ እዚ ትካል ዘውንኖ ትንተናዊ ኣገባብ (Conflict Assessment System Tool - CAST) ዝተመርኮሰ ኢዩ። ኣብ ኲለመዳያዊ ኣገባብ ማሕበራዊ ሳይንስ መሰረት ብምግባር ሰለስተ ቀንዲ ዋሕዚታት ዳታ ማለት ዓቐናዊ፡ ዓይነታውን ከኢላዊ ምርግጋጽን ተቐሚሮም ናይ መወዳእታ ነጥቢ ንምርካብ ወሳኒ ገምጋም ይግበረሎም። ኣብ ዓመት ብሚልዮናት ዝቑጸሩ ሰነዳት ይትንተኑ፣ ኣዝዮም ፍሉያት መለከዒታት ብምዝውታር ድማ ንነፍስ ወከፍ ሃገር ኣብ ዓሰርተው ክልተ ወሰንቲ ፖለቲካዊ፣ ማሕበራውን ቁጠባውን መርኣይታትን ኣብል ዕሊ 100 ንኡሳን መርኣይታትን

ምርኩስ ብምግባር ይመዝኑ። እዚ ድማ ውጽኢት ናይ'ቲ ዓመታት ዝወሰደ ናይ ማሕበራዊ ሳይንስ መጽናዕቲ ኢዩ።

xx ናይ ጸጥታዊ መጋበርያ መለከዒ፡ እዚ ንጸጥታዊ ሓደጋታት ናይ ሓንቲ ሃገር ዝርኢ ኮይኑ፡ ከም ቦምባታት፡መጥቃዕትን ምስ ውግእ ዝተኣሳሰር ሞትን፡ ምንቅስቓስ ዓመጽቲ፡ ናዕቢ፡ ዕልዋ መንግስቲ ወይ ግብረ ሽበራ ኣብ ግምት የእቱ። ጸጥታዊ መጋበርያ፡ ከም ዝተወደበ ገበንን ቅትለትን ዝኣመሰሉ ከበድቲ ገበናዊ ረቛሒታት፡ከምኡ እውን ዜጋታት ኣብ ውሽጣዊ ድሕነት ዘለዎም እምነት ኣብ ግምት ዘእተወ ኢዩ። ኣብ ገለ ኣጋጣሚታት፡እቲ ናይ ጸጥታ ኣሰራርሓ ከንዮ ምዱብ ሰራዊት ወይ ፖሊስ ብምኻድ፡ ብመንግስቲ ዝምወሉ ወይ ብመንግስቲ ዝድገፉ ናይ ብሕቲ ምልሻታት ብምጥቃምን ፖለቲካዊ ተቓወምቲ፡ ዝተጠርጠሩ "ጸላእቲ"፡ ወይ ምስ ተቓወምቲ ከደናገጹ ዝረኣዩ ሲቪላውያን ንከሸብሩ ይራአዩ። ኣብ ካልእ ኣጋጣሚታት፡ ናይ ሓንቲ ሃገር ጸጥታዊ መጋበርያ፡ ሕቡእ ስለያ ኣሃዱታት፡ ወይ ካልኦት ዘይስሩዕ ሓይልታት ጸጥታ፡ ንረብሓታት ሓደ ፖለቲካዊ መራሒ ወይ ጭፍራ ዘገልግሉ ከጠቓልል ይኽእል። ብኣንጻሩ፡ እቲ መለከዒ ንኣንጻር'ቲ ምምሓዳር ዝግበር ዕጥቃዊ ተቓውሞ ውን (ዓመጽ ዝመልአ ናዕብታትን ዕግርግርን) ኣብ ግምት የእቱ'ዩ።

xxi መለከዒ ጉጅላዊ ጥርዓን፡ እዚ፡ኣብ መንጎ ዝተፈላለዩ ጉጅለታት ሕብረተሰብ ኣብ ዝፍጠር ምፍልላይን ምፍሕፋሕን (ብፍላይ ድማ ኣብ ማሕበራዊ ወይ ፖለቲካዊ መዳያት ዝተመርኮሰን ንዝርጋሐ ኣገልግሎትን ጸጋታትን ከምኡ እውን ኣብ ፖለቲካዊ ተሳትፎን) ዘተኮረ ኢዩ። ጉጅላዊ ጥርዓን፡ ታሪኻዊ ትርጉም እውን ክህልዎ ይኽእል ኢዩ። እዚ ድማ፣ ዝተሃሰዩ ጉጅለታት ናይ ሓደ ሕብረትሰብ ዝሓለፈ በደላት ይጠቕሱ። እዚ ድማ፡ እቲ ጉጅለ ኣብ'ቲ ሕብረተሰብ ንዘለዎ ተራን ምስ ካልኦት ጉጅለታት ዘለዎ ዝምድናን ይጸልዎን ይቐርጾን ኢዩ። እቲ ታሪኽ ብግዲኡ ብሓቀኛ ወይ ሓቂ ብዝመስል ግንከ ዘይኮነ፡ ብግልጽን ተሓታትነት ብዘይብሉ መገድን፡ ኣብ ልዕሊ'ዞም ጉጅለታት ዝፍጸም ግፍዕታት ወይ "ገበናት" ዝተጸልወ ክኸውን ይኽእል። ገለ ጉጅለታት፣ ንርእሰ ምሕደራ፡ ንርእሰ ውሳነ መሰል ዝህቦም ፖለቲካዊ ናጽነት ስለ ዝተኸልከሉ እውን ቅሬታ ክስምዖም ይኽእል።

xxii መለከዒ ቁጠባዊ ምንቁልቋል (EDI)፡ እዚ ኣብ ውሽጢ ሓንቲ ሃገር ምስ ቁጠባዊ ምንቁልቋል ዝተኣሳሰሩ ረቛሒታት ኣብ ግምት የእቱ። እቶት ነፍስ ወከፍ ሰብ፡ ሓፈሻዊ ሃገራዊ ፍርያት፡ መጠን ሽቕለት ኣልቦነት፡ዝቕባበ ዋጋ፡ ኣፍራይነት፡ ዕዳ፡ ደረጃ ድኽነት፡ ወይ ውድቀት ናይ ንግዳዊ ዋኒናት፡ ንቁጠባዊ ምንቁልቋል ሕብረተሰብ ዝገልጹ መለከዒታት ኢዮም። ብተወሳኺ፡ ሃንደበታዊ ምንቁልቋል ዋጋታት ኣቑሑት፣ ንግዳዊ እቶት፡ ናይ ወጻኢ ወፍሪ፡ ንቁጠባዊ ኩነታትን ሳዕቤናቱን ዝወሃብ ምላሽ፡ ጽንኩር ማሕበራዊ ጸገም፣ ወይ ድማ እናወሰኸ

ዝኸይድ ዘሎ ዘይምዕሩይነት ኣብ ግምት የእቱ። መርኣያ ቁጠባዊ ምንቁልቋል ኣብ ወግዓዊ ቁጠባ ዘተኮረ ኢዩ።

xxiii መለክዒ ሰብኣዊ መሰላትን ልዕልና ሕግን፥ እዚ ነቲ ኣብ ጉዳይ ምኽባርን ምሕላውን መሰረታዊ ሰብኣዊ መሰላትን ኣብ መንጎ መንግስትን ህዝብን ዘሎ ርክብ ኣብ ግምት የእቱ። እዚ ነዞም ዝስዕቡ የጠቓልል፥ ሰፊሕ ምግሃስ ሕጋውን ፖለቲካውን ማሕበራውን መሰላት ምህላው ወይ ዘይምህላው (ከም ኣብነት፡ ምፍርራህ ፕረስ፡ ብፖለቲካ ዝድረኽ ስርዓተ ፍርዲ፡ ውሽጣዊ ኣጠቓቕማ ወተሃደራዊ ስጉምታትን ፖለቲካዊ ዕላማታት ከገልግል እንከሎ፡ ምዕፋን ፖለቲካውያን ተቓወምቲ ክጥቀስ ይከኣል)። ብተወሳኺ፡ እዚ መለክዒ ኣብ ልዕሊ ሲቪል ብፖለቲካዊ ምኽንያታት ዝተደረኸ ግፍዒ እውን ኣብ ግምት የእቱ። ከምኡ እውን ንፖለቲካውያን እሱራት ወይ ተቓወምቲ (ምስ ኣህጉራዊ ስርዓታትን ኣሰራርሓን ዝሰማማዕ) ናይ ነብሰ ምክልኻል መሰላቶምን፡ ምህላው ቅዋማውን ዲሞክራስያውን ትካላትን ኣሰራርሓታትን ምቕልቃል እውን ኣብ ግማት የእቱ።

xxiv መለክዒ ሕጋውነት መንግስቲ (SLI)፥ እዚ መለክዒ'ዚ ንኣሳታፍነትን ክፉትነትን መንግስትን ምስ ዜጋታቱ ዘለዎ ርክብን ኣብ ግምት የእቱ። እዚ መለክዒ'ዚ፡ እቲ ህዝቢ ኣብ ትካላትን ኣሰራርሓታትን መንግስታዊ ዘለዎ ደረጃ እምነት ይርኢ። እምነት ኣብ ዘይብሉ ድማ፡ ብህዝባዊ ሰልፍታት፡ ሲቪላዊ ዘይምእዛዝ፡ ወይ ምልዕዓል ብብረት ዝተሰነዩ ናዕብታት ዝግለጹ ሳዕቤናት ድማ ይግምገም። እዚ፡ ናይ ምርጫ ቅንዕናን እንታይነት ፖለቲካዊ ምስግጋርን እውን ኣብ ግምት የእቱ። እቲ መርኣዩ ንግሉጽነት መንግስቲ፡ ተሓታትነትን ፖለቲካዊ ውክልናን፡ ወይ ድማ ብኣንጻሩ ደረጃታት ብልሽውና፡ መኽሰብ ምድላብን ምንጻልን፡ ምግፋዕን ወይ ብካልእ መገዲ ምውጋን ተቓወምቲ ጉጅለታት ኣብ ግምት ዘእተወ ኢዩ። እዚመለክዒ'ዚ ብተወሳኺ፡ ሓደ መንግስቲ ንህዝቡ ኣብ መንግስትን ትካላትን ዘለዎ እምነት ዘደልድል ኣሰራርሓ፡ ከም ግብሪ ናይ ምእካብ ዓቕሚ፡ ኣብ ግምት የእትዎ።

xxv መለክዒ ሰብኣዊ መሰላትን ልዕልና ሕግን፥ እዚ መለክዒ'ዚ መሰረታዊ ሰብኣዊ መሰላት ክሳዕ ዝተሓለዉን ናጽነታት ክሳዕ ዝተኸበሩን ኣብ መንጎ መንግስትን ህዝብን ዘሎ ርክብ ኣብ ግምት የእቱ። እዚ፡ ንመሰላት ውልቀ ሰባት፡ ጉጅለታትን ትካላትን ሓዊሱ፡ ሰፊሕ ምግሃስ ሕጋውን ፖለቲካውን ማሕበራውን መሰላት ምህላዉ ወይ ዘይምህላዉ ይርኢ (ንኣብነት፡ ምፍርራህ ፕረስ፡ ፖለቲካውነት (politicization) ስርዓተ ፍርዲ፡ ውሽጣዊ ኣጠቓቕማ ወተሃደራዊ ሓይሊ ንፖለቲካዊ ዕላማታት፡ ምዕፋን ፖለቲካውያን ተቓወምቲ)። ብዘይካ'ዚ መለክዒ'ዚ ኣብ ልዕሊ ሲቪል ዝፍጸም ፖለቲካዊ ምኽንያት ዘለዎ (ገበናዊ ዘይኮነ) ግፍዒ እውን ኣብ ግምት የእቱ። ከምኡ እውን ንፖለቲካውያን እሱራት ወይ ተቓወምቲ ምስ ኣህጉራዊ ስርዓታትን ኣሰራርሓን

ዝሰማማዑ ግቡኣት ኣገባባት ምህላዎምን ዘይምህላዎምን፡ ከምኡ እውን ቅዋማውን ዲሞክራስያውን ትካላትን ኣሰራርሓታትን ዝተዓጸዉሉ ወይ ዝተቛረጹሉ ወይ እውን ዝቐልቀል ውልቀ ምልካዊ፡ ምልካዊ ወይ ወተሃደራዊ ምሕደራ እንተሎ ይርኢ።

xxvi World Report 2023 Events of 2022, Human Rights Watch, https://www.hrw.org/sites/default/files/media _ 2023/01/ World _ Repor t _ 2023 _ WEBSPREADS_0.pdf Accessed on September 19, 2023

xxvii Human Rights Watch, World Report 2023, https://www.hrw.org/world-report/2023/country-chapters/eritrea Accessed on October 15, 2023

xxviii Amnesty International Report 2022/23—The State of the World's Human Rights Amnesty International Report 2022/23: The state of the world's human rights - Amnesty InternationalAccessed on September 20, 2023

xxix Coup Attempt by Rebel Soldiers Is Said to Fail in Eritrea, Jeffrey Gettleman, January 21, 2013 https:// www.nytimes. com/2013/01/22/world/africa/coup-attempt-fails-in-eritrea. html Access on September 20, 2023

xxx Amnesty International Report 2022/23—The State of the World's Human Rights Amnesty International Report 2022/23: The state of the world's human rights Amnesty International Accessed on September 20, 2023

xxxi Situation of human rights in Eritrea - Report of the Special Rapporteur on the situation of human rights in Eritrea, Mohamed Abdelsalam Babiker (9 May 2023) Situation of human rights in Eritrea: (un.org) Accessed on October 11, 20, 2023

xxxii https://www.heritage.org/index/pages/country-pages/eritrea Accessed June 21, 2024

xxxiii Eritrea Economy: Population, GDP, Inflation, Business, Trade, FDI, Corruption (heritage.org) Accessed on September 12, 2023

xxxiv Human Capital (worldbank.org) accessed on 12 September 2023

xxxv Eritrea: Development news, research, data | World Bank accessed 12 September 2023

xxxvi VOA News (2021) UAE Dismantles Eritrea Base as it Pulls Back After Yemen War. https://www.voanews.com/a/africa_uae-dismantles-eritrea-base-itpulls-back-after-yemen-war/6202212.html. Accessed 3 April 2023War. https://www.

voanews.com/a/africa_uae-dismantles-eritrea-base-itpulls-back-after-yemen-war/6202212.html Accessed 12 September 2023

xxxvii Final Report and Recommendations of the Senior Study Group on Peace and Security in the Red Sea Arena, senior_study_group_on_peace_and_security_in_the_red_sea_arena-report.pdf (usip.org) Accessed on September 19, 2023

xxxviii Elena DeLozier, "UAE Drawdown May Isolate Saudi Arabia in Yemen," Washington Institute for Near East Policy, July 2, 2019; Melvin, "Foreign Military Presence"; and David Wainer and Samer al-Atrush, "UAE Ran Covert Arms Flights to Aid Libya's Haftar, UN Finds," Bloomberg, May 15, 2020

xxxix 2023-forum-report.pdf (ibrahim.foundation) Accessed on September 12, 2023

xl https://data.worldbank.org/indicator/NY.GDP.PCAP.CD Accessed on June 21, 2024

xli https://www.cia.gov/the-world-factbook/field/real-gdp-per-capita/country-comparison/ Accessed on June 21, 2024

xlii https://tradingeconomics.com/country-list/gdp-per-capita-pppp?continent=africa Accessed on June 21, 2024

xliii https://www.afdb.org/en/countries/east-africa/eritrea/eritrea-economic-outlook, Accessed on June 21, 2024

xliv United Nations Children's Fund, 'The climate-changed child: A children's climate risk index supplement', UNICEF, New York, November 2023 Accessed on June 21, 2024

xlv UNICEF/WHO/World Bank Joint Child Malnutrition Estimates, 2023 Accessed on June 21, 2024

xlvi ስታንቲንግ (stunting) ናይ ሓደ ቆልዓ ዝተገትአ ምዕባለ ዝገልጽ ኩነታት ጥዕና ኮይኑ ጠንቁ ድማ ውሑድ መእዛ ዘለዎ ምግቢ፡ ተደጋጋሚ ኢንፈክሽን ወይ ድማ እኹል ዘይኮነ ስነ ኣእምሮኣውን ማሕበራውን ድርኺት ኢዩ። በዚ ሕማም'ዚ ዝሳቀዩ ህጻናት ቁመቶም ትሕቲ ዕድሚኦም ኢዩ። (WHO) https://www.who.int/news/item/19-11-2015-stunting-in-a-nutshell Accessed on June 23, 2024

xlvii https://www.who.int/data/nutrition/nlis/country-profile June 21, Accessed on 2024

xlviii United Nations Inter-agency Group for Child Mortality Estimation (UN IGME), 2021 Accessed on June 21, 2024

xlix UNICEF/WHO Joint Monitoring Programme, 2016 Accessed on June 21, 2024

l Ministry of Finance and National Development/NSO reports,2016 Accessed on June 21, 2024

li Adapted from UNFPA FGM data dashboard, 2018, in Joint Evaluation of the UNFPA-UNICEF Accessed on June 21, 2024Joint Programme on the Elimination of Female Genital Mutilation: Accelerating Change, UNFPA and UNICEF, 2021, <https://www.unfpa.org/data/dashboard/fgm>

lii Global Partnership for Education (GPE), ERITREA 2023-2027 Partnership Compact - Pursuing an Inclusive and Transformative Reform Agenda for Quality Learning for all Girls and Boys in Eritrea, September 2023

liii ጽሩይ መጠን ተሳትፎ ተመሃሮ (Net Enrolment Ratio)፡ ኣብ ሓደ ዝተወሰነ ክሊ ዕድመ ዝርከቡ ህጻናት ኣብ ሓደ ፍልይ ዝበለ ደረጃ ትምህርቲ (መባእታ፡ ማእከላይ ወይ ካልኣይ ደረጃ) መጠን ወይ ሚእታዊት ናይ ተሳትፎኦም መለከዒ ኢዩ። ንኣብነት ኣብ ኤርትራ ናይ ናይ መባእታ ደረጃ ዕድመ 6-10 ኢዩ። ጽሩይ መጠን ተሳትፎ ንምቕማር እምበኣር ኣብ'ዚ ክሊ ዕድመ ዝርከቡ ህጻናት ምስ'ቶም ኣብ መባእታ ደረጃ ኣብ ክሊ'ቲ ዕድመ ናይ ዘለዉ ህጻናት ይወዳደር።

liv https://www.iicba.unesco.org/en/node/96 Accessed on June 22, 2024 (UNESCO International Institute for Capacity Building in Africa)

lv UNESCO Institute of Statistics (UIS), https://sdg4-data.uis.unesco.org/ Accessed on June 19, 2024

lvi Ibid

lvii Ibid

lviii Eritrea Education Sector Plan - 2018, https://www.globalpartnership.org/node/document/download?file=document/file/2018-01-eritrea-education-sector-plan.pdf Accessed on June 29, 2024

lix Eritrea Education Sector Plan - 2018, https://www.globalpartnership.org/node/document/download?file=document/file/2018-01-eritrea-education-sector-plan.pdf Accessed on June 29, 2024

lx   Ministry of Education (2019) Assessment Report of the Monitoring Learning Achievement (MLA-IV, 2018). Ministry of Education, Government of the State of Eritrea.

lxi   Global Partnership for Education (GPE), ERITREA 2023-2027 Partnership Compact - Pursuing an Inclusive and Transformative Reform Agenda for Quality Learning for all Girls and Boys in Eritrea, September 2023 June 21, Accessed on 2024

lxii   World Higher Education Database, https://www.whed.net/results_institutions.php June 21, Accessed on June 29, 2024

lxiii   https://data.worldbank.org/indicator/SE.TER.ENRR Accessed on June 21, 2024

lxiv   https://sdg4-data.uis.unesco.org/ Accessed on June 21, 2024

lxv   https://www.euniwell.eu/fileadmin/user_upload/Downloads/Seed_Funding_Projects/Being_an_Inclusive_University_for_Refugee_Students/Country_Sheets/BEING_AN_INCLUSIVE_UNIVERSITY_FOR_REFUGEE_STUDENTS_Eritrea.pdf Accessed on July 04, 2024

lxvi   https://www.youtube.com/watch?v=eAPGRNwZnmw&t=738s   Eri-Tv, December 24, 2020

lxvii   https://awate.com/unsolicited-advice-to-brighed-nhamedu-bnh/ Accessed on June 21, 2024

lxviii   https://shabait.com/2024/06/03/press-rlease/ The EU: Unwarranted Acts of Defamation, Embassy of Eritrea, Brussels, June 03, 2024

ምዕራፍ 3

lxix   Louise Fox - editor, Robert Liebenthal—editor, AttackingAfrica's Poverty: Experience from the Ground. Contributors:(Washington: World Bank, 2006) 26, https://openknowledge.worldbank.org/ server/api/core/bitstreams/23392c87-efd7-5ba0- b055-474e33c9da68/content Accessed on October 11,2023

lxx   Webster's II New Riverside University Dictionary, (Boston: The Riverside Publishing Company, 1984)

lxxi   http://info.worldbank.org/governance/wgi/index.aspAccessed on October 11, 2023

lxxii   P Rogers, Kazi F Jalal, and John A Boyd, An Introduction to Sustainable Development (London: Earthscan, 2009), 62

lxxiii Peter P Rogers, Kazi F Jalal, and John A Boyd, An Introduction to Sustainable Development (London: Earthscan, 2009), 62

lxxiv   Robert Calderisi, The Trouble with Africa, Why Foreign Aid is not Working (New York: Palgrave Macmillan, 2006), 160

lxxv   Paul Collier and Jan Willem Gunning, "Explaining AfricanEconomic Performance." Journal of Economic Literature 37, no. 1 (1999): 64-111.

lxxvi   Paul Collier, New Rules for Rebuilding a Broken Nation, TEDGlobal, 2009, http://www.ted.com/talks/paul_collier_s_new_rules_for_rebuilding_a_broken_nation.html

lxxvii United Nations Economic and Social Commission for Asia and the Pacific, https://www.unescap.org/ttdw/ ppp/ppp_primer/51_functions_of_a_regulator.html Accessed on September 25, 2023

lxxviii James M. Cypher, and James L. Dietz, The Process of EconomicDevelopment (New York: Routledge, 2004) 362, Questia, Web, November 6, 2011

lxxix   Rosalyn McKeown, Education for Sustainable DevelopmentToolkit, July 2022, Accessed on October 11, 2023

lxxx   OECD, A Policy Framework for Investment: Human ResourceDevelopment Policy, 25-27 October 2005, Rio de Janeiro, Brazil https://www.oecd.org/investment/investmentfordevelopment/35518811.pdf Accessed on October 11, 2023

lxxxi   James M. Cypher, and James L. Dietz, The Process of EconomicDevelopment (New York: Routledge, 2004) 19, Questia, Web, November 6, 2011

lxxxii Ibid

lxxxiii Eritrea Options and Strategies for Growth, The WBG, November 10, 1994 https://documents1.worldbank.org/curated/es/401511468752060584/pdf/multi0page. PdfAccessed on September 21, 2023

lxxxiv The Eritrean diaspora and its impact on regime stability: Responses to UN sanctions, Nicolle Hirt, African Affairs, Volume 114, Issue 454, January 2015,

Pages 115–135, https://doi.org/10.1093/afraf/adu061 https:// academic.oup.com/afraf/article/114/454/115/2195155 Accessed on September 21,2023

lxxxv Ibid

lxxxvi Nation-building, Alberto Alesina and Bryony Reich, HarvardUniversity, February 2015, https://scholar.harvard.edu/files/alesina/files/nation_building_feb_2015_0.pdf Accessed on September 21, 2023

lxxxvii https://datahub.itu.int/dashboards/umc/?e=USA&c=ERI Accessed on October 11, 2023

ምዕራፍ 4

lxxxviii ስቲቨን ኮትኪን ኣብ'ቲ ቅድሚ ሕጂ ቤት ትምህርቲ ዉድሮው ዊልሰን ዝበሃል ዝነበረን ኣብ ክፍሊ ታሪኽ ዩኒቨርሲቲ ፕሪንስተንን ናይ ታሪኽን ኣህጉራዊ ጉዳያትን ፕሮፌሰር ኢዩ። ብዘይካ'ዚ ኣብ ሁቨር ኢንስቲትዩት (ስታንፈርድ ዩኒቨርሲሪ) ናይ ታሪኽን ኣህጉራዊ ጉዳያትን ሲንዮር ፈሎው ኢዩ። ንኢንስቲትዩት ኣህጉራውን ዞባውን መጽናዕትታት ፕሪንስተን እውን ይመርሕ። ብዘይካኡ ድማ ነቲ ንሱ ዝመስረቶ ናይ ታሪኽን ልምምድ ዲፕሎማስን ፕሮግራም ዚመርሕ ምሁር ኢዩ። ኣብ'ዚ ከይተሓጽረ፡ ናይ ፕሪንስተን ዓለምለኻዊ ታሪኽ ተበግሶ እውን መስሪቱ። ትምህርቱ ጂኦፖለቲካን ምልካዊ ስርዓታትን ዘጠቓለለ ኢዩ። ኮትኪን ክልተ ቅጽታት ናይ ሰለስተ ጥራዛት ዝሓዘ ታሪኽ ዓለም ኣሕቲሙ ኣሎ፡ ፓራዶክስስ ኦፍ ፓወር፡ 1878-1928 (ፔንግዊን፡ ሕዳር 2014) ከምኡ እውን ንሂትለር ምጽባይ፡ 1929-1941 (ፔንግዊን፡ ጥቅምቲ 2017)። ናይ መወዳእታ መጽሓፉ ድማ ቶታሊታሪያን ስጦር ፓወር፡ 1941-1990ታት ኣብ መገዲ ኣላ። ንሱ ንፎረይን ኣፌይርስ፡ ንታይምስ ሊተራሪ ሳፕልመንት፡ ን ዘዎል ስትሪት ጆርናል ግምገማን ድርሰታትን ዝጽሕፍ ኮይኑ፡ ኣብ ዘ ኒውዮርክ ታይምስ ሳንደይ ቢዝነስ ሰክሽን ከም ገምጋሚ መጽሓፍ ኮይኑ ኣገልጊሉ። ሓሓሊፉ ናይ መንግስታትን ገለ ናይ ብሕቲ ኩባንያታትን ኣማኻሪ ኢዩ። ፒ.ኤች.ዲ.ዩ.ሲ በርክሊ (1988)።

ምዕራፍ 5

lxxxix Modern Authoritarianism and Geopolitics: Thoughts on aPolicy Framework, Stephen Kotkin, Apr 11, 2022 https://www.youtube.com/watch?v=E7ZtsajvV98 Accessed on October 11,2023

ሰመረ ሰሎሞን

xc   United Nations Institute of Training and Research (UNITAR), Location
      of Places of Detention Centers in Eritrea Identified by the Commission of
      Inquiry of Human Rights in Eritrea, Analysis with WorldView-3 Data Acquired
      September 24, 2015and January 23, 2016 and Landsat-8 Data Acquired May
      29, 2016, June 6, 2016 https://www.ohchr.org/sites/default/files/Documents/
      HRBodies/HRCouncil/ColEritrea/UNOSAT_COIE_070616.pdf

xci   Escaping Eritrea (full documentary) | FRONTLINE, FRONTLINE PBS | Official,
      May 4, 2021, https:// www.youtube.com/watch?v=jquCbpLYw7Q Accessed on
      October 2,2023

xcii PBS, Frontline, 500,000 Refugees, 'Slavery-like' CompulsoryService, No
      National Elections, Border Conflicts & Secret Prisons:5 Human Rights
      Crises in Eritrea, May 4, 2021 https://www.pbs.org/wgbh/ frontline/
      article/5-human-rights-crises-in-eritrea/

xciii Dan Connell, He Didn't Do It For Them, Middle East Report (Spring 2006)
      https://merip.org/2006/03/he-didnt-do-itfor-them/ Accessed on October 16,
      2023

xciv Modern Authoritarianism and Geopolitics: Thoughts on aPolicy Framework,
      Stephen Kotkin, Apr 11, 2022 https://www.youtube.com/watch?v=E7ZtsajvV98
      Accessed on October 2, 2023

xcv   Ibid

ምዕራፍ 6

xcvi https://www.afdb.org/en/countries/east-africa/eritrea/eritrea-economic-
      outlook#:~:text=Inflation%20rose%20to%207.5%25%20in,dollar%20in%20
      the%20official%20market

xcvii Treaty of Wichale, Wichale also spelled Ucciali, (May 2, 1889), pact signed
      at Wichale, Ethiopia, by the Italians and Menilek IIof Ethiopia, whereby Italy
      was granted the northern Ethiopianterritories of Bogos, Hamasen, and
      Akale-Guzai (modernEritrea and northern Tigray) in exchange for a sum of

moneyand the provision of 30,000 muskets and 28 cannons https://www. britannica.com/event/Treaty-of-Wichale Accessed onOctober 11, 2023

xcviii ፍትሓ ነገስት The "Fetha Nagast" (Ge'ez: ፍትሐ ነገሥት, meaning "Law of the Kings") ኣብ መበል ዓሰርተ ሰለስተ ክፍለ ዘመን ዝተጻሕፈ ጥርናፈ ናይ ኢትዮጵያ ሕግታት ኢዩ። እዚ ንዝተፈላለዩ ሕጋታትን መትከላት ዘጣመረ ሰነድ ንክርስትያናዊ እምነታት ምስ ልምዳዊ ሕግታት ሓዋዊሱ የቕርብ። ፍትሓ ነገስት ከም ሓደ ኣገዳሲ ሰነድ ኣብ ናይ ኢትዮጵያ ሕግን ማሕበራዊ ልምድታትን (ብፍላይ ድማ ጽልዋ ስደራ ቤትን ምትኽኻእን) ዓቢ ጽልዋ ኣለዎ።

xcix A population of 150 million can't live in a geographic prison"—PM 321Ahmed, Addis Standard, October 14, 2023 https://addisstandard.com/feature-a-population-of-150-millioncant-live-in-a-geographic-prison- pm-abiy-ahmed Accessed onOctober 14, 2023

c Ibid

ci Ibid

cii Kahsay, Abebe T., "Ethiopia's Sovereign Right of Access to the Sea under International Law" (2007). LLM Theses and Essays. 81. https://digitalcommons.law.uga.edu/stu_llm/81

ciii Tezera Tazebew, Ethiopia's Quest for Utilizing the Port of Berbera, Somaliland, since 2010: Drivers, Processes, and Challenges, JES Vol LVI, No. 1 (June 2023) Tezera Tazebew (tezera.tazebew@uog.edu.et) is a lecturer in the Department of Political Science and Governance Studies at the University of Gondar, Ethiopia.

civ Tessema, Y. N. (2020, May 7). Political discourses and the securitization of democracy in post-1991 Ethiopia. Retrieved from https://hdl.handle.net/1887/87603 Universiteit Leiden, The Netherlands

cv Gebru A. 2007 EC. 'Lualawinet Ena Democracy BeEthiopia' (Amharic) [Sovereignty & Democracy in Ethiopia]. Addis Ababa: Self-published.

cvi The State Council, The Peoples Republic of China, Full text: Action plan on the Belt and Road Initiative, English version, March 30, 2015 english.gov.cn https://english.www.gov.cn/archive/publica-tions/2015/03/30/content_281475080249035.htm

cvii እዚ ቀጽር'ዚ ኣብ 2009 ዓም ብብራዚል፡ ሩስያ፡ ህንድን ቻይና ተመስሪቱ። ዕላምኡ ነቲ ብሕቡራት ሃገራት ኣመሪካን ምዕራባውያን ሰብ ኪዳናን ዝተዓብለለ ዓለማዊ ስርዓት ንምብዳህ ዝኽእል ባይታ ንምፍጣር ነበረ። ኣብ 2024 ዓም ኢራንን ሕቡራት ኤሚራት ዓረብን ኢትዮጵያን፡ ግብጽን ተጸንቢረንኦ።

cviii The White House, Press Release by the White House, March 26,2003, Washington, DC, The White House https://georgewbushwhitehouse.archives.gov/info- cus/iraq/news/20030326-7.html Accessed on October 13, 2023

cix Judy, Sarasohn, Eritrea Pushes to Get U.S. Base, By JudySarasohn, Washington, DC, November 21, 2002 https://www.washingtonpost.com/archive/politics/2002/11/21/eritrea-pushes-to-get-us-base/ f730d0da-a727-43c1-ae16-15c8b06ae7a3/ Accessed on October 13, 2023

cx Ibid

cxi Ministry of Information, Eritrea, Keynote Address By President Isaias Afwerki on 32nd Independence Anniversary, Asmara, May 24, 2023 https://shabait. com/2023/05/24/keynote-address-by-president-isaias-afwerki-32nd-independenceanniversary/

cxii https://www.nytimes.com/1991/05/30/world/ethiopian-rebelfaction-is-to-govern-separately.html Accessed on January 25,2024

cxiii Ibid

cxiv Eritrea, Demographic and Health Survey, 2002 NationalStatistics and Evaluation Office Asmara, Eritrea ORC MacroCalverton, Maryland, US - May 2003 https://dhsprogram.com/pubs/pdf/FR137/FR137.pdf Accessed on October 22, 2023

ምዕራፍ 7

cxv ዘተ - ኣብ እዋናዊ ኩነታት ምስ ዳኒኤል ተኽላይ - ኤልያስ ኣማረ -(Discussion on current events with Daniel Teklai and Elias Amare) Dehai Eritrea Streamed on September 24, 2023 https://www.youtube.com/live/MAhvByBxXFc?si=JVCOXWdmsFy04nVx Accessed on October 7, 2023

cxvi ዶክተር ናታሻ ኤዝሮው ኣብ ዩኒቨርሲቲ ኤሰክስ ናይ ምሕደራ መምህር እያ። ኣብ'ዚ ቀረባ እዋን "ፍሹላት ሃገራትን ትካላዊ ምብስባስን" ዘርእስታ ሓዳስ መጽሓፍ ኣሕቲማ ኣላ፥ ኣብ 2011 ድማ ከልተ መጻሕፍቲ ብዛዕባ ምልኪ ኣሕቲማ። "ውልቀ መለኽትን ውልቀ መላኽነትን" ብዝብል ኣርእስቲ ዝተሓትመት መጽሓፉ ከም መእተዊ ነቲ ኣርእስቲ ተገልግል፡ "ፖለቲካ ናይ ምልኪ" ድማ ንምልካዊ ስርዓታት ዝምልከት መጽናዕታዊ ጽሑፍ ኢዩ።

cxvii ሓደ ንድሕነቱ ስሙ ክጠቕሶ ዘይደሊ ሰብ ኣብ ሳዋ ኢሳይያስ ምስ ላዕለዎት ሓለፍቲ'ቲ ሰራዊት ኮይኑ መስተ ኣብ ዝሰትየሉ ዝነበረ እዋን፡ ብሪጋደር ጀነራል ተኽለ ልብሱ ኣብ ቅድሜኡ ዝበሎ ኣዕሊሉኒ። "ኣታ ኢሳይያስ ንስኻ እንተ ዘይትህሉ ኔርካ ዓዲ እንታይ ከትከውን ከም እትኽእል ትፈልጥ'ዶ? ኣብ'ዚ ዘላ ኩላ ነንሓድሕዳ ምተባልዐት። ንስኻስ ንበረልና ጥራይ።"

cxviii Authoritarian breakdown -- how dictators fall | Dr. NatashaEzrow | TEDxUniversityofEssex, https:// www.youtube.com/watch?v=6ECTcaSXe1I Accessed on October 7, 2023

cxix Eri-platform.org

cxx https://eritreagovexi le.org/our-mission-and-strategicaims/

cxxi https://eritreagovexile.org/

ሳልሳይ ክፋል

ምዕራፍ 1

cxxii https://generals.dk/general/Dho/Giovanni_Battista/Italy.html

cxxiii https://www.senato.it/web/senregno.nsf/ce54593f8f3ffc4bc125785e 003c801c/07b8662e8064c8d94125646f005b21e7?OpenDocument

cxxiv ቃለ መሕትት ደሃይ ኤርትራ ምስ ወልዴ ዓማር፡ ግንቦት 2024

cxxv ናይ ተለፎን ዕላል ምስ ኣድሓኖም ገብረማርያም፣ ሕቡራት መንግስታት ኣመሪካ

ምዕራፍ 3

cxxvi Ministry of Education, Eritrea, National Education Policy, Asmara, 2003 http:// www.eritreaem-bassy-japan.org/data/National%20Education%20 Policy%20 Feb%202003.pdf Accessed on October 13, 2023 cxxvii LWF will continue humanitarian aid in Eritrea for further 12months: Only NGO program in operation there News andPress Release Posted 14 Jul 1998 https://reliefweb.int/report/eritrea/lwf-will-continue-humanitarian-aid-eritrea-further-12-months-only-ngo-program Accessed on January 23, 2024

cxxviii Peace through education: An interview with Dr TeameMebrahtu, August 8, 2017, Centre for Comparative andInternational Research in Education https://cire- bristol.com/2017/08/08/peace-through-education-an-interviewwith-dr-teame-mebrahtu/ Accessed on October 4, 2023

cxxix Peace Corps Suspends Program in Eritrea; All Volunteers are Safe and Sound, Peace Corps, Friday, June 5, 1998, https://www.peacecorps.gov/news/ library/ peace-corps-suspends-programin-eritrea-all- volunteers

cxxx ጃምላዊ መጠን ተሳትፎ (Gross Enrolment Ratio)፡ ዕድሜኦም ብዘየገድስ ብዝሒ ተመሃሮ ኣብ ሓደ ዝተወሰነ ደረጃ ትምህርቲ (መባእታ፡ ማእከላይ ወይ ካልኣይ)ምስ'ቶም ኣብ'ቲ ናይ'ቲ ደረጃ ዕድመ ልክዕ ዘሎዉ (7-11) ተመሃሮ ክርአ እንከሎ ዝገልጽ መጠነ ተሳትፎ ኢዩ። ንኣብነት ኣብ ኤርትራ ናይ መባእታ ደረጃ 7-11 ኢዩ። ጃምላዊ መጠን ተሳትፎ ንምቕማር እምበኣር ዕድሜኦም ብዘየገድስ ክንደይ ዝኣኸሉ ተማሃሮ ኢዮም ኣብ መባእታ ዘሎዉ ድሕሪ ምፍላጥ ምስ'ቶም ኣብ'ዚ ክሊ ዕድመ ዝረከቡ ህጻናት ይወዳደር።

ምዕራፍ 4

cxxxi Modern Authoritarianism and Geopolitics: Thoughts on a Policy Framework, Stephen Kotkin, Apr. 11, 2022 https://www.youtube.com/watch?v=E7ZtsajvV98 Accessed on October 11,2023

ምዕራፍ 5

cxxxii ናይ ቴለፎን ዕላል ምስ ኣድሓኖም ገብረማርያም፣ ሕቡራት መንግስታት ኣመሪካ

cxxxiii USAID, USAID Policy Framework 2011-2015. 3, https://2012-2017.usa id.gov/ sites/default/f i les/documents/1870/USAID%20Pol icy%20 Framework% 202011-2015.PDF Accessed on January 24, 2024

cxxxiv UNDP, Human Development Report 2011, Sustainability and Equity: A better
       Future for All http://hdr.undp.org/en/media/HDR_2010_EN_Complete_reprint.
       pdf (accessed on January 24, 2024)

cxxxv   Ibid

ምዕራፍ 6

cxxxvi Eritrea Hub, The Open Letter signed by the G15— now Eritrean political
        prisoners, Asmara, September 15, 2021,https://eritreahub.org/the-open-letter-
        signed-by-the-g15-noweritrean-political-prisoners Accessed on October 16,
        2023

cxxxvii Committee to Protect Journalists (CPJ), 15 Journalists imprisoned in Eritrea,
        September 16, 2005, https://cpj.org/2005/09/15-journalists-imprisoned-in-
        eritrea/ Accessed on October 16, 2023

መወከሲታት

Addis Standard, A population of 150 million can't live in a geographic prison"—PM Abiy Ahmed, Adhanom, Addis Abeba, October 14, 2023

Alesina, Alberto and Bryony Reich, Nation-building, Harvard University, February 2015

Ali, Zeineb, A decade since 1991: Life under PFDJ, Asmarino.com, January 30, 2002

Ali, Zeineb, A call from a sister, Asmarino.com, September 22, 2001

Amnesty International, Amnesty International Report 2022/23— The State of the World's Human Rights

Anderson, B., Imagined Communities: Reflections on the Origin and Spread of Nationalism, Verso, 1983

Babiker, Mohamed Abdelsalam, UNHRC, Situation of human rights in Eritrea - Report of the Special Rapporteur on the situation of human rights in Eritrea, United Nations, May 9, 2023

Bairu, Herui Tedla, Eritrea and Ethiopia—A front row look at the issues of conflict and the potential for a peaceful resolution, Trenton, The Red Sea Press, 2016

Brixiova, Zuzana, Ales Bulir and Joshua Comenetz, The Gender Gap in Education in Eritrea in 1991-98: A Missed Opportunity?, IMF, 2001

Britannica, Treaty of Wichale, Wichale

Calderisi, Robert, The Trouble with Africa, Why Foreign Aid is not Working, New York, Palgrave Macmillan, 2006

Centre for Comparative and International Research in Education, Peace through education: An interview with Dr Teame Mebrahtu, August 8, 2017

CIA

Collier, Paul and Jan Willem Gunning, "Explaining African Economic Performance, Journal of Economic Literature 37, no. 1, 1999

Collier, Paul Collier, New Rules for Rebuilding a Broken Nation, TED Global, 2009,

Committee to Protect Journalists (CPJ), 15 Journalists imprisoned in Eritrea, New York, September 16, 2005

Connell, Dan, Conversation with Eritrean Political Prisoners,Trento, The Read Sea Press Inc., 2005

Connell, Dan, He Didn't Do It For Them, Middle East Report 238 (Spring 2006)

Councilon Foreign Relations, Al Shabaab, December 6, 2022

Cypher, James M. and James L. Dietz, The Process of Economic Development, New York, Routledge, 2004

Debessai, Araia, Unsolicited advice to Brigade nHamedu Araia Debessai. Awate.com, August 2023

Delozier, Elena De Lozier, UAED raw down (?) May Isolate Saudi

Arabia in Yemen," Washington Institute for Near East Policy, July 2, 2019

Due, Charles W., The Complicated Nature of Red Sea Geopolitics, Arab Center Washington, DC., October 27, 2021

Dunne, Charles W.,The Complicated Nature of Red Sea Geopolitics, Arab Center Washington, DC, Oct 27, 2021

EHREA

Eri-ptaform.org

Eritrea Hub, The Open Letter signed by the G15—now Eritrean political prisoners, Asmara, September 15, 2021,

Eritrea-Gov in Exile Group,

Ezrow, Natasha M., and Erica Frantz, Dictators and Dictatorships— Understanding Authoritarian Regimes and their Leaders, Bloomsbury, London, 2011

Ezrow, Natasha, Authoritarian breakdown -- how dictators fall, TEDx University of Essex, November 5, 2014

Fox, Louise and Robert Liebenthal, Attacking Africa's Poverty: Experience from the Ground. Contributors: The World Bank, 2006

Fund for Peace. Fragile States Index

Gellner, E., Nations and Nationalism, Cornell University Press, 1983

Georgis, Andebrhan Welde, Eritrea at a Crossroads: A Narrative of Triumph, Betrayal and Hope, Houston, Strategic Book Publishing Rights Co., 2014

Gettleman, Jeffrey, Coup Attempt by Rebel Soldiers Is Said to Fail in Eritrea, New Yor Times, January 21, 2013

Global Partnership for Education (GPE) ERITREA 2023-2027 Partnership Compact - Pursuing an Inclusive and Transformative Reform Agenda for Quality Learning for all Girls and Boys in Eritrea, September 2023

Hagos, Mesfin, An African Revolution Reclaimed - A Memoir of Eritrea Freedom Fighter, Trenton, The Red Sea Press, 2023

Hagos, Mefin, Interview with Mesfin Hagos on his book (ኣብ መጽሓፍ ተጋዳላይ መስፍን ሓጎስ ዙተምርኮስ ሰፊሕ ዝርርብ, Dehay Eritrea, August 11, 2023

Heritage Foundation, Population, GDP, Inflation, Business, Trade, FDI, Corruption,

Heritage Foundation, Eritrea Economy

Hirt, Nicole, The Eritrean diaspora and its impact on regime stabil- ity: Responses to UN sanctions, African Affairs, Volume 114, Issue 454, January 2015

Human Rights Watch, World Report 2023 Events of 2022, 2023

Human Rights Watch, Escalating Crackdown in Eritrea, Reformists, Journalists, Students At Risk, September 2001

IMF,World Economic Outlook, Rocky Recovery, April 2023 International Telecommunications Union, Data hub

Kim, Anthony B., 2023 Index of Economic Freedom, The Heritage Foundation, February 2023

Kotkin, Stephen, Modern Authoritarianism and Geopolitics: Thoughts on a Policy Framework, Stanford CDDRL, April 11, 2022

Kurasawa, F. (2020). Transnational Repression and Diaspora Mobilization: The Kurdish Diaspora in Europe. Social Sciences, 9 (6), 101.

Kurasawa, F., & Orend, B. (Eds.). (2021). Transnational Repression: New Insights from Theory and Cases. Routledge.

McKeown, Rosalyn, Education for Sustainable Development Toolkit, July 2022,

Mesfin, Berouk, The Danger of African Liberation Movements, Institute for Security Studies, July 22, 2008

Ministry of Education, Eritrea, National Education Policy, Asmara, 2003

Ministry of Education, Eritrea Education Sector Plan, 2018

Ministry of Education (2019) Assessment Report of the Monitoring Learning Achievement (MLA-IV, 2018). Ministry of Education, Government of the State of Eritrea, 2018

ሰመረ ስሎሞን

Ministry of Finance and National Development/NSO reports, 2016

Ministry of Information, Eritrea, Futile Acts of Subversion, Eritrea Profile, September 5, 2023

Ministry of Information, EriTv, Interview with President Isaias Afewerki, January 8, 2022

Ministry of Information, Eritrea, Keynote Address By President Isaias Afwerki on 32nd Independence Anniversary, Asmara, May 24, 2023

Mo Ibrahim Foundation, Global Africa: Africa in the World and the World in Africa, Forum Report, July 2023

Movic, Peter, Eritrea, Option, and Strategies, The World Bank, Washington, DC, 1994

National Statistics and Evaluation Office, Asmara, Eritrea ORC Macro Calverton, Maryland, US - Eritrea, Demographic and Health Survey, 2002, May 2003

The New York Times, Ethiopian rebel faction is to govern separately, May 30, 1991

OECD, APolicy Framework for Investment: Human Resource Development Policy, 25-27 October 2005, Rio de Janeiro, Brazil

PBS Frontline, Lila Hassan, Escaping Eritrea (full documentary) | FRONTLINE, FRONTLINE PBS | Official, May 4, 2021

PBS, Frontline, 500,000 Refugees, 'Slavery-like' Compulsory Service, No National Elections, Border Conflicts & Secret Prisons: 5 Human Rights Crises in Eritrea, May 4, 2021

Peace Corps Suspends Program in Eritrea; All Volunteers are Safe and Sound, Peace Corps, Friday, June 5, 1998,

Reliefweb, LWF will continue humanitarian aid in Eritrea for further 12 months: Only NGO program in operation there News and Press Release Originally published 14 Jul 1998

Rogers, Peter P, Kazi F Jalal, and John A Boyd, An Introduction to Sustainable Development, London, Earthscan, 2009

Runde, Daniel, The American Imperative, Reclaiming Global Leadership through Soft Power, New York · Nashville, Post Hill Press, 2023

Sarasohn, Judy, Eritrea Pushes to Get U.S. Base, The Washington Post, Washington, DC, November 21, 2002

Shabait.com

Singh, Somia, Stockholm Syndrome: A Psychiatric Diagnosis or Just a Myth?, International Journal of Trend in Scientific Research and Development (IJTSRD), Volume 6 Issue 2, January-February, 2022

Slovik, Milan W., The Politics of Authoritarian Rule (Cambridge Studies in Comparative Politics) Cambridge University Press, September 17, 2012

Smith, A. D., National Identity, University of Nevada Press, 1991

Solomon, Semere, Being Responsive to Locally Led Development: Beyond, Channeling Funds to Local Organizations, Creative Associates International, September 26, 2023

Solomon, Semere, U.S.-Africa leaders summit: How can the US contribute to Africa's development?, Creative Associates International, December 5, 2022

State Council, The Peoples Republic of China, Full text: Action plan on the Belt and Road Initiative, Beijing, English version, Mar 30, 2015

Taddesse Tamrat, "Church and State in Ethiopia, 1270-1527" (Oxford: Clarendon Press, 1972)

Teklai, Daniel, Interview with Daniel Teklai, ዘተ ኣብ እዋናዊ ኩነታት ምስ ዳኒኤል ተኽላይ - ኤልያስ ኣማረ - (Discussion on current events), September 24, 2023

Temnewo, Tesfai, "ንኣርብዓ ዓመታት ዝተቐብረ ጉድ-1972-2013", (A case that has been buried for forty Years—1972—2013), Leck, 2013

Tesfai, Alemseghed, ፌደረሽን ኤርትራ ምስ ኢትዮጵያ ካብ ማቲየንሶ ክሳብ ተድላ 1951—1955 (The Federation of Eritrea with Ethiopia— From Matienzo toTedla 1951-1955), Asmara, Hidri Publishers, June 2005

Tesfai, Alemseghed, ኣይንፈላለ 1941 -1950, Asmara, Hidri Publishers, 2001

Tesfai Alemseghed, ኤርትራ ካብ ፌደረሽን ናብ ጎበጣን ሰዉራን 1956- 1962, Asmara, Hidri Publishers, 2016

Tesfai Tedros, Where did things go wrong for the "party of the people?" Asmarino.com, January 21, 2001

Totil, Ibrahim, ታሪኽ ስውራ ኤርትራ፣ n.a.

UNDP, Human Development Report 2011, Sustainability and Equity: A Better Future for All

UNESCO International Institute for Capacity Building in Africa

United Nations Economic and Social Commission for Asia and the Pacific, A Primer to Public-Private Partnerships in Infrastructure Development

UNFPA FGM data dashboard, 2018, in Joint Evaluation of the UNFPA-UNICEF, 2018

UNICEF, 2023 End of Year Results Summary Extended Narrative – Eritrea, 2023

United Nations Inter-agency Group for Child Mortality Estimation (UN IGME)

United Nations Institute of Training and Research (UNITAR), Location of Places of Detention Centers in Eritrea Identified by the Commission of Inquiry of Human Rights in Eritrea, Analysis with WorldView-3 Data Acquired 24 September 2015 and 23 January 2016 and Landsat-8 Data Acquired 29 May 2016, June 6, 2016

UNHCR, UNHCR Global Appeal1999—Eritrea, December1, 1998 USAID, USAID Policy Framework 2011-2015

USIP, Terrorism in the Horn of Africa, 1994

USIP, Final Report and Recommendations of the Senior Study Group on Peace and Security in the Red Sea Arena, 2020

VOA, UAE Dismantles Eritrea Base as it Pulls Back After Yemen War, VOA, February 18, 2021

VOA, France's Hollande: Eritrea 'Becoming Empty' as Residents Leave, VOA, November 11, 2015

Webster's 11 New Riverside University Dictionary, Boston, The Riverside Publishing Company, 1984

White House, Press Release by the White House, Statement of Eritrea, March 26, 2003, Washington, DC,

WorldBank, 2020 HCI: Country Briefs and Data,

World Bank, Worldwide Governance Indicators, A global compilation of data capturing household, business, and citizen perceptions of the quality of governance in more than 200 countries and territories.

World Bank, Eritrea Options and Strategies for Growth, The WBG, November 10, 1994

World Bank, Eritrea, Development, news, research, data

World Health Organization (WHO)

World Higher Education Database (WHED)

INDEX

ፃ ሰመረ ሰሎሞን

Milton Keynes UK
Ingram Content Group UK Ltd.
UKHW051500281124
3238UKWH00048B/1107

9 798218 496647